Günter Richter/Detlef Richter

Handbuch der Küche

Günter Richter
Detlef Richter

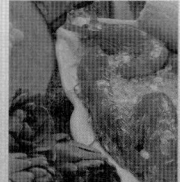

HANDBUCH
DER
KÜCHE

PROFESSIONELLE ARBEITSWEISEN

ORGANISATION

GESETZLICHE ANFORDERUNGEN

MATTHAES

Vorwort

In Küchen von Gaststätten, Hotels und in Einrichtungen der Gemeinschaftsverpflegung treten oft Probleme und Fragen auf, die nicht das routinemäßige Tagesgeschäft betreffen. Das betrifft vor allem die Maßnahmen und Verhaltensnormen, die zur Gewährleistung der gesundheitlichen Unbedenklichkeit der gefertigten Speisen beachtet werden müssen, wozu auch die Einhaltung der Vorgaben für die Personalhygiene und des Infektionsschutzes sowie für den fachgerechten Umgang mit den einzelnen Lebensmitteln zu rechnen ist. Das gilt in gleicher Weise für die gesetzlichen Regelungen für den Arbeits- und Brandschutz sowie für solche Vorschriften, die den Funktionszustand von Küchenräumen und deren Ausstattung betreffen. Die Leiter gastronomischer Einrichtungen, die für die Einhaltung dieser Vorgaben verantwortlich sind, müssen außerdem relevante Punkte des Arbeitsrechtes und solche betriebswirtschaftlichen Faktoren beachten, die für ein ökonomisch erfolgreiches Gestalten des Betriebsablaufs unerlässlich sind.

Das Anliegen unseres Buchs ist es, dem unten genannten Personenkreis einen Leitfaden an die Hand zu geben, der ihm beim Auftreten solcher Fragen eine schnelle Antwort gibt. Es ist somit nicht als Lehrbuch, sondern als Kompendium und Nachschlagewerk konzipiert, das auf den Kenntnissen basiert, welche in den Lehrbüchern für Köche vermittelt werden. Eine umfassende Abhandlung einzelner Sachgebiete der Küchenpraxis wurde deshalb bewusst nicht angestrebt. Es wurden lediglich solche Punkte aufgenommen, bei denen uns ein gelegentliches Nachschlagen sinnvoll erscheint, wie beispielsweise Richtwerte für Portionsgrößen, Lagerungsbedingungen für ausgewählte Lebensmittel oder die Bereitung verschiedener Teige; eine Aufgabe, die in der Regel vom Patissier wahrgenommen wird. Das Gleiche gilt für eine kurze Darstellung der Veränderungen, die an Lebensmitteln im Verlauf von Garprozessen auftreten. Darüber hinaus soll das Werk als Anleitung für die Durchführung der gesetzlich vorgeschriebenen Unterweisung von Mitarbeitern, für die Kontrolle der Unbedenklichkeit von Lebensmitteln und für die vorgeschriebenen Deklarationen von Speisen dienen. Betriebswirtschaftliche Gesichtspunkte konnten auf Grund der Komplexität dieses Gebietes und deren Abhängigkeit von mannigfaltigen, für die jeweilige Einrichtung spezifischen Faktoren nur orientierend berücksichtigt werden.

Das Buch ist vorrangig für Küchendirektoren und Küchenchefs sowie für Köche mit vergleichbaren Aufgabenstellungen wie Souschefs, Abteilungsleiter oder Alleinköche konzipiert, es ist aber auch für interessierte Köche gedacht, insbesondere bei deren weiteren Qualifizierung zum Küchenmeister. Darüber hinaus kann es auch für Diätassistenten/Diätassistentinnen und für Leitungspersonal im Gastgewerbe, wie beispielsweise Besitzer bzw. Geschäftsführer von Hotels und Gaststätten sowie Restaurantleiter, eine wertvolle Hilfe sein.

Herrn Dipl.-Oecotroph. Eberhard Steinecke, Berlin, danken wir für die kritische Durchsicht wichtiger betriebswirtschaftlich relevanter Abschnitte (Kapitel 8.1 und 8.2) und den hierzu gegebenen Hinweisen. Unser Dank gilt nicht zuletzt dem Verlag für das großzügige Eingehen auf unsere Vorstellungen; insbesondere Frau Bruni Fetscher und Herrn Heinz Zimmermann für ihre engagierte, konstruktive und verständnisvolle Zusammenarbeit bei der Erstellung des Buchs.

Für Anregungen und Hinweise sind wir den Benutzern sehr dankbar.

Berlin, im Winter 2003

Prof. Dr. Günter Richter

Detlef Richter

Inhalt

Anhang

1 Veränderungen an Lebensmitteln im Verlauf von Garprozessen

Bei der Zubereitung von Speisen durch Garen können in Abhängigkeit vom jeweiligen Lebensmittel nachstehende Verfahren zur Anwendung gelangen:

◆ Garmethoden, die auf der Einwirkung von Wärme beruhen
◆ chemische Garmethoden
◆ physikalische Garmethoden

Die unterschiedlichen Garverfahren führen zu jeweils typischen Veränderungen an den einzelnen Lebensmitteln. Diese können zu einem gewissen Prozentsatz auf identische Reaktionsmechanismen zurückgeführt werden, die sich oft nur in gradueller Hinsicht unterscheiden. Garverfahren unter Wärmeeinwirkung nehmen jedoch eine Sonderstellung insofern ein, da eine Reihe der ablaufenden Reaktionen von der Höhe der einwirkenden Temperatur abhängen. Hierbei bestehen insbesondere zwischen Verfahren mit feuchter bzw. mit trockener Wärme beträchtliche Unterschiede:

◆ Feuchte Wärme
Die Temperatur beträgt bei konventionellen Methoden maximal 100 °C. Höhere Temperaturen kommen nur beim Druckgaren (höchstens 120 °C) und beim Garen im Heißluftdämpfer mit Heißdampf zur Anwendung.
An den Inhaltsstoffen der Lebensmittel laufen jedoch keine Reaktionen ab, die mit der Abgabe von Wasser verbunden sind.

◆ Trockene Wärme
Die Gartemperatur übersteigt 100 °C, verbunden mit dem Verdampfen von Wasser aus den zu garenden Lebensmitteln. In den meisten Fällen kommt es dabei zu solchen Veränderungen an den Inhaltsstoffen, die an eine Abgabe von Wasser gebunden sind. Zusätzlich reagieren verschiedene Inhaltsstoffe miteinander unter Ausbildung von neuartigen Reaktionsprodukten wie beispielsweise Röst- und Aromastoffe.

Nutzen des Garens

Viele Lebensmittel müssen aus unterschiedlichen Gründen vor dem Verzehr einem Garprozess unterworfen werden, wodurch deren Verwertung durch den Organismus erst ermöglicht wird bzw. Schädigungen verhindert werden:

◆ Aufbrechen von zellulären Strukturen in nativen pflanzlichen bzw. tierischen Lebensmitteln, wodurch das Einwirken der Verdauungssäfte auf die Nährstoffe ermöglicht wird.
◆ Veränderungen an einzelnen Nährstoffen, die deren Spaltung durch die Enzyme des Verdauungstraktes erst ermöglichen bzw. begünstigen (Quellen von Stärke, Denaturierung von Eiweißen).
◆ Bildung von Aromastoffen, die den Genusswert des Lebensmittels bzw. der zubereiteten Speisen steigern und die Produktion und Sekretion von Verdauungssäften anregen können.
◆ Bildung von Röststoffen, die als natürliche Farbstoffe (Bräunung) bzw. als Aromastoffe ebenfalls den Genusswert der Speisen steigern können (bei Garverfahren durch Hitzeeinwirkung).
◆ Abbau bzw. Veränderung von Inhaltsstoffen bestimmter Lebensmittel, die im nativen Zustand als Schad- bzw. Giftstoffe wirken können.
◆ Abtötung von Mikroorganismen, hauptsächlich von pathogenen Keimen, wodurch ein Verderb der Nahrungsmittel oder Speisen während des Vorhaltens weitgehend verhindert und das Auftreten von Lebensmittelinfektionen vermieden werden kann.

Mögliche nachteilige Folgen beim Garen

Im Verlauf von Garprozessen können Reaktionen an den Lebensmitteln stattfinden, die den ernährungsphysiologischen Wert schmälern bzw. zur Bildung von unerwünschten Reaktionsprodukten führen können. Diese nachteiligen Reaktionen können jedoch beim sorgsamen Vorgehen weitestgehend vermieden werden:

◆ Verlust von wasserlöslichen Inhaltsstoffen (in erster Linie Vitamine und Mineralstoffe), verbunden mit einer Minderung des Nährwertes.
◆ Unerwünschte Veränderung der Konsistenz (insbesondere weich werden).

◆ Bildung von unerwünschten Substanzen wie Schadstoffe, vorwiegend potenziell cancerogene (krebserregende) Stoffe, die in höheren Konzentrationen gesundheitsschädigend wirken können, Fehlaromen, die für Geschmackseinbußen verantwortlich sind, Fehlfarben, die den optischen Eindruck der Speisen negativ beeinträchtigen.

Die Bildung von nicht bzw. schwer verwertbaren Reaktionsprodukten, wie beispielsweise resistente Stärke, kann unter dem Gesichtspunkt der heutigen Ernährungssituation nicht als Nachteil angesehen werden.

1.1 Veränderungen an Zellstrukturen

Die Zellwände bzw. Zellmembranen von nativen pflanzlichen bzw. tierischen Lebensmitteln werden bei allen Garverfahren so verändert, dass Zellinhaltsstoffe austreten können bzw. dass beim Verzehr der gegarten Lebensmittel die Verdauungssäfte in noch nicht vollständig aufgeschlossene Zellen eintreten können. Solche Veränderungen sind

◆ die Denaturierung von Eiweißen der Zellmembranen durch das Einwirken von hohen Temperaturen, höheren Konzentrationen von Salzen, Säuren oder Laugen sowie durch Wasserverluste beim Trocknen,
◆ das Platzen der Zellwände beim Hitzegaren durch den im Zellinneren gebildeten Wasserdampf (vor allem bei pflanzlichen Lebensmitteln),
◆ der Entzug von intrazellulärem Wasser durch hohe Salzkonzentrationen, verbunden mit einem Schrumpfen der Zellen und dem Austritt von weiteren Zellinhaltsstoffen.

1.2 Veränderungen an Kohlenhydraten

Die komplexen Kohlenhydrate stellen einen wesentlichen Anteil der Nahrungsenergie. Sie sind erst nach einer Wärmebehandlung für den Organismus verwertbar.

Quellen und Verkleistern von Stärke

Stärke (und tierisches Glykogen) liegt in unbearbeiteten Lebensmitteln in Form von kompakten Stärkekörnern vor. Diese sind unverdaulich, da sie weder von der α-Amylase der Verdauungssäfte (Speichel, Bauchspeicheldrüse) noch von den Enzymen der Darmbakterien gespalten werden können. Eine Verwertung ist erst nach Wasseraufnahme durch Quellen und Verkleistern möglich, wobei die kristalline Struktur der Stärkekörner auseinander bricht.

Beim Quellen und Verkleistern durch Erwärmen in Gegenwart von Wasser wird die kristalline Struktur des Stärkekorns durch Einlagerung von Wasser gelockert. Quellen und Verkleistern gehen nahtlos ineinander über. Das Verkleistern beginnt bei 60 bis 65 °C. Die Viskosität des Kleisters nimmt bis zum Erreichen eines Maximums, das bei den einzelnen Stärkearten zwischen 79 und 96 °C liegt, ständig zu. Auch die Menge des aufgenommenen Wassers hängt von der jeweiligen Stärkeart ab. Beim längeren Einwirken von Temperaturen um 100 °C sowie oberhalb von 100 °C nimmt die Viskosität wieder ab (dünner werden von angedickten Speisen bei längerem Kochen).

Die einzelnen Stärkesorten unterscheiden sich in den Relationen, in denen die beiden Stärkeformen Amylose und Amylopektin am Aufbau des Stärkekorns beteiligt sind. Dieses Verhältnis bestimmt die (mikroskopische) Form des Stärkekorns und ist für das graduell unterschiedliche Verhalten der Stärken beim Verkleistern verantwortlich.

Mehlgeschmack/Mehlschwitze (Roux)

Der typische Mehlgeschmack von frisch gequollener Stärke (mit Mehl angedickte Saucen, Mehlsuppen) wird durch die Raumstruktur der gerade in Lösung überführten Amylose bedingt. Diese Raumstruktur (spiralförmige Gestalt des Amylosemoleküls) wird erst durch längeres Kochen (mindestens 15 Minuten) vollständig zerstört. Beim Erhitzen in Fett (Bereitung einer Mehlschwitze) werden die Stärkemoleküle oberhalb von 100 °C schrittweise in kleinere, aber größtenteils noch höhermolekulare Bruchstücke gespalten, die keinen Mehlgeschmack mehr zeigen. Beim weiteren Erhitzen (dunkle Mehlschwitze) werden in der nunmehr ablaufenden nichtenzymatischen Bräunungsreaktion dunkel gefärbte Produkte gebildet (sog. Melanoidine, siehe Kapitel 1.3), die zum Teil Aromastoffe sind. Die Wasserbindungskapazität von Mehlschwitzen nimmt mit zunehmender Erhitzungsdauer und Temperatur ab.

Gelbildung und Regradation der Stärke

Ausgequollene Stärke verfestigt sich beim Abkühlen bei 38 °C unter der Ausbildung von Gelen (sog. Puddingeffekt). Dabei kristallisiert ein Teil der Amylose aus. Diese aus Amylosekristallen bestehende kristalline Stärke (auch regradatierte Stärke genannt) kann durch erneutes Erwärmen nicht wieder in Lösung gebracht und von den Verdauungssäften deshalb nicht gespalten werden. Kristalline Stärke wird der Gruppe der sog. resistenten Stärken zugeordnet. Amylopektin kristallisiert beim Abkühlen im Gegensatz zur Amylose nicht aus.

Die Konsistenz von Stärkegelen hängt vom Verhältnis ab, in dem in der jeweiligen Stärke Amylose und Amylopektin vorliegen. Stärke mit einem hohen Anteil an Amylopektin ergibt relativ durchscheinende, lockere Gele, Stärke mit einem hohen Anteil an Amylose dagegen trübere, festere Gele. Für die Herstellung von Süßspeisen eignen sich daher die gängigen Stärkesorten mit einem verhältnismäßig hohen Amyloseanteil von 20 bis 25 % (Getreide-, Kartoffel- und Tapiokastärke).

Verkleisterte Kartoffelstärke bleibt bei vergleichbaren Konzentrationen länger flüssig als andere Stärken und neigt zum Fadenziehen. Dieses besondere Verhalten der Kartoffelstärke hängt allerdings stark von der Salzkonzentration im Stärkekleister ab.

Zellulose

Zellulose ist unverdaulich und wird bei den üblichen Garprozessen nicht verändert. Lediglich bei Temperaturen oberhalb von 100 °C wird sie geringfügig hydrolisiert (Dampfdruckgaren). Die dabei erfolgende Auflockerung der Zellulosefasern und Verkleinerung des Zellulosemoleküls ermöglicht jedoch keine Spaltung durch die Verdauungssäfte des Menschen. Sie verbessert lediglich die Verwertung der Zellulose durch die Darmbakterien.

Karamellisierung von Rohrzucker

Beim Erhitzen von kristallinem Rohrzucker wird aus dem Zuckermolekül Wasser abgespalten. Es entstehen dabei viele unterschiedliche Abbauprodukte, u. a. Aromastoffe, und der Geschmacksverstärker Maltol. Das Mengenverhältnis, in dem diese Abbauprodukte gebildet werden, differiert in Abhängigkeit von der Höhe der einwirkenden Temperatur sowie von der Dauer der Einwirkung und ist für die Unterschiede im Aroma einzelner Chargen verantwortlich. Bei höheren Temperaturen wird der Zucker weiter zersetzt unter Bildung von Produkten mit bitterem Geschmack.

1.3 Veränderungen an Eiweißen

Im Verlauf von Garprozessen erfolgen an den Eiweißen eine Vielzahl von unterschiedlichen Veränderungen, teilweise in Abhängigkeit von der jeweiligen Garmethode (Einwirken von Wärme bzw. Säure):

◆ Quellen von komplexen Eiweißstrukturen (Lockerung von Bindegewebe bei Fleisch und Fisch).

◆ Schrumpfen von komplexen Eiweißstrukturen (Bindegewebseiweiße bei Fleisch und Fisch).

◆ Zerstörung der geordneten Raumstruktur (Denaturierung).

◆ Thermische Zersetzung bei hohen Temperaturen unter Bildung von kohlenstoffreichen und schwefelhaltigen Substanzen sowie von potenziell cancerogenen Stoffen.

◆ Reaktion mit Kohlenhydraten bei Wärmeeinwirkung unter Bildung von Röststoffen einschließlich Aromastoffen (nichtenzymatische Bräunung, sog. Maillard-Reaktion).

Quellen von Eiweißstrukturen

Die Einlagerung von Wasser in komplexe Eiweißstrukturen ist ein Prozess, der bei den Eiweißen der meisten Lebensmittel kaum zu beobachten ist bzw. wegen seines äußerst geringen Umfangs vernachlässigt werden kann. Dieses Quellen von Eiweißen ist nur für die Lockerung von Bindegewebe des Fleischs beim Kochen bzw. bei der Fleischreifung von besonderer Relevanz. Beim Fisch ist dieses Quellen von Bindegewebe auf Grund seines geringen Gehaltes an Bindegewebe und dessen lockeren Struktur von untergeordneter Bedeutung. Im Verlauf der Einlagerung von Wasser werden die chemischen Bindungen im komplexen Molekül des Kollagens (Haupteiweiß des Bindegewebes) so verändert, dass dieses schrittweise wasserlöslich wird und als Gelatine extrahiert werden kann (siehe Kapitel 2.3.2.1).

Schrumpfen von komplexen Eiweißen

Das Schrumpfen von Eiweißen beim Erwärmen ist ein Prozess, der für das Bindegewebseiweiß Kollagen charakteristisch ist. Beim Überschreiten der sog. Schrumpftemperatur zieht sich gequollenes, aber noch nicht aufgelöstes Kollagen zusammen und bildet ein festes und relativ hartes Netzwerk. Im Verlauf des Schrumpfens wird bereits gebildete Gelatine zusammen mit Extraktivstoffen aus diesem Netzwerk herausgepresst. Das Fleisch wird zäh und hart.

Eiweißdenaturierung

Unter einer Denaturierung von Eiweißen wird die Zerstörung der geordneten Raumstruktur der Eiweiße durch äußere Einflüsse (Hitze, Säuren, Alkali u. a.) verstanden, ohne dass es dabei zu Veränderungen an den am Aufbau beteiligten Aminosäuren oder zu einer Spaltung der Peptidketten kommt. Die Veränderung der Raumstruktur hat Veränderungen der Eigenschaften der Eiweiße zur Folge, entweder flocken sie aus, oder sie werden verflüssigt (vorzugsweise bei der Denaturierung durch Alkali).

Denaturierte Eiweiße sind in der Regel wesentlich leichter verdaulich als native Eiweiße (leichtere Zugänglichkeit der Verknüpfungspunkte zwischen den einzelnen am Aufbau beteiligten Aminosäuren). Nur in Ausnahmefällen bzw. unter bestimmten äußeren Bedingungen bilden sich kompakte Strukturen, die für die Verdauungsenzyme schwerer zugänglich sind und deswegen langsamer gespalten werden (z. B. schwer verdauliche hart gekochte Eier).

Thermische Zersetzung

Bei höheren Temperaturen (Braten, Grillen) kommt es an den Aminosäuren zu Veränderungen, welche die Eigenschaften der Eiweiße grundlegend verändern. Es entstehen unter Austritt von Wasser viele chemisch unterschiedlich aufgebaute Substanzen, von denen eine nicht unerhebliche Anzahl unter dem Begriff Röststoffe zusammengefasst werden kann. Andere dieser beim Erhitzen gebildeten Substanzen können in höheren Konzentrationen cancerogene Wirkungen entfalten.

Die Zahl der unterschiedlichen Röststoffe ist kaum überschaubar. Sie sind für die Bräunung von gebratenem Fleisch, Fisch oder Panaden mitverantwortlich (zusammen mit Produkten der Maillard-Reaktion, siehe unten), können als Aromastoffe wirken und auch als Bitterstoffe für die Ausbildung von Fehlaromen verantwortlich sein. Ausgangsstoff für diese bitteren Substanzen, die meist erst bei höheren Temperaturen gebildet werden und übel nach verbranntem Horn riechen können, sind hauptsächlich schwefelhaltige Aminosäuren.

Aus aromatischen Aminosäuren werden neben anderen Röststoffen auch sog. heterozyklische aromatische Amine gebildet, die cancerogene Eigenschaften aufweisen. Solche Cancerogene werden vorzugsweise beim scharfen Braten oder Grillen von Fleisch gebildet, in geringerem Maße beim Braten von Fisch, aber auch in Spiegel- und Rühreiern sowie in gebratenen Pilzen und Zwiebeln kann es zur Bildung von Spuren solcher Substanzen kommen. Die im Tierversuch ermittelten Konzentrationen, die zur Bildung von bösartigen Tumoren erforderlich sind, betragen etwa das 5000fache der Menge, die der Mensch mit einer üblichen Mischkost täglich zu sich nimmt.

Nichtenzymatische Bräunung (Maillard-Reaktion)

Aminosäuren bzw. Eiweiße reagieren beim Erhitzen mit Kohlenhydraten (Zucker, Oligosaccharide, Dextrine) unter Bildung einer Vielzahl von niedermolekularen Verbindungen (sog. Maillard-Reaktion, benannt nach dem Chemiker Maillard). Diese Reaktion wird durch Temperaturen von über 100 °C wesentlich beschleunigt. Viele dieser

Substanzen sind Aromastoffe und für den typischen Geschmack hitzegegarter Lebensmittel mitverantwortlich. Unter bestimmten Voraussetzungen kann bei Temperaturen oberhalb von 120 °C auch das giftige Acrylamid gebildet werden (siehe ausführlich Kapitel 5.5.5).

Aus diesen zunächst noch farblosen Substanzen entstehen bei längerer Hitzeeinwirkung und bei höheren Temperaturen unter Austritt von Wasser Röstprodukte, die als Röststoffe für die Farbgebung mitverantwortlich sind und als zusätzliche Aromastoffe an der Ausbildung von typischen Geschmacksnuancen beteiligt sind. Schließlich bilden sich braun bis schwarz gefärbte Kondensationsprodukte (sog. Melanoidine), die z. B. für die tiefbraune Farbe der Braten- bzw. Brotkruste sorgen. Diese Melanoidine können im Darm nicht resorbiert werden und sind bis zu einem gewissen Grade offenbar in der Lage, Schadstoffe fest zu binden und somit auch deren Resorption zu verhindern, so dass diese mit dem Stuhl ausgeschieden werden.

1.4 Veränderungen an Fetten

Veränderungen an Fetten treten nahezu ausschließlich beim Garen unter hohen Temperaturen und gleichzeitigem Einwirken von Luftsauerstoff auf. Das Ausmaß und die Geschwindigkeit, mit der diese Prozesse ablaufen, werden wesentlich von der Fettsäure-Zusammensetzung des jeweiligen Fettes beeinflusst. Die Veränderungen beeinträchtigen die küchentechnischen und ernährungsphysiologischen Eigenschaften sowie den Genusswert der Fette negativ.

Bildung von Fettsäure-Oxidationsprodukten
Die Geschwindigkeit und das Ausmaß der Oxidation von Fettsäuren hängt ab von der Temperatur, von der Anwesenheit von Luftsauerstoff und von katalytisch wirkenden Substanzen wie Schwermetalle (Kupfer, Eisen) oder von fein verteiltem Kohlenstoff (z. B. verbrannte Panade) sowie von den am Aufbau der Fette beteiligten Fettsäuren. Die Oxidationsrate nimmt mit zunehmender Anzahl von Doppelbindungen in den Fettsäuren exponentiell zu, mehrfach ungesättigte Fettsäuren werden besonders schnell oxidiert (siehe Tabelle 1.1). Die verschiedenen Fette bzw. Öle sind infolgedessen in unterschiedlichem Maße gegenüber hohen Temperaturen empfindlich (siehe Tabelle 1.2). Als Anhaltspunkt für die Stabilität kann in der Praxis der Rauchpunkt des betreffenden Fettes dienen (siehe Tabelle 1.3).

Die zunächst gebildeten Oxidationsprodukte sind geschmack- und geruchlos, in höheren Konzentrationen jedoch giftig. Mit fortschreitender Dauer des Oxidationsprozesses werden die bereits oxidierten Fettsäuren in Bruchstücke gespalten, die giftig sind und einen unangenehm scharfen Geschmack aufweisen. Mit dem Auftreten dieser Spaltprodukte nimmt die Stabilität der Fette gegenüber hohen Temperaturen stark ab, ihr Rauchpunkt wird erniedrigt. Gesundheitliche Beeinträchtigungen können vorrangig durch den Verzehr von solchen frittierten Lebensmitteln ausgelöst werden, die in verbrauchtem Frittierfett zubereitet wurden. Die rechtzeitige Entsorgung dieses Fettes schaltet eine solche Gefährdung aus.

Oxidative Veränderungen an den in den Lebensmitteln eingelagerten Fetten (z. B. Marmorierung von Fleisch) treten bei den üblichen Garprozessen wegen des fehlenden direkten Kontaktes mit Luftsauerstoff und den vergleichsweise niedrigen Kerntemperaturen von weniger als 100 °C kaum auf.

Bildung von Zersetzungsprodukten
Beim Erhitzen von Fetten und Ölen auf Temperaturen von mehr als 300 °C werden diese zersetzt. Aus den Fettsäuren entstehen sehr viele niedermolekulare Substanzen, die teilweise flüchtig und zum Großteil auch giftig sind. Der Glycerinanteil des Fettes wird in Acrolein überführt. Das flüchtige Acrolein zeichnet sich durch einen stark stechenden Geruch aus und führt sehr rasch zu einer Reizung der Bindehaut des Auges sowie, bei längerem Einwirken, zu einer massiven Reizung der Schleimhäute der Atemwege. Die Bildung von solchen Zersetzungsprodukten erfolgt bei oxidierten Fettsäuren bereits bei niedrigeren Temperaturen, verbunden mit einem Rauchen des Fettes (erniedrigter Rauchpunkt).

Bildung von Trans-Fettsäuren

Beim Erhitzen von Fetten wird die Raumstruktur von einfach und mehrfach ungesättigten Fettsäuren schrittweise verändert, ohne dass es zu Änderungen in ihrer chemischen Grundzusammensetzung kommt (Umwandlung von der „natürlichen" Cis-Form in die Trans-Form). Die Trans-Fettsäuren werden im Körper nicht wie ihre entsprechenden Cis-Formen als funktionelle Bausteine benutzt, sondern sie werden relativ langsam verbrannt und dienen somit nur als Energielieferanten. In höheren Konzentrationen führen sie zu Zellschädigungen.

Trans-Fettsäuren werden in wesentlichen Mengen nur bei der Verwendung von ungeeigneten Fetten als Frittierfett (Öle und Fette mit niedrigem Rauchpunkt) gebildet. Sie finden sich weiterhin auch in verbrauchten Frittierfetten. Auch gehärtete Fette, die mit veralteten Technologien produziert wurden, können unvertretbar hohe Mengen an Trans-Fettsäuren enthalten. Diese überholten Verfahren werden in Deutschland seit Jahren nicht mehr eingesetzt.

In den USA wurden in Proben von Frittiergut (Pommes frites) bis zu 30 % Trans-Fettsäuren gefunden.

Trans-Fettsäuren werden auch durch Mikroorganismen gebildet, die im Pansen von Kühen beim Wiederkäuen für den Aufschluss des Futters sorgen. Diese Trans-Fettsäuren werden vom Darm der Kühe resorbiert und in das Milchfett eingebaut, das etwa 5 % Trans-Fettsäuren enthält.

Tabelle 1.1:
Relative Geschwindigkeit der Oxidation von Fettsäuren mit unterschiedlicher Anzahl an Doppelbindungen (bezogen auf die gesättigte Stearinsäure = 1)

Fettsäure	Anzahl der Doppelbindungen	Oxidationsgeschwindigkeit
Stearinsäure	0	1
Ölsäure	1	100
Linolsäure	2	1200
Linolensäure	3	2500

Tabelle 1.2:
Relative Stabilität verschiedener Fette bzw. Öle gegenüber hohen Temperaturen (bezogen auf die Stabilität von Sonnenblumenöl, das reich an mehrfach ungesättigten Fettsäuren ist)

Sonnenblumenöl, Sojaöl	1,0
Erdnussöl	1,2
Palmöl	1,5
Schweineschmalz	2,0
Butterschmalz, gehärtetes Sojaöl	2,3
Kokosfett, Rindertalg	2,4
gehärtetes Erdnussöl	4,4
spezielle Frittierfette	> 4,5

Tabelle 1.3:
Rauchpunkt ausgewählter Fette und Öle

Butterschmalz	150 °C	Pflanzenöle	um 220 °C
Schweineschmalz	190 °C	Pflanzenfette	220 bis 230 °C
Rindertalg	220 °C	Frittierfette	um 230 °C

Die in Deutschland hergestellten Margarinesorten enthalten im Durchschnitt 1 % Trans-Fettsäuren, Diät-Margarine ist davon frei! Die durch den Verzehr von Butter bzw. Margarine aufgenommenen Mengen sind unbedenklich.

1.5 Veränderungen beim Garen von Fleisch

Beim Garen von Fleisch kommt es zu spezifischen Veränderungen, die durch die komplexe Zusammensetzung des Fleischs bedingt sind und in Abhängigkeit von dem jeweiligen Teilstück und dessen Vorbehandlung Besonderheiten aufweisen. Das betrifft vor allem

◆ das Vorkommen von Bindegewebe und dessen Organisation sowie den Grad seiner Lockerung während der Reifung des Fleischs (Abhängen),

◆ das Vermögen des Fleischs, Wasser in Form von Fleischsaft festzuhalten (sog. Wasserbindungskapazität),

◆ den Fettgehalt des Fleischs und dessen Anordnung im Muskel (Marmorierung), zwischen einzelnen Muskelpaketen bzw. als Speicherfett aufgelagertes Fett,

◆ die Bildung von Röst- und Aromastoffen beim Garen mit Hilfe trockener Garverfahren (nichtenzymatische Bräunungsreaktion).

Außerdem können Fleischfehler das Garverhalten, vornehmlich aber das Garergebnis in Hinblick auf die sensorischen Eigenschaften des gegarten Fleischs beeinflussen.

1.5.1 Bindegewebe

Das Bindegewebe sichert durch seine Struktur und Festigkeit die Stabilität von Geweben und Körperorganen. In der Muskulatur sorgt es für den Zusammenhalt der einzelnen Muskelpakete und ermöglicht als Baustein von Sehnen die Übertragung von Muskelarbeit. Wesentlicher Bestandteil des Bindegewebes sind Bindegewebseiweiße, die für die Stabilität verantwortlich sind. Das wichtigste Eiweiß im Bindegewebe des Fleischs ist das Kollagen, in dem 3 lange Eiweißketten zu einem komplexen Molekül verdrillt

sind. Mit zunehmendem Alter der Tiere werden die Moleküle immer stärker verdrillt und mit Nachbarmolekülen vernetzt, so dass sich das Bindegewebe verfestigt, ohne dass sein Anteil an der Muskelmasse zunimmt. Die mit fortschreitendem Alter der Tiere zu beobachtende Zähigkeit der einzelnen Teilstücke ist somit nicht auf einen höheren Gehalt an Bindegewebe im Vergleich zu jüngeren Tieren zurückzuführen, sondern lediglich auf die veränderte strukturelle Anordnung im Kollagen.

Bei nicht zerlegtem Fleisch (z. B. Rinder- oder Schweinehälften) macht der Bindegewebsanteil etwa 12 % aus. In den einzelnen bereits parierten Fleischteilstücken ist er unterschiedlich groß, der Mittelwert beträgt zirka 7 %. Er nimmt im (stehenden) Tier von oben nach unten gesehen zu und ist in der Rinderhesse am höchsten, am niedrigsten in der Lende, hauptsächlich im Filetstück.

In Fischen ist der Gehalt an Bindegewebe geringer als im Fleisch von Schlachttieren. Insbesondere ist der Gehalt an Kollagen wesentlich niedriger, das auch vergleichsweise weniger vernetzt ist. Wegen seiner lockeren Struktur zerfällt Fisch beim unachtsamen Garen bekanntlich sehr rasch, außerdem ist auf Grund dessen die Gefahr eines Verderbs wesentlich größer, da Mikroorganismen leichter in das lockere Gefüge des Fischfleischs eindringen können.

1.5.2 Fleischreifung (Abhängen)

Bei der als Fleischreifung bezeichneten Nachbehandlung des schlachtfrischen Fleischs wird das feste Netzwerk aus Bindegewebsfasern gelockert und in geringem Umfang gespalten. Bei nicht erfolgter bzw. mangelhafter Fleischreifung schrumpft beim Hitzegaren das nicht gelockerte Bindegewebe stark, so dass das Fleisch zäh und hart wird.

Für die Fleischreifung können diese Verfahren eingesetzt werden:

◆ Abhängen (Fleischreifung im engeren Sinn)

◆ Vakuumreifung

◆ Behandlung mit Zartmachern

◆ Einlegen in eine Marinade (Beizen)

Abhängen von Fleisch (Schlachttiere)

Fleisch wird im Kühlraum abgehängt. Die niedrigen Temperaturen verhindern die rasche Vermehrung von Keimen, die auch beim schlachtfrischen Fleisch zu einem schnellen Verderb führen können. Die Temperatur darf jedoch nicht unter den Gefrierpunkt absinken, da es sonst zu einem irreversiblen Stopp des Reifungsprozesses kommen kann. Gefrostetes Fleisch kann folglich nicht durch Abhängen nachträglich gereift werden.

Beim Abhängen laufen, stark vereinfacht, schrittweise folgende Prozesse ab:

◆ Das in den Muskelzellen vorhandene Glykogen wird durch zelleigene Enzyme zu Milchsäure abgebaut.

◆ Die Milchsäurebildung führt zu einer leichten Erniedrigung des pH-Wertes des Fleischs (leichte Säuerung).

◆ Das leicht saure Milieu innerhalb der Muskelzellen bewirkt, dass das Fleisch widerstandsfähiger gegenüber einer Besiedlung mit Mikroorganismen ist, dass das Kollagen leicht gelockert wird und durch die Aufnahme von Wasser geringfügig quillt, dass in den Muskelzellen weitere Enzyme aktiviert werden, die nur im leicht sauren Bereich wirksam sind (sog. saure Hydrolasen), dass die Pökelbereitschaft des Fleischs erhöht wird, dass das Wasserbindungsvermögen des Fleischeiweißes abnimmt.

◆ Die sauren Hydrolasen katalysieren den partiellen Abbau von zahlreichen polymeren Zellbestandteilen wie Kollagen (Spaltung durch das Enzym Kathepsin, verbunden mit einer weiteren Lockerung der Bindegewebsstruktur), Nucleinsäuren (Freisetzung von sog. Nucleotiden, u. a. Inosinsäure und Guanylsäure, die als Geschmacksverstärker wirken), Eiweiße (zusätzlich zum Kollagen und unter Freisetzung von Aminosäuren) sowie andere polymere Substanzen (unter Freisetzung von Extraktivstoffen).

◆ Die gebildete Milchsäure sowie die freigesetzten Geschmacksverstärker und Extraktivstoffe werten das Fleisch in geschmacklicher Hinsicht auf.

◆ Das geringere Wasserbindungsvermögen des Muskeleiweißes führt zu unterschiedlich großen Tropfverlusten und ist dafür verantwortlich, dass abgehangenes Fleisch im Gegensatz zu schlachtwarmem Fleisch nicht in der Lage ist, zugesetztes Fremdwasser zu binden. Zur Herstellung von Brät aus abgehangenem Fleisch ist es deshalb erforderlich, sog. Kutterhilfsmittel zuzusetzen, die dieses mangelhafte Wasserbindungsvermögen ausgleichen.

Die zur Fleischreifung benötigte Zeit hängt ab
◆ von der Tierart (entscheidender Faktor),
◆ vom Alter der Tiere (zunehmende Vernetzung des Bindegewebes mit fortschreitendem Alter und entsprechend längerer Reifedauer),
◆ vom vorgesehenen Verwendungszweck der Fleischteilstücke (siehe Tabelle 1.4).

Die Reifungsdauer kann bis zu einem bestimmten Grad durch Änderungen der Temperatur zum Abkühlen und zur Reifung gesteuert werden (insbesondere beim Rind). Bei der in der Praxis üblichen einheitlichen Reifungsdauer für die jeweilige Tierart kann unter Umständen ein Nachreifen von solchen Fleischteilstücken angebracht sein, die für ein Kurzbraten vorgesehen sind.

Tabelle 1.4:
Reifungsdauer des Fleischs verschiedener Schlachttiere
(Durchschnittswerte für das Abhängen bei 3 °C)

Geflügel	mindestens 36 Stunden
Schwein	60 Stunden
Kalb	7 Tage
Rind	14 Tage
zum Kochen	3 bis 6 Tage
zum Braten	7 bis 10 Tage
zum Kurzbraten	11 bis 14 Tage

Bei der Bereitung von gekochten bzw. geschmorten Fleischgerichten mit schlecht abgehangenem Fleisch kann dieser Nachteil durch längere Garzeiten teilweise ausgeglichen werden (längere Zeit zum Quellen von Kollagen und dessen teilweiser Überführung in Gelatine).

Bei zu langem Abhängen bzw. zu langer Lagerung steigt im Fleisch der pH-Wert wieder an. Bei einem pH-Wert größer als 6,0 wird das Fleisch anfällig gegenüber einem überschießenden Bewuchs mit Mikroorganismen (Gefahr des Verderbs).

Abhängen von Wild

Für das Abhängen von Wild, das in Gattern gehalten wurde, gelten im Wesentlichen die gleichen Gesichtspunkte wie für das Fleisch von Schlachttieren, allerdings unter der Voraussetzung, dass die Tötung genau so schonend wie bei Schlachttieren erfolgte.

Bei bejagtem Wild sind in der Regel die Glykogenvorräte des Muskels durch die stressbedingten Reaktionen der Tiere und der Muskelarbeit bei der Flucht nahezu vollständig aufgebraucht. Beim Abhängen können deshalb meist nur minimale Mengen an Milchsäure gebildet werden. Der pH-Abfall ist folglich geringer. Der Abbau von Kollagen erfolgt aus diesem Grund langsamer und in wesentlich kleinerem Umfang, so dass die gewünschte Verbesserung der Fleischqualität nicht im erhofften Ausmaß erfolgt. Bei jüngeren Tieren ist das kaum von Bedeutung, da bei ihnen das Bindegewebe noch nicht in dem Maße verfestigt ist wie bei älteren.

Ein längeres Abhängen führt beim Fleisch älterer Tiere zu keiner Verbesserung der Qualität. Es besteht vielmehr die Gefahr eines raschen Anstiegs des pH-Wertes in den Neutralbereich und eines Befalls des Fleischs mit Fäulniserregern. Das Auftreten des typisch strengen Geruchs von zu lange abgehangenem Wild (Hautgout) ist ein Zeichen einer bereits begonnenen Zersetzung von Eiweiß.

Vakuumreifung

Die Reifung von Fleisch im Vakuum (Vakuumierbeutel) ist arbeitsaufwendig und kostenintensiv. Als Vorteil des Verfahrens gelten geringere Gewichtsverluste, da kein Fleischsaft abtropft. Es wird in der Praxis jedoch kaum angewandt. Mit dieser Methode kann allerdings versucht werden, mangelhaft abgehangenes Fleisch nachreifen zu lassen, hauptsächlich preisintensive Teilstücke, die zum Kurzbraten eingesetzt werden sollen.

Bei der Anwendung der Vakuumreifung sind nachstehende Punkte zu beachten:

◆ Das Fleisch darf vor der Vakuumierung nicht gefrostet oder unterkühlt worden sein (Temperaturen unter 0 °C, bei denen es noch nicht zum Gefrieren des Fleischs kommt).

◆ Die Vakuumreifung muss bei einem vorzeitigen Stopp des Abhängens (Unterbrechung der Reifung) umgehend eingeleitet werden.

◆ Es darf nur hygienisch einwandfreies Fleisch eingesetzt werden, bei dem keine Belastung mit Mikroorganismen zu erkennen ist. Anaerob wachsende Keime können sich im Vakuum besonders gut vermehren, so dass die Gefahr eines Verderbs einschließlich der Bildung von Bakterientoxinen sehr groß sein kann.

Behandlung mit Zartmachern („Tenderizers")

Zartmacher sind Enzyme, die Eiweiße partiell spalten, vor allem Bindegewebseiweiße. Sie werden aus Pflanzen gewonnen (Papain aus Papayafrüchten, Bromelin aus Ananas, Ficin aus Feigen). Dieses kostengünstige Verfahren wird in der Industrie in erster Linie bei der Verarbeitung von Fleisch älterer Schlachttiere zu Fleischerzeugnissen eingesetzt. Am effektivsten ist die Injektion der Zartmacher direkt vor oder sofort nach der Schlachtung in die Arterien der Tiere. Weniger wirkungsvoll ist die Injektion nach der Schlachtung direkt in die Muskulatur. In Deutschland wird dieses Verfahren kaum praktiziert.

Die nachträgliche Behandlung der Oberfläche von schlecht abgehangenen und zum Kurzbraten vorgesehenen Fleischstücken mit Zartmachern ist wenig wirkungsvoll, auch wenn von den Produzenten (vorzugsweise Hersteller von Gewürzmischungen) deren Einsatz empfohlen wird. Das Einreiben von Fleisch mit dem Saft von Ananas oder Papayafrüchten mehrere Stunden vor dem Verarbeiten bringt ebenfalls kaum einen Erfolg. Die Zartmacher bzw. die Säfte der Früchte dringen nicht ausreichend tief in das nicht mehr durchblutete Fleisch ein. Die Schnittflächen der so behandelten Fleischstücke zeigen nach dem Braten meist eine relativ weiche Beschaffenheit, innen bleibt das Fleisch dagegen verhältnismäßig zäh. Ein geringer Effekt ist höchstenfalls bei zerkleinertem Fleisch (Geschnetzeltes oder klein geschnittener Gulasch) zu erwarten.

Einlegen in eine Marinade (Beizen)

Beim Einlegen von Fleisch in eine saure Marinade (Essig, Rotwein, Weißwein) kommt es zum Quellen der Eiweiße einschließlich des Kollagens und in geringem Maße (wie beim Abhängen) zu einer Aktivierung von zelleigenen Enzymen (saure Hydrolasen). Durch Marinieren kann ein Abhängen jedoch nicht ersetzt werden. Es kann schlecht abgehangenes Fleisch nur in begrenztem Umfang nachträglich etwas lockern, Fleisch von Schlachttieren bzw. von bejagtem Wild im Genusswert aufbessern und zur Ausbildung eines typischen Geschmacks beitragen.

Eine Marinade dringt im Verlauf eines Tages nur etwa 1 cm tief in das Fleisch ein. Folglich muss relativ lange mariniert werden (mehrere Tage), um eine gewisse Lockerung des Bindegewebes und eine geschmackliche Veränderung des Fleischs zu erreichen.

1.5.3 Veränderungen beim Garen durch Wärmeeinwirkung

Bei Garprozessen laufen im Fleisch mit ansteigender Temperatur teilweise aufeinander folgend bzw. parallel nachstehende Prozesse ab:

- Quellen der Eiweiße unter Aufnahme von Wasser
- Schrumpfen des Bindegewebskollagens
- Denaturierung der Eiweiße
- Extraktion von Gelatine
- Bildung und Extraktion von Extraktivstoffen (Röst- und Aromastoffe, Geschmacksverstärker, Mineralstoffe)

Quellen von Eiweißen

Bei langsamer Temperaturerhöhung wird zwischen die eiweißhaltigen Bindegewebsfasern (insbesondere an das Kollagen) und die Eiweißbausteine der Muskelzellen zunehmend Wasser eingelagert, wodurch die Eiweiße quellen. Der Umfang dieser Wassereinlagerung ist umso größer, je langsamer die Temperaturerhöhung erfolgt. Im Kollagen des Bindegewebes werden dabei weitere Quervernetzungen zwischen den einzelnen Kollagenfasern aufgebrochen, so dass bei Temperaturen oberhalb von 40 °C Teile des Kollagens in wasserlösliche Gelatine überführt werden.

Schrumpfen des Bindegewebskollagens

Beim weiteren Erhitzen zieht sich das gequollene, noch vernetzte und nicht in Gelatine überführte Kollagen zusammen und bildet ein festes und verhältnismäßig hartes Netzwerk. Dieses Schrumpfen beginnt bei einer jeweils charakteristischen Temperatur (sog. Schrumpftemperatur), die sich bei den verschiedenen Schlachttieren nur geringfügig unterscheidet und nur bei Fischen etwas niedriger ist:

Kollagen von Fischen	etwa 45 °C
Kollagen von Schlachttieren	60 bis 65 °C

Im Verlauf des Schrumpfungsprozesses werden die bereits gebildete Gelatine und Extraktivstoffe (siehe unten) aus dem Fleischstück herausgepresst. Das Quellen von verbliebenem Kollagen und dessen Überführung in Gelatine erfolgt oberhalb der Schrumpftemperatur wesentlich langsamer.

Die Überführung von Kollagen in Gelatine und das Schrumpfen werden durch Salzzugabe kaum beschleunigt. Durch Salz wird lediglich die Extraktion von bereits gebildeter Gelatine, von anderen, relativ gut wasserlöslichen Eiweißen und von Extraktivstoffen gefördert. Das Ausmaß und die Geschwindigkeit der Kollagenlockerung sowie der Bildung von Gelatine hängt im Wesentlichen von der Beschaffenheit des Bindegewebes ab (Alter der Tiere, Fleischteilstück und Effektivität der vorausgegangenen Fleischreifung).

Die Schrumpftemperaturen, die sich bei den einzelnen Tierarten unterscheiden, beeinflussen diese Prozesse nicht.

Denaturieren von Eiweißen (Gartemperatur, Kerntemperatur)

Die Gartemperatur ist die Temperatur, bei der alle Eiweiße des Fleischs denaturiert worden sind. Sie ist nicht mit der Schrumpftemperatur des Kollagens identisch. Die Gartemperaturen liegen jedoch mit 65 bis 70 °C nur wenig oberhalb der Schrumpftemperatur. Fleisch und Fisch gelten als hinreichend gegart, sobald diese Temperatur auch im Inneren eines Fleischteilstücks (Kerntemperatur) oder eines Fischs erreicht ist, vorausgesetzt, das Bindegewebe ist bereits genügend gelockert.

Die vollständige Kontraktion des Kollagens und die Verfestigung des gesamten Fleischsaftes ist bei 70° C abgeschlossen, lediglich bei gepökelten und geräucherten Fleischwaren bereits bei 63 bis 65° C, so dass bei diesen Produkten (z. B. Kasseler, Schinken in Brotteig) niedrigere Kerntemperaturen zum Garen ausreichen. (Pökelsalz bzw. Inhaltsstoffe des Rauchs begünstigen das Denaturieren von Eiweiß und bis zu einem gewissen Grad das Abtöten von Mikroorganismen.)

Auch nach längerem Garen bei Temperaturen über 100 °C erreicht die Kerntemperatur nie 100 °C, sie liegt im besten Fall 1 bis 2 °C unter dem Siedepunkt des Wassers. Bei kurz gebratenem Fleisch liegen die Kerntemperaturen oft noch unterhalb der Gartemperatur (Steak medium etwa 65 °C, Steak rare 30 bis 40 °C, Roastbeef rosa 50 bis 52 °C).

Eine Vielzahl von Keimen, hauptsächlich Salmonellen, werden unterhalb von 70 °C noch nicht abgetötet (Salmonellen beim Einwirken von 70 °C für mindestens 10 Minuten). Beim Garen von Geflügel sollte deswegen eine Kerntemperatur von wenigstens 80 °C erreicht werden (siehe ausführlich Kapitel 5.1).

Wegen der zunehmenden Belastung von Rindfleisch mit den in erster Linie für Kleinkinder, Kranke und Senioren gefährlichen EHEC-Erregern wird dringend empfohlen, bei der Ernährung dieses Personenkreises nur gründlich durcherhitztes Rindfleisch einzusetzen (siehe Kapitel 5.1.1.3).

Extraktion von Gelatine

Die aus Kollagen gebildete Gelatine wird zunächst beim Schrumpfen teilweise aus dem Fleischteilstück herausgepresst. Die restliche Gelatine wird beim weiteren Erwärmen nur langsam und auch nicht vollständig extrahiert. Dieser Extraktionsprozess kann durch die Zugabe von Salz beschleunigt werden. (Ansetzen von Fleisch bzw. Knochen unter Salzzugabe und langsames Erhitzen zum Bereiten von Brühen.) Eine bestimmte Menge an Gelatine bleibt in den Räumen zwischen den einzelnen Muskelpaketen liegen, bildet dort beim Abkühlen ein festes Gel und ist somit an der Verfestigung von gebratenem oder gekochtem Fleisch beteiligt.

Extraktion von Extraktivstoffen

Die Extraktion von wasserlöslichen Extraktivstoffen verläuft parallel zu den Veränderungen an den Eiweißen und der Extraktion von Gelatine. Bei den bereits im frischen Fleisch vorliegenden Extraktivstoffen handelt es sich um freie Aminosäuren, biogene Amine, stickstoffhaltige Substanzen wie Kreatin und Purinkörper sowie um zahlreiche andere Substanzen. Glutamat (Aminosäure) sowie Guanylsäure und Inosinsäure (Purinkörper) sind als Geschmacksverstärker von besonderer Bedeutung.

Zahlreiche weitere Extraktivstoffe werden bei Temperaturen oberhalb von 100 °C gebildet (Röststoffe, die als Aromastoffe bzw. natürliche Farbstoffe wirken, siehe auch nichtenzymatische Bräunung, Kapitel 1.3). Sie gehen nach ihrer Extraktion in den Bratensaft über.

Veränderungen beim Braten und Grillen

Bei der Einwirkung von trockener Hitze oberhalb von 100 °C (Braten, Grillen) kommt es an den äußeren Fleischschichten zu zusätzlichen Veränderungen, die vor allem die Eiweiße betreffen, in die aber auch andere Inhaltsstoffe – vorwiegend Kohlenhydrate – einbezogen sind:

- ◆ Ausbildung einer Bratenkruste.
- ◆ Bildung von speziellen Bräunungsprodukten und Aromastoffen bei der nichtenzymatischen Bräunung.
- ◆ Bildung von andersartigen Röstprodukten und Aromastoffen (Extraktivstoffe).
- ◆ Bildung von potenziell cancerogenen (krebserregenden) Substanzen.

Die Bratenkruste besteht größtenteils aus koaguliertem Eiweiß. Ihre Festigkeit ist die Folge des Verdampfens von Gewebswasser aus den Randschichten, wodurch das Austreten von Fleischsaft und ein Austrocknen des Bratenstücks verhindert werden. Zusätzlich entstehen Bräunungs-, Röst- und Aromastoffe, die für die Farbe und den typischen Geschmack der Bratenkruste sowie des Bratensaftes verantwortlich sind.

Bedeutung des Fettgehaltes

Beim Fettgehalt von Fleischteilstücken muss unterschieden werden zwischen

◆ kleinen Fettadern, die in die Muskeln eingelagert sind (Marmorierung),
◆ Fettdepots, die zwischen den Muskelsträngen liegen (durchwachsenes Fleisch),
◆ Fettschichten, die auf die Muskelpakete aufgelagert sind (Speck).

Das in Form von feinen Fettadern in die eigentliche Muskulatur eingelagerte Fett macht auch bei gutem Ernährungszustand der Tiere nur etwa 2 % der gesamten Fleischmasse aus und bleibt auch mit zunehmendem Alter der Tiere relativ konstant. Es bindet die beim Garen gebildeten fettlöslichen Aromastoffe und hat somit als Aromaträger wesentlichen Anteil an der Geschmacksentfaltung von gegartem Fleisch.

Das Fett im durchwachsenen Fleisch variiert mengenmäßig in Abhängigkeit von der Tierart und der Rasse sowie vom Alter und dem Ernährungszustand der Tiere. Es fixiert ebenfalls fettlösliche Aromastoffe, verhindert beim Garen einen größeren Wasserverlust und trägt somit maßgeblich bei, dass die Fleischteilstücke auch bei längerem Garen saftig bleiben.

Das den Fleischteilstücken aufgelagerte Fett ist nur beim Schwein als Speck von Bedeutung. Es unterscheidet sich in seiner Fettsäure-Zusammensetzung und hat auch einen höheren Schmelzpunkt (höherer Anteil an langkettigen gesättigten Fettsäuren). Beim Braten verhindert es als wasserunlösliche Barriere ein unerwünschtes Austrocknen.

Das Muster der am Fettaufbau beteiligten Fettsäuren ist zunächst für jede Tierart und für die entsprechenden Teilstücke charakteristisch. Es zeigt bei Tieren unterschiedlichen Geschlechtes nur geringe Abweichungen. Es kann aber durch Fette, die mit dem Futter aufgenommen werden, in gewissem Maße variiert werden, wodurch es zu geschmacklichen Unterschieden kommen kann (beispielsweise das Verfüttern von Nüssen an Truthühner).

Der unter ernährungsphysiologischen Aspekten oft als zu hoch und damit als ungesund beschriebene Fettgehalt von Fleisch ist bei durchwachsenem Fleisch bzw. bei schlecht parierten Fleischstücken berechtigt, nicht aber bei mageren bzw. vorschriftsmäßig von anhaftendem Fettgewebe befreiten Stücken. Es ist allerdings darauf zu achten, dass Bratfett nur sparsam eingesetzt wird. Als Bratfett ist Pflanzenölen mit hoher Hitzestabilität und ernährungsphysiologisch günstiger Fettsäure-Zusammensetzung der Vorzug zu geben (Rapsöl, raffiniertes Olivenöl) bzw. speziellen, auf der Basis von pflanzlichen Fetten und Ölen industriell gefertigten Bratfetten. Tierische Fette wie Schweineschmalz sind aus oben genannter Sicht nicht zu empfehlen und sollten nur Ausnahmefällen wie typischen Nationalgerichten vorbehalten bleiben (z. B. ungarisches Pörkölt).

Wasserbindungskapazität

Ein im Verlauf von Garprozessen stattfindender Verlust von Fleischsaft, der mengenmäßig gesehen das übliche Maß überschreitet, bedingt zähe und trockene Bratenstücke. Solche Verluste von Fleischsaft sind vorzugsweise auf eine überdurchschnittlich niedrige Wasserbindungskapazität zurückzuführen oder auf einen vor dem Garprozess erfolgten Entzug von Wasser aus dem Fleisch als Folge einer unsachgemäßen Vorbehandlung (das Salzen des Fleischs längere Zeit vor dem Garen, fehlerhaftes Einfrieren und Auftauen).

Eine (natürliche) Reduzierung der Wasserbindungskapazität des Fleischs erfolgt beim Abhängen (siehe Kapitel 1.5.2). Eine über diese Norm hinausgehende Erniedrigung kann weiterhin bedingt sein durch eine unsachgemäße Lagerung (meist zu lang) oder durch Fleischfehler, vor allem beim Schwein (PSE-Fleisch, siehe Kapitel 2.3.2.1).

1.6 Veränderungen beim Zubereiten und Garen von Gemüse und Obst

Neben den erwünschten Gareffekten können beim Zubereiten und Garen an Gemüse und Obst auch unerwünschte Veränderungen erfolgen, die den Nähr- bzw. Genusswert schmälern. Einige dieser Reaktionen laufen bereits beim Stehen von zubereitetem (geschnittenem) Gemüse bzw. Obst bei Zimmertemperatur ab, oft durch die Einwirkung von Luftsauerstoff. Die erwünschten bzw. auch nicht gewünschten Gareffekte betreffen

◆ Veränderung der Konsistenz,
◆ Veränderungen von Farbe und Aroma und/oder
◆ Verluste von Nährstoffen.

Veränderung der Konsistenz

Die Veränderungen an der Konsistenz sind im Wesentlichen Verluste der Stabilität, die sich in einer verminderten Bissfestigkeit äußern, und zwar als Folge

◆ einer Wärmebehandlung,
◆ eines Abbaus von festen Strukturbestandteilen durch zelleigene Enzyme der Gemüse, die beim Vorbereiten durch Verletzung der Zellen aktiviert werden, und/oder
◆ von Wasserverlusten, insbesondere durch Verdunsten bei längerem Lagern (welken).

Beim Kochen platzen die überwiegend sehr festen Pflanzenzellen als Folge des sich im Zellinneren entwickelnden hohen Wasserdampfdrucks (teilweise bereits bei Temperaturen unterhalb von 100 °C). Auch die meist in Bündeln angeordneten Pflanzenfasern werden aus dem gleichen Grund gelockert. Bei Kartoffeln bzw. stärkehaltigen Gemüsesorten kommt es außerdem zum Quellen der Stärke, das mit beträchtlichen Veränderungen der Konsistenz nicht nur der Stärke, sondern auch des betreffenden Lebensmittels verbunden ist (siehe Kapitel 1.2).
Beim Schneiden von Gemüse und Obst werden stets Pflanzenzellen beschädigt. Dadurch werden in bestimmten Sorten zelleigene Enzyme aktiviert, die Veränderungen an bestimmten Lebensmittelinhaltsstoffen katalysieren. In den intakten Zellen wirken solche Enzyme nicht bzw. nur sehr langsam. Einige dieser Enzyme greifen an solchen Makromolekülen an, die am Aufbau von Faserstrukturen beteiligt sind, und bauen diese partiell ab. Solche Faserstrukturen stabilisieren vornehmlich die Konsistenz von wasserreichen Gemüsearten, wie z. B. Gurken und Tomaten. Parallel zur Stabilitätseinbuße kommt es dann zu einem massiven Austritt von Zellflüssigkeit (wässrig werden von zu lange vorbereiteten Salaten).

Farbveränderungen

Ursachen für Farbveränderungen sind

◆ Oxidation von farblosen bzw. farbgebenden Inhaltsstoffen bei höheren Temperaturen durch Luftsauerstoff, die mit einer Farbveränderung verbunden ist,
◆ Oxidation von aromatischen Substanzen (Inhaltsstoffe von bestimmten Lebensmitteln) durch zelleigene Enzyme (Phenoloxidasen) in Gegenwart von Luftsauerstoff und nachfolgende Zusammenlagerung dieser Substanzen zu braun gefärbten Kondensationsprodukten (Mechanismus der sog. enzymatischen Bräunung),
◆ Reaktion von Eiweißen mit Kohlenhydraten unter Wärmeeinwirkung zu einer Vielzahl von Verbindungen, einschließlich braun gefärbter Substanzen (Mechanismus der nichtenzymatischen Bräunung, sog. Maillard-Reaktion, siehe Kap. 1.3),
◆ Verdrängen von Luft aus Lufttaschen, die sich im Inneren von grün gefärbten Blättern befinden, und/oder
◆ Überführung von Chlorophyll unter Wärmeeinwirkung in graubraunes Phäophytin.

Enzymatische Bräunung

Die Oxidation von aromatischen Substanzen durch Luftsauerstoff erfolgt mit Hilfe spezifischer Enzyme (sog. Oxidasen), die beim Schneiden von Obst, Gemüse und Kartoffeln aktiviert werden. Die Oxidasen werden durch schwache Säuren wie Zitronensäure gehemmt (beträufeln von Obstsalat mit Zitronensäure), ihre Aktivität wird durch Eisenspuren (Messer) beschleunigt. Auch durch den sicheren Ausschluss von Luftsauerstoff kann die Oxidation und damit die Braunfärbung verhindert, zumindest aber verzögert werden.

(Aufbewahren von geschälten Kartoffeln unter Wasser.)

Grünfärbung von Gemüse

Die grüne Farbe von Gemüse wird vorrangig durch den Blattfarbstoff Chlorophyll bedingt, Farbnuancen durch zahlreiche andere Substanzen, insbesondere durch Carotinoide. In frischem Gemüse wird die Farbe des Chlorophylls durch Lufttaschen verstärkt, die sich in den Pflanzenzellen befinden. Die Luft dieser Taschen wird beim Erhitzen durch den entstehenden Wasserdampf vollständig verbannt. Beim Abkühlen fallen die Taschen in sich zusammen. Beim kurzzeitigen Blanchieren wird die Luft nicht aus den Lufttaschen verdrängt (wichtig ist das rasche Abkühlen des Blanchiergutes in Eiswasser).

Bildung von sog. Fehlfarben

Beim längeren Kochen von Gemüse bilden sich oft unansehnliche schmutzige Farbnuancen aus, die auf die Umwandlung von Chlorophyll in graubraunes Phäophytin zurückzuführen sind. Verantwortlich hierfür sind Säuren (vorwiegend Oxalsäure und Phosphorsäure), die während des Kochvorgangs freigesetzt werden (im frischen Gemüse liegen sie in gebundener Form vor). Die Zugabe von Säure bei der Zubereitung verstärkt diesen Effekt. Der oft empfohlene Zusatz von Natriumhydrogencarbonat (Natron), das die freigesetzten Säuren neutralisieren soll, kann zu Veränderungen an anderen Inhaltsstoffen führen, verbunden mit Einbußen oder Verfälschungen von Aromen, sowie zu Verlusten von Vitaminen, hauptsächlich von Vitamin C.

Bei Pilzen und bei Gemüsearten, die kein Chlorophyll enthalten, kann andererseits durch Säurezugabe (Weißwein bzw. Zitronensaft) ein Braunwerden zumindest teilweise verhindert werden.

1.7 Nährstoffverluste

Verluste von wichtigen Inhaltsstoffen der Lebensmittel können sowohl bei deren Lagerung als auch im Verlauf ihrer Zubereitung auftreten. Diese sind in Abhängigkeit vom jeweiligen Nährstoff und Lebensmittel unterschiedlich groß.

Verluste an Energie liefernden Nährstoffen

Die Verluste von Energie liefernden Nährstoffen sind meist gering und können in der Regel vernachlässigt werden (bei einer ausgeglichenen und energetisch ausreichenden Ernährung von gesunden Personen). Das gilt auch für Veränderungen an Inhaltsstoffen, die unter Einwirkung höherer Temperaturen erfolgen und die den Energie-Inhalt oder die Verwertung der Nährstoffe herabsetzen. Solche Veränderungen betreffen nahezu ausschließlich Kohlenhydrate (Stärke) und Eiweiße wie die Bildung von resistenter Stärke und die Umwandlung von Aminosäuren bei der nichtenzymatischen Bräunungsreaktion (Ausbildung der Bratenkruste).

Verluste an Vitaminen

Die Höhe der Verluste differiert bei den einzelnen Vitaminen zum Teil beträchtlich, und zwar entsprechend deren unterschiedlichen Empfindlichkeit gegenüber äußeren Faktoren (Luftsauerstoff, Säure, Lauge und Temperatur). Außerdem können wasserlösliche Vitamine aus den Lebensmitteln schnell in das Kochwasser gelangen, ohne dabei zerstört zu werden. Solche Einbußen an wasserlöslichen Vitaminen können bereits beim Wässern von Gemüse auftreten.

Vitaminverlusten kann bis zu einem gewissen Grad durch den Einsatz schonender Garverfahren vorgebeugt werden, sie sind aber nicht ganz zu vermeiden. Als Beispiel sind die Verluste an Vitamin C in Abhängigkeit vom Garverfahren dargestellt, die aber nicht schematisch auf andere Vitamine übertragen werden können (siehe Tabelle 1.5). Andererseits geht das im Fleisch vorkommende und besonders hitzeempfindliche Vitamin B_1 beim Kochen oder Braten in größerem Umfang verloren. Zum Vermeiden von Vitaminverlusten sollte auf folgende Punkte besonders geachtet werden, falls dies bei den jeweiligen Garmethoden möglich ist:

◆ Einhalten von kurzen Garzeiten (Schutz von hitzeempfindlichen Vitaminen wie B_1, C und Folsäure).
◆ Vermeiden eines unnötigen Kontaktes mit Luft (Schutz von oxidationsempfindlichen Vitaminen wie Vitamin C).

◆ Weiterverwendung der Garflüssigkeit.
◆ Vermeiden von pH-Werten, die den Abbau von bestimmten Vitaminen begünstigen (Schutz von Vitamin C, das im alkalischen und auch im neutralen Bereich rasch zerstört wird, im leicht sauren Milieu dagegen stabilisiert wird).

Verluste an Mineralstoffen

Mineralstoffe werden bei Garprozessen zunächst prinzipiell nicht zerstört. Sie können jedoch als wasserlösliche Substanzen aus den Lebensmitteln in unterschiedlichem Umfang herausgelöst werden und in die Garflüssigkeit übertreten. Beim vollständigen Weiterverwenden der Garflüssigkeit sind die Mineralstoffverluste gleich null.

Tabelle 1.5:
Verluste an Vitamin C beim Garen von Kartoffeln und Gemüse durch unterschiedliche Garverfahren im Gargut, in Klammern bei Weiterverwendung der Garflüssigkeit (Angaben in % des Ausgangswertes)

	Kochen	Dämpfen	Dünsten
Kartoffeln	etwa 30 (15)	etwa 20 (15)	etwa 15 (15)
Rotkohl	etwa 70 (60)	etwa 70 (65)	etwa 55 (55)
Blumenkohl	etwa 40 (15)	etwa 20 (15)	etwa 15 (15)

2 Zubereitung von Speisen

2.1 Vorbereitung der Lebensmittel

Bei der Vorbereitung von frischen pflanzlichen bzw. tierischen Lebensmitteln für die Speisenproduktion steht deren sorgfältige Überprüfung auf Eignung für den menschlichen Verzehr im Vordergrund.

Pflanzliche Lebensmittel

Bei pflanzlichen, aus dem Landbau stammenden Lebensmitteln sind zunächst alle anhaftenden Bodenrückstände ohne Einsatz von Wasser sorgfältig zu entfernen. Die dabei anfallenden Erdreste sind umgehend zu entsorgen, um einen Kontakt mit anderen Produkten und damit deren Verunreinigung sicher ausschließen zu können. Dadurch wird die Gefahr einer Kontamination von Lebensmitteln mit Mikroorganismen, in erster Linie Erdsporen, anderen Kleinlebewesen und im Boden möglicherweise vorliegenden Schadstoffen wie Rückstände von Düngemitteln und Pestiziden verringert, aber nicht gänzlich ausgeschlossen.

Das anschließende Waschen hat stets unter fließendem Wasser zu erfolgen. Nur in Ausnahmefällen (z. B. Blattsalate) sollte davon abgewichen werden. Dann ist es jedoch erforderlich, das Wasser mehrmals zu erneuern um auszuschließen, dass keine Schmutzreste mehr anhaften. Bei einem zu langen Kontakt der Lebensmittel mit Wasser besteht die Gefahr, dass sich solche mit einer weichen Beschaffenheit mit Wasser voll saugen, wodurch es zu Qualitätseinbußen kommen kann. Außerdem können sogar wasserlösliche Inhaltsstoffe (Vitamine, Mineralstoffe) ausgeschwemmt werden und damit verloren gehen. Beim Putzen ist darauf zu achten, dass auch die letzten Verunreinigungen sicher entfernt werden, die nicht abgewaschen werden konnten (besonders bei den Lebensmitteln, die nur trocken gesäubert wurden, z. B. ausgewählte Pilze). Es sind alle Druckstellen und vor allem welke Stellen zu entfernen.

Die Höhe der Putzverluste hängt ab von
> der Qualität der Ware (Sauberkeit, Frische),
> der Großzügigkeit beim Putzvorgang,
> der Anforderung an die Beschaffenheit der vorzubereitenden Ware (z. B. größere Verluste beim Tournieren von Gemüse oder Entfernen zusätzlicher Außenblätter).

Für die Mehrzahl der Gemüse (Güteklassen 1 und 2) ist mit Putzverlusten in Höhe von 15 bis 20 % zu rechnen. Nur bei wenigen Gemüsesorten müssen höhere Putzverluste veranschlagt werden (siehe Tabelle 2.1.1).

Fleisch

Bei Fleisch muss davon ausgegangen werden, dass es nicht mit Schmutz verunreinigt ist. Schmutzreste am Fleisch sind Zeichen einer mangelhaften Einhaltung der gesetzlichen Vorschriften bei der Schlachtung und können somit auf eine unvertretbar hohe Kontamination mit Keimen hinweisen. Die Annahme von solchem Fleisch sollte bei der Anlieferung verweigert werden. Fleisch sollte zunächst mit einem trockenen Tuch sorgfältig abgewischt, nur in Ausnahmefällen unter fließendem Wasser kurz abgespült und anschließend sofort abgetrocknet werden (trockentupfen). Noch anhaftende Keime werden bei Einhaltung der erforderlichen Gartemperaturen sicher abgetötet.

Tabelle 2.1.1:
Putzverluste von Gemüse, die von der Norm (15 bis 20 %) abweichen (in %)

Artischocken	50	Kohlrabi	30
Artischockenböden	75	Kopfsalat	30
Blumenkohl	40	Lauch	50
Brokkoli (im Ganzen)	50	Schwarzwurzeln	40–50
Erbsen (Schoten)	60		

Geflügel

Bei der Vorbereitung von Geflügel ist zu beachten, dass sowohl nicht zerlegte Tiere als auch Geflügelfleisch von anderen Lebensmitteln isoliert auf gesonderten Arbeitsplätzen und in zeitlich getrennten Arbeitsschritten vorbereitet werden müssen. Anschließend sind der Arbeitsplatz sowie die Hände gründlich zu säubern bzw. zu waschen und zu desinfizieren. Auch das Abwiegen von Geflügel und Geflügelfleisch muss auf separaten Waagen erfolgen.

Gefrostetes Geflügel ist auf einem Gitter aufzutauen, die Auftauflüssigkeit ist aufzufangen, zu desinfizieren und zu verwerfen. Die Auffangschale ist ebenfalls nach dem Reinigen zu desinfizieren.

2.2 Zubereitung von kalten Speisen

Bei der Bearbeitung von Lebensmitteln bei Zimmertemperatur bzw. bei der Zubereitung von kalten Speisen sind generell Maßnahmen zu treffen, welche die Sicherheit der Produkte in lebensmittelhygienischer Sicht gewährleisten. Diese sind vorrangig ein Schutz der Speisen vor einer Kontamination mit Keimen und deren Vermehrung entsprechend den Vorgaben der Lebensmittelhygiene-Verordnung (siehe Kapitel 6.7.2). Das betrifft in der Hauptsache

◆ das Tragen von Einweghandschuhen bei Arbeitsschritten, in deren Verlauf ein Berühren bzw. Anfassen der Lebensmittel unvermeidbar ist bzw. nicht sicher ausgeschlossen werden kann (z. B. beim Zubereiten von Salaten und Tatar sowie beim Belegen von Brötchen bzw. Baguettes),

◆ das Einhalten der vorgegebenen Auslage- und Vorhaltezeiten sowie der Auslage- bzw. Vorhaltetemperaturen (siehe Kapitel 6.3.2.4),

◆ das Beachten der Einschränkungen bzw. speziellen Vorgaben, die für roheihaltige Speisen sowie für Hackfleisch und Zubereitungen mit Hackfleisch gelten.

Diese Gesichtspunkte sind sinngemäß auch bei der Vorbereitung der Lebensmittel zu beachten,

die zu einem späteren Zeitpunkt einer Hitzebehandlung bzw. einem konservierend wirkenden Verfahren (Pökeln, Beizen, Schnellräuchern) unterzogen werden. Es muss bedacht werden, dass das Wachstum von Mikroorganismen auch bei Verfahren, die einen gewissen konservierenden Effekt haben, nicht schlagartig unterbunden wird und deshalb eine beginnende Zersetzung von Lebensmittelinhaltsstoffen bzw. die Bildung von Bakterientoxinen nicht völlig ausgeschlossen werden kann. Allerdings sind bei diesen Bearbeitungsverfahren die Vorkehrungen nicht erforderlich, die bei der Produktion von solchen Speisen und Zubereitungen einzuhalten sind, die für den sofortigen bzw. alsbaldigen Verbrauch bestimmt sind (siehe Kapitel 4.2).

2.2.1 Salate

Bei Salaten muss grundsätzlich unterschieden werden zwischen Obst-, Gemüse- und Blattsalaten sowie zwischen Salaten, die aus gekochtem Gemüse bzw. Obst zubereitet werden. In Abhängigkeit vom jeweils eingesetzten Obst bzw. Gemüse sind Besonderheiten zu beachten, welche die Haltbarkeit, den Verlust von Vitaminen und die sensorischen bzw. optischen Eigenschaften sowie die Gefahr einer Belastung mit Mikroorganismen betreffen. In diesem Zusammenhang müssen auch die Dressings und Marinaden betrachtet werden.

Gefährdung durch Mikroorganismen

Alle Salate können mit Mikroorganismen belastet sein, wenn auch in Abhängigkeit von den Ausgangsmaterialien und deren primären Belastung in unterschiedlichem Maße.

◆ Salate aus frischem Obst bzw. Gemüse
Anhaftende Keime werden auch beim gründlichen Waschen nicht restlos entfernt, ebenso kann eine Kontamination über die Raumluft nicht vollständig ausgeschlossen werden. In Obstsalaten sind bereits die Schnittflächen ein ausgezeichneter Nährboden für Mikroorganismen, deren Energiebedarf durch einen meist erfolgten Zuckerzusatz optimal gedeckt wird.

Blattsalate und Salate aus rohem Obst sind im Allgemeinen etwas mehr mit Mikroorganismen kontaminiert, sie sind jedoch in der Regel weniger gute Nährböden für Keime.

◆ Salate aus gekochtem Gemüse
Die primäre Belastung mit Keimen ist durch das vorangegangene Erhitzen wesentlich geringer. Allerdings sind die durch den Kochprozess gelockerten Strukturen bei einer nachträglichen Kontamination ein idealer Nährboden für alle Keime, wodurch die bereits teilweise aufgeschlossenen Inhaltsstoffe leichter zersetzt werden. Die Gefahr eines Verderbs ist bei längerer Lagerung wesentlich größer.

Vitaminverluste

Verluste an Vitaminen können bedingt sein durch Auslaugen von wasserlöslichen Vitaminen bei einer längeren Lagerung in einer Marinade bzw. im Dressing oder durch die Oxidation durch Luftsauerstoff. Zur Minimierung von Vitaminverlusten sollte die Zubereitung und die Art des Vorhaltens den jeweiligen Bedingungen angepasst werden.

◆ Stark zerkleinerte Salate (fein geschnitten)
Diese Salate sind zweckmäßigerweise umgehend mit einer Genusssäure zu versetzen. Durch den schwach sauren pH-Wert werden die Enzyme gehemmt, welche die Oxidation von Vitamin C katalysieren. Dazu ist das Beträufeln mit Zitronensaft oder, bei Gemüse- bzw. Krautsalaten, das sofortige Vermengen mit einem sauren Dressing besonders geeignet. Es ist jedoch darauf zu achten, dass die Salate vom Dressing nur benetzt werden, um auf diese Weise ein Auslaugen von wasserlöslichen Vitaminen (und Mineralstoffen) zu verhindern.

◆ Grob geschnittene Salate (Blattsalate)
Diese Salate können gewaschen und möglichst weitgehend von Wasserresten befreit ohne Zugabe eines Dressings für eine begrenzte Zeit (Auslagezeit) vorgehalten werden. Da bei einer entsprechend sorgsamen Vorbereitung der Salate nur eine vergleichsweise sehr begrenzte Anzahl von pflanzlichen Zellen zerstört wurde, ist die Gefahr einer Oxidation durch Luftsauerstoff sehr gering, denn die Oxidasen werden erst durch das Zerstören der Pflanzenzellen aktiviert.

Enzymatische Bräunung

Das Braunwerden der Schnittstellen von Obst (vorwiegend Äpfel) wird bedingt durch die Oxidation von phenolischen Substanzen durch Enzyme der Zellen (Oxidasen) in Gegenwart von Luftsauerstoff (sog. enzymatische Bräunung). Diese Oxidasen sind im schwach sauren Milieu unwirksam. Durch Zugabe von Zitronensaft umgehend nach dem Schneiden von Obst wird das Braunwerden verhindert.

2.2.2 Pökeln, Beizen und Räuchern

Pökeln und Beizen von Fleisch führen zu einer partiellen Denaturierung von Eiweißen, zu einer Lockerung des Bindegewebes und zur Bildung von spezifischen Aromastoffen.

2.2.2.1 Pökeln

Das Pökeln kann auf Grund der Wasser entziehenden Wirkung des Pökelsalzes und der Hemmung des Wachstums von Clostridien durch das Nitrit des Pökelsalzes als Konservierungsverfahren genutzt werden (siehe auch Kapitel 3.4.1).

Pökeleffekte

◆ Ausbildung der Pökelfarbe (Umrötung)
Nitrit überführt den Muskelfarbstoff Myoglobin in das stabile und kräftig rot gefärbte Stickoxid-Myoglobin, dessen Farbe auch beim Erhitzen erhalten bleibt.

◆ Wasserentzug und Gewichtsverlust
Das Kochsalz entzieht dem Fleisch Wasser und dringt selbst in das Fleisch ein. Das Ausmaß dieses Prozesses hängt im Wesentlichen von der Pökeldauer ab.

◆ Schutz von Inhaltsstoffen vor oxidativen Veränderungen
Nitrit wirkt antioxidativ, schützt dadurch hauptsächlich Fettsäuren und Cholesterin und wirkt so der Bildung von gesundheitsschädlichen Oxidationsprodukten entgegen.

◆ Hemmung des Wachstums von Clostridien
Nitrit verhindert das Wachstum einer Reihe von Bakterien, insbesondere von Clostridien,

die durch andere Substanzen praktisch nicht gehemmt werden können (Botulismuserreger, Clostridium botulinum, und Fäulniserreger, Clostridium perfringens, siehe Kapitel 5.1.2.3). Lediglich bei hohen Temperaturen bzw. hohen pH-Werten ist dieser Hemmeffekt weniger stark ausgeprägt (z. B. in Kochwürsten). Andere Substanzen einschließlich Vitamin C können Clostridien nicht hemmen.

◆ Lockerung der Fleischstrukturen (partielles „Garen")
Diese Lockerung wird vor allem durch das Quellen von Kollagen (Eiweiß des Bindegewebes) in Gegenwart von Kochsalz bedingt.

Pökelsalz

Pökelsalz ist Kochsalz, dem 0,4 bis 0,5 % Natrium- bzw. Kaliumnitrit zugesetzt ist. Die bisherige gesetzliche Festlegung auf 0,5 % Nitrit ist aufgehoben. Nitrite (und Nitrate) werden den Zusatzstoffen zugerechnet, die Zugabe von Nitrit (E 249 und 250) bzw. von Nitrat (E 251 und 252) muss deklariert werden. Durch eine Verkehrsbezeichnung wie „Pökelware", „gepökelt" oder eine andere, die eindeutig erkennen lässt, dass das betreffende Lebensmittel mit Pökelsalz behandelt wurde, wird dieser Kennzeichnungspflicht Rechnung getragen.

Es ist jedoch zu beachten, dass der Prozess der Umrötung bei Konzentrationen unterhalb von 0,4 % geringer ausgeprägt und die Hemmung des Wachstums von Clostridien abgeschwächt ist (Gefahr des Botulismus bzw. des Verderbs). Der Ersatz von Nitrit durch Nitrat (Salpeter), der bisweilen vorgenommen wurde, wird kaum noch praktiziert. Mit Nitrat sind in der Regel längere Pökelzeiten erforderlich, da dieses zunächst in Nitrit umgewandelt werden muss, ehe es die Pökeleffekte auslösen kann. Die Reduktion von Nitrat zu Nitrit erfolgt durch Mikroorganismen, die am Fleisch haften. Durch den Zusatz von Zucker wird das Wachstum der Nitrit bildenden Bakterien gefördert.

Der vorzugsweise von der Industrie vorgenommene Zusatz von sog. Pökelhilfsstoffen soll den Pökelvorgang beschleunigen, das Ergebnis verbessern und für die Ausbildung einer gleichmäßigen Pökelfarbe sorgen. Solche Hilfsstoffe

sind verschiedene Zuckerarten und/oder Vitamin C. Der erlaubte Zusatz von Gewürzen (Pfeffer oder Wacholder) dient dagegen lediglich einer geschmacklichen Aufwertung der Pökelware.

Pökelverfahren

Die einzelnen Pökelverfahren unterscheiden sich im Arbeitsaufwand und in der Zeit, die zum Erreichen des gewünschten Pökeleffektes benötigt wird. Einzelne Verfahren sind für jeweils spezifische Zwecke besonders geeignet.

◆ Trockenpökeln
Das Fleisch wird mit Pökelsalz eingerieben und bis zu 6 Wochen kühl gelagert. Während dieser Zeit muss es mehrmals umgeschichtet werden. Die sich bildende Pökellake darf nicht entfernt werden. In Abhängigkeit von der Dauer des Pökelns werden die Waren unterschiedlich fest, kernig, mürbe, aromatisch und lange haltbar. Hochwertige Erzeugnisse werden länger gepökelt, erleiden dabei aber höhere Gewichtsverluste (bis zu 35 %). Das Verfahren ist für die Gastronomie geeignet unter der Voraussetzung, dass geeignete Lagerräume vorhanden sind.

Anwendungsbereiche:
Roher Schinken einschließlich aller gepökelten Spezialitäten, Schinkenspeck, Bauchspeck.

◆ Nasspökeln
Das Fleisch wird in eine vorbereitete Pökellake eingelegt (120 bis 200 g Pökelsalz pro Liter Wasser). Es empfiehlt sich, zur Zubereitung der Lake abgekochtes und noch warmes Wasser zu verwenden, um das Auflösen des Pökelsalzes zu beschleunigen. Die Lake muss jedoch vor dem Einlegen der zu pökelnden Ware abgekühlt sein. Beim Nasspökeln genügen 1 bis 2 Wochen, um einen ausreichenden Pökeleffekt zu erzielen. Auf Grund der vergleichsweise kurzen Pökelzeit sind die Gewichtsverluste geringer. Die Qualität der Pökelwaren reicht jedoch nicht ganz an die der trocken gepökelten heran. Anwendungsbereiche:
Besonders geeignet für Pökelwaren, die weiteren Garverfahren unterworfen werden (vorzugsweise Kochen), da das Bindegewebe während der kurzen Pökeldauer nicht so effektiv gelockert wird, z. B. Eisbein, Schweinebauch oder Zunge.

◆ Kombiniertes Verfahren (Trocken/Nass)
Beim kombinierten Verfahren wird zunächst trocken gepökelt, bis sich eine geringe Menge an Lake gebildet hat. Danach wird das Pökelgut in eine vorbereitete Lake eingelegt. Das Verfahren führt schneller zu einem ausreichenden Ergebnis als das ausschließliche Trockenpökeln. Die erreichte Qualität der Pökelware nimmt eine Mittelstellung ein.

◆ Spritzpökeln ("Spritzen")
Die Pökellake wird in das Fleisch gespritzt (Kanüle), das anschließend in eine vorbereitete Pökellake eingelegt wird. Dadurch wird ein ausreichender Pökeleffekt bereits nach 1 bis 2 Tagen erzielt. Da die Hauptmenge der Lake direkt in das Fleisch eingebracht wurde, entzieht sie diesem vergleichsweise wenig Wasser, so dass es zu keinen Gewichtsverlusten kommt. Solche können allerdings bei längerem Lagern der Pökelware als Abtropfverluste auftreten. Der Konservierungseffekt ist geringer, infolgedessen ist die Haltbarkeit begrenzt. Der Einsatz in der Gastronomie lohnt sich nicht (kein Vorteil gegenüber den vom Handel angebotenen Erzeugnissen).
Anwendungsbereiche:
Haupteinsatzgebiet ist die Herstellung von Kochpökelwaren wie Kasseler, Kochschinken oder Rinderzungen.

◆ Adernspritzverfahren
Die Pökellake wird unmittelbar nach dem Zerlegen des Schlachtkörpers in die Arterien eingespritzt, die für die Versorgung der entsprechenden Fleischteilstücke mit Blut verantwortlich sind. Das Verfahren ist Schlachtbetrieben vorbehalten.

◆ Vakuumpökeln
Das Vakuumpökeln ist eine Sonderform des Nasspökelns. Das zusammen mit der Lake unter Vakuum abgepackte Pökelgut wird rascher als unter Normaldruck von der Pökellake durchdrungen, wodurch die Pökeldauer verkürzt werden kann. Das Verfahren ist für die Gastronomie geeignet.

Die Warnungen vor der Gefahr einer gesundheitlichen Schädigung durch den Verzehr von Pökelerzeugnissen sind bei den üblichen Essgewohnheiten unbegründet. Lediglich auf den Konsum von gebratenen bzw. gegrillten Pökelwaren sollte gänzlich verzichtet werden.

Nitrit ist erst in höheren Konzentrationen giftig, die selbst bei ständigem und reichlichem Genuss von Pökelerzeugnissen nicht erreicht werden können. Der überwiegende Teil des im Darm resorbierten Nitrits wird im Körper aus dem mit Gemüse und Trinkwasser aufgenommenen Nitrat gebildet. Nitrosamine, die bei der Reaktion von Nitrit mit sekundären Aminen gebildet und in höheren Konzentrationen sowie langfristiger Einwirkung cancerogen wirken können, werden nur zu einem sehr geringen Teil aus dem Nitrit von verzehrten Pökelerzeugnissen gebildet. Lediglich beim Braten oder Grillen von Pökelwaren werden in diesen bei Temperaturen über 100 °C Nitrosamine gebildet. Die vom Menschen aufgenommenen Nitrosamine stammen vorwiegend aus Tabakrauch und der belasteten Luft.

2.2.2.2 Beizen (Marinieren)

Zum Beizen eignet sich nur frisches und relativ festes Fleisch von Schlachttieren bzw. Wild, nicht aber aufgetautes TK-Fleisch. Durch den Gefrierprozess werden die zelleigenen Proteasen inaktiviert. Zusätzlich sind die Zellstrukturen des Fleischs beschädigt bzw. total zerstört, so dass es im Verlauf des Beizens zu größeren Verlusten an Fleischsaft kommen würde. Wesentlicher Bestandteil der Marinade sind deren saure Komponenten (Genusssäuren, säurebetonter Wein, Buttermilch, Sauermilch), die auch für den Lockerungsprozess verantwortlich sind.

Effekte des Beizens
◆ Auflockern des Bindegewebsanteils
Voraussetzung hierfür ist, dass das Fleisch ordnungsgemäß abgehängt wurde. Nur in diesem Fall kann die Lockerung des Bindegewebes, die durch die bei der Fleischreifung gebildete Milchsäure eingeleitet wurde, durch die sauren Komponenten der Marinade unterstützt und fortgesetzt werden (Senkung des pH-Wertes auf das pH-Optimum der Proteasen). Dieser Effekt wird jedoch meist überbewertet.

◆ Verkürzung der Garzeiten
Die Garzeiten können sich durch das Marinieren in Abhängigkeit von der Qualität des Fleischs verkürzen. Entscheidend ist das Ausmaß der Lockerung des Bindegewebes während des Marinierens.

◆ Geschmacksverbesserung
Die in der Marinade enthaltenen Gewürze und Aromastoffe können auf Grund der langen Einwirkungszeit besser in das Fleisch eindringen als beim Würzen kurz vor oder während des Garens.

◆ Verlängerung der Aufbewahrungszeit
Die meisten Mikroorganismen, mit denen das Fleisch natürlicherweise kontaminiert ist, vermehren sich im sauren Bereich langsamer als im Neutralbereich.

Tabelle 2.2.1:
Rezepturen für Marinaden (Orientierungswerte), die entsprechend modifiziert werden können

Essigmarinade
für Rind und Hammel

0,3 l Essig (6 % Säure)	80 g Zwiebeln	6 Pfefferkörner	1 Thymianzweig
0,3 l Wasser	40 g Möhren	1 Lorbeerblatt	1 Knoblauchzehe
		1 Nelke	

für Schwein und Wildschwein

0,3 l Essig (6 % Säure)	80 g Zwiebeln	6 Pfefferkörner	1 Knoblauchzehe
0,3 l Wasser	40 g Möhren	1 Lorbeerblatt	2 Pimentkörner
		1 Nelke	Majoran

für Haarwild

0,3 l Essig (6 % Säure)	80 g Zwiebeln	6 Pfefferkörner	8 Wacholderbeeren
0,3 l Wasser	40 g Möhren	1 Lorbeerblatt	Orangenschale
		1 Nelke	

Rotweinmarinade
für Rind

0,5 l Rotwein	80 g Zwiebeln	6 Pfefferkörner	1 Thymianzweig
	40 g Möhren	1 Lorbeerblatt	1 Knoblauchzehe
	20 g Sellerie	1 Nelke	

für Hammel, Hirsch, Reh, Wildschwein, Hase

0,5 l Rotwein	80 g Zwiebeln	6 Pfefferkörner	1 Knoblauchzehe
	40 g Möhren	1 Lorbeerblatt	Rosmarin
	20 g Petersilienwurzel	2 Pimentkörner	Zitronenschale
		6 Wacholderbeeren	

für Wildente, Fasan, Rebhuhn

0,5 l Rotwein	80 g Zwiebeln	6 Pfefferkörner	Rosmarin
	40 g Möhren	1 Lorbeerblatt	Orangenschale
	20 g Sellerie	8 Wacholderbeeren	

Weißweinmarinade
für Fasan, Rebhuhn

0,5 l Weißwein	80 g Zwiebeln	20 g Petersilienstiele	
	40 g Möhren	5 g Pastetensalz[1]	

Buttermilch-(Sauermilch-)Marinade
für Rind, Wild

0,75 l Buttermilch (Sauermilch)		5 g Pastetensalz[1]	

---

[1] Pastetensalz (Universalmischung): Pfefferkörner (zerstoßen), Paprikapulver, Majoran, Thymian, Basilikum, Muskatnuss (gerieben), Lorbeerblatt, Nelken, Ingwerpulver, Salz.
Dem Pastetensalz können zusätzlich Piment, Koriander, Rosmarin, Liebstöckel, Wacholder, Knoblauch oder getrocknete Pilze zugegeben werden, falls bei bestimmten Zubereitungen kräftiger gewürzt werden soll.

Durchführung des Marinierens

- Die Zusammensetzung der Marinade ist dem jeweiligen Fleisch (Tierart) anzupassen, damit dessen Geschmacksrichtung betont wird (siehe Tabelle 2.2.1).
- Die zum Ansetzen der Marinade verwendeten Gewürze bzw. Gemüse sind zu zerdrücken (ganze Gewürzkörner, Knoblauchzehen) bzw. zu zerkleinern. Zwiebeln, Möhren, Sellerie und Petersilienwurzel sind in entsprechende Stücke (Mirepoix) zu zerteilen, damit sie beim Garen des Fleischs mit verarbeitet werden können.
- Ein Aufkochen der Marinade ist nicht erforderlich. Aufgekochte Marinaden sollten vor dem Einlegen des Fleischs in der Regel abgekühlt sein. Bei einigen Spezialrezepten wird jedoch das Fleisch in die noch heiße Marinade eingelegt (z. B. Rheinischer Sauerbraten). Beim Einlegen in eine heiße Beize gerinnt in den Randzonen das Eiweiß umgehend, so dass beim späteren Anbraten weniger Fleischsaft austreten kann.
- Die Marinade muss ausreichend lange (mindestens 1 Tag) bei 2 °C einwirken können. Bei größeren Fleischstücken ist die Dauer des Beizens zu verlängern (bis maximal 5 Tage).
- Das Fleisch muss in der Marinade ab und zu gewendet werden, damit diese auf alle Seiten des Fleischteils einwirken kann.
- Beim Marinieren im Vakuum werden wesentlich bessere Ergebnisse erzielt, da das Fleisch von der Marinade gleichmäßig umschlossen wird. Gleichzeitig wird weniger Marinade benötigt, und zusätzlich entfällt das gelegentliche Wenden des Fleischs.

2.2.2.3 Räuchern

Räuchern ist im Wesentlichen wie das Pökeln ein Konservierungsverfahren (siehe Kapitel 3.4.2). Das kurze Räuchern von Lebensmitteln in Gefäßen wie Töpfen oder Bratpfannen unter Verwendung von industriell gefertigtem Räuchermehl (Mischung von Sägespänen von Hartholz und bestimmten Gewürzkräutern, siehe hierzu auch Kapitel 6.7.5.2) hat keinen konservierenden Effekt, sondern dient lediglich der Ausbildung eines Raucharomas. Die mit dieser Methode

---

Tabelle 2.3.1:
Thermische Garverfahren und dabei einwirkende Temperaturen (in °C)

Garen mit feuchter Wärme	
Pochieren (Garziehen)	75– 85
Kochen	bis maximal 100
Dämpfen	bis maximal 100
Druckgaren	105–120
Garen mit trockener Wärme	
Sautieren	220–240
Braten in der Pfanne	120–200
Braten im Rohr (Ofen)	120–240
Grillen	120–240
Frittieren	150–180
Rösten	300
Backen	140–240
Mikrowelle	Kerntemperatur bis 100
Kombinierte Garmethoden (trockene und feuchte Wärme)	
Dünsten[1]	bis maximal 100
Schmoren	nach dem Anbraten 100
Poelieren	120–160
Glasieren	100

[1] Beim Dünsten unter Zugabe einer geringen Menge von Fett können lokal gering höhere Temperaturen auftreten.

behandelten Lebensmittel sind im Anschluss an das Räuchern umgehend weiterzuverarbeiten. Bei diesem Räucherverfahren ist es relativ schwierig, eine gleich bleibende Qualität zu erzielen, da sich die Höhe der Temperatur des Rauchs in Abhängigkeit zahlreicher Faktoren verändern kann und damit auch die Menge und die Zusammensetzung des Rauchs ständigen Schwankungen unterworfen ist.

2.3 Garen durch Wärmeeinwirkung

Bei dem Garen durch Wärmeeinwirkung ist zu unterscheiden zwischen Verfahren, die mit

feuchter Wärme,

trockener Wärme bzw.

trockener und feuchter Wärme

(kombiniert) arbeiten.

Die Gartemperaturen können bei beiden Methoden zum Teil beträchtlich differieren (siehe Tabelle 2.3.1). Das Garen im Steamer bzw. Heißluftdämpfer (Kombidämpfer) ist im Prinzip den feuchten Garverfahren zuzurechnen. Bei dem Einsatz dieser Geräte, die wesentliche Vorteile bieten, sind einige Punkte zu beachten, so dass auf sie gesondert eingegangen wird (siehe Kapitel 2.3.3 und 2.3.4).

2.3.1 Garverfahren
2.3.1.1 Blanchieren

Blanchieren ist auf Grund der kurzen Dauer der Wärmeeinwirkung kein Garverfahren. Beim Blanchieren von Gemüse und Obst werden lediglich die nachstehenden Effekte erzielt:

◆ Abspülen von relativ fest anhaftenden Keimen, die beim Waschen unter fließendem Wasser nicht entfernt wurden.

◆ Inaktivierung von zelleigenen Enzymen, die im nativen Zustand an der Oberfläche des Gemüses bzw. Obstes zu einem Abbau von Zellinhaltsstoffen bzw. zu einer Veränderung von Zellinhaltsstoffen führen würden (insbesondere die Oxidasen, welche die enzymatische Bräunung einleiten).

◆ Lockerung von ballaststoffreichen Strukturen, hauptsächlich in Blättern von Kohlgemüse, wodurch die Weiterverarbeitung erleichtert wird (z. B. Kohlrouladen).

◆ Entfernen von Bitterstoffen, die den Geschmack des betreffenden Gemüses beeinflussen (z. B. Chicorée).

Die als optimal anzusehenden Blanchierzeiten hängen ab von dem jeweiligen Gemüse bzw. Obst, dessen Reifegrad und der Dicke des rohen bzw. geschnittenen Lebensmittels.

Das rasche Abkühlen des Blanchiergutes in Eiswasser unterbricht die beim Blanchieren bereits eingeleiteten Garprozesse, vorwiegend aber verhindert es das Auftreten weiterer Veränderungen an den Zellinhaltsstoffen und an den Blattstrukturen, die den Erhalt der grünen Farbe von Gemüse garantieren (siehe Kapitel 1.6).

Gemüse sollte vor dem Einfrosten unbedingt blanchiert werden. Es werden dadurch Enzyme inaktiviert, die auch Temperaturen von −18 °C unbeschadet überstehen und die, in erster Linie während des Auftauens, einige Zellinhaltsstoffe sehr rasch zerstören können. (Die durch den Gefrier-Tau-Prozess zerstörten Zellwände schützen die Inhaltsstoffe nicht mehr vor der Einwirkung der Enzyme.)

2.3.1.2 Pochieren

Das Pochieren (Garziehen) ist ein äußerst schonendes Garverfahren, bei dem Temperaturen von 85 °C möglichst nicht überschritten werden sollten. Bei dieser Temperatur werden die Eiweiße vollständig denaturiert und damit gegart (geronnen, gestockt). Für das Pochieren eignen sich vornehmlich folgende Lebensmittel bzw. Gerichte:

◆ Lebensmittel mit besonders zarten Strukturen, die bei Wärmeeinwirkung sehr leicht aufgeschlossen werden und gleichzeitig zum Zerfallen neigen.

◆ Speisen mit einem hohen Anteil an Ei (die aber keine schwer aufschließbaren Komponenten enthalten dürfen).

◆ Zubereitungen (Massen) mit einem hohen Gehalt an aufgeschlossenem bzw. leicht aufschließbarem Eiweiß.

Es ist zwischen verschiedenen Varianten des Pochierens zu unterscheiden:

◆ Direktes Pochieren

Das Gargut wird in einem gewürzten Fond gar gezogen. Hierfür eignen sich vor allem Lebensmittel bzw. Zubereitungen, die rasch gerinnen (beispielsweise verlorene Eier), ein relativ großes Volumen einnehmen bzw. keine größeren Verluste an Nährstoffen erleiden können (z. B. Klöße). Die Garzeiten sind nicht wesentlich länger als beim Kochen, sie differieren in Abhängigkeit von den Eigenschaften und der Dicke des Lebensmittels bzw. Zubereitung sowie der Temperatur des Pochiersuds:

Forelle blau	8 bis 10 Minuten
Kartoffelklöße	20 bis 30 Minuten
verlorene Eier	3 bis 4 Minuten

◆ Indirektes Pochieren

Die Speisen werden in geeigneten Gefäßen (z. B. Timbaleförmchen) im abgedeckten Wasserbad gegart. Auch hierbei sollte die Temperatur des Wasserbads 85 °C nicht überschreiten. Auf Grund der guten Wärmeleitfähigkeit des Wassers gleichen sich die Temperaturen des Wasserbads und des Gargutes rasch an:

Eierstich	25 bis 30 Minuten
Karamellpudding	35 bis 40 Minuten
Gemüsepudding	40 bis 45 Minuten

◆ Pochieren im Backofen

Im Backofen (Ofentemperatur 175 °C) kann sowohl nach dem direkten als auch dem indirekten Verfahren pochiert werden. Der Vorteil des Pochierens im Ofen besteht darin, dass hierbei eine gleichmäßigere, von allen Seiten wirkende Wärmezufuhr gewährleistet ist und ein Überhitzen des Gargutes in der Nähe des Topfbodens ausgeschlossen werden kann (wichtig beim direkten Pochieren).

Das direkte Pochieren im Ofen eignet sich sehr gut für größere Fische (im geschlossenen Fischkochkessel). Die Garzeiten variieren in Abhängigkeit von der Größe des Fischs und dessen Fettgehalt (fettreiche Fische benötigen eine etwas längere Garzeit):

Fische, im Ganzen (je nach Größe)	15 bis 25 Minuten

Das Pochieren von Speisen, die in Förmchen oder anderen Gefäßen abgefüllt sind, erfolgt auch im Ofen im abgedeckten Wasserbad (indirektes Verfahren). Der Vorteil beim Pochieren im Ofen sind wesentlich kürzere Garzeiten:

Eierstich, Karamellpudding, Gemüsepudding in Portionsförmchen	15 bis 20 Minuten

2.3.1.3 Dünsten

Das Dünsten kann als eine Sonderform des Pochierens angesehen werden, bei dem das Gargut, nach dem Anschwitzen mit einer geringen Menge Fett, im geschlossenen Topf durch Wasserdampf gegart wird (unter Umständen unter Zugabe von wenig Flüssigkeit). Die Temperatur am Gargut ist mit etwa 100 °C höher als beim Pochieren und entspricht somit dem Dämpfen. Das Anschwitzen des Gargutes bewirkt eine schnellere Lockerung von Zellstrukturen und die Ausbildung von Aromastoffen (nichtenzymatische Bräunung).

Zum Dünsten eignen sich Lebensmittel mit einer weichen Struktur wie Gemüse, Kartoffeln, Obst, Fische und Krustentiere sowie Fleisch mit wenig ausgebildetem Bindegewebe wie Geflügel (junge Tiere) und Kalbfleisch. Wegen des geringen Fettzusatzes und der durch das Verfahren bedingten geringen Nährstoffverluste wird das Dünsten als ein besonders schonendes Garverfahren eingeschätzt.

Beim Dünsten zu beachtende Gesichtspunkte:

◆ Anschwitzen

Zum Anschwitzen sollte nur wenig Fett verwendet werden. Zu hohe Temperaturen sind zu vermeiden, da es dabei zur Bildung von Bitterstoffen kommen kann. Bei entsprechend langsamem Anschwitzen entwickeln sich auch bei niedrigeren Temperaturen die gewünschten Aromastoffe. Gleichzeitig werden dabei feste Zellstrukturen gelockert.

◆ Angießen

Nach Möglichkeit sollten die Lebensmittel nur im eigenen Saft (Feuchtigkeit von Lebensmitteln und Wasserreste vom Waschen) gedünstet werden. In den Fällen, in denen sich ein Angießen nicht umgehen lässt, ist nur wenig Flüssigkeit (Wasser, Wein, Fond, Brühe) zu verwenden. Das Gargut darf aber nicht bedeckt werden. Durch Wasserdampf werden wesentlich weniger wasserlösliche Inhaltsstoffe wie Aromen, Mineralstoffe und Vitamine aus dem Gargut gelöst als beim Kochen in einer Kochflüssigkeit.

◆ Garen
Die erforderlichen Garzeiten sind in der Regel nur unwesentlich länger als beim Kochen. Sie werden allerdings von der Dicke des Gargutes stärker beeinflusst als beim Kochen, bei dem das Gargut vollständig von der Kochflüssigkeit umschlossen wird.

2.3.1.4 Kochen

Beim Garen durch Kochen wirken Temperaturen von 100 °C direkt auf die zu garenden Produkte ein. Dieser enge Kontakt mit der Garflüssigkeit sichert einen nahezu einheitlichen Gargrad unter der Voraussetzung, dass die Kochzeit ausreichend lang ist und damit die Gartemperatur auch im Kern des Gargutes sicher erreicht wird. Das Kochen garantiert deshalb ein sicheres Garen von relativ schwer aufschließbaren pflanzlichen und tierischen Lebensmitteln (starre Zellwände, hoher Anteil an Ballaststoffen und dicht gepackte Stärkekörner im Gemüse bzw. stark vernetztes Bindegewebe im Fleisch von Schlachttieren). Beim Kochen wird wegen des engen Kontaktes mit der Kochflüssigkeit ein vergleichsweise hoher Anteil an wasserlöslichen Inhaltsstoffen extrahiert und im Kochwasser gelöst (wasserlösliche Vitamine, Mineralstoffe, Extraktivstoffe wie Aminosäuren, Aromastoffe, Purinbasen u. a.). Dieser Prozess ist ein zeitabhängiger Vorgang, so dass mit zunehmender Kochdauer diese Auslaugverluste zunehmen. Er wird lediglich bei eiweißreichen Lebensmitteln wie Fleisch in seiner Geschwindigkeit bis zu einem gewissen Maße begrenzt, sobald die denaturierten Eiweißstrukturen die freie Diffusion der wasserlöslichen Substanzen behindern. Höhere Konzentrationen an Kochsalz in der Kochflüssigkeit beschleunigen das Austreten von zahlreichen Extraktivstoffen.

Beim Garen durch Kochen ist auf Folgendes zu achten:
◆ Das Gargut muss vollständig mit der Kochflüssigkeit bedeckt sein.
◆ Die Kochzeit ist dem Gargut und dessen Beschaffenheit anzupassen und sollte so kurz wie möglich gehalten werden.
◆ Ein übermäßiges Erhitzen ist zu vermeiden, es genügt, die Kochflüssigkeit am Köcheln zu halten. Auch heftig sprudelndes Kochwasser wird nicht über 100 °C erhitzt, kann aber das Zerfallen des Kochgutes (beispielsweise Kartoffeln) oder das Herausreißen von Schwebstoffen begünstigen (z. B. Fleisch, Eintrübung der Brühe). Es ist deswegen nicht erforderlich, zwischen Kochen und Sieden zu unterscheiden.
◆ Das Kochwasser sollte möglichst weiterverwendet werden.
◆ Das Gargut sollte mit heißem (kochendem) Wasser angesetzt werden. Ausnahme sind das Ansetzen von Fleisch und Knochen zur Bereitung von Brühen sowie das Ansetzen von Salzkartoffeln.
◆ Beim Garen von Fleisch sollte dem Kochwasser kein Salz zugegeben werden (Ausnahme: Ansetzen zur Bereitung von Brühen).

2.3.1.5 Dämpfen

Das Dämpfen ist im Vergleich zum Kochen ein wesentlich schonenderes Garverfahren, da das Auslaugen von wasserlöslichen Extraktivstoffen auf ein Minimum reduziert werden kann. Das Gargut kommt nicht mit dem Wasser in Berührung, sondern nur mit Wasserdampf.

Beim Dämpfen ist zwischen diesen Verfahren zu unterscheiden:
◆ Dämpfen ohne Druck (im normalen Topf mit Dämpfeinsatz)
◆ Dämpfen unter Druck (im Dampfkochtopf)
◆ Dämpfen im Steamer (Dämpfen unter Druck, meist mit Trockendampf, siehe ausführlich Kapitel 2.3.4)

Dämpfen ohne Druck

Das Dämpfen ohne Druck ist ein einfaches Garverfahren, das sich für fast alle die Lebensmittel eignet, die auch gekocht werden können. Voraussetzung ist eine relativ zarte Konsistenz der Lebensmittel, so dass Fleisch mit derben Bindegewebsanteilen weniger geeignet ist. Die Garzeiten sind in der Regel etwas länger als beim Kochen, sie differieren auch in Abhängigkeit von der Dicke des Gargutes.

Dämpfen unter Druck

Beim Dämpfen im Dampfkochtopf beträgt die Gartemperatur bei einem Überdruck von 0,5 bis 1,0 Bar 110 bis 120 °C. Es genügen deswegen wesentlich kürzere Garzeiten, wodurch die Lebensmittel noch schonender als beim Dämpfen ohne Druck gegart werden. Ein wesentlicher Nachteil dieses Verfahrens ist jedoch, dass der Dampfkochtopf während des Garvorgangs nicht geöffnet und daher dieser nicht kontrolliert werden kann. Es ist deshalb nötig, die jeweils erforderlichen Garzeiten in Kontrollreihen unter gleich bleibenden Bedingungen zu ermitteln und diese als Richtwerte bei allen Garvorgängen einzuhalten. Das Verfahren eignet sich aus diesem Grund vornehmlich zum Garen von Lebensmitteln, die eine längere Garzeit benötigen und gleichzeitig in größeren Mengen gegart werden müssen (Hülsenfrüchte, Kartoffeln, Fleisch, Reis).

2.3.1.6 Braten, Sautieren und Rösten

Bei den Garverfahren mit trockener Wärme muss grundsätzlich unterschieden werden zwischen
- Braten in der Pfanne (einschließlich Sautieren und Rösten) und
- Braten im Ofen.

Braten in der Pfanne

Beim Braten in der Pfanne erfolgt die Wärmeübertragung entweder über das Bratfett oder durch direkten Kontakt des Gargutes mit der (beschichteten) Pfanne. Dabei ist Nachstehendes zu beachten:

- Bratfette

  Als Bratfette sind hitzebeständige und wasserfreie Fette bzw. Öle einzusetzen. Bei Pflanzenölen ist raffiniertes Olivenöl oder Rapsöl vorzuziehen. Öle mit einem sehr hohen Anteil an mehrfach ungesättigten Fettsäuren (Distel-, Sonnenblumenöl) und kaltgepresste Öle sollten nicht verwendet werden, ebenso Öle ohne genaue Herkunftsbezeichnung (Pflanzenöl). Butterschmalz ist ebenfalls als Bratfett geeignet. Es empfiehlt sich aber, auf den Einsatz von Butterschmalz zu verzichten und stattdessen bei niedrigen Temperaturen mit wenig Butter kurz nachzubraten (Buttergeschmack).

- Brattemperatur

  Die Pfanne ist vor dem Einbringen des Bratfettes sowie des Gargutes (kurz gebratenes Fleisch) auf etwa 160 °C aufzuheizen. Nach Ausbildung der Bratenkruste (beidseitig) ist die Temperatur zu reduzieren (jedoch nicht unter 100 °C).

  Bei zu niedriger Temperatur werden das Fett und der Pfannenboden durch das eingelegte Fleisch zu stark abgekühlt, so dass die Ausbildung der Bratenkruste nicht rasch genug erfolgt und Fleischsaft austritt. Das Fleisch wird teilweise ausgelaugt und im Laufe des Bratprozesses zäh. Beim Austreten einer relativ großen Menge an Fleischsaft wird es im eigenen Saft gekocht, und die Bildung einer Bratenkruste bleibt aus.

  Bei zu hohen Temperaturen wird das Bratfett zersetzt (es qualmt), und es bilden sich in der Bratenkruste unerwünschte Röstprodukte mit bitterem Geschmack und potenziell cancerogener Wirkung. Die von empfindlichen Personen oft angegebene Unverträglichkeit von Kurzgebratenem wird zumindest teilweise durch solche Zersetzungsprodukte bedingt.

- Bratgut

  Zum Kurzbraten eignen sich nur gut abgehangene Fleischstücke mit einem geringen Bindegewebsanteil. Das Fleisch muss vor dem Braten gut abgetrocknet werden (Spritzgefahr, Herabsetzung der Brattemperatur).

- Fettfreies Braten in der Antihaftpfanne

  Ein Überhitzen der Bratpfanne ist zu vermeiden. Die Schnittflächen des Fleischs müssen einheitlich glatt sein. Das Fleisch ist erst nach Ausbildung der Bratenkruste zu wenden. Mit Salz sollte erst nach der Ausbildung einer Kruste gewürzt werden, andernfalls kann dem Bratgut zu viel Wasser entzogen werden.

Sautieren

Kleine Fleischstücke werden in der Sauteuse bei 220 bis 240 °C gegart. Es ist darauf zu achten, dass das Gargut vollständig mit dem Boden der Sauteuse in Kontakt kommt (unter Umständen das Gargut in mehreren Portionen garen) und dass durch ständiges Schwenken bzw. Rühren die Hitze auf alle Seiten der Fleischstücke einwirkt. Die Gefahr des Röstens ist verhältnismäßig groß.

Rösten

Das Rösten ist kein eigentliches Garverfahren. Es dient lediglich der Bildung von Röststoffen einschließlich von typischen Aromastoffen. Die zu röstenden Produkte werden ohne Fettzugabe bei hohen Temperaturen (bis 300 °C) in der trockenen Pfanne gerührt. Beschichtete Pfannen können nicht verwendet werden.

Braten im Ofen

Das Braten im Ofen ist in 2 Stufen zu unterteilen:
- ◆ Anbraten bei hoher Temperatur (200 bis 240 °C) zur Ausbildung der Bratenkruste (Röst- und Aromastoffe).
- ◆ Weiterbraten bei niedrigerer Temperatur (140 bis 160 °C und tiefer) zum Garen auch der tiefen Partien.

Nachstehende Gesichtspunkte sind beim Braten im Ofen zu beachten:
- ◆ Es ist stets im gut vorgeheizten Ofen anzubraten (200 bis 240 °C), damit sich die Poren des Fleischs rasch schließen und sich eine einheitliche Bratenkruste bildet.
- ◆ Es muss auf eine gleichmäßige Wärmezufuhr geachtet werden, gegebenenfalls ist der Abstand von der oberen Heizfläche des Ofens zu verändern bzw. die Oberhitze separat zu regulieren.
- ◆ Ein Austrocknen des Bratens ist durch gelegentliches Begießen mit Bratenfond bzw. Wasser zu verhindern. Auch das Bardieren (das

Belegen mit Speckscheiben) kann insbesondere bei magerem Fleisch dem Austrocknen entgegenwirken.
- ◆ Für das Weiterbraten sollte die Temperatur möglichst niedrig gehalten werden. Dadurch wird der Verlust an Fleischsaft beträchtlich reduziert. Zum Fertiggaren wird dann allerdings mehr Zeit benötigt. Selbst bei 100 °C wird der Braten gar.
- ◆ Entscheidend für den Garzustand ist die erreichte Kerntemperatur (siehe auch Kapitel 2.3.2.1).

Braten im Ofen mit Umluft

Bei Öfen mit Umluft (Konvektionsöfen) ist die Temperaturführung während des Weiterbratens wesentlich günstiger, da durch das ständige Umwirbeln der Warmluft auf alle Stellen des Bratenstücks nahezu gleiche Temperaturen einwirken. Bei Umluft ist allerdings die Gefahr des Austrocknens größer (öfter mit Bratenfond begießen). Die erforderlichen Gartemperaturen liegen 10 bis 20 °C tiefer als beim Braten ohne Umluft. Ein relativ schnelles und gleichmäßiges Garen ist bei dem sog. Grillen mit Umluft möglich. In entsprechend konstruierten Öfen wird der Garraum während der kurzen Heizperioden nur durch die obere Heizquelle (Grillstäbe) beheizt. Die Umwälzung der heißen Luft des Garraums sorgt für das gleichmäßige Garen des Bratens. Bei einigen Geräten wird die Umluftfunktion während der kurzen Heizperioden ausgeschaltet, wodurch das Austrocknen des Gargutes wesentlich vermindert wird.

2.3.1.7 Schmoren

Das Schmoren ist ein kombiniertes Garverfahren von Anbraten und anschließendem Kochen oder Dünsten. Bei dieser Methode ist wichtig:
- ◆ Temperatur zum Anbraten
  Die Temperatur des Fettes muss beim Anbraten 180 bis 200 °C betragen, um an allen Seiten des Schmorgutes die rasche Ausbildung einer Kruste zu gewährleisten. Schwere, entsprechend vorgeheizte Kochgeschirre mit einer großen Wärmekapazität sind zu bevorzugen.

◆ Röstgemüse

Die Zugabe von Röstgemüse (Mirepoix) ist hauptsächlich bei großen Fleischstücken dringend zu empfehlen, damit eine ausreichende Menge an Röst- und Aromastoffen gebildet wird (Herstellung einer kräftigen Bratensauce).

◆ Ablöschen des Bratensatzes

Der Bratensatz ist mit Flüssigkeit (Beize, Wein, Brühe) sorgfältig abzulöschen, alle am Gefäßboden haftenden Teile sind gründlich, aber sorgsam zu lösen. Beim unvollständigen Lösen des Bratensatzes besteht die Gefahr, dass die Reste am Boden des Schmorgefäßes unter Bildung von Bitterstoffen weiter zersetzt werden.

◆ Reduzieren der Schmorflüssigkeit

Die Schmorflüssigkeit ist mehrmals zu reduzieren. Es ist darauf zu achten, dass die Salzkonzentration, durch das Nachgießen bedingt, nicht zu hoch ansteigt. (Vorsicht beim Nachgießen von Brühe!)

◆ Garen

Das Schmorgut wird im Ofen zugedeckt bei 100 °C fertig gegart. Die Wärmezufuhr erfolgt im Ofen im Gegensatz zum Köcheln auf dem Herd von allen Seiten einheitlich. Dadurch wird das Fleischstück gleichmäßig gegart, und größere Flüssigkeitsverluste als Folge des Verdampfens von Wasser werden minimiert. Bei Fleischteilen mit relativ lockerem Bindegewebe (junge Tiere, gut abgehangen) kann bei 95 °C fertig gegart werden. Es verlängern sich dabei allerdings die Garzeiten. Entscheidend für das Erreichen des gewünschten Gargrads ist die Kerntemperatur.

◆ Ruhen des Schmorbratens

Der Schmorbraten muss vor dem Anschneiden ruhen (entgegen anders lautenden Meinungen). Die zum Entspannen benötigte Ruheperiode ist allerdings kürzer als beim Braten. (Die Temperaturdifferenz zwischen Randschichten und Kern ist kleiner.)

2.3.1.8 Grillen

Beim Grillen erfolgt das Garen durch Wärmestrahlung bzw. durch direkten Kontakt mit der Wärmequelle (Kontaktgrill). Das Garen auf dem Kontaktgrill sollte jedoch besser dem fettarmen Braten zugeordnet werden. Zum Grillen eignet sich vor allem Fleisch, in geringerem Maße Fisch und Geflügel. Gemüse erfordert eine besondere Beobachtung und ist zum Grillen nur bedingt geeignet.

Temperaturen

Die Temperaturen der Heizquelle betragen in der Regel 250 bis 350 °C, an der Oberfläche des Grillgutes werden 120 bis 240 °C erreicht. Ein beträchtlicher Teil der am und im Grillgut entwickelten Wärme ist auf Wärmestrahlung zurückzuführen (in Abhängigkeit von der Art der Heizquelle).

Garzeiten

Die Garzeiten hängen ab von der Beschaffenheit und der Dicke des Gargutes, von der Höhe der Temperatur der Heizquelle und vom Abstand des Grillgutes von der Heizquelle. Es ist deswegen kaum möglich, Richtwerte für Garzeiten anzugeben. Daher ist zu empfehlen, die mit einem bestimmten Grill für das jeweilige Grillgut benötigten Garzeiten zu protokollieren und auf diese Weise „persönliche" Richtwerte für die konkreten Bedingungen festzulegen (Grillgut und Grillgerät).

Vorteile des Grillens

Grillen zeigt bei sachgerechter Durchführung gegenüber anderen Garverfahren diese Vorteile:

◆ Die relativ rasche Ausbildung einer festen Bratenkruste verhindert weitgehend den Austritt von Fleischsaft.

◆ Die in größerem Umfang ablaufenden nichtenzymatischen Bräunungsreaktionen führen zur Bildung zahlreicher Röst- und Aromastoffe, die den Genusswert steigern bzw. für den typischen Geschmack von gegrilltem Fleisch verantwortlich sind.

◆ Überschüssiges Fett kann während des Grillprozesses abtropfen, so dass insbesondere fettreiche Fleischteile (z. B. Kamm- oder Nackenstücke) einem Teil ihres Fettes verlustig gehen (Beitrag zur gesunden Ernährung).

Mögliche Nachteile des Grillens

Die nachfolgend aufgeführten möglichen Nachteile des Grillens können bei sachgerechtem Vorgehen und der kontinuierlichen Kontrolle des Grillvorgangs nahezu vollständig ausgeschaltet werden:

◆ Zu hohe Temperaturen können zum raschen Austrocknen des Gargutes führen, und zwar hauptsächlich in dessen Randzonen. (Gelegentliches „Ablöschen" [Bespritzen] mit einer geeigneten Flüssigkeit, beispielsweise Bier beim original „Thüringer Rostbrätel".)
◆ Bei zu langem Einwirken von hohen Temperaturen können Randschichten unter Entstehung von Bitterstoffen partiell verkohlen.
◆ Abtropfendes Fett kann sich unter Bildung von Fehlaromen und von potenziell cancerogenen Substanzen zersetzen oder entzünden und unter Entwicklung von Ruß sowie krebserregenden Substanzen verbrennen (insbesondere beim Grillen über Holzkohle).

Beim Grillen zu beachtende Gesichtspunkte

◆ Der Prozess muss ständig überwacht und gegebenenfalls geregelt werden, entweder durch Änderung der Temperatur (Elektrogrill) oder durch Umlagerung des Grillgutes in Randbereiche mit niedrigerer Temperatur (Holzkohlegrill).
◆ Auflodernde Flammen sind umgehend zu ersticken (abtropfendes Fett).
◆ Das Grillgut sollte während des Garens mehrfach angefeuchtet werden, um ein Austrocknen zu verhindern.
◆ Beim Grillen über Holzkohle muss diese vollständig durchgebrannt sein, bevor das Gargut aufgelegt wird (sie darf nur noch glühen), um zu hohe Temperaturen und damit eine mögliche Belastung mit cancerogenen Substanzen zu vermeiden.
◆ Es sind Vorkehrungen zu treffen (in erster Linie beim Holzkohlegrill), die ein rasches Löschen von Bränden ermöglichen, die trotz gewissenhafter Beachtung aller Sicherheitsmaßnahmen entstehen können (siehe Kapitel 7.2.2 und 7.2.3.2).

Handelsübliche Grillstationen

Die im Handel angebotenen Grillstationen mit verschiedenen Heizquellen unterscheiden sich in der Anordnung der Heizquelle:

◆ Horizontale Anordnung
Diese klassische Anordnung ermöglicht ein gleichmäßiges Grillen und ist deshalb benutzerfreundlich. Von Nachteil ist, dass sich abtropfendes Fett leicht entzünden kann und deshalb eine ständige Überwachung des Grillprozesses unumgänglich ist.
Geräte mit rotierendem Grillspieß erlauben das Grillen größerer Fleischstücke (z. B. Hähnchen) von allen Seiten.
Bei Geräten mit oben angeordneter Heizquelle (Salamander) kann sich abtropfendes Fett nicht entzünden. Der Grillprozess lässt sich jedoch schlechter kontrollieren, und das Grillgut trocknet bei längeren Garzeiten schneller aus. Diese Gruppierung ist bestens geeignet für ein kurzes Überbacken.
◆ Vertikale Anordnung
Das Grillgut muss im Gerät fixiert werden. Die Gefahr des Entzündens von abtropfendem Fett ist wesentlich geringer. Bei dieser Anordnung kann Holzkohle nicht als Heizquelle genutzt werden.

Vor- und Nachteile der unterschiedlichen Heizquellen

◆ Mit Gas beheizte Grillstationen
Diese Geräte sind sehr schnell betriebsbereit (kurze Anheizzeit), bei ihrer Inbetriebnahme entstehen keine unangenehmen Gerüche. Sie ermöglichen eine exakte Steuerung der Temperatur, somit über einen längeren Zeitraum und ohne zeitaufwendige Kontrollen ein Garen à la minute und sind außerdem relativ einfach zu reinigen.
◆ Elektrisch beheizte Grillstationen
Sie zeigen die gleichen günstigen Eigenschaften wie die mit Gas betriebenen. Der Anschlusswert größerer Stationen ist jedoch sehr hoch, so dass diese meist fest installiert werden müssen. Dabei besteht mitunter die Gefahr einer Überlastung der gesamten Elektroanlage der Küche (Anschlusswerte vor Anschaffung solcher Geräte überprüfen). Kleinere, nicht fest installierte Grills erlauben zwar nur einen geringeren Durchsatz, sie blockieren jedoch bei Nichtbedarf keine Arbeitsfläche.

◆ Holzkohlegrill

Ein Holzkohlegrill benötigt eine relativ lange Anheizzeit, während der er bereits überwacht werden muss. Die Holzkohle muss vor Grillbeginn vollständig durchgebrannt sein. Die Temperatur kann schlecht reguliert werden (nur durch Verschieben des Grillgutes zu unterschiedlich heißen Stellen). Das Entflammen von abtropfendem Fett kann nicht immer verhindert werden (umgehendes Ersticken der Flammen ist erforderlich). Beim Grillen innerhalb von Küchenräumen ist ein leistungsfähiger Abzug erforderlich, dessen Filter vor Arbeitsbeginn sehr sorgfältig zu kontrollieren und gegebenenfalls zu reinigen sind (Gefahr eines Abzugsbrands bei abbrennendem Fett). Ein Holzkohlegrill ist kostengünstig und leicht zu transportieren. Es ist für den Einsatz im Freien prädestiniert. Die Speisen bekommen einen typischen „Holzkohle-Geschmack", der vor allem bei regionalen Spezialitäten gewünscht ist (Thüringen und Franken). Beim Betrieb sind die Vorschriften des Brandschutzes besonders zu beachten (siehe Kapitel 7.2.3.2)

◆ Komplette Grillstationen

Die kompletten elektrisch beheizten Grillstationen, die mit Griddleplatte, Wok-Einsätzen, Mais- und Kartoffelringen, Lavasteinen sowie mit Rosten verschiedener Formen und Größen ausgestattet sind, erlauben einen vielseitigen Einsatz, u. a. auch zum Grillen von Gemüse und Beilagen.

Die verhältnismäßig hohen Anschaffungskosten amortisieren sich nur bei einem konstanten Angebot verschiedener Grillgerichte.

◆ Heißer Stein

Der sog. „Heiße Stein" hat seine Berechtigung vor allem in der Erlebnisgastronomie (Grillen am Tisch), da bei ihm die Geruchsbelästigung relativ gering ist. Der Einsatz in der Küche ist nicht ökonomisch.

2.3.1.9 Frittieren

Beim Frittieren im schwimmenden Fett bei 150 bis 180 °C ist der Kontakt der Wärmequelle mit dem zu garenden Lebensmittel äußerst intensiv, so dass ein schnelles Garen ermöglicht wird.

Vorteile

◆ Der intensive Kontakt des Lebensmittels mit dem vergleichsweise heißen Fett führt zur Bildung von zahlreichen Aromastoffen (nicht-enzymatische Bräunung).

◆ Die rasche Ausbildung einer relativ festen Kruste verhindert das Austreten von Inhaltsstoffen nahezu vollständig.

◆ Die hohen Temperaturen beschleunigen auch das Garen im Kern des Frittiergutes und ermöglichen dadurch vergleichsweise kurze Garzeiten.

Temperatur des Frittierfettes

Die jeweils vorgegebene Temperatur muss konsequent eingehalten werden, sie darf 140 °C nicht unterschreiten und 180 °C nicht überschreiten.

◆ Zu niedrige Temperatur

Die Ausbildung der festen Kruste erfolgt nicht oder zu langsam, wodurch Wasser aus dem Frittiergut in das Fett übertritt und dort verdampft. Die Folgen sind ein Aufschäumen des Frittierfettes (beim Überkochen Gefahr eines Fettbrands) und eine ausgeprägte Erniedrigung der Temperatur des Fettes, bedingt durch die große Verdampfungswärme des Wassers: Der Garprozess wird gebremst (das Gargut wird gekocht). Die gleiche Gefahr besteht beim Einbringen von nassem Frittiergut (z. B. nicht ordnungsgemäß abgetrocknete Kartoffeln für Pommes frites) bzw. bei einer Überlastung der Fritteuse durch zu große Mengen.

◆ Zu hohe Temperatur

Es kann zur Ausbildung von bitteren Röstprodukten kommen, bei eiweißreichen Lebensmitteln außerdem zur Bildung von potenziell cancerogenen Substanzen. Bei stärkehaltigen Lebensmitteln besteht außerdem die Gefahr der Bildung von Acrylamid (siehe Kapitel 5.5.5). Das Frittierfett selbst wird übermäßig wärmebelastet, zersetzt sich schneller unter Bildung von gesundheitsschädlichen Oxidationsprodukten und muss infolgedessen wesentlich öfter erneuert werden. Bei zersetzten Fetten sinkt der Rauchpunkt, parallel dazu nimmt die Gefahr des Entstehens von Fettbränden zu.

Anforderungen an das Frittierfett

Die zum Frittieren eingesetzten Fette müssen eine hohe Hitzebeständigkeit aufweisen. Am idealsten sind spezielle Frittierfette. Hartfette mit einem hohen Anteil an langkettigen gesättigten Fettsäuren wie Kokosfett sind nur bedingt geeignet.

Nicht zu empfehlen sind Pflanzenöle, insbesondere Öle mit einem hohen Anteil an mehrfach ungesättigten Fettsäuren wie Distel- und Sonnenblumenöl. Mehrfach ungesättigte Fettsäuren werden sehr schnell oxidiert, und parallel dazu wird der Rauchpunkt der Öle gesenkt.

Kaltgepresste Öle sind absolut ungeeignet. Die in ihnen enthaltenen Begleitstoffe werden beim Erhitzen umgehend zersetzt, die dabei gebildeten Produkte wirken als Katalysatoren und beschleunigen die Fettoxidation.

Rapsöl und raffiniertes Olivenöl (nicht kaltgepresstes!) sind wegen ihres geringeren Gehaltes an mehrfach ungesättigten Fettsäuren etwas stabiler als die anderen pflanzlichen Öle, sie sollten aber nur ausnahmsweise als Notbehelf eingesetzt werden. Das Gleiche gilt für Sesamöl, das sich durch einen relativ hohen Rauchpunkt auszeichnet.

Kontrolle und Wechsel des Frittierfettes

Das Frittierfett ist nach jedem Arbeitstag abzulassen und von Schwebstoffen zu befreien. (Durch Dekantieren des Fettes nach dem Absetzenlassen der Schwebstoffe und das anschließende Filtern des noch flüssigen Fettes.) Verbrauchtes Fett (unangenehmer Geruch, dunkle Verfärbung, Erniedrigung des Rauchpunktes) ist umgehend zu verwerfen und zu entsorgen.

Das Überprüfen des Fettes mit Hilfe von Teststreifen kann von Nutzen sein. Ein offenbar negatives Ergebnis ist jedoch nicht voll aussagekräftig, da mit den Teststreifen das Fehlen bzw. das Vorliegen von freien Fettsäuren als eines der Anzeichen einer Fettzersetzung erfasst wird, aber nicht das Vorliegen von Fettsäure-Oxidationsprodukten.

Einhalten von Vorgaben der Brandschutzes

Die Vorschriften des Brandschutzes sind bei der Installation und dem Betreiben von Fritteusen besonders zu beachten, so auch die Installation einer ortsfesten Feuerlöschanlage bei Fritteusen mit mehr als 50 Liter Inhalt und das Treffen von Vorkehrungen, die das Frittierfett vor Spritzwasser schützen (siehe Kapitel 7.2.3.1).

2.3.2 Garen von ausgewählten Lebensmitteln

Die Auswahl eines bestimmten Verfahrens für das Garen eines Lebensmittels wird maßgeblich von dessen Eigenschaften und geplanten Einsatzes bestimmt. Daraus ergeben sich Richtwerte für die Temperatur und die Dauer des Garprozesses, die einerseits aus bestimmten Gründen (z. B. Abtötung von Salmonellen) eingehalten werden müssen und die andererseits in Hinblick auf den gewünschten Gargrad variiert werden können.

2.3.2.1 Garen von Fleisch (Schlachttiere)

Für die Auswahl des geeigneten Garverfahrens sind die grundlegenden Eigenschaften des jeweiligen Teilstücks verantwortlich wie der Anteil und Festigkeit des Bindegewebes sowie die Menge und Verteilung des Fettes. Das Garergebnis kann wesentlich beeinflusst werden durch spezielle Eigenschaften des jeweiligen Teilstücks, die zusätzlich zu beachten sind und in extremen Fällen den Einsatz von sonst gebräuchlichen Verfahren verbieten, wie beispielsweise

◆ das Alter des Tiers bei der Schlachtung,
◆ der Reifegrad des Fleischs (Qualität des Abhängens),
◆ das Vorliegen eines Fleischfehlers,
◆ Veränderungen am strukturellen Gefüge als Folge unterschiedlicher Aufbewahrung vor der Verarbeitung (TK-Fleisch).

Alter der Tiere

Das Fleisch von älteren Schlachttieren (ausnahmslos Rind und Hammel) zeichnet sich durch ein strafferes Bindegewebe und durch eine geringere Wasserbindungsfähigkeit aus. In der Regel ist deswegen eine etwas längere Garzeit erforderlich. Es ist dann weiterhin von Vorteil, die Temperatur zu Beginn des Garprozesses langsamer als üblich zu erhöhen (bei Braten bzw. Schmorbraten erst nach dem üblichen Anbraten bei hoher Temperatur). Bei niedrigeren und langsamer ansteigenden Temperaturen kann das Bindegewebe länger und damit besser quellen, wodurch auch der Anteil des Kollagens etwas erhöht wird, der in lösliche Gelatine überführt wird. Mit zunehmendem Alter der Tiere eignet sich das Fleisch kaum zum Kurzbraten. Beim Schmoren von Fleisch älterer Tiere sollte bereits zu Beginn des Schmorprozesses gesalzen werden, da Kochsalz das Quellen von Kollagen in geringem Maße unterstützt.

Reifegrad des Fleischs

Der Reifegrad des Fleischs muss hauptsächlich bei Rindfleisch berücksichtigt werden. Schlecht abgehangenes Fleisch eignet sich nicht zum Kurzbraten (auch nicht explizit zum Kurzbraten vorgesehene Teilstücke). Die Gareigenschaften von schlecht abgehangenem Fleisch können bis zu einem gewissen Grad verbessert werden durch Nachreifen bei 0 bis 2 °C, vorzugsweise unter Vakuum (Vakuumreifung), bzw. durch Einlegen in eine Beize. Eine zu lange Lagerung zum Zwecke eines Nachreifens muss jedoch vermieden werden, um einen Verderb des Fleischs sicher zu verhindern. Dieses Nachreifen ist kaum geeignet, die Qualität von Fleisch zu verbessern, das zum Kurzbraten eingesetzt werden soll.

Fleischfehler

Fleischfehler verschlechtern die Gareigenschaften und die Qualität des gegarten Fleischs in beträchtlichem Maße und machen den Einsatz bestimmter Garverfahren nahezu unmöglich.

◆ PSE-Fleisch
Dieser Fleischfehler (englisch: pale, soft, exsudative = blass, weich, wässrig) tritt nur beim Schwein auf. Er ist auf Fehler vor und während des Schlachtens von Schweinen der Rassen zurückzuführen, die auf einen höheren Fleischansatz gezüchtet wurden und besonders stressanfällig sind. Der im Vordergrund stehende Mangel des PSE-Fleischs ist seine stark erniedrigte Wasserbindungskapazität, die bereits während der Lagerung zu hohen Tropfverlusten führt (bis zu 15 % des Fleischgewichtes)

und für das Austreten von größeren Mengen an Fleischsaft im Verlauf des Garens verantwortlich ist. PSE-Fleisch trocknet aus, es schrumpft (Gewichtsverlust), wird zäh und verliert durch den Verlust von größeren Mengen an Extraktivstoffen an Geschmack. Beim Braten (in der Pfanne) spritzt es überdurchschnittlich stark. PSE-Fleisch ist zum Kurzbraten nicht geeignet. Es empfiehlt sich, solches Fleisch zu Gulasch bzw. zu Hackfleischgerichten zu verarbeiten. Der Fleischfehler kann durch eine nachträgliche Behandlung weder behoben noch abgeschwächt werden.

◆ DFD-Fleisch
Dieser Fehler (englisch: dark, firm, dry = dunkel, fest, trocken) ist ausschließlich auf gravierende Mängel vor und während der Schlachtung der Tiere zurückzuführen (Stress durch lange und unsachgemäße Transporte vor bzw. während der Schlachtung). Als Folge dieses Stresses sind alle Glykogenvorräte im Muskel bereits vor der Tötung abgebaut, so dass die Bildung von Milchsäure und damit eine Fleischreifung trotz ordnungsgemäßen Abhängens nicht stattfinden kann. Das Bindegewebe quillt durch Wasseraufnahme (deswegen die feste Konsistenz), es wird aber wegen ausbleibender Reifungsprozesse nicht gelockert.
Tropfverluste treten keine auf. Auf Grund der ausbleibenden Säuerung des Fleischs ist die Gefahr eines Bewachsens mit Keimen und nachfolgenden Verderbs jedoch sehr groß. DFD-Fleisch muss umgehend verarbeitet werden. Es kann versucht werden, die feste Bindegewebsstruktur durch ausreichend langes Beizen in einer sauren Marinade zu lockern. DFD-Fleisch ist zur Herstellung von Rohfleischwaren nicht geeignet. Der Fleischfehler tritt vorzugsweise bei Jungbullen auf und wird dann auch als „dark cutting beef" bezeichnet.

◆ Cold Shortening Effect
Dieser Fleischfehler („Kälteverkürzungseffekt") tritt bei unsachgemäß durchgeführtem Abhängen von Rind- und Schaffleisch auf (zu rasches Abkühlen des schlachtfrischen Fleischs). Die Fleischreifung bleibt in diesem Fall auf Grund einer nicht stattfindenden Milchsäurebildung aus. Diese kann dann auch

nicht durch eine nachträgliche Korrektur der Reifungstemperatur eingeleitet werden. Das Fleisch bleibt beim Garen zäh; außerdem sind erhöhte Tropfverluste zu beobachten.

Das Bindegewebe kann auch durch Einlegen in eine saure Marinade nicht gelockert werden, da die Enzyme der Muskelzellen, die Bindegewebseiweiß abbauen, durch den Kälteschock inaktiviert wurden. Es empfiehlt sich, das Fleisch zu verwerfen, zur Herstellung einer Jus einzusetzen oder zu Hackfleischgerichten zu verarbeiten.

TK-Fleisch

Durch den Gefrier-Tau-Prozess platzen die Muskelzellen, so dass aus diesen leicht Zellsaft austreten kann. Deshalb kommt es beim Auftauen zu größeren Tropfverlusten. Die dadurch bedingte geringere Wasserbindungskapazität des Fleischs macht sich vorwiegend bei Pfannengerichten bemerkbar (hohe Verluste an Fleischsaft, hart werden des Fleischs, vor allem bei längeren Bratzeiten). TK-Ware sollte deswegen nur ausnahmsweise zum Kurzbraten eingesetzt werden, sie muss dann von ausgesuchter Qualität sein und sollte nur rare oder medium gebraten werden (keinesfalls done).

Garzeiten und Gartemperaturen (Kerntemperaturen)

Bei allen Teilstücken ist für das Erreichen eines gewünschten Gargrads nicht die Dauer des Garprozesses der entscheidende Faktor, sondern das Erreichen der für das Garen erforderlichen Temperatur im Inneren des Fleischs (Kerntemperatur). Ein exaktes Garen „auf den Punkt" ist deswegen nur an Hand der gemessenen Kerntemperatur möglich. In vielen Fällen genügt es, die auf Erfahrungswerten beruhenden Garzeiten für die einzelnen Garmethoden und Fleischteilstücke als Orientierungswerte zu nutzen und diese den jeweiligen Bedingungen anzupassen unter der Berücksichtigung der speziellen Eigenschaften des Fleischs, der Dicke und Form des Fleischstücks sowie dessen Fläche, die mit der Wärmequelle in direkten Kontakt kommt (siehe Tabelle 2.3.2).

Die Orientierung an vorgegebene bzw. selbst ermittelte Garzeiten ist auch in den Fällen erforderlich, in denen das Messen der Kerntemperatur nicht möglich ist, wie bei Kochfleisch, Gulasch und anderen klein geschnittenen Zubereitungen (z. B. Geschnetzeltes), sowie bei Teilstücken und Zubereitungen, die in der Pfanne gebraten werden (kurz gebratenes Fleisch, Frikadellen). Auch bei Fehlen der technischen Voraussetzungen zum exakten Messen der Kerntemperatur können Richtwerte für Garzeiten eine Hilfe sein. In diesen Fällen ist es jedoch empfehlenswert, die Kerntemperatur am Ende der vorgegebenen Garzeit mit einem einfachen Bratthermometer zu überprüfen. Die für einen gewünschten Gargrad jeweils optimale Kerntemperatur kann für die einzelnen Fleischteilstücke wesentlich präziser vorgegeben werden, auch wenn sie in geringem Maß von besonderen Eigenschaften des betreffenden Fleischstücks abhängt, vor allem von dem Gehalt an Bindegewebe und dessen Beschaffenheit. Generell gilt, dass Fleischeiweiß bei 70 bis 75 °C vollständig denaturiert (geronnen) und das Fleisch somit in der Regel gegart ist, sobald im Kern diese Temperatur erreicht ist (siehe Tabellen 2.3.3 und 2.3.4).

Bei größeren und bei bindegewebsreichen Teilstücken werden etwas höhere Kerntemperaturen empfohlen. Bei Fleischteilen mit einem relativ festen Bindegewebsanteil kann es sinnvoll sein, die vorgegebene Kerntemperatur länger einwirken zu lassen, ohne sie dabei weiter zu erhöhen, so dass ein zusätzlicher Anteil des Bindegewebseiweißes gelöst und in Gelatine überführt werden kann.

Eine Sonderstellung nehmen kurz gebratene Gerichte vom Rind und in geringerem Maße vom Lamm ein, bei denen die Kerntemperatur teilweise beträchtlich unterhalb des Garpunktes liegt (Garstufe rare bzw. medium). Entscheidend sind die Auswahl geeigneter Teilstücke, der Zustand der Fleischreifung (gut abgehangen) und die hygienisch einwandfreie Beschaffenheit. In leistungsfähigen Heißluftdämpfern ist es möglich, die gewünschten Kerntemperaturen und Garzeiten, abgestimmt auf die jeweilige Betriebsart, exakt vorzugeben und zu speichern. Dadurch ist es möglich, unter optimalen Bedingungen zu garen und stets mit gleich bleibender Qualität zu produzieren (siehe Kapitel 2.3.3).

Tabelle 2.3.2:

Garzeiten für verschiedene Fleischteilstücke von Schlachttieren in Minuten (Richtwerte)

Schweinefleisch

Kamm (1 kg)	75– 90	Eisbein	90–120
Kochfleisch (0,5 kg)	60– 80	Kotelett, naturell	12– 15
Kotelett, paniert	15	Karree, durchgebraten, je kg	25
Keule, durchgebraten, je kg	30	Schnitzel, jede Seite	4– 6

Rindfleisch

Kochfleisch (1 kg)	120–150	Bürgermeisterstück (1,5 kg)	240
Schmorbraten (je 1 cm Höhe)	10	Roastbeef (2 kg)	70– 80
Sauerbraten, falsches Filet (1 kg)	150	Lendenschnitten (Tournedos)	7– 8
Rinderfilet am Stück (750 g)	25– 30	Filetbeefsteak, rosa	8– 10
Chateaubriand, innen rosa	15– 20	Rinderfilet, gebraten, je kg	12– 15
Zwischenrippenstück (Entrecôte)	8– 10	Hochrippe, gebraten, je kg	15– 18

Kalbfleisch

Leber	5– 6	Kotelett	10– 12
Schnitzel, naturell	6– 8	Schnitzel, paniert	6
Rücken, je nach Größe	60– 80	Nierenbraten	60– 90
Schmorbraten (1,5 kg)	90–120	Rollbraten (1,5 kg)	150–165
gefüllte Brust (1,5 kg)	150–180	Haxenscheiben	etwa 150
Tafelspitz (1–2 kg)	240		

Lamm- bzw. Hammelfleisch

Kotelett	8– 10	Hammelchops	10– 12
Nieren	6– 8	Rücken, gebraten (rosa)	50– 60
Karree, je kg	25	Keule, gekocht, geschmort	etwa 120
Keule, gebraten (rosa)	75		

Tabelle 2.3.3:

Kerntemperaturen, die beim Garen verschiedener Fleischarten und bei unterschiedlichen Garstufen erreicht werden (in °C)

Fleischart	Kerntemperatur	Farbe im Fleischkern
Rindfleisch		
stark blutig	45	tief blutrot
blutig	50	fleischrot, Fleischsaft blutrot
medium	55–60	hellrosa, nach außen in Graubraun übergehend, verblassend
durchgebraten (done)	75–85	einheitlich graubräunlich
Kalbfleisch		
durchgegart	über 77	rötlich braun, Fleischsaft grauweiß
Schweinefleisch		
medium	65	hellrosa
durchgegart	75–80	gelblich braun, Fleischsaft grauweiß
gepökelt	65	blassrot, Fleischsaft bräunlich oder fast farblos
Lammfleisch		
durchgegart	79	grau, leicht blassrot
Hammelfleisch		
durchgegart	82	grau, Fleischsaft blass rötlich

2.3.2.2 Garen von Fleisch (Wild)

Beim Garen von Fleisch von Wild muss in Abhängigkeit von der Herkunft des Wildbrets (in Gehegen [Gattern] gehaltene bzw. durch Jagd erlegte Wildtiere) mit Unterschieden im Garverhalten gerechnet werden.

Gehegewild

Für das Garen von Teilstücken von in Gehegen gehaltenem Wild (vorzugsweise Damwild, in geringerem Maße Hirsche, kaum Rehwild und exotische Tiere wie Springbock) bestehen kaum Unterschiede zum Garen vergleichbarer Teilstücke von Schlachttieren (Kalb bzw. Rind).

Tabelle 2.3.4:
Orientierungswerte für die Kerntemperatur beim Garen von verschiedenen Fleischarten und unterschiedlichen Garstufen (in °C)

Gargut	Garzustand	Kerntemperatur
Rindfleisch		
Rinderfilet	medium	55–58
Roastbeef	medium	55–60
Rinderbraten	durchgegart	80–85
Tafelspitz	durchgegart	90
Schweinefleisch		
Keule	durchgegart	75
Keule	hellrosa	65–68
Schweinerücken	leicht hellrosa	65–70
Schweinekamm	durchgegart	70–75
Schweineschulter	durchgegart	75
Schweinebauch, gefüllt	durchgegart	70–75
Schweinebauch	durchgegart	80–85
Hinterhaxe, gebraten	durchgegart	80–85
Eisbein	durchgegart	80–85
Kasseler		65–70
Kasseler, für Büfett		55–60
Hinterhaxe, gepökelt	durchgegart	75–80
Rippchen	durchgegart	65
Schinken im Brotteig		65–70
Schweinezunge	durchgegart	85–90
Kalbfleisch		
Kalbsrücken	hellrosa	65–70
Kalbskeule, Oberschale, Nuss, Frikandeau	durchgegart	78
Nierenbraten	durchgegart	75–80
Schulterbraten	durchgegart	75–80
Kalbsbrust, gefüllt	durchgegart	75–78
Hammelfleisch		
Hammelrücken	leicht rosa	70–75
Hammelrücken	durchgegart	80
Hammelkeule	leicht rosa	75–78
Hammelkeule	durchgegart	82–85
Lammfleisch	durchgegart	79–85
Sonstiges		
Pasteten		72–74
Terrinen		60–70
Galantinen		65

Das Fleisch dieser Tiere kann durch Abhängen zuverlässig reifen, da die Glykogenvorräte bei fachgerechter Tötung nur wenig abgebaut werden. Weiterhin ist zu berücksichtigen, dass im Handel in der Regel nur Fleisch von relativ jungen Tieren angeboten wird, das vergleichsweise zart ist. Über das Auftreten von Fleischfehlern ist bei Gehegewild bisher noch nicht berichtet worden. Es ist jedoch vorstellbar, dass bei sorglosem Umgang nach der Schlachtung der Cold Shortening Effect zu beobachten sein könnte.

Für Fleischteile von Gehegewild ist zu beachten, dass in der Regel

◆ ein zusätzliches Nachreifen durch Lagerung im Kühlraum nicht erforderlich ist,
◆ vergleichsweise kurze Garzeiten ausreichen, da das Fleisch bei längerem Garen schnell sehr weich wird,
◆ ein Einlegen in eine Beize keinen wesentlichen Einfluss auf die Textur des Fleischs hat und nur zu dessen Aromatisierung beiträgt.

Bejagtes Wild

Bei Fleisch von bejagtem Wild sind die Glykogenreserven der Muskeln zum Zeitpunkt des Tods meist nahezu vollständig abgebaut als Folge der physischen Belastung des Wilds beim Erlegen. Das Fleisch kann deshalb durch Abhängen nur in beschränktem Maße reifen. Bei jungen Tieren ist dies auf Grund der natürlichen Zartheit ihres Fleischs von untergeordneter Bedeutung. Das Reifen des Fleischs älterer Tiere kann durch längeres Abhängen nicht verbessert werden. Es besteht vielmehr auf Grund der ausgebliebenen Bildung von Milchsäure die Gefahr einer raschen Zersetzung von Fleischeiweiß, verbunden mit dem Auftreten des strengen Wildgeschmacks (Hautgout). Aus diesem Grund erfordert bejagtes Wild in der Regel etwas längere Garzeiten. Das Fleisch älterer Tiere eignet sich deshalb auch vorzugsweise für Schmorgerichte (siehe Tabelle 2.3.5).

Das Abhängen von Wild in der Decke bzw. von nicht gerupftem Federwild ist dem Handel verboten. Die bei der partiellen Zersetzung von Eiweiß gebildeten Produkte können beim Verzehr zu gesundheitlichen Beeinträchtigungen führen (sie sind hitzestabil), außerdem besteht die Gefahr eines massiven Befalls mit pathogenen Keimen. Für das Garen des Fleischs von bejagtem Wild sind nachstehende Punkte zu beachten:

◆ Bei der Auswahl der jeweiligen Garmethode sind nicht nur die spezifischen Eigenschaften des entsprechenden Teilstücks zu beachten, sondern auch das Alter des Tiers.
◆ Das Wildbret älterer Tiere eignet sich in erster Linie zum Schmoren (Schmorbraten, Wildgulasch), es ist zum Braten weniger geeignet.
◆ Ein zusätzliches Reifen von angeliefertem Wildbret führt meist zu keiner Verbesserung der Qualität.
◆ Das Einlegen in eine Beize bewirkt in der Regel kein Nachreifen des Fleischs, es dient lediglich dessen Aromatisierung.
◆ Die Garzeiten für identische Teilstücke können in Abhängigkeit vom Alter der Tiere, ihrem Gesundheitszustand und den Bedingungen, unter denen sie erlegt wurden, beträchtlich differieren (rasche Tötung bzw. lange Flucht).

Tabelle 2.3.5:
Garzeiten für verschiedene Teilstücke vom Wild in Minuten (Richtwerte)

Hasenrücken (mit Knochen)	30– 40	Hasenrückenfilets	10– 15
Hase, ganz	50– 60	Hasenkeule	40– 50
Wildkaninchen, ganz	40– 60	Rehkeule (ohne Knochen)	60– 70
Rehrückenfilets (etwa 1,2 kg)	20– 30	Rehkeule (mit Knochen)	90–110
Frischlingsrücken, je kg	25	Rehrücken (am Knochen)	50– 60
Wildschweinkeule (ohne Knochen)	90–120	Hirschrücken (am Knochen)	80–110

2.3.2.3 Garen von Geflügel und Wildgeflügel

Das Garen von Geflügel ist relativ unproblematisch, da dessen Fleisch in der Regel zart ist. Ältere Tiere werden nur in Ausnahmefällen im Handel angeboten. Sie werden dann meist als Suppenhuhn durch Kochen gegart. Wildgeflügel (ausgenommen in Volieren gehaltenes Geflügel) kann gegenüber Hausgeflügel wesentlich älter sein und unter Umständen längere Garzeiten erfordern (siehe Tabelle 2.3.6). Es ist zu beachten, dass Geflügelfleisch häufig mit Salmonellen belastet ist.

Beim Garen von Geflügel ist Nachstehendes zu berücksichtigen:

◆ Wegen einer möglichen Salmonellenbelastung ist auf eine ausreichende Gartemperatur (Kerntemperatur wenigstens 80 °C) und Garzeit zu achten (die empfohlene Kerntemperatur mindestens 10 Minuten einwirken lassen).
◆ Eine Belastung des Fleischs mit Salmonellen kann bei allen Geflügelarten auftreten (nicht nur bei Hühnern), neben Hühnern sind Enten und Gänse besonders oft belastet.
◆ Bei einer Kerntemperatur von 80 bis 85 °C ist Geflügel mit Sicherheit durchgegart, das Fleisch hat einen gelblich-weißen Farbton, und der Fleischsaft ist farblos. Eine Ausnahme ist das Braten von Gänsen, die bei einer Kerntemperatur von 75 bis 80 °C noch rosa sind.

Beim üblichen Durchbraten wird eine Kerntemperatur von etwa 90 °C erreicht.
◆ Bei nur wenig erhitzten Geflügelgerichten (z. B. Entenbrust, rosa) sollte nur solche Ware verarbeitet werden, deren Herkunft bekannt ist (Zuverlässigkeit des Lieferanten), die kurz nach dem Töten der Tiere angeliefert wurde, die rasch verarbeitet werden kann und die aus lebensmittelhygienischer Sicht einen einwandfreien Eindruck macht.
◆ Geflügelfleisch ohne Haut neigt beim Braten und Grillen zum Austrocknen (Bardieren mit Speck oder öfteres Bepinseln mit einer Marinade mit Öl bzw. Raps- oder Walnussöl).

2.3.2.4 Garen von Fisch

Vor dem Garen von Fisch ist dessen hygienisch einwandfreie Beschaffenheit zu überprüfen. Fangfrischer Fisch und ordnungsgemäß hergestellte TK-Ware sind kaum mit Keimen belastet, doch auch in makellosem Zustand angelieferte Ware kann während der Lagerung mit Keimen kontaminiert werden. Für solche nachträglich eingebrachte Keime ist Fischfleisch ein ausgezeichneter Nährboden. Außerdem ist bei der Lagerung von Fisch im nicht gefrosteten Zustand die Gefahr der Zersetzung von Eiweiß relativ groß.

Tabelle 2.3.6:
Garzeiten für Geflügel und Wildgeflügel in Minuten (Richtwerte)

Geflügel

Brathähnchen (etwa 1,5 kg)	75	Hähnchenkeule	25
Hähnchenbrustfilet	20	Perlhuhn (etwa 1 kg)	60
Suppenhuhn (etwa 1,5 kg)	120	Ente (etwa 2 kg)	105
Gans (etwa 4 kg)	135	Gänsekeule (etwa 500 g)	90
Truthahnschnitzel	etwa 4	Truthahnunterkeule (etwa 350 g)	45
Truthahnoberkeule (etwa 600 g)	60	Puter (je kg)	20
Taube (etwa 200 g)	30–40	Stubenküken	15

Wildgeflügel

Fasan (rosa)	25–30	Perlhuhn (rosa)	25–30
Rebhuhn (rosa)	15–20	Schnepfe	15–18
Wildente (etwa 600 g)	45–60	Wachtel	10–12

Beim Garen sind die besonderen Eigenschaften des Fischfleischs und dessen Bindegewebsanteil zu berücksichtigen. Der Gehalt an Bindegewebe ist vergleichsweise niedrig, dieses ist kaum vernetzt und erfüllt deswegen keine wesentliche Stützfunktion. Das Bindegewebe schrumpft bereits bei 45 °C, allerdings in recht geringem Ausmaß. Die Fischeiweiße koagulieren ebenfalls bei verhältnismäßig niedrigen Temperaturen, so dass die Gartemperatur des gesamten Fischeiweißes bei 60 bis 65 °C liegt, die auch der Kerntemperatur entspricht, die beim Garen von größeren Fischen erreicht werden muss. Daraus ergibt sich, dass Fisch

◆ bei vergleichsweise niedrigen Temperaturen gegart werden kann (z. B. Pochieren) und nur kurze Garzeiten erfordert (siehe Tabelle 2.3.7),
◆ auf Grund des geringen Bindegewebsgehaltes im gegartem Zustand leicht zerfällt und leicht verdaulich ist.

2.3.2.5 Garen von Gemüse

Die zum Garen der unterschiedlichen Gemüsearten erforderlichen Zeiten differieren in Abhängigkeit von zahlreichen Faktoren, in der Hauptsache vom angewandten Garverfahren und dem Zerkleinerungsgrad des vorbereiteten Gemüses einschließlich unterschiedlicher Schnittformen (Schichtdicke und Gestaltung der Oberfläche).

Zusätzlich müssen weitere Eigenschaften der jeweiligen Gemüsecharge und subjektive Wünsche in Hinblick auf den Gargrad bei der Anpassung der Richtwerte für Garzeiten berücksichtigt werden (siehe Tabelle 2.3.8).
Unterschiede zwischen verschiedenen Gemüselieferungen in Hinblick auf die erforderliche Gardauer beruhen vorzugsweise auf einer unterschiedlich starken Ausbildung von Faserstrukturen und dem Ausmaß deren Verholzung. Diese können zurückgeführt werden auf

◆ Unterschiede im Zeitpunkt der Ernte (zartes junges Gemüse, kräftiges Gemüse bei später Ernte),
◆ unterschiedliche Wachstumsbedingungen (bei schnellem Wachstum schwächer ausgebildete Faserstrukturen, aber oft auch geringere Ausbildung von Aromen),
◆ unterschiedliche Eigenschaften von einzelnen Sorten (z. B. fest, mittelfest oder mehlig kochende Kartoffelsorten).

2.3.2.6 Garen von Hülsenfrüchten

Die meisten Hülsenfrüchte werden vor dem Garen über Nacht eingeweicht, wobei das Eiweiß und die Stärke geringe Mengen an Wasser binden (Vorquellen) und dadurch zu einer gewissen Lockerung der festen Struktur führen. Nicht

---

Tabelle 2.3.7:
Garzeiten für Fische und Meerestiere in Minuten (Richtwerte)

Fische und Meerestiere im Sud		Fisch, in der Pfanne gebraten	
Aal in Stücken	20–25	Karpfenhälften, jede Seite	5– 8
Seelachsfilet	10–12	Renke, Forelle, Hering	5– 8
Schollenfilets	6– 8	Scholle, jede Seite	4– 6
Forelle blau (300 g)	15–20	Seezunge, Rotzunge	3– 4
Karpfen blau (1,5 kg)	50–60	Filets, in Portionsgröße	
Miesmuscheln (2,5 kg)	7–10	paniert, pro Seite	5– 6
Hummer (je 500 g)	15–20	naturell, pro Seite	6– 8
Fisch, im Rohr gedünstet		Orientierungswerte	
Forelle (300 g)	25–30	Fische, ganze (gedünstet), je 350 g	15–20
Hecht, Zander (etwa 1 kg)	20–25	Fische (gegrillt), je 300 g	10–12
		Fische, ganze (in Folie), etwa 1,5 kg	30–35

vorgequollene Hülsenfrüchte benötigen auch beträchtlich längere Garzeiten, die zu einem höheren Energieverbrauch führen.

Vorquellen (Einweichen)
Folgende Punkte sind zu beachten:
◆ Zum Vorquellen wird in der Regel kaltes Wasser verwendet. Eine Quelldauer von 6 bis 8 Stunden ist ausreichend (über Nacht).
◆ Heißes Wasser sollte zum Vorquellen nicht eingesetzt werden. Es besteht die Gefahr, dass während des Vorquellens eine Gärung einsetzt (meist ausgelöst durch Keime aus der Umwelt, die in den vorgequollenen Eiweißen und Kohlenhydraten einen guten Nährboden finden).
◆ Das Quellen kann in Ausnahmefällen beschleunigt werden, indem die Hülsenfrüchte in Wasser (3 bis 4 Liter pro kg) zum Kochen gebracht, kurze Zeit am Köcheln gehalten und anschließend rasch auf Raumtemperatur abgekühlt werden.
(Ein Gären wird vermieden, da Keime und Enzyme durch das Aufkochen inaktiviert werden.)

Tabelle 2.3.8:
Richtwerte für die Gardauer von Gemüse in Abhängigkeit des eingesetzten Garverfahrens (in Minuten nach Erreichen der Gartemperatur)

	Kochen	Dämpfen	Dünsten	Schmoren	Frittieren
Artischocken	30–40	–	–	–	–
Artischockenböden	18–30	–	25–35	–	2[1]
Auberginen	–	–	10	15	1–2[1]
Blumenkohl	20–25	20	18–20[2]	–	2[1]
Blumenkohlröschen	5–10	5–10	5–10	–	–
Brokkoli	10	12–15	12	2	2[1]
Brokkoliröschen	etwa 5	etwa 5	etwa 5	–	–
Chicorée	–	35	20	20	–
Erbsen	10–15	–	15	–	–
Fenchel	15–20	30	25–30	20[1]	2–3[1]
grüne Bohnen[8]	15–20	20–25	20	–	–
Gurken (Schmorgurken)	–	–	8–12	15	–
Kohlrabi (in Scheiben)	5–10	10–25	10–20	–	–
Lauch	10	–	10–15	–	–
Karotten/Möhren	10–20	15–25	10–20	–	–
Paprika (Gemüsepaprika)	–	–	8–10[3]	20–30[4]	3[5]
Rosenkohl	10–15	12–15	15	–	–
rote Rüben	60–90	–	–	–	–
Rotkohl	–	–	35–60	45–60[4]	–
Schwarzwurzeln	20	–	30	–	2[1]
Sellerie (Knollensellerie)					
(ganz)	40–90	–	–	–	2–3[1]
(Scheiben)	15–20	–	–	–	–
Spargel	15	–	–	–	1–2[1]
Kohlrüben	–	–	15–20	15–20	–
Spinat	2– 4	6	–	–	–
Weißkohl	20–40	20–40	25–45	35–45[4]	–
Wirsing	10–20	20–30	20–25	30–40[4]	–
Zucchini	–	–	10–15	15–20	1–2[6]
Zwiebeln	–	–	5–10[7]	30–35[4]	1–2[5]

[1] Vorgegart   [2] Röschen   [3] Streifen   [4] Gefüllt   [5] Ringe   [6] Scheiben   [7] Perlzwiebeln
[8] Eine Garzeit von mindestens 15 Minuten sollte eingehalten werden, um das in grünen Bohnen enthaltene Phasin mit Sicherheit zu inaktivieren.

- Linsen, geschälte gelbe und grüne Erbsen sowie Splittererbsen müssen nicht einge- weicht werden. Allerdings können die erforderlichen Garzeiten durch ein zeitlich begrenztes Vorquellen verkürzt werden.
- Vor der Zugabe von Natriumbikarbonat (Natron), das den Garprozess beschleunigen soll, wird dringend abgeraten. Der angebliche Zeitgewinn ist sehr zweifelhaft, weiterhin besteht die Gefahr der Ausbildung eines seifigen Geschmacks.
- Bei vorbehandelten Hülsenfrüchten (sog. Schnellkochware) entfällt ein Vorquellen.

Garzeiten
- Vorgequollene Hülsenfrüchte
  Die Garzeiten differieren in Abhängigkeit von der Dauer des Einweichens beträchtlich, so dass nur Richtwerte angegeben werden kön- nen. In der Regel muss mit Garzeiten von 90 bis 120 Minuten gerechnet werden (bei vorge- quollenen Linsen 20 bis 30 Minuten).
- Nicht vorgequollene Hülsenfrüchte
  (bei denen ein Vorquellen nicht erforderlich ist)

gelbe und grüne Erbsen (geschält)	90 Minuten
dicke Bohnen (frische)	45 Minuten
dicke Bohnen (Tiefkühlware, aufgetaut)	15 bis 20 Minuten
Tellerlinsen	45 bis 60 Minuten

Die Garzeiten von nicht vorgequollenen Hülsen- früchten können durch Überdruckgaren im Dampf- kochtopf verkürzt werden, wobei die Zeitersparnis wesentlich vom erzielten Dampfdruck abhängt.

2.3.2.7 Garen von Getreideerzeugnissen

Die Garzeiten von Getreideerzeugnissen hängen hauptsächlich von deren Zerkleinerungsgrad ab. Bei einigen Sorten kann die Garzeit durch das Vorweichen in Wasser beträchtlich verkürzt wer- den (siehe Tabelle 2.3.9). Bei Teigwaren hat die Form und die Größe der jeweiligen Erzeugnisse einen relativ geringen Einfluss auf die benötigten Garzeiten. Als Richtwerte können die von vielen Herstellern auf der Verpackung angegebenen Garzeiten dienen.
Für das Garen von Reis können die Garzeiten in Abhängigkeit des eingesetzten Verfahrens (Koch- reis, Quellreis) und der Reissorte größeren Schwankungen unterworfen sein als beim Garen anderer Getreide. Auch der Einsatzzweck erfor- dert eine Differenzierung der Garzeiten (gering kürzere Zeiten für den Einsatz als Beilage, etwas längere für die Herstellung von Breien). Naturreis sollte als Kochreis zubereitet werden. Er benötigt wesentlich längere Garzeiten von 40 bis 50 Minu- ten, die auch für das Garen von Wildreis zu ver- anschlagen sind.

Tabelle 2.3.9:
Garzeiten von Getreide unter Berücksichtigung der für das Vorweichen erforderlichen Zeiten, das bei einigen Getreiden empfohlen wird, in Minuten, für das Vorweichen in Stunden (Richtwerte)

	Vorweichen	Garen		Vorweichen	Garen
Buchweizen	–	20–30	Hirse	–	30–40
Bulgur	–	20–30	Roggen	6	90
Couscous	¹/₂	60	Weizen	6	60
Dinkel	6	60	Polenta	–	50–60
Gerste	6	60	Reis (gekocht)[2]	–	15–20
Grünkern	6	40	Risotto[2]	–	20–25
Hafer	–	60[1]			

[1] 60 Minuten nachquellen.
[2] Siehe hierzu auch Seite 52.

Beim Anrösten des Reises in Öl (Risotto, Pilaw) wird die Struktur der Amylosemoleküle in der Stärke sehr rasch gelockert, so dass der anschließende Quellvorgang schneller ablaufen kann (siehe Kapitel 1.2). Dadurch wird die Gefahr des Anhängens von Reis größer, da sich der entstandene Stärkekleister relativ fest an den Boden des Gargefäßes absetzt. Gleichzeitig kommt es beim Erhitzen in Fett auf Grund der dabei auftretenden hohen Temperaturen zu nichtenzymatischen Bräunungsreaktionen unter Bildung einer Vielzahl von Aromastoffen (siehe Kapitel 1.3).

2.3.3 Garen im Heißluftdämpfer (Kombidämpfer, Konvektomat)

Im Heißluftdämpfer kann der Garprozess sehr genau auf die jeweiligen Lebensmittel bzw. Speisen abgestimmt werden, da mit ihm nach 3 völlig unterschiedlichen Verfahren gearbeitet werden kann:

◆ Garen mit trockener Heißluft
◆ Garen mit Heißdampf
◆ Garen durch den gleichzeitigen Einsatz von Heißluft und Heißdampf (sog. Kombibetrieb)

Die beim Kombibetrieb genau dosierte Zufuhr von Heißdampf verhindert ein Austrocknen des Gargutes, das in dem mit Heißluft auf hohe Temperaturen aufgeheizten Garraum gebraten wird. Auf diese Weise kann die Intensität der Bräunung und die Ausbildung der Bratenkruste gesteuert werden. Die zusätzlichen Möglichkeiten des Garens mit Heißluft bzw. Heißdampf erweitern das Einsatzgebiet beträchtlich und erlauben in vielen Fällen, auf die Anschaffung von Sondergeräten wie Steamer oder Öfen mit Umluftfunktion zu verzichten.

Funktionsweise

Die Bereitung der Heißluft bzw. des Heißdampfs kann nach verschiedenen technologischen Lösungen erfolgen:

◆ Heißluft
Die Bereitung der Heißluft erfolgt durch Heizspiralen im Geräteinneren. Sie wird durch

Radiatoren kontinuierlich um das Gargut geleitet. Die Heizspiralen können unterschiedlich angeordnet sein:

Ringheizung (direkt am Radiator)
Die Ringheizung garantiert eine gut dosierte und konstante Temperatur an allen Stellen des Gerätes und damit am Gargut, wodurch ein gleichmäßiges Garen ermöglicht wird. Dieses Konstruktionsprinzip wird bevorzugt.

Beheizung der Wände des Garraums
Bei der Anordnung der Heizung hinter den Wänden ist es möglich, dass in einzelnen Zonen des Garraums größere Temperaturunterschiede auftreten, verbunden mit der Gefahr eines ungleichmäßigen Garens der Speisen.

◆ Heißdampf
Die Bereitung des Heißdampfs kann ebenfalls mit Hilfe von 2 prinzipiell unterschiedlichen Verfahren erfolgen:

Interne Bereitung
Bei der internen Bereitung wird Wasser auf die Ringheizung am Radiator gespritzt, wo es verdampft und als Dampfwolke gleichmäßig im Garraum verteilt wird. Diese Art der Dampfbereitung ist, aus konstruktiver Sicht, die zunächst einfachere Lösung, aber andererseits wesentlich aufwendiger im Hinblick auf die Wartung und gegebenenfalls störanfälliger. Insbesondere muss in regelmäßigen Abständen eine Entkalkung durchgeführt werden.

Externe Bereitung
Bei der externen Bereitung wird der Dampf außerhalb des Garraums in einem separaten Dampferzeuger bereitet und in den Garraum dosiert eingeleitet. Dieses Verfahren ist zwar konstruktionsmäßig aufwendiger, bietet aber im Betrieb viele Vorteile. Die Temperatur des Heißdampfs und dessen Menge kann gut gesteuert werden. Die externe Dampfbereitung ist die Methode der Wahl.

Ausstattungsvarianten

Moderne Geräte sind mit einer Vielzahl von zusätzlichen Hilfs- und Regeleinrichtungen ausgestattet, welche deren Einsatzmöglichkeiten beträchtlich erweitern, die Arbeit erleichtern, den Wartungsaufwand reduzieren und zuverlässige, stets reproduzierbare Garergebnisse ermöglichen.

- Klimasteuerung

  Die Klimasteuerung regelt bei vorgegebener Temperatur die Zufuhr von Wasserdampf, so dass die relative Luftfeuchte, die ebenfalls vorgegeben werden kann, exakt eingehalten wird. Bei einer elektronisch geregelten Steuerung wird die Dampfzufuhr bzw. die Heizung an Hand der mit Messfühlern ermittelten Werte der aktuellen Temperatur und Luftfeuchte (Dampfspannung) kontinuierlich nachreguliert. Dabei wird auch gegebenenfalls entstandene überschüssige Feuchtigkeit abgeleitet. Die auf die wesentlichen Garprozesse abgestimmten Programme sind vom Hersteller oft im Gerät vorinstalliert. Eigene Programme, die individuelle Besonderheiten berücksichtigen, können zusätzlich einprogrammiert werden.

- Garablauf-Management

  Beim sog. Garablauf-Management wird die Temperatur des Gargutes (vor allem die Kerntemperatur) zusätzlich zur Temperatur im Garraum und zur Luftfeuchte gemessen und als wichtige Steuergröße zur automatischen Regelung der Dampf- und Wärmezufuhr herangezogen (Prozesssteuerung).

- Programmierung des Garablaufs über PC-Programme

  Geräte, die über den PC programmiert und kontrolliert werden können, bieten weitere Arbeitserleichterungen und zusätzliche Funktionen:

  Fernsteuerung von Gerätefunktionen – Start, Kontrolle und Eingriff in den Garprozess (z. B. vom Arbeitstisch des Küchenchefs aus). Speicherung von eigenen Programmen, die zusätzlich zu den fest installierten Standardprogrammen jederzeit abgerufen werden können.

  Die Registrierung und Dokumentation (Ausdruck) des Garprozesses mit Erfassung der Gar- und Kerntemperatur, der Gardauer und des Zeitpunktes des Garens (Datum und Uhrzeit).

  Diese Dokumentation des Garprozesses erfüllt die in der Lebensmittelhygiene-Verordnung geforderte Nachweisführung (Bestandteil des HACCP-Programms).

Eine Fernüberwachung der Funktionsfähigkeit von entsprechend ausgestatteten Heißluftdämpfern durch Servicezentren bzw. der Herstellerfirma via Internet könnte in der Zukunft als Dienstleistung angeboten werden, die sich allerdings nur für größere Einrichtungen lohnen dürfte.

Überwachungs- und Reinigungssysteme

Der störungsfreie Betrieb eines Heißluftdämpfers kann durch zusätzliche Ausstattungsmerkmale („Extras") überwacht werden, wodurch eine größere Betriebssicherheit erreicht werden kann sowie Störungen im Vorfeld erkannt und vorsorglich behoben werden können.

- Automatische Reinigung des Garraums

  Ein automatisches Reinigungssystem für den Garraum senkt nicht nur den Aufwand für Reinigungs- und Wartungsarbeiten, sondern schließt Funktionsausfälle weitgehend aus, die durch Ablagerungen von Verunreinigungen im Innenraum, insbesondere von Fett, verursacht werden.

- Kalkdiagnose

  Eine automatisch erfolgende Warnung beim Erreichen eines hohen Verkalkungsgrads und die dadurch rechtzeitig erfolgende Reinigung verhindert Funktionsstörungen und kann auch kostspielige Reparaturen vermeiden.

- Entkalkungsanlage

  Eine in Verbindung mit einer automatischen Kalkdiagnose installierte selbsttätige Entkalkungsanlage ist eine wesentliche Arbeitserleichterung, da das zeitaufwendige Entkalken „per Hand" weitgehend entfallen kann (siehe unten). Gleichzeitig werden Störungen ausgeschlossen, die auf eine mangelhafte Kontrolle des Ausmaßes der Verkalkung zurückzuführen sind. Die Funktionsfähigkeit einer automatischen Entkalkungsanlage ist jedoch regelmäßig zu kontrollieren.

Entkalken

Heißluftdämpfer müssen in bestimmten Abständen entsprechend der Betriebsanleitung entkalkt werden. Das Entkalken entfällt, wenn das Gerät mit einer selbsttätigen Entkalkungsanlage ausgestattet ist (siehe oben). Die Intervalle zwischen den Entkalkungsmaßnahmen variieren in

Abhängigkeit des Auslastungsgrads und von der jeweiligen Wasserhärte. Bei hartem Wasser empfiehlt sich das Vorschalten einer Wasserenthärtungsanlage. Dies gilt vor allem für Geräte ohne Entkalkungsautomatik und für Unternehmen, in denen sie im Dauerbetrieb eingesetzt sind.

Ein nicht ordnungsgemäßes Entkalken kann zu Schäden und zum kompletten Ausfall des Heißluftdämpfers führen. In der Anfangsphase der Verkalkung können bereits kleinere Störungen auftreten, die sich negativ auf den Ablauf von Garprozessen auswirken. Eine solche Initialstörung ist bei Geräten mit externer Dampfbereitung durch eine Einengung des Querschnittes der Zuleitungsrohre zum Garraum bedingt, wodurch die Dampfzufuhr eingeschränkt, unregelmäßig bzw. unterbrochen ist. Bei Maschinen mit interner Dampfbereitung werden die Verdampfungsflächen im Inneren mit einer Kalkschicht überzogen. Dadurch wird die Wärmeabgabe und die Verdampfung des eingesprühten Wassers behindert und damit die Luftfeuchtigkeit im Garraum erniedrigt, was sich zunächst durch ein Austrocknen des Gargutes bemerkbar macht.

Anforderungen an den Arbeitsschutz

Überhitzter Dampf enthält eine sehr große Wärmeenergie und kann zu großflächigen und gefährlichen Verbrennungen führen.

Auf Grund dessen ist bei allen Arbeiten mit dem Heißluftdämpfer auf das Einhalten von Sicherheitsvorkehrungen besonders zu achten:

◆ Beim Beschicken und bei der Entnahme von gegarten Speisen ist erhöhte Aufmerksamkeit erforderlich, damit es nicht zum Verbrühen durch entweichenden Dampf oder überhitzte Speisen bzw. Flüssigkeiten kommt. Eine Gefährdung von Kollegen muss ausgeschlossen werden.

◆ Bei sog. Turmkonstruktionen muss eine leichte und gefahrlose Entnahme des Gargutes gewährleistet sein. Die Bedienoberkante der Geräte darf die Höhe von 1,60 m nicht überschreiten, so dass bei der Entnahme alle Behälter mühelos eingesehen werden können und beim Herausziehen von Behältern mit heißen Flüssigkeiten ein Verbrühen durch überschwappenden Inhalt sicher verhindert werden kann.

◆ Bei Turmkonstruktionen, die auf Grund technischer Zwänge diese Höhe überschreiten, muss an der Frontscheibe in Höhe von 1,60 m eine gut sichtbare und nicht entfernbare Markierung angebracht werden. Behälter mit Flüssigkeiten einschließlich Saucen dürfen oberhalb dieser Kennzeichnung nicht eingeschoben werden.

Einsatzmöglichkeiten

Ein Heißluftdämpfer kann zum rationellen und schonenden Garen von nahezu allen Lebensmitteln und Speisen sowie zum Regenerieren von vorgefertigten Gerichten eingesetzt werden. Für die jeweiligen Lebensmittel sind die fürs Garen besonders geeigneten Programme einzusetzen (siehe Tabelle 2.3.10).

Das Regenerieren von vorgefertigten Speisen (Cook-and-Chill-Verfahren bzw. Convenience-Produkte) erfolgt im vorgeheizten Gerät bei 130 bis 140 °C. Beim Regenerieren muss zwischen folgenden Phasen unterschieden werden:

◆ Kondensat-Phase
◆ Halte-Phase
◆ Entfeuchtungs-Phase

In der Kondensat-Phase schlägt sich Wasserdampf auf der noch kalten Oberfläche der Speisen nieder (sie beginnen zu „schwitzen"). Während der Halte-Phase erreichen diese bei der vorgegebenen Feuchte die gewünschte Gartemperatur. Dieser angestrebte Wert von Feuchtigkeit und Temperatur wird zunächst nur im Inneren der Lebensmittel bzw. Gerichte erreicht. An den Tellerrändern und an den Stellen mit fester Konsistenz sind meist noch (überschüssige) Feuchtigkeitsreste vorhanden. Diese verdampfen in der abschließenden Entfeuchtungs-Phase, so dass die Speisen gleichmäßig gegart sind und an allen Stellen identische Werte aufweisen (Feuchte und Temperatur).

Es ist meist erforderlich, mit Hilfe von Probeläufen die für die unterschiedlichen Speisen jeweils geeigneten Regenerierbedingungen im jeweiligen Gerätetyp zu ermitteln.

Garen von Convenience-Produkten

Der Heißluftdämpfer eignet sich sehr gut zum Garen von Convenience-Produkten, auch von einigen speziellen Erzeugnissen, deren entsprechende Frischprodukte nicht in diesem Gerät gegart werden können. Diese Convenience-Produkte sind durch eine besondere Verarbeitung bzw. durch individuelle Zutaten (z. B. modifizierte Stärken) an die zeitsparende Zubereitung im Heißluftdämpfer angepasst.

◆ Panierte Produkte (TK-Produkte)
Die nach speziellen Verfahren hergestellten Panaden haben eine eigene Struktur, werden auch bei fettarmer Zubereitung goldbraun und bleiben länger knusprig.

◆ Gecoatete Produkte (TK-Produkte)
Die einzelnen Portionen sind jeweils für sich mit einem Saucen- bzw. Gewürzmantel umhüllt. Dadurch können bei einheitlicher Garzeit auch unterschiedlich große Portionsstücke gleichmäßig gegart werden (Schlemmerpfannen, Gratins und Pfannengerichte mit unterschiedlich großen Teilstücken).

◆ Toppings und Füllungen
Spezielle modifizierte Stärken verhindern das Auseinanderfallen, wodurch die Form erhalten bleibt. Die eigens entwickelten Würzmischungen sind auf das Garen im Heißluftdämpfer abgestimmt (Entfaltung des gewünschten Aromas).

◆ Marinierte Produkte
Die Konsistenz der Marinaden und deren Geschmacksintensität sind ebenfalls dem Heißluftdämpfer angepasst. Es ist möglich, unter Verwendung von geeigneten Stärken und Dickungsmitteln entsprechende Produkte herzustellen, die sich für das Regenerieren im Heißluftdämpfer eignen. Diese müssen in der Regel eine höhere Konsistenz aufweisen.

◆ Vorgegarte Speisen
In Eigenproduktion nach dem Cook-and-Chill-Verfahren vorgefertigte Speisen werden zweckmäßigerweise im Heißluftdämpfer regeneriert (siehe Kapitel 2.3.5).

2.3.4 Garen im Steamer

Das Garen im Steamer erfolgt durch überhitzten Dampf und unter erhöhtem Druck bei Temperaturen oberhalb von 100 °C, maximal bis 120 °C. Das Verfahren ist vergleichbar mit dem Dämpfen im Dampfkochtopf. Bei einem Überdruck von 0,5 Bar beträgt die Temperatur etwa 110 °C (ungefähr 120 °C bei einem Überdruck von 1 Bar).

Funktionsweise
Beim Steamer erfolgt die Dampfbereitung im Gegensatz zum Dampfkochtopf extern außerhalb des eigentlichen Garraums. Dadurch ist es

---

Tabelle 2.3.10:
Möglichkeiten und Bedingungen für den Einsatz von Heißluftdämpfern bei verschiedenen Garverfahren[1]

Betriebsart	Temperatur	Beispiele
Heißluft	70–300 °C	Fleisch (Endgaren), Gemüse, Gratins, Backwaren, TK-Convenience-Produkte
Dampf	100 °C	Gemüse, Kartoffeln
Dämpfen (forciertes)	< 130 °C	fest kochendes Gemüse, TK-Produkte, schnelle Nachproduktion (Kartoffeln, Reis)
Vario-Dämpfen[2]	80–230 °C	hoch empfindliche Speisen, Pochieren, Auftauen, Blanchieren, Vorquellen, Pasteurisieren
Kombibetrieb	150–250 °C	Fleisch (Braten)
Kombibetrieb[3]	130–140 °C	Regenerieren von Speisen (Tellergerichte)

[1] In Geräten mit automatischer Kontrolle und Regulation der Gartemperatur sowie der Messung der Kerntemperatur kann nach dem NT-Verfahren bzw. auch nach dem Delta-T-Verfahren gegart werden.
[2] Nur bei Geräten mit externer Dampfbereitung und besonderer Reglerausstattung möglich (der Großteil der seit einigen Jahren produzierten Geräte), Temperaturbereich kann in Abhängigkeit vom Gerätetyp variieren.
[3] Die jeweils erforderlichen Bedingungen müssen im Vorfeld ermittelt werden.

möglich, den Heißdampf von feinsten Wassertröpfchen zu befreien, bevor er in den Garraum
eingeleitet wird. Er enthält somit Wasser ausschließlich im gasförmigen Aggregatzustand
(sog. Trockendampf). Im Gegensatz dazu werden
beim Dämpfen im Topf bzw. im Dampfkochtopf
stets feinste Wassertröpfchen mitgerissen und
bilden einen „heißen Nebel". Der Wärmeinhalt
dieser Wassertröpfchen ist wesentlich geringer
als der des Trockendampfs (Verdampfungswärme), so dass auch der Gareffekt langsamer
als im Steamer verläuft.

Die Steamer werden entweder durch den in
ihnen herrschenden Druck oder durch die in
ihnen erreichte Temperatur gesteuert. Bei der
Regelung über den Druck wird beim Erreichen
des vorgewählten bzw. maximal zulässigen
Drucks ein Sicherheitsventil geöffnet und auf
diese Weise ein Überschreiten des Drucks (Verhinderung einer Explosion) unterbunden sowie
die gewünschte Temperatur eingehalten. Dabei
entweicht Wasserdampf. Bei der Regelung über
die Temperatur wird der Heizvorgang über einen
Thermostaten geregelt. Dadurch wird die einge-
stellte Temperatur nicht überschritten und ein
Entweichen von Wasserdampf vermieden (Funktionsweise der modernen Geräte).

Einsatzmöglichkeiten

Der Steamer kann zum Garen nahezu aller
Lebensmittel eingesetzt werden wie Gemüse,
Hülsenfrüchte, Kartoffeln, Fleisch, Geflügel, Krustentiere, Reis oder Teigwaren. In Abhängigkeit
von der Dauer des Garvorgangs und der Höhe
des Überdrucks ist es möglich, das Gargut zu
blanchieren, zu pochieren oder zu kochen. Vorrangig wird der Steamer zum Kochen von solchen Produkten eingesetzt, die eine längere Garzeit benötigen. Weitere Einsatzgebiete sind das
Pasteurisieren von Früchten und Saucen, das
Regenerieren vorgefertigter einzelner Komponenten und das Auftauen von Tiefkühlprodukten.
Die Variabilität des Heißluftdämpfers wird jedoch
vom Steamer nicht erreicht.

Beim Druckgaren ist ein kräftiges Würzen überflüssig. Für einige Erzeugnisse mit einem intensi-
ven Eigengeschmack erübrigt sich in manchen
Fällen die Zugabe von Salz. Auch die natürliche
Farbe der Lebensmittel bleibt beim Druckgaren
weitgehend erhalten.

Vorteile

◆ Die Garzeiten werden verkürzt (siehe Tabelle
  2.3.11). Der Einsatz eines Steamers lohnt sich
  insbesondere bei Gargut mit langen Garzeiten
  (Hülsenfrüchte) sowie zum Garen von Stan-
  dardgerichten im À-la-carte-Geschäft, wobei
  die Garzeiten um 30 bis 50 % verkürzt werden.
◆ Die natürliche Farbe der Lebensmittel sowie ihr
  Gehalt an Vitaminen (hauptsächlich oxida-
  tionsempfindliche wie Vitamin C) und Aromastoffen bleibt weitgehend bestehen. Mineralstoffe, Spurenelemente und wasserlösliche
  Aromastoffe werden in geringerem Maße ausgelaugt als beim Kochen.
◆ Die Konsistenz vieler Lebensmittel bleibt erhalten, und die Verluste des Gargutes an Volumen
  sind minimal (optimale Bedingungen müssen
  eingehalten werden).
◆ Der Energieverbrauch ist geringer als bei klassischen Garverfahren unter Normaldruck, das
  Raumklima der Küche wird nicht durch Wasserdampf und Wrasen übermäßig belastet (vor
  allem bei temperaturgeregelten Geräten).

Tabelle 2.3.11:
Garzeiten für das Garen im Steamer in Minuten (Richtwerte)

Kartoffeln	4	Terrinen[1]	25
Rosenkohl	3	Fischfilet	3
Spargel	7	Hummer	2

[1] Die Garzeiten variieren in Abhängigkeit von der Temperatur des Dampfs und von der Portionsgröße sowie bei Terrinen
von der Form, in der gegart wird (Alu-Form, Stahl-Form).

Nachteile

◆ Die Garzeiten müssen exakt eingehalten werden. Dies wird erschwert, da sie in Abhängigkeit von der Menge des eingesetzten Gargutes und dessen Größe schwanken (z. B. Salzkartoffeln unterschiedlicher Größe).

◆ Der Garvorgang kann nicht überwacht werden, da der Steamer während des Garens nicht geöffnet werden kann.

◆ Die Gefahr des Übergarens ist besonders groß (Kartoffeln zerfallen).

◆ Bei größeren Mengen an Gargut ist die Zeitersparnis relativ gering.

2.3.5 Cook-and-Chill-Verfahren

Das Cook-and-Chill-Verfahren wird zur Produktion von konventionell vorgefertigten Speisen eingesetzt, die bei 0 bis +3 °C maximal 5 Tage vorgehalten werden können. Der wichtigste Schritt ist hierbei das sehr rasche Abkühlen (sog. Schockkühlen) der produzierten Gerichte und deren Kühllagerung, wodurch eine hygienisch einwandfreie Beschaffenheit garantiert wird. Vorrangige Einsatzgebiete dieses Verfahrens sind die Ausrichtung von größeren Banketten und die Gemeinschaftsverpflegung. Es bietet sich außerdem für die Produktion von standardisierten Diäten an.

Anforderungen an die Geräteausstattung

Das Cook-and-Chill-Verfahren stellt spezielle Anforderungen an die gerätetechnische Ausstattung:

◆ Schockkühlgeräte
Diese Geräte müssen ein Kühlen der vorgefertigten Speisen innerhalb von 90 Minuten auf +3 °C ermöglichen (vorgeschriebene Abkühlzeit). Dies wird durch entsprechend groß dimensionierte Kühlaggregate und leistungsfähige Gebläse gesichert, welche die Kaltluft im Gerät ständig umwälzen.

◆ Kühlkapazität
Es muss eine ausreichend große Kühlkapazität zur Verfügung stehen. Die vorgegarten Speisen müssen in den Kühlräumen für sich, von anderen Lebensmitteln getrennt, gelagert werden, insbesondere räumlich getrennt von noch nicht bearbeiteten Nahrungsgütern.

◆ Heißluftdämpfer
Zum raschen Regenerieren werden leistungsfähige Heißluftdämpfer benötigt, die möglichst mit vollautomatischer Programmsteuerung ausgestattet sind.

Produktion der vorgefertigten Speisen

Die Speisen dürfen bei der Vorproduktion nicht bis zum gewünschten Gargrad gegart werden, da sie sowohl beim Abkühlen als auch beim Regenerieren nachgaren. Wegen des unterschiedlichen Garverhaltens der einzelnen Lebensmittel müssen die verschiedenen Komponenten eines Gerichtes meist gesondert vorgegart werden. Die erforderlichen Garzeiten müssen durch Tests ermittelt werden, die unter den jeweils konkreten Bedingungen vorgenommen werden. Hierbei ist auch der Zerkleinerungsgrad der einzelnen Komponenten zu berücksichtigen. Für Fleisch kann als Orientierung ein Gargrad von 70 bis 80 % angenommen werden.

Besonderheiten beim Regenerieren

Fleisch und Fisch sind zweckmäßigerweise separat von den anderen Komponenten eines Gerichtes zu regenerieren, Fleisch bei 150 °C sowie 60 bis 80 % Feuchtigkeit und Fisch, in Abhängigkeit von der Festigkeit des jeweiligen Fischfleischs, bei niedrigeren Temperaturen. Dieser Umstand erfordert bei einem in kürzester Frist zu servierenden Bankett eine genaue Planung und einen höheren Personaleinsatz.

Ungeeignete bzw. nur bedingt geeignete Lebensmittel

Ungeeignet bzw. nur bedingt geeignet sind die meisten stärkehaltigen Lebensmittel, da vorgequollene Stärke auch bei niedrigeren Temperaturen weiterquillt (beim Abkühlen und zu Beginn des Regenerierens). Die Speisen werden dadurch pappig und kleben fest (am Tellerrand). Das betrifft in erster Linie folgende Nahrungsmittel bzw. Speisen:

◆ Teigwaren
Teigwaren eignen sich prinzipiell nicht für das Vorgaren.

◆ Reis

Unter Vorbehalt können ausgewählte Sorten (Langkornreis) eingesetzt werden. Die in Tests ermittelten Bedingungen müssen exakt eingehalten werden. Es empfiehlt sich, den Reis vor dem Garen einzuölen und abgedeckt zu regenerieren, um das Ausmaß des Nachquellens in Grenzen zu halten (die Reisbeilage beispielsweise unter einer Timbale).

◆ Saucen

Saucen sind nur bedingt bzw. überhaupt nicht regenerierfähig (mit Stärkeerzeugnissen angedickte Saucen werden breiig).

Zugabe von Fett und Gewürzen

Es empfiehlt sich, die Speisen vor dem Garen zu würzen und ihnen die gesamte Menge des vorgesehenen Fettes zuzugeben. Das Fett verhindert bzw. verringert beim Regenerieren das Austrocknen und den Verlust von ätherischen Ölen der Gewürze (z. B. Thymian, Basilikum). Während des Regenerierens können durch das Fett nicht erwünschte Veränderungen an den Aromastoffen und die Bildung von Fehlaromen weitgehend unterbunden werden.

Die Zugabe von Gewürzen während der Vorfertigung gestattet eine intensive Ausbildung der Aromen, so dass mit wesentlich weniger Gewürzmengen gearbeitet werden kann. Die Zugabe von Gewürzen zu bereits gegarten Speisen ist oft nicht gut dosierbar und kann zu einem ungleichmäßigen Würzeffekt führen.

Möglichkeiten des Portionierens

Die einzelnen Gerichte können nach 2 unterschiedlichen Verfahren portioniert werden:

◆ Heißportionieren

Bei dieser Vorgehensweise werden die einzelnen Komponenten sofort nach dem Garen auf den Tellern angerichtet und erst anschließend schockgekühlt. Saucen sollten jedoch erst nach dem Regenerieren kurz vor dem Servieren zugegeben werden, da sie sich generell schlecht regenerieren lassen.

Der entscheidende Vorteil des Heißportionierens ist das wesentlich rascher erfolgende Abkühlen der kleinen Portionen (größere lebensmittelhygienische Sicherheit).

◆ Kaltportionieren

Bei der Kaltportionierung werden die gegarten Einzelkomponenten en bloc im Schockkühler abgekühlt. Das Portionieren (Anrichten der Teller) erfolgt erst unmittelbar vor dem Regenerieren. Dieses Verfahren eignet sich sehr gut für eine größere Anzahl von Portionen, da kalte Speisekomponenten schneller und in höherer Qualität angerichtet werden können als warme.

2.3.6 Vakuumgaren (Sous-Vide-Verfahren, Cuisson Sous Vide)

Das Garen im Vakuumbeutel ist ein außerordentlich schonendes Garverfahren, bei dem thermische und oxidative Veränderungen an den Inhaltsstoffen in nur geringem Umfang stattfinden (niedriger Kochpunkt des Wassers und niedriger Sauerstoffpartialdruck). Für den Einsatz des Verfahrens bestehen jedoch gewisse Einschränkungen:

◆ Es eignet sich nur für Lebensmittel mit einer hinreichend festen Konsistenz wie Fleisch, Fisch, Geflügel sowie Gemüse.

◆ Es darf nur zum Garen von Nahrungsgütern eingesetzt werden, die aus lebensmittelhygienischer Sicht absolut unbedenklich sind.

Prinzip des Verfahrens

Die mit den entsprechend vorbereiteten Lebensmitteln beschickten speziellen Folienbeutel werden evakuiert und anschließend im Heißluftdämpfer gegart. Nach dem Abschluss des Garprozesses müssen die Beutel, wie beim Cook-and-Chill-Verfahren, umgehend schockgekühlt werden (auf 10 °C innerhalb von 90 Minuten, anschließend auf 3 °C innerhalb von 150 Minuten).

Nach dem Abkühlen herrscht in den Beuteln ein Restdruck von 10 bis 120 Millibar (bei korrektem Arbeiten und in Abhängigkeit von der Leistungsfähigkeit des Vakuumiergerätes).

Lebensmittel, z. B. Fleisch, die im gegarten Zustand gebräunt sein bzw. eine Bratenkruste aufweisen sollen, müssen vor dem Evakuieren und Garen kurz angebraten werden.

Es ist technisch nicht möglich, die Kerntemperatur während des Vakuumgarens zu messen. Deshalb ist es erforderlich, diese in Kontrollproben umgehend im Anschluss an den Garprozess zu messen. Der Inhalt dieser Kontrollbeutel ist anschließend sofort zu verzehren, eine Aufbewahrung ist auch bei Kühlraumtemperaturen nicht statthaft.

Diese Überprüfung der Kerntemperatur sollte vor allem bei Geflügel in regelmäßigen Abständen erfolgen.

Anforderungen an die Geräteausstattung

Das Vakuumgaren erfordert für effektiven Einsatz die Verfügbarkeit von leistungsfähigen Apparaturen. Das gilt insbesondere für Vakuumiergeräte und für die Kühlmöglichkeiten (Schockkühlgeräte). Die lebensmittelhygienische Sicherheit von Speisen kann bei unzureichender Ausstattung und bei provisorischen Lösungen nicht garantiert werden. Das Kühlen in Eiswasser ist absolut ungeeignet, da die Gefahr einer Beschädigung der Vakuumbeutel, verbunden mit einer Kontamination des Beutelinhaltes, sehr groß ist.

Vorteile des Verfahrens

Das Vakuumgaren weist gegenüber herkömmlichen Garmethoden eine Reihe von Vorteilen auf:

◆ Es bietet die Möglichkeit, Speisen in Zeiten eines geringen Arbeitsanfalls im Voraus zu garen und diese länger zu bevorraten.
◆ Es sind kürzere Garzeiten erforderlich.
◆ Die Gerichte werden schonend gegart, die Verluste an empfindlichen Inhaltsstoffen sind wesentlich niedriger (geringere thermische und oxidative Veränderungen).

◆ Der Geschmack und die Konsistenz der Lebensmittel werden kaum verändert (Beibehaltung des typischen Eigengeschmacks), und es treten kaum Flüssigkeitsverluste auf.
◆ Die Würzkraft von Gewürzen (einschließlich Speisesalz) wird subjektiv höher eingeschätzt. Dadurch wird ein sparsamer Einsatz von Gewürzen ermöglicht. Das Verfahren eignet sich deshalb in erster Linie für die Produktion von kochsalzarmen Diäten.

Garzeiten und Gartemperaturen

Die erforderlichen Garzeiten hängen von der Art des Gargutes und bis zu einem gewissen Grad von der Güte des erzielten Vakuums ab (kürzere Zeiten bei gutem Vakuum). Sie sind kürzer als bei konventionellen Garverfahren. Die für die jeweiligen technischen Bedingungen erforderlichen Zeiten sind in Probeläufen zu ermitteln.

Die Gartemperaturen richten sich ebenfalls nach dem Gargut. Die geforderten Temperaturen gelten für das gesamte Lebensmittel, es sind somit auch die zu erreichenden Kerntemperaturen. Die Gartemperaturen sollten jedoch 100 °C nicht überschreiten, um die Vorteile des schonenden Garens voll zu nutzen. Andererseits sollten sie nicht unter 70 °C liegen, um ein sicheres Abtöten von Keimen (vornehmlich Salmonellen) zu garantieren. Außerdem sollte überprüft werden, dass auch die Kerntemperatur die vorgegebenen Werte erreicht (siehe Tabelle 2.3.12).

Lagerung von gegarten Speisen

Für das Vakuumverfahren dürfen nur hygienisch einwandfreie Produkte eingesetzt werden, um eine entsprechende Bevorratung der herge-

---

Tabelle 2.3.12:
Richtwerte für Gartemperaturen beim Vakuumgaren (in °C)

Fisch, Farcen	70
Pasteten, Terrinen	75
Fleisch mit lockerem Bindegewebe (Kalb, Geflügel, Schwein)	80
Fleisch mit festem Bindegewebe (Rind, Lamm, Wild, Wildgeflügel)	100
Gemüse, Pilze, Früchte	90

stellten Speisen vertreten zu können. Relativ hitzestabile Keime, Sporen und Bakterientoxine werden bei den verhältnismäßig niedrigen Gartemperaturen nicht abgetötet und könnten zu einem Verderb im Verlauf der Lagerung führen bzw. beim Verzehr eine Lebensmittelvergiftung auslösen.

Die maximal vertretbare Lagerzeit beläuft sich auf 5 Tage. Sie differiert allerdings in Abhängigkeit vom jeweiligen Ausgangsprodukt und kann in Ausnahmefällen bis zu 3 Wochen betragen. Als Lagertemperatur werden +3 °C vorgeschrieben. Ordnungsgemäß gegarte und gelagerte Speisen haben aus lebensmittelhygienischer Sicht den Vorteil, dass die luftdichte Vakuumverpackung eine Kontamination mit Mikroorganismen mit großer Sicherheit verhindert. Auf die Unversehrtheit der Vakuumbeutel ist deswegen besonders zu achten.

2.3.7 Niedrigtemperaturgaren (NT-Verfahren)/ Delta-T-Verfahren (Δ T-Verfahren)

Beide Verfahren ermöglichen ein sehr schonendes Garen. Sie basieren auf der Erkenntnis, dass zum Garen von eiweißhaltigen Lebensmitteln die Temperatur ausreichend ist, bei der die Eiweiße vollkommen denaturiert und damit gegart sind. Es muss lediglich gesichert sein, dass diese Temperatur auch im Inneren des Lebensmittels sicher erreicht wird (Kerntemperatur). Da diese unterhalb von 100 °C liegt, ist ein schonendes Garen möglich.

Der Unterschied der beiden Verfahren besteht in der Temperaturführung während des Garvorgangs. Während beim NT-Verfahren bei vorgegebenen Temperaturen gegart wird, werden diese beim Δ T-Verfahren durch die jeweils erreichte Kerntemperatur gesteuert (siehe nachstehend). Beide Verfahren eignen sich für das Garen von Fleisch, Geflügel, Wild, Fisch und Krustentieren, nicht aber zum Garen von Gemüse. Dieses erleidet eine Einbuße seiner Konsistenz. Auch wasserlösliche Vitamine und andere hitzeempfindliche Inhaltsstoffe werden auf Grund der langen

Garzeiten vollständig zerstört. Für beide Verfahren wird ein leistungsfähiger Heißluftdämpfer oder ein spezieller, für dieses Garverfahren konzipierter Ofen benötigt. Diese speziellen „NT-Öfen" können auch als sog. „Smoker" zum Warm- und Kalträuchern eingesetzt werden.

Prinzip des NT-Verfahrens

Das Garen nach dem NT-Verfahren kann in 3 aufeinander folgende Phasen untergliedert werden:

◆ Anbratphase

Das Gargut wird zunächst bei 120 °C (in Ausnahmefällen bis maximal 180 °C) kurz angegart. In dieser Phase bildet sich eine Kruste aus, und die Kerntemperatur steigt auf Werte von 50 bis 55 °C an.

◆ Garphase

Die Gartemperatur wird nach dem Anbraten kontinuierlich auf 60 bis 65 °C erniedrigt. Nur in Ausnahmefällen wird die Gartemperatur weniger stark abgesenkt, aber immer auf eine Maximaltemperatur von 90 °C. Bei Lebensmitteln, die mit Keimen, vor allem Salmonellen, belastet sein können, sollten 70 °C nicht unterschritten werden.

◆ Reifephase

Nach Abschluss der Temperaturerniedrigung wird über einen Zeitraum von mehreren Stunden ohne Umluftschaltung weitergegart. Die Kerntemperatur steigt dabei an, bis sie den Wert der Gartemperatur erreicht hat (Temperaturausgleich).

Vorteile des NT-Verfahrens

Das NT-Verfahren bietet erhebliche Vorteile gegenüber klassischen Garmethoden:

◆ Die Wärmeübertragung erfolgt durch sog. statische Hitze ohne Umluft. (Umluft erniedrigt die Luftfeuchtigkeit.) Auf Grund dessen herrscht im Garraum eine relative Feuchte von etwa 98 %, so dass das Gargut kaum Flüssigkeit verliert (maximal 5 %). Die Gewichtsverluste sind beträchtlich kleiner als bei anderen Garverfahren.

◆ Der Garprozess erfolgt bei verhältnismäßig niedrigen Temperaturen und dauert vergleichsweise lange. Dadurch kann das kollagene Bindegewebe des Fleischs besser quellen und wird in größerem Umfang in Gelatine überführt. Das Fleisch wird weich und saftig.

◆ Die hohe Luftfeuchtigkeit und die niedrige Gartemperatur verhindern ein Übergaren und das Austrocknen von Randzonen.
◆ Die langen Garzeiten führen dazu, dass die Kerntemperatur mit der in den Randzonen übereinstimmt. Aus diesem Grund bestehen keine Spannungen innerhalb eines Bratenstücks, so dass es sofort aufgeschnitten werden kann, ohne dass es zum Austreten von Bratensaft kommt.

Das NT-Verfahren bietet auch aus ökonomischer und arbeitsorganisatorischer Sicht Vorteile. Eine ständige Überwachung des Garprozesses ist nicht erforderlich, da wegen der niedrigen Gartemperaturen ein Übergaren ausgeschlossen werden kann. Dadurch kann auch in Zeiten einer geringen Besetzung „auf Vorrat" gegart werden. Bei der Möglichkeit der Programmierung des Heißluftdämpfers kann das NT-Garen nach Küchenschluss in den Nachtstunden erfolgen. Bei kostengünstigem Nachtstrom werden gleichzeitig die Betriebskosten gesenkt.

Delta-T-Verfahren (Δ T-Verfahren)

Das Δ T-Verfahren ist eine Variante des NT-Verfahrens. Bei ihm wird die Temperatur des Heißluftdämpfers durch die Kerntemperatur des Gargutes automatisch gesteuert, die mit Hilfe eines Temperaturfühlers gemessen wird. Dazu ist ein leistungsfähiger Heißluftdämpfer mit automatischer Steuerung erforderlich. (Kontrolle der Temperatur im Garraum und der Kerntemperatur und selbsttätige Regelung auf die vorgewählte Gar- und Kerntemperatur.) Dieses Verfahren ermöglicht ein äußerst schonendes Garen bei jeweils optimalen Temperaturen und in vergleichsweise kurzer Zeit.

2.4 Portionsgrößen
2.4.1 Generelle Gesichtspunkte

Die Größe der Portionen der verschiedenen Gerichte wie Suppen, Vorspeisen, Hauptgerichte

und Desserts sowie die Gewichtsmengen der eingesetzten Rohwaren können in Abhängigkeit von den unterschiedlichsten Faktoren beträchtlich differieren, so dass genaue Vorgaben für den Materialeinsatz pro Gedeck kaum möglich sind. Andererseits müssen die für bestimmte Kostformen und Diäten vorgegebenen Wareneinsätze exakt eingehalten werden. Richtzahlen für den Wareneinsatz im À-la-carte-Geschäft und für einzelne Menüs können deswegen nur als Orientierungshilfe dienen (siehe Kapitel 2.4.2). Bei der Verpflegung von speziellen Personengruppen müssen dagegen die jeweiligen Besonderheiten beachtet werden, wie z. B. bei der

◆ Gemeinschaftsverpflegung (Vollverpflegung in Kliniken, Heimen und ähnlichen Einrichtungen),
◆ Speisenversorgung in Betriebsgaststätten und Kantinen,
◆ Beköstigung von Kindern,
◆ Speisenversorgung von Senioren.

Gemeinschaftsverpflegung

Bei einer Vollverpflegung muss die möglichst optimale Versorgung der Essensteilnehmer mit den Nährstoffen garantiert werden, die zur Gesunderhaltung benötigt werden (vollwertige Ernährung). Es ist deswegen unbedingt erforderlich, sämtliche Mahlzeiten und deren Komponenten als Tages- und Wochenspeisepläne zu kalkulieren.[1]

Dabei sind zu berücksichtigen

◆ die Empfehlungen der Deutschen Gesellschaft für Ernährung e. V. (DGE) für eine vollwertige, gesunde Ernährung (Vorgaben für die Zufuhr von wichtigen Nährstoffen einschließlich von Vitaminen, Mineralstoffen und anderen essentiellen Nahrungsfaktoren sowie für optimale Nährstoffrelationen),
◆ der Energiebedarf der zu verpflegenden Personen in Abhängigkeit von der Schwere der körperlichen Arbeit, dem Alter und dem Geschlecht,
◆ die optimale Verteilung der Nährstoff- und Energiezufuhr auf die einzelnen Mahlzeiten (möglichst 5 Einzelmahlzeiten pro Tag),

---

[1] Siehe hierzu auch G. Richter, Lehrbuch der Diätküche, Matthaes Verlag GmbH, Stuttgart, 2001.

- die Sicherung eines abwechslungsreichen Speisenangebotes,
- der Gesundheitszustand des zu beköstigenden Personenkreises (unter Umständen ist es erforderlich, einigen Essensteilnehmern entsprechende Hinweise für das von ihnen einzuhaltende Ernährungsregime zu geben).

Zur Realisierung dieser Vorgaben können EDV-Programme zur Verwaltung der eigenen Rezept- und Menüsammlung sowie PC-Programme mit fertigen Kostplänen und Programmen zur Berechnung einzelner Gerichte sowie von Tages- und Wochenkostplänen eine wesentliche Arbeitserleichterung darstellen. Es zweckmäßig und in vielen Fällen zwingend erforderlich, das PC-Programm für die Speise- und Menüplanung auf das EDV-Programm der Organisation der gesamten Küche und des Service bzw. auf das Betriebsprogamm des Hotels und ähnlicher Einrichtungen abzustimmen bzw. in dieses zu integrieren (siehe Kapitel 8.2.2.3).

Für die Bedürfnisse der Speisenbereitung und der dieser zuzurechnenden Arbeitsprozesse der Küche sollte das PC-Programm zumindest folgende Daten erfassen und bearbeiten können:

- Rezept- und Menükarteien
  Speicherung der Standardrezepturen,
  Aktualisierung und Umrechnung von Standardrezepturen,
  Bearbeitung und Auswahl von Rezepten und Menüvorschlägen unter Berücksichtigung besonderer Gesichtspunkte,
  Vorgaben für das Portionieren (Mengen und gesonderte Anweisungen),
  Kalkulation des Energie-Inhaltes und des Nährwertgehaltes der einzelnen Speisen,
  Berechnung des Wareneinsatzes und Erstellung von Einkaufslisten.
- Organisation der Küchenarbeit
  Vor- und Nachkalkulation der einzelnen Gerichte und Menüs,
  Ermittlung des Bedarfs an Lebensmitteln und sonstigen Materialien,
  Ermittlung von Preisen und von geeigneten Lieferanten,
  Überprüfung der Rentabilität und Erstellen von Kennzahlen für die Betriebsführung,

Speicherung von Angeboten (Speisekarten, Menüvorschläge, Bankettgeschäft),
Angebotserstellung (Schreiben von Speiseplänen u. a.).

Betriebsgaststätten

Bei der Speisenversorgung in einer Betriebsgaststätte sollten die Gesichtspunkte einer vollwertigen, gesunden Ernährung ebenfalls berücksichtigt werden, da die meisten Essensteilnehmer mit dem Betriebsessen in der Regel ihre tägliche Hauptmahlzeit zu sich nehmen.

Bei der Speiseplangestaltung sollten möglichst folgende Gesichtspunkte berücksichtigt werden, obwohl eine durchgängige Kalkulation der Nährstoff- und Energiezufuhr für den ganzen Tag bzw. die ganze Woche nicht möglich ist:

- Mit der Mittagsmahlzeit (bzw. Hauptmahlzeit bei Schichtbetrieb) sollten etwa 30 % der täglich zugeführten bzw. empfohlenen Nahrungsenergie aufgenommen werden. Diese ist auf die einzelnen Komponenten des Essens aufzuschlüsseln. Dabei ist die Zusammensetzung zu berücksichtigen (nur Hauptgericht oder ein ganzes Menü).
- Der Energie-Inhalt dieser Mahlzeit hängt bei der Beachtung dieser Prämisse von der Art der Tätigkeit (Schwere der körperlichen Arbeit) und dem Alter der Versorgungsteilnehmer ab. Er sollte bei sitzender oder leichter körperlicher Tätigkeit zwischen 700 und 800 kcal (2800 bis 3200 kJ) liegen.
- Auf den ausgeglichenen Einsatz von Gemüse und Obst sowie von ballaststoffreichen Lebensmitteln sollte unbedingt geachtet werden.
- Eine Auszeichnung eines nicht vollständig kalkulierten Gerichtes als „energiereduziert" ist nicht erlaubt. Ein Essen darf dann als „kalorienarme Mahlzeit zur Gewichtsverringerung" deklariert werden, wenn sein Brennwert 400 kcal (1680 kJ) nicht überschreitet und die zusätzlichen Vorgaben für diese Deklaration eingehalten werden (siehe Kapitel 6.7.4.3).
- Die Bezeichnung „Schonkost" für schonend zubereitete Speisen ist überholt. Besonders schonend zubereitete Gerichte, bei deren

Herstellung auch auf solche Lebensmittel verzichtet wurde, die bei sehr empfindlichen Personen gelegentlich Unverträglichkeitsreaktionen auslösen, werden als „Leichte Vollkost" bezeichnet.

Speisen für Kinder

Der Energie- und Nährstoffbedarf von Kindern und Jugendlichen hängt entscheidend von deren Lebensalter ab. Für ihre Versorgung in Kindereinrichtungen, Heimen und Internaten sind die Vorgaben zuständiger Gremien wie z. B. der Deutschen Gesellschaft für Ernährung (DGE) und des Forschungsinstitutes für Kinderernährung in Dortmund einzuhalten.[2]

Es ist dagegen schwierig, Vorgaben oder Empfehlungen für die sog. Kinderkarte der Gaststätten zu geben, da das Alter und Essverhalten der Sprösslinge und auch die Vorstellungen der Eltern stark differieren. Deswegen ist es auch nahezu unmöglich, sachlich begründete Orientierungshilfen zu geben. Folgende Punkte sollten aber berücksichtigt werden, da sie für die Mehrzahl der kleinen Gäste zutreffen:

◆ Die für den Nachwuchs vorgesehenen Portionen sollten nicht zu groß sein; es sollte stattdessen ein „Nachschlag" angeboten werden, denn viele Kinder „erschrecken" vor großen Portionen, dann schmeckt das Essen angeblich nicht.

◆ Die Vorlieben von Kindern können beim Speisenangebot berücksichtigt werden (süße Gerichte, Teigwaren, Pommes frites, farbige Gestaltung wie Tomaten bzw. Tomatensauce, oft Abneigung gegenüber Spinat). Eine kleinere Gruppe ist andererseits „neugierig" und für bisher nicht bekannte Gerichte aufgeschlossen.

◆ Die für Kinder vorgesehenen Speisen sollten nur schwach gewürzt sein, sie dürfen aber trotzdem nicht fade schmecken.

◆ Ernährungsphysiologische Gesichtspunkte sind möglichst zu beachten wie der bevorzugte Einsatz von Milch und Milcherzeugnissen, Obst und Gemüse sowie die sparsame Verwendung von Fetten und Ölen.

◆ Die Gerichte sollten auf der Speisekarte unter Namen bzw. Beschreibungen angeboten werden, die den Kids geläufig sind bzw. bei ihnen zum jeweiligen Zeitpunkt „in" sind. Von der Empfehlung der Gastronomischen Akademie Deutschlands (GAD), auf der Speisekarte generell keine Phantasienamen zu verwenden, kann auf der Kinderkarte ausnahmsweise abgewichen werden.

Speisen für Senioren

Ältere Menschen haben einen geringeren Bedarf an Nahrungsenergie (im 65. Lebensjahr etwa um 10 % weniger im Vergleich zu Personen im Erwerbsalter), der bei einer stark eingeschränkten körperlichen Aktivität noch wesentlich niedriger sein kann. Der Bedarf an essentiellen Nahrungsfaktoren ist dagegen nicht erniedrigt, wenn nicht gar erhöht. Viele ältere Menschen haben einerseits oft veränderte Essgewohnheiten und Vorlieben für ganz bestimmte Speisen, andererseits aber auch eine gewisse Abneigung gegenüber herzhaften und scharf gewürzten Gerichten. Daraus ergeben sich nachstehende Konsequenzen für ein spezifisches Speisenangebot für Ältere:

◆ Sonderangebot für Senioren
(extra Karte)
Bei einem Sonderangebot für Senioren kann mit altersgerechten Gerichten sowohl dem verminderten Energiebedarf als auch der ausreichenden Versorgung mit essentiellen Nährstoffen Rechnung getragen werden: Dabei ist besonders auf eine fettarme Zubereitung zu achten. Bei der Verwendung von Fetten und Ölen sind solche mit einer günstigen Fettsäure-Zusammensetzung (Raps-, Walnuss- und Olivenöl) vorrangig zu berücksichtigen. Weiterhin sollten bevorzugt fettarme Fleischteile (Filet) und Seefische, vergleichsweise große Portionen an Gemüse (Versorgung mit Vitaminen und Mineralstoffen) und wenig zuckerhaltige Speisen (Beachtung des sog. „Altersdiabetes") eingesetzt bzw. angeboten werden.

◆ Angebot von „Seniorentellern"
Mit dem Angebot kleinerer Portionen von

[2] Siehe hierzu auch G. Richter, Lehrbuch der Diätküche, Matthaes Verlag GmbH, Stuttgart, 2001.

Gerichten der Standardkarte als Seniorenteller kann nur dem geringeren Energiebedarf dieses Personenkreises Rechnung getragen werden. Die Versorgung mit essentiellen Nährstoffen ist dabei jedoch unzureichend. Es sollte überlegt werden, diese Offerte nicht als „Seniorenteller", sondern als kleine Portion auszuzeichnen.

Das gleichzeitige Anbieten von speziellen Seniorengerichten, die dem Energie- und Nährstoffbedarf Rechnung tragen, und kleineren Portionen von Speisen der Standardkarte kann sogar verkaufsfördernd sein, wenn es gelingt, den Gästen die Besonderheiten beider Angebotsformen und den Vorteil der Seniorengerichte überzeugend darzustellen. Dabei muss beachtet werden, dass viele ältere Personen nicht gewillt sind, sich in ihren Essgewohnheiten umzustellen, die „bewährte" regionale und bürgerliche Küche sowie klassische Gerichte bevorzugen und sich nur in den seltensten Fällen mit neuen Foodkonzepten anfreunden können. Ein solches doppeltes Angebot ist allerdings mit einem höheren Aufwand verbunden und sicher nicht in allen Restaurants realisierbar.

2.4.2 Portionsgrößen im À-la-carte-Geschäft

Für das À-la-carte-Geschäft sowie für den Verkauf von Menüs in Gaststätten gelten in der Regel andere Gesichtspunkte, da hier der Kunde maßgeblich die Auswahl seiner Speisen in Hinblick auf Menge und Zusammensetzung selbst bestimmt. Es werden jedoch von den Gästen beim Speiseangebot in zunehmendem Maße die Beachtung der Grundzüge einer gesunden Ernährung erwartet. Generell muss der Materialeinsatz bei der Zubereitung von einzelnen Gerichten den jeweiligen spezifischen Besonderheiten angepasst werden. Bei der genauen Festlegung des Wareneinsatzes sollten vordergründig folgende Besonderheiten berücksichtigt werden:

◆ Das Einzugsgebiet der Gaststätte oder des Restaurants und, bei Hotel-Restaurants, das Gästeprofil (Beachtung der Wünsche der Gäste und deren Verzehrgewohnheiten).

◆ Das Durchschnittsalter der Kunden unter Berücksichtigung des Anteils an Senioren und an Kindern (Beachtung der spezifischen Erfordernisse, siehe oben).

◆ Die Erwartungshaltung der Mehrzahl der Gäste. (In ausgedehnten Wandergebieten gelegenen Ausflugsgaststätten werden größere Portionen mit einem höheren Sättigungswert erwartet, in Wohngebieten gelegenen Gaststätten mit einem Angebot für einen Business-Lunch und für ein Abendessen kleinere Portionen einer leichten Kost.)

◆ Die Preiskategorie der Einrichtung.

Weiterhin muss berücksichtigt werden, ob das jeweilige Gericht vordergründig als eigenständige Hauptmahlzeit oder als Komponente eines frei zu wählenden Menüs (3- bzw. 5-Gänge-Menü) gedacht ist bzw. Bestandteil eines kompletten Menüs ist, das als solches angeboten werden soll. Die Angaben der in den nachfolgenden Abschnitten wiedergegebenen Tabellen können nur als grobe Richtzahlen gesehen werden. Dies gilt insbesondere für die Bemessung der Menge an Beilagen, vor allem bei solchen mit einem relativ hohen Sättigungswert. In diesen Fällen wird es sich als notwendig erweisen, größere Abweichungen von den Richtwerten vorzunehmen. Allerdings sollte beachtet werden, dass kohlenhydratreiche Lebensmittel entgegen der noch weit verbreiteten Ansicht nicht die „Dickmacher" sind, sondern meist die in der Regel im Übermaß verzehrten Fette (entscheidend ist die Summe der Energie-Inhalte aller aufgenommenen Lebensmittel).

Suppen

Für die Portionsgröße von Suppen ist in der Regel die Menge (Volumen) und nicht der Inhalt (Wareneinsatz, Energie-Inhalt) ausschlaggebend, da ihnen vorrangig eine appetitanregende Funktion zugeordnet wird.

Das früher übliche große Volumen von bis zu 250 ml sollte nur in Ausnahmefällen vorgesehen werden (einfache Menüs und Verzicht auf ein Dessert, energiearmer Hauptgang).

Für Suppen als Komponenten von Menüs wird in der Regel ein Volumen von 150 ml veranschlagt.

Mengenmäßige Vorgaben für die Einlagen von klaren Suppen bzw. für die Bereitung von gebundenen Suppen lassen sich kaum machen. Lediglich für die Einlagen von Teigwaren bzw. von Reis in klaren Suppen lassen sich grobe Richtwerte angeben:

Teigwaren	10 bis 20 g pro Portion
Reis	5 bis 10 g pro Portion

Vorspeisen

Für Vorspeisen können keine Vorgaben (Richtwerte) für den mengenmäßigen Einsatz der einzelnen Komponenten gegeben werden. Entscheidend ist hierbei der Wareneinsatz für das gesamte Menü (bezogen auf jeweils eine Portion) und welcher Wert und Stellung der Vorspeise im Menü eingeräumt wird. Lediglich für Vorspeisen, für die ein prozentual hoher Einsatz an Teigwaren (z. B. Pasta) oder Reis benötigt wird und die einen relativ dominierenden Platz im Menü einnehmen, lassen sich grobe Richtwerte angeben:

Teigwaren	etwa 80 g
Reis	20 bis 30 g

Hauptgerichte und Menüs

Bei der Einstufung der Portionsgrößen von Hauptgerichten bzw. von Hauptgängen in Menüs wird von den wertgebenden Komponenten wie Fleisch, Fisch, Wild bzw. Geflügel ausgegangen.

◆ Fleisch von Schlachttieren

Bei Fleischgerichten richtet sich der Wareneinsatz vorrangig nach den jeweiligen Fleischteilstücken, wobei auch der Anteil gewichtsmäßig berücksichtigt wird, der nicht verzehrt werden kann und bei der Vorbereitung nicht entfernt wird bzw. sich nicht entfernen lässt (Knochen, Sehnen, Knorpel). Das den Muskelpaketen aufliegende und leicht zu beseitigende Fett sollte vor der Zubereitung im Interesse einer gesunden Ernährung weitgehend eliminiert werden. Ausgenommen sind die Fälle, in denen dies nicht möglich ist bzw. im Interesse eines bestimmten Geschmacks- und Gareffektes nicht angestrebt wird.

Bei der Festlegung des Wareneinsatzes müssen auch die Gewichtsverluste berücksichtigt werden, die während der Garverfahren auftreten, wie bei der Zubereitung von Braten (siehe Tabelle 2.4.1) und der Zubereitung von Pfannengerichten (siehe Tabelle 2.4.2).

Diese Gewichtsverluste sind beim Portionieren von im Stück gegarten Fleisch bereits berücksichtigt, so dass das Gewicht einer adäquaten Portion kleiner ist (siehe Tabelle 2.4.3). Bei der Festlegung der Portionsgrößen muss berücksichtigt werden, dass beim Anrichten auch der optische Eindruck der Speisen eine nicht unwesentliche Rolle spielt. Ernährungsphysiologische Gesichtspunkte, insbesondere der Energie-Inhalt, stehen im À-la-carte-Geschäft bei der Wahl der Portionsgrößen nicht im Vordergrund.

◆ Wild

Die Portionsgrößen von Wildgerichten entsprechen denen von vergleichbaren Speisen mit Fleisch von Schlachttieren. Geringe Abweichungen ergeben sich erfahrungsgemäß durch den in der Regel geringeren Fettgehalt vergleichbarer Fleischteile vom Wild und den dadurch bedingten geringfügig niedrigeren Sättigungswert sowie durch die oft zu beobachtenden größeren Gewichtsverluste beim Garen, die durch die geringere Festigkeit des Bindegewebes der meist jungen Wildtiere bedingt sind (siehe Tabelle 2.4.4).

◆ Geflügel

Bei Geflügel, das unzerlegt gegart wird, ist der relativ hohe Anteil an Knochen zu berücksichtigen (siehe Tabelle 2.4.5). Die Portionsgrößen von entbeintem Geflügelfleisch (z. B. Putenbrust) sollten sich an vergleichbaren Teilstücken von Schlachttieren orientieren (vorzugsweise Kalb).

◆ Fische

Beim Festlegen der Portionsgrößen von Fisch sollte der Fettgehalt des jeweiligen Fischs berücksichtigt werden, vor allem in den Fällen, in denen Fisch als Hauptgericht eingesetzt wird. Bei fettreichen Fischen können die Portionen auf Grund des höheren Sättigungswertes (und Energie-Inhaltes) kleiner gehalten werden.

Tabelle 2.4.1:
Richtwerte für den Einsatz von garfertig zubereiteten Fleischteilen (Bratenstücke) pro Portion (in g Frischgewicht)

	Hauptgericht	3-Gänge-Menü	5-Gänge-Menü
Kalbfleisch			
Nuss, Frikandeau	180	160	130
Rücken (mit Knochen)	280	250	220
Brust (ohne Rippen)	220	200	170
Bug (entbeint)	200	180	160
Rindfleisch			
Hochrippe	220	180	160
Roastbeef	180	160	130
Filet	160	140	110
Teile der Keule	200	180	160
Brust (entbeint)	300	250	–
Schweinefleisch			
Karree mit Rippen	200	180	160
Kamm (entbeint)	180	160	130
Eisbein (mit Knochen)	450	350	–
Lamm-, Hammelfleisch			
Rücken	250	220	200
Keule, Bug (entbeint)	220	200	170
Zerkleinerte Fleischteile			
Ochsenschwanz	350		
Gulasch, Ragout, Blankett	200		

Tabelle 2.4.2:
Richtwerte Gewichtsmenge von Einzelportionen von Fleisch für Pfannengerichte (in g)

	Hauptgericht	3-Gänge-Menü	5-Gänge-Menü
ohne Knochen			
naturell	150	130	110
paniert	120	100	100
mit Knochen (Kotelett)			
naturell	180	160	130
paniert	150	130	100
mit Fettrand			
(Zwischenrippenstück)	180	160	140
Innereien	150	130	110
Spezialstücke für 2 bis 4 Personen			
Porterhousesteak, Club-Steak (3 bis 4)	1000	1000	–
Côte de bœuf, Rib-Eye-Steak (3 bis 4)	1000	1000	–
Chateaubriand, Entrecôte double (2)	400	400	400
T-Bone-Steak	600–700	–	–

Tabelle 2.4.3:
Portionsgrößen von bereits im Ganzen gegarten Fleisch (in g)

	Hauptgericht	3-Gänge-Menü	5-Gänge-Menü
Kalbfleisch			
Brust, gefüllt (gebraten)	140	120	100
Braten (ohne Knochen)	120	100	80
Rücken (gebraten)	150	130	110
Rindfleisch			
Schmorbraten	130	115	90
Roastbeef (gebraten)	120	110	90
Lendenbraten	120	110	90
Zunge (gekocht)	120	100	80
Schweinefleisch			
Braten (ohne Knochen)	140	120	100
Rücken (gebraten)	170	150	120
Kasseler (gebraten)	160	140	110
Lamm-, Hammelfleisch			
Keule (ohne Knochen)	130	120	100
Rücken (gebraten)	150	130	110

Tabelle 2.4.4:
Portionsgrößen von Wild in Hauptgerichten in g (Frischgewicht)

Reh	
Medaillons, Nüsschen, Steaks	150
Koteletts	180
Rücken	250
Keule	220
Blatt (entbeint)	200
Hirsch	
Rücken	220
Keule (entbeint), Blatt (entbeint)	200
Wildschwein	
Rücken, Keule	220
Frischlingsrücken	250
Hase, Kaninchen	
Rücken, Keule	300

Tabelle 2.4.5:
Portionsgrößen von Geflügel in Hauptgerichten in g (Frischgewicht)

Portionsgeflügel	
Stubenküken	280
Taube	250
Rebhuhn	380
Garfertig, pro Portion	
Hähnchen, Suppenhuhn	400
Poularde, Pute	350
Ente, Wildente, Gans	400
Fasan	380

Die angegebenen Richtwerte (siehe Tabelle 2.4.6) lassen sich nicht beliebig unterschreiten, da sonst der optische Eindruck des Gerichtes erfahrungsgemäß völlig verloren geht. Es ist daher sinnvoller, den höheren Energie-Inhalt von fettreichen Fischen durch eine relativ energiearme Beilage auszugleichen (keine fettreichen Saucen). Auch beim Service eines Fischgerichtes als Zwischengang lässt sich eine kritische Einwaage an Fisch nicht ohne weiteres unterschreiten.

◆ Beilagen
Die Richtwerte für die Portionsgröße der Beilagen beschränken sich in der Regel auf die sog. Sättigungsbeilagen (siehe Tabelle 2.4.7). Diese Richtwerte werden in umfangreicheren Menüs jedoch meist unterschritten. Für Gemüse variieren die eingesetzten Mengen beträchtlich und sind in großem Umfang vom jeweiligen Gericht abhängig.

2.5 Einsatz von Convenience-Produkten

Convenience-Produkte lassen sich bei Beachtung ihrer Besonderheiten in der Regel wie frische Produkte verarbeiten bzw. wie industriell gefertigte Standardprodukte, die logischerweise auch als Convenience-Produkte eingestuft werden müssten (Mehl und andere Mühlenerzeugnisse, Stärkemehle, Fertigwürzen, Essig u. a.).
Der entscheidende Vorteil der eigentlichen Convenience-Produkte sind diese Punkte:

◆ Sie erfordern einen geringeren Arbeitsaufwand und können in kürzerer Zeit verarbeitet werden.
◆ Sie ermöglichen die Produktion von Speisen mit gleich bleibender Qualität über einen längeren Zeitraum hinweg.

Tabelle 2.4.6:
Portionsgröße von Fisch (in g)

	Hauptgericht	Zwischengang	5-Gänge-Menü
Fischfilets	150	75	110
Fischsteaks	230	110	180
Rundfische im Ganzen (mit Kopf)	225	135	180
Plattfische im Ganzen (ohne Kopf)	210	120	150

Tabelle 2.4.7:
Portionsgrößen von Sättigungsbeilagen in g (bei Getreideerzeugnissen einschließlich Teigwaren und Reis bezogen auf Trockengewicht)

Teigwaren	
Suppeneinlage	10– 20
Vorspeise	50– 60
Beilage zu Hauptgerichten	80
eigenständiges Gericht (Pastagerichte)	100–150
Reis (sowie Bulgar und Graupen)[1]	
Suppeneinlage	5– 10
Vorspeise	20– 30
Beilage zu Hauptgerichten	40– 50
eigenständiges Gericht (Plow)	60– 70
Kartoffeln	
je nach Zubereitungsart	200–250

[1] Couscous: Wareneinsatz unter Umständen etwas niedriger als bei Reis.

Sie erleichtern die Produktion mit einheitlichen Portionsgrößen und damit das Einhalten der vorgegebenen Kalkulation des Wareneinsatzes und des Verkaufspreises.

Sie ermöglichen eine einfache Bevorratung und damit das Vorhalten einer Sicherheitsreserve, auch für den Fall des Ausbleibens der Anlieferung von frischen Produkten.

Convenience-Produkte können sowohl nach dem Umfang der industriell erfolgten Vorfertigung (sog. Convenience-Grad) als auch nach den angewandten Herstellungsverfahren klassifiziert werden.

Convenience-Grad

Unter dem Convenience-Grad wird der Umfang der Einsparung an Arbeitsaufwand verstanden, der bei der Fertigung von Speisen erzielt werden kann (bei kalten Gerichten bis zur deren Ausgabe, bei warmen bis zum Beginn des Gar- bzw. Aufwärmprozesses, siehe Tabelle 2.5.1).

Herstellungsverfahren

Convenience-Produkte können nach dem zur Herstellung eingesetzten Fertigungsverfahren einer der folgenden Kategorien zugeordnet werden:

- vorbereitete Lebensmittel (geputzt, angerichtet)
- Präserven und Konserven (einschließlich Sterilkonserven)
- Trockenprodukte (Pulver oder Granulate)
- pastöse und flüssige Zubereitungen
- Kühl- und Tiefkühlerzeugnisse

Auf Grund des Einsatzes von unterschiedlicher Technologien bei der Herstellung können sich gleichartige Convenience-Produkte in ihrem Verhalten bei der Verarbeitung und in den Anforderungen unterscheiden, die sie an die Lagerung stellen. Das gilt für verschiedene Produkte des gleichen Herstellers genauso wie für die Erzeugnisse verschiedener Produzenten.

Der Einsatz von wenig aufwendigen Technologien kann bei einigen Convenience-Produkten zu Verlusten von Vitaminen und zu Qualitätseinbußen (Farbe, Konsistenz, Aroma) in unterschiedlichem Ausmaß führen. Diese Verluste können durch den Einsatz neuer Technologien weitgehend verhindert werden (z. B. Gefriertrocknung an Stelle einer Sprühtrocknung). Produktionsbedingte und nicht vermeidbare Einbußen an Vitaminen oder Aromen werden in der Regel durch den Zusatz von Vitaminen bzw. Aromastoffen weitgehend ausgeglichen.

Zusatzstoffe

Einer großen Zahl von Convenience-Produkten werden spezielle Zusatzstoffe zugesetzt, die

- der Verbesserung der Haltbarkeit,
- der Erweiterung des Einsatzgebietes,
- der Aufwertung des optischen Eindrucks und/oder
- der Erleichterung ihrer Verarbeitung

dienen (siehe auch Kapitel 6.7.4.2).

Der Einsatz von Zusatzstoffen bedeutet auch unter dem Gesichtspunkt einer gesunden Ernährung keine Qualitätsminderung. Sie garantieren in vielen Fällen eine größere Sicherheit der Produkte. Durch die gesetzlich vorgeschriebene Deklaration der Zugabe von Zusatzstoffen werden Allergiker vor dem Verzehr solcher Erzeugnisse gewarnt, auf die sie allergisch reagieren.

Tabelle 2.5.1:
Convenience-Grad von industriell vorgefertigten Gerichten

küchenfertige Produkte	etwa 15 %
garfertige Produkte	etwa 30 %
tischfertige Produkte	etwa 50 %
regenerierfertige Produkte	etwa 85 %
verzehrfertige Produkte	bis zu 100 %

Einige Zusatzstoffe beeinflussen die küchentechnischen Eigenschaften der Convenience-Produkte zum Teil in beträchtlichem Maße. Die Hersteller weisen auf dieses veränderte Verhalten auf der Verpackung bzw. in den Firmeninformationen hin, meist fehlt aber eine ausführliche Erklärung.

Diese besonderen Eigenschaften und die Firmenhinweise müssen beim Einsatz dieser Produkte beachtet werden.

Aus der Vielzahl der zugelassenen Zusatzstoffe werden vorwiegend Dickungsmittel, modifizierte Stärken, Konservierungsstoffe, Geschmacksverstärker, Antioxidantien, Aromastoffe, Farbstoffe, Säuerungsmittel und Emulgatoren zugesetzt.

◆ Dickungsmittel

Dickungsmittel liefern keine Energie. Sie sind den Ballaststoffen zuzurechnen. Ihre hohe Wasserbindungskapazität führt zu einer Volumenzunahme unter Ausbildung von Gelen mit einer relativ festen Konsistenz. Durch den Einsatz von Dickungsmitteln kann der Energiegehalt des Convenience-Produktes niedrig gehalten werden. Die wichtigsten Dickungsmittel sind Guarkernmehl (E 412), Johannisbrotkernmehl (E 410), Alginsäure und Alginate (E 400, E 401 bis 405), Agar-Agar (E 406), Xanthan (E 415), Carrageen (E 407), Traganth (E 413), Pektine (E 460) sowie verschiedene modifizierte Stärken und modifizierte Zellulose (siehe nachstehend).

◆ Modifizierte Stärken

Modifizierte Stärken werden aus verschiedenen Speisestärken durch das Einfügen von besonderen chemischen Gruppen hergestellt, wodurch deren Eigenschaften gemäß des vorgesehenen Einsatzes gezielt verändert werden. Solche Eigenschaften sind u. a. die Erhöhung der Wasserbindungskapazität (Einsatz als Dickungsmittel), die Beschleunigung des Quellprozesses, die Veränderung des Quellverhaltens (kalt einrührbare Erzeugnisse) und die Verbesserung der Stabilität von viskösen Lösungen oder Gelen gegenüber höheren Temperaturen.

Die Produktion von bestimmten qualitativ hochwertigen Erzeugnissen (vorwiegend Fertiggerichte) ist nur durch den Einsatz von speziellen modifizierten Stärken möglich.

Ihr Zusatz muss entsprechend der Kennzeichnungsverordnung als „modifizierte Stärke" deklariert werden, die Angabe der jeweiligen E-Nummer (E 1404, 1410, 1412 bis 1414, 1420, 1422, 1440, 1442, 1450, 1451) ist zulässig, aber nicht erforderlich.

◆ Quellstärke

Quellstärke wird aus Getreidestärke mit Hilfe rein physikalischer Verfahren hergestellt. Die Stärkemoleküle sind deshalb nicht chemisch verändert. Die Vorbehandlung der Stärke bewirkt ein wesentlich schnelleres Ausquellen.

◆ Maltodextrin

Maltodextrin ist ein Glucose-Oligosaccharid, das durch den schrittweisen Abbau von Stärke hergestellt wird. Maltodextrin ist geschmacklos und liefert die gleiche Energie wie Stärke. Es ist kein Zusatzstoff im Sinne der Zusatzstoff-Zulassungsverordnung (keine E-Nummer).

◆ Modifizierte Zellulosen

Modifizierte Zellulosen (E 461 bis 469) enthalten wie modifizierte Stärken zusätzliche chemische Gruppen, welche die Eigenschaften der Zellulose verändern (Erhöhung der Viskosität von wässrigen Lösungen). Sie werden als Emulgatoren oder als Dickungsmittel eingesetzt. Modifizierte Zellulosen werden von den Verdauungssäften und von zahlreichen Mikroorganismen nicht angegriffen.

Mikrokristalline Zellulose (E 460) wird als Stabilisator von Gelen und als Dickungsmittel eingesetzt. Diese Zellulose wird durch den partiellen Abbau von nativer Zellulose hergestellt.

◆ Konservierungsstoffe

Der Zusatz von Konservierungsstoffen verbessert die Haltbarkeit von Convenience-Produkten in beträchtlichem Maße. Eingesetzt werden vorrangig Benzoesäure und ihre Salze (E 210 bis 213), PHB-Ester (E 214 bis 219) sowie Sorbinsäure und ihre Salze (E 200, 202, 203). Die Konservierungsstoffe hemmen nur das Wachstum von Hefen und von einigen Bakterien. Ein Bewuchs mit Bakterien ist deswegen bei angebrochenen Chargen möglich, auch wenn Konservierungsstoffe zugesetzt sind. Schweflige Säure und Sulfite (E 220 bis 228) hemmen das Wachstum von Hefen; sie verhindern außerdem als Antioxidans die enzymatische Bräunung (siehe auch Kapitel 3.4.6).

◆ Antioxidantien
Antioxidantien verhindern die Oxidation von Inhaltsstoffen, insbesondere von ungesättigten Fettsäuren. Natürliche, in Lebensmitteln vorkommende Antioxidantien sind die Vitamine C und E sowie bestimmte Mikronährstoffe. Der Zusatz von Vitamin C (E 300 bis 302, 304, 316) und E (E 306 bis 309) sowie von synthetischen Antioxidantien (Gallate, BHA, BHT, E 310 bis 312, 320, 321) verbessert den Oxidationsschutz und ist vor allem bei den Produkten erforderlich, die reich an oxidationsgefährdeten Inhaltsstoffen sind und deren natürlichen Antioxidantien bei ihrer Produktion in größerem Umfang verloren gegangen sind.

◆ Geschmacksverstärker
Als Geschmacksverstärker werden hauptsächlich Glutaminsäure (E 620) und deren Salze eingesetzt (Glutamat, E 621 bis 625). Inosinsäure (E 630 bis 632) und Guanylsäure (E 626 bis 629) übertreffen Glutamat in der Wirkung, ihre Herstellung ist jedoch wesentlich kostenintensiver.

◆ Süßstoffe
Als Süßstoffe werden vorrangig Saccharin (E 954), Cyclamat (E 952) im Gemisch mit Saccharin eingesetzt. In zunehmendem Maße kommt auch, in erster Linie bei Getränken, Aspartam (E 951) zum Einsatz. Die Deklaration eines Zusatzes von Aspartam muss besonders sorgfältig beachtet werden („enthält eine Phenylalaninquelle"), um Personen mit einem Stoffwechseldefekt (Phenylketonurie) entsprechend zu warnen. Aspartam wird von den Herstellern oft unter den Handelsnamen Nutra Sweet® oder Candarel® aufgeführt. Die Süßstoffe der neuen Generation wie Acesulfam-K (E 950), Thaumatin (E 957) und Neohesperidin DC (E 959) werden zurzeit (2003) kaum eingesetzt.
Im Oktober 2003 hat das Europäische Parlament Sucralose (E 955) und Aspartam-Acesulfam (E 962) zugelassen.

◆ Süßungsmittel
Süßungsmittel, früher als Zuckeraustauschstoffe bezeichnet, werden nahezu ausschließlich zum Süßen von Produkten für Diabetiker eingesetzt. Diese Produkte, wie Isomalt (E 953), Maltit (E 965) und Lactit (E 966), liefern im Gegensatz zu den Süßstoffen Energie und müssen deklariert werden.

◆ Tagatose, ein weiteres Süßungsmittel, wird in der EU in absehbarer Zeit wahrscheinlich zugelassen. (In den USA ist die Zulassung bereits erfolgt.) Ihre Süßkraft entspricht der des Rohrzuckers, der Brennwert wird mit 1,5 kcal angegeben.

◆ Farbstoffe
Der Einsatz von Farbstoffen unterliegt sehr restriktiven Vorschriften. Alle die Farbstoffe sind verboten, deren Unbedenklichkeit nicht eindeutig bestätigt werden kann. Das Provitamin β-Carotin muss als Farbstoff deklariert werden (E 160 a). Eine Färbung mit Naturstoffen wie Spinat- und Möhrensaft oder mit dem Farbstoff von Tintenfischen muss nicht kenntlich gemacht werden. Die aus Pflanzen isolierten Farbstoffe unterliegen dagegen wieder der Kennzeichnungspflicht, wie z. B. Beetenrot (E 162), Lycopin (E 160 d) und Canthaxanthin (E 161g).

◆ Aromastoffe
Die meisten Aromastoffe sind Extrakte aus Lebensmitteln bzw. Produkte, die bei der Fermentation oder der nichtenzymatischen Bräunung von Lebensmitteln oder deren Inhaltsstoffen gebildet werden. Aromastoffe unterliegen der Aromenverordnung, nicht aber der Zusatzstoff-Zulassungsverordnung. Ihr Zusatz muss in der Regel deklariert werden („chininhaltig" bzw. „mit Raucharoma").

2.5.1 Vorbearbeitete (küchenfertige) Lebensmittel

Die am häufigsten eingesetzten küchenfertigen Lebensmittel sind

- geschälte Kartoffeln und geschnittene Pommes frites (nicht gefrostet),
- geputztes sowie geschnittenes Gemüse und Salate,
- verzehrfertig zubereitete Salate (Gemüse-, Blatt- und Obstsalate).

Bei dem Einsatz solcher vorbearbeiteten Lebensmittel müssen die Vorgaben der Lebensmittelhygiene-Verordnung besonders beachtet werden, da sie keiner Wärmebehandlung unterworfen wurden. Sie sind in vielen Fällen den Lebensmitteln für den alsbaldigen Verbrauch zuzuordnen. Viele dieser vorbearbeiteten Lebensmittel sind in unterschiedlichem Maße mit Keimen belastet. Diese Belastung ist unbedenklich, wenn bei der Anlieferung und Vorhaltung die Kühlkette nicht unterbrochen wurde (nicht erforderlich bei geschälten Kartoffeln), ihre Verarbeitung unter Einhaltung der Vorgaben der Lebensmittelhygiene-Verordnung erfolgt und die vorgeschriebenen Vorhaltezeiten nicht überschritten werden.

Geschälte Kartoffeln

Die industriell vorbereiteten Kartoffeln werden meist mit Hilfe sog. „chemischer" Schälprozesse geschält. Sie werden außerdem, unabhängig von der Technologie des Schälprozesses, mit schwefliger Säure behandelt, um dadurch eine enzymatische Bräunung zu verhindern. Das Eindringen dieser Zusätze von der Oberfläche in die Knolle hinein kann bei einer raschen Weiterverarbeitung weitgehend vermieden werden. Schweflige Säure und mögliche andere Begleitstoffe treten außerdem beim Kochen in das Kochwasser über und können mit diesem verworfen werden.
Es ergeben sich aus den angeführten Besonderheiten folgende Empfehlungen für die Verarbeitung von industriell geschälten Kartoffeln:
- Sie sollten stets unter Wasser aufbewahrt und möglichst rasch verarbeitet werden.
- Sie müssen vor der Verwendung mehrmals gründlich gewaschen werden.
- Das Kochwasser sollte stets verworfen werden.
- Sie sollten nicht für Kartoffelsuppen oder Eintöpfe verarbeitet werden.

Pommes frites

Eine rasche Verarbeitung sollte angestrebt werden. Schweflige Säure entweicht während des Frittierprozesses zum Großteil zusammen mit Wasserdampf.

Geputztes sowie geschnittenes Gemüse und Salate

Die relativ große Oberfläche begünstigt das Wachstum von Mikroorganismen, insbesondere bei der Aufbewahrung unter Folie, welche die Gefahr des Welkens verhindern soll. Die Aufbewahrung bei niedrigen Temperaturen (Kühlraum) hemmt zwar teilweise, aber nicht vollständig die Vermehrung der Keime.
Daraus ergeben sich die nachstehenden Empfehlungen:
- Geputzte Gemüse und Salate sollten nur kurzfristig bevorratet und vor der Verarbeitung nochmals gründlich gewaschen werden. (Abspülen eines Großteils von anhaftenden Keimen und Schmutzresten.)
- Die gesetzlich vorgeschriebenen Vorhaltezeiten von vorgefertigten Salaten müssen auf jeden Fall eingehalten werden, da sie bereits bei der Anlieferung in vergleichsweise großem Umfang mit Keimen belastet sein können.

Verzehrfertige Salate (Gemüse-, Blatt- und Obstsalate)

Die relativ große Oberfläche begünstigt das Wachstum von Keimen, das durch die Zugabe von Zucker zusätzlich gefördert wird. Der Zusatz von Genusssäuren wie Essigsäure oder Zitronensaft erniedrigt den pH-Wert nur geringfügig, so dass durch diese Säuerung das Wachstum der Keime kaum behindert wird. Durch den Zusatz von Konservierungsstoffen kann das Wachstum von Bakterien nicht und das von Hefen nur teilweise gehemmt werden.
Es ergeben sich folgende Empfehlungen:
- Verzehrfertige Salate sollten nur für kurze Zeit und stets gekühlt vorgehalten werden.
- Die vorgeschriebenen Vorhaltezeiten und Ausgabetemperaturen (Lebensmittelhygiene-Verordnung) sind konsequent einzuhalten (siehe Kapitel 4.2).

2.5.2 Garfertige Convenience-Produkte

Garfertige Convenience-Produkte sind im Wesentlichen nachstehenden Gruppen zuzuordnen, die sich durch unterschiedliche Herstellungsverfahren unterscheiden, die ihre Lagerung und Verarbeitung maßgeblich beeinflussen:

◆ Konserven (hauptsächlich Vollkonserven).
◆ Unter Schutzgasatmosphäre abgepackte Lebensmittel.
◆ Tiefgekühlte Lebensmittel bzw. Zubereitungen von Lebensmitteln.
◆ Teigwaren sowie andere speziell vorbehandelte Getreideerzeugnisse bzw. Hülsenfrüchte, die allerdings, nach dem allgemeinen Verständnis, den Convenience-Produkten nicht zugerechnet werden.

Die garfertigen Convenience-Produkte erfordern, bis auf wenige Ausnahmen, keine besonderen Vorkehrungen bei ihrer Lagerhaltung, abgesehen von der Aufbewahrung bestimmter Erzeugnisse bei Kühlraumtemperaturen (Schutzgasatmosphäre) bzw. bei Temperaturen von mindestens –18 °C (TK-Produkte). Ihr großer Vorteil ist die relativ gute Lagerfähigkeit und rasche Verfügbarkeit. Von Nachteil sind der verhältnismäßig große Raumbedarf bei der Bevorratung und, bei tiefgekühlten Produkten, die hohen Energiekosten für den Betrieb der Kühlanlagen.

Konserven
Die Wärmebehandlung im Verlauf der Produktion von Sterilkonserven führt zu unterschiedlichen Veränderungen an den Inhaltsstoffen, vor allem zu Vitaminverlusten und zur Ausbildung von typischen Aromastoffen, in seltenen Fällen von Fehlaromen. Andererseits sind die Lagerungsbedingungen unproblematisch, da Vollkonserven mehrere Jahre bei Zimmertemperatur aufbewahrt werden können (siehe auch Kapitel 3.3).

Unter Schutzgasatmosphäre abgepackte Lebensmittel
Lebensmittel und vorgefertigte Produkte, die unter Schutzgasatmosphäre abgepackt sind

(CA-verpackte Lebensmittel, siehe Kapitel 3.5), können den verschiedenen Kategorien der Convenience-Produkte zugeordnet werden. Sie ermöglichen bei Einhaltung der Kühlkette und der Lagerung bei Kühlraumtemperaturen eine hinreichend lange Lagerungszeit.
Zu beachten ist, dass die Erzeugnisse nach Öffnen der Schutzverpackung nicht weiter gelagert werden dürfen (auch nicht im Kühlraum), sondern umgehend verarbeitet werden müssen.

Tiefkühlprodukte (TK-Produkte)
Tiefkühlerzeugnisse sind unter den unterschiedlichsten Gesichtspunkten ideale Convenience-Produkte, da sie

◆ problemlos und längere Zeit gelagert werden können,
◆ aus lebensmittelhygienischer Sicht einen hohen Grad an Sicherheit bieten,
◆ in kleinen, die Verarbeitung erleichternden Portionen abgepackt sind (zwangsläufig durch die Schockfrostung bedingt),
◆ rasch aufgetaut werden können (Dämpfer, Steamer, Mikrowelle, direkt im Topf),
◆ in der Regel wie die entsprechenden frischen Lebensmittel verarbeitet werden können.

Bedingt durch den raschen Stopp von wichtigen Stoffwechselreaktionen bei der Schockfrostung werden viele Inhaltsstoffe kaum verändert, so dass es bei TK-Produkten nicht zu Verlusten von Vitaminen und Aromen bzw. zur Ausbildung von Fehlaromen kommt. Ihr Vitamingehalt ist vielmehr meist höher als in „frischen" Lebensmitteln, die nicht umgehend verarbeitet, sondern für eine gewisse Zeit gelagert wurden.
Andererseits unterscheiden sich tiefgekühlte von den vergleichbaren frischen Produkten dadurch, dass an ihnen Veränderungen stattgefunden haben wie das Aufplatzen von Zellen in tierischen und pflanzlichen Lebensmitteln sowie Veränderungen an der Struktur von Inhaltsstoffen, welche die Wasserbindungskapazität erniedrigen.
Diese Veränderungen erfordern eine umgehende Weiterverarbeitung nach dem Auftauen, um einen Verderb durch Mikroorganismen (Bakterien, Hefen) zu verhindern.

Daraus ergeben sich die folgenden Empfehlungen bzw. Forderungen für den Einsatz von TK-Produkten:

◆ Sie sind in der Regel nach dem Auftauen umgehend zu verarbeiten und dürfen nur in Ausnahmefällen kurzfristig und bei Kühlraumtemperatur vorgehalten werden.

◆ Bereits aufgetaute TK-Produkte dürfen nicht wieder eingefroren werden mit der Ausnahme von Salatmischungen oder Cocktailzubereitungen, die vom Hersteller entsprechend deklariert werden und nach dem Auftauen länger, aber zeitlich begrenzt gelagert werden können.

Teigwaren sowie andere speziell vorbehandelte Getreideerzeugnisse bzw. Hülsenfrüchte

Industriell gefertigte Teigwaren, andere Getreideerzeugnisse bzw. Hülsenfrüchte können gemäß der Definition von Convenience-Produkten diesen zugerechnet werden, obwohl dies nicht üblich ist. Die in zunehmendem Maße angebotenen speziell vorbehandelten Erzeugnisse (z. B. vorgegarter Reis), die sich durch verkürzte Garzeiten auszeichnen, werden andererseits meist den Convenience-Produkten zugerechnet. Die bei solchen Waren vom Hersteller vorgegebenen Kochzeiten sollten unbedingt beachtet werden. Die Garzeiten können bei nahezu identischen Erzeugnissen in Abhängigkeit vom jeweils eingesetzten Herstellungsverfahren beträchtlich differieren.

Stark zugenommen hat bei Convenience-Teigwaren das Angebot von sog. Frischprodukten, die nicht getrocknet sind, im Kühlhaus gelagert und im Dampf regeneriert werden müssen. Diese Erzeugnisse sind nur zeitlich begrenzt lagerfähig. Bei der Anlieferung und Lagerung darf die Kühlkette nicht unterbrochen werden.

2.5.3 Regenerierfertige Convenience-Produkte

Regenerierfertige Convenience-Produkte werden vorrangig in der Systemgastronomie, in geringe-

rem Maße beim Catering eingesetzt. Darüber hinaus können sie auch (als TK-Produkte) in vielen Betrieben als „letzte Reserve" die Versorgung bei einem unerwarteten Gästeansturm sichern.

Diese Convenience-Produkte werden zum Teil gefrostet, meist aber als gekühlt zu lagernde Erzeugnisse angeboten. Der Einsatz von regenerierfertigen Gerichten erfordert eine entsprechend große Kühlkapazität. Die Produktpalette solcher Speisen konzentriert sich auf Suppen und auf Fertiggerichte, die als Einzelportionen mit allen Beilagen auf Assietten arrangiert sind. Den regenerierfertigen Produkten sind außerdem Vollkonserven von einfachen Gerichten wie Suppen und Eintöpfe zuzurechnen. Diese vorwiegend für den Haushalt bestimmten Erzeugnisse spielen in der Gastronomie nur eine untergeordnete Rolle (Ausnahme Systemgastronomie).

Die Stabilisierung der Qualität dieser Produkte über die gesamte Lagerdauer hinweg wird meist durch den Zusatz von Stabilisatoren, Antioxidantien und Konservierungsstoffen erreicht. Außerdem werden oft Aromastoffe sowie Geschmacksverstärker zugesetzt, um die im Verlauf der Lagerung auftretenden Geschmackseinbußen zu kompensieren.

Vor- und Nachteile von tiefgekühlten Produkten

◆ TK-Produkte können relativ lange gelagert werden. Das empfohlene Mindesthaltbarkeitsdatum (MHD) hängt ab von der Stabilität der verarbeiteten Komponenten. Tierische Fette sind wegen der Gefahr des Ranzigwerdens und der Oxidation von Fettsäuren nur kürzere Zeit lagerfähig.

◆ Begrenzender Faktor für die Bevorratung ist in der Regel die meist geringe Lagerkapazität für Tiefkühlprodukte.

◆ Einzelne Komponenten lassen sich in der Mikrowelle rasch auftauen und regenerieren. Bei portionierten Gerichten mit Beilagen lassen sich dagegen die Bedingungen für das Regenerieren der Einzelkomponenten nicht immer optimal aufeinander abstimmen, so dass mit geschmacklichen Defiziten gerechnet werden muss.

**Vor- und Nachteile
von nicht gefrosteten Produkten**

◆ Regenerierfertige Produkte, die nicht gefrostet sind, müssen durchgehend bei Kühlraumtemperaturen vorgehalten werden. (Keine Unterbrechung der Kühlkette bei der Anlieferung und beim innerbetrieblichen Transport.)

◆ Die Gefahr einer Kontamination mit Mikroorganismen ist bei einer ordnungsgemäßen Produktion, Verpackung und Lagerung sehr gering. (Erhitzen bei der Fabrikation, Verhinderung einer nachträglichen Kontamination durch die Verpackung unter Folie.)

◆ Die Lagerung ist zeitlich begrenzt. Nach Überschreiten des MHD sollten diese Erzeugnisse nicht mehr eingesetzt und verzehrt werden.

◆ Die Qualitätseinbußen sind bei sachgerechter Lagerung sehr gering.

**Verarbeitung von regenerierfertigen
Convenience-Produkten**

Folgende Gesichtspunkte sollten beim Einsatz von regenerierfertigen Convenience-Produkten beachtet werden:

◆ Das vom Hersteller angegebene MHD ist bei der Warenannahme und vor dem Einsatz zu überprüfen, ebenso die Verpackung auf Beschädigungen (meist eingerissene Folie).

◆ Assietten, deren MHD überschritten ist oder deren Verpackung beschädigt ist, sind zu verwerfen.

◆ Die Empfehlungen des Herstellers für das Regenerieren des jeweiligen Produktes sind zu beachten. Die Bedingungen für ein optimales Regenerieren können in Abhängigkeit vom Grad des im Verlauf der Herstellung erfolgten partiellen Garvorgangs bei nahezu identischen Erzeugnissen differieren. Gegebenenfalls sind die Regenerierbedingungen unter den betriebsspezifischen Bedingungen durch Tests zu ermitteln.

◆ Es muss gesichert werden, dass bei allen Komponenten eine Kerntemperatur von 80 °C erreicht wird. Das gilt insbesondere für das Regenerieren in der Mikrowelle, da dabei trotz der vergleichsweise einheitlicheren Erwärmung der Speisen die Temperaturen in den Randbezirken rascher ansteigen als die Kerntemperatur.

2.5.4 Verzehrfertige Convenience-Produkte

Dieser Produktgruppe sind alle bearbeiteten Lebensmittel und Lebensmittelzubereitungen zuzuordnen, die ohne zusätzliche Bearbeitung verzehrt werden können. Dazu können im weitesten Sinne auch Fleisch- und Wurstwaren sowie Käse und andere Milcherzeugnisse gezählt werden, ebenso verzehrfertig angerichtete Blatt- und Obstsalate. Unter dem Begriff verzehrfertige Produkte werden im engeren Sinne jedoch nur solche Erzeugnisse verstanden, die

◆ durch den Einsatz von neu oder weiter entwickelten Konservierungsmethoden für eine begrenzte Zeit haltbar gemacht und damit industriell gefertigt werden können,

◆ durch den Einsatz von neu entwickelten Verfahren und/oder die Beigabe von Zusatzstoffen wie Dickungsmittel oder modifizierte Stärken hergestellt werden und ebenfalls begrenzt haltbar sind.

Diese Erzeugnisse erweitern das Angebot der kalten Küche und können die Eigenproduktion von entsprechenden kalten Speisen ersetzen bzw. entlasten. Die wichtigsten Produkte dieser Gruppe sind

◆ Milcherzeugnisse wie Puddinge, Saucen und andere Nachspeisen,

◆ neuartige Aufstricherzeugnisse auf der Basis von Milch und pflanzlichen Ausgangsmaterialien,

◆ Pasten und Pasteten auf der Basis von Fleisch, Fisch oder von rein pflanzlichen Zutaten.

Probiotische und präbiotische Lebensmittel

Eine wesentliche Erweiterung hat diese Produktpalette durch die Entwicklung von probiotischen und präbiotischen Lebensmitteln erfahren, die den Functional Foods zuzuordnen sind. Bei der Herstellung der probiotischen Milcherzeugnisse, vorzugsweise Joghurtprodukte, werden besondere Milchsäurebakterien verwendet, denen eine gesundheitsfördernde Wirkung zugeschrieben wird. Diese probiotischen Lebensmittel werden nicht pasteurisiert, um eine Inaktivierung dieser

Milchsäurebakterien zu umgehen, die im Darm als lebende Keime ihre postulierten positiven Eigenschaften entfalten sollen. Bei den präbiotischen Produkten werden Polysaccharide wie Inulin zugesetzt, die das Wachstum dieser Milchsäurebakterien im menschlichen Darm begünstigen sollen.

Da diese Milcherzeugnisse nach Zugabe der speziellen Bakterien nicht pasteurisiert werden, sind sie sehr anfällig gegenüber einem raschen Bewuchs mit Keimen und deren Vermehrung. Sie müssen deshalb konsequent gekühlt gelagert werden, und die Kühlkette darf niemals unterbrochen werden. Der Hersteller garantiert nur eine vergleichsweise kurze Mindesthaltbarkeitsdauer. Die Produkte sind nach deren Überschreiten zu verwerfen.

2.5.5 Trockenprodukte (Pulver und Granulate)

Trockenprodukte sind bei Beachtung einiger weniger Grundregeln ideale Convenience-Produkte, da sie sowohl an die Lagerbedingungen als auch bei der Verarbeitung geringe Anforderungen stellen.

Die in der Regel sehr gute Stabilität der Produkte kann in Einzelfällen geringfügig differieren. Diese Unterschiede spiegeln sich im Mindesthaltbarkeitsdatum wider. Sie sind zurückzuführen auf unterschiedliche Eigenschaften der Inhaltsstoffe und/oder auf das jeweils eingesetzte Produktionsverfahren, vornehmlich auf die Trocknung von flüssigen Zwischenstufen (Sprühtrocknung, Gefriertrocknung). Eine geringere Haltbarkeit zeigen vor allem solche Erzeugnisse, die geringe Mengen an Fett enthalten (z. B. Fertigsuppen bzw. -saucen). Auch die Art der Verpackung kann die Haltbarkeit teilweise beträchtlich beeinflussen, wobei die luftdichte Verpackung und insbesondere die Verpackung unter Schutzgasatmosphäre wesentliche Vorteile bietet, die jedoch nach dem Öffnen verloren gehen.

Durch den Einsatz von modifizierten Stärken und Dickungsmitteln können Convenience-Produkte hergestellt werden, die charakteristische, für die küchentechnische Verarbeitung vorteilhafte Eigenschaften aufweisen:

◆ Die Ausbildung stabiler Gele, die auch bei längerer Erwärmung fest bleiben und nicht flüssig werden.
◆ Ein äußerst schnelles Quellvermögen.
◆ Die Möglichkeit, kalt angerührt zu werden.
◆ Einen geringeren Energie-Inhalt als klassische Standardpräparate besitzen.
◆ Ein Verklumpen weitestgehend vermeiden.

Bei pulverförmigen Convenience-Produkten sind folgende Punkte zu beachten:

◆ Sie sind trocken und möglichst lichtgeschützt zu lagern.
◆ Eine Lagerung im Kühlschrank ist nicht erforderlich, aber bei einigen Produkten zu empfehlen (geringerer Aromaverlust, hauptsächlich bei angebrochenen Verpackungen).
◆ Die Verpackungen sind erst bei der ersten Verwendung zu öffnen (vor allem bei luftdicht verschlossenen Dosen beachten).
◆ Der Kontakt mit Feuchtigkeit (auch feuchte Luft) ist zu vermeiden. Gefäße und Dosen sind nach der Entnahme von Material wieder umgehend fest zu verschließen. (Produkte mit hohem Salzgehalt werden pastös und verkleben, stärkehaltige Produkte verklumpen.)
◆ Bei der Verarbeitung von Fertigmischungen zu Speisen sind die vom Hersteller angegebenen Mengenverhältnisse für Convenience-Produkte (Gewicht bzw. Volumen) und Flüssigkeit (Wasser, Milch, etc.) exakt einzuhalten.
◆ Produkte mit einem sehr hohen Convenience-Grad (vom Hersteller abgestimmte umfangreiche Gewürzzugabe) sind für ein individuelles Nachwürzen weniger geeignet als Basisprodukte bzw. relativ neutral gewürzte Zubereitungen.
◆ Pulver- bzw. Granulatmischungen müssen vor der Entnahme von Einzelportionen im Behältnis gut vermengt werden, da aus technologischen Gründen einzelne Komponenten des Produktes schichtweise in die Verpackung eingefüllt sein können.

2.5.6 Pastöse und flüssige Zubereitungen

Pastöse und flüssige Zubereitungen wie Würzsaucen unterscheiden sich hinsichtlich der Lagerungsbedingungen und Haltbarkeit in der Regel kaum von den pulverförmigen Produkten. Die meist gute Haltbarkeit ist durch den hohen Salzgehalt bedingt. Bei bestimmten Produkten sind Einschränkungen in Hinblick auf die Lagerungsbedingungen und die Haltbarkeit zu beachten:

◆ Pastöse Produkte mit Fettzusatz
Diese Erzeugnisse (vorwiegend Saucengrundlagen) sind kühl und lichtgeschützt aufzubewahren. Das MHD sollte nicht überschritten werden. Bei den zugesetzten Fetten (tierische Fette bzw. gehärtete Pflanzenfette) besteht bei Überschreitung des MHD die Gefahr des Ranzigwerdens und der Oxidation von Fettsäuren, die auch durch die oft zugesetzten Antioxidantien nicht vollkommen verhindert werden kann.

◆ Gewürzsaucen mit einem hohen Zusatz von Gemüse
Die diesen Produkten zugegebenen Gemüseanteile (Ketchup und ähnliche Gewürzsaucen) bieten Mikroorganismen einen guten Nährboden. Das Wachstum diese Keime wird auch nicht durch die Zugabe von Genusssäuren und/oder Konservierungsstoffen vollständig gehemmt. Die vom Hersteller sterilisiert angebotenen Erzeugnisse sind nach dem Öffnen stets gekühlt aufzubewahren und möglichst schnell zu verbrauchen.

2.6 Teige und Massen
2.6.1 Hefeteig

Bei der Herstellung von Hefeteigmassen ist zwischen 2 unterschiedlichen Verfahren der Teigführung zu unterscheiden:
◆ indirekte Teigführung und
◆ direkte Teigführung.

Indirekte Teigführung

Bei der indirekten Teigführung wird zunächst ein Vorteig mit einer geringen Menge an Mehl angesetzt. Erst nach dem „Aufgehen" dieses Vorteigs wird mit dem restlichen Mehl und den übrigen Zutaten der eigentliche Teig bereitet.

Diese Verfahrensweise hat den Vorteil, dass die Hefe und damit auch die von den Hefezellen gebildeten Enzyme, welche die Bildung des Treibgases Kohlendioxid katalysieren, stärker konzentriert sind und so den Gärprozess beschleunigen.

Der Nachteil des Verfahrens besteht darin, dass es durch die Unterteilung in 2 Schritte arbeitsaufwendiger ist und auch öfter überwacht werden muss:

◆ Hefe in lauwarmer Milch auflösen und mit einer geringen Menge Mehl verrühren (Vorteig).

◆ Vorteig leicht mit Mehl bestäuben und bei 30 °C gehen lassen.
Es ist zweckmäßig, das Gefäß mit dem Vorteig in ein warmes Wasserbad von maximal 40 °C zu stellen und abzudecken (Teller oder Blech). Der aufsteigende und nicht entweichende Wasserdampf verhindert ein Austrocknen des Vorteigs und begünstigt die Kohlendioxidbildung (Verkürzung der Zeit des Gehens), gleichzeitig wird dieser vor Zugluft geschützt.

◆ Der ausreichend vorbereitete Vorteig (erkennbar an der Ausbildung von kleinen Bläschen an der Oberfläche und am Reißen der bemehlten Oberfläche) wird unter das restliche Mehl und die übrigen Zutaten eingearbeitet.
Eier müssen vor der Zugabe mit Hilfe eines Schneebesens angeschlagen werden, um ein irreversibles Verklumpen von Mehl und Eigelb zu verhindern.

Direkte Teigführung

Bei der direkten Teigführung wird die in der Milch aufgelöste Hefe unverzüglich mit der gesamten Mehlmenge vermischt, ebenso werden auch die restlichen Zutaten sofort in entsprechender Reihenfolge zugesetzt und in den Teig eingearbeitet.

Die direkte Teigführung ist weniger arbeitsaufwendig und bedarf nicht einer regelmäßigen Kontrolle. Sie erfordert aber eine größere Menge an Hefe. Der entscheidende Nachteil dieses Verfahrens besteht darin, dass der gesamte Ansatz bei Ausbleiben der Hefegärung in der Regel verworfen werden muss. Das Ausbleiben der Gärung ist meist auf verlagerte, nicht mehr lebensfähige Hefe zurückzuführen.

Bereitung des Teigs

Durch die sorgsame Vermengung aller Komponenten wird eine gleichmäßige Zusammensetzung des Teigs gesichert, die hauptsächlich in Hinblick auf die Verteilung der Hefe von besonderer Wichtigkeit ist, da nur so eine einheitliche Entwicklung von Kohlendioxid als Treibgas möglich ist. Entsprechend der Festigkeit der Teige, die zunächst durch die Zutaten und ihre Relationen im Teig bestimmt wird, und der Verwendung der Teige werden diese

◆ geknetet
  (Blechkuchen, Pizza, Stollen, Weißbrot),
◆ geschlagen (Berliner Pfannkuchen, Brioches),
◆ gerührt (Savarins, Napfkuchen, Gugelhupf).

Fettreiche Teige dürfen nicht zu lange und zu intensiv geknetet werden, weil es sonst zu Veränderungen an der Feinstruktur der Klebereiweiße kommen kann, die den Backprozess negativ beeinflussen können.

Grundzutaten

Die Grundzutaten werden für die verschiedenen Teige in unterschiedlichen Mengenverhältnissen verarbeitet. Das gilt vor allem für die Zugabe von Vollei, Eigelb, Zucker und Fett (Butter) sowie von Flüssigkeit (Milch) bei der Herstellung von Teigen für Kuchen oder Feingebäck. Auf die Bereitung

von Weißbrot und Brötchen wird nicht eingegangen, da deren Eigenproduktion in der Regel nicht mehr praktiziert wird.

Als Beispiele dienen Rezepturen für Blechkuchen, Berliner Pfannkuchen und Savarins, die entsprechend abgewandelt werden können (siehe Tabelle unten).

Ruhen des Teigs

Der Teig muss bei 30 °C für mindestens 30 Minuten ruhen ("Gehen" des Teigs), in denen es durch die Gärungsprozesse der Hefe zum Abbau von geringen Mengen der Kohlenhydrate (Zucker) und damit zur Bildung von Kohlendioxid kommt, das im Verlauf des Backvorgangs als Treibmittel fungiert. Gleichzeitig kommt es zum Quellen der Stärkekörner des Mehls und zu Veränderungen an der Struktur der Klebereiweiße, die zu einer Lockerung des Teigs führen (sog. "Entspannen des Klebers").

Ein Teig hat ausreichend geruht, wenn sich sein Volumen etwa verdoppelt hat. Die dazu erforderliche Zeit beträgt in der Regel 15 bis 30 Minuten. Sie hängt sowohl von der Temperatur beim Gehen, die auf keinen Fall 45 °C überschreiten darf, als auch von weiteren Faktoren ab wie

◆ Zusammensetzung des Teigs, insbesondere von den Anteilen an Fett und Eiern (schwer oder leicht),
◆ Festigkeit des Teigs
  (viel oder wenig Flüssigkeit),
◆ Ausgangstemperatur bei der Teigbereitung (Zimmertemperatur, Handwärme),
◆ Teigführung (bei indirekter Teigführung kürzer).

	Blechkuchen	Berliner Pfannkuchen	Savarins
Mehl	500 g	500 g	500 g
Milch	250 ml	250 ml	200 ml
Zucker	60 g	50 g	50 g
Butter	80 g	80 g	160 g
Eier	2	2	4
Eigelb	–	2	4
Hefe	20 g	20 g	40 g
Salz	1 Prise	1 Prise	1 Prise

Bei Savarins werden zusätzlich als Geschmacksträger das Mark von 1 Vanilleschote und Zitronenabrieb zugegeben.

Abschlagen des Teigs

Der backfertige Teig muss vor dem Ausformen vorsichtig durchgewalkt werden, um die größeren Blasen von Kohlendioxid zu entfernen, die sich neben den feinen Bläschen gebildet haben (Abschlagen des Teigs). Nicht entfernte Blasen führen zu einem Aufreißen der Backmasse während des Backvorgangs oder zur Bildung von größeren Hohlräumen. Bei einem zu heftigen Durchkneten des Teigs kann es auch zum Entfernen der feinen CO_2-Bläschen kommen, wodurch der Teig beim Backen „sitzen bleiben" kann.

Backprozess

Alle Hefeteige werden im vorgeheizten Ofen gebacken. Dadurch wird die Hefe rasch abgetötet und die Bildung von CO_2 gestoppt. Das durch das Gehen des Teigs gebildete und in Form kleiner Bläschen in diesem eingeschlossene CO_2 reicht für die Lockerung des Teigs während des Backprozesses aus. Die Backtemperatur liegt zwischen 160 und 200 °C. Es muss allerdings darauf geachtet werden, dass der Teig nicht braun wird, bevor er in der ersten Phase des Backprozesses aufgegangen ist. Gegebenenfalls muss die Oberhitze reduziert werden. Die Dauer des Backprozesses hängt ab von der Dicke des Backgutes, der Höhe und der Konsistenz von Auflagen (z. B. bei Blechkuchen) und von der Zusammensetzung des Teigs.

Ausschließlich mit Wasser zubereitete Teige ergeben knusprig rösche Produkte, bei der Verwendung von Milch wird das Gebäck weich und zart.

Hinweise für die Bereitung von Teigen

Bei der Bereitung von Hefeteigen müssen eine Reihe von Punkten beachtet werden:
◆ Die Zutaten sind vor der Verarbeitung auf Zimmertemperatur zu erwärmen.
◆ Das Mehl sollte direkt vor der Teigbereitung mehrfach gesiebt werden. Die dadurch erreichte Lockerung und das Einarbeiten von Luft begünstigen das Wachstum und den Stoffwechsel der Hefe.

◆ Die Hefe darf nicht mit heißer Milch aufgelöst werden (Temperatur nicht über 50 °C) und nicht mit einer größeren Menge an Salz bzw. Zucker in direkten Kontakt kommen (Gefahr der Inaktivierung der Hefe).
◆ Bei der Teigbereitung darf dieser nicht zu fest werden. Es ist ratsamer, in einen zu locker geratenen Teig nachträglich Mehl einzuarbeiten als umgekehrt (in einen zu festen Teig Flüssigkeit).
◆ Die Zugabe von Eigelb macht den Hefeteig mürbe (Zugabe ist unproblematisch), Eiklar macht ihn dagegen trocken (Zugabe nur in kleinen Mengen).
◆ Schwere Hefeteige (reichliche Fettzugabe) müssen fester sein als einfache, leichte Teige, um beim Backen ein Auseinanderlaufen des Teigs zu verhindern.
◆ Gerührte und fettarme Teige müssen rasch gebacken werden. Andernfalls besteht die Gefahr, dass sie trocken werden und strohig schmecken.

Hefe

Die verwendete Hefe muss sorgfältig aufbewahrt werden. Die Mehrzahl der auftretenden Backfehler ist auf nicht mehr aktive („lebende") Hefe zurückzuführen.
◆ Press- oder Bäckerhefe
  Frische Hefe ist im Kühlschrank etwa 2 Wochen lang haltbar.
  Sie kann im frischen Zustand (nicht erst am Ende der Lagerfrist) eingefroren werden und ist dann etwa 2 Monate lang haltbar (nicht länger als 6 Monate). Dabei muss sie gut verpackt werden (nicht in Alufolie, weitgehend luftdicht), um ein Austrocknen und eine Besiedlung mit Fremdkeimen (aus der Kühlschrankluft) zu unterbinden. Vor der Verwendung ist sie aufzutauen, entweder im Kühlschrank oder direkt in der lauwarmen Milch.
◆ Trockenhefe
  Trockenhefe ist luftdicht verpackt (in Beuteln eingeschweißt) bei Raumtemperatur etwa 2 Jahre lang haltbar (Mindesthaltbarkeitsdatum beachten). Trockenhefe kann direkt in den Teig eingestreut werden (direkte Teigführung). 7 g Trockenhefe entsprechen etwa 25 g Bäckerhefe.

2.6.2 Sauerteig

Der Sauerteig wird nahezu ausnahmslos zum Backen von schweren Brotsorten eingesetzt und deswegen in der Restaurantküche sehr selten verwendet (Schinken in Brotteig, rustikal servierte Gerichte).

Die Treibkraft des Sauerteigs beruht auf der Bildung von CO_2 durch verschiedene Mikroorganismen, insbesondere von Bakterien, die bei ihrem Wachstum Milchsäure und Essigsäure bilden, und von Hefen. Zum Herstellen des Sauerteigs wird ein Grundteig benötigt, der diese Mikroorganismen enthält und der die Grundlage für eine neue Teigbereitung bildet.

Grundteig

Der Grundteig kann wegen der unterschiedlichen Stabilität seiner wirksamen Mikroorganismen nicht so leicht vorgehalten werden wie Bäckerhefe. Folgende Möglichkeiten bestehen:

◆ Kauf
Der Kauf bei einem Bäcker ist der einfachste und sicherste Weg. Bedingt durch den kontinuierlichen Backbetrieb und die Verfügbarkeit von frischem Grundteig bietet dieser die beste Gewähr für eine gute Treibkraft. Noch einfacher ist es, beim Bäcker frischen backfertigen Sauerteig zu kaufen.
Fertiger Sauerteigansatz wird gelegentlich unter der Bezeichnung Natursauer und Trockensauer (Kunstsauer) im Handel angeboten. Bei längerer Lagerung kann dieser Teig seine Treibkraft partiell oder vollständig verloren haben. Er muss dann wieder aktiviert werden, ein Prozess, der unter Umständen mehrere Tage dauern kann.
In industriell hergestellten Fertigmehlen für roggenmehlhaltige Brote wird die Teigsäuerung durch sog. Teigsäuerungsmittel (TSM) erzielt. Diese Fertigmehle müssen nur noch mit Wasser zum Teig angesetzt und verbacken werden.

◆ Bereithalten eines eigenen Grundteigs
Bei häufigem Einsatz von Sauerteig ist es sinnvoll, einen Teil des backfertigen Teigs als Starter für das Ansetzen eines neuen Teigs zurückzuhalten. Dieser sollte kühl aufbewahrt werden

und alle 4 bis 6 Tage mit 30 g Mehl sowie 60 ml Wasser (pro 250 g Ansatz) aufgefrischt werden. Die Haltbarkeit und Aktivität dieser „Reserve" hängt von verschiedenen, nicht genau voraussehbaren Bedingungen ab.

◆ Herstellung eines Grundteigs (Prinzip)
Die Herstellung eines Startergrundteigs dauert mehrere Tage. Es werden in der Literatur zahlreiche Rezepte angegeben, die sich zum Teil beträchtlich unterscheiden. Das Grundprinzip ist jedoch stets das gleiche:
Bereiten eines Nährbodens auf der Basis von Mehl und Wasser, auf dem sich die Mikroorganismen unter Bildung von organischen Säuren (Milchsäure, Essigsäure) und Kohlendioxid vermehren.
Die Bakterien können sich unter Umständen spontan ansiedeln (aus der Luft, wie beim Sauerwerden von abgekochter Milch), oder sie werden durch die Zugabe von Sauermilch eingebracht. Hefen werden als Bäckerhefe (Presshefe) zugesetzt.
Das Wachstum der Bakterien erfolgt langsamer (Temperaturoptimum bei 35 °C) als das der Hefe (Temperaturoptimum bei 26 °C). Bei nicht ausreichend langer Vorbereitungszeit haben sich die säurebildenden Bakterien kaum vermehrt, der Grundteig ähnelt beim Backprozess einem Hefeteig.

◆ Herstellung eines Grundteigs (Rezeptbeispiel)
Fein gemahlenes Roggenmehl (200 g) wird mit lauwarmem Wasser (250 ml) und 2 bis 3 Esslöffeln Buttermilch verrührt und bei 26 °C zugedeckt 24 Stunden lang stehen gelassen. Es werden nun Roggenvollkornmehl (100 g) und lauwarmes Wasser (250 ml) eingearbeitet und nach weiteren 24 Stunden nochmals Roggenvollkornmehl (100 g) und lauwarmes Wasser (125 ml). Das Gefäß bleibt stets zugedeckt bei 26 °C stehen.
Der Teig schäumt während des Gärens auf (Bildung von Kohlendioxid).

Bereitung des Sauerteigs

Ein Sauerteig kann auf der Basis des Grundteigs nach verschiedenen Methoden hergestellt werden. Die klassische Methode ist die 3-stufige Teigführung, mit der eine große Sicherheit beim

Backprozess erzielt wird, mit gleichzeitig hoher Qualität in geschmacklicher Hinsicht. Die vorwiegend verwendeten 2- bzw. 1-Stufen-Führungen sind rationeller. Insbesondere bei der 1-stufigen Führung wird dem Teig meist zusätzlich Bäckerhefe zugegeben, um die Treibkraft des Teigs abzusichern.

3-stufige Teigführung
◆ Stufe 1 (Anfrischsauer)
   Mehl und Wasser werden mit Sauerteig vermischt und 5 bis 8 Stunden bei 25 °C stehen gelassen (sog. „Anwachsen" der Bakterien und Hefen).
◆ Stufe 2 (Grundsauer)
   Unter Zugabe von Mehl und Wasser wird ein „Vorteig" angemischt, der 6 bis 10 Stunden bei 23 bis 28 °C ruhen muss (Vermehrung der Hefen unter CO_2-Bildung, langsames Wachstum der Bakterien).
◆ Stufe 3 (Vollsauer)
   Es werden erneut Mehl und Wasser in den Teig eingearbeitet, der 3 bis 4 Stunden bei nunmehr 29 bis 32 °C ruhen muss (Vermehrung der Bakterien unter Bildung von Säuren und den typischen Aromastoffen).

Bereitung des Backteigs
Mehl, Wasser, Salz und weitere Zutaten sowie gegebenenfalls Hefe werden unter den Vollsauer gemengt, der vor der Weiterverarbeitung nochmals ruhen muss. Auch die geformten Teigstücke (Brote) müssen vor dem Backen nochmals reifen (sog. Stückgare).

2.6.3 Blätterteig

Blätterteig wird ohne Zugabe eines Treibmittels zubereitet. Die Lockerung des Teigs im Verlauf des Backprozesses erfolgt ausschließlich durch das Verdampfen von Wasser, wobei die Lockerheit und die Beibehaltung der Schichtung durch die Fette bewirkt wird, welche die einzelnen Lagen des Teigs trennen. Alkohol wirkt nur in geringem Maße als Treibmittel (gelegentlich praktizierte Zugabe von Rum). Er kann in der frühen Phase des Backprozesses die Lockerung des Teigs unterstützen, da er bereits bei 78 °C verdampft. Entscheidend für das Gelingen eines Blätterteigs ist der Einsatz von geeigneten Fetten und das sorgfältige Arbeiten bei der Zubereitung.

Grundrezept für Blätterteige
Grundzutaten:

Mehl	480 g
Wasser (kalt)	etwa 280 ml
Salz	6 g
Zucker	8 g
Eigelb	1

Für den Fettanteil zum Ziehen:

Fett (Ziehmargarine)	500 g
Mehl	20 g

◆ Mehl
   Es ist der Einsatz von kleberreichen Mehlen zu empfehlen, da die einzelnen Schichten des Teigs im Verlauf des Backprozesses durch das Klebereiweiß besser zusammengehalten werden.
◆ Fett
   Das eingesetzte Fett muss einen hohen Schmelzpunkt haben (sog. Ziehfette). Dadurch wird gesichert, dass die einzelnen Teiglagen bei der Teigbereitung durch einen festen Fettfilm getrennt werden, der die Ausbildung der blättrigen Struktur im Verlauf des Backprozesses garantiert. Fette mit einem niedrigen Schmelzpunkt werden bereits bei der Teigbereitung flüssig und in diesen zumindest teilweise eingearbeitet. Dadurch wird die Ausbildung eines durchgehenden und festen Fettfilms verhindert, und die einzelnen Schichten verkleben.
   Als Fett eignet sich die sog. Ziehmargarine, die im Einzelhandel nicht erhältlich ist (Sondermargarine für den Einsatz in der Patisserie). Sie zeichnet sich durch einen relativ hohen Anteil an Pflanzenfetten aus (insbesondere Palmfett). Ziehmargarine ist zwar unter ernährungsphysiologischen Gesichtspunkten nicht zu empfehlen, aber der Einsatz zur Bereitung von Blätterteigen ist in der Regel unbedenklich. Blätterteig ist nicht unter die Grundnahrungsmittel einzuordnen, und eine

ausgewogene Relation der Nahrungsfette bzw. Fettsäuren kann durch eine gesunde Ernährung gesichert werden. Bei bestehenden Fettstoffwechselstörungen sollte jedoch auf Blätterteig verzichtet werden.

Die Verwendung von Butter kann wegen ihres relativ niedrigen Schmelzpunktes nur als Notbehelf angesehen werden. Beim Einsatz von Butter ist darauf zu achten, dass sie und die anderen Zutaten kalt sind (Kühlschranktemperatur). Es ist dringend abzuraten, französischen Blätterteig mit Butter zu bereiten. Pflanzenöle und Fettemulsionen sind für die Bereitung von Blätterteigen nicht geeignet.

◆ Zitronensaft, Essig
Durch den Zusatz einer geringen Menge Genusssäure wird das Klebereiweiß geringfügig in seiner molekularen Struktur verändert, wodurch es dem Teig einen festeren Halt gibt.

◆ Alkohol
Alkohol (Rum) unterstützt den Treibeffekt (siehe oben).

◆ Eigelb
Durch die Zugabe von Eigelb wird der Eiweißanteil gering erhöht, der hohe Anteil des Eigelbs an Lecithin (Emulgator) macht den Blätterteig feinblättriger. Außerdem wird durch Eigelb eine Geschmacksverbesserung erzielt.

Bereitung des Blätterteigs
Bei der Bereitung von Blätterteig sind die Zutaten möglichst gut gekühlt zu verarbeiten, um ein Schmelzen des Fettes weitgehend zu verhindern. Besonders zu empfehlen ist die Teigbereitung auf einer gut gekühlten Marmorplatte. Auch zum Ruhen muss der Teig gekühlt gelagert werden. Nach dem Verfahren der Bereitung des Teigs wird unterschieden zwischen

deutschem Blätterteig,
französischem Blätterteig und
holländischem Blätterteig
(sog. Blitzblätterteig).

◆ Deutscher Blätterteig
Beim deutschen Blätterteig ist der Fettanteil im Inneren jeder Teiglage höher als an der äußeren Schicht ("Teig außen, Fett innen"):

Es werden 2 Grundteige mit unterschiedlichem Fettgehalt hergestellt.
Der Teig mit dem hohen Fettanteil wird in den Grundteig mit dem geringen Fettanteil eingeschlagen ("Fett ist im Teig").
Beim Ruhen zwischen den einzelnen Arbeitsschritten muss der Teig abgedeckt werden, da er sonst schnell abtrocknet und die Gefahr der Krustenbildung besteht.
Zwischen dem Einrollen (Tourieren) der einzelnen Lagen ist eine Ruhezeit von jeweils 15 Minuten einzulegen.

◆ Französischer Blätterteig
Beim französischen Blätterteig ist der Fettanteil im Inneren einer jeden Teiglage niedriger als in der äußeren Schicht:

Es werden ebenfalls 2 Grundteige mit unterschiedlichem Fettgehalt wie beim deutschen Blätterteig hergestellt.
Beide Teige müssen vor der Weiterverarbeitung nur etwa 15 Minuten ruhen, sie trocknen dabei nicht ab.
In wärmeren Räumen lässt sich der Teig sehr schlecht verarbeiten, da die äußere Schicht fettreicher ist.
Das Einrollen der Blätterteiglagen kann ohne Einhalten von Zwischenpausen erfolgen (siehe unten).

◆ Holländischer Blätterteig (Blitzblätterteig)
Beim holländischen Blätterteig werden alle Zutaten in einem Arbeitsgang zu einem Teig verarbeitet. Dieser kann nach einer Ruhezeit von etwa 30 Minuten touriert werden, ohne dass zwischen dem Legen der einzelnen Schichten weitere Ruhepausen eingehalten werden müssen.

Das Fett wird in walnussgroßen Stücken unter das Mehl gemischt, durch die Zugabe des Wassers wird ein nicht zu fester Teig bereitet.
Der Teig darf bei der Zubereitung nicht geknetet werden, kleine Fettreste dürfen noch zu sehen sein.
Der fertige Blätterteig ist gegenüber mechanischer Belastung weniger resistent, die Gefahr des Bröckelns ist relativ groß.

Abbildung 2.6.1:
Tourieren von Blätterteig

1. Einschlagen des inneren Teigs (I) in den äußeren Teig (A)

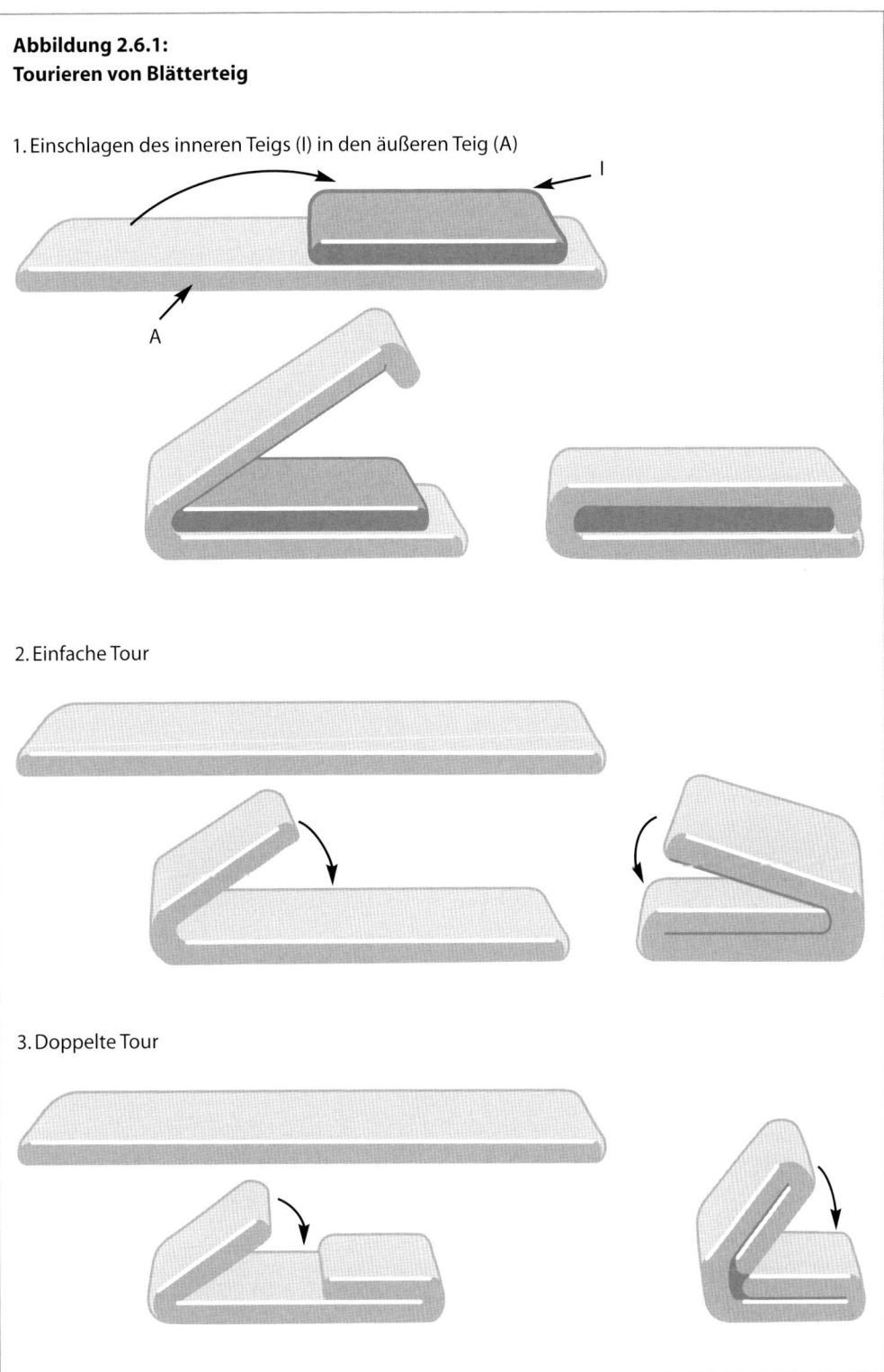

2. Einfache Tour

3. Doppelte Tour

Tourieren (Zusammenlegen und Ausrollen)

Unter Tourieren versteht man das Einschlagen des Blätterteigs, wobei beim deutscher Blätterteig der fettreichere Teig (Fettteig) in den fettärmeren Teig (Mehlteig) eingelegt wird, beim französischen Blätterteig dagegen der Mehlteig in den Fettteig. Dieses Einschlagen wird in 2 Stufen durchgeführt, die als einfache und anschließende doppelte Tour bezeichnet werden (siehe Abb. 2.6.1). Beim wiederholten Tourieren (Einschlagen gefolgt vom Ausrollen) sollte sich einer einfachen Tour stets eine doppelte Tour anschließen (Garantie für feinblättrige Gebäcke).

- Der äußere Teig wird ausgerollt. Auf einen Teil dieses Teigs wird der ausgerollte innere Teig gelegt, mit der zweiten Hälfte des äußeren Teigs abgedeckt und an den Seiten fest angedrückt.
- Dieses Paket wird gleichmäßig ausgerollt, danach auf ein Drittel zusammengelegt, erneut ausgerollt und auf ein Viertel zusammengelegt.
- Dieses Teigpaket anschließend 30 Minuten kühl ruhen lassen.
- Beim anschließenden dritten Ausrollen wird der Teig wiederum auf ein Drittel und beim vierten Ausrollen auf ein Viertel zusammengelegt.
- Nach einer weiteren Ruhezeit von 30 Minuten kann der Blätterteig weiterverarbeitet werden.

Backen von Blätterteig

Blätterteig kann auf unterschiedlichen Unterlagen gebacken werden:

- Feuchtes Backblech oder Backtrennpapier Teigstücke, die beim Abbacken in die Höhe gehen (ziehen) und sich somit in ihrer Grundform nicht verändern (z. B. Pasteten).
- Gefettetes Backblech Gebäckstücke, die in die Breite treiben (z. B. Schweinsohren).

Die Backtemperatur beträgt bei dünnen und flachen Gebäcken etwa 220 °C, bei gefülltem Gebäck ungefähr 200 °C.
Die Backzeit liegt zwischen 10 und 25 Minuten.

2.6.4 Mürbeteig

Mürbeteig ist der Teig, der bei Beachtung der Besonderheiten (siehe unten) am einfachsten und schnellsten herzustellen und äußerst vielseitig einsetzbar ist. Grundsätzlich kann zwischen 2 Varianten unterschieden werden:

- Süßer Mürbeteig
  Einsatzgebiet insbesondere Torten- und Kuchenböden, Tee- und Feingebäck, Kekse, Zuckerbrezeln, Linzer Törtchen, Streusel (zum Bestreuen von Blechkuchen), Fettgebackenes (Donuts, Mutzen).
- Mürbeteig ohne Zucker
  Einsatzgebiet insbesondere Torteletts (für herzhafte Füllungen), Pasteten und Käsegebäck.

2.6.4.1 Süßer Mürbeteig

Für den süßen Mürbeteig ist ein hoher Fettanteil charakteristisch, der ein rasches Arbeiten erfordert und länger andauerndes Kneten oder Ausformen verbietet.

Grundzutaten (sog. „1-2-3-Teig"):

750 g Mehl	3 Teile
500 g Fett (Butter)	2 Teile
250 g Zucker	1 Teil
Eiklar	von 1 Ei
Salz	

Weitere mögliche Zutaten (je nach Rezept): Eier, Mark von 1 Vanilleschote, Abrieb von Zitronenschale oder -saft, Rum, Weinbrand, Weißwein, Kakaopulver, Milch.

Varianten

Mürbeteig zum Spritzen
Fettanteil um 10 % erhöhen, Zuckeranteil um 10 % erniedrigen, Eianteil verdoppeln.
Streusel
Fett- und Zuckeranteil erhöhen (jeweils 50 % der Mehlmenge).

Teigbereitung

Folgende Punkte sind zu beachten:

- Es sind möglichst stärkereiche und kleberarme Mehle der Type 405 zu verwenden. Bis zu 50 % des Mehls können durch geriebene Nüsse, Mandeln oder Brösel ersetzt werden.
- Es ist nur Zucker mit feiner Körnung oder Staubzucker zu verwenden. Grob gekörnter Zucker löst sich während der kurzen Verarbeitungsdauer nicht vollständig auf.
- Als Fett wird in der Regel Butter verwendet, die durch Backmargarine ersetzt werden kann.
- Das Fett (Butter) darf nicht zu warm sein, es muss sich mit den anderen Zutaten gerade verarbeiten lassen.
- Der Zusatz von Eigelb macht den Teig mürbe und saftig. Das Lecithin des Eigelbs fördert als Emulgator die Fettverteilung und verleiht vor allem Spritzgebäck die zum Spritzen erforderliche Weichheit und Elastizität.
- Zusätzliche Zutaten, auch Milch und Kakaopulver, werden erst nach dem Vermengen mit dem Fett zugegeben.
- Die Zutaten müssen rasch zu einem streuselartigen Gemenge vermischt (vergriffen) werden, das anschließend vorsichtig zusammengedrückt wird. Der Teig darf jedoch nicht geknetet werden.
- Der bereitete Teig ist vor der Weiterverarbeitung zu kühlen.

Mögliche Fehler
- Brüchige Teige
  Der Zuckeranteil ist im Teig zu hoch. Es liegen noch nicht gelöste Zuckerkristalle vor, diese machen insbesondere bei geringem Fettanteil die Gebäcke „sandig". Die Oberfläche des Gebäcks bräunt zu schnell (Karamellisierung von nicht gelöstem Zucker).
- Brandige Teige
  Bei brandigen Teigen kommt keine Bindung zwischen den einzelnen Teiganteilen zustande (keine Ausbildung eines Kleberfilms bzw. dessen reißen). Das Fett war zu warm, oder der Teig wurde zu lange geknetet.
  Abhilfe: Teig mit etwas Eiklar oder einer geringen Menge Milch vorsichtig neu vermengen. Das Brandigwerden wird bei einem Zusatz von Eiklar von Beginn an weitgehend ausgeschlossen.

- Zähe Teige
  Der Teig „zieht" kurze Zeit nach dem Vermischen der Zutaten (lässt sich schlecht ausrollen). Zäher Teig schnurrt beim Backen (zieht sich zusammen). Es wurde zu viel Flüssigkeit oder zu viel Vollei bei der Bereitung eingesetzt.
  Abhilfe: Geringe Mengen (Flocken) an kaltem Fett vorsichtig einarbeiten.

Backen
- Ofengebäck
  Ofengebäcke werden bei trockener Hitze von 180 bis 220 °C gebacken. Bei feuchter Hitze verlieren die Gebäcke sehr schnell ihre Form. Die Temperatur und die Dauer differieren in Abhängigkeit der Dicke und der Form des Gebäcks. Vor allem bei Gebäcken mit Füllungen oder Belägen sind die Temperatur und die Dauer sorgfältig zu kontrollieren.
- Fettgebäck (Fritteuse)
  Fettgebäck benötigt eine Temperatur des Frittierfettes von etwa 170 °C.
- Waffeln
  Das Waffeleisen sollte eine Temperatur von ungefähr 180 °C haben und leicht gefettet sein.

2.6.4.2 Mürbeteig ohne Zucker

Mürbeteig ohne Zucker („salziger Mürbeteig") wird zur Herstellung von Torteletts mit herzhafter Füllung und für Käsegebäck benutzt. Im Prinzip wird er wie der süße Mürbeteig bereitet.

Grundzutaten:

500 g Mehl	2 Teile
250 g Fett	1 Teil
2 Eier	
100 ml Wasser	
7 g Salz (etwa)	

Teigbereitung und Backen
Der Teig wird nach dem gleichen Schema wie der süße Mürbeteig zubereitet. Ein (geringer) Anteil des Mehls kann durch andere Zutaten wie fein geriebenen Käse ersetzt werden. Die Zeiten und

die Temperaturen für das Backen variieren in Abhängigkeit von den jeweiligen Füllungen des Gebäcks.

Varianten

Für Fleischpasteten wird der Mürbeteig in der Regel mit einer etwas kleineren Wassermenge bereitet und das Fett (Butter oder Margarine) gelegentlich teilweise (bis zu 50 %) durch Schweineschmalz ersetzt (sog. Pasteten-Mürbeteig). Beim Sauerrahm-Mürbeteig wird zur Teigbereitung an Stelle von Wasser saure Sahne (50 bis 80 ml) verwendet. Auch dieser Mürbeteig wird für Pasteten eingesetzt.

2.6.5 Brandteig (Brüh- oder Brandmasse)

Der Brandteig wird im Gegensatz zu anderen Teigen 2-mal gegart („Brühteig"). Je nach Einsatzzweck wird zwischen festeren Massen (Fettgebäck) und weicheren Massen (Ofengebäck) unterschieden.

Grundzutaten

Diese Rezeptur muss den jeweiligen Anforderungen angepasst werden (unbedingt die Größe der Eier beachten, in der Regel sind die Angaben auf Eier der Größe M bezogen):

	Für feste Massen	Für weiche Massen
Mehl (Type 405 bzw. 550)	200 g	250 g
Fett (vorzugsw. Butter)	125 g	150 g
Eier	3 bis 5	4 bis 6
Milch	125 ml	250 ml
Wasser	125 ml	250 ml
Salz	1 Prise	1 Prise

Rezept für Windbeutel und Eclairs:

Mehl (Type 405)	600 g
Milch	1000 ml
Butter	300 g
Zucker	30 g
Eier	16 bis 20
Salz	10 g

◆ Mehl

Das Mehl (vorzugsweise Type 405, für Dauphine-Masse auch Type 550) sollte sehr kleberreich sein. Das Klebereiweiß bildet im Verlauf des Abbrennens einen festen Film von denaturiertem Eiweiß, in dem auch die gequollene Stärke eingeschlossen wird. Dieser Film verhindert während des Backens zusammen mit dem Eiweiß der zugegebenen Eier ein Entweichen von Wasserdampf und ist somit für das Aufgehen des Teigs von wesentlicher Bedeutung. Vor allem bei Windbeuteln ist dies zu beachten. (Verhindern des Zusammenfallens!) Das Mehl darf keine Klumpen aufweisen und sollte sehr gut gelockert sein. Es ist deswegen direkt vor der Teigbereitung 3-mal zu sieben.

◆ Milch

Durch einen hohen Milchanteil kommt es insbesondere bei längeren Backzeiten zu einer ausgeprägten Bräunung des Teigs. Bei der Herstellung von Brandmassen, bei denen eine solche intensive Bräunung nicht erwünscht ist, sollte der Anteil an Milch nicht auf Kosten der Wassermenge erhöht werden. Die Bräunung ist im Wesentlichen durch das Karamellisieren des Milchzuckers bedingt. Bei zu hohem Milchanteil besteht die Gefahr des Anbrennens von Milcheiweiß im Verlauf der Bereitung der Brandmasse.

◆ Eier

Die benötigte Eimenge hängt ab von der Größe der Eier, der Trockenheit des Mehls und der Wassermenge, die beim Abbrennen der Masse verdampft. Die Masse muss nach dem Einrühren der Eier leicht von einem Löffel fallen, sie darf aber nicht flüssig werden.

◆ Zucker

Zucker wird dem Brandteig nicht zugesetzt. In Ausnahmefällen kann höchstens 1 Prise zugegeben werden.

Herstellung der Brandmasse

Nachstehende Punkte sind bei der Herstellung der Brandmasse zu beachten:

◆ Flüssigkeit (Wasser und Milch) und Butter sind im Topf gründlich bis zum Sieden des Wassers zu erhitzen, ehe das gesamte Mehl auf einmal zugegeben wird.

- Zum Abbrennen der Masse ist kräftig zu rühren, bis sich ein Mehlkloß bildet und sich vom Topfboden löst (etwa 20 Sekunden). Anschließend ist der Kloß etwa 30 Sekunden lang bei milder Hitze zu rühren. Es ist darauf zu achten, dass die Masse nicht anbrennt.
- Die Masse darf nicht geschlagen werden. (Gefahr des Zusammenfallens der Gebäcke während des Backens!)
- Die Eier sind in die noch warme Masse schrittweise einzurühren. Die Temperatur sollte noch so hoch sein, dass das Eiweiß im Verlauf des Einrührens in der Masse fein verteilt gerinnt. Das Gerinnen von Eiern, die noch nicht vollständig untergerührt sind, ist dagegen zu vermeiden. Es ist günstig, die Eier vor ihrer Verwendung zu verrühren, zumindest bei der Zugabe zum Ende der Teigbereitung.
- Die Brandteigmasse kann gut abgedeckt im Kühlschrank bis zu 12 Stunden aufbewahrt werden.

Backen von Brandteig
- Ofengebäck
  Ofengebäck (Windbeutel, Eclairs, Ornamente, Profiteroles usw.) wird auf dem mehlierten Backblech bei 200 bis 250 °C gebacken. Da der Brandteig stark aufgeht, ist auf ausreichenden Abstand zwischen den einzelnen Gebäckstücken zu achten. Für das Ableiten des Wasserdampfs (überdurchschnittliche Bildung) sollte gesorgt werden (sog. Wrasenschieber oder Ofentür 10 Minuten nach Backbeginn leicht öffnen). Die Ofentür darf keinesfalls ganz geöffnet werden, da der Brandteig zugempfindlich ist und in sich zusammenfallen kann.
- Fettgebäck
  Für Fettgebäck wie Spritzkuchen, Krapfen und Backerbsen wird die Brandteigmasse auf geölte Papierstreifen dressiert oder wie beim Ausbacken mit einem Löffel oder Portionierer direkt in das Fett gegeben. Die Temperatur des Backfettes beträgt 160 bis 180 °C.

Kartoffelzubereitungen (Dauphine-Masse)
Die Dauphine-Masse für Dauphine-Kartoffeln besteht aus Kartoffelschnee und Brandteigmasse. Der Kartoffelschnee (aus durchgepressten mehlig

kochenden Kartoffeln) ist vor dem Zugeben der Brandteigmasse bei niedriger Temperatur kurz durchzuarbeiten. Die Kartoffelbällchen bzw. Kroketten sind bei 175 °C zu frittieren.

Zutaten für den Brandteig zur Bereitung der Dauphine-Masse:

Wasser	1000 ml
Mehl (3fach gesiebt)	600 g
Butter	200 g
Eier	18
Salz	10 g
Muskatnuss (gerieben)	nach Geschmack

Eine Ableitung der Dauphine-Masse ist die Basis für Lorette-Kartoffeln. Bei ihrer Bereitung wird geriebener Parmesankäse zugesetzt. Die ausgeformte Masse (Halbmonde) wird auf dem Blech bei 180 °C gebacken.

2.6.6 Eiermassen

Unter dem Begriff Eiermassen werden Teige bzw. Massen zusammengefasst, die sich durch einen vergleichsweise hohen Anteil an Ei auszeichnen. Dieser ermöglicht es, relativ viel Luft in den Teig einzuarbeiten, die beim Ausbacken an Volumen zunimmt und zur Lockerheit des Gebäcks beisteuert. Bei der Verwendung von Eischnee kann eine noch größere Menge an Luft in den Teig eingebracht werden. Das Eiweiß der Eier trägt auf der anderen Seite wesentlich zur Festigkeit der jeweiligen Gebäcke bei.

Zu den Eiermassen werden gerechnet:

Biskuitmassen	Rouladen, Omeletts, Löffelbiskuits
Wiener Masse	Petits Fours, Tortenböden
Sandmassen	Spritzgebäck, Sandkuchen
Schaummassen	Omelette en surprise
Baisermassen	Baiser (Meringe)

2.6.6.1 Biskuitmassen

Bei den Biskuitmassen wird in der Regel die Hälfte der Mehlmenge durch Weizenstärke ersetzt, da der hohe Eianteil für die erforderliche

Festigkeit sorgt und somit auf die stabilisierende Wirkung des Klebereiweißes weitgehend verzichtet werden kann. Biskuitmassen müssen nach der Zubereitung umgehend gebacken werden, da bei längerem Stehen der Eiweißfilm zusammenbricht, die eingearbeitete Luft infolgedessen entweicht und der Teig im Ofen nicht aufgeht. Bei schweren Biskuitmassen (einfache Art) mit einem geringen Eianteil (etwa 30 %) und relativ hohen Fettzusatz ist die Zugabe von Backpulver erforderlich, da in diesen Fällen nicht genügend Luft in den Teig eingearbeitet werden kann. Dieser Zusatz von Backpulver ist bei leichten Massen (verbesserte Art) mit einem Eianteil von etwa 50 % (der Fettanteil ist entsprechend niedrig) nicht erforderlich.

Grundzutaten:

	Schwere Masse	Leichte Masse
Eier	4 (200 g)	4 (200 g)
Zucker	200 g	100 g
Mehl	100 g	200 g
Weizenstärke	100 g	50 g
Backpulver	5 g	
Salz (Prise)		

Aromaträger (z. B. Zitronenschale, abgerieben)
Fett (Butter) je nach den speziellen Rezepten.
Die Relationen der Grundzutaten können innerhalb der angegebenen Maximal- bzw. Minimalwerte variiert werden.

◆ Löffelbiskuit
Die Biskuitmasse für den Löffelbiskuit wird zweckmäßigerweise nach dem 2-Kessel-Verfahren (siehe unten) bereitet. In der Praxis hat sich dieses Rezept bewährt:

Mehl (Type 405)		65 g
Weizenstärke		65 g
Zucker		125 g
Eigelb (etwa 7 Eier)		140 g
Eiklar (etwa 6 Eier)	(für Eischnee)	180 g
Salz	(für Eischnee)	1 Prise
Vanilleschote (Mark)		nach Geschmack

◆ Biskuitroulade
Auch der Teig für Biskuitrouladen (Biskuitrolle) wird zweckmäßigerweise nach dem 2-Kessel-Verfahren (siehe unten) zubereitet. Die Rezeptur ist so modifiziert, dass das relativ weiche Biskuitgebäck leicht gerollt werden kann, ohne dabei zu brechen.

Mehl (Type 405)		50 g
Weizenstärke		50 g
Zucker		80 g
Eigelb		8
Zitronenabrieb		
Eiklar	(für Eischnee)	4
Zucker	(für Eischnee)	20 g
Salz	(für Eischnee)	1 Prise

◆ Biskuitmasse für Charlotten
Die Biskuitmasse für Rouladenscheiben (Charlotten) müssen eine etwas festere Konsistenz haben, damit sie leichter verarbeitet werden können. Sie werden in der Regel nach dem 1-Kessel-Verfahren zubereitet. Hierfür hat sich die folgende Rezeptur bewährt:

Mehl (Type 405)	80 g
Weizenstärke	80 g
Eier (etwa 8)	500 g
Zucker	150 g
Salz	1 Prise
Marmelade (zum Füllen)	

Zubereitung

Die Biskuitmasse kann nach 2 unterschiedlichen Verfahren hergestellt werden:
1-Kessel-Verfahren
(warmes Verfahren) bzw.
2-Kessel-Verfahren (kaltes Verfahren)

◆ 1-Kessel-Verfahren
Zucker und Vollei werden im Wasserbad bei 60 °C aufgeschlagen und anschließend unter ständigem Schlagen auf etwa 35 °C abgekühlt. Unter diese Masse wird das Gemisch aus Mehl und Weizenstärke sowie gegebenenfalls Backpulver vorsichtig untergehoben. Durch das Erwärmen wird der Zucker besser gelöst, die Masse wird stabiler und für die zuzusetzende Butter tragfähiger, falls diese im Rezept vorgesehen ist.
Die Butter wird in diesem Fall erst der fertigen Masse zugegeben. Sie muss gut geschmolzen und sehr warm sein (aber nicht heiß), damit sie sich gut unterheben lässt. Zu heiße Butter kann zum Gerinnen des Eiweißes führen.

◆ 2-Kessel-Verfahren

Eigelb und etwa 70 % des Zuckers werden schaumig gerührt. In diese Mischung wird der gesondert bereitete Eischnee (mit dem restlichen Zucker) vorsichtig untergehoben, anschließend das Gemisch aus Mehl und Weizenstärke.

Die nach diesem Verfahren hergestellte Massen zeigen eine bessere Standfestigkeit als warm aufgeschlagene. Sie lassen sich auch leichter spritzen.

Backen

Biskuitmasse ist sofort nach der Herstellung zu backen, der Ofen ist auf 175 °C vorzuheizen. Die Backzeit variiert in Abhängigkeit von der Größe des Gebäcks. Biskuit verbrennt bei zu hoher Temperatur sehr leicht und trocknet bei zu langer Backzeit rasch aus.

2.6.6.2 Wiener Masse

Die Wiener Masse wird nach dem 1-Kessel-Verfahren hergestellt. Durch den Zusatz von Fett (Butter) wird das Gebäck schwerer und trocknet nicht so schnell aus.

Die Masse wird auf etwa 40 °C aufgeschlagen und anschließend unter ständigem Weiterschlagen auf Raumtemperatur abgekühlt.

Die Backtemperatur beträgt ungefähr 190 °C. Der Teig ist ausgebacken, sobald seine Oberfläche auf Fingerdruck elastisch nachgibt. Nach dem Ausbacken wird der Boden direkt auf eine leicht bemehlte Tischplatte gestürzt, damit er seine glatte Oberfläche behält.

Grundrezept:

Eier (etwa 13)	800 g
Zucker	500 g
Mehl	250 g
Weizenstärke	250 g
Butter (flüssig)	150 g
Backpulver	¹/₂ Teelöffel
Vanille	
(Mark von 1 Schote bzw. Vanillezucker)	
1 Prise Salz	

2.6.6.3 Sandmasse

Die Sandmasse unterscheidet sich von der Wiener Masse darin, dass der Zucker in dem schaumig geschlagenen und nicht erwärmten Fett (Butter) gut verteilt, aber nicht gelöst wird. Es muss darauf geachtet werden, dass alle Zutaten die gleiche Temperatur haben (ist Voraussetzung, um eine glatte, verarbeitungsfähige Masse zu erhalten). Im Vergleich zur Wiener Masse ist der Anteil an Fett und Weizenstärke höher. Auf Grund der Schwere der Masse wird oft mit Treibmittel (Backpulver) gearbeitet.

Grundrezept:

Eier	6
Zucker	375 g
Weizenstärke	375 g
Butter	375 g
Zitronenabrieb	
Vanille	
(Mark von 1 Schote bzw. Vanillezucker)	
1 Prise Salz	

2.6.6.4 Schaummasse

Zur Herstellung von Schaummassen werden nur Zucker und Eier verwendet (entweder Vollei oder Eigelb). Bei der Verwendung von Eigelb werden die Cremes feinporiger. Je nach dem Zuckeranteil wird zwischen leichten und schweren (süßen) Massen unterschieden. Schaummassen werden vorzugsweise weiterverarbeitet zu verschiedenen Cremes und Gebäcken. In der internationalen Küche bzw. Patisserie wird der Begriff Schaummasse nicht einheitlich gebraucht:

◆ In der deutschen Küche bzw. Patisserie werden unter dieser Bezeichnung alle aufgeschlagenen Eiklarmassen verstanden (mitunter nur Baisermassen, siehe Kapitel 2.6.6.5).
◆ In der französischen Küche alle aufgeschlagenen Eimassen, also sowohl Eiklarmassen als auch alle Eigelbmassen (einschließlich Biskuitmassen).

Aus diesem Grund werden in der Literatur mit dem Begriff Schaummassen mitunter unterschiedliche Massen bezeichnet, wodurch der Eindruck einer nicht eindeutigen Definition erweckt wird.

Schaummassen können warm oder kalt aufgeschlagen werden, wobei sich bei Einsatz eines Rührgerätes das Aufschlagen bei Raumtemperatur anbietet. Beim Warmaufschlagen darf die Temperatur 70 °C nicht überschreiten (Wasserbad), um ein Gerinnen von Eiweiß zu vermeiden. Schaummassen (Eiklarmassen) werden nur selten gebacken. Beim Backen von Eigelbmassen kann zur Stabilisierung von schweren Massen eine geringe Menge an Weizenstärke zugesetzt werden. Die Massen werden vorzugsweise auf Backtrennpapier aufdressiert oder aufgestrichen. Bei 120 °C (übliche Temperatur) werden die Massen mehr getrocknet als gebacken. Abgeflammte Omeletts und Torten werden bei 250 bis 280 °C gebacken.

2.6.6.5 Baisermasse

Baisermassen, für die in der deutschen Küche bzw. Patisserie auch der Begriff Schaummasse gebraucht wird (siehe Kapitel 2.6.6.4), werden nur aus steif geschlagenem Eischnee und Zucker bereitet.

In Abhängigkeit von der Art der Herstellung wird unterschieden zwischen

◆ einfacher Baisermasse, auch Schweizer Baisermasse (kalt aufgeschlagen),
◆ italienischer Baisermasse (mit heißem Läuterzucker aufgeschlagen),
◆ gekochter Baisermasse.

Grundzutaten

Das Mengenverhältnis der Zutaten beträgt in allen Massen 4 Eiweiß pro 200 g Zucker (Mindestmengen). Der Zucker sollte sehr feinkörnig sein (Wiener Zucker). Als Aromaträger wird Vanillezucker oder Vanilleessenz verwendet.

Einfache Baisermasse

Das Eiklar wird zu einem sehr steifen Eischnee geschlagen, unter den in kleinen Portionen der Großteil des Zuckers unter ständigem Schlagen eingearbeitet wird, bis die Masse glänzt.

Die Aromen werden zum Schluss mit dem restlichen Zucker vorsichtig untergehoben.

Bei zu langem Schlagen wird der Eischnee wieder flüssig.

Die einfache Baisermasse wird beim Backen locker und knusprig.

Italienische Baisermasse

Das Eiklar wird zu einem sehr steifen Eischnee aufgeschlagen. Anschließend wird der heiße Läuterzucker (siehe Kapitel 2.7.6) unter ständigem Rühren in feinem Strahl zugegeben. Der Eischnee wird durch den heißen Läuterzucker „gegart" (das Eiweiß gerinnt zu einer lockeren, aber festen Struktur), so dass diese Masse recht stabil ist (Standfestigkeit etwa 2 Tage). Sie wird beim Backen relativ fest.

Gekochte Baisermasse

Alle Zutaten werden zunächst kalt aufgeschlagen und anschließend ohne Unterbrechung auf dem heißen Wasserbad 10 bis 15 Minuten ständig weitergeschlagen, bis sich Schaumspitzen bilden. Danach wird die Masse weitergeschlagen, bis sie abgekühlt ist.

Diese Baisermasse ist bei fachgerechter Zubereitung bis zu 1 Woche haltbar.

2.6.7 Strudelteig

Ein wesentlicher Vorteil des Strudelteigs gegenüber dem Blätterteig besteht darin, dass er sehr leicht hergestellt werden kann. Lediglich beim Ausziehen des Teigs über den Handrücken (ein Strudelteig wird nicht ausgerollt) ist ein sorgsames Vorgehen erforderlich. Es ist zweckmäßig, dem Teig eine kleine Menge Essig zuzusetzen, um damit seine Geschmeidigkeit zu verbessern (durch ein leicht saures Milieu wird die Elastizität des Klebereiweißes erhöht).

Grundrezept:

Mehl	350 g
Ei	1
Öl	50 g
Wasser (lauwarm)	etwa 150 ml
Salz	1 Prise

2.6.8 Hippenmasse

Zum Herstellen von echten Hippen werden nur Mandeln verwendet (Marzipanrohmasse). Die meist eingesetzte Hippenmasse ist eine streichfähige Makronenmasse, zu deren Herstellung auch Mehl mit verarbeitet wird.

Bei der Bereitung der Masse ist darauf zu achten, dass diese auf keinen Fall schaumig wird. Das Resultat sind sonst brüchige und blasige Hippen, die sich nicht formen lassen. Die Hippenmasse wird auf gekühlte und mehlierte Bleche dünn aufgestrichen und bei 220 °C 2-mal gebacken: Sie wird zunächst nur angebacken (farblose Oberfläche) und nach einer Ruhepause fertig gebacken. Bei nur einem Backgang zeigen die Hippen eine blasse, fleckige Oberfläche. Die Hippen müssen nach dem Backen sofort geformt werden.

Grundrezept:

Zucker	360 g
Marzipanrohmasse	100 g
Eier	6
Mehl	300 g
1 Prise Salz, Zimt	
süße Sahne	
(wird benötigt, um die Hippenmasse streichfähig zu machen)	

2.7 Desserts (Cremes, Speiseeis)

Bei der Vielzahl von Desserts, zu deren Herstellung die unterschiedlichsten Massen, Cremes, und Speiseeiszubereitungen eingesetzt werden, sei nur auf einige, von uns als besonders wichtig erachtete Zubereitungen hingewiesen.

2.7.1 Cremes

Eine größere Anzahl der verschiedenen Cremes kann nach unterschiedlichen Rezepturen hergestellt werden. Lediglich für die klassischen Cremes haben sich Standardrezepte eingebürgert, die hinlänglich bekannt sind. Es ist deshalb auch schwierig, die einzelnen Cremes immer eindeutig einer bestimmten Kategorie zuzuordnen,

die sich entweder an der Herstellungsmethode, die von der Art der Bindung abhängt, an der Hauptkomponente oder am Einsatzgebiet orientieren.

Nach der Herstellungsmethode der Cremes wird meist unterschieden zwischen

- aufgeschlagenen Cremes
  (Bindung durch Gelatine),
- pochierten Cremes
  (Bindung vorzugsweise durch Ei),
- gekochten Cremes
  (Bindung vorzugsweise durch Stärke).

Manche Cremes werden durch die Kombination von verschiedenen Zutaten gebunden. Dadurch lässt sich eine Bindung erreichen, welche die Cremes so stabilisiert, dass diese ihre Standfestigkeit in der vom Gesetzgeber eingeräumten Vorhalte- bzw. Auslagezeit nicht verlieren und nicht an Volumen einbüßen.

Die Einteilung der Cremes nach Verwendungszweck ist dagegen auf Grund der unterschiedlichen Einsatzmöglichkeiten problematischer. Viele dieser Cremes basieren auf einer Basiscreme, einer sog. Füllcreme, die mit anderen Zutaten bzw. mit einer zweiten Creme (oft mit relativ hohem Fettanteil) entsprechend ergänzt wird. Bei der Herstellung einer solchen „zusammengesetzten" Creme muss beachtet werden, dass die leichtere Creme stets in die schwerere Creme eingearbeitet wird. Als Basiscreme oder Füllcreme wird sehr oft die Patisseriecreme (Crème pâtissière) eingesetzt, die vorzugsweise durch Stärke gebunden wird.

2.7.1.1 Aufgeschlagene Cremes (Gelatinebindung)

Cremes mit Gelatinebindung zeichnen sich durch eine sehr gute Standfestigkeit aus. Gelatine ist geschmacklos, bei sachgerechter Produktion und Verarbeitung gut wasserlöslich und kann verhältnismäßig gut eingearbeitet werden. Zu beachten ist jedoch, dass Gelatine als extrahiertes Bindegewebseiweiß beim längeren Einwirken von spezifischen Proteasen schrittweise in ihre Bausteine gespalten werden kann und dabei die Stabilität des Gelatinegerüstes verloren geht. Solche Enzyme sind Bestandteile von Ananas, Papayas, Feigen, Kiwis, Mangos und Limetten (nicht Zitronen). Es empfiehlt sich deshalb, Säfte dieser Obstarten nicht als Aromakomponente zur Herstellung von Cremes mit Gelatinebindung einzusetzen. Bei der Verarbeitung von Fruchtfleisch zur Herstellung von Speisen, die Gelatine enthalten, muss dieses zuvor gründlich blanchiert werden (Inaktivierung der Enzyme an der Oberfläche des bereits portionierten Fruchtfleischs).

Schlagsahne

Frische Schlagsahne ist zunächst nicht den Cremes zuzurechnen. Die Standfestigkeit und das Volumen kann mit Sahnesteif oder Gelatine wesentlich verbessert werden (mit Gelatine gebundene Creme). Diese Standfestigkeit ist bei dem Einsatz als Füllung oder Dessert unbedingt erforderlich.

Zur Bindung mit Gelatine (in der Regel 6 Blatt pro 1 Liter Sahne) wird die wie üblich gelöste Gelatine zunächst mit einer kleinen Menge Sahne angerührt, leicht erwärmt und erst anschließend unter die geschlagene und bereits gesüßte Sahne (etwa 80 g Zucker pro 1 Liter Sahne) untergehoben. Bei dieser Vorgehensweise wird ein Verklumpen der Gelatine weitgehend verhindert. Bei dem Zusatz von frischen Obstsäften zur Schlagsahne, vorzugsweise von Zitronensaft, werden diese mit der gelösten Gelatine vermischt und, wie beschrieben, weiterverarbeitet. Der Saft von Ananas, Papayas, Feigen, Kiwis, Mangos oder Limetten sollte wegen der Gefahr des partiellen Abbaus von Gelatine keinesfalls verwendet werden (siehe oben).

Bei neuartigen Convenience-Produkten wird die Stabilität der aus ihnen bereiteten Schlagsahne durch eine Vorbehandlung des Ausgangsmaterials (Sahne) unter Zusatz sehr kleiner Mengen an speziell aufbereiteter Gelatine garantiert (QimiQ®, Nestlé). Dadurch ist es auch möglich, bei der Herstellung des Produktes Sahne einzusetzen, deren Fettgehalt beträchtlich reduziert ist (Rahm). Die aus QimiQ® bzw. ähnlichen Erzeugnissen gefertigte Schlagsahne verliert allerdings bei einem Kontakt mit Ananas, Papayas, Feigen oder Limetten ihre Stabilität in sehr kurzer Zeit, da das stabilisierende Gerüst aus sehr fein verteilter Gelatine rascher abgebaut wird als die vergleichsweise grob verteilte Gelatine, die bei der Eigenproduktion entsprechender Erzeugnisse aus Sahne eingesetzt werden muss.

Sahnecremes

Sahnecremes können in vielfältigen Geschmacksrichtungen hergestellt werden. An Stelle von Zitronensaft (Zitronensahnecreme) können andere geschmacksgebende Zutaten wie Obst- oder Fruchtsäfte, Wein, Joghurt, Quark oder Fruchtmark verwendet werden, nicht aber Ananas, Papayas, Feigen oder Limetten (Abbau von Gelatine, siehe oben). Die zusätzlichen Eigelbe dienen der Geschmacksabrundung und unterstützen die Gelatine bei der Stabilisierung der Creme.

Grundzutaten:

Wasser (Milch)	100 ml
Eigelb	5
Zucker	200 g
Gelatine	12 Blatt
Sahne	1000 ml

Sahnecremes werden in 3 aufeinander folgenden Schritten zubereitet:

◆ Die geschmacksgebenden Zutaten sowie Zucker und Eigelb werden mit Wasser oder Milch unter Erwärmen vorsichtig aufgeschlagen, bis die Masse bindet (nicht aufkochen, das Eigelb darf nicht gerinnen).

◆ Die in Wasser eingeweichte Gelatine wird in der Grundmasse aufgelöst.

◆ Nach dem Abkühlen der Grundmasse wird die Schlagsahne kurz vor dem Stocken untergehoben.

Bayerische Creme

Bei der Bayerischen Creme wird im Vergleich zur Sahnecreme ein Teil der Sahne durch Milch ersetzt. Sie kann durch zusätzliche geschmacksgebende Zutaten abgewandelt werden (im Originalrezept nur Vanille). Die Menge der zugesetzten Gelatine hängt vom vorgesehenen Einsatz ab (höherer Gelatinegehalt bei Cremes zum Stürzen).

Grundzutaten:

Milch	1000 ml
Gelatine	16 Blatt
Eigelb	8
geschlagene Sahne	1000 ml
Zucker	250 g
Mark von 1 Vanilleschote	

Die Bayerische Creme wird in 4 aufeinander folgenden Schritten hergestellt:

- Die Eigelbe werden mit dem Zucker schaumig gerührt.
- Anschließend wird die mit dem Vanillemark aufgekochte Milch langsam eingerührt und unter Erhitzen so lange weiter gerührt, bis die Masse bindet.[3] Auf Grund der emulgierenden Wirkung des Lecithins flockt das Eiweiß bei seiner Denaturierung nicht aus.
- Die eingeweichte Gelatine wird in der Masse gelöst und diese unter Umständen passiert.
- Die aufgeschlagene Sahne wird in dem Moment unter die Masse gehoben, in dem diese anfängt zu stocken. Bei zu heißer Masse zerläuft die Sahne, es kommt zu einer Entmischung, und die Creme bildet beim Erkalten verschiedene Schichten. Bei zu kalter Masse, schon leicht gestockt, lässt sich die Sahne nicht unterheben, die Creme wird inhomogen („grießig") und lässt sich nicht mehr in Schalen füllen.

Die Gelatine bindet nur bei langsamem Abkühlen bei Kühlraumtemperaturen gut und benötigt bis zur Ausbildung einer festen Konsistenz 4 bis 6 Stunden (günstiger sind allerdings 10 bis 14 Stunden). Beim raschen Abkühlen bleiben die Cremes weicher, im ungünstigen Fall besteht bei Temperaturen unter 0 °C die Gefahr der Bildung von Eiskristallen, die bei Zimmertemperatur (beim Servieren am Tisch) ein Verwässern und Zusammenfallen der Creme zur Folge haben.

Abwandlungen der Bayerischen Creme

Bei einer Modifizierung der Creme müssen die Geschmackszutaten stets vor dem Unterheben der Schlagsahne zugegeben werden:

Schokoladencreme	aufgelöste Schokolade (Instantprodukt ist zu bevorzugen)
Mokkacreme	Instantkaffee
Fruchtcreme	Früchte in Zuckerwasser blanchieren oder mit Alkohol tränken
Nusscreme	Nüsse rösten und reiben

2.7.1.2 Pochierte Cremes (Bindung mit Ei)

Cremes, die ausschließlich mit Ei gebunden werden, dürfen bei der Herstellung nicht gekocht werden. Es besteht sonst die Gefahr, dass aufsteigende Dampfblasen von der gerinnenden Crememasse eingeschlossen werden, wodurch die fertige Creme feine Löcher aufweist und generell nicht homogen bleibt. Die zubereitete Crememasse wird durch das fein verteilte Eiweiß der Eier gebunden, das sich im Wasserbad oberhalb von 80 °C langsam verfestigt (pochierte Cremes). Grundzutaten (für etwa 8 Portionen in Timbaleförmchen):

Milch	500 ml
Eier	4
Eigelb	2
Sahne	250 ml
Zucker	100 g
Mark von einer $1/2$ Vanilleschote	

Zubereitung der Creme

- Eier, Milch (Sahne) und Vanille werden mit einem Schneebesen kräftig aufgeschlagen.
- Die heiße Milch wird in kleinen Portionen unter ständigem Rühren nach und nach in die Eier-Milch-Masse gegeben und anschließend passiert.

---

[3] Bei dem häufig praktizierten Prüfverfahren „Abziehen bis zur Rose" wird vorsichtig auf die einen Holzlöffel überziehende Masse geblasen, wobei sich die Form einer verblühten Rose bildet. Es ist jedoch darauf hinzuweisen, dass dabei die Gefahr einer Kontamination mit Mikroorganismen besteht. Diese Probe sollte bereits bei leichten Infektionen der oberen Luftwege wie Husten oder Schnupfen nicht praktiziert werden (Lebensmittelhygiene-Verordnung).

◆ Die Masse wird in leicht ausgebutterte Förmchen gefüllt und im Wasserbad etwa 30 Minuten lang vorsichtig pochiert (im Ofen). Die Creme darf nicht bis zum Siedepunkt erhitzt werden (es dürfen keine Bläschen aufsteigen). Es empfiehlt sich, unter die Förmchen (im Wasserbad) einige Lagen Papier oder Küchenkrepp zu legen, damit der Förmchenboden vor zu intensiver Wärmeeinwirkung geschützt ist.

◆ Die Cremes werden erst nach dem Erkalten gestürzt.

Spezielle pochierte Cremes

Es gibt eine relativ große Zahl von Modifikationen der pochierten Creme, die gelegentlich, aber fälschlicherweise, als eigenständige Zubereitungen ausgewiesen werden.

◆ Karamellcreme
Der Boden der ausgebutterten Förmchen wird mit Karamellzucker ausgegossen (etwa 15 g für jedes Förmchen). Die fertig zubereitete Grundmasse wird nach dem Erkalten des Karamellzuckers eingefüllt und pochiert. Die Karamellzuckermasse löst sich erst einige Stunden nach dem Pochieren vollständig auf und fließt nach dem Stürzen über die Creme. (Karamellcreme nicht zu früh stürzen!)

◆ Wiener Creme
Bei der Wiener Creme wird die Karamellzuckermasse (siehe Karamellcreme) in der Grundmasse gelöst. Anschließend wird sie wie die Karamellcreme pochiert. Die Förmchen werden nicht mit Karamell ausgegossen.

◆ Schokoladencreme
Bei der Schokoladencreme wird in die Grundcreme verflüssigte Kuvertüre eingearbeitet.

◆ Englische Creme
Grundzutaten:

Milch	1000 ml
Eigelb	16
Zucker	500 g
Weizenstärke oder Arrowroot (siehe unten)	20 g

Für die englische Creme werden ausschließlich Milch (keine Sahne), Zucker und Eigelb verwendet. Gelegentlich wird die Bindungskraft der Creme mit einer kleinen Menge an Weizenstärke verstärkt (in alten Originalrezepten auch mit Pfeilwurzelmehl [Arrowroot]). Die Wartezeit bis zum „gefahrlosen" Stürzen kann durch den Einsatz von Stärke verkürzt werden (bessere Bindung der Creme). Die Masse wird auf dem Herd zur „Rose" (siehe hierzu Anmerkung[3] auf Seite 93) abgezogen und wie üblich weiterverarbeitet.

Die englische Creme kann auch wie ein süßer Eierstich hergestellt werden. Dazu werden die Zutaten gut vermischt und sofort in Förmchen gefüllt und wie Eierstich pochiert.

◆ Französische Creme
Grundzutaten:

Milch/Sahne	1000 ml
Eigelb	10
Zucker	300 g
Gelatine	30 g

Die französische Creme unterscheidet sich von der englischen Creme durch die Verwendung von weniger Eigelb und weniger Zucker. Die verminderte Bindungskapazität, bedingt durch die geringere Menge an zugegebenem Eigelb, wird durch Gelatine ausgeglichen. Die Creme wird im Wasserbad dickflüssig aufgeschlagen, anschließend wird die aufgelöste Gelatine hinzugegeben und die Creme bei Raumtemperatur weitergeschlagen, bis sie zu stocken beginnt. Sie wird dann wie üblich in gebutterten Förmchen im Wasserbad pochiert.

2.7.1.3 Gekochte Cremes (Bindung durch Stärke)

Bei gekochten Cremes wird durch die Verwendung von Stärke als Bindemittel eine sehr robuste Konsistenz erzielt, die das weitere Verarbeiten der Creme sehr erleichtert und die Gefahr des Misslingens stark einschränkt. Gekochte Cremes werden deswegen bevorzugt als Basiscreme für die Herstellung verschiedener anderer Cremes verwendet. Die bekannteste dieser Basis- oder Füllcremes ist die Patisseriecreme (Crème pâtissière).

Patisseriecreme (Crème pâtissière)
Grundzutaten:

Milch	1000 ml
Weizenstärke oder Cremepulver	80 g
Zucker	150 g
Eigelb	4
Ei	1
Mark von 1 Vanilleschote	

Bei der Herstellung der Creme sind nachstehende Punkte zu beachten:

◆ Weizenstärke und Zucker werden vermischt und anschließend mit den Eigelben, dem Vollei und einer kleiner Menge Milch glatt gerührt.

◆ Dieser Ansatz wird in die kochende Milch eingerührt, mit der die Vanilleschote aufgekocht wurde. Bei der nachträglichen Zugabe von Eigelb in den noch heißen Ansatz besteht die Gefahr des Ausflockens von Eiweiß.

◆ Der Ansatz muss einige Minuten lang aufkochen, damit die Stärke voll ausquellen kann (Verhinderung des Auftretens eines Mehlgeschmacks und einer unzureichenden Bindung von Wasser).

◆ Beim Abkühlen muss anfangs gelegentlich umgerührt werden, danach ist die Oberfläche dünn mit Zucker zu bestreuen, um eine Hautbildung zu verhindern.

Die wichtigsten auf der Basis einer Patisseriecreme hergestellten Cremes sind die

Schneecreme	mit Eischnee (in heißem Zustand eingearbeitet)
Sahnecreme	mit geschlagener Sahne
deutsche Buttercreme	mit geschlagener Butter
Käsecreme	mit geschlagener Butter, Gewürzen, geriebenem Käse, ohne Zucker

Bei der Herstellung der kombinierten Cremes ist stets darauf zu achten, dass die leichte Masse immer in die schwerere Masse eingearbeitet wird.

Schneecreme

Die Schneecreme ist eine sehr leichte Creme, die sich sehr gut zum Füllen von luftigem Gebäck eignet. Sie wird aus einer Patisseriecreme hergestellt, in die eine nahezu beliebige Menge einer Schaummasse (siehe Kapitel 2.6.6.4) unter Erwärmen eingearbeitet wird. Der Eiweißanteil der Schaummasse gerinnt bei 70 °C und bindet dabei die Creme ab, die durch die eingearbeitete Luft besonders voluminös wird. Sie eignet sich speziell zum Füllen von Gebäck. Zum Erreichen einer sehr guten Stabilität empfiehlt es sich, der Grundcreme Gelatine zuzusetzen (3 Blatt pro 1 Liter).

Füllcreme

Für eine leichte Füllcreme wird in eine schwere Vanillecreme ein bestimmter Anteil an Schaummasse (siehe Kapitel 2.6.6.4) eingearbeitet. Dies geschieht auf dem Feuer. Da die Eiweißmasse bei 70 °C gerinnt und damit abbindet, erhält man eine luftige Creme, die sich speziell zum Füllen eignet.

Es ist ratsam, für 1 Liter Grundcreme zusätzlich 3 Blatt Gelatine zu verwenden, um ein Absetzen des Eiweißes zu verhindern.

2.7.1.4 Buttercreme

Es ist zwischen 3 verschiedenen Arten von Buttercremes zu unterscheiden, deren gemeinsames Merkmal lediglich der hohe Anteil an aufgeschlagener Butter ist:

◆ Deutsche Buttercreme	aufgeschlagene Butter und Patisseriecreme
◆ Französische Buttercreme	aufgeschlagene Butter und Eiermasse (warm und kalt)
◆ Italienische Buttercreme	aufgeschlagene Butter und italienische Baisermasse

Die Anteile der einzelnen Komponenten können bei den Cremes variieren. Es ist lediglich zu beachten, dass die cremig geschlagene Butter durch die zweite Komponente der Creme in ausreichendem Maße gebunden wird und damit die Bildung von Fetttröpfchen bzw. das Schmelzen der Creme bei Temperaturen verhindert wird, die nur knapp oberhalb der Raumtemperatur liegen. Weiterhin ist darauf zu achten, dass die aufgeschlagene Butter und die zweite Komponente nahezu die gleiche Temperatur haben (das gilt auch für weitere Zusätze wie Aromen). Andernfalls kann es schwierig sein, eine homogene Creme herzustellen.

Deutsche Buttercreme

Diese Buttercreme zeichnet sich durch ihre relativ gute Verträglichkeit aus (verhältnismäßig geringer Anteil an Butter, die durch die Patisseriecreme zusätzlich homogen gehalten wird). Als Mischungsverhältnis empfiehlt sich 1 Teil Butter auf 2 Teile Patisseriecreme. Zur besseren Stabilisierung der Creme bei deren längerem Vorhalten bei Raumtemperatur (eingedeckte Kaffeetafel) kann in die Patisseriecreme (bei der Herstellung während des Abkühlens) Pflanzenhartfett zugegeben werden (etwa 20 % der Buttermenge). Der Nachteil dieser Creme ist ihre schlechte Haltbarkeit. Sie säuert leicht auf Grund ihres Milchanteils und bietet wegen ihres vergleichsweise hohen Anteils an Kohlenhydraten in Form von verkleisterter Stärke einen guten Nährboden für Keime. Sie muss daher stets gekühlt vorgehalten werden, die gesetzlich zulässigen Auslagezeiten sollten nicht voll ausgenutzt werden.

Französische Buttercreme

Diese Buttercreme, für deren Herstellung Schaummasse (nur Eigelb-Zucker-Masse) eingesetzt wird, ist für die Gastronomie die ideale Creme. Sie ist wesentlich besser und länger haltbar als die deutsche Buttercreme (keine Milch und keine Stärke) und in der Regel schneller herzustellen als die italienische Creme. Die gesetzlich vorgegebenen Vorhaltezeiten und Aufbewahrungstemperaturen müssen jedoch eingehalten werden, da auch Zucker und Eiweiß Nährböden für Keime sind. Die französische Buttercreme ist leicht zu verarbeiten.

Italienische Buttercreme

Diese Buttercreme erfordert für ihre Herstellung in der Regel einen größeren Arbeitsaufwand, bedingt durch die zeitaufwendigere Produktion der italienischen Baisermasse (siehe dazu Kapitel 2.6.6.5). Die einfache Baisermasse eignet sich nicht für die Herstellung. Auch diese Buttercreme ist vergleichsweise gut haltbar. Sie ist

unter solchen Voraussetzungen die Buttercreme der Wahl, unter denen die italienische Baisermasse ständig in Vorrat gehalten wird (z. B. Konditoreien).

2.7.1.5 Mousses (Schokoladenschaum, Mousse au Chocolat)

Unter dem Begriff Mousse (Schaum) werden luftig aufgeschlagene Cremes verstanden, die meist auf der Basis von leichten Crememassen (z. B. Eiermassen, Schaummassen) zubereitet werden. Die klassische Mousse nimmt unter den Schaumdesserts eine Sonderstellung ein auf Grund ihres unnachahmlichen Geschmacks und den Besonderheiten, die bei ihrer Herstellung beachtet werden müssen. Mousse au Chocolat kann nicht nur als dunkle Mousse aus dunkler Kuvertüre bzw. als helle Mousse aus weißer Schokolade produziert werden, sondern auch in zahlreichen Variationen unter Verwendung von weiteren Zutaten.

Grundzutaten:	Dunkle Mousse	Weiße Mousse
Kuvertüre (zartbitter bzw. weiß)	300 g	400 g
Eigelb	3	3
Zucker	80 g	50 g
Eierlikör	–	2 cl
Eiklar	3	3
Zucker	20 g	25 g
geschlagene Sahne	600 ml	600 ml
Gelatine	–	4 Blatt
übrige Zutaten nach Belieben (siehe unten)		

Bei der Herstellung einer Mousse ist Folgendes zu beachten:
◆ Für eine dunkle Mousse ist stets eine zartbittere Schokolade (Kuvertüre) einzusetzen.
◆ Alle Zutaten müssen vor Beginn der Herstellung entsprechend vorbereitet sein:
  Die Kuvertüre wird im Wasserbad zusammen mit dem Likör (Crème de Cacao braun) bzw. Rum und Kaffee (gelöster Instantkaffee oder Mokka) aufgeschlagen (sie muss aber noch vom Löffel fallen).

Die Eigelbe werden zusammen mit dem Zucker auf dem Wasserbad schaumig geschlagen (bei der Zugabe von Gelatine wird diese vorsichtig eingearbeitet).

Die Sahne wird steif geschlagen.

Das Eiklar wird zu Eischnee aufgeschlagen.

◆ Die vorbereiteten Zutaten werden auf dem warmen Wasserbad in der festgelegten Reihenfolge vermischt. Dabei ist darauf zu achten, dass die Masse nicht zu sehr auskühlt und der Eischnee nicht ausflockt:

Die Kuvertüremasse mit der Eigelbmasse vermischen. Dann mit dem Schneebesen die Schlagsahne behutsam in diese lauwarme Mischung einarbeiten.

Den Eischnee unmittelbar danach vorsichtig unterheben.

Die Mousse in die Förmchen füllen und mindestens 6 Stunden durchkühlen lassen.

Französische Variante

Abweichend von dieser Rezeptur findet sich auch die klassische französische Art der Zubereitung, die wesentlich einfacher ist. Diese Variante der Mousse wird nicht so fest und lässt sich deshalb auch leichter zu Nocken abstechen. Sie weist aber eine wesentlich schlechtere Standfestigkeit auf (Problem bei hohen Außentemperaturen und beim Einsatz im Catering).

Zur Herstellung der Mousse wird die gelöste Kuvertüre (siehe oben) mit einem Teil der geschlagenen Sahne so lange vermischt, bis sich eine Bindung entwickelt hat. Erst danach wird diese Masse unter den restlichen Teil der geschlagenen Sahne gehoben.

2.7.2 Speiseeis

Bei der Herstellung, dem Vorhalten und der Abgabe von Speiseeis sind die Leitsätze für Speiseeis und Speiseeishalberzeugnisse des Deutschen Lebensmittelbuches, die Vorgaben der Lebensmittel-Kennzeichnungsverordnung (siehe Kapitel 6.7.4.1) und die der Lebensmittelhygiene-Verordnung (siehe Kapitel 6.7.2) zu beachten. Speiseeis ist auf Grund seiner Zusammensetzung ein überaus idealer Nährboden für Mikroorganismen.

Kennzeichnungspflicht

Beim Verkauf von losem Speiseeis außer Haus muss die Verkehrsbezeichnung des Speiseeises (Angabe der Speiseeissorte, siehe unten) auf einem Schild neben der Ware oder durch Aushang angegeben werden. Dem Verkauf außer Haus wird die Abgabe von Speiseeis in Eisdielen, an mobilen Eisbereitungsanlagen und in den Verkaufsräumen von Eiscafés, sonstigen Cafés und Gaststätten zugerechnet. Ausgenommen ist die Abgabe im Rahmen eines regulären Restaurant- bzw. Cafébesuchs.

In Gaststätten und Cafés muss die Speiseeissorte auf der Speisekarte korrekt angegeben werden. Bei der Verarbeitung von Speiseeis in Desserts ergibt sich deren Verkehrsbezeichnung aus dem eingebürgerten Namen von klassischen Desserts bzw. aus der sachlichen Beschreibung des Desserts auf der Speisekarte.

Speiseeissorten

Für den Verkauf im Einzelhandel und für die Abgabe in Eiscafés und gleichgestellten Einrichtungen sind die nachfolgend aufgeführten Speiseeissorten zugelassen, welche die jeweiligen Mindestanforderungen erfüllen müssen (Leitsätze für Speiseeis):

◆ Cremeeis (Eiercremeeis)

Cremeeis muss mindestens 50 % Milch enthalten. Für 1 Liter Milch sind wenigstens 270 g Vollei oder 90 g Eigelb vorgeschrieben. Der Zusatz von anderen geschmacksgebenden Komponenten ist erlaubt (so weit sie der Zusatzstoff-Zulassungsverordnung entsprechen). Diese Anteile der einzelnen Komponenten dürfen variieren, der Zusatz von Wasser ist prinzipiell verboten.

Geschmacksrichtungen: Vanille-, Schokoladen-, Mokka- und Nusseis.

◆ Rahmeis, Sahneis, Fürst-Pückler-Eis

Diese Eissorten enthalten mindestens 18 % Milchfett aus der bei der Herstellung verwendeten Sahne (Rahm).

◆ Milcheis

Der geforderte Mindestgehalt an Vollmilch (3,5 % Fett) im Eis beträgt 70 %. Die jeweilige Geschmacksrichtung muss angegeben werden. Bei überwiegender Verwendung von fermentierten Milchsorten (z. B. Sauermilch, Joghurt, Kefir) an Stelle von Milch kann in der Verkehrsbezeichnung darauf hingewiesen werden, beispielsweise Joghurteis.

◆ Fruchteis
Der Gehalt an frischem Obstfruchtfleisch, Obstmark, Obstsaft oder entsprechenden Konzentraten muss mindestens 20 %, bei Fruchteis aus frischen Zitrusfrüchten muss der Fruchtanteil wenigstens 10 % betragen.
Geschmacksrichtungen: Erdbeer-, Ananas- und Zitroneneis.

◆ Fruchteiscreme
Mindestgehalt an Milchfett 8 % mit deutlich wahrnehmbarem Fruchtgeschmack.

◆ „(Frucht-)Sorbet"
Der Fruchtanteil muss mindestens 25 %, bei Sorbets aus Zitrusfrüchten und anderen säurebetonten Früchten wenigstens 15 % betragen. Milch oder Milchbestandteile werden bei der Herstellung nicht eingesetzt.

◆ Wassereis
Das Eis mit einem Fettgehalt von weniger als 3 % muss mindestens 12 % Trockenmasse enthalten. Es dürfen neben künstlichen oder naturidentischen Aromastoffen auch Farbstoffe eingesetzt werden. Die erlaubten Zusätze sind in der Aromenverordnung bzw. Zusatzstoff-Zulassungsverordnung ausgewiesen.

Weitere, bisher als eigenständig ausgewiesene Speiseeissorten werden jetzt in den Leitsätzen für Speiseeis nicht mehr aufgeführt. Die für diese Sorten geltenden alten Regelungen sollten im Interesse der Qualitätssicherung aber beibehalten werden. Die bisherigen Sortennamen können dann als Verkehrsbezeichnung benutzt werden. Einfacheiscreme sollte einen Mindestgehalt an Milchfett von 3 % haben. Eis mit Pflanzenfett sollte einen Mindestgehalt an Pflanzenfett von 3 % aufweisen, ein Fruchtgeschmack sollte gegebenenfalls deutlich wahrnehmbar sein. Eiscreme mit einem Mindestgehalt an Milchfett von 10 % wird in der Regel nur industriell hergestellt. Softeis und Stracciatella können dem Milcheis zugeordnet werden, sie waren auch bisher nicht als eigenständige Speiseeissorten ausgewiesen.

Generelle Festlegungen für die Herstellung
Bei der Herstellung von Speiseeis sind aus lebensmittelhygienischer Sicht nachstehende Verbote bzw. Gebote zu beachten:

◆ Die Verwendung von Enten- und Gänseeiern ist grundsätzlich verboten (Gefahr der Übertragung von Salmonellen).

◆ Es dürfen nur frische Hühnereier bzw. Kühlhauseier verarbeitet werden, die den Vorgaben der Eier- und Eiprodukte-Verordnung entsprechen (siehe Kapitel 6.7.5.6). Es ist anzuraten, sich vom Lieferanten die Einhaltung der gesetzlichen Vorschriften schriftlich bestätigen zu lassen.

◆ Eiprodukte wie Gefrierei, Trockenei und pasteurisierte Eidotter müssen aus frischen Hühnereiern hergestellt worden sein. Für den Hersteller besteht Kennzeichnungspflicht, bei der Warenannahme ist entsprechend zu kontrollieren.

◆ Es darf ausschließlich nur wärmebehandelte Milch bzw. Sahne verwendet werden, deren Verbrauchsdatum nicht abgelaufen ist (pasteurisiert, ultrahocherhitzt oder sterilisiert). Unabhängig davon ist die Milch auf ihre einwandfreie Beschaffenheit zu überprüfen. Für Cremeeis ist H-Milch weniger geeignet.

◆ Roh- und Vorzugsmilch darf nicht eingesetzt werden.

◆ Es darf nur Trinkwasser verwendet werden (falls für die entsprechende Eissorte die Zugabe von Wasser erlaubt ist).

◆ Das zum Gefrieren der Speiseeismasse benutzte Eis darf nicht mit dem Speiseeis direkt in Berührung kommen.

◆ Geschmolzenes (aufgetautes) Speiseeis darf nicht zur erneuten Herstellung von Speiseeis benutzt werden.

◆ Bei der Bereitung von Speiseeis und zu bereits hergestelltem Speiseeis dürfen keine Konservierungsstoffe zugesetzt werden.

Für die Herstellung von Speiseeis dürfen grundsätzlich nur dafür zugelassene Zutaten verwendet werden.

◆ Basiszutaten
Milch, Sahne, Wasser, Zucker, Eier, frisches Obst sowie frische Erzeugnisse aus Obst, Fruchtsäuren, Essenzen und Gewürze.

- Halberzeugnisse (Convenience-Produkte)
  Zähflüssige Speiseeiskonserven und Speiseeispulver.
- Geschwefelte und kandierte Früchte
  Geschwefelte und kandierte Früchte, Belegfrüchte, Zitronat, Orangeat, flüssiges Pektin, Obstmark, Zitrussäfte und konzentrierte Zitrussäfte. (Die Deklaration [„geschwefelt"] kann nur dann entfallen, wenn im Fertigerzeugnis der Gehalt an Schwefeldioxid unter 10 mg/kg liegt.)
- Chemisch konserviertes Obst und Obsterzeugnisse
  Chemisch konserviertes Obst, Obstmark und Früchte, Fruchtsäfte und konzentrierte Fruchtsäfte. (Die dazu eingesetzten Konservierungsstoffe müssen deklariert werden [„mit Konservierungsstoff"].)

2.7.2.1 Cremeeis

Zur Bereitung von Cremeeis werden die Zutaten zunächst durch Kochen bzw. in der Wärme zur Eismasse verarbeitet („gekochtes" Eis). Die mit der Vanille aufgekochte Milch wird den übrigen und bereits vermengten Zutaten langsam zugegeben und zur „Rose" abgezogen, passiert und anschließend in der Eismaschine gefroren.

Grundrezept:

Milch	1000 ml
Zucker	200 g
Sahne	250 ml
Eigelb	8[4]
Mark von 1 Vanilleschote	

Auf folgende Punkte, welche die Herstellung und Verwendung von Cremeeis betreffen, ist besonders hinzuweisen:
- Bei der Herstellung von Fruchteis auf der Basis von Cremeeis wird das Fruchtmark erst nach dem Abziehen der Grundmasse zugesetzt, die anschließend nochmals erhitzt wird. Durch dieses Vorgehen wird das Ausflocken von Milcheiweiß durch die Fruchtsäure (Säuredenaturierung) verhindert.

- Schokoladen-, Nuss-, Karamell-, Mokka- und Pistazieneis sind als Ableitungen zweckmäßigerweise auf der Basis von Cremeeis herzustellen (geschmackliche Vorteile gegenüber den entsprechenden Eissorten, die auf einer anderen Eissorte basieren).
- Cremeeis (alle Sorten) eignet sich zum Chemisieren von Eisbomben. Hierzu darf das Eis nicht zu fest gefroren werden, damit noch eine kleine Menge an geschlagener Sahne untergehoben werden kann. Durch diese Zugabe lässt sich die Eisbombe leichter portionieren.
- Speiseeishaltige Zubereitungen wie Eisbecher (mit Sahne), Fruchteisbecher, Eisbecher nach Art des Hauses, Spezialbecher usw. müssen aus den Sorten Cremeeis, Fruchteis oder Rahmeis hergestellt werden. Bei der Verwendung von anderen Eissorten muss deren Einsatz aus der Verkehrsbezeichnung zu erkennen sein.

2.7.2.2 Fruchteis, Sorbet

Fruchteis wird im Gegensatz zum Cremeeis bei Raumtemperatur hergestellt. Grundzutaten sind Fruchtsäfte oder Fruchtmark und Läuterzucker sowie ein Bindemittel (industriell gefertigtes Speiseeisbindemittel bzw. Pektin). Zur Verfeinerung können geschlagene Sahne und Eischnee (wirken auch als zusätzliches Bindemittel) sowie verschiedene Spirituosen beigegeben werden. Bei der Herstellung muss der unterschiedliche Zuckergehalt der Früchte berücksichtigt werden. Der Gehalt der Eismasse an Zucker insgesamt (aus den Früchten plus zugesetzter Zucker) beeinflusst die Festigkeit des Eises. Das Eis wird bei zu geringem Zuckergehalt nicht glatt und bleibt „grießig" (sog. „mageres Eis"), während es bei zu hohem Zuckergehalt nicht fest wird. Die Grundmasse muss deswegen auf einen Zuckergehalt von 18 °Bé eingestellt werden (mit Hilfe der Zuckerwaage, siehe Kapitel 2.7.6).

Grundzutaten:

Wasser	250 ml
Zucker	500 g

---

[4] Es ist gesetzlich vorgegeben, dass für 1 Liter Milch mindestens 270 g Vollei oder 100 g Eidotter einzusetzen sind.

Fruchtmark	500 g	Eigelb	6
Sahne	250 ml	Volleier	2
Zitronensaft	50 ml		

Speiseeisbindemittel oder Pektin
(nach Angabe des Herstellers)

Geschmacksträger wie Früchte, Fruchtmark, Kakao, gehackte Nüsse u. a. Der Eigelbanteil kann erhöht werden. Verwendung von Vollei erleichtert das Aufschlagen.

Zur Bereitung der Eismasse wird der Zucker im Wasser gelöst und aufgekocht, anschließend werden alle weiteren Zutaten außer der Sahne untergemischt und auf Raumtemperatur abgekühlt. Der Zuckergehalt muss nunmehr kontrolliert und auf 18 °Bé eingestellt werden (gegebenenfalls Zugabe von Läuterzucker an Stelle von Kristallzucker). Die Sahne und/oder der Eischnee werden erst in der Eismaschine, aber vor Beendigung des Gefriervorgangs, zugegeben.

Eigelbe und Zucker werden unter Erwärmen zu einer schaumigen Masse aufgeschlagen und anschließend unter weiterem Schlagen abgekühlt. Danach wird der mit Zucker aufgeschlagene Eischnee untergemengt und anschließend die geschlagene Sahne untergehoben.
Bei der Herstellung von Rahmeis mit Früchten als Einlage müssen diese entweder einen relativ hohen Zuckeranteil oder einen vergleichsweise hohen Alkoholgehalt aufweisen. (Einlegen für einige Tage in Kristallzucker bzw. hochprozentigen Alkohol wie Rum.) Dadurch kann das Ausfrieren der Früchte zu hartem Eis verhindert werden. Der Zusatz von Gelatine als Bindemittel verbessert insbesondere bei der Zugabe von Früchten und von Fruchtmark die Stabilität des Eises und verhindert gleichzeitig im Verlauf des Gefrierprozesses ein Absetzen von Fruchtflüssigkeit (3 Blatt Gelatine pro 1 Liter Sahne). Bei der Verwendung von Fruchtmark ist der Zusatz von Gelatine unbedingt erforderlich.

Sorbet
Bei Sorbets handelt es sich um Fruchteis oder Fruchtsaft mit besonderen Geschmacksträgern wie Wein, Sekt, Spirituosen u. a., die erst im Verlauf des Gefriervorgangs in der Eismaschine zugegeben werden. Zur Herstellung von Sorbets sollte kein Fruchtmark verwendet werden. Weiterhin sollte der Zuckergehalt 14 °Bé nicht überschreiten. Bei einem Zusatz von Eischnee werden Sorbets besonders locker.

2.7.2.3 Rahmeis (Sahneeis)

Rahmeis ist die fettreichste Sorte von Speiseeis. Es unterscheidet sich in den nachstehenden Punkten von den anderen Eissorten:
◆ Die Sahne muss wenigstens 60 % der gesamten Zutaten ausmachen.
◆ Die Masse wird nicht wie bei der Bereitung von anderen Eissorten in der Eismaschine gefroren, sondern sie wird – in Formen gefüllt – bei mindestens –18 °C gefrostet.

Das Rahmeis wird zur Herstellung von Parfaits, Eisbomben, Eistorten und Eis-Soufflés (Eisaufläufe) eingesetzt. Außerdem findet es, in der Rezeptur abgewandelt, als Halbgefrorenes Verwendung.
Grundzutaten:
Sahne	1000 ml
Zucker	150 bis 250 g

Eisbomben
Eisbomben bestehen aus einem Mantel (Creme- oder Fruchteis) und aus einem Kern von Sahneeis (Parfaitmasse). Zur Herstellung wird die Form zuerst mit Speiseeis chemisiert und danach mit einer Parfaitmasse ausgefüllt. Es ist zu empfehlen, Eisbomben auf eine dünne Platte aus Biskuit zu stürzen und anschließend zu garnieren. Dadurch wird verhindert, dass die Eisbombe beim Auftragen verrutscht (auf Porzellanplatte).

Eistorten
Eistorten werden auf einem mit Läuterzucker getränkten Biskuitboden aufgebaut unter Verwendung von leichtem Cremeeis und/oder Parfait. Sie werden nach dem Gefrieren mit Früchten und Sahne ausgarniert. Bei der Fürst-Pückler-Eistorte werden auf einem mit Läuterzucker ge-

tränkten Wiener Boden schichtweise Schokoladenparfait, Vanille-Maraschino-Parfait und Erdbeerparfait aufgetragen (von unten nach oben in der angegebenen Reihenfolge).

Halbgefrorenes

Zur Bereitung von Halbgefrorenem wird die Rahmeismasse ohne Eigelb hergestellt. Das Halbgefrorene erstarrt unter Bildung von kompakteren Eiskristallen und wird fest, da eine homogene Bindung der Bestandteile auf Grund des Fehlens von Eigelb (Eiweiß und Lecithin des Eidotters) nicht möglich ist.

2.7.3 Desserts (Auswahl)

Desserts können in einer fast unbegrenzten Vielfalt hergestellt werden. Rezepturen für zahlreiche Modifikationen finden sich in allen gängigen Backbüchern. Die hier vorgestellten Desserts sind aus einer persönlichem Sichtweise ausgewählt worden. Sie eignen sich besonders gut als Bestandteil von Menüs.

Charlotten

Es empfiehlt sich, den Boden der Form mit Folie auszulegen, damit sich die zubereitete Charlotte besser stürzen lässt (sie hängt nicht fest). Zum Auslegen der Form eignen sich Löffelbiskuits oder dünne Biskuitrouladenringe. Als Füllmasse wird vorzugsweise Sahnecreme, gelegentlich auch Eis verwendet. Bei der Verwendung einer Bayerischen Grundcreme sollte diese mit erhöhtem Eigelbanteil und weniger Stärke zubereitet werden.
Die gefüllte Form wird mit einem dünnen Biskuitboden abgedeckt, gekühlt und dann erst gestürzt.

Flammeris
Grundzutaten:

Milch	500 ml
Grieß	50 bis 60 g
Zucker	30 g
Eigelb	2
Eiklar	4

Flammeris sind warm hergestellte, mit Stärkeerzeugnissen abgebundene, mit Eischnee gelockerte und kalt servierte Süßspeisen auf der Basis von Milch. Zur Bindung können Grieß, aber auch Getreidestärke (Weizenstärke), Reis, Sago oder Arrowroot (Pfeilwurzelstärke) verwendet werden. Der Eischnee wird in die noch heiße, aber bereits ausgequollene Masse eingearbeitet. Gegebenenfalls eingesetztes Eigelb wird vor dem Eischnee untergemengt.
Die Masse wird in kalt ausgespülte Förmchen abgefüllt und nach dem Erkalten gestürzt.

Rote Grütze

Rote Grütze wird kaum noch nach der klassischen Methode hergestellt. (Roten Beerensaft zu einem Brei reduzieren und anschließend mit einem Bindemittel, meist Grieß oder Grütze, binden.) Üblicherweise wird zunächst ein heller Karamell hergestellt, der mit rotem Saft und Rotwein abgelöscht und anschließend mit einem Stärkeerzeugnis gebunden wird (Grieß, Grütze, Sago, Reismehl oder Weizenstärke). Erst danach werden die roten Früchte zugegeben und vorsichtig vermengt, damit diese nicht beschädigt werden. Diese Masse wird in kalt ausgespülte Förmchen abgefüllt.

Reis Trauttmansdorff
Grundzutaten:

Reis	60 g
Milch	etwa 300 ml
Zucker	60 g
Gelatine	4 Blatt
Fruchtsalpikon	150 g
geschlagene Sahne	250 ml
Mark von 1 Vanilleschote	

Rundkornreis wird mit der 5fachen Menge an Milch, dem Mark von 1 Vanilleschote und 1 Prise Salz zum Kochen gebracht. Anschließend wird bei leichter Hitze zugedeckt weitergekocht, bis der Reis gequollen ist, aber noch bissfest ist. Danach wird der Zucker und im Verlauf des Abkühlens die eingeweichte Blattgelatine in den lauwarmen Ansatz zugegeben. Nach dem Abkühlen wird Fruchtsalpikon (in Curaçao mariniert) oder Kirschwasser hinzugefügt und geschlagene Sahne untergehoben. Die Masse wird in ausgespülte

Förmchen gefüllt und nach dem Erkalten gestürzt. Auf der Basis dieser Standardrezeptur sind verschiedene Ableitungen möglich.

Puddings

Unter Pudding wird eine im Wasserbad gegarte bzw. gestockte Süßspeise verstanden, die noch warm serviert werden kann. Ein Pudding wird in der Regel gestürzt und nicht wie ein Auflauf in der Form serviert. Die Formen werden ausgebuttert und anschließend mit Kristallzucker bzw. süßen Brösel bestreut.

Der Auflauf- oder Brotpudding basiert auf einem Brandteig (siehe Kapitel 2.6.5), der, in Förmchen gefüllt, im Wasserbad gegart wird (im Ofen).

◆ Grundzutaten für den Auflaufpudding:

Milch	350 ml
Vanilleschote (Mark)	$^1/_2$
Zucker	100 g
Butter	125 g
Mehl	125 g
Eigelb	6
Eiklar	6

◆ Grundzutaten für den Kabinettpudding: Ausgangsmaterial ist ein Biskuit- oder Hefeteig bzw. Weißbrot (altbacken). Diese Materialien werden in kleine Würfel geschnitten und mit der Eiermasse, bestehend aus

Milch	1000 ml
Eier	8

und Mark von 1 Vanilleschote, Rosinen, Mandeln, Zitronat und Orangeat, übergossen und pochiert.

Aufläufe

Aufläufe werden im Prinzip wie Puddings aus einer Brandteigmasse zubereitet und im Wasserbad gegart.

Grundzutaten (für 8 Portionen):

Milch	250 ml
Mehl/Butter	je 50 g
Zucker	50 g
Ei	1
Eigelb	3
Eischnee	3 Eiweiß
Vanilleschote (Mark) nach Geschmack	

Bei der Bereitung der Brandteigmasse und dem Garen im Wasserbad sind folgende Abweichungen von dem üblichen Verfahren zu beachten:

◆ Der Mehlanteil wird etwas verringert.

◆ 1 Eiklar (nicht aufgeschlagen) wird zusammen mit den Eigelben in den Brandteig eingearbeitet, um die Masse besser zu stabilisieren.

◆ Ein Viertel der Eischneemasse wird zunächst kräftig in die Teigmasse untergerührt, anschließend wird der restliche Eischnee vorsichtig untergehoben.

◆ Die ausgebutterten und mehlierten Förmchen werden im Wasserbad leicht erwärmt, bevor sie gefüllt und im Wasserbad (im Ofen) pochiert werden.

◆ Die Temperatur im Ofen muss während des Pochierens konstant gehalten werden. Außerdem muss der Wasserdampf ungehindert abziehen können (die Ofentür leicht geöffnet halten).

◆ Der Auflauf wird in der Form serviert (nicht stürzen).

2.7.4 Omeletts/Ausbackteige

Omeletts werden nur aus Ei und einer geringen Menge an Milch bzw. Schlagsahne hergestellt. Die Zugabe von Schlagsahne bzw. Milch (etwa 1 halbe Eischale pro Ei) bewirkt, dass die zubereiteten Omeletts eine lockere Beschaffenheit aufweisen.

Auflaufomelett
Zutaten:

100 g Zucker, 4 Eigelb und mindestens 8 Eiklar
Zubereitung:

◆ Die Eigelbe werden mit Zucker (möglichst Staubzucker) schaumig gerührt. Diese Masse wird mit erwärmter Kuvertüre, Vanille und Zitronen- bzw. Orangenabrieb parfümiert (richtet sich nach der jeweiligen Garnitur, die identisch sein sollte). Anschließend wird reichlich Eischnee untergehoben.

◆ Die Omelettmasse wird auf leicht gebutterter Platte hochdressiert, in der Mitte leicht eingedrückt (es entsteht eine Mulde, die ein leichteres Ausbacken ermöglicht) und im Ofen etwa 10 Minuten bei mittlerer Hitze gebacken.

- Das Omelett wird nach dem Backen sofort mit Staubzucker bestreut, der unter dem Salamander bei starker Hitze geschmolzen (glasiert) wird.

Überraschungsomelett (Omelette en surprise)

Das Omelette en surprise besteht aus einer gebackenen (warmen) Außenschicht, die einen aus Speiseeis bestehenden Kern vollkommen umhüllt. Es ist deshalb erforderlich, sehr rasch zu arbeiten, um ein Schmelzen des Speiseeises weitgehend zu verhindern. Dazu sind alle Zutaten griffbereit vorzubereiten, und das Speiseeis ist bis zur Verwendung gut gekühlt vorzuhalten.

Zubereitung:
- Das Eis wird auf den Boden des Omeletts dressiert (etwa 2 cm dicker Biskuit[5]).
- Es wird anschließend vollständig mit Biskuit abgedeckt (an den Seiten und von oben), der dann mit Läuterzucker (mit Alkohol versetzt) getränkt wird.
- Die Biskuitschichten werden danach mit einer Omelett- oder Baisermasse (Meringenmasse) abgedeckt und mit dieser verziert.
- Das Omelett wird im Ofen bei mittlerer Hitze rasch goldgelb gebacken und sofort serviert. Es ist auch möglich, das Omelett unter dem Salamander zu backen (der Abstand von den Heizspiralen ist unter den jeweiligen konkreten Bedingungen zu ermitteln). Das Abflämmen der Meringenmasse mit Hilfe eines Butanbrenners ergibt einen attraktiven optischen Eindruck.

Omelette Stephanie

Das Omelette Stephanie nimmt eine Sonderstellung zwischen Omelett und Pfannkuchen ein, es ist eigentlich ein Biskuitomelett.
Das Eigelb wird mit Zucker schaumig gerührt und das Eiklar zu festem Schnee geschlagen. Anschließend wird die Dottermasse vorsichtig in den Eischnee gegeben unter gleichzeitiger Zugabe von wenig Mehl (Type 405). Das Omelett wird in einer gebutterten Stielpfanne im Ofen gebacken und vor dem Servieren halb übereinander geschlagen.

Pfannkuchen (Palatschinken), Crêpes

Bei der Herstellung von Pfannkuchen und Crêpes sind die Mengenverhältnisse der Zugaben exakt einzuhalten. Es empfiehlt sich, die unter den konkreten Bedingungen als besonders günstig ermittelten Werte als eigenes Standardrezept zu notieren.

Grundzutaten:
Als Grundzutaten können für 180 g Mehl, Type 405, etwa 500 ml Milch, 4 Eier und ungefähr 50 g Zucker veranschlagt werden.
Bei einem zu hohen Zuckerzusatz brennt der Teig leicht an.
Die Qualität der Pfannkuchen wird in der Regel dadurch verbessert, indem ein Teil der Milch durch Schlagsahne ersetzt, die Hälfte des Eiklars als steifer Eischnee unter die Masse gezogen und der Masse zerlassene Butter zugegeben wird. Für Crêpes wird der Teig dünner und mit einer etwas größeren Menge an Eigelb angerührt (im Vergleich zur Menge an Eiklar). Der Geschmack kann durch die Zugabe von Aromaträgern abgerundet werden.
Pfannkuchen und Crêpes können sowohl gerollt als auch zu verschiedenen Formen gefaltet serviert werden. Bei der Herstellung von herzhaft gefüllten Pfannkuchen entfällt die Zugabe von Zucker.

Varianten (Auswahl):
- „Deutscher Eierkuchen", als Hauptmahlzeit mit Kompott (dicker Teig)
- Gefüllte Palatschinken als Nachspeise (etwas dünnerer Teig)
  Marillen-Palatschinken (Marillenkonfitüre), Schokoladen-Palatschinken (Vanilleeis, übergossen mit heißer Schokoladensauce), Kaiserschmarren (mit Rosinen und Rum in der Teigmasse, in der Pfanne grob zerpflücken).
- Crêpes (dünner Teig)
  Französische Crêpes (Crêpe „Suzette", Crêpe „Normande") werden hauchdünn und fast farblos ausgebacken und am Tisch flambiert.

[5] Ein Austausch des Biskuitbodens durch einen Boden aus Wiener Masse ist von Vorteil, da dieser weniger schnell durchgeweicht wird.

Ausbackteige/Tempurateig

Ausbackteige können den Pfannkuchenteigen zugerechnet werden. Sie unterscheiden sich lediglich darin, dass sie mit Bier oder Wein an Stelle von Milch hergestellt werden. Sie können ebenfalls als herzhafte und süße Teige zubereitet werden. Beim Ausbacken muss darauf geachtet werden, dass alle Gebäckstücke im Fett schwimmen und nicht auf dem Boden anliegen.

Ein spezieller Ausbackteig ist der asiatische Tempurateig, der aus Wasser, Reismehl und Reisstärke (gelegentlich auch mit Eiern) hergestellt wird.

2.7.5 Gelees/Obstsalate

Gelees

Die für die Zubereitung von Gelees benötigte Menge an Gelatine hängt ab von der gewünschten Konsistenz des Gelees, der Jahreszeit (durchschnittliche Höhe der Umgebungstemperatur) und den geschmacksgebenden Zutaten:

◆ Lockere Gelees (in Schüsseln oder Gläsern angerichtet)
  15 bis 20 g Gelatine (etwa 10 Blatt[6]) pro 1 Liter.
◆ Feste Gelees (zum Stürzen geeignet)
  35 bis 45 g Gelatine (etwa 20 Blatt) pro 1 Liter.
◆ Hoher Gehalt an Fruchtsäuren und warme Jahreszeit
  Die Menge an Gelatine ist zu erhöhen (Erfahrungswerte notieren).

Auf die Verarbeitung von Saft oder Teilstücken von Ananas, Papayas, Mangos, Kiwis, Feigen oder Limetten sollte möglichst verzichtet werden, da diese eiweißspaltende Enzyme enthalten, welche die Gelatine abbauen und damit die Gelees verflüssigen. In den Fällen, in denen auf diese Früchte nicht verzichtet werden soll, ist die Gelatinemenge zu erhöhen, und die Gelees sind möglichst nur für kurze Zeit vorzuhalten.

Obstsalate

Bei der Zubereitung ist Folgendes zu beachten:
◆ Auswahl der Früchte
  Es sollten nur frische Früchte verwendet werden,

Konservenfrüchte sind ihnen in sensorischer Hinsicht unterlegen (Geschmack, Biss, Optik).
◆ Vermeiden einer enzymatischen Bräunung von Obst
◆ Das Braunwerden von Obst kann durch Säurezugabe verhindert werden, da die entsprechenden Enzyme (Oxidasen) durch Säure gehemmt werden. Dazu empfiehlt sich folgendes Vorgehen: Die säurehaltigen geschnittenen Früchte werden zunächst zu einem Grundansatz des Obstsalates verarbeitet und mit Zitronensaft versetzt. Erst danach werden die anderen Früchte bzw. Obstsorten geschnitten und umgehend mit dem Basisansatz vermischt. Die Schnittflächen können zusätzlich mit Zitronensaft beträufelt werden.
◆ Süßen
  Obstsalate sind mit Läuterzucker, ersatzweise mit Puderzucker zu süßen. Kristallzucker löst sich zu langsam, und bei längerem Rühren werden die Fruchtteilstücke beschädigt.
◆ Spirituosenzusatz
  Die Spirituosen, mit denen die Früchte gegebenenfalls mariniert werden, dürfen den Eigengeschmack der Früchte nicht überdecken bzw. müssen in ihrer Geschmacksrichtung mit der der Früchte übereinstimmen.

2.7.6 Zuckersirup und Läuterzucker (Zucker kochen)

Bereits gelöster Zucker eignet sich in vielen Fällen zum Süßen wesentlich besser als Kristall- oder Puderzucker, und gesättigte Zuckerlösungen können in der Patisserie für bestimmte Verwendungszwecke nicht durch Kristallzucker ersetzt werden. Zur Herstellung dieser Zuckerzubereitungen wird Kristallzucker unter Erwärmen in Wasser gelöst, wobei das Lösungswasser schrittweise wieder verdampft und die Zuckerkonzentration zunimmt. In Abhängigkeit vom Wassergehalt ist zu unterscheiden zwischen
◆ ungesättigter Zuckerlösung (Sirup),
◆ gesättigter Zuckerlösung (Läuterzucker),
◆ übersättigter Zuckerlösung.

---

[6] 1 Blatt Gelatine wiegt knapp 2 g, je dünner die Blätter, umso besser ist die Qualität.

Bestimmung des Zuckergehaltes

Der Zuckergehalt von ungesättigten Lösungen wird an Hand ihrer Dichte mit der sog. Zuckerwaage bestimmt (Senkwaage, mit der „gespindelt" wird). Mit ihrer Hilfe könnte theoretisch auch das Erreichen der vollständigen Sättigung erfasst werden. In hoch viskösen Lösungen ist das jedoch äußerst schwierig, und das Messergebnis wäre mit großen Fehlern behaftet. Der Zustand einer übersättigten Lösung kann mit der Zuckerwaage nicht eindeutig definiert werden.

Der Sättigungsgrad ungesättigter Zuckerlösungen wird in Grad Baumé (°Bé) angegeben. Bei dem Messen des Sättigungsgrads muss berücksichtigt werden, dass sich die Dichte in Abhängigkeit von der Temperatur ändert und kalte Lösungen eine höhere Dichte von 2 bis 5 °Bé haben:

ungesättigte Lösung	1 bis 28 °Bé
Läuterzucker	29 °Bé

Übersättigte Zuckerlösungen haben eine geringe Menge Wasser sehr fest gebunden. Dieses Restwasser verhindert das Auskristallisieren des Zuckers. Beim Erhitzen von übersättigten Zuckerlösungen auf Temperaturen von über 100 °C werden in Abhängigkeit von der Temperatur geringe Mengen dieses Restwassers abgegeben. Parallel zur Abnahme des Restwassergehaltes steigt der Siedepunkt der übersättigten Zuckerlösung an (Siedepunkterhöhung). Die „Zuckerkonzentration" übersättigter Lösungen kann somit an Hand der Temperatur definiert werden, auf welche die übersättigte Lösung erhitzt worden ist. Diese kann im Bereich von 105 bis 162,5 °C (84 bis 130 °Reaumur[7]) liegen.

Ungesättigte Zuckerlösung (Zuckersirup)

Ungesättigte Zuckerlösungen erstarren nicht beim Abkühlen. Es besteht jedoch die Gefahr, dass insbesondere aus höher konzentrierten Lösungen Zucker in Form von Kristallen ausfällt. Das kann durch die Zugabe von 3 bis 5 % Glucose (Traubenzucker) weitgehend verhindert werden (bei Lösungen von mehr als 15 °Bé unbedingt erforderlich).

Bei der Zubereitung von Sirupen sind diese Punkte zu beachten:

◆ Der Zucker muss vollständig im Wasser aufgelöst sein, ehe er aufgekocht wird. Andernfalls besteht die Gefahr, dass die Lösung trüb wird und der Zucker anbrennt.

◆ Das Auflösen kann durch vorsichtiges Erwärmen unter ständigem Rühren beschleunigt werden.

◆ Die Zuckerlösung wird erst zum Kochen gebracht, sobald der Zucker vollständig gelöst ist, dabei wird nicht mehr gerührt.

◆ Es ist nur so lange zu kochen, bis keine Bläschen mehr aufsteigen und diese die Oberfläche bedecken (im Wasser gelöste und im Zucker eingeschlossene Luft entweicht).

Zuckersirup lässt sich im Kühlschrank nur für eine begrenzte Zeit aufbewahren, da er bei einer Kontamination mit osmophilen Hefen trotz seines niedrigen a_w-Wertes verderben kann. Das Aufbewahrungsgefäß ist luftdicht zu verschließen, da die konzentrierten Zuckerlösungen hygroskopisch sind (sie ziehen Wasser an) und dadurch verdünnt werden.

Richtwerte für die Aufbewahrung:

leichter Sirup	12 bis 15 °Bé	2 bis 3 Tage
mittelschwerer Sirup	15 bis 18 °Bé	8 bis 10 Tage
schwerer Sirup	18 bis 25 °Bé	bis 14 Tage

Zuckerlösungen mit gewünschter Konzentration lassen sich bei exaktem Arbeiten mit hinreichender Genauigkeit herstellen, ohne dass ihre Konzentration mit der Zuckerwaage überprüft und nachgestellt werden muss (das gilt für viele, aber nicht für alle Einsatzzwecke). Dazu ist es erforderlich, den Zucker genau abzuwiegen (er darf nicht feucht sein oder klumpen) und beim Auflösen ein Verdampfen von Wasser weitgehend zu verhindern (siehe Tabelle 2.7.1)

Läuterzucker

Unter Läuterzucker wird eine gesättigte Zuckerlösung verstanden (29 °Bé, Kontrolle mit der

---

[7] Temperaturskala, die früher insbesondere in Frankreich neben der Skala nach Celsius benutzt wurde (Schmelz- und Siedepunkt des Wassers als 0 °R bzw. 80 °R definiert). Angaben in Grad Reaumur finden sich gelegentlich noch in alten Kochbüchern.

Zuckerwaage noch möglich). Er muss unter Zugabe von 5 % Glucose zubereitet werden, um das Auskristallisieren von Rohrzucker während des Abkühlens zu verhindern. An Stelle von Glucose kann notfalls auch Zitronensaft oder Zitronensäure (gelöst) verwendet werden. Soll der Läuterzucker jedoch als Ausgangsmaterial zur Herstellung von übersättigtem Zucker verwendet werden, so ist Zitronensaft bzw. Zitronensäure nicht geeignet, vielmehr muss dann die Glucosezugabe auf 20 % erhöht und zusätzlich Weinstein zugesetzt werden (siehe unten).

Zur Herstellung des Läuterzuckers ist wie bei der Bereitung von einfachem Zuckersirup zu verfahren (1500 g Zucker und 75 g Glucose pro 1 Liter Wasser). Die Temperatur steigt vor allem zum Ende des Verdampfens von Wasser rasch an, so dass es angebracht ist, eine Schüssel mit kaltem Wasser bereitzustellen, um den Topf mit der Zuckermasse rasch abkühlen zu können. Überhitzte Zuckermasse verursacht auf der Haut unangenehme, schlecht heilende Brandwunden. Zuckerspritzer sind deshalb sofort mit kaltem Wasser abzuwaschen, anschließend ist die betroffene Stelle unter fließendem Wasser zu kühlen. Läuterzucker kann bei luftdichtem Verschluss (Folie, Schraubverschlüsse verkleben) längere Zeit im Kühlschrank aufbewahrt werden. Er kann mit anderen Flüssigkeiten verdünnt werden und dient als Ausgangsbasis für übersättigte Zuckerlösungen.

Übersättigte Zuckerlösungen
Übersättigte Zuckerlösungen bilden beim Erkalten feste, kristallisierte Formen. Durch die Zugabe von 5 bis 20 % Glucose (je nach Verwendungszweck) wird verhindert, dass der Zucker bereits beim Kochen auskristallisiert. Zusätzlich wird als Säure 1 g Weinstein pro 1 kg Zucker zugesetzt. Für die Herstellung von übersättigten Zuckerlösungen wird zunächst Läuterzucker bereitet (1500 g Zucker, Glucose, 1 Liter Wasser). Dieser wird vorsichtig weiter erhitzt, bis der gewünschte Grad erreicht ist. Dabei steigt die Temperatur der übersättigten Lösung ständig an, mit deren Hilfe der Grad der Übersättigung bestimmt wird. Übersättigte Zuckerlösungen werden in der Patisserie zum Bereiten von Zuckerfäden und vielfältigen Formen aus Zucker eingesetzt (Zucker ziehen). Aus dem zum Ballen gekochten Zucker entsteht auch der Spinnzucker. Kleine Mengen dieses Zuckers schlägt man mit Hilfe eines Malerpinsels oder eines abgeschnittenen Schneebesens über geölte Stäbe sehr rasch hin und her, so dass sich ein dünner Schleier bildet. Bei langem Erhitzen und hohen Temperaturen werden schließlich Hartkaramell und Zuckercouleur gebildet (siehe Tabelle 2.7.2).

2.7.7 Dessertsaucen

Dessertsaucen werden vorzugsweise zur Ergänzung von Süßspeisen eingesetzt, wobei für 30 Portionen etwa 1 Liter Sauce benötigt wird. Bei der ausschließlichen Verwendung zum Garnieren ist die benötigte Menge in der Regel geringer, es ist jedoch meist erforderlich, die Saucen zu konzentrieren bzw. durch die Zugabe von Bindemittel einzudicken.

Fruchtsaucen
Für Fruchtsaucen wird das Mark der Früchte entweder mit Wein oder mit Läuterzucker nach

---

Tabelle 2.7.1:
Mengenverhältnis von Zucker zu Wasser (jeweils g Zucker/1000 ml Wasser) und Einsatzgebiete von einfachen Zuckersirupen

Mengenverhältnis	Konzentration in °Bé	Verwendung
400 g Zucker	12 bis 14	Obstkompott, Süßen von Fruchtspeisen
600 g Zucker	etwa 15	Tränken von Biskuits
750 g Zucker	etwa 20	Basis von Sorbets, Fruchteis
1000 g Zucker	etwa 25	Zubereitung von kandierten Früchten

Wunsch verdünnt (Süße und/oder Konsistenz). Zum Aromatisieren können neben Spirituosen auch Vanille, Zimtrinde, Zitronensaft oder Zitronenabrieb bzw. Nelken eingesetzt werden. Beim Einsatz von Fruchtsaft bzw. von verdünnter Konfitüre (mit Wasser) wird die Flüssigkeit zum Kochen gebracht und mit Weizenstärke angedickt (etwa 30 g pro 1 Liter). Die Sauce ist anschließend zu passieren.

Vanillesauce

Eine Vanillesauce wird ausschließlich mit Eigelb gebunden. Sie wird auf dem Wasserbad aufgeschlagen, um ein Gerinnen der Eigelbe zu vermeiden.
Bei der Herstellung einer Mandel- oder Nusssauce auf der Basis einer Vanillesauce werden die Aromastoffe dieser Zutaten nur durch die Milch extrahiert. Es ist aber auch möglich, zum Schluss Marzipanmasse einzurühren.

Grundrezept:

Milch	500 ml
Sahne	500 ml
Zucker	200 g
Eigelb	12 bis 16
Salz	1 Prise
Mark von 1 Vanilleschote	

Die gelegentlich eingesetzte einfache Vanillesauce wird mit Stärke durch Einrühren der aufgeschwemmten Stärke in die kochende Milch gebunden (30 bis 40 g pro 1 Liter). Sie kann während des Abkühlens mit Eigelb verfeinert werden. An Stelle dieser einfachen Sauce können entsprechende Convenience-Produkte verwendet werden (Bindung auf der Basis von Weizenstärke und Dickungsmitteln), die ebenfalls nachträglich verfeinert werden können.

Schokoladensaucen

Schokoladensaucen lassen sich auf Grund der guten Bindefähigkeit von Schokolade sehr leicht und schnell herstellen. Zu unterscheiden ist zwischen dicken, gehaltvollen Saucen, die vorzugsweise zum Dekorieren von Desserts und Eisbechern verwendet werden, und verdünnten Saucen, die auch warm serviert werden können. Für beide Arten existieren unterschiedliche Rezepte.

◆ Gehaltvolle Sauce
Kuvertüre wird im Wasserbad geschmolzen, mit Läuterzucker verdünnt, nach Wunsch gesüßt und mit Rum abgeschmeckt. Falls eine weniger süße Sauce gewünscht ist, so ist an Stelle von Läuterzucker gegebenenfalls etwas Wasser zuzugeben. Mit dunkler Kuvertüre bekommt man geschmacklich und optisch intensivere Saucen. Zusätze wie löslicher Kaffee, Ingwer oder Nusspaste runden den Geschmack ab.

Tabelle 2.7.2:
Stadien von übersättigten Zuckerlösungen, die beim Erhitzen durchschritten werden (Angabe der Temperatur in °C, in Klammern in °R [°Reaumur])

Form	Temperatur		Typische Verwendung
schwacher Faden	105	(84)	Konfitüre, Süßigkeiten
starker Faden	107,5	(86)	Konfitüre, Süßigkeiten
schwacher Flug	111,5	(89)	Fondant, italienische Baisermasse
starker Flug	112,5	(90)	Fondant
kleiner Ballen	115	(92)	Fondant, Buttercreme
mittlerer Ballen	117,5	(94)	Fondant
großer Ballen	121	(97)	Marzipan
kleiner Bruch	125	(100)	weicher Nugat, Karamellen, Toffee
mittlerer Bruch	141	(113)	gesponnener Zucker
großer Bruch	144	(115)	gezogener und geblasener Zucker, glasierte Früchte, Hartkaramell
Karamell	152,5	(122)	Karamellzucker
starker Karamell	162,5	(130)	Zuckercouleur

◆ Verdünnte Sauce

Grundrezeptur:

Milch	1000 ml
Zucker	200 g
Eigelb	3
Weizenstärke	20 g
Kakao	40 g
Kuvertüre	150 g

Die kochende Milch (Zucker bereits zugegeben) wird mit der aufgeschwemmten Weizenstärke und dem Kakao gebunden, danach wird die zerlassene Kuvertüre und während des Abkühlens das Eigelb zugefügt.

Weinschaumsauce (Sabayon)
Grundzutaten:

Wein	500 ml
Zucker	etwa 250 g
Eier (Vollei)	2
Eigelb	10
Saft von 2 Zitronen	
Auf Wunsch: Kirschwasser, Rum oder eine andere Spirituose.	

Alle Zutaten werden kräftig verrührt und über dem Wasserbad mindestens 5 Minuten aufgeschlagen, bis sich die Bindekraft des Eiweißes der Eier voll entfaltet hat (die Sauce muss schaumig sein). Bei zu heftigem, insbesondere aber bei zu kurzem Aufschlagen fällt der Schaum zusammen. Das mitunter praktizierte Stabilisieren des Sabayons mit Gelatine oder Weizenstärke entspricht nicht der klassischen Rezeptur.

Fruchtmark
Zur Herstellung wird das Fruchtfleisch (frische Früchte) püriert, passiert und mit Staubzucker sowie Zitronensaft zu einer nappierfähigen Masse verrührt.

3 Haltbarmachung von Lebensmitteln

Durch Konservieren sollen die bei der Bevorratung von Lebensmitteln auftretenden Veränderungen einschließlich deren Verderb ausgeschaltet werden wie

- der Verlust von Aromen und die Ausbildung von Fehlaromen (Geschmack, Geruch),
- der Verlust des (positiven) optischen Eindrucks des Lebensmittels,
- die Zersetzung von Inhaltsstoffen durch zelleigene Enzyme bzw. Enzyme von Mikroorganismen unter Bildung von giftigen Zersetzungsprodukten (Fäulnis),
- die Vermehrung von pathogenen Keimen, die Lebensmittelvergiftungen auslösen können,
- die Vermehrung von Mikroorganismen, die Gifte bilden können (bakterielle Toxine, Mykotoxine).

Es ist zwar möglich, solche nachteiligen Veränderungen und einen Verderb durch geeignete Verfahren weitgehend auszuschließen, konservierte Lebensmittel sind aber auch bei einer ordnungsgemäß durchgeführten Haltbarmachung und Lagerung nicht unbegrenzt haltbar.

Die vorgegebenen Lagerbedingungen und die Begrenzung der Lagerzeiten sind einzuhalten. Konservierte Lebensmittel müssen vor dem Verzehr bzw. vor der Weiterverarbeitung auf ihre einwandfreie Beschaffenheit überprüft werden.

Die für die Haltbarmachung zur Verfügung stehenden Verfahren eignen sich nicht für alle Lebensmittel in gleicher Weise. Es ist deswegen erforderlich, die jeweils am besten geeigneten Konservierungsverfahren auszuwählen.

3.1 Haltbarmachung durch Kälte

Bei niedrigen Temperaturen sind das Wachstum, die Aktivität von Stoffwechselprozessen und die Geschwindigkeit von chemischen Reaktionen erniedrigt bzw. gehemmt.

- Mikroorganismen
  Die meisten Bakterien werden bei Temperaturen unterhalb von +10 bis +7 °C in ihrem Wachstum stark gehemmt, aber erst weit unterhalb von 0 °C abgetötet. Einige Bakterien vermehren sich bereits bei Temperaturen wenig oberhalb von 0 °C relativ rasch (beispielsweise Clostridien).
  Die meisten Hefen wachsen bei niedrigen Temperaturen ebenfalls langsamer. Im Gegensatz zu den Bakterien vermehren sie sich auch bei 0 °C in einem nicht zu vernachlässigenden Ausmaß. Unterhalb von 0 °C findet eine Vermehrung von Hefen nicht mehr statt. Sie werden aber erst bei sehr tiefen Temperaturen abgetötet (bei −18 °C erst nach Wochen).
  Die meisten Schimmelpilze bevorzugen Temperaturen zwischen 20 und 30 °C. Sie wachsen bei 0 °C nicht mehr. Die Pilzsporen überstehen jedoch sehr tiefe Temperaturen.
- Enzyme
  Zelleigene Enzyme der Lebensmittel und mikrobielle Enzyme, die Inhaltsstoffe zersetzen bzw. verändern können, zeigen bei 0 °C nur noch eine sehr geringe Aktivität, bei −18 °C sind sie inaktiviert.
- Chemische Reaktionen
  Chemische Reaktionen laufen bei niedrigen Temperaturen stark verlangsamt ab, aber selbst bei −18 °C werden Fettsäuren noch oxidiert (in Gegenwart von Luftsauerstoff).
- Würmer
  Bandwurmfinnen, Trichinen, Toxoplasmen und Nematodenlarven (Seefische) werden bei −18 bis −25 °C abgetötet (Finnen nach 7 Tagen bei −18 °C, Trichinen innerhalb von 10 bis 20 Tagen bei −25 °C).

Aufbewahrung nahe 0 °C

Das Lagern im Kühlraum bzw. Kühlschrank kann nicht als Konservierung angesehen werden, obwohl dadurch die Haltbarkeit vieler wasserhaltiger Lebensmittel beträchtlich verbessert wird. Das Aufbewahren von leicht verderblichen Produkten und diesen gleichgestellten Erzeugnissen bei Kühlraumtemperaturen wird gesetzlich zwingend vorgeschrieben (siehe Kapitel 4.2 und 6.7.2).

Aufbewahrung bei –18 °C

Das Lagern bei –18 °C (Frosten von wasserhaltigen Lebensmitteln) kann als Konservierung verstanden werden. Es muss aber berücksichtigt werden, dass sich viele Keime nach dem Auftauen wieder vermehren und dann zum Verderb führen können.

Die Haltbarkeit von tiefgekühlten Produkten ist relativ gut und hängt in erster Linie von deren Inhaltsstoffen ab. Mehrfach ungesättigte Fettsäuren werden auch bei –18 °C oxidiert, so dass Lebensmittel, die Fette enthalten, die reich an solchen Fettsäuren sind, nur für eine kürzere Zeit gelagert werden können.

3.2 Haltbarmachung durch Trocknen

Ein Entzug von Wasser führt zum Stillstand des gesamten Zellstoffwechsels von Mikroorganismen sowie von tierischen und pflanzlichen Zellen. Lebensmittel werden dadurch sowohl vor einem mikrobiellen Verderb als auch vor einem Verderb auf Grund einer Eigenzersetzung geschützt. Der Restwassergehalt von ordnungsgemäß getrockneten Erzeugnissen (2 bis 16 % des Trockengewichtes) ist sog. nicht frei verfügbares Wasser, das für Stoffwechselprozesse nicht zur Verfügung steht.

Im Verlauf der Trocknung laufen an den Inhaltsstoffen zahlreiche Veränderungen ab, die u. a. auch zur Bildung von neuen Substanzen wie Aromen oder Farbstoffen führen. Für die speziellen Eigenschaften getrockneter Lebensmittel sind im Wesentlichen Veränderungen an den Eiweißen (Denaturierung) und an den komplexen Kohlenhydraten verantwortlich (z. B. Beeinträchtigung des Quellvermögens). Mit dem Trocknen sind in der Regel beträchtliche Vitaminverluste verbunden.

Lufttrocknung

Beim einfachen Trocknen an der Luft (und an der Sonne) wird das Wasser sehr langsam entzogen. Dieses Verfahren ist deswegen für besonders wasserreiche Lebensmittel nicht oder nur bedingt geeignet, da die Gefahr eines mikrobiellen

Verderbs bereits während des Trockenprozesses sehr groß ist. Diese Gefahr kann auch bei industriellen Verfahren nur teilweise vermieden werden (das Trockengut wird mit warmer Luft von meist 60 °C umströmt).

Im Verlauf der Trocknung laufen an den Inhaltsstoffen durch zelleigene bzw. mikrobielle Enzyme katalysierte Veränderungen ab (sog. Reifungsprozesse), die in vielen Fällen erwünscht sind (Aromabildung). Bei der Reifung von Würsten (Salami) kann durch deren gezielte Vorbehandlung mit speziellen Schimmelpilzkulturen dieser Prozess gesteuert und eine unerwünschte Besiedlung durch solche Fremdkeime verhindert werden, die Mykotoxine bilden.

Die Gefahr einer Kontamination von getrockneten Lebensmitteln mit Mikroorganismen oder deren Sporen ist relativ groß. Sie muss bei der Verarbeitung beachtet, jedoch nicht überbewertet werden. Das gilt insbesondere für getrocknete Gewürzkörner (vorrangig Pfeffer) und Gewürzkräuter, die häufig mit Schimmelpilzen belastet sind. Diese Kontamination kann bei dem meist mengenmäßig geringen Einsatz von Gewürzen vernachlässigt werden. Stockfisch und Trockenpilze sind ebenfalls oft mit Mikroorganismen belastet, was bei deren Verarbeitung jedoch berücksichtigt werden muss (es werden vergleichsweise größeren Mengen verzehrt). Es empfiehlt sich, das Vorquellen auf die unbedingt erforderliche Zeit zu begrenzen, das zum Einweichen benutzte Wasser zu verwerfen und ausreichend lange zu garen.

Industriell luftgetrocknete pflanzliche Lebensmittel, hauptsächlich Obst, in geringerem Umfang auch Gemüse, werden häufig mit Schwefeldioxid (schweflige Säure) als Antioxidans behandelt, um eine enzymatische Bräunung zu verhindern. Bei Vorliegen einer allergischen Reaktion gegenüber schwefliger Säure (bzw. bei einer Allergie mit unklarer Ursache) sollten Trockenobst, Rosinen, Trockengemüse und Fertigsuppen mit Gemüseanteil gemieden werden. Das gilt nicht für getrocknete Hülsenfrüchte.

Walzentrocknung

Bei der Walzentrocknung wird das entsprechend vorbereitete Lebensmittel auf rotierende heiße

Walzen gesprüht, wobei es oft zu größeren Veränderungen an den Inhaltsstoffen kommt (nichtenzymatische Bräunung, Oxidation, thermische Zersetzung). Diese können zu beträchtlichen Geschmacks- und Farbveränderungen führen. Die Produkte sind relativ schlecht wasserlöslich. Bei der Herstellung von Trockenpulver für Kartoffelpüree können die nachteiligen Veränderungen vermieden werden.

Sprühtrocknung

Bei der Sprühtrocknung wird das in Wasser gelöste oder aufgeschwemmte Lebensmittel in einen Strom von heißer Luft oder Stickstoff gesprüht. Dieses Verfahren ist im Vergleich zur Walzentrocknung aufwendiger, aber auch wesentlich schonender. Die Produkte sind gut wasserlöslich und können bei wasser- und luftdichter Verpackung etwa 12 Monate ohne Qualitätseinbuße gelagert werden.

Die Sprühtrocknung wird vor allem zur Herstellung von Milchpulver, Trockenei, Zutaten für „Tütensuppen", preisgünstigem Pulverkaffee und Gelatinepulver[1] eingesetzt.

Gefriertrocknung

Die Gefriertrocknung ist ein schonendes, aber aufwendiges Trocknungsverfahren. Dabei wird das Wasser aus dem eingefrorenen Lebensmittel durch Verdunsten unter Hochvakuum entfernt. Gefriergetrocknete Erzeugnisse zeichnen sich durch eine hohe Qualität (keine Aromaverluste) und gute Wasserlöslichkeit aus, die bei einer entsprechenden Verpackung lange aufrechterhalten werden kann (vorzugsweise Vakuumverpackung oder Verpackung unter Stickstoff als Schutzgas). Die Verpackung sollte deswegen erst unmittelbar vor Gebrauch geöffnet und nach der Entnahme sofort wieder verschlossen werden. Das Aufbewahren von bereits geöffneten, aber gut verschlossenen Dosen im Kühlschrank kann Aromaverluste begrenzen. Die Gefriertrocknung wird zur Herstellung von qualitätsvollem Instantkaffeepulver sowie von anderen hochwertigen Pulvern eingesetzt, die in erster Linie bei der Fabrikation von ausgesuchten, preisintensiven Convenience-Produkten verarbeitet werden.

3.3 Haltbarmachung durch Hitze

Unter der Einwirkung von Hitze kommt es an den Zellen und Zellstrukturen zu Veränderungen, die letztendlich zum Abtöten der Mikroorganismen führen. Dabei wird angestrebt, die Eigenschaften der Lebensmittel so wenig wie möglich zu verändern. Native tierische und pflanzliche Lebensmittel werden zumindest partiell gegart (Fleisch, Gemüse, Obst). Bei höheren Temperaturen können auch unerwünschte thermische Veränderungen und Vitaminverluste auftreten.

Pasteurisieren

Die Lebensmittel werden bei Temperaturen pasteurisiert, die zwischen 65 und 100 °C liegen (in Abhängigkeit vom jeweiligen Erzeugnis). Dabei werden die meisten vegetativen (lebenden) Bakterien, Hefen und Schimmelpilze abgetötet, nicht aber Sporen von Bakterien und wenige, sehr temperaturresistente Bakterien. Diese Sporen können unter geeigneten Bedingungen auskeimen (sich in Bakterien umwandeln) und sich vermehren.

Pasteurisierte Lebensmittel sind nur für eine begrenzte Zeit haltbar. Aus diesem Grund wird dieses Konservierungsverfahren vorzugsweise zur Haltbarmachung von hitzeempfindlichen Lebensmitteln und von solchen eingesetzt, die bei höheren Temperaturen wesentliche Qualitätseinbußen in sensorischer und ernährungsphysiologischer Hinsicht erleiden.

Die Haltbarmachung durch Pasteurisieren ist nicht für solche Lebensmittel geeignet, die mit Erdsporen belastet sein können wie Fleisch und in Bodennähe wachsendes Gemüse und Obst (Möhren, Buschbohnen, Zwiebeln, Speisepilze, Erdbeeren). Es besteht die Gefahr eines Verderbs durch Auskeimen der Erdsporen und einer Vergiftung mit dem Botulismustoxin (siehe Kapitel 5.1.2.3).

---

[1] Im Sprühverfahren getrocknetes Gelatinepulver ist gut wasserlöslich im Gegensatz zu Gelatinepulver, das durch Vermahlen der preisgünstigeren Blattgelatine hergestellt wurde.

Die Haltbarkeit von pasteurisierten Lebensmitteln hängt vom Lebensmittel selbst, der Menge und der Art der Begleitkeime sowie vom Umfang und von der Art der Vorbehandlung ab:

◆ Pasteurisierte Milch und Milcherzeugnisse sind, auch bei Kühlschranktemperatur aufbewahrt, nur wenige Tage haltbar. Aus diesem Grund ist das Mindesthaltbarkeitsdatum besonders zu beachten.

◆ Pasteurisierte Obst- und Gemüsesäfte sind, eine sterile Abfüllung beim Hersteller vorausgesetzt, bei Zimmertemperatur ungeöffnet gelagert mehrere Monate haltbar. Nach dem Öffnen sind sie im Kühlschrank aufzubewahren und umgehend zu verbrauchen.

◆ Pasteurisiertes Bier ist in der Regel bei Zimmertemperatur mehrere Monate lang ohne Qualitätsverlust haltbar (Mindesthaltbarkeitsdatum beachten).

Sterilisieren

Zum Sterilisieren werden die Lebensmittel unter erhöhtem Druck auf Temperaturen von 120 bis 135 °C erhitzt, wodurch auch die Sporen von Sporen bildenden Bakterien abgetötet werden. Der große Nachteil dieses Verfahrens sind thermische Veränderungen an den Inhaltsstoffen vieler Lebensmittel, die deren Qualität negativ beeinflussen.

Ultrahocherhitzen

Das Verfahren ist eine sehr schonende und effektive Konservierungsmethode, bei dem nur wenige Sekunden lang auf Temperaturen von mindestens 135 °C erhitzt wird. Es eignet sich aus technologischen Gründen nur für Flüssigkeiten und wird zum gegenwärtigen Zeitpunkt (2003) ausschließlich zur Konservierung von Milch (H-Milch) und Sahne eingesetzt.

Konserven

Unter dem Sammelbegriff Konserven werden alle durch Hitzebehandlung haltbar gemachte, luftdicht verschlossene Lebensmittelerzeugnisse zusammengefasst. Konserven sind relativ einfach zu lagern. Ein Verderb ist trotz ordnungsgemäßer Aufbewahrung in Ausnahmefällen möglich, meist durch eine bakterielle Zersetzung als Folge eines Auskeimens von Sporen anaerob wachsender Keime. Der Doseninhalt ist bei einem Verdacht auf Verderb zu verwerfen (atypischer Geruch, Gärung). Das Fehlen einer Bombage ist keine Garantie für die einwandfreie Beschaffenheit des Doseninhaltes (eine Reihe von Keimen wachsen auch ohne Bildung von Gasen).

◆ Präserven (Halbkonserven)
Präserven werden durch Pasteurisieren oder Kochen haltbar gemacht und sind nur begrenzt haltbar (auch bei Kühllagerung).
Die Haltbarkeit kann durch den Zusatz von Genusssäure (meist Essig) oder von Konservierungsstoffen (Sorbinsäure, Benzoesäure, PHB-Ester) verbessert werden.
Den Präserven werden auch solche Fleischkonserven zugeordnet, die bei Temperaturen von lediglich 65 bis 75 °C pasteurisiert wurden, aber kaum noch hergestellt werden. Sie müssen bei Kühlraumtemperaturen gelagert werden.

◆ Dreiviertelkonserven
Diese Konserven werden durch kurzzeitiges Erhitzen auf 120 °C haltbar gemacht.
Das Verfahren wird nur für relativ empfindliche Lebensmittel eingesetzt wie Wurstwaren in Dosen (Brüh-, Leber- und Rotwurst).
Es werden die meisten, aber nicht alle Sporen abgetötet (nicht die Sporen des Botulismuserregers). Die Dreiviertelkonserven müssen bei Kühlraumtemperatur aufbewahrt werden, ihre Lagerfähigkeit beträgt maximal 12 Monate.

◆ Vollkonserven
Vollkonserven werden durch längeres Erhitzen auf 120 °C haltbar gemacht, wodurch alle Keime und Sporen zuverlässig abgetötet werden. Die Dosen werden nach dem Abfüllen aus Sicherheitsgründen nochmals erhitzt. Ordnungsgemäß hergestellte Vollkonserven können 4 Jahre lang bei 25 °C gelagert werden, eine Kühllagerung ist nicht erforderlich.
Den Vollkonserven können pasteurisierte, stark saure Erzeugnisse (pH-Wert unter 4,5) zugerechnet werden. Bei diesen niedrigen pH-Werten keimen Sporen nicht aus. Es ist jedoch nicht üblich, diese Erzeugnisse (z. B. Obstsäfte) als Vollkonserven zu bezeichnen.

3.4 Haltbarmachung mit chemischen Verfahren

Das Prinzip aller chemischen Verfahren der Haltbarmachung beruht darauf, Bedingungen zu schaffen, unter denen die Stoffwechselleistungen von Mikroorganismen gehemmt und diese nicht mehr in der Lage sind, sich zu vermehren oder Toxine zu bilden. In den wenigsten Fällen werden dabei die Keime abgetötet, so dass sie bei Wegfall der Konservierungsbedingungen wieder wachsen können.

3.4.1 Salzen und Pökeln

Die konservierende Wirkung von Kochsalz beruht vorrangig auf dem Entzug von Wasser, wodurch für Stoffwechselprozesse der Mikroorganismen nicht mehr genügend frei verfügbares Wasser vorhanden ist (erniedrigter a_w-Wert). Fäulniserreger werden durch Wasserentzug am stärksten gehemmt (vollständig bei einer Kochsalzkonzentration im Aufguss von 8 %). Auch in den Lebensmitteln vorliegende Enzyme werden gehemmt (z. B. Lipasen), wodurch das Ranzigwerden von Fetten verzögert wird. Höhere Salzkonzentrationen denaturieren die Eiweiße, wodurch bei eiweißreichen Lebensmitteln (Fleisch, Fisch) zusätzlich ein Gareffekt bewirkt wird. Durch Kochsalz wird außerdem die im Wasser gelöste Menge an Sauerstoff vermindert, so dass die Oxidationsrate von Inhaltsstoffen gesenkt wird.

Die Haltbarkeit von salzkonservierten Lebensmitteln ist begrenzt. Halophile Hefen (sog. Kahmhefen) und einige spezielle Bakterien vermehren sich auch bei höheren Salzkonzentrationen, vorzugsweise an der Oberfläche der Salzlake oder der gesalzenen Produkte (weißer Film).

Der Salzgehalt von salzkonservierten Lebensmitteln ist meist höher, als dies sensorisch empfunden wird, insbesondere bei Fleischerzeugnissen (Schinken, Pökelfleisch) und Wurstwaren. Bei kochsalzeingeschränkten Diäten sind deshalb salzkonservierte Lebensmittel verboten. Sie sollten bei Speisen und Gerichten, die als leichte Vollkost („Schonkost") angeboten werden, nur nach gründlichem Wässern eingesetzt werden. Notfalls sollte der relativ hohe Salzgehalt durch sparsames Würzen zumindest teilweise ausgeglichen werden.

Pökeln

Beim Pökeln wird der konservierende Effekt des Kochsalzes durch den Zusatz von Pökelsalz verstärkt (siehe ausführlich Kapitel 2.2.2.1). Hervorzuheben sind unter dem Gesichtspunkt der Haltbarmachung folgende Effekte des Nitrits:

◆ Effektive Hemmung des Wachstums einer Reihe von Bakterien, vorwiegend von Clostridium botulinum (Botulismuserreger, siehe Kapitel 5.1.2.3) und Salmonellen, die nicht durch andere Hemmstoffe erreicht werden kann (auch nicht durch Vitamin C).

◆ Entfaltung eines antioxidativen Effektes, wodurch oxidative Veränderungen an den Inhaltsstoffen, vor allem an ungesättigten Fettsäuren und Cholesterin, verzögert werden können.

3.4.2 Räuchern

Der beim Räuchern erzielte Konservierungseffekt beruht auf einer Erniedrigung des Wassergehaltes um 10 bis maximal 40 % sowie auf der bactericiden (keimabtötenden) und antioxidativen Wirkung von Inhaltsstoffen des Rauchs, die nicht nur an der Oberfläche wirken, sondern auch relativ gut in das Räuchergut eindringen. Der erzielte Konservierungseffekt hängt ab von den Eigenschaften des Lebensmittels, vom eingesetzten Räucherverfahren und von der Dauer des Räucherns.

Einige Inhaltsstoffe des Rauchs sind in hohen Konzentrationen cancerogen. Die bei Einhaltung der gesetzlichen Vorgaben gebildeten Mengen sind jedoch so gering, dass eine gesundheitliche Gefährdung durch den Verzehr von Räucherwaren in üblichen Mengen ausgeschlossen werden kann. Es ist u. a. generell verboten, zum Räuchern Späne von Nadelhölzern oder bearbeitetem bzw. chemisch behandeltem Holz sowie Holzabfälle zu verwenden (gilt auch für das Räuchern in Restaurantküchen). Es ist lediglich erlaubt, Späne und Zweige von Laubbäumen („naturbelassenes Holz") sowie Heidekraut und Nadelholzsamenstände einzusetzen und außerdem Gewürzkräuter sowie Gewürze zuzugeben (Aromenverordnung).

Räucherverfahren

Die verschiedenen Räucherverfahren unterscheiden sich hauptsächlich durch die Temperatur des Rauchs und die dadurch erforderlichen unterschiedlich langen Räucherzeiten. Bei niedrigen Temperaturen ist der Konservierungseffekt trotz längerer Räucherzeit weniger ausgeprägt (siehe Tabelle 3.4.1).

◆ Kalträuchern

Der Konservierungseffekt wird durch vorheriges Salzkonservieren bzw. Pökeln wesentlich erhöht. Kalt geräucherte Fleischwaren (Rohschinken, Speck) und Rohwürste werden bis zu 4 Wochen, Lachs und Lachshering dagegen nur 1 bis 2 Tage geräuchert. Die Haltbarkeit von Lachs und Lachshering ist entsprechend begrenzt.

◆ Dunkelräuchern

Dunkelräuchern ist eine Sonderform des Kalträucherns, von dem es sich durch eine wesentlich intensivere Raucheinwirkung unterscheidet. Dabei entwickelt sich ein kräftigeres Aroma, und das Räuchergut nimmt eine tiefbraune Farbe an (Katenschinken, Schwarzwälder Schinken).

◆ Das sog. „Schwarzgeräucherte" wird in einem rußbelasteten Rauch kalt geräuchert. Schwarzgeräuchertes ist in der Regel stärker mit Cancerogenen belastet, die zulässigen Grenzwerte werden aber nicht überschritten. Bei gelegentlichem Verzehr besteht keine gesundheitliche Gefährdung.

◆ Warmräuchern

Das Verfahren wird in erster Linie für ausgewählte Fleischwaren eingesetzt, die vor dem Räuchern zusätzlich gepökelt werden. Die so geräucherten Produkte sind besonders zart, da bei den herrschenden Temperaturen von maximal 45 °C fleischeigene Enzyme aktiviert werden, welche die Eiweiße der Erzeugnisse gezielt andauen. Warm geräucherte Waren sind nur kurze Zeit haltbar. Auch die warm geräucherten Frankfurter Würstchen sind für den alsbaldigen Verzehr bestimmt und kühl zu lagern.

◆ Heißräuchern

Der Räucherprozess dauert nur wenige Stunden und ist somit recht ökonomisch. Im Verlauf des Heißräucherns werden die Eiweiße des Räuchergutes schrittweise denaturiert, so dass dieses Verfahren auch als ein Garprozess gewertet werden kann. Heiß geräuchert werden Fleischprodukte wie gekochter Schinken sowie Brüh- und Kochwürste (Bockwurst, Leberwurst). Räucherfisch ist größtenteils heiß geräuchert (Sprotten, Bückling, Makrele, Aal, Heilbutt, Rotbarsch u. a.). Heiß geräucherter Lachs wird als Stremellachs angeboten.

◆ „Räuchern" mit Flüssigrauch (Raucharoma)

Flüssigrauch wird durch die Kondensation der Rauchprodukte in Wasser gewonnen und enthält alle für den Räuchereffekt erwünschten Bestandteile des Rauchs, aber nicht die unerwünschten wasserunlöslichen teerähnlichen Stoffe mit cancerogenen Eigenschaften. Der Nachteil des in ökonomischer Hinsicht vorteilhaften Verfahrens besteht darin, dass die im flüssigen Zustand auf die Oberfläche aufgetragenen konservierenden Stoffe weniger tief in das Lebensmittel eindringen als in Form von Rauch und dass damit die Gefahr eines Verderbs größer ist. Die Verwendung von Raucharoma muss deklariert werden.

Tabelle 3.4.1:
Übersicht über die verschiedenen Räucherverfahren

Räucherverfahren	Räuchertemperatur	Haltbarkeit des Räuchergutes
Kalträuchern	20–35 °C	begrenzt (Unterschiede)
Dunkelräuchern	20–35 °C	begrenzt (meist etwas länger)
Warmräuchern	45 °C	begrenzt (Frankfurter Würstchen)
Heißräuchern	50–90 °C	unterschiedlich je nach Räuchergut
Flüssigrauch	Behandlung der Lebensmittel mit kondensiertem Rauch. Der Einsatz von Flüssigrauch muss deklariert werden.	

3.4.3 Zuckerzusatz

Zucker konserviert durch Wasserentzug.
Mit der meistbenutzten Endkonzentration von
60 % Zucker werden nahezu alle Lebensmittel
sicher konserviert. Das Wachstum der meisten
Mikroorganismen wird ab einem Zuckergehalt
von etwa 40 % gehemmt. Fruchtsäuren,
wie beispielsweise Zitronensäure, unterstützen
die konservierende Wirkung des Zuckers.
Ein Zuckergehalt von 60 % hemmt jedoch nicht
das Wachstum von osmophilen Hefen und von
einigen Schimmelpilzen, so dass derart konservierte Lebensmittel bei Befall mit diesen Keimen
verderben können, meist beginnend mit einem
oberflächlichen Bewuchs (Bildung von Schimmel
auf Konfitüren).

3.4.4 Säuern

Saures Milieu (pH-Wert kleiner als 4,5) verhindert das Wachstum der meisten Keime. Nur einige Hefen und Schimmelpilze können sich langsam an das saure Milieu anpassen und nach
einer gewissen Zeit zum Verderb des befallenen
Lebensmittels führen. Für viele gesäuerte Lebensmittel kann deswegen nur eine begrenzte
Haltbarkeit garantiert werden. Sie kann jedoch
durch zusätzliches Pasteurisieren und/oder
Zugabe von Konservierungsstoffen wie Sorbinsäure oder Benzoesäure wesentlich verbessert
werden. Das Haltbarmachen erfolgt entweder
durch die Zugabe von Genusssäuren zum
Lebensmittel (vorzugsweise Essigsäure) oder
durch eine natürliche Säuerung durch Milchsäure, die von Milchsäurebakterien gebildet
wird (z. B. Sauerkraut).
Die bei der Milchsäuregärung neben der „natürlichen" L-Milchsäure gebildete D-Milchsäure wird im menschlichen Organismus
langsamer als die L-Milchsäure abgebaut.
Sie ist entgegen früheren Annahmen absolut
unbedenklich. Das Verbot von D-Milchsäure für
die Herstellung von Fertignahrung für Säuglinge wurde aus Sicherheitsgründen ausgesprochen, es hat sich jedoch als unbegründet
erwiesen.

3.4.5 Alkohol

Alkohol hemmt ab einer Konzentration von
12 Vol.-% das Wachstum von Mikroorganismen. In
höheren Konzentrationen werden nahezu alle
Keime abgetötet (in einem Bereich von 35 bis
56 Vol.-%). Ein Verderb, der nicht auf Keime
zurückzuführen ist, wird durch Alkohol nicht verhindert, wie beispielsweise die Oxidation von
Inhaltsstoffen durch Luftsauerstoff.
Die Haltbarkeit von Lebensmitteln, die mit Alkohol konserviert werden, beträgt in der Regel 1 bis
2 Jahre. Wegen möglicher oxidativer Veränderungen sollte jedoch die Unbedenklichkeit der Produkte eigenverantwortlich und kritisch eingeschätzt werden, insbesondere bei fettreichen
Erzeugnissen. Diese sollten auch lichtgeschützt
und kühl aufbewahrt werden (z. B. Eierlikör). Auch
Waren mit relativ geringem Alkoholgehalt (nur
wenig oberhalb von 12 Vol.-%) sollten bei längerer Lagerung gekühlt aufbewahrt werden, da sich
Alkohol auf Grund seines niedrigen Siedepunktes
von 78 °C relativ rasch verflüchtigt. Eine auf diese
Weise erfolgte Senkung des Alkoholgehaltes
unter 12 Vol.-% kann zum Wachsen von Mikroorganismen und zum Verderb führen.

3.4.6 Konservierungsstoffe

Konservierungsstoffe unterliegen der Zusatzstoff-
Zulassungsverordnung. Es dürfen nur Konservierungsstoffe eingesetzt werden, die in der Liste
der erlaubten Zusatzstoffe aufgenommen sind
(Kennzeichnung durch eine E-Nummer).
Der Zusatz von Konservierungsstoffen und die
Behandlung der Oberfläche von Lebensmitteln
mit solchen muss auch auf der Speisekarte oder
in anderer geeigneter Form deklariert werden
(siehe hierzu Kapitel 6.7.4.2 und 6.7.4.4).
Von zugelassenen Konservierungsstoffen gehen
für die meisten Menschen keinerlei gesundheitliche Gefährdungen aus. Nur ein verschwindend
kleiner Personenkreis reagiert allergisch auf den
Verzehr von bestimmten Konservierungsstoffen.
Diese Menschen werden bei einer ordnungsgemäßen Deklaration eines Zusatzes vor dem Verzehr des betreffenden Lebensmittels gewarnt.

Sorbinsäure (E 200, 202, 203)

Sorbinsäure (und ihre Salze) hemmt im leicht sauren Milieu Hefen und Schimmelpilze sowie einige Bakterien. Sie ist nahezu geschmack- und geruchlos, sie wird im menschlichen Körper vollständig verbrannt (wie alle natürlichen Fettsäuren) und ist somit gesundheitlich absolut unbedenklich. Ihre Haupteinsatzgebiete sind Fischmarinaden, Fruchtsäfte, Sauerkonserven, zuckerarme Konfitüren (Diabetikerkonfitüre), Halbfettmargarine und verpacktes Schnittbrot (jetzt meist durch Hitzekonservierung haltbar gemacht).

Benzoesäure (E 210 bis 213)

Benzoesäure kommt in der Natur in zahlreichen pflanzlichen Lebensmitteln vor (in besonders hoher Konzentration in Preiselbeeren [bis zu 0,25 %]). Sie hemmt Hefen und Schimmelpilze, in sehr geringem Maße auch einige Bakterien. Wegen ihrer relativ schlechten Wasserlöslichkeit, die durch Säure etwas verbessert wird, können mit ihr nur stark saure Lebensmittel haltbar gemacht werden. Benzoesäure ist nicht völlig geschmacklos, sehr hohe Konzentrationen führen zu einem pfefferartigen Beigeschmack. In sehr seltenen Fällen kann Benzoesäure pseudoallergische Reaktionen auslösen. Mit Benzoesäure konservierte Lebensmittel sind dann strikt zu meiden. Benzoesäure wird im menschlichen Körper zu Hippursäure abgebaut und mit dem Harn ausgeschieden. Hippursäure ist auch das Abbauprodukt von zahlreichen Pflanzeninhaltsstoffen.

p-Hydroxybenzoesäureester (PHB-Ester, E 214 bis 219)

PHB-Ester kommen wie Benzoesäure in geringen Mengen in zahlreichen Pflanzen vor. Sie sind wegen ihrer guten Wasserlöslichkeit auch bei einem pH-Wert bis 7,0 noch wirksam. PHB-Ester hemmen alle die Keime, die auch von der Benzoesäure gehemmt werden, zusätzlich einige weitere Bakterien. In seltenen Fällen sollen PHB-Ester allergische Reaktionen ausgelöst haben.

Biphenyl (Diphenyl), Orthophenylphenol (E 230 bis 232)

Diese Konservierungsstoffe sind ausschließlich für die Oberflächenbehandlung von Zitrusfrüchten und von Schalen von Zitrusfrüchten (Zitronat) zugelassen. Sie verhindern das Auftreten des Blauschimmels, der die Hauptursache für den Verderb von Zitrusfrüchten ist. Sie können offenbar bis ins Fruchtfleisch eindringen. Allergische Reaktionen sind bisher nicht beschrieben worden.

Schwefeldioxid, schweflige Säure und deren Salze (Sulfite, E 220 bis 228)

Schweflige Säure und das gasförmige Schwefeldioxid (SO_2) beeinträchtigen das Wachstum zahlreicher Bakterien. Hefen und Schimmelpilze werden dagegen weniger gut gehemmt. Diese Stoffe unterbinden außerdem äußerst effektiv die enzymatische Bräunung von Lebensmitteln (Verhinderung einer Bräunung von rohen Kartoffelerzeugnissen wie Kloßmasse, geriebener Meerrettich). Sulfite werden vom Körper als Sulfat über die Nieren ausgeschieden, auf dem gleichen Weg wie das beim Abbau von Eiweißen anfallende Sulfat (täglich etwa 1,5 g). In höheren Konzentrationen schmeckt schweflige Säure unangenehm (Schwellenwert bei 50 mg/Liter). Ein Zusatz, der größer als dieser Schwellenwert ist, muss deklariert werden („geschwefelt"). Gering höhere Mengen an schwefliger Säure sollen bei empfindlichen Personen Kopfschmerzen (Kopfschmerzen nach altem „gutem" Wein) und bei Asthmatikern asthmatische Anfälle auslösen können.

Die Konservierung von Fisch, Fleisch und Fleischerzeugnissen, vor allem Hackfleisch, mit schwefliger Säure, ihren Salzen und Schwefeldioxid ist in Deutschland verboten. Durch den Zusatz von schwefliger Säure kann ein Fäulnisgeruch nachhaltig unterdrückt werden, so dass ein beginnender Verderb kaschiert werden kann.

3.5 Weitere Verfahren zur Haltbarmachung

Die vorwiegend in der Lebensmittelindustrie eingesetzten speziellen Verfahren sind nur für ausgewählte Lebensmittel von Interesse und sind im engeren Sinne keine Konservierungsverfahren. Sie können jedoch die Lagerfähigkeit der entsprechend behandelten Erzeugnisse wesentlich verbessern.

Ultrafiltration

Bei der Ultrafiltration von Flüssigkeiten durch Spezialfilter werden Mikroorganismen effektiv zurückgehalten. Das Verfahren wird meist dann eingesetzt, wenn empfindliche Getränke schonend konserviert werden sollen (Bier, Wein und Fruchtsäfte).

Bestrahlung

Die Bestrahlung von Lebensmitteln mit energiereichen Strahlen oder mit ultraviolettem Licht verbessert deren Haltbarkeit auf Grund der Hemmung des Wachstums von Keimen bzw. der Aktivität von Enzymen der Lebensmittel.

◆ Bestrahlung mit ultraviolettem Licht
Mit UV-Licht dürfen Trinkwasser sowie die Oberflächen von Käse und Obst generell bestrahlt werden.

◆ Bestrahlung mit ionisierenden Strahlen
Die Bestrahlung mit ionisierenden Strahlen wird von der internationalen Atomenergieorganisation als unbedenklich eingeschätzt, falls die Vorschriften beachtet und die maximal zulässigen Strahlendosen nicht überschritten werden. Sie ist in vielen Mitgliedsstaaten der EU erlaubt. Eine erfolgte Bestrahlung muss in der Regel deklariert werden. Neben Kartoffeln (Verzögerung des Keimens), frischem Gemüse (vornehmlich Zwiebeln), getrockneten Gewürzen und Kräutern dürfen in einigen Ländern auch Krabben, Fisch, Geflügelfleisch, Froschschenkel, Eiklar und Käse bestrahlt werden. In Deutschland ist dies bisher nur für getrocknete Gewürze und Kräuter erlaubt, die mit anderen Verfahren nicht keimfrei gemacht werden können.

Vakuumverpackung

Das Lagern von Lebensmitteln unter Vakuum verbessert deren Haltbarkeit beträchtlich, es ist aber im engeren Sinne kein Konservierungsverfahren. Beim Vakuumieren der Polyethylenbeutel, in denen die Produkte verpackt sind, werden zusammen mit der Luft auch entsprechende Anteile an Luftsauerstoff entfernt, so dass der Partialdruck des Sauerstoffs im luftdicht verschweißten Beutel stark erniedrigt ist. Dadurch wird die Gefahr von oxidativen Veränderungen an den Lebensmitteln herabgesetzt. Ein Wachstum sowohl von aeroben Bakterien als auch von Fäulniserregern kann jedoch nicht so zuverlässig verhindert werden wie unter den Bedingungen der CA-Verpackung (siehe unten).

In der Praxis ist das Verfahren in der Hauptsache für oxidationsgefährdete Lebensmittel von besonderer Bedeutung, vorzugsweise für Fleisch. Es garantiert einen guten Aromaschutz, ermöglicht eine längere Lagerung und ist in erster Linie für kleine Portionen geeignet. Die hellrote Farbe von frischem Fleisch geht dabei in einen braunroten Farbton über, da sowohl vom Hämoglobin der roten Blutkörperchen als auch vom Muskelfarbstoff Myoglobin der von ihnen gebundene Sauerstoff abgegeben wird.

Das Aufbewahren unter Vakuum wird gelegentlich auch zum Nachreifen von Fleisch eingesetzt. Dazu eignen sich nur Teilstücke von schlachtfrischem bzw. frisch angeliefertem Fleisch von einwandfreier Qualität, die nicht überdurchschnittlich mit Keimen belastet sein dürfen. Dieses Nachreifen erfolgt ebenfalls bei Kühlraumtemperaturen (siehe Kapitel 1.5.2).

CA-Verpackung (controlled atmosphere)

Das ausnahmslos in der Industrie eingesetzte Verfahren dient vorzugsweise der Verbesserung der Lagerfähigkeit von Fleisch. Fleischteilstücke werden in einer Schutzgasatmosphäre (Gasgemisch aus Stickstoff, Kohlendioxid und Sauerstoff, sog. „kontrollierte Atmosphäre") in speziellen Plastikbeuteln aus Polyethylen luftdicht eingeschweißt. Das Kohlendioxid hemmt in der eingesetzten Konzentration auch das Wachstum von anaerob wachsenden Keimen (insbesondere Fäulniserreger), die geringe Menge an Sauerstoff stabilisiert die rote Farbe des Fleischs (Stabilisierung des Oxymyoglobins), und Stickstoff fungiert als indifferentes Füllgas. Dadurch wird ein mikrobieller Verderb wesentlich verzögert, nicht aber der Abbau von Inhaltsstoffen durch zelleigene Enzyme.

4 Lagerung von Lebensmitteln

Bei der Bevorratung von Lebensmitteln müssen unabhängig von speziellen, die einzelnen Produkte betreffenden Anforderungen eine Reihe von generellen Vorgaben erfüllt werden, die insbesondere die Beschaffenheit der Lagerräume und das Handling der gelagerten Nahrungsgüter betreffen.

Generelle Anforderungen an Lagerräume

Alle zum Lagern von Lebensmitteln genutzten Räume müssen minimalen Anforderungen entsprechen, unabhängig davon, ob sie als Trocken-, Kühl- oder Tiefkühllager genutzt werden. Diese Anforderungen gelten in gleichem Maße auch für Lager- und Transportbehälter.

Prinzipiell ist es verboten, Lebensmittel zusammen mit Reinigungs-, Desinfektions- und Schädlingsbekämpfungsmitteln, anderen Chemikalien sowie mit Substanzen zu lagern, die nicht für den menschlichen Verzehr bestimmt sind.

Die Gestaltung, Ausstattung und Anlage der Lager muss gewährleisten, dass bei der Aufbewahrung

◆ eine Kontamination mit Mikroorganismen (Krankheits- und Fäulniserreger) verhindert wird,
◆ ein Kontakt mit Schadnagern und Schadinsekten sicher unterbunden wird,
◆ eine Belastung mit Schadstoffen wie Gifte, Dämpfe und giftige Gase ausgeschlossen wird,
◆ das Einwirken von Feuchtigkeit sicher verhindert wird.

An den baulichen Zustand von Lagerräumen werden ebenfalls allgemein gültige Anforderungen gestellt. Sie

◆ müssen gut begehbar sein und ausreichend beleuchtet werden können,
◆ dürfen für das Personal keine Gefährdung darstellen, wie z. B. unbeabsichtigtes Einschließen (Einbau von Warneinrichtungen!),
◆ müssen gut belüftet werden (gilt insbesondere für Trockenlager),
◆ müssen eine vor Licht geschützte Lagerung ermöglichen, eine vorgeschriebene lichtgeschützte Aufbewahrung muss konsequent eingehalten werden,
◆ müssen eine übersichtliche Lagerung ermöglichen.

Anforderungen an das Handling eingelagerter Lebensmittel

Lebensmittel müssen so gelagert werden, dass eine Verwechslung und Verunreinigung sicher ausgeschlossen werden kann. Sie dürfen deponiert werden

◆ in der Originalverpackung (industriell gefertigte Nahrungsgüter), aber nur unter der Voraussetzung, dass die Verpackung nicht beschädigt ist und sich für die vorgesehene Lagerung eignet,
◆ in zweckmäßigen Behältern (z. B. Gläser, Dosen), die mit einem dicht schließenden Deckel versehen sind. Das alleinige Verschließen der Behälter mit Folie (Klarsicht- oder Aluminiumfolie) ist nicht zulässig.

Die Verpackungen bzw. Behälter müssen eindeutig und lesbar gekennzeichnet werden, damit Verwechslungen sicher ausgeschlossen werden können. Die Beschriftung darf sich außerdem nicht leicht entfernen lassen (durch Ablösen bzw. Abwischen) und muss folgende Angaben enthalten:

◆ Verkehrsbezeichnung des Lebensmittels.
◆ Mindesthaltbarkeitsdatum (MHD) bzw. Verbrauchsfrist (bei nur begrenzt haltbaren Lebensmitteln).
◆ Andere wichtige Deklarationen (z. B. zugesetzte Zusatzstoffe, Datum eines erfolgten Umfüllens aus der Originalverpackung).

4.1 Trockenlagerung

Trockengut muss kühl, lichtgeschützt und trocken aufbewahrt werden. Darüber hinaus sind die für bestimmte Lebensmittel geforderten individuellen Lagerbedingungen konsequent einzuhalten; meist eine Begrenzung der Lagertemperatur auf Grund von temperaturempfindlichen Zutaten (Convenience-Produkte). Das Einhalten einer möglichst niedrigen Luftfeuchtigkeit durch ausreichendes Belüften des Trockenlagers ist besonders zu beachten, um ein

> Verklumpen von Mehl, Zucker, Trockenpulvern und gleich gearteten Produkten, Korrodieren von Konservendosen bzw. Verschimmeln von hygroskopischen (wasseranziehenden) Lebensmitteln

zu verhindern.

4.2 Lagerung von leicht verderblichen Lebensmitteln

Bei der Lagerung von leicht verderblichen Lebensmitteln müssen die vorgeschriebenen Temperaturen gewissenhaft eingehalten werden. Das gilt auch für deren Transport und die Anlieferung, lediglich bei der Annahme sind kurzzeitig geringe Temperaturerhöhungen erlaubt. Die für die Aufbewahrung vorgeschriebenen Temperaturen differieren bei den einzelnen Nahrungsgütern (siehe Tabelle 4.2.1).

Der Gruppe der leicht verderblichen Lebensmittel sind vordergründig die nachfolgend aufgeführten Produkte zuzuordnen:

◆ Milch und Milcherzeugnisse (einschließlich Käse)
◆ Feinbackwaren mit Cremefüllung
◆ Fleisch, insbesondere Hackfleisch, und Innereien
◆ Geflügel, Wild, hauptsächlich kleines Haarwild und Kaninchen
◆ frische Fische, Krusten- und Schalentiere
◆ Feinkostsalate, Mayonnaise und ähnliche Erzeugnisse, vor allem roheihaltige, bereits aufgetaute tiefgefrorene Lebensmittel
◆ vorgegarte Speisen und Fertiggerichte

Tabelle 4.2.1:

Temperaturen, die bei der Lagerung, dem Transport und der Anlieferung von tiefgefrorenen, gefrorenen und leicht verderblichen Lebensmitteln nicht überschritten werden dürfen, in °C (Auswahl der wichtigsten Lebensmittel)

Lebensmittel	Maximal zulässige Temperatur
tiefgefrorene Lebensmittel (Ausnahmen nächste Zeilen)[1]	−18
gefrorenes Fleisch, Geflügelfleisch und Eiprodukte	−12
Speiseeis (beim Vorhalten zum Ausportionieren)	−10
Konsummilch, Milcherzeugnisse, Frischkäse	+10
Weich- und Schnittkäse, Butter	+10
Vorzugsmilch	+8
Frischfleisch	+7
Innereien	+3
Geflügelfleisch, frisch	+4
Haarwild, erlegt, frisch	+7
übriges Wild	+4
Hackfleisch[2]	+4
leicht verderbliche Fleischerzeugnisse	+7
Hühnereier[3]	+8
roheihaltige Lebensmittel (z. B. Mayonnaise)[4]	+7
Eiprodukte ohne Vorbehandlung[5]	+4
Frischfisch, Fischerzeugnisse[6]	+2
gekochte Krebs- und Weichtiererzeugnisse[6]	+2
Muscheln, lebend	+10

[1] Ein kurzfristiger Temperaturanstieg um 3 °C ist beim Transport und der Entladung zulässig.
[2] Es sind die Bestimmungen der Hackfleisch-Verordnung zu beachten, beim Verkauf darf die Temperatur auf +7 °C ansteigen.
[3] Vorgeschriebene Lagertemperatur ab dem 18. Tag nach dem Legen.
[4] Die Erzeugnisse müssen innerhalb von 24 Stunden abgegeben werden.
[5] Die Erzeugnisse müssen am Tag der Herstellung verwendet werden.
[6] Die Aufbewahrung in schmelzendem Eis ist zu bevorzugen.

Lebensmittel für den sofortigen Verbrauch

Zu dieser Gruppe gehören Erzeugnisse, die Rohei oder nicht erhitztes Hackfleisch bzw. Hackfleisch zugeordnete Fleischzubereitungen enthalten, unabhängig davon, ob sie im eigenen Betrieb oder von einer Fremdfirma am Tag der Lieferung produziert wurden. Den Lebensmitteln für den sofortigen Verbrauch sind auch Speisen zuzurechnen, bei deren Herstellung entsprechende, von einer Fremdfirma angelieferte Produkte verwendet wurden. Lebensmittel für den sofortigen Verbrauch müssen bis zur zeitlich begrenzten Ausgabe gekühlt aufbewahrt werden (siehe Tabelle 4.2.1). Die maximal zulässigen Vorhaltezeiten unterscheiden sich bei den einzelnen Erzeugnissen in Abhängigkeit von den Zutaten nur geringfügig. Ein späterer Verzehr ist nur dann zulässig, wenn diese Nahrungsmittel am Herstellungstag einer entsprechenden Wärmebehandlung unterzogen wurden:

◆ Roheihaltige Lebensmittel (z. B. Mayonnaise) dürfen höchstens bis zu 24 Stunden vorgehalten werden (maximal zulässige Aufbewahrungstemperatur +7 °C).

◆ Eiprodukte, die keiner Wärmebehandlung unterzogen wurden, müssen am Herstellungstag verzehrt werden, eine Aufbewahrung über Nacht ist verboten (maximal zulässige Aufbewahrungstemperatur +7 °C). Es ist nicht statthaft, bereits am Vorabend Eier aufzuschlagen, die zur Bereitung von Rührei für das Frühstücksbüffett eingesetzt werden sollen.

◆ Hackfleisch und diesem zugeordnete Fleischzubereitungen (siehe Hackfleisch-Verordnung, Kapitel 6.7.5.3) dürfen nur am Herstellungstag verzehrt werden. Ein späterer Verbrauch ist nur gestattet, wenn sie noch am Herstellungstag gründlich durcherhitzt werden, z. B. Weiterverarbeitung zu Frikadellen (maximal zulässige Aufbewahrungstemperatur +4 °C).

Lebensmittel für den alsbaldigen Verbrauch

Diese industriell gefertigten Lebensmittel müssen innerhalb einer Frist von wenigen Tagen, die für die jeweiligen Produkte spezifisch sind, weiterverarbeitet bzw. verzehrt werden. Ihr Verzehr oder ihre Weiterverarbeitung ist nach Ablauf dieses Frist (Verbrauchsdatum) verboten, auch wenn sie offenbar keine Anzeichen eines Verderbs erkennen lassen. Das Verbrauchsdatum ist ein Verfallsdatum. Die Waren müssen bis zum Verbrauch entsprechend den für sie geltenden Festlegungen gekühlt gelagert werden (siehe Tabelle 4.2.1).

Die maximal zulässige Lagerdauer eines leicht verderblichen Lebensmittels hängt ab vom Lebensmittel selbst sowie von der Effektivität einer möglicherweise erfolgten schonenden Konservierung (Pasteurisieren, Zusatz von Genusssäuren, Kochsalz bzw. Konservierungsstoffen). Der Hersteller wird durch die Lebensmittel-Kennzeichnungsverordnung verpflichtet, diese Erzeugnisse mit dem Verbrauchsdatum und der bei der Lagerung einzuhaltenden Temperatur zu kennzeichnen. Es ist grundsätzlich verboten, für leicht verderbliche Lebensmittel ein Mindesthaltbarkeitsdatum anzugeben.

4.3 Lagerung bei Kühlraumtemperatur

Das Wachstum vieler Keime ist bei niedrigen Temperaturen stark eingeschränkt (unterhalb von 10 °C beginnend, ab +4 °C deutlich ausgeprägt). Ausgenommen davon sind Schimmelpilze, einige Hefen und wenige Bakterien wie Clostridium botulinum, Bacillus cereus und Listerien, die sich bei +4 °C noch vermehren, allerdings mit geringerer Geschwindigkeit, aber keine Toxine mehr bilden. Die Keime selbst werden bei 0 °C nicht abgetötet.

Für den Verderb von Lebensmitteln bei der Aufbewahrung in Kühlräumen bzw. Kühlschränken sind meist Schimmelpilze und Hefen verantwortlich, die bei mangelhafter Reinigung der Kühleinrichtungen in diesen regelrechte Kulturen bilden. Dadurch sind nach kurzer Zeit auch nahezu keimfrei eingelagerte Lebensmittel kontaminiert. Solche Produkte, die zunächst eine hygienisch einwandfreie Beschaffenheit vortäuschen, können dann bei einem Temperaturanstieg überdurchschnittlich schnell verderben. Eine weitere Belastung von gekühlt aufbewahrten Speisen mit Keimen kann auf ein zu langes Aufbewahren bei Zimmertemperatur vor dem Einbringen in den

Kühlraum zurückzuführen sein, bei dem sie mit Keimen aus der Luft belastet wurden.

Ein Verderb als Folge einer enzymatischen Eigenzersetzung von Inhaltsstoffen kann bei Temperaturen nahe 0 °C nicht gänzlich ausgeschlossen werden, ebenso rein chemische Veränderungen wie die Oxidation von Inhaltsstoffen durch Luftsauerstoff. Die Verluste an Vitaminen sind im Vergleich zur Lagerung bei Zimmertemperatur wesentlich geringer (siehe Tabelle 4.3.1). Noch geringer und selbst nach monatelanger Lagerung vergleichsweise fast zu vernachlässigen sind die Verluste von Vitamin C in lagerfähigen Gemüsesorten und Kartoffeln bei deren Lagerung unter optimalen Bedingungen und Temperaturen von 2 bis 3 °C (siehe Tabelle 4.3.2).

4.3.1 Anforderungen an Kühlräume und Kühlschränke

Kühlräume und Kühlschränke müssen sowohl in Hinblick auf ihre Konstruktion als auch auf ihre Aufstellung Mindestanforderungen erfüllen, um ein sicheres Aufbewahren von Lebensmitteln zu ermöglichen.

Kühlräume

Vom Gesetzgeber werden an die Bauausführung von Kühlräumen bzw. Kühlzellen und an die Leistungsfähigkeit der eingebauten Kühlaggregate sowie an deren Ausstattung mit Sicherheitstechnik Minimalforderungen gestellt (siehe Kapitel 6.1). Diese sind mit der Erteilung der Baugenehmigung als erfüllt anzusehen. Dem Hersteller von vorgefertigten Kühlzellen ist die entsprechende Genehmigung vor der Produktionsaufnahme erteilt worden, und er ist gehalten, beim Einbau alle gesetzlichen Vorgaben zu berücksichtigen.

Kühlschränke

Für Kühlschränke liegen solche detaillierten Vorgaben nicht vor, so dass die Gefahr besteht, Geräte einzusetzen, die für den gewerblichen Betrieb nicht geeignet sind (z. B. Haushaltskühlschränke aus dem unteren Preissegment).

Tabelle 4.3.1:
Verluste an Vitamin C in verschiedenen Gemüsesorten nach 3 Tagen Lagerung im Kühlschrank bzw. bei Zimmertemperatur bei durchschnittlicher Luftfeuchtigkeit und Vermeidung von direkter Sonneneinstrahlung (in % des Ausgangswertes: – = nicht untersucht)

	Kühlraum	Zimmertemperatur
Kohlrabi	etwa 5	–
Blumenkohl	etwa 10	etwa 35
grüne Erbsen	etwa 10	etwa 40
Weißkohl	etwa 10	–
Lauch	etwa 25	–
grüne Bohnen	etwa 35	etwa 50
Kopfsalat	etwa 40	etwa 50
Spinat	etwa 40	etwa 65

Tabelle 4.3.2:
Verluste an Vitamin C in lagerfähigen Gemüsesorten und Kartoffeln nach 12 Monaten Lagerung bei 2 bis 3 °C (in % des Ausgangswertes)

Weißkohl	etwa 20
Sellerie	etwa 40
Kartoffeln	etwa 50
Karotten	etwa 65

◆ Anforderungen an die Konstruktion
Kühlschränke und Kühltische sollten mit Umluftventilatoren ausgerüstet sein, welche die kalte Luft ständig um das Kühlgut herumleiten, damit eine sichere Kühlung garantiert und ein Austrocknen des Kühlgutes weitgehend verhindert wird.

Kühlschränke, die bis –5 °C ausgelegt sind (Gewerbekühlschränke), müssen mit einer Türrahmenheizung ausgestattet sein, die ein Einfrieren der Gummidichtung bei Minusgraden verhindert.

Zu empfehlen sind Mehrzonenkühlgeräte, die eine Lagerung in mehreren Temperaturbereichen und bei unterschiedlichen Luftfeuchten ermöglichen. Sie gestatten eine sichere Bevorratung des Tagesbedarfs direkt am Arbeitsplatz.

◆ Anforderungen an den Ort der Aufstellung
Kühlschränke sollten an einem kühlen Ort aufgestellt werden, keinesfalls in der Nähe von Herden oder Heizkörpern. Im Bereich des Kondensators und des Kompressors muss eine ausreichende Luftzirkulation gewährleistet sein. Für nicht ausreichend klimatisierte Küchenräume sind Kühlgeräte in der sog. „Tropenausführung" zu empfehlen. Die Kühlaggregate der meisten Geräte sind auf eine maximale Umgebungstemperatur von 32 °C ausgelegt (auch alle Haushaltskühlschränke), die der „Tropenausführung" dagegen auf maximal +43 °C.

Wartungs- und Reinigungsmaßnahmen

Kühlräume und Kühlschränke sind in regelmäßigen Abständen gründlich zu reinigen, verbunden mit einer nachfolgenden Behandlung mit einer Desinfektionslösung (anschließend Klarspülen und Trocknen), um einer massiven Besiedlung mit Keimen vorzubeugen (insbesondere Hefen und Schimmelpilze).

Die Verdampfer in den Kühlräumen, die nicht mit einer automatischen Abtauvorrichtung ausgestattet sind, müssen in regelmäßigen Abständen abgetaut werden. Außerdem muss durch Kontrollen und erforderlichenfalls durch ein zusätzliches Abtauen eine überdurchschnittliche Vereisung der Verdampfer verhindert werden (Eisansatz von mehr als 2 mm).

Der Verdampfer muss regelmäßig von Staub, Fusseln und, wenn nötig, von Fett gereinigt werden. Auflagerungen behindern die Wärmeabgabe und verringern damit die Kühlleistung (Überlastung von Kompressor und Motor sowie höhere Energiekosten).

4.3.2 Lagertemperatur

Die für die Lagerung optimalen Temperaturen (Luftfeuchtigkeit, siehe Kapitel 4.3.3) unterscheiden sich bei den einzelnen Lebensmitteln. Diese optimalen Lagertemperaturen sind jedoch nicht identisch mit den für die Aufbewahrung einzelner Nahrungsgüter vorgeschriebenen Mindesttemperaturen (siehe Tabelle 4.2.1).

In der Praxis ist es jedoch nicht realisierbar, alle Produkte bei den jeweils optimalen Temperaturen zu lagern, so dass Kompromisse eingegangen werden müssen.

Dabei sind unbedingt folgende Punkte zu berücksichtigen:

◆ Die Temperatur darf bei der gemeinsamen Lagerung verschiedener Lebensmittel +4 °C generell nicht überschreiten. Nahrungsmittel, für deren Aufbewahrung tiefere Temperaturen vorgeschrieben werden, müssen entsprechend gelagert werden, gegebenenfalls in gesonderten Kühleinrichtungen.

◆ Bei Temperaturen niedriger als +4 °C müssen aufbewahrt werden:
Innereien (+3 °C) und
Frischfisch, Fischerzeugnisse sowie Krebs- und Weichtiererzeugnisse (+2 °C).

◆ Die optimale Lagertemperatur für frisches Fleisch beträgt –1 °C. Diese Temperatur muss nicht eingehalten werden (es genügen +4 °C, in der Fleischhygiene-Verordnung wird als oberer Grenzwert +7 °C angegeben, für Hauskaninchen aber +4 °C). Bei der Möglichkeit einer separaten Lagerung sollte Fleisch bei –1 °C (oder gering höher) aufbewahrt werden.

◆ Erlegte Hasen und Wildkaninchen sind bei +4 °C oder darunter, Haarwild (in der Decke) bei +7 °C bzw. niedrigeren Temperaturen zu lagern.

Verfahrensweise bei begrenzter Kühlkapazität

Bei Beachtung einiger Punkte ist es möglich, Lebensmittel auch bei einer nur begrenzt zur Verfügung stehenden Kühlkapazität sachgerecht zu lagern. Insbesondere in diesen Fällen sollte die Kühlanlage auf möglichst tiefe Temperaturen eingestellt werden (auf etwa 0 °C), wodurch eine Kühlreserve geschaffen wird, die beim Einbringen von neuem Lagergut ein unzulässiges Ansteigen der Temperatur weitgehend ausschließt.

Die Haltbarkeit vieler Lebensmittel ist prinzipiell nahe dem Nullpunkt besser als bei +4 °C. Die durch ein intensiveres Kühlen entstehenden höheren Energiekosten werden meist durch einen deutlich geringeren Verlust auf Grund eines verminderten Verderbs und einer geringeren Qualitätseinbuße kompensiert. Es muss jedoch darauf geachtet werden, dass die eingelagerten Nahrungsgüter nicht gefrieren.

Bei der gemeinsamen Lagerung verschiedener Lebensmittelgruppen sind die wärmeempfindlichsten (Fleisch, Fleisch- und Wurstwaren, Fisch) im kältesten Bereich der Kühlanlage aufzubewahren. Das ist in erster Linie bei einer dezentralen kurz- bis mittelfristigen Bevorratung in einem Kühlschrank in unmittelbarer Nähe des Arbeitsplatzes zu beachten (sehr empfindliche Produkte in das untere Fach).

Lagerung von kältempfindlichen Lebensmitteln

Einige Obst- und Gemüsearten vertragen keine niedrigen Temperaturen. Sie verlieren an Geschmack und verderben schneller als bei etwas höheren. Diese kritischen Temperaturen unterscheiden sich zwar bei diesen Gemüse- und Obstarten, sie liegen jedoch stets unter 10 °C (Ausnahme: Bananen nicht unter +13 °C lagern). Es empfiehlt sich daher, diese Gemüse- und Obstsorten generell bei +10 °C zu lagern. Bei Fehlen von entsprechenden Lagermöglichkeiten (z. B. mehrere Kühlschränke) sind sie außerhalb des Küchenbereichs möglichst kühl und von anderen Lebensmitteln getrennt zu lagern (siehe Tabelle 4.3.3).

4.3.3 Luftfeuchtigkeit

Die einzelnen Lebensmittel erfordern für eine optimale Lagerung eine jeweils bestimmte Höhe der Luftfeuchtigkeit, die geringfügig auch von der Lagertemperatur beeinflusst wird. Bei einer zu niedrigen Luftfeuchtigkeit trocknen wasserreiche Nahrungsmittel sehr schnell aus, eine zu hohe Luftfeuchtigkeit begünstigt den mikrobiellen Verderb. In der Praxis ist eine Lagerung der einzelnen Nahrungsgüter bei der für sie jeweils günstigsten Feuchte kaum realisierbar. Es ist jedoch völlig ausreichend, sie einer der zwei Gruppen von relativ feucht bzw. relativ trocken zu lagernden Erzeugnissen zuzuordnen. Bei entsprechenden Voraussetzungen sollten einige wenige Lebensmittel bei einer mittleren Luftfeuchtigkeit gelagert werden.

Tabelle 4.3.3:
Kälteempfindliche Lebensmittel, die nicht unter +10 °C gelagert werden dürfen (Ausnahmen beachten!)

Ananas	Granatäpfel	Mangos	Passionsfrüchte
Auberginen	grüne Bohnen	Melonen	Sapoten
Avocados	Guaven	Nektarinen	Tomaten[2]
Bananen[1]	Gurken[2]	Oliven	Wassermelonen
Cherimoyas	Kartoffeln[3]	Okras	Zitrusfrüchte
Gemüsepaprika	Kürbisse	Papayas	Zucchini

[1] Bananen nicht unter 13 °C aufbewahren.
[2] Gurken und Tomaten nicht unter 8 bis 10 °C aufbewahren.
[3] Kartoffeln nicht unter 6 °C aufbewahren.

Relativ feucht zu lagernde Lebensmittel

Die Lebensmittel, die relativ feucht gelagert werden sollten, bilden die weitaus größte Gruppe. Die optimale relative Luftfeuchtigkeit für ihre Lagerung beträgt

| bei | 0 °C | 88 % |
| bei | +4 °C | 75 % |

Dieser Wert ist nur mit einem beträchtlich großen technischen Aufwand und deswegen nur bei der industriellen Lagerhaltung zu realisieren. Die in der Praxis anzustrebende relative Luftfeuchtigkeit sollte

bei 0 bis +4 °C etwa 90 % betragen.

Eine Lagerung bei 90 % Luftfeuchtigkeit ist bei Obst und Gemüse unbedingt einzuhalten, insbesondere bei Blattsalaten (Blattsalate bleiben länger „knackig"). Ist dies nicht möglich, können diese Lebensmittel auch in dicht verschlossenen Polyethylenbeuteln oder -dosen aufbewahrt werden (Ausweichlösung). In diesem Fall muss die Beschaffenheit des Lagergutes regelmäßig kontrolliert werden, da eine nicht voraussehbare Erhöhung der Luftfeuchtigkeit möglich ist, die dann Schimmelbildung und Fäulnis begünstigt.

Relativ trocken zu lagernde Lebensmittel

Bei niedrigerer Luftfeuchtigkeit sind nur wenige Lebensmittel bzw. Zubereitungen aufzubewahren, vorzugsweise fettreiche bzw. hygroskopische (wasseranziehende).
Eine vergleichsweise trockene Aufbewahrung ist auch bei solchen wasserreichen Produkten angebracht, die selbst bei sorgfältiger Vorbereitung stets mit einer geringen Anzahl von Keimen belastet sind.
Die optimale relative Luftfeuchtigkeit für die Lagerung beträgt

bei 0 bis +4 °C   40 %

Zu den relativ trocken zu lagernden Lebensmitteln gehören hauptsächlich

Fleisch, frischer Fisch und Geflügel,
Butter, Margarine und tierische Fette
(Schmalz),
Mandeln und Nüsse sowie Radieschen.

Bei abweichender Feuchte zu lagernde Lebensmittel

Für die Bevorratung weniger Lebensmittel ist eine von der feuchten bzw. trockenen Lagerung abweichende Luftfeuchtigkeit anzustreben unter der Bedingung, dass die erforderlichen Voraussetzungen bestehen:

Zwiebeln und Knoblauch
(bis 70 % Feuchte)
Patisserie-Erzeugnisse mit Schokoladenüberzug (50 bis 55 % Feuchte)

4.3.4 Lagerdauer

Bei Einhaltung der jeweils empfohlenen Lagerdauer ist in der Regel davon auszugehen, dass keine Qualitätseinbußen zu erwarten sind (siehe Tabelle 4.3.4). Die einwandfreie Beschaffenheit der Produkte unter lebensmittelhygienischen Gesichtspunkten kann jedoch nicht garantiert werden. Diese muss vor deren Verarbeitung eigenverantwortlich überprüft werden. Der Zustand der Lebensmittel vor der Kühllagerung hat wesentlichen Einfluss auf die Lagerfähigkeit (Frische der Produkte, Ausmaß einer Belastung mit Keimen).
Nahrungsmittel, die eine längere Zeit in Kühlräumen gelagert werden müssen, sollten nicht „auf Vorrat" gelagert werden. Sie können in Großlagern unter Bedingungen aufbewahrt werden, die genau auf das jeweilige Produkt abgestimmt sind. Dadurch kann eine hohe Qualität garantiert werden, da Lagerfehler sicher ausgeschlossen werden können. Außerdem werden in der eigenen Einrichtung nicht unnötigerweise Kühlkapazität und Betriebskapital blockiert.
Die empfohlenen Lagerzeiten (siehe Tabelle 4.3.4) gelten nicht für Lebensmittel bzw. Erzeugnisse aus der industriellen Produktion, die vom Hersteller in geeigneter Weise verpackt wurden und mit einem Mindesthaltbarkeitsdatum sowie der erforderlichen Lagertemperatur deklariert sind. Nach Anbruch der Verpackung sind die in Tabelle 4.3.4 genannten Lagerfristen zu beachten, auch wenn das auf der Verpackung angegebene Mindesthaltbarkeitsdatum noch nicht überschritten ist. Das gilt nicht für solche Lebensmittel, die für

den alsbaldigen Verbrauch bestimmt sind und umgehend zu verarbeiten bzw. zu verzehren sind (siehe Kapitel 4.2).

4.3.5 Weitere Vorgaben für die Lagerung

Bei der Aufbewahrung von Lebensmitteln und Speisen in Kühlräumen und Kühlschränken müssen weitere gesetzliche Vorgaben beachtet werden, die unter dem Gesichtspunkt der Lebensmittelhygiene erlassen wurden. Außerdem ist es sinnvoll, solche Empfehlungen zu beachten, die

einer Qualitätsminderung bzw. einem vorzeitigen Verderb begegnen sollen.

Verbote

Die aus lebensmittelhygienischer Sicht ausgesprochenen Verbote sollen sichern, dass von in Kühlräumen eingelagerten Produkten keine Gefahren für andere Nahrungsgüter ausgehen und dass diese selbst nicht anderweitig gefährdet werden können, beispielsweise durch eine Kontamination mit Keimen oder durch die Annahme von Fremdgerüchen. Es ist zu unterscheiden zwischen einem generellen Verbot und dem Verbot einer gemeinsamen Lagerung von bestimmten Lebensmitteln.

Tabelle 4.3.4:
Maximal vertretbare Lagerzeiten bei der Kühllagerung von Lebensmitteln mit relativ kurzen Lagerzeiten (in Tagen) (Bei leicht verderblichen Lebensmitteln einzuhaltende Mindesttemperaturen, siehe Tabelle 4.2.1, maximale Lagertemperatur kälteempfindlicher Lebensmittel, siehe Tabelle 4.3.3, empfohlene Luftfeuchtigkeit, siehe Kapitel 4.3.3)

Fisch		Milch, Milcherzeugnisse	
Frischfisch	1	Vorzugsmilch	1–2
Fisch, gegart	1–2	Milch, pasteurisiert	3–4
Räucherfisch	1–2	Sauermilch	3–4
Konserve, geöffnet	1–2	Joghurt, geöffnet	3–4
		süße Sahne	3–4
Fleisch, Fleischerzeugnisse, Geflügel		Kondensmilch, geöffnet	4–5
Frischfleisch	2–3	Frisch- und Weichkäse	3–4
Fleisch, gegart	2–3	Hart- und Schnittkäse	8–10
Hackfleisch[1]	maximal 1		
Frikadellen	2–3	Obst und Gemüse	
Brühwurst, roh	1–3	Beerenobst	1–2
Brühwurst, geräuchert	2–4	Steinobst	5–10
Kochwurst, geräuchert	2–4	Obstkonserven, geöffnet	2–3
Schinken, gekocht	1–3	Kompott	2–3
Schinken, geräuchert	4–5	Blattsalat	1–3
Geflügel, frisch	1–2	grüne Bohnen	1–3
Geflügel, gegart	2–3	grüne Erbsen	1–3
		Gemüse, gegart	1–2
Sonstige Lebensmittel		Spinat	1–2
TK-Kost, aufgetaut	maximal 1	Wurzelgemüse	3–8
Kartoffelsalat	maximal 1	Zitrusfrüchte, reif	8–10
Teigwaren, gegart	1–2		
Reis, gegart	1–2		
Eier, gekocht	6–8		
Eier, roh	(siehe Eier- und Eiprodukte-Verordnung)		

[1] Die Hackfleisch-Verordnung verbietet grundsätzlich das Aufbewahren von rohem Hackfleisch und diesem gleichgestellten Erzeugnissen über Nacht (z. B. Döner-Spieße, Fleisch, im Steaker behandelt).

- **Generelles Einlagerungsverbot**
  Es ist grundsätzlich verboten, grob verschmutzte, bereits verdorbene oder mit pathogenen Keimen kontaminierte Erzeugnisse einzulagern. Das gilt auch für Gemüse, das überdurchschnittlich mit Gartenerde belastet ist. (Die in Gartenerde vorkommenden Erdsporen können schon bei +3 °C auskeimen und Toxine bilden wie das Botulismustoxin.)
- **Verbot der Lagerung auf dem Kühlraumboden**
  Lebensmittel dürfen nicht direkt auf dem Kühlraumboden aufbewahrt werden. Der Kühlraumboden selbst und die Raumluft dicht oberhalb des Bodens sind stark mit Mikroorganismen und Sporen belastet, die beim Begehen des Raums aufgewirbelt werden.
- **Begrenzung der Lagermenge**
  Die Menge der eingelagerten Produkte muss der Lager- und Kühlkapazität angepasst sein, um ein Ansteigen der Lagertemperatur sicher zu verhindern und einer überdurchschnittlichen Belastung mit Keimen entgegenzutreten. Ein Kühlraum muss jederzeit gut begehbar sein.
- **Verbot einer gemeinsamen Lagerung**
  Es ist verboten, nachstehende Lebensmittelgruppen zusammen mit anderen Lebensmitteln zu lagern; sie sind auch bei einer räumlich begrenzten Lagerkapazität getrennt aufzubewahren:
  - Wild in der Decke
  - Geflügel
  - noch nicht geputztes Gemüse

Wild in der Decke darf vor allem nicht in der Nähe von Fleisch, Fisch und unverpackten Lebensmitteln gelagert werden (besonders große Gefahr einer vom Wild ausgehenden Kontamination mit pathogenen Keimen). Eier sind im Kühlraum ebenfalls separat und abgedeckt zu lagern.

Empfehlungen

Die folgenden Empfehlungen sind gesetzlich nicht vorgeschrieben. Ihre Einhaltung kann jedoch dem vorzeitigen Verderb von Lebensmitteln vorbeugen.
- **Getrennte Lagerung von Obst- und Gemüsesorten**

Es ist dringend zu empfehlen, solche Obstarten, die das sog. Reifungsgas Ethylen bilden, für sich zu lagern, hauptsächlich getrennt von Obst und Gemüse, die gegenüber Ethylen sehr empfindlich sind (siehe Tabelle 4.3.5). Das Reifungsgas Ethylen wird von diesem Obst nicht nur während des Reifens auf dem Feld bzw. am Baum gebildet, sondern auch beim Nachreifen während der Lagerung. Ethylenempfindliches Gemüse und Obst zeigen bereits wenige Stunden nach dem Kontakt mit Ethylen erste Schäden wie Welken, Vergilbung und nachfolgend Fäulnis (wie auch ethylenempfindliche Schnittblumen und Zimmerpflanzen).
- **Aufbewahrung in Behältnissen**
  Die eingelagerten Lebensmittel sollten durch geeignete Behältnisse (Originalverpackung, Dosen u. a.) vor dem Austrocknen, einer Kontamination mit Keimen und vor der sensorischen Beeinträchtigung durch andere Produkte (Annahme von Fremdgerüchen) geschützt werden.
- **Verpackung**
  Atmungsinaktives Verpackungsmaterial (Folie) darf am Lebensmittel nicht fest anliegen, da das sich dann bildende Schwitzwasser die Vermehrung von Schimmelpilzen und Hefen begünstigt. Feuchte Nahrungsgüter (z. B. Fleisch) dürfen nicht in Folie eingeschlagen werden, allenfalls in begrenzt atmungsaktives Verpackungsmaterial (Pergamentpapier).
- **Lagerung von gegarten Speisen**
  Gegarte Speisen dürfen erst nach vollständigem Abkühlen in den Kühlraum eingebracht werden, um einer Überforderung der Kühlleistung, einem unkontrollierten Temperaturanstieg, einer zu hohen Luftfeuchtigkeit und damit dem Verderb von bereits eingelagerten Lebensmitteln vorzubeugen (gilt nicht für die Schockkühlung in den speziellen Anlagen beim Cook-and-Chill-Verfahren, siehe Kapitel 2.3.5).
  Gegarte Speisen sind sicher zu verschließen, ein einfaches Abdecken ist nicht ausreichend. Sie sollten möglichst in einem separaten Kühlraum aufbewahrt werden, um eine Kontamination mit Keimen von nicht gegarten Lebensmitteln zu verhindern. Gegarte Speisen können

über die Raumluft leicht mit Keimen kontaminiert werden, für die sie ein idealer Nährboden sind (sog. „Infektionsdruck" von frischen Lebensmitteln in Richtung gegarter Speisen).

◆ Entnahmesystematik

Es ist zweckmäßig, den jeweiligen Tagesbedarf en bloc aus dem Kühllager zu entnehmen und in einem gesonderten Kühlraum bzw. in Kühlschränken vorzuhalten. Bei diesem Vorgehen wird das Kühlaggregat des Hauptlagers weniger belastet, und die Gefahr eines Anstiegs der Kühlraumtemperatur ist geringer.

4.4 Lagerung bei Temperaturen nahe 0 °C (Lagerung auf Eis)

Bei einer Lagerung auf schmelzendem Eis (Scherbeneis, Crushed Ice) werden bei einem guten Kontakt zwischen Eis und Kühlgut Temperaturen von 0 bis +2 °C eingehalten. Beim Vorliegen von größeren Luftbrücken zwischen Eis und Kühlgut ist dagegen eine sichere Kühlung nicht gewährleistet. Bei Kontrollen wurden in den Lebensmitteln Temperaturen von weit über +4 °C gemessen.

Das Eis darf nur aus Trinkwasser hergestellt werden. In Küchen darf generell nur Trinkwasser verwendet werden, auch zur Bereitung von Dampf und zu Reinigungszwecken jeglicher Art (Lebensmittelhygiene-Verordnung).

Beim Kühlen bzw. Vorhalten von solchen Lebensmitteln und Speisen auf Eis, die bereits zum Verzehr vorbereitet sind, muss deren Kontakt mit Eis oder Schmelzwasser ausgeschlossen werden. Eine Kontamination mit Keimen ist möglich, obwohl das Eis aus Trinkwasser bereitet wurde. Direkt auf Eis dürfen nur solche Nahrungsgüter aufbewahrt werden, die bei der nachfolgenden Zubereitung und vor dem anschließenden Verzehr gründlich gereinigt oder erhitzt werden müssen (z. B. Frischfisch, Krusten- und Schalentiere).

4.5 Lagerung bei tiefen Temperaturen

Unter Lagerung bei tiefen Temperaturen (Tiefkühllagerung) wird die Aufbewahrung von Lebensmitteln bei −18 °C und tiefer verstanden. Der geforderte Mindestwert von −18 °C darf nicht nach oben hin überschritten werden.

Tabelle 4.3.5:
Obst- und Gemüsearten, die Ethylen bilden bzw. die gegenüber Ethylen empfindlich sind

Obstarten, die Ethylen bilden

Äpfel	Birnen	Kiwis	Pfirsiche
Aprikosen	Cherimoyas	Melonen	Pflaumen
Avocados	Feigen	Nektarinen	Sapoten
Blaubeeren	Guaven	Papayas	Tomaten
Bananen	Kapstachelbeeren	Passionsfrüchte	

Gemüse und Obstarten, die gegenüber Ethylen empfindlich sind

Äpfel	Chicorée	Kopfsalat	Pfirsiche
Aprikosen	Eisbergsalat	Lauch	Quitten
Artischocken	Endivien	Litschis	Rosenkohl
Avocados	Gemüsepaprika	Mangos	Spargel
Auberginen	Gurken	Melonen	Spinat
Bananen	grüne Bohnen	Möhren	Tomaten
Birnen	grüne Erbsen	Nektarinen	Wassermelonen
Blumenkohl	Kartoffeln	Oliven	Zitrusfrüchte
Brokkoli	Kiwis	Papayas	Zucchini
Cherimoyas	Kopfkohl[1]	Passionsfrüchte	

[1] Weißkohl, Rotkohl, Spitzkohl, Wirsing.

Vorteile der Tiefkühllagerung

Der wesentliche Vorteil der Tiefkühllagerung sind die möglichen, vergleichsweise langen Lagerzeiten, wobei ein Verderb ausgeschlossen werden kann und Qualitätseinbußen minimiert werden können. Ein Verderb wird verhindert, da bei Temperaturen von –18 °C und tiefer

- Stoffwechselprozesse in Zellen tierischer und pflanzlicher Lebensmittel sowie in Mikroorganismen nicht mehr stattfinden,
- Mikroorganismen sich aus diesem Grund nicht mehr vermehren und keine Toxine bilden können,
- Inhaltsstoffe der Lebensmittel nicht mehr durch Reaktionen verändert werden können, die von Enzymen katalysiert werden,
- chemische Reaktionen, die unabhängig von Enzymen stattfinden, nur noch stark verlangsamt ablaufen.

Ein hervorstechender Vorteil der Tiefkühllagerung von frischen Lebensmitteln sind die dabei zu beobachtenden niedrigen Vitaminverluste, insbesondere an wasserlöslichen Vitaminen, die bei Temperaturen oberhalb von 0 °C vergleichsweise hoch sind. Aus diesem Grund weist TK-Gemüse in vielen Fällen einen höheren Vitamingehalt auf als frisches Gemüse, das nach dem Ernten eine gewisse, wenn auch nur kurze Zeit gelagert wurde. Allerdings gilt das fast ausnahmslos nur für industriell gefrostetes TK-Gemüse, das sofort nach der Ernte aufbereitet und schockgefrostet wurde (siehe Tabelle 4.3.6).

Grenzen der Tiefkühllagerung

Ein Verderb von Lebensmitteln und Qualitätsverluste können auch bei konsequentem Einhalten einer Lagertemperatur von –18°C (oder tiefer) sowie bei Beachtung von empfohlenen Lagerzeiten nicht 100%ig garantiert werden, da

- viele Mikroorganismen bei –18° C nicht abgetötet werden und sich bereits bei –12 °C wieder langsam vermehren können,
- tierische Parasiten erst nach längerer Aufbewahrungsdauer bzw. tieferen Lagertemperaturen sicher abgetötet werden, wie z. B.

  Bandwurmfinnen nach 7 Tagen bei –18° C
  Trichinen nach 10 bis 20 Tagen bei –25 °C
  Toxoplasmen nach 7 Tagen bei –18 bis –25 °C
  Nematodenlarven in den Bauchhöhlen nicht ausgenommener Seefische bzw. in deren Filets nach 7 Tagen bei –18 bis –25 °C,

- einige Inhaltsstoffe von Lebensmitteln auch bei –18 °C oxidiert werden, allerdings wesentlich langsamer als bei Temperaturen über 0 °C.

Grundregeln für die Tiefkühllagerung

Bei der Tiefkühllagerung ist zu beachten:

- Die Lagertemperatur von –18° C oder niedriger muss konsequent eingehalten werden. Ein nicht vermeidbarer kurzfristiger Temperaturanstieg (bei Warenannahme bzw. bei einer Umlagerung) darf nur die Randschichten betreffen und –15 °C nicht übersteigen.
- Bei einer Lagerung unter gering tieferen Temperaturen (etwa –20 °C) hat das Lagergut eine zusätzliche Kühlreserve, die beim plötzlichen Ausfall des Kühlaggregates Verluste verhindern kann.
- Fleisch bzw. Fleischerzeugnisse, bei denen möglicherweise vorliegende Bandwurmfinnen, Trichinen oder Toxoplasmen durch Aufbewahren bei niedrigen Temperaturen abgetötet werden sollen, müssen entsprechend lange bei den oben genannten Temperaturen gelagert werden (Sicherheitsmaßnahme zusätzlich zu

---

Tabelle 4.3.6:
Verluste an Vitamin C in Gemüse nach 12 Monaten Lagerung bei –18 °C
(in % des Ausgangswertes)

Brokkoli	etwa 20
grüne Erbsen	etwa 30
Spinat	etwa 40
Blumenkohl	etwa 60

der gesetzlich vorgeschriebenen Fleischbeschau), das gilt auch für Fische (insbesondere
Heringe) bzw. deren Filets für das Abtöten
der – gesundheitlich unbedenklichen –
Nematoden.

◆ Die empfohlenen Lagerzeiten sollten nicht
überschritten werden, da es bei einer längeren
Aufbewahrung vorzugsweise zu oxidativen
Veränderungen von Inhaltsstoffen, verbunden
mit Qualitätseinbußen bis hin zur Bildung von
gesundheitsschädlichen Abbauprodukten,
kommen kann.

Einfrosten von Lebensmitteln und Speisen

Das Einfrosten von Lebensmitteln sollte möglichst
schnell erfolgen (Schockfrostung), um den Abbau
von Inhaltsstoffen während des Gefrierprozesses
äußerst gering zu halten. Das gilt gleichfalls für
vorgefertigte (gegarte) Speisen, die vor dem Einfrosten außerhalb der Tiefkühlanlage sofort abgekühlt werden müssen. Diese Einschränkung gilt
nicht in vollem Maße für bereits gegarte Speisen,
da bei ihnen Enzyme und Mikroorganismen durch
den Garprozess bereits abgetötet sind. Sie sollten
jedoch sehr rasch abgekühlt und in die Tiefkühlanlage eingelagert werden; eine Schockfrostung
ist nicht erforderlich. Bei Fehlen der apparativen
Ausstattung für die schonende Schockfrostung
sollte in der Regel auf das Einfrosten von frischen
Lebensmitteln, in erster Linie von Gemüse, verzichtet werden. Abgesehen von den oft zu beobachtenden Qualitätseinbußen und Vitaminverlusten ist der Kauf von entsprechender TK-Ware
meist auch kostengünstiger. Bei Vorhandensein
entsprechender Geräte ist gemäß der Angabe des
Herstellers einzufrosten. Die Vorgaben sind auf
die Leistungsfähigkeit der betreffenden Anlage
abgestimmt. Beim Einfrosten von Lebensmitteln
und bereits zubereiteten Speisen sind folgende
Punkte zu beachten:

◆ Blanchieren

Gemüse und Obst sollten vor dem Einfrosten
blanchiert werden. Dadurch wird die Lagerfähigkeit verbessert, und größere Qualitätseinbußen werden vermieden (Inaktivierung zell-
eigener Enzyme, dadurch Verringerung des
Abbaus von Farbstoffen und Vitaminen sowie
der Ausbildung von Fehlfarben).

Gewürzkräuter (ausgenommen krause Petersilie) sind grundsätzlich nicht zu blanchieren.
Bei Auberginen, Gemüsepaprika und krauser
Petersilie ist ein Blanchieren zwar zu empfehlen, es ist aber nicht unbedingt erforderlich.

◆ Würzen und Süßen

Lebensmittel sind möglichst ungesalzen und
ungezuckert einzufrosten (Ausnahme sind
gesalzene bzw. gesüßte Fertiggerichte einschließlich Kompott). Salz und Zucker werden
zumindest teilweise im Wasser der Lebensmittel gelöst und bedingen damit eine Gefrier-
punkterniedrigung, wodurch der Gefrierprozess verlangsamt wird.

Speisen sollten in der Regel nur schwach
gewürzt werden, da zahlreiche Gewürze beim
Einfrieren an Intensität gewinnen und nur
wenige in ihrer Würzkraft abflachen.

Eine Zunahme ist insbesondere bei

Bohnenkraut, Dill, Knoblauch, Majoran,
Muskat, Paprika, Pfeffer und Zwiebeln zu
erwarten.

Keine Zunahme ist zu erwarten bei

Speisesalz, Kakao, Kapern, Nelken, Wein,
Zimt und Zitronenschale.

◆ Fleisch

Fleisch darf nur gut abgehangen eingefrostet
werden. Ein Einfrosten von nicht abgehangenem Fleisch führt zu einem Fleischfehler mit
beträchtlichen Qualitätseinbußen (sog. Cold
Shortening Effect, siehe Kapitel 2.3.2.1).
Hackfleisch, das in Küchen von Restaurants
und der Gemeinschaftsverpflegung produziert
bzw. als frisches Hackfleisch angeliefert wurde,
darf nicht eingefrostet werden (es ist am Tag
der Herstellung zu verbrauchen, gründlich zu
erhitzen bzw. zu verwerfen). Prinzipiell darf nur
aus schlachtfrischem Fleisch hergestelltes
Hackfleisch gefrostet werden (umgehend nach
der Schlachtung und Herstellung).

◆ Fisch

Fangfrische Süßwasserfische und Fischfilets
von größeren Fischen sind zweckmäßigerweise unmittelbar nach der Schockfrostung
und somit vor der eigentlichen Tiefkühllagerung zu glacieren. Die sich bildende dünne
Eisschicht verhindert das Austrocknen weitgehend.

◆ Zugabe von Fett
Zum Einfrosten vorgesehene Speisen sollten unter sparsamer Verwendung von Fett zubereitet werden. Größere Mengen führen zu einer rascheren Minderung der Qualität auf Grund der stattfindenden Fettspaltung und der Oxidation von Fettsäuren.

◆ Zum Frosten nicht geeignete Lebensmittel
Einige Lebensmittel bzw. Speisen sind zum Einfrosten nicht geeignet (siehe Tabelle 4.3.7). Brot kann dagegen problemlos eingefrostet werden. Das Aufbewahren im Kühlschrank bewirkt dagegen ein Austrocknen und Altbackenwerden.

Die gefrosteten Lebensmittel sind luftdicht abgepackt zu lagern. Eine luftdichte Verpackung verhindert bzw. begrenzt Flüssigkeitsverluste und damit das Austrocknen, bei Fleisch das Auftreten eines Gefrierbrands. Beim Einschweißen in Gefrierbeutel sind Luftblasen möglichst zu vermeiden, um eine Oxidation von Inhaltsstoffen durch Luftsauerstoff weitgehend auszuschalten. Die Beutel dürfen nicht beschädigt werden. Bei längerer Lagerung und bei sehr empfindlichen Lebensmitteln ist eine Vakuumverpackung bzw. Lagerung unter Schutzgas anzustreben. Bei der Lagerung unter Vakuum werden oxidative Veränderungen im Vergleich zur einfachen Lagerung im Gefrierbeutel effektiver vermieden. Unter Schutzgas sind die Lebensmittel (industriell gefertigte TK-Produkte) vor einer Oxidation am besten geschützt und zeigen auch am Ende der empfohlenen Lagerzeit kaum Qualitätseinbußen.

Lagerzeiten
Gefrostete Lebensmittel und Speisen sind nicht unbegrenzt lagerfähig, da Inhaltsstoffe auch bei –18 °C verändert werden. Vornehmlich bei Lebensmitteln und Speisen mit einem hohen Fettanteil ist die Lagerzeit begrenzt. Bei annähernd gleichem Fettgehalt erleiden solche Produkte rascher eine Qualitätseinbuße, deren Fette einen höheren Gehalt an mehrfach ungesättigten Fettsäuren aufweisen (fettes Schweinefleisch ist weniger gut lagerfähig als mageres Rindfleisch). Die Lagerfähigkeit von pflanzlichen Fetten und Ölen ist wegen ihres relativ hohen Gehaltes an Vitamin E (Antioxidans) wesentlich besser als die von tierischen Fetten.
Es gibt keine gesetzlich vorgegebene Begrenzung der Lagerzeiten von gefrosteten Nahrungsmitteln. Es werden lediglich Lagerzeiten empfohlen, bei deren Einhalten Qualitätsverluste in der Regel nicht zu befürchten sind (siehe Tabelle 4.3.8). Die Beschaffenheit eines aufgetauten Lebensmittels muss vor dessen Verarbeitung überprüft und ein Verderb durch Augenschein sicher ausgeschlossen werden.

Tabelle 4.3.7:
Lebensmittel und Speisen, die nicht eingefrostet werden können

Backwaren	Baisers
	Makronen (werden zäh)
	Buttercremefüllungen mit Puddingzugabe (werden wässrig)
Eier	rohe Eier mit Schale
	(Eiklar, Eigelb und aufgeschlagene Eimasse sind geeignet)
Gemüse	Blattsalate (werden welk)
	Radieschen, Rettiche (werden glasig)
	Kresse, Knoblauch, ganze Tomaten (für den Rohverzehr)
	Gurken und Paprika (können nur bedingt eingefrostet werden, verlieren knackige Konsistenz)
Obst	Renekloden, Weintrauben, rohe Äpfel und Birnen (unzerteilt)
Milcherzeugnisse	Joghurt, Dickmilch, saure Sahne (werden flockig)
	Konsummilch, Kondensmilch, Kaffeesahne und süße Sahne sind zwar geeignet, sie können aber nicht mehr zu Kaffee oder Tee gegeben werden (flocken aus)
fettreiche Produkte	Mayonnaise, Remouladensauce (entmischen sich)

Auftauen von gefrosteten Lebensmitteln

Während des Auftauens von gefrosteten Lebensmitteln können sich die Keime wieder vermehren, die bei –18 °C nicht abgetötet wurden. Die größte Gefahr ist dabei die Bildung von Bakterientoxinen, die zu einer Lebensmittelvergiftung führen können. Eine solche Gefahr ist besonders groß, da vor allem die Zellen von tierischen bzw. pflanzlichen Lebensmittel auf Grund des Gefrier-Tau-Prozesses in großem Umfang aufgeschlossen wurden und für viele Mikroorganismen ein exzellenter Nährboden sind. Die Lebensmittel sind deshalb nach dem schonenden Auftauen umgehend zu verarbeiten. Bereits aufgetaute bzw. angetaute TK-Produkte dürfen nicht ein zweites Mal gefrostet werden.

Das Auftauen sollte möglichst nicht bei Raumtemperatur erfolgen, da eine Vermehrung von Keimen in aufgetauten Randbezirken bereits während des relativ langsamen Tauprozesses erfolgen kann. Es ist entweder einem langsamen Auftauen im Kühlraum bzw. Kühlschrank bei +4 bis +5 °C oder einem raschen Auftauen bei höheren Temperaturen der Vorzug zu geben:

◆ In der Mikrowelle (bei 90 bis 180 Watt, gemäß den Hinweisen des Herstellers).

Tabelle 4.3.8:
Haltbarkeitsdauer (empfohlene maximale Lagerzeiten) von Lebensmitteln und Speisen bei einer Aufbewahrungstemperatur von –18 °C in Monaten (Auswahl)

Backwaren		Fleisch, Fleischwaren	
Brot, Brötchen, Toastbrot[1]	12	Kalbfleisch[1]	8
Kleingebäck[1]	4	Lammfleisch[1]	8
Kuchen, trocken[1]	6–10	Rindfleisch[1]	12
Kuchen, fettreich[1]	6	Schweinefleisch, mager[2]	6
Obstkuchen[2]	6	Schweinefleisch, fett[2]	3
(kein Quark- oder Tortenguss)		Eisbein[1]	3
		Wurst, Würstchen[2]	2
Obst		Bratwurst[1]	3
Beeren- und Steinobst[1]	10	Hackfleisch, fett[1]	3
Kernobst[2]	10	Hackfleisch, mager[1]	6
		Schinken, roh und gekocht[2]	1–3
Gemüse		Leber, Nieren[1]	3
Küchenkräuter[1]	8–10	Herz, Zunge, roh[1]	6
Gurken, Paprikaschoten[2]	6– 8		
Wurzelgemüse[1]	10	**Geflügel**	
Kohlgemüse[1]	10	Ente, küchenfertig[1]	6
Pilze[1]	6	Gans, küchenfertig[1]	8
		Hühner, küchenfertig[1]	10
Milch, Milcherzeugnisse		Pute, küchenfertig[1]	6
Milch, Kondensmilch, Sahne[2]	3		
Quark[1]	10	**Fische, Krusten- und Schalentiere**	
Magerkäse[2]	3	Süßwasserfische, frisch[1]	2–4
Weichkäse[1]	6	Aal[2]	2
Hartkäse[2]	3	Räucherfisch[2]	2–4
		Krusten- und Schalentiere[1]	3
Wild		Weinbergschnecken[1]	3
Wildfleisch[1]	12		
Wild, gespickt[1]	3	**Fette**	
		Butter, Margarine[1]	6
Eier, aufgeschlagen[1]	10	Speck[2]	1–3

[1] Gut lagerfähig.
[2] Nur bedingt lagerfähig (Qualitätseinbußen sind möglich).

◆ Im Backofen (besonders für Backwaren geeignet bei 150 bis 190 °C, bei Convenience-Produkten entsprechend den Angaben des Produzenten).

◆ Im sprudelnd kochenden Wasser bzw. Brühe (Suppeneinlagen oder zerkleinert gefrostetes Gemüse).

Geflügel, Fleisch und Fisch sollten prinzipiell bei +4 °C aufgetaut werden. Bei Geflügel ist das Tauwasser in einer Schale sicher aufzufangen, zu desinfizieren und zu verwerfen. Es darf keinesfalls weiterverwendet werden (Gefahr einer Kontamination mit Salmonellen).

Die Auftauzeiten differieren in Abhängigkeit vom Gewicht und der Temperatur des Lebensmittels, sie werden außerdem auch von seiner Dicke beeinflusst (siehe Tabelle 4.3.9).

4.6 Lagerung vakuumverpackter Lebensmittel

Durch den Entzug von Luft und anschließender luftdichter Verpackung wird die Haltbarkeit von empfindlichen Lebensmitteln, vorzugsweise Fleisch, wesentlich verbessert.

Die wichtigsten Vorteile:

◆ Ein Austrocknen (und damit Gewichtsverluste) wird unterbunden.

◆ Das Auftreten eines Gefrierbrands bei Fleisch wird verhindert.

◆ Eine oxidative Veränderung von Inhaltsstoffen, hauptsächlich von Fetten, wird weitgehend ausgeschlossen.

◆ Aromaverluste werden minimiert.

Für die Vakuumlagerung eignen sich nur frische und hygienisch einwandfreie Lebensmittel. Fleisch, das übermäßig mit Keimen belastet ist, und DFD-Fleisch (siehe Kapitel 2.3.2.1) ist dafür nicht geeignet, da bei diesem die Gefahr eines mikrobiellen Verderbs sehr groß ist.

Das Verfahren der Vakuumlagerung ist auch für Küchen von Restaurants und der Gemeinschaftsverpflegung geeignet, insbesondere für die Lagerung von bereits portioniertem Fleisch. Es ermöglicht, Überplanbestände sicherer vor einem Verderb zu schützen und schonender aufzubewahren als mit anderen Verfahren, und zwingt nicht, solche Überplanbestände umgehend zu verarbeiten (z. B. qualitativ hochwertige Ware zu einfachen Gerichten, die nur einen geringen Verkaufserlös erbringen). Außerdem können preisgünstige Sonderangebote für eine begrenzte Bevorratung genutzt werden.

Die Lagerung unter Vakuum kann auch zum Nachreifen von Fleisch eingesetzt werden, allerdings nur für Teilstücke von schlachtfrischem bzw. frisch angeliefertem Fleisch von einwandfreier Qualität, die nicht überdurchschnittlich mit Keimen belastet sind.

Dieses Nachreifen erfolgt bei Kühlraumtemperaturen (siehe Kapitel 1.5.2).

Tabelle 4.3.9:
Auftauzeiten ausgewählter Lebensmittel in Stunden, beim Auftauen in der Mikrowelle in Minuten

Lebensmittel	Auftautemperatur		
	bei 5 °C	bei 20 °C	Mikrowelle
Fleisch (Bratenstück)			
800–1000 g	20–30	6–10	20–30
je 1 cm Höhe	etwa 3	etwa 1	
Hähnchen (800 g)	12–16	5– 7	25–30
Huhn/Ente (1,5 kg)	22–25	12–15	30–45
Gans/Pute (5 kg)	35–40	16–20	50–60
Fische (800–1000 g)	12–14	3– 6	20–35
Obst (500 g)	10–12	5– 7	8–12
Brot (500 g)		9–12	5– 8

Hinweise für das Vakuumieren

Es sollten folgende Punkte beachtet werden, welche die Arbeit erleichtern und zu besseren Resultaten führen:

◆ Herstellen des Vakuums

Durch ausreichend langes Vakuumieren muss das vorgegebene Vakuum mit Sicherheit erreicht werden. Das Gerät ist entsprechend den Hinweisen des Herstellers regelmäßig zu warten (z. B. Wechsel des Pumpenöls).
Es muss auf einen sicheren, luftdichten Verschluss der Beutel geachtet werden.
Die Folie darf nicht beschädigt werden.

◆ Temperatur/Feuchtigkeit

Das Lebensmittel sollte vor dem Vakuumieren gut gekühlt (0 bis +2 °C) und von Feuchtigkeitsresten befreit sein (sorgfältig abtupfen). Wasser verdampft auch bei tieferen Temperaturen und verschlechtert dadurch das Vakuum.

◆ Form des Lebensmittels

Das Lebensmittel sollte keine scharfen Kanten oder Spitzen (z. B. Knochensplitter) haben, die den Vakuumbeutel beschädigen können. Es sollte außerdem eine regelmäßige und glatte Oberfläche aufweisen, um ein gutes Anliegen des Beutels am Lebensmittel zu ermöglichen (Vermeidung von Knicken und Falten).

◆ Beschaffenheit des Lebensmittels

Im Lebensmittel dürfen keine größeren Mengen an (nicht erkennbarer) Luft eingeschlossen sein, die beim Vakuumieren nicht mit abgepumpt werden. In diesem Fall besteht die Gefahr, dass die Luft im Laufe der Lagerung aus dem Nahrungsmittel austritt. Dadurch wird das Vakuum zumindest teilweise aufgehoben, und es besteht die zusätzliche Gefahr von oxidativen Veränderungen.

◆ Wenig geeignete Lebensmittel

Lebensmittel, die naturgemäß eine größere Menge an Luft und von weniger fest gebundenem Wasser enthalten, sind kaum dazu geeignet, unter Vakuum gelagert zu werden (z. B. Leberkäse, Nudeln, Suppen, Saucen).
Bei wasserreichen Nahrungsgütern besteht außerdem die Gefahr, dass nach Erreichen eines relativ geringen Vakuums das Wasser zu „kochen" beginnt, was nur durch rasches Abschalten der Vakuumpumpe unterbunden werden kann. Von Vorteil sind deshalb Geräte, die mit einem manuellen bzw. automatischen Vakuumschnellstopp ausgerüstet sind.

◆ Lagerung

Unter Vakuum verpackte Lebensmittel müssen bei Kühlraumtemperatur vorgehalten werden. Die empfohlenen Lagerzeiten entsprechen den üblichen Vorgaben. Die Kühlkette darf nicht unterbrochen werden.
Ein beginnender Verderb kann mit sehr großer Sicherheit an Hand des Geruchs des Beutelinhaltes unmittelbar nach seinem Öffnen erkannt werden. Die schon bei einem beginnenden Verderb gebildeten Zersetzungsprodukte können sich auf Grund des absolut luftdichten Verschlusses des Beutels nicht verflüchtigen. Der Inhalt von Beuteln, deren Vakuum verloren gegangen ist (Undichtigkeit), ist umgehend und gründlich auf seine Unbedenklichkeit zu überprüfen. Er sollte bei Verdacht auf Verderb verworfen werden, andernfalls ist er umgehend zu verarbeiten (gründlich durcherhitzen).

5 Von Lebensmitteln ausgehende gesundheitliche Gefährdungen

Von unsachgemäß gewonnenen, hergestellten, gelagerten oder zubereiteten Lebensmitteln und Speisen sowie von Wasser, das nicht zum Verzehr geeignet ist[1], können vielfältige gesundheitliche Gefährdungen ausgehen[2]:

◆ Lebensmittelinfektionen, ausgelöst durch pathogene Mikroorganismen oder Viren.
◆ Lebensmittelvergiftungen durch Bakterien- oder Mykotoxine (Schimmelpilzgifte).
◆ Vergiftungen durch toxische Abbauprodukte von Inhaltsstoffen.
◆ Vergiftungen durch Gifte, die irrtümlich aufgenommen werden, wie Giftpilze, giftige Wildpflanzen, Umweltgifte einschließlich Haushaltschemikalien.
◆ Erkrankungen, ausgelöst durch Protozoen oder Würmer (beispielsweise Trichinen, Bandwürmer, Leberegel).
◆ Verletzungen durch Gegenstände, die durch Unachtsamkeit den Lebensmitteln oder Speisen beigemengt sind (z. B. Glassplitter).

5.1 Mikroorganismen

Zu den Mikroorganismen, die Lebensmittelinfektionen bzw. Lebensmittelvergiftungen auslösen können, gehören

◆ verschiedene Bakterien,
◆ eine Vielzahl von Hefen,
◆ zahlreiche Schimmelpilze.

Diese Mikroorganismen unterscheiden sich einerseits in vielen Eigenschaften grundlegend voneinander, weisen aber andererseits viele Gemeinsamkeiten auf, die für ihr Wachstum entscheidend sind und auf die ihre Gefährlichkeit für den Menschen zurückzuführen ist. Bei Beachtung dieser Merkmale während des Umgangs und der Verarbeitung von Lebensmitteln ist es möglich, solche Gefährdungen sicher auszuschalten.

Wichtige Eigenschaften von Mikroorganismen

Das Wachstum und die Vermehrung von Mikroorganismen sowie die Bildung von Toxinen hängt von einigen grundlegenden Eigenschaften der Keime selbst und von geeigneten Umweltbedingungen ab.

◆ Vorhandensein eines geeigneten Nährbodens
Alle Mikroorganismen benötigen für ihr Wachstum und ihre Vermehrung einen geeigneten Nährboden. Optimal sind Nährböden, die, wie viele Lebensmittel, sowohl Kohlenhydrate als auch Eiweiße enthalten und die ein Minimum an frei verfügbarem Wasser aufweisen.

◆ Wachstumsrate
Nahezu alle Mikroorganismen können sich bei günstigen Bedingungen explosionsartig vermehren, einige Bakterien können sich unter optimalen Voraussetzungen innerhalb von 20 Minuten zahlenmäßig verdoppeln.

◆ Bedingungen für das Wachstum
Die Wachstumsraten der einzelnen Mikroorganismen hängen, neben der Beschaffenheit des Nährbodens, von der Temperatur, dem pH-Wert und der Anwesenheit bzw. Abwesenheit von Luftsauerstoff ab.

Temperatur
Das Temperaturoptimum der meisten pathogenen Mikroorganismen und Fäulniserreger liegt zwischen 20 und 37 °C. Bei Temperaturen nahe 0 °C findet kaum noch ein Wachstum statt (ausgenommen Hefen, einige Schimmelpilze und Clostridien). Die Keime werden aber bei 0 °C nicht abgetötet. Bei hohen Temperaturen, die für die einzelnen Keime zum Teil beträchtlich differieren, aber meist unterhalb von 100 °C liegen, werden sie abgetötet.
pH-Wert
Die meisten Keime wachsen im neutralen Bereich am schnellsten und werden im sauren bzw. im basischen Bereich abgetötet. Einige Keime sind dagegen gegenüber einem sauren Milieu recht widerstandsfähig.

[1] Wasser, das nicht als Trinkwasser zugelassen ist, bzw. Trinkwasser, das nach der Entnahme nachträglich kontaminiert wurde.
[2] Die Reihenfolge entspricht der Häufigkeit des Auftretens von entsprechenden Zwischenfällen.

Luftsauerstoff
Fast alle Keime benötigen für ihr Wachstum Sauerstoff (sog. aerobe Keime), wenige werden durch Luftsauerstoff in ihrem Wachstum gehemmt (sog. anaerobe Keime), sie wachsen nur unter vollständigem Luftabschluss.

- Bildung von Bakteriensporen
  Eine Reihe von Bakterien bilden bei ungünstigen Wachstumsbedingungen sog. Sporen, die keine Stoffwechselaktivität zeigen und sich folglich nicht vermehren können. Diese Sporen sind gegenüber widrigen äußeren Bedingungen sehr stabil, wie z. B. Trockenheit oder Hitze (sie werden erst bei 120 °C abgetötet). Bei günstigen äußeren Bedingungen keimen die Sporen zu aktiven Keimen aus.
- Toxinbildung
  Viele Bakterien und Schimmelpilze bilden während ihres Wachstums unterschiedliche, für den betreffenden Keim spezifische Gifte, die beim Menschen verschiedene Krankheitsbilder auslösen können.
- Myzel- und Sporenbildung bei Hefen und Schimmelpilzen
  Hefen und Schimmelpilze vermehren sich durch die Bildung eines Fadengeflechtes (Myzel) sowie von Sporen, Hefen zusätzlich durch Querteilung.

Viren, die ebenfalls über Lebensmittel oder Trinkwasser übertragen werden können, besitzen keinen eigenständigen Stoffwechsel und sind für ihre Vermehrung auf den Stoffwechsel einer Wirtszelle angewiesen. Sie sind Auslöser zahlreicher gefährlicher Infektionskrankheiten; als Auslöser von Lebensmittelinfektionen sind sie aber von vergleichsweise geringer Bedeutung. Erkrankungen sowie der Verdacht auf Erkrankungen, die auf den Verzehr von Lebensmitteln zurückzuführen sind, die mit pathogenen Keimen kontaminiert waren, sind meldepflichtig. Das gilt in erster Linie für Durchfallerkrankungen. Für Beschäftigte, die während ihrer Tätigkeit mit Lebensmitteln in Berührung kommen, gelten im Fall einer Erkrankung zusätzliche Auflagen, wie z. B. das Verbot, für die Dauer der Erkrankung mit Lebensmitteln zu arbeiten, und spezielle Bestimmungen für die Meldung der Erkrankung, so dass bei bestehendem Verdacht entsprechende Maßnahmen einzuleiten sind (Infektionsschutzgesetz, siehe Kapitel 6.7.3).

Besonders gefährdete Lebensmittel

Die Gefahr, als Nährboden für die Vermehrung von Mikroorganismen zu dienen, ist bei den einzelnen Lebensmitteln unterschiedlich groß und hängt zusätzlich von äußeren Bedingungen ab, welche die Vermehrung von Keimen begünstigen, wie Feuchtigkeit, Temperatur, pH-Wert und Luftsauerstoff (siehe oben), sowie die Beschaffenheit der Oberfläche des Produktes. Darüber hinaus sind einige Lebensmittel durch eine natürliche Belastung mit Keimen bzw. durch eine Kontamination mit Keimen, die bei der Schlachtung nicht völlig ausgeschlossen werden kann, zusätzlich gefährdet.

Zu den besonders gefährdeten Lebensmitteln sind hauptsächlich zu rechnen:

- Hackfleisch und Fleischwaren mit mechanisch bearbeiteter Oberfläche, z. B. im Steaker behandeltes Fleisch und Dönerspieße
  Kontamination mit Keimen aller Art während des Schlachtens, vor allem Salmonellen und E. coli.
- Geflügel und Geflügelfleisch (Haus- und Wildgeflügel)
  Kontamination mit Salmonellen.
- Eier sowie ungenügend erhitzte roheihaltige Speisen
  Belastung mit Salmonellen.
- Wild aller Art
  Belastung mit Keimen aller Art, die in freier Wildbahn sehr ausgeprägt ist. Eine Tierbeschau vor dem Abschuss ist nicht möglich!
- Krusten-, Schalen- und Weichtiere
  Schnelle Vermehrung von Keimen wegen der lockeren Struktur.
- Aufschnitt, vornehmlich Wurst- und Bratenaufschnitt, sowie Schnittkäse
  Schnelle Vermehrung von Keimen wegen der großen Oberfläche und des relativ hohen Eiweißgehaltes; zwischen einzelnen Scheiben (gestapelt gelagerter Aufschnitt) bestehen ideale Vermehrungsbedingungen für anaerobe Keime einschließlich Fäulniserreger, bei Braten-

aufschnitt wie Roastbeef (rosa) zusätzliche Gefahr durch nicht abgetötete Keime auf Grund niedriger Gartemperaturen.

◆ Brüh- und Kochwurst
Unzureichendes Erhitzen bei der Produktion, idealer Nährboden bei nachträglich erfolgter Kontamination.

5.1.1 Lebensmittelinfektionen

Lebensmittelinfektionen werden durch solche Keime ausgelöst, die sich sowohl auf Lebensmitteln als auch im Darm des Menschen besonders gut vermehren können. Es ist deshalb möglich, dass eine vergleichsweise geringe Zahl von Keimen eine Erkrankung auslöst. Diese Bakterien bilden die Gifte, die für das Krankheitsbild verantwortlich sind, erst während ihres Wachstums im Darm der infizierten Personen. Diese Erkrankungen äußern sich vorzugsweise in einer unterschiedlich schweren Entzündung des Magen-Darm-Traktes (Erbrechen, Durchfall), oft verbunden mit einer Belastung des Herz-Kreislauf-Systems. Zusätzlich können auch andere Organe geschädigt werden.

Erkrankte Personen scheiden nach dem Abklingen des akuten Krankheitsbilds in der Regel noch für eine begrenzte Zeit virulente (lebende) Keime mit dem Stuhl aus. Die sog. Dauerausscheider scheiden virulente Keime für eine längere Zeit nach überstandener Erkrankung aus.

Infektiöse Durchfallerkrankungen können durch verschiedene Erreger verursacht werden. Die Erreger bestimmen in gewissem Maße die Schwere des Verlaufs. Für die überwiegende Zahl der in Deutschland beobachteten Erkrankungen sind die Enteritis-Salmonellen (oft nur kurz Salmonellen genannt) und Campylobacter verantwortlich. Die Zahl der jährlich auftretenden Fälle nimmt seit dem Jahr 2000 wieder zu. Daneben werden in zunehmendem Maße solche Erkrankungen auch durch weitere Keime ausgelöst, wie z.B.

◆ entero-hämorrhagischer E. coli (EHEC),
◆ Listerien,
◆ Erreger der Shigellenruhr,
◆ Clostridium perfringens,
◆ Erreger von Typhus und Paratyphus.

Die Erreger von Typhus und Paratyphus sowie der Erreger der Shigellenruhr sind für Mitteleuropa von untergeordneter Bedeutung, Clostridium perfringens (ein typischer Fäulniserreger) ist nur für sehr leichte Erkrankungen verantwortlich, die in der Regel nicht als solche erkannt werden. Auch durch Viren können Durchfallerkrankungen ausgelöst werden (Rota- und Norwalkviren sowie Hepatitis-A-Viren).

5.1.1.1 Enteritis-Salmonellen (Salmonellen)

Durch Salmonellen ausgelöste Durchfallerkrankungen (Salmonellosen) sind die in Deutschland am häufigsten vorkommenden Lebensmittelinfektionen (etwa 100 000 gemeldete Fälle pro Jahr). Erkrankungen mit schwerem Verlauf und Todesfälle (etwa 100 pro Jahr) betreffen vorwiegend geschwächte Personen (Senioren, Kleinkinder und Kranke). Von den Enteritis-Salmonellen sind mehr als 2000 verschiedene Subtypen bekannt. An Hand serologisch erfassbarer Unterschiede (und DNA-Fingerprints) kann die Herkunft eines Subtyps verfolgt und der Ausgangspunkt einer Infektionskette aufgeklärt werden.

Das Temperaturoptimum der Salmonellen liegt bei 37 °C. Sie vermehren sich nicht mehr oberhalb von etwa 50 °C und unterhalb von +5 °C sowie im sauren Milieu (pH-Wert unterhalb 4,0 bis 4,5). Salmonellen werden durch Einfrieren nicht abgetötet.

Bei 70 °C werden sie innerhalb von 10 Minuten inaktiviert. Größere Mengen an Fett können die Inaktivierung verzögern, so dass ein gründliches Durcherhitzen der Speisen auf möglichst 100 °C (mindestens aber auf 80 °C) dringend zu empfehlen ist.

Krankheitsbild

Die Inkubationszeit[3] beträgt in der Regel 8 bis 24 Stunden, maximal 2 bis 3 Tage. Krankheitszeichen sind Kopfschmerzen, Übelkeit mit Erbrechen,

---

[3] Die Zeit, die nach dem Verzehr des kontaminierten Lebensmittels bis zum Auftreten erster Krankheitszeichen verstreicht.

verbunden mit massiven Durchfällen (sog. Brech-durchfall), und meist hohem Fieber. Die Beschwerden klingen in der Regel innerhalb weniger Tage ab. Schwere Verläufe sind in erster Linie bei Personen mit geschwächten Abwehrkräften zu beobachten, wie Kranke, Säuglinge, Kleinkinder und Senioren.

Die Todesfälle sind meist durch Versagen des Herz-Kreislauf-Systems bedingt.

Erkrankte Personen scheiden mit dem Stuhl lebensfähige Salmonellen aus, mit denen sie, bei mangelhafter persönlicher Hygiene, Lebensmittel kontaminieren können. Dieses Ausscheiden von Keimen klingt mit der Genesung wieder ab, es hält nur in wenigen Fällen noch längere Zeit an (sog. Dauerausscheider). Erkrankte Personen und Dauerausscheider dürfen in Küchen und in anderen Lebensmittel verarbeitenden Betrieben nicht beschäftigt werden. Die Arbeit mit Lebensmitteln darf erst nach eindeutig negativen Stuhlproben (und ärztlicher Erlaubnis) wieder aufgenommen werden. Jede Erkrankung an einer Salmonellen-Enteritis oder der Verdacht auf eine Erkrankung ist meldepflichtig (Infektionsschutzgesetz).

Gefährdete Lebensmittel und Speisen

Das Reservoir für Salmonellen ist der Dickdarm von Tieren, vorzugsweise der Enddarm von Geflü-gel. Bei einer massiven Besiedlung des Darms können die Salmonellen auch in das Muskel-fleisch der Tiere (in der Hauptsache bei Geflügel) eindringen. Bei Eiern wird die Schale während des Legens kontaminiert. Die Belastung anderer Nahrungsgüter ist meist Folge eines grob fahr-lässiges Umgangs bei deren Verarbeitung bzw. Lagerung. Bei pflanzlichen Lebensmitteln kann in Ausnahmefällen eine Kontamination auf das Düngen von Gemüse mit Gülle und eine unzureichenden Säuberung zurückzuführen sein.

◆ Besonders gefährdete Lebensmittel
  Geflügelfleisch
     Alle Geflügelarten, auch Wild- und Wasser-geflügel und Küken, einschließlich Stuben-küken, sind gefährdet (etwa 20 % der im Jahr 2000 untersuchten Masthähnchen und Hühner waren mit Salmonellen kon-taminiert).

  Eier
     Die Salmonellen haften vornehmlich an der Eischale, Eiklar und Eidotter können jedoch ebenfalls kontaminiert sein.
  Hackfleisch
     Fleisch kann im Verlauf des Schlachtens geringfügig mit Salmonellen kontaminiert werden. Die sehr große Oberfläche des Hackfleischs ermöglicht eine explosionsar-tige Vermehrung dieser Keime.

◆ Besonders gefährdete Speisen
  Eine Reihe von Speisen und Lebensmittelzu-bereitungen sind bei nicht sachgemäßer Zu-bereitung oder Aufbewahrung (zu lange auf-bewahrt und/oder unzureichend gekühlt) besonders gefährdet:
  Roheihaltige Speisen
     Das gilt hauptsächlich für Saucen, Creme-speisen (einschließlich gefülltes Fein-gebäck), Mayonnaisen und für andere roheihaltige Zubereitungen, außerdem kann auch von unzureichend erhitzten Eierspeisen (Rührei, Setzei) eine Infektion ausgehen.
  Zubereitungen mit Hackfleisch
  Geflügel- und Fleischsalat
  geräucherte Putenbrust
  Kartoffelsalat mit Mayonnaise
  Rohwurst (vor allem streichfähige oder wenig getrocknete Sorten)

◆ Weniger gefährdete Lebensmittel
  Fleisch von Schlacht- und Wildtieren
     Der Enddarm dieser Tiere kann in Ausnah-mefällen ebenfalls mit Salmonellen besie-delt sein. Eine Kontamination des Fleischs ist auf eine Verunreinigung während des Schlachtprozesses zurückzuführen (unge-fähr 2,5 % der im Jahr 2000 untersuchten Proben waren belastet). Die meist in sehr geringer Menge zu findenden Keime wer-den bei den üblichen Garprozessen abge-tötet. Die Gefahr einer Salmonellose besteht jedoch bei einer unsachgemäßen Lagerung. Auch küchenfertig portionierte Fleischteilstücke können kontaminiert sein.
  Fische sowie Krusten- und Schalentiere
     Fische sowie Muscheln und Austern werden äußerst selten und nur in Binnengewässern

und küstennahen Gewässern durch verunreinigte Abwässer mit Salmonellen kontaminiert. Die im Handel angebotenen Seefische und Süßwasserfische aus der Fischzucht sind in der Regel nicht belastet.

5.1.1.2 Campylobacter

Campylobacter sind, weltweit gesehen, die häufigsten Erreger von Durchfallerkrankungen und oft für unklare Reisediarrhöen (Durchfälle) verantwortlich. In Deutschland stehen sie als Verursacher von Lebensmittelinfektionen nach den Salmonellen an zweiter Stelle.

Das Temperaturoptimum der Campylobacter liegt bei 45 °C, unterhalb von 25 °C kommt ihr Wachstum zum Erliegen (im Gegensatz zu vielen anderen Keimen). Sie werden bereits oberhalb von 48 °C abgetötet. Zum Auslösen einer Erkrankung genügen relativ wenige Keime. Die Inkubationszeit beträgt 1 bis 7 Tage, das Krankheitsbild klingt aber bereits nach wenigen Tagen wieder ab. Mit dem Stuhl werden lebensfähige Keime für die Dauer von 2 bis 3 Wochen ausgeschieden. Wirtstiere der Campylobacter sind vorzugsweise Geflügel, gefolgt von Schweinen, Rindern und Haustieren wie Hunde und Katzen (Besiedlung des Darms der Tiere). Die Infektion erfolgt durch den Verzehr von tierischen Lebensmitteln, vornehmlich unzureichend erhitzte Geflügelerzeugnisse, Rohmilch und Rohmilcherzeugnisse sowie rohes Rinder- bzw. Schweinehack. Auch verschmutztes Gemüse und Muscheln, in denen sich Campylobacter vermehren, können als Infektionsquelle in Betracht kommen.

Eine Vermehrung der Keime kann durch konsequentes Aufbewahren der Lebensmittel bei Kühlraumtemperaturen sicher verhindert werden. Sie können jedoch bei Kühlraumtemperatur mehrere Wochen lang lebensfähig bleiben, wobei ihre Überlebenschance durch eine relativ luftdichte Verpackung der Lebensmittel (in Folie) begünstigt wird. Campylobacter überleben und vermehren sich sehr gut bei einem niedrigen Sauerstoffgehalt von 3 bis 15 %. Die Gefahr einer Infektion wird durch gründliches Erhitzen der Nahrungsmittel ausgeschlossen.

5.1.1.3 Entero-hämorrhagischer E. coli (EHEC)

EHEC-Erreger können insbesondere bei Säuglingen, Kleinkindern und geschwächten Personen (Senioren) schwere Krankheitsbilder mit Todesfällen auslösen. Nach einer Inkubationszeit von 1 bis 3 Tagen kommt es zu blutigen Durchfällen und zum Auflösen von roten Blutzellen (sog. Hämolyse), wodurch es zu einem Nierenversagen kommen kann (Urämie). Diese Komplikation der Erkrankung ist unter der Bezeichnung HUS bekannt (hämolytisch-urämisches Syndrom). Bei vielen Erwachsenen verläuft eine EHEC-Infektion im Gegensatz zu Kindern oft harmlos und unerkannt. Aus diesem Grund sind bisher vergleichsweise wenig EHEC-Infektionen registriert und ihre Gefährlichkeit unterschätzt worden. Das Wirtstier der EHEC-Erreger ist das Rind. Es wird geschätzt, dass etwa 50 % der deutschen Rinderbestände infiziert sind, ohne dass bei den Rindern Krankheitszeichen zu erkennen sind. Die Erreger werden bei 70 °C abgetötet. Sie sind jedoch im Gegensatz zu den Salmonellen säurestabil, so dass sie durch den Magensaft nicht abgetötet werden. Für das Auslösen einer Infektion genügt deshalb eine extrem niedrige Keimzahl (10 bis 100 Keime).

EHEC-Erreger werden in erster Linie durch den Verzehr von Rohmilch (auch Vorzugsmilch) und Rohmilcherzeugnissen, Rinderhack und unzureichend durcherhitztem Rindfleisch übertragen. Sie werden durch Wärmebehandlung der Milch (Pasteurisieren oder Ultrahocherhitzen) und beim Erhitzen von Fleisch sicher abgetötet. Der Einsatz von Rohmilch und Vorzugsmilch in Einrichtungen der Gemeinschaftsverpflegung ist in Deutschland grundsätzlich verboten.

5.1.1.4 Listerien

Mit Listerien sind besonders Fleisch und andere rohe tierische Lebensmittel kontaminiert, vorrangig solche, die eine feuchte Konsistenz aufweisen und längere Zeit abgepackt (auch vakuumverpackt) gelagert wurden (auch im Kühlschrank). Besonders gefährdete Lebensmittel sind unter diesen Bedingungen gelagerte Aufschnittware und Räucherfisch sowie Weichkäse aus Rohmilch, hauptsächlich Rotschimmelkäse.

Listerien sind sehr säureempfindlich, werden beim Erhitzen rasch abgetötet, können sich aber bei 3 °C noch vermehren (Vermehrung auf kontaminierten Lebensmitteln bei Aufbewahrung im Kühlschrank). Infektionen werden bei gesunden Erwachsenen mit intakter Magensaftsekretion nicht beobachtet, dafür öfters bei Säuglingen und Kranken mit gestörter Magensaftsekretion. Eine Listerieninfektion verläuft meist recht harmlos. Das Krankheitsbild ähnelt dem eines leichten grippalen Infektes, verbunden mit Durchfällen. Ausnahmsweise können aber auch nahezu alle Organe befallen werden, und zwar mit unterschiedlichen Krankheitsbildern (vor allem Hirnhautentzündungen). Eine spezielle Gefahr geht von einer Infektion während einer Schwangerschaft aus, da die Erreger auf das ungeborene Kind übertragen werden können und dieses oft schwer schädigen.

5.1.1.5 Viren

Viren sind eigentlich nur in tropischen Ländern als Verursacher von Lebensmittelinfektionen bzw. als Verursacher von sog. Reisediarrhöen von Interesse. Eine Weiterverbreitung dieser Viren kann bei mangelhafter Einhaltung der persönlichen Hygiene durch Erkrankte nicht ausgeschlossen werden, da diese mit dem Stuhl infektiöse Viren ausscheiden.

Hepatitis-A-Viren
Die Erreger von Hepatitis Typ A (und E) werden bei Nichteinhaltung grundlegender hygienischer Regeln durch verunreinigte Lebensmittel, Trinkwasser und Getränke übertragen. Sie treten gehäuft in den Tropen auf. In Mitteleuropa auftretende Hepatitis-A-Fälle sind nahezu ausschließlich auf eine Infektion während eines Aufenthaltes in tropischen Ländern zurückzuführen.

Rotaviren
Rotaviren werden über tierische Lebensmittel übertragen, hauptsächlich über Milch und Milcherzeugnisse, Eier und Eiprodukte (wie Mayon-

naise) sowie Fische und Muscheln, die bei mangelhafter persönliche Hygiene mit Viren kontaminiert wurden. Infektionen mit Rotaviren treten gehäuft in Entwicklungsländern auf. In Industrieländern sind sie dagegen relativ selten zu beobachten und führen dann vorwiegend bei Kindern zu akut auftretenden Brechdurchfällen, die in der feuchtkalten Jahreszeit (kühle Sommer) häufiger zu beobachten sind. Bei Erwachsenen werden sie wegen des leichten Verlaufs kaum als solche erkannt.

Norwalkviren
Norwalkviren werden durch kontaminierte Speisen oder Getränke oder bei mangelhafter persönlicher Hygiene direkt vom Menschen übertragen. Sie führen zu einer Durchfallerkrankung, die sich durch Erbrechen – verbunden mit sehr massiven Durchfällen und damit bedrohlichen Flüssigkeitsverlusten – äußert. Eine Infektion kann durch nur wenige Viren ausgelöst werden (10 bis 100 Viruspartikel), die von erkrankten Personen mit dem Stuhl ausgeschieden werden. Erkrankungen treten auch in der kalten Jahreszeit auf und in größerem Umfang als bisher angenommen (etwa 10 000 erkannte Fälle pro Jahr), die besonders in Einrichtungen der Gemeinschaftsverpflegung nachgewiesen wurden. Eine durch Norwalkviren ausgelöste Durchfallerkrankung ist meldepflichtig.

5.1.2 Lebensmittelvergiftungen durch Bakterientoxine

Eine Reihe von Bakterien sind in der Lage, beim Wachsen auf geeigneten Nährböden (wie Lebensmittel) größere Mengen an spezifischen Toxinen zu bilden. Diese Toxine führen nach dem Verzehr solcher belasteten Lebensmittel zu Durchfällen, ohne dass sich die Bakterien im Darm vermehren müssen. Die gleichen Erreger können bei einer Infektion des Menschen über andere Eintrittsporten (z. B. Schleimhäute des Rachenraums, Wunden) spezifische Krankheitsbilder auslösen, die sich grundlegend von denen unterscheiden, die nach einer Aufnahme dieser Gifte über den Magen-Darm-Kanal auftreten.

5.1.2.1 Staphylokokken und Streptokokken

Staphylokokken und Streptokokken sind Erreger, die häufig auf eiternden Wunden zu finden sind und zu Entzündungen der Schleimhäute des Nasen-Rachen-Raums, der Gaumenmandeln (Anginen) und der oberen Luftwege führen können. Die Streptokokkentoxine, die in größeren Mengen insbesondere bei eitrigen Anginen gebildet werden, können Erkrankungen der Nieren und des Herzens sowie rheumatische Beschwerden auslösen.

Zeichen einer Vergiftung durch die auf Lebensmitteln gebildeten Staphylokokken- bzw. Streptokokkentoxine treten bereits 2 bis 6 Stunden nach dem Verzehr auf und äußern sich in Übelkeit, Erbrechen und Durchfällen, die jedoch in vielen Fällen sehr rasch wieder abklingen. Leichte Formen einer Vergiftung werden oft als solche gar nicht wahrgenommen. Vorrangig für solche Lebensmittelvergiftungen sind Staphylokokken verantwortlich. Es wird angenommen, dass die relativ leicht verlaufenden Lebensmittelvergiftungen durch Staphylokokkentoxine etwa in gleicher Häufigkeit wie Salmonellosen auftreten. Eine Meldepflicht besteht nicht.

Staphylokokken und Streptokokken vermehren sich auf Lebensmitteln bereits bei 25 °C (Temperaturoptimum 37 °C) und, im Gegensatz zu vielen anderen Keimen, auch im schwach sauren Milieu (pH-Wert 4,5). Sie bilden schon bei 25 °C eine vergleichsweise große Menge an Toxinen, aber auch noch bei Temperaturen unterhalb von 15 °C. Die Toxine sind außergewöhnlich hitzeresistent und werden bei 100 °C erst nach etwa 90 Minuten inaktiviert.

Kontaminationswege

Eine Kontamination von Lebensmitteln mit Staphylokokken und Streptokokken und ihre Vermehrung auf den Lebensmitteln ist zumeist die Folge von Verstößen gegen die Grundregeln der Lebensmittelhygiene und der persönlichen Hygiene:

◆ Schmierinfektionen
Die Lebensmittel werden mit Keimen kontaminiert, die aus nicht ordnungsgemäß versorgten eiternden Wunden stammen (vorzugsweise Fingerverletzungen, die nicht mit einem wasserdichten Verband abgedeckt sind).

◆ Tröpfcheninfektionen
Die Lebensmittel werden durch Anhusten oder Anniesen bei Bestehen von entsprechenden Erkrankungen der oberen Luftwege kontaminiert (fehlender Mundschutz bzw. Nichteinhaltung des Arbeitsverbotes, Infektionsschutzgesetz).

◆ Mangelhafte Säuberung von Lebensmitteln
Bereits bei der Anlieferung kontaminierte Lebensmittel werden nicht ausreichend gesäubert. Schlachttiere können bereits vor der Schlachtung mit Staphylokokken belastet sein.

◆ Aufbewahrungsfehler
Speziell gefährdet sind bereits gegarte Speisen, die vor dem Verzehr längere Zeit bei Zimmertemperatur aufbewahrt wurden, denn aus der Raumluft stammende Keime können sich bei Zimmertemperatur optimal vermehren und Toxine bilden.

Besonders gefährdete Lebensmittel

Einige Lebensmittel bieten bei mangelhafter persönlicher Hygiene und Hygienefehlern bei der Verarbeitung äußerst günstige Voraussetzungen für das Wachstum der Keime und die Bildung von Toxinen:

◆ Frischfleisch und nicht erhitzte Fleischerzeugnisse, hauptsächlich Aufschnitt, Fleischsalat und Hackfleisch
◆ Geflügel, vorrangig Geflügelsalat
◆ Schnittkäse (nicht abgepackte Scheiben)
◆ Mayonnaise, mayonnaisehaltige Salate und Cremefüllungen
◆ Kartoffelsalat (auch ohne Mayonnaise zubereitet und mit Essig gesäuert)
◆ Nudelsalate

Streptococcus suis

Der Erreger Streptococcus suis ist gehäuft bei Schweinen zu finden, ohne dass diese erkranken. Streptococcus suis löst offenbar keine Lebensmittelvergiftung aus, er kann aber beim Menschen zu schweren Erkrankungen führen (u. a. Entzündungen des Herzens, der Hirnhaut und von Gelenken). Eine Infektion erfolgt nur über offene Wunden (z. B. Hautwunden und Stichverletzungen beim Zerlegen von Fleisch infizierter Tiere). Sie wird glücklicherweise selten beobachtet. Eine Ansteckung durch den Verzehr von nicht ausreichend erhitztem Fleisch ist unwahrscheinlich, kann jedoch nicht völlig ausgeschlossen werden.

5.1.2.2 Bacillus cereus

Bacillus cereus ist ein Sporenbildner, dessen Sporen im Erdboden weit verbreitet vorkommen. Pflanzliche Lebensmittel können relativ leicht mit diesen Sporen kontaminiert werden, insbesondere Getreide und Getreideerzeugnisse. Die Sporen keimen innerhalb eines großen Temperaturbereichs von 5 bis 50 °C aus und werden bei 120 °C abgetötet. Die Keime selbst vermehren sich im Bereich von 15 bis 60 °C (Temperaturoptimum bei 55 °C).

Bacillus cereus bildet während des Wachstums 2 Toxine, die Durchfälle bzw. Erbrechen auslösen. Das für das Auftreten von Durchfällen verantwortliche Toxin wird bei 60 °C inaktiviert, das Erbrechen auslösende Toxin dagegen erst bei 120 °C. Übelkeit und Erbrechen treten bereits nach 30 Minuten bis 6 Stunden auf, Durchfälle nach 8 bis 16 Stunden, falls das für Durchfälle verantwortliche Toxin nicht durch Erhitzen auf mindestens 60 °C inaktiviert wurde. Die Beschwerden klingen meist innerhalb von 24 Stunden ab. Die Zahl der jährlich auftretenden Erkrankungen ist nicht bekannt, sie dürfte aber vergleichsweise hoch sein, da viele Fälle nicht als eine Lebensmittelvergiftung erkannt werden. Es wird vermutet, dass die bei Kindern gehäuft zu beobachtenden Magenverstimmungen durch Bacillus-cereus-Toxine ausgelöst werden. Eine Meldepflicht besteht nicht.

Durch Bacillus-cereus-Toxine ausgelöste leichte Erkrankungen sind in der Regel nur nach dem Verzehr von Speisen zu beobachten, die unter Verwendung von Getreideerzeugnissen produziert wurden. Eine Gefahr geht normalerweise nur von gekochten Gerichten aus, die bei Temperaturen unter 65 °C vorgehalten wurden (Aufbewahrung bei Zimmertemperatur bzw. zu niedriger Vorhaltetemperatur, Lebensmittelhygiene-Verordnung), bei denen die beim Kochen nicht abgetöteten Sporen auskeimen und die Keime selbst die Toxine bilden.

Erkrankungen wurden vor allem nach dem Verzehr nachfolgend aufgeführter Speisen beschrieben, in denen die Bildung von Toxinen offenbar sehr leicht erfolgt:

◆ Speisen aus Fleisch und Reis
◆ Grießbrei und Puddings
◆ mit Mehl zubereitete Suppen und Saucen
◆ Kartoffelgerichte (vorwiegend Kartoffelpüree)
◆ Gemüsegerichte

5.1.2.3 Clostridien

Clostridien sind Sporen bildende Erdbakterien. Die Sporen der Clostridien können nahezu alle pflanzlichen Lebensmittel kontaminieren und von diesen relativ leicht auf andere Lebensmittel, auch tierischen Ursprungs, übertragen werden. Sie sind gegenüber Kälte, Trockenheit und Hitze äußerst resistent und werden erst bei 120 °C abgetötet. Unter günstigen Umweltbedingungen keimen sie bereits bei +4 °C aus. Die Keime selbst sind sog. Anaerobier, sie wachsen nur bei Abwesenheit von Luftsauerstoff und bilden dabei Toxine.

In Hinblick auf ihre Gefährlichkeit für den Menschen muss zwischen den beiden Gattungen

◆ Clostridium perfringens (Fäulniserreger) und
◆ Clostridium botulinum (Botulismuserreger)

unterschieden werden.

Clostridium perfringens

Clostridium perfringens ist der typische Fäulniserreger, der bereits bei relativ niedrigen Temperaturen höhermolekulare Inhaltsstoffe der Lebensmittel zersetzt unter Ausbildung eines typischen Verwesungsgeruchs. Der Keim bildet ein verhältnismäßig schwaches Toxin, das erst in höheren Konzentrationen zu Übelkeit, Erbrechen und hauptsächlich zu Durchfällen mit leichterem Verlauf führt.

Clostridium perfringens bewirkt in erster Linie den Verderb von kohlenhydratreichen Lebensmitteln (vergleichbar mit Bacillus cereus), dieser ist jedoch durch den relativ früh auftretenden unangenehmen Geruch leicht zu erkennen.

Clostridium botulinum (Botulismuserreger)

Die Erreger bilden gefährliche Toxine, die das lebensbedrohliche Krankheitsbild des Botulismus auslösen (fortschreitende Lähmungen der gesamten Muskulatur bis zu einer Atemlähmung). Die Mortalitätsrate (Häufigkeit von Todesfällen) betrug früher 90 %, sie konnte durch die Einführung eines Serums auf 15 % gesenkt werden. In Deutschland erkranken jährlich etwa 20 Personen an Botulismus, in anderen Teilen Europas, insbesondere in Osteuropa, dagegen wesentlich mehr. Infektionen mit Clostridium botulinum sind meldepflichtig.

Die Sporen überstehen Trockenheit und Hitze (Inaktivierung erst bei 120 °C). Sie keimen bereits bei Temperaturen oberhalb von +4° C aus. Die Keime, die gegenüber Luftsauerstoff zwar relativ unempfindlich sind, vermehren sich dagegen nur unter anaeroben Bedingungen (unter Ausschluss von Luftsauerstoff). Ihr Wachstum und ihre Toxinbildung werden effektiv nur durch Nitrit (Pökelsalz) unterbunden, durch Essigsäure und Kochsalz nur bei so hohen Konzentrationen, die in der Praxis nicht zu realisieren sind (im Lebensmittel selbst über 10 %, nicht nur in der Lake). Einige Clostridienstämme bewirken zusätzlich die Zersetzung der von ihnen kontaminierten Lebensmittel (Fäulnisgeruch, Gasbildung, Bombage von Konservendosen).

Die Botulismustoxine sind hitzeempfindlich und werden

bei 80 °C innerhalb von 30 Minuten,
bei 85 °C (Pasteurisieren) innerhalb
      von 20 Minuten,
bei 100 °C innerhalb von 5 Minuten

inaktiviert.

Die Gefahr einer Vergiftung mit Botulismustoxinen besteht normalerweise nur beim Verzehr von solchen Lebensmitteln, die primär mit Sporen kontaminiert sein können und in denen die Sporen bereits ausgekeimt sind sowie Toxine gebildet haben. Ihre Kontamination erfolgt mehrheitlich durch Gartenerde, in sehr seltenen Fällen auch durch den Schlamm von Binnenseen, Flüssen und küstennahen Gewässern.

Mit der Nahrung aufgenommene Sporen können zwar im Dünndarm auskeimen, sie werden aber in der Regel durch die Keime der gesunden Darmflora in ihrem Wachstum und der Toxinbildung gehemmt. Bei Säuglingen und Kleinkindern kann jedoch bereits die Aufnahme von Sporen zu einer Intoxikation führen, da bei ihnen die Clostridien auf Grund der noch nicht voll entwickelten Darmflora in ihrem Wachstum nicht effektiv gehemmt werden.

Mit Sporen bzw. Toxinen können folgende Lebensmittel kontaminiert sein:

◆ Sterilkonserven und pasteurisierte Konserven (vorzugsweise von erdnah wachsendem Gemüse wie Buschbohnen oder Waldpilze).
◆ Vakuumverpackte Lebensmittel (insbesondere Räucherfisch, Forellenfilets).
◆ Großvolumige Lebensmittel (unsachgemäß gepökelte Knochenschinken).
◆ Bienenhonig. Es wird empfohlen, bei der Ernährung von Säuglingen auf Bienenhonig zu verzichten, da dieser vereinzelt mit Sporen belastet sein kann, die im Darm der Säuglinge auskeimen können (jedoch nicht im Darm von Kindern und Erwachsenen).

Bei Beachtung der nachstehend aufgeführten Vorkehrungen lassen sich Fälle von Botulismus sicher ausschließen:

◆ Kühllagerung aller wasserreichen, noch nicht verarbeiteten Lebensmittel (möglichst unterhalb von 3 °C).
◆ Konservierung der Produkte, die nicht umgehend verzehrt werden, durch Erniedrigung des Wassergehaltes (Salzen, Säuern, Zuckern, Trocknen).
◆ Pökeln von hierzu geeigneten Lebensmitteln, dabei für ein rasches Durchdringen mit Nitrit sorgen (Pökelgut möglichst portionieren).
◆ Ausreichendes Erhitzen aller gefährdeten Erzeugnisse (auf Erreichen der entsprechenden Kerntemperatur achten).
◆ Verwerfen aller überriechenden Lebensmittel.
◆ Verwerfen aller Konserven, die eine Bombage aufweisen.

5.1.3 Hefen

Der Verderb von unsachgemäß aufbewahrten Lebensmitteln wird zu einem beträchtlichen Teil durch Hefen bedingt. Die gesundheitlichen Beeinträchtigungen wie Übelkeit und Kreislaufbeschwerden, die beim Verzehr von solchen Erzeugnissen zu beobachten sind, werden durch die Zersetzungsprodukte von Inhaltsstoffen ausgelöst, und zwar vor allem durch biogene Amine (Abbauprodukte von Eiweißen). Hefen bilden keine Toxine und sind als Krankheitserreger von untergeordneter Bedeutung.

Hefen sind einzellige Pilze, die sich vorwiegend durch Sprossbildung vermehren und ein Pilzgeflecht bilden (Myzel). Sie können sich auch durch Sporen fortpflanzen, bevorzugen kohlenhydratreiche Nährböden und sind zum Großteil auf Sauerstoff angewiesen. Unter optimalen Wachstumsbedingungen können sich Hefen innerhalb von 1 Stunde mengenmäßig verdoppeln. Das Temperaturoptimum vieler Hefen liegt nahe 25 °C. Im Gegensatz zu vielen anderen Mikroorganismen wachsen sie noch bei Kühlraumtemperaturen und auch im sauren Milieu. Bei Trockenheit sowie bei hohen Salz- und Zuckerkonzentrationen sterben die meisten Hefen schnell ab. Sie können durch Konservierungsstoffe vergleichsweise gut gehemmt werden.

Ein Verderb von Nahrungsgütern durch Hefen kann durch das Einhalten der Vorgaben der Lebensmittelhygiene-Verordnung sicher und leicht verhindert werden:

◆ Abdecken von wasserhaltigen Erzeugnissen und Gerichten, z. B. mit Klarsichtfolie.
◆ Konsequentes Aufbewahren solcher Lebensmittel und Speisen bei Kühlraumtemperaturen.
◆ Regelmäßiges gründliches Reinigen und Desinfizieren der Kühlräume und Kühlschränke.
◆ Ausreichendes Erhitzen von wasserhaltigen Produkten vor deren Aufbewahrung (Hefen werden durch Pasteurisieren abgetötet).
◆ Bäckerhefe nur luftdicht verpackt aufbewahren (das Vermeiden einer Kontamination von anderen Produkten).

Sonderformen von Hefen

Verschiedene Hefen wachsen auch unter extremen Umweltbedingungen, wie z. B.

◆ hohe Konzentrationen an Zucker (diese sog. osmophilen Hefen vermehren sich noch bei einem Zuckergehalt von 50 %, sie sind für den Verderb von Konfitüren, seltener auch von Honig verantwortlich),
◆ hohe Konzentrationen an Salz und Säure (diese sog. halophilen Hefen wachsen bei verhältnismäßig hohen Salzkonzentrationen, bis 7 % Kochsalz, und in einem relativ sauren Milieu, vornehmlich auf Salzgemüse, und bilden als sog. Kahmhefen auf der Oberfläche von salzhaltigen Aufgüssen eine Kahmhaut),
◆ niedrige Wasseraktivität (a_w-Wert) (diese sog. xerophilen Hefen wachsen auch bei einer geringen Konzentration an freiem Wasser, sie kommen aber selten vor).

5.1.4 Schimmelpilze

Schimmelpilze sind Mikroorganismen, die unter Ausbildung eines Pilzgeflechtes (Myzel) wachsen, welches das Innere wasserhaltiger Lebensmittel durchzieht. Nur wenige Schimmelpilze vermehren sich auf wasserarmen Produkten (z. B. auf Getreidekörnern), ihr Myzel bildet sich auf deren Oberfläche sichtbar aus. Sie sind für ihr Wachstum auf Luftsauerstoff angewiesen, das in der Regel durch hohe Luftfeuchtigkeit begünstigt wird. Gegenüber Hitze sind sie wenig resistent und werden durch Pasteurisieren abgetötet. Schimmelpilze können nahezu alle Lebensmittel befallen, besonders gefährdet sind solche, die einen relativ hohen Wassergehalt aufweisen und Kohlenhydrate und/oder Eiweiß enthalten. Schimmelpilze vermehren sich auch durch Sporen, die in den sog. Sporenträgern gebildet werden. Diese Sporenträger sind an der Oberfläche der Nahrungsmittel als Schimmelbefall sichtbar. Die Sporen können über die Luft leicht verbreitet werden und andere Lebensmittel kontaminieren, auch solche, die mit angeschimmelten Produkten nicht in direkten Kontakt gekommen sind. Ausgewählte Schimmelpilze werden zur gezielten Reifung von Erzeugnissen wie Käse oder

Salami eingesetzt. Schimmelpilzsporen können bei besonders empfindlichen Menschen allergische Reaktionen auslösen, hauptsächlich bei ihrer Aufnahme über die Atemwege.

Eine Reihe von Schimmelpilzen (etwa 200 von den mehr als 20 000 bekannten Pilzen) bilden spezifische Mykotoxine, die sich in ihrer Toxizität beträchtlich unterscheiden. Die Toxine werden während des Wachstums vom Pilzgeflecht gebildet. Glücklicherweise werden Lebensmittel nur von wenigen der toxinbildenden Schimmelpilze befallen, so dass die Gefährdung durch Mykotoxine relativ gut überschaubar ist und Vergiftungen bei Einhaltung der nötigen Vorsicht vermieden werden können.

Mykotoxine führen nicht zu einer akuten Vergiftung (Ausnahme Patulin, siehe unten). Sie können jedoch bei einer ständigen Aufnahme im Körper akkumuliert werden und bei der Aufnahme von größeren Mengen nach Jahren zu Schädigungen an verschiedenen Organen führen, in erster Linie an Leber, Nieren, Herz und Lunge, sowie am Immunsystem (Schwächung der Immunabwehr). Außerdem können die Bildung von bösartigen Tumoren und Störungen in der Embryonalentwicklung ausgelöst werden. Die meisten Mykotoxine zeichnen sich durch eine ausgeprägte Stabilität gegenüber äußeren Einflüssen aus (z. B. höhere Temperaturen). Sie werden bei der Verarbeitung von Lebensmitteln in der Industrie und der Zubereitung von Speisen nur geringfügig, zumindest aber nicht vollständig, inaktiviert.

Lebensmittel, die mit Mykotoxinen belastet sein können

Lebensmittel werden in der Regel erst bei einer unsachgemäßen Lagerung von Schimmelpilzen befallen. Mit der Aufnahme von Mykotoxinen muss dann gerechnet werden, wenn angeschimmelte Produkte verzehrt werden. Es ist nicht zu erkennen, ob die Schimmelbildung durch einen toxinbildenden Pilz verursacht wurde.

Bevorzugt von Schimmelpilzen befallene Lebensmittel:

◆ Nüsse
  Kontaminiert sind vor allem Erdnüsse (auch Erdnussbutter), außerdem Pistazien und Paranüsse, weniger dagegen Walnüsse, Haselnüsse und Kokosnüsse sowie Kokosflocken.

◆ Getreide
  Bei industriell hergestellten Getreideerzeugnissen kann bei sachgerechter Lagerung die Gefahr einer Kontamination ausgeschlossen werden.

◆ Brot
  Brot ist bei unsachgemäßer Lagerung das am meisten gefährdete Lebensmittel. Die Kontamination des Brotes mit Pilzsporen erfolgt oft in Backbetrieben nach dem Backprozess über sporenhaltige Luft. Das Myzel wächst, anfangs nicht sichtbar, in den Brotlaib hinein. Besonders gefährdet sind Weizen- und Weizenmischbrote. Auf reinem Roggenbrot findet ein Wachstum von Schimmelpilzen und die Bildung von Toxinen wesentlich seltener statt. Verschimmeltes oder angeschimmeltes Brot ist zu verwerfen.

◆ Obst und Obstsäfte
  Eine Belastung mit Patulin ist bereits bei leicht verdorbenem Obst möglich. Patulin ist sehr hitzestabil und wird durch Sterilisieren nicht abgetötet. Früchte, die unter ungünstigen hygienischen Gesichtspunkten getrocknet und gelagert werden (feuchtwarmes Klima), können ebenfalls mit Mykotoxinen belastet sein (Feigen mit Aflatoxin).

◆ Gewürze
  Gewürze sind oft mit Schimmelpilzen kontaminiert. Eine Belastung des Menschen mit Mykotoxinen ist wegen der zur Speisenzubereitung eingesetzten geringen Menge an Gewürzen nicht zu befürchten. Eine Inaktivierung der Schimmelpilze und damit die Verhinderung der Bildung von Mykotoxinen wird durch die Behandlung der Gewürze mit ionisierenden Strahlen erreicht.

◆ Frischkäse
  Frischkäse ist ein optimaler Nährboden für Schimmelpilze. Verschimmelter Frischkäse ist für den Verzehr nicht geeignet, da er von toxinbildenden Schimmelpilzen besiedelt sein kann.

Kaum belastete Lebensmittel

Bei einigen Lebensmitteln ist ein Verderb nur in seltenen Fällen durch Schimmelpilze bedingt, vorrangig auf Grund ihres hohen Wassergehaltes.

◆ Gemüse

Gemüse verderben wegen ihres hohen Wassergehaltes generell sehr rasch und werden dadurch ungenießbar. Die Zeitspanne zwischen Ernte und Verzehr bzw. Verderb reicht für die Bildung von Mykotoxinen nicht aus.

◆ Fleisch

Fleisch ist auch in Ausnahmefällen nicht mit Mykotoxinen belastet, wie früher mitunter angenommen wurde. Eine Belastung von Fleisch ist nur möglich bei der Verfütterung von Getreide, das mit Mykotoxinen kontaminiert ist. Mykotoxine werden im Tier nicht abgebaut und ausgeschieden, sondern in dessen Organe einschließlich Muskulatur unverändert abgelagert (sog. „carry over" der Mykotoxine vom Futtermittel in das Lebensmittel).

◆ Fleisch- und Wurstwaren

Rohwürste, die einer Reifung durch Schimmelpilze unterliegen (sog. Edelschimmel, z. B. Salami), sind insbesondere dann nicht gefährdet, wenn sie zur Beschleunigung des Reifungsprozesses mit spezifischen Starterkulturen von Schimmelpilzen vorbehandelt wurden. Diese Stämme, die keine Toxinbildner sind, können einen nachträglichen Befall mit toxinbildenden Pilzen verhindern. Die Gefahr einer Belastung mit Mykotoxinen besteht nur bei einer unvertretbar langen Aufbewahrung von nicht ausreichend getrockneten, gereiften bzw. konservierten Erzeugnissen. Bei einem Schimmelbefall sind solche Lebensmittel zu verwerfen.

◆ Konfitüren und Honig

Konfitüren und Honig sind wegen ihres hohen Zuckergehaltes nicht gefährdet (ab einem Zuckergehalt von 50 bis 60 % wachsen Schimmelpilze nicht mehr). Konfitüren mit einem geringeren Zuckergehalt (mit Süßstoff gesüßt) können nach längerem Stehen mit Mykotoxinen belastet sein (Diabetikerkonfitüre, energiereduzierte Konfitüren).

Einzelne Mykotoxine

Für die Kontamination von Lebensmitteln kommt nur eine begrenzte Zahl von Mykotoxinen in Betracht:

◆ Aflatoxine

Aflatoxine werden von Pinselschimmelpilzen gebildet, die bei hoher Luftfeuchtigkeit und bei Temperaturen von 20 °C und höher sehr gut wachsen. Bevorzugt befallen werden Nüsse, hauptsächlich Erdnüsse, Mandeln und Pistazienkerne, sowie Getreidekörner, in seltenen Fällen auch Feigen, Paprikapulver, Chili und andere Gewürze. Die konsequente Einhaltung der Aflatoxin-Verordnung hat bewirkt, dass in Deutschland seit Jahren Getreide nicht mehr mit Aflatoxinen belastet ist. Eine EG-Verordnung legt nunmehr entsprechende Höchstwerte für Aflatoxine fest, die nicht überschritten werden dürfen.

◆ Ochratoxine

Mit Ochratoxinen können relativ viele Lebensmittel belastet sein, allerdings meist nur in sehr geringem Ausmaß, so dass eine gesundheitliche Gefährdung kaum besteht. Für die besonders gefährdeten Lebensmittel wie Getreide, einschließlich Reis und Buchweizen, getrocknete Weintrauben (Rosinen, Korinthen, Sultaninen), Kaffee, Kakao und Kakaoerzeugnisse sowie Wein, Bier und Traubensaft sind seit kurzem EU-weit Grenzwerte festgelegt worden. Ochratoxine sind hitzestabil und können deswegen durch Kochen und Backen nicht inaktiviert werden. Eine allerdings nicht zu unterschätzende Gefährdung kann vom Verzehr von verschimmeltem Brot ausgehen (oft von Ochratoxinbildnern befallen).

◆ Patulin

Patulin wird von Pilzen gebildet, die überwiegend Obst befallen. Es wird vornehmlich in bereits in Fäulnis übergehenden Stellen gebildet. Die Aufnahme größerer Mengen an Patulin kann zu akuten Vergiftungserscheinungen führen, z. B. Übelkeit und Entzündungen der Magenschleimhaut. Mit Patulin können Fruchtsäfte, speziell Apfelsaft, belastet sein, nicht aber Wein (auch nicht Apfelwein), da Patulin von den Weinhefen während der alkoholischen Gärung abgebaut wird. Die Festlegung von Grenzwerten wird angestrebt.

◆ Fusariumtoxine (Fumonisine)

Fusariumtoxine werden praktisch nur auf Mais gebildet. Diese Toxine sind sehr hitzebeständig und werden durch den Backprozess (beim Brotbacken) nicht abgetötet. Belastungen von Lebensmitteln sind in Mitteleuropa bisher nicht bekannt.

◆ Mutterkornalkaloide (Ergotamin)
Mutterkornalkaloide werden im dunkelvioletten Dauermyzel des Getreidebrands gebildet, der auf Getreideähren wächst (in erster Linie Roggen). Sie sind relativ hitzestabil. Das Vergiftungsbild (Ergotismus, Sankt-Antonius-Fieber) äußert sich in Schwindelanfällen, Sprachstörungen, Krämpfen und Lähmungen bis hin zu Todesfällen (im Mittelalter relativ häufig beschrieben). Der Befall mit Getreidebrand ist in der konventionellen Landwirtschaft seit einigen Jahrzehnten durch intensive Maßnahmen nahezu vollständig verschwunden. Ein nicht vollkommen auszuschließender Restbefall wird bei der industriellen Getreideverarbeitung entfernt, so dass eine Belastung der handelsüblichen Mehle und Getreideerzeugnisse seit Jahren sicher ausgeschlossen werden kann. Bei einem nicht überwachten Anbau von Getreide und fehlender Reinigung in Mühlenbetrieben ist eine Kontamination mit Mutterkornalkaloiden allerdings durchaus möglich.

◆ Citrinin
Die citrininbildenden Schimmelpilze kommen vor allem in Ländern mit gemäßigtem Klima vor. Citrinin wird oft in Gesellschaft mit Ochratoxinen gefunden. Die Belastung von handelsüblichen Lebensmitteln mit Citrinin ist derzeit offenbar zu vernachlässigen. Citrinin wird auch von einem Schimmelpilz gebildet, der vorwiegend auf Reis wächst und einen roten Farbstoff bildet. Das Pulver des rot gefärbten Reises (Red Rice, auch als Anka oder Ankak bezeichnet) wird in Japan zum Färben von Lebensmitteln eingesetzt. Red Rice und Produkte, die Red Rice enthalten, sind in Deutschland verboten, auch als Nahrungsergänzungsmittel zur Senkung des Cholesterinspiegels im Blutserum (Arzneimittelgesetz).

5.2 Protozoen (Einzeller)

Eine Reihe von Protozoen können Krankheiten auslösen. Sie werden über Lebensmittel bzw.

Trinkwasser übertragen. Die meisten dieser Erkrankungen wie die Amöbenruhr treten nahezu ausnahmslos in tropischen Ländern auf. Vereinzelte, in unseren Gefilden auftretende Erkrankungen sind auf eine Infektion während eines Aufenthaltes in tropischen Ländern zurückzuführen. Lediglich Giardien und Toxoplasmen sind auch in Mitteleuropa als Krankheitserreger zu beachten.

Giardien

In unseren Breiten können Durchfallerkrankungen durch den Protozoen Giardia lamblia ausgelöst werden (sog. Giardiasis). Diese Erreger, für die als Wirt neben dem Menschen auch Haus- und Wildtiere fungieren, werden meist durch verunreinigtes Trinkwasser übertragen. Infizierte Personen scheiden während der Erkrankung und bis zu mehreren Monaten nach Abklingen der Krankheitssymptome infektiöse Erreger aus. Eine Infektion mit Giardien ist meldepflichtig (Infektionsschutzgesetz).

Toxoplasmen

Toxoplasmen werden überwiegend von Katzen übertragen, die in Europa der wichtigste Wirt für Toxoplasmen sind. Eine Ansteckung kann allerdings auch über Lebensmittel erfolgen, vorrangig durch den Verzehr von rohem Fleisch. Die Infektionen verlaufen in den meisten Fällen unauffällig und bleiben meist unerkannt. Im Verlauf der Infektion kommt es zur Ausbildung einer Immunität, die vor einer erneuten Ansteckung schützt. Nur bei Müttern, die während der Schwangerschaft erstmals infiziert werden (und noch keine Immunität ausgebildet haben), besteht die Gefahr, dass der Embryo über die Plazenta befallen wird. Schwangere sollten aus Sicherheitsgründen auf den Verzehr von rohem bzw. unzureichend erhitztem Fleisch verzichten.

5.3 Würmer

Eine Kontamination von Lebensmitteln mit Würmern, Wurmlarven bzw. Wurmeiern kommt in Deutschland nur noch äußerst selten vor. Ein nicht ganz ausschließbares Restrisiko einer Übertragung lebensfähiger Formen kann jedoch bei Beachtung einiger Vorkehrungen sicher ausgeschlossen werden. Eine ernsthafte gesundheitliche Gefährdung kann zurzeit (2003) in Deutschland nur vom Fuchsbandwurm ausgehen.

Schweine-, Rinder- und Hundebandwurm

Wirtstiere dieser Bandwürmer sind Schwein, Rind und Hund. Ihr Auftreten konnte durch veterinärhygienische Maßnahmen einschließlich Fleischbeschau und durch den weitgehenden Wegfall der Kopfdüngung mit Stall- und Hausdung nahezu vollständig unterbunden werden. Eine Übertragung der Bandwurmfinnen (Larven) auf den Menschen erfolgt durch den Verzehr von nicht erhitztem Fleisch, in seltenen Fällen durch den Verzehr von roher bzw. ungenügend erhitzter Leber. Der Bandwurm entwickelt sich im Darm des Menschen. Eine Infektion kann bei mangelhafter persönlicher Hygiene auch durch die mit dem Stuhl ausgeschiedenen Bandwurmeier (in den Bandwurmgliedern enthalten) sowie durch den direkten Kontakt mit infizierten Haustieren erfolgen (in erster Linie Hunde und Katzen). Die Bandwurmfinnen können bei der Fleischbeschau nicht mit absoluter Sicherheit ausgeschlossen werden. Sie werden beim Erhitzen oder durch Lagerung bei –18 °C (nach 7 Tagen) sicher abgetötet.

Fuchsbandwurm

Der Fuchsbandwurm (auch Hunde und Katzen können Träger sein) führt beim Menschen im Gegensatz zu den Bandwürmern der Schlachttiere zu schweren Erkrankungen, die oft erst Jahre nach der Infektion erkannt werden. Die Finnen entwickeln sich in vielen Organen des menschlichen Körpers, vor allem in der Leber, führen zu deren Funktionsausfall und letztendlich zum Tod. Die Infektion erfolgte bisher hauptsächlich durch Waldbeeren und Waldpilze, die mit Bandwurmeiern kontaminiert waren. Die Füchse sind durch die in den letzten Jahren erfolgte Zunahme ihres Bestands (Populationsdichte) zu einem hohen Prozentsatz durchseucht (in einigen Regionen bis zu 50 %) und tauchen in zunehmendem Maße in besiedelten Gebieten auf. Aus diesem Grund muss auch mit einer Kontamination von erdnah

wachsenden Kulturpflanzen mit Bandwurmeiern gerechnet werden.

Die Bandwurmeier werden durch Erhitzen sicher abgetötet, sind aber gegenüber tiefen Temperaturen ungewöhnlich resistent (Abtötung erst bei –80 °C). Roh zu verzehrendes Gemüse und Obst sollte zumindest gründlich unter fließendem Wasser gewaschen werden, insbesondere Wald- und Erdbeeren. Weiterhin ist zu empfehlen, Obst bzw. Gemüse nach dem gründlichen Waschen zusätzlich kurz zu blanchieren.

Trichinen

Trichinen vermehren sich in allen Fleisch fressenden Tieren (Schwein, Wildschwein, Sumpfbiber [Nutria], Dachs, Fuchs, Bär), in Ausnahmefällen auch im Pferd. Sie befallen das Muskelfleisch der infizierten Tiere (Trichinenkapseln). Die Infektion des Menschen erfolgt durch den Verzehr von belastetem Fleisch. Im Verlauf der Erkrankung (sog. Trichinose) siedeln sich in den Muskeln und im Darm neue Trichinen an. Eine Trichinose führt zu einer lang andauernden Erkrankung, die in seltenen Fällen auch zum Tod führt.

Mit Trichinen befallene Schlacht- und Wildtiere werden mit großer Sicherheit durch die Fleischbeschau ausgesondert. Trichinen werden durch Erhitzen und durch tiefe Temperaturen abgetötet (Abtötung innerhalb von 10 bis 20 Tagen bei –25 °C). In Deutschland werden Trichinosen nur noch sehr vereinzelt beobachtet, in Osteuropa dagegen auch heute weitaus häufiger (mehr als 3000 Fälle pro Jahr).

Spulwürmer und Madenwürmer

Ein Befall mit Spul- und Madenwürmern ist meistens auf mangelhafte persönliche Hygiene zurückzuführen bzw. durch die Aufnahme der Eier über Hausstaub, nur in Ausnahmefällen auf den Verzehr von unzureichend gewaschenem bzw. erhitztem Salat oder Gemüse, die mit Hausdung eine sog. Kopfdüngung erhalten haben.

Nematodenlarven (Seefische)

Nematodenlarven siedeln sich vorwiegend im Bauchraum der Seefische an und wandern erst nach dem Tod der Fische in den Bauchlappen. Durch sofortiges Ausschlachten der fangfrischen

Fische kann die Besiedlung der Bauchlappen verhindert werden. Nematodenlarven verursachen in der Regel keine gesundheitlichen Beschwerden oder Schädigungen. Bei ständigem Verzehr von rohem Fisch in größeren Mengen sollte auf dessen Belastung mit Nematodenlarven geachtet werden (Sushi).

Ein Befall mit Nematodenlarven wird bei der Durchleuchtung der Fischfilets auf speziellen Leuchttischen erkannt, befallene Fische müssen ausgesondert werden. Nematodenlarven werden beim Erhitzen auf 70 °C abgetötet, ebenso bei −18 °C (mindestens 24 Stunden), durch Einsalzen (20 % Kochsalz für die Dauer von 10 Tagen) oder durch Essigmarinade (Essigsäure und Kochsalz für die Dauer von 35 Tagen). Matjesfilets müssen vor dem Verkauf wenigstens für 24 Stunden bei mindestens −18 °C eingefroren werden.

Großer Leberegel

Der große Leberegel befällt Schafe, gelegentlich Rinder, sehr selten Schweine und Wasserschnecken (in Frankreich öfters befallen). Eine Infektion erfolgt überwiegend durch die von den Tieren ausgeschiedenen Larven über Gemüse (meist wild wachsende Brunnenkresse) und nicht aufbereitetes Wasser. Der sich aus der Larve entwickelnde Egel siedelt sich in der Leber, seltener in der Lunge und im Bauchfell an. Die Larven werden durch Erhitzen abgetötet.

5.4 Vorratsschädlinge

Vorratsschädlinge sind in Deutschland zwar zurückgedrängt, aber nicht ausgerottet worden. Sie sind unter globalen Gesichtspunkten sowohl für die Verbreitung von Krankheiten als auch als Verursacher von wirtschaftlichen Schäden eine äußerst ernst zu nehmende Gefahr. Weltweit werden 20 bis 30 % der produzierten Lebensmittel durch Vorratsschädlinge vernichtet.

Die hauptsächlichen Gefahren, die von Vorratsschädlingen ausgehen können:

◆ Fraßschäden an Lebensmitteln und damit wirtschaftliche Verluste.
◆ Kontamination von Lebensmitteln mit pathogenen Mikroorganismen und Fäulniserregern.
◆ Beeinträchtigung des Verkehrs- bzw. Genusswertes von Nahrungsmitteln.
◆ Auslösen von allergischen Reaktionen.

Fraßschäden

Fraßschäden treten vor allem bei der industriellen Lagerhaltung bzw. der langfristigen Bevorratung von Lebensmitteln auf, sind aber für Einrichtungen mit einer begrenzten Lagerhaltung von geringerer Bedeutung. Die Gefahr des Einschleppens von solchen Schädlingen, insbesondere Käfer, über angelieferte Nahrungsgüter kann durch gewissenhafte Kontrollen bei der Warenannahme minimiert, aber nicht ausgeschlossen werden. Auch durch eine regelmäßige Kontrolle der Lagerbestände, durch das sofortige Entfernen befallener Lebensmittel und durch die umgehende Einleitung von Bekämpfungsmaßnahmen können Verluste und eine Verunreinigung weitgehend verhindert werden.

Kontamination mit Mikroorganismen

Die Übertragung von Mikroorganismen auf Lebensmittel ist die größte Gefährdung, die von Vorratsschädlingen ausgehen kann. Überträger solcher Keime sind vorrangig Fliegen, Schaben und Pharaoameisen sowie Ratten und Mäuse. Diese Schädlinge können sowohl Fäulniserreger als auch pathogene Keime übertragen wie Salmonellen, Typhuserreger, Streptokokken, Klebsiellen und Leptospiren.

Bestimmte Krankheitserreger werden durch Vögel und deren Kot übertragen, speziell durch Haustauben. Eine Verunreinigung von Lebensmitteln mit Vogelkot muss im Interesse des Gesundheitsschutzes sicher ausgeschlossen werden.

Beeinträchtigung des Verkehrs- bzw. Genusswertes

Sichtbare Verschmutzungen von Lebensmitteln durch Exkremente, Spinnfäden, Überreste von Häutungen und tote Tiere (z. B. Käfer) sowie Fraßschäden beeinträchtigen den Wert augenscheinlich. Durch die Ausscheidungen von Nahrungsschädlingen können außerdem an Inhaltsstoffen Veränderungen erfolgen, die zu einer Bildung von Fehlaromen bzw. eines unangenehmen Geschmacks führen und die Lebensmittel ungenießbar machen. Auch nicht sichtbare bzw. nur sensorisch wahrnehmbare Veränderungen an Inhaltsstoffen können die Eigenschaften und damit den Verkehrswert des Lebensmittels sehr verringern (z. B. bei Mehlen eine Beeinträchtigung der Backfähigkeit).

Auslösen von allergischen Reaktionen

Ausscheidungen von Insekten und Überreste von abgestorbenen Insekten (z. B. Motten, Käfer) sowie Haare und Exkremente von Schadnagern können bei empfindlichen Personen allergische Reaktionen auslösen. Diese können sich an den Atemwegen (allergischer Schnupfen, Bronchialasthma), an der Haut (Ekzeme) und in selteneren Fällen auch am Magen-Darm-Trakt (vorrangig Durchfälle) manifestieren. Die Gefährdung besteht hier in erster Linie beim Kontakt (Verarbeitung) mit den verunreinigten Lebensmitteln. Solche Allergien können in schweren Fällen zur Berufsunfähigkeit führen.

5.4.1 Wichtige Schädlinge

Die Gefährdung von Nahrungsgütern durch Vorratsschädlinge hängt wesentlich von den klimatischen Bedingungen ab, die in den einzelnen Regionen herrschen, und von dem jeweiligen Lebensmittel selbst. In Mitteleuropa ist nur eine begrenzte Zahl der weltweit agierenden Schädlinge relevant, die jeweils solche Lebensmittel befallen, auf die ihre Lebens- und Fressgewohnheiten abgestimmt sind.

Käfer

Verschiedene Käfer sind für den Großteil der Lagerungsverluste verantwortlich. Sie bzw. ihre Larven verursachen vorrangig Fraßschäden, daneben beeinflussen sie durch ihre Ausscheidungen die Qualität der Lebensmittel negativ. Sie befallen vor allem Getreide und Getreideprodukte, in geringerem Maße aber auch andere Lebensmittel (siehe Tabelle 5.4.1).

Milben

Milben sind bei geringem Befall nur schwer auszumachen (maximale Größe 0,5 mm), ein massiver Befall ist meist an einem grauen Schleier, der auf dem Lebensmittel liegt, wahrzunehmen. Ein Befall von grobkörnigen Nahrungsgütern kann erkannt werden, indem das betreffende Lebensmittel in einem verschlossenen Glasgefäß gründlich geschüttelt und anschließend unverschlossen stehen gelassen wird: Nach etwa 30 Minuten laufen die Milben am Glas nach oben und können mit Hilfe einer Lupe gesehen werden. Die von Milben verursachten Fraßschäden sind gering. Im Vordergrund stehen sensorische Beeinträchtigungen (süßlicher Geruch, bitterer Geschmack) und die von Milben ausgelösten allergischen Reaktionen wie Hautjucken, Ekzeme und Darmerkrankungen.

Milben, die als Vorratsschädlinge in Betracht kommen, sind insbesondere

◆ Mehlmilben, die vor allen Dingen Getreide und Getreideerzeugnisse (hauptsächlich Mehl), aber auch andere pflanzliche und tierische Lebensmittel heimsuchen,

◆ Backobstmilben, die zuckerhaltige Lebensmittel befallen (vorzugsweise Trockenobst und Konfitüren).

Fliegen

Die verschiedenen Fliegen können Lebensmittel mit Krankheits- und Fäulniserregern kontaminieren und gleichzeitig für deren generelle Verbreitung sorgen. Die Erreger stammen in der Regel von Brutstätten, die meist außerhalb von Küchen- und Lagerräumen liegen (Abfallreste in Mülltonnen, verendete Kleintiere wie Mäuse, Ratten und Vögel). Der Verderb von Lebensmitteln durch Fliegenmaden spielt dagegen bei der Einhaltung von Grundregeln der Hygiene eine untergeordnete Rolle, außerdem kann ein solcher Befall relativ früh erkannt werden.

Essig- oder Taufliegen übertragen vorwiegend Keime, die sich auf in Zersetzung begriffenen Nahrungsmitteln angesiedelt haben, auf frische, noch nicht befallene wasserreiche Lebensmittel, vorzugsweise auf Obst und Gemüse, sowie auf Wein und Essig.

Pharaoameisen

Die winzigen Pharaoameisen benötigen für ihr Überleben eine Umgebungstemperatur von etwa

30 °C und eine relativ eiweißreiche Nahrung. Diese sind in der Hauptsache Ausscheidungen von Mensch und Tier, Lebensmittelabfälle und tierische Lebensmittel, speziell Frischfleisch. Die überwiegend nachtaktiven Pharaoameisen bevorzugen tagsüber als Aufenthaltsorte schwer zugängliche Fugen und Spalten in warmer Umgebung (z. B. Wanddurchbrüche von Heizungsrohren). Ein Befall wird meist erst nach einiger Zeit erkannt. Pharaoameisen sind äußerst gefährlich, da sie sich auf Grund ihrer Kleinheit in nahezu unzugänglichen Spalten aufhalten, die für Reinigungs- und Desinfektionsmittel schwer erreichbar sind und in denen sich deshalb auch Keime aller Art massiv vermehren können.

Schaben (Kakerlaken)

Die deutsche Schabe und die etwas größere Küchenschabe mögen warme Räume und besiedeln am liebsten Fugen, Ritzen und Rohrdurchbrüche. Die in Küchen (und Backstuben) herrschenden Temperaturen sind ideale Voraussetzungen für ihre explosionsartige Vermehrung. Schaben sind lichtscheu und folglich nacht- bzw. dämmerungsaktiv. Sie bevorzugen pflanzliche Lebensmittel von weicher Konsistenz, tierische Lebensmittel, aber auch Abfälle und selbst Aas werden nicht verschmäht.

Die größten Schäden ergeben sich aus der massiven sensorischen Beeinträchtigung der Lebensmittel durch die Ausscheidungen der Stinkdrüsen der Schaben, die sogar solche Nahrungsgüter ungenießbar machen können, die nicht direkt von ihnen befallen wurden. Sichtbare Fraßschäden sind schwerer zu erkennen. Auch Schaben können Lebensmittel mit pathogenen Keimen und Fäulniserregern kontaminieren. Die Bekämpfung ist wegen ihrer verhältnismäßig großen Widerstandsfähigkeit sehr schwierig, die Maßnahmen müssen mehrfach wiederholt werden.

Motten

Die Larven der Mehlmotte und Dörrobstmotte führen erst bei längerer Lagerung von Lebensmitteln zu einer Beeinträchtigung durch Fraßschäden und Verunreinigungen wie Exkremente und Spinnfäden. Befallen werden vorzugsweise Mehl und Getreideerzeugnisse, aber auch zahlreiche andere Nahrungsgüter (z. B. Nüsse, Mandeln, Trockenobst, Schokolade). Ein Befall mit Motten ist öfter in Haushalten als in Betrieben der Gastronomie und der Gemeinschaftsverpflegung zu beobachten.

Nagetiere (Ratten und Mäuse)

Von Nagetieren, vorrangig von Ratten, gehen für gelagerte Lebensmittel zahlreiche und zum Teil ernste Gefahren aus:

◆ Fraßschäden an Lebensmitteln aller Art, im Ausmaß besonders groß durch das ziellose Nagen an vielen Stellen.
◆ Kontamination der Nahrungsgüter mit Exkrementen und Haaren.
◆ Verschleppen von pathogenen Keimen und Fäulniserregern von Abfällen und Aas sowie aus der Kanalisation auf Lebensmittel, wodurch diese kontaminiert werden und anschließend verderben bzw. beim Verzehr zu Erkrankungen führen können (z. B. Salmonellose, Typhus, Ruhr).

Tabelle 5.4.1:
Käfer, die als Vorratsschädlinge Lebensmittel befallen können

Käfer	Befallene Lebensmittel
Korn- und Getreideplattkäfer	vorrangig Getreidekörner und Teigwaren, aber auch andere Getreideerzeugnisse (z. B. Haferflocken, Knäckebrot), sowie Nüsse, Mandeln, Trockenobst, Schokolade und Gewürze
Mehl- und Reismehlkäfer	vor allem die jeweiligen Mehle (muffiger Geruch, Verringerung der Backfähigkeit)
Brotkäfer	hauptsächlich Brot und Getreideerzeugnisse mit relativ hohem Wassergehalt
Speisebohnenkäfer	vorzugsweise Bohnen, aber auch andere Hülsenfrüchte
Speckkäfer	Lebensmittel tierischer Herkunft wie Fleisch, Speck und Wurst

- Übertragung von pathogenen Keimen, für welche die Nagetiere selbst bzw. die von ihnen beherbergten Parasiten (z. B. Flöhe) Wirtstiere sind, auf Lebensmittel bzw. direkt auf den Menschen (z. B. Listeriose).

5.4.2 Schädlingsbekämpfung

Die Bekämpfung von Schädlingen, ihrer Eier und Larven gestaltet sich bei einem massiven Befall auf Grund ihrer guten Anpassungsfähigkeit und ihrer relativ großen Resistenz gegenüber zahlreichen Bekämpfungsmitteln oft schwierig. Aus diesem Grund ist es dringend erforderlich, einer Verbreitung von Schädlingen durch geeignete und frühzeitig durchgeführte Maßnahmen entgegenzuwirken:

- Regelmäßige Kontrolle der Küchen- und Lagerräume sowie der gelagerten Lebensmittel auf einen Befall.
- Sichere Lagerung aller Lebensmittel in Gefäßen, Verpackungen oder ähnlichen Behältnissen, um einen Befall durch Schädlinge zu verhindern (auch den Inhalt angebrochener Verpackungen, z. B. durch Umfüllen in verschließbare Behältnisse).
- Vermeiden von hoher Feuchtigkeit in den Betriebsräumen durch ausreichende Be- und Entlüftung und andere Vorkehrungen (z. B. Trocknen des Fußbodens nach Nassreinigung).
- Vermeiden einer Ansammlung von Staub, Resten von Lebensmitteln und Getränken sowie von Feuchtigkeit in Ritzen und Spalten durch geeignete Maßnahmen (z. B. Versiegeln von Stoßlücken zwischen Arbeitsplatten, eingebauten Geräten und Wandabschlüssen sowie von Wanddurchbrüchen für Wasser- und Heizungsrohre).
- Anbringen von Fliegengittern vor offenen Fenstern und vor Türen, die ins Freie führen.
- Sicherer Verschluss von Abfallbehältern in den Küchenräumen sowie der Behälter im Abfalllager außerhalb der Gebäude.
- Verhinderung eines Zugangs von Haustieren jeglicher Art zu den Küchen- und Lagerräumen.

Bei Feststellung eines Befalls mit Vorratsschädlingen sind umgehend geeignete Bekämpfungsmaßnahmen einzuleiten. Es ist anzuraten, diese einem geprüften Schädlingsbekämpfer zu übertragen bzw. sich von diesem sachgerecht einweisen zu lassen. Dabei sind folgende Punkte zu beachten:

- Es dürfen nur Mittel eingesetzt werden, die für Lebensmittel verarbeitende Betriebe zugelassen sind (Bundesinstitut für Risikobewertung, BfR, vormals Bundesinstitut für gesundheitlichen Verbraucherschutz und Veterinärmedizin, BgVV).
- Befallene Lebensmittel sind so zu entsorgen, dass die Schädlinge sicher abgetötet werden.
- Die Mittel müssen dicht verschlossen und außerhalb von Küchen- und Lagerräumen für Lebensmittel aufbewahrt werden. Ein nicht kontrollierter oder missbräuchlicher Einsatz muss ausgeschlossen werden.
- Die Mitarbeiter müssen über die durchzuführenden Schritte und über die bestehenden Gefahren informiert werden, vor allem beim Auslegen von Fraßgiften zur Bekämpfung von Schadnagern und Pharaoameisen. (Gefahr einer gesundheitlichen Beeinträchtigung bei direktem Kontakt bzw. unbewusster Aufnahme von Gift!)
- Bei der Durchführung der Maßnahmen durch einen zugelassenen Schädlingsbekämpfer ist der ausgehändigte Beleg sicher aufzubewahren. Er wird bei Kontrollen durch das Lebensmittelaufsichtsamt als eine vorschriftsmäßig durchgeführte Hygienemaßnahme anerkannt.

5.5 Schadstoffe in Lebensmitteln

In Lebensmitteln und zubereiteten Speisen können Substanzen vorliegen, die in höheren Konzentrationen gesundheitliche Schädigungen auslösen können. Bei diesen Substanzen kann es sich um solche handeln,

- die während des Wachsens von Pflanzen bzw. Tieren aus dem Boden bzw. mit dem Futter aufgenommen werden,

- die während der Lagerung von Lebensmitteln oder der Zubereitung von Speisen gebildet werden,
- die natürliche Inhaltsstoffe von Pflanzen oder Tieren sind,
- die aus der Umwelt auf bzw. in die Nahrungsmittel gelangen.

Ausschlaggebend für eine schädigende Wirkung ist nicht die Aufnahme einer solchen Substanz an sich, sondern die jeweils aufgenommene Menge. Diese kritische Menge ist bei allen Substanzen unterschiedlich groß. Für alle bekannten Stoffe, die als Gift wirken können, sind vom Gesetzgeber Grenzwerte festgelegt, die nicht überschritten werden dürfen, und bei deren Einhaltung eine gesundheitliche Gefährdung mit sehr großer Sicherheit ausgeschlossen werden kann (sog. ADI-Werte, ADI = englisch: acceptable daily intake = akzeptierbare tägliche Aufnahme).
Die Einhaltung dieser Grenzwerte wird von den zuständigen staatlichen Behörden stichprobenweise kontrolliert. Darüber hinaus wird dies von vielen, insbesondere von renommierten Herstellern von Fertigerzeugnissen und Convenience-Produkten in eigener Regie überwacht. Dadurch wird gesichert, dass es bei einem in üblichen Mengen erfolgenden Verzehr von Lebensmitteln zu keinerlei gesundheitlichen Beeinträchtigungen kommt. Die immer wieder festgestellten Belastungen von einzelnen Lebensmitteln mit Schadstoffen sind nahezu vollständig auf eine grob fahrlässige oder bewusst vorsätzliche Verletzung gesetzlicher Festlegungen zurückzuführen, wobei die staatlichen Kontrollen gezielt unterlaufen werden.

Die in der letzten Zeit beschriebenen neuen Inhaltsstoffe von Lebensmitteln, die eine schädliche Wirkung haben bzw. haben sollen, wurden als solche mit Hilfe von neuen, wesentlich empfindlicheren Nachweismethoden gefunden. Sie kommen meist nur in so geringen Mengen vor, dass eine schädigende Wirkung ausgeschlossen werden kann bzw. als für sehr unwahrscheinlich anzusehen ist.

5.5.1 Nitrat, Nitrit und Nitrosamine

Die stickstoffhaltigen Substanzen Nitrat und Nitrit sowie die große Gruppe der stickstoffhaltigen Nitrosamine müssen in einem engen Zusammenhang gesehen werden. Sie sind zwar in recht unterschiedlichem Ausmaß giftig bzw. wie Nitrat sogar ungiftig, aber Nitrat kann in Nitrit und dieses wiederum in die relativ stark giftigen Nitrosamine umgewandelt werden (siehe Tabelle 5.5.1).

Nitrat
Nitrat ist zunächst nicht giftig. Es ist natürlicherweise im Erdboden und im Grundwasser enthalten, in denen die Konzentration bei einer Überdüngung mit stickstoffhaltigen Düngemitteln ansteigen kann. Der Nitratgehalt des Trinkwassers ist sehr gering. Ein höherer Gehalt im Grundwasser wird gegebenenfalls bei der Trinkwasseraufbereitung unter den vorgegebenen niedrigen Grenzwert abgesenkt (Trinkwasserverordnung). Nur im Wasser einer Hauswasserversorgung kann der Nitratgehalt in Ausnahmefällen höher sein (z. B. hoher Nitratgehalt des Grundwassers bei morastigen Böden).

Tabelle 5.5.1:
Vorkommen, Bildung und Wirkung von Nitrat, Nitrit und Nitrosaminen

	Vorkommen, Bildung	Wirkung
Nitrat	pflanzliche Lebensmittel	nicht giftig
Nitrit	pflanzliche Lebensmittel, Pökelwaren (Pökelsalz), Bildung aus Nitrat im Körper bzw. in Lebensmitteln bei der Lagerung	giftig für Säuglinge
Nitrosamine	Vorkommen in der Umwelt, Bildung aus Nitrit und Aminen im Körper und beim Erhitzen von bestimmten Lebensmitteln	giftig (cancerogen)

Nitrat wird von Pflanzen und damit von Gemüse während des Wachstums zusammen mit anderen Nährstoffen aufgenommen, im Wesentlichen als Stickstoffquelle für die Synthese von stickstoffhaltigen Substanzen eingesetzt und teilweise unverändert als Nitrat zurückgehalten. Das Ausmaß dieser Akkumulation hängt von mehreren Faktoren ab:

◆ Art des Gemüses
Die verschiedenen Gemüsearten akkumulieren Nitrat mit unterschiedlicher Effektivität (siehe Tabelle 5.5.2).

◆ Nitratgehalt im Grundwasser bzw. im Nährmedium
Die Aufnahme und die Akkumulation nimmt zu mit der Zunahme des Nitratgehaltes im Grundwasser bzw. im Ackerboden oder in der Hydrokultur (Gemüseproduktion im Gewächshaus). Ein erhöhter Gehalt wird in der Regel nur bei einer Überdüngung gefunden.

◆ Vegetationsbedingungen
Der Nitratgehalt in Gemüse nimmt bei geringer Sonneneinstrahlung und einem verlangsamten Wachstum zu.

Für einzelne Gemüsearten sind in der EU maximal zulässige Höchstmengen festgelegt, die eine zu hohe Nitratbelastung der Verbraucher verhindern sollen, welche die Bildung einer unerwünschten Menge an Nitrit zur Folge haben könnte.

Das mit der Nahrung bzw. Trinkwasser aufgenommene Nitrat wird durch Bakterien bereits in der Mundhöhle und anschließend im Magen partiell zu Nitrit reduziert. Das restliche Nitrat wird zusammen mit dem Nitrit vom Darm resorbiert. Das Nitrat wird anschließend vom Körper umgehend ausgeschieden, größtenteils mit dem Harn, teilweise mit dem Speichel und dem Magensaft. Es wird so zum Teil erneut in den Magen-Darm-Trakt eingeschleust, in dem es wiederum in Nitrit umgewandelt werden kann. Das mit der Nahrung aufgenommene Nitrat stellt nach seiner Reduktion den Großteil der gesamten resorbierten Menge an Nitrit.

Die im Magen erfolgende Umwandlung von Nitrat kann durch einige Inhaltsstoffe von Lebensmitteln partiell gehemmt werden (Vitamin C, sekundäre Pflanzenstoffe wie Tannine, Rauchprodukte in Räucherwaren).

Nitrit

Nitrit ist in sehr geringen Mengen zusammen mit Nitrat in nahezu allen pflanzlichen Lebensmitteln zu finden. Bei unsachgemäßer Lagerung von Gemüse (zu feucht und zu warm) können jedoch durch die Reduktion von Nitrat mit Hilfe von Mikroorganismen größere Mengen an Nitrit gebildet werden. Äußerst schnell erfolgt dies in Blattgemüsesorten wie Spinat, Mangold und Blattsalaten, die relativ viel Nitrat akkumulieren,

Tabelle 5.5.2:
Unterschiede in der Akkumulation von Nitrat in verschiedenen Gemüsearten

Hoher Gehalt	Mittlerer Gehalt	Niedriger Gehalt
Blattgemüse	Wurzel- und Knollengemüse	Fruchtgemüse
Eisbergsalat, Endivien, Kopfsalat, Mangold, Feldsalat, Fenchel, Spinat	Möhren, Kohlrabi, Sellerie	grüne Erbsen, grüne Bohnen Tomaten, Gurken, Paprika
Kohlgemüse	Kohlgemüse	Kohlgemüse
Chinakohl, Grünkohl, Weißkohl, Wirsing	Blumenkohl, Brokkoli	Rosenkohl
Wurzelgemüse	Zwiebelgemüse	Zwiebelgemüse
rote Rüben, Rettich, Radieschen	Lauch	Zwiebeln, Knoblauch
	Fruchtgemüse	Obst
	Auberginen, Zucchini	Getreide
		Kartoffeln

eine große Oberfläche aufweisen und damit den nitratreduzierenden Bakterien besonders günstige Wachstumsbedingungen bieten. Nitrit ist weiterhin in gepökelten Fleisch- und Wurstwaren enthalten (Nitritgehalt des Pökelsalzes 0,5 %). Die Aufnahme von Nitrit durch den Verzehr von Pökelwaren wird oft überbewertet, sie steuert selbst bei einem überdurchschnittlich hohen Konsum kaum mehr als 20 % zur gesamten Aufnahme bei. Nitrit (E 249 und 250) sowie Nitrat (E 251 und 252) gelten als Zusatzstoffe und unterliegen der Zusatzstoff-Zulassungsverordnung.

Wasser aus der Hauswasserversorgung kann in seltenen Fällen neben Nitrat auch sehr wenig Nitrit enthalten (siehe oben). Die über diesen Weg aufgenommenen Mengen an Nitrit sind für den Erwachsenen jedoch unbedenklich, sie können aber bei Säuglingen zu einer akuten, lebensgefährlichen Vergiftung führen.

Nitrit führt in hohen Konzentrationen zu einer Behinderung der Sauerstoffversorgung der Organe. Die dazu erforderliche Dosis kann beim Erwachsenen nur durch die Aufnahme großer Mengen von Nitrit als Substanz erreicht werden (z. B. Verwendung von Pökelsalz in der Küche an Stelle von Speisesalz), nie aber durch den Verzehr von nitrit- bzw. nitrathaltigen Lebensmitteln oder durch nitrithaltiges Wasser. Die Unterversorgung mit Sauerstoff wird bedingt durch die Umwandlung von Hämoglobin (roter Blutfarbstoff) durch Nitrit in sog. Met-Hämoglobin, das keinen Sauerstoff transportieren kann. Dieses Met-Hämoglobin wird vom Körper wieder zurück in aktives Hämoglobin überführt, allerdings nur mit geringer Geschwindigkeit.

Beim Säugling führen bereits geringe Mengen an Nitrit zu einer lebensbedrohlichen Vergiftung, da sein Hämoglobin wesentlich schneller in Met-Hämoglobin überführt wird, aber nicht schneller zurück in die aktive Form. Für die Zubereitung der Kost für Säuglinge und Kleinkinder darf deshalb nur Wasser aus der öffentlichen Trinkwasserversorgung verwendet werden, als Alternative kann lediglich Mineralwasser eingesetzt werden.

Aus Nitrit und sekundären Aminen (Produkte des Eiweißabbaus) können im Körper Nitrosamine gebildet werden, die cancerogene Eigenschaften zeigen können (siehe nachstehend).

Nitrosamine (*N*-Nitroso-Verbindungen)

Unter dem Begriff Nitrosamine werden eine Vielzahl von Substanzen zusammengefasst, die cancerogen (krebserregend) wirken können, wenn sie längere Zeit (Jahre) in Mengen aufgenommen werden, die oberhalb einer kritischen Konzentration liegen. Diese kritischen Konzentrationen unterscheiden sich bei den einzelnen Substanzen zum Teil beträchtlich. Nitrosamine kommen in der Umwelt weit verbreitet vor und können daher auch auf verschiedenen Wegen zu einer Belastung des Menschen führen:

◆ Bildung im Körper
Bildung im Magen-Darm-Trakt aus Nitrit (primär oder sekundär mit der Nahrung aufgenommen) und sekundären Aminen.
◆ Aufnahme mit der Nahrung
Verzehr von nitrithaltigen Lebensmitteln, bei deren Zubereitung Nitrosamine gebildet wurden.
Verzehr von Lebensmitteln, die Nitrosamine primär enthalten.
◆ Aufnahme aus der Umwelt
Vorzugsweise mit der Atemluft (Tabakrauch).

Nitrosamine werden aus Nitrit und sekundären Aminen (Lebensmittelbegleitstoffe) im Magen-Darm-Trakt gebildet, insbesondere im Magen. Die Bildung erfolgt hauptsächlich bei schwach saurem pH-Wert. Im stark sauren Milieu werden nur geringe Mengen an Nitrosaminen gebildet, so dass beim Gesunden mit intakter Magenfunktion der Umfang ihrer Bildung offenbar wesentlich geringer ist als bisher angenommen.

Nitrosamine werden beim Erhitzen von solchen Lebensmitteln auf Temperaturen über 100 °C gebildet, die Nitrit und sekundäre Amine enthalten (Braten und Grillen von Pökelwaren, Überbacken von Käse). Ein Teil dieser Nitrosamine kann jedoch bereits während des Garprozesses zusammen mit dem gebildeten Wasserdampf entweichen. Einige Lebensmittel, wie z. B. Fisch, Geflügel, Fleisch, Fleisch- und Wurstwaren, Käse sowie Getreide, enthalten bereits geringe Mengen an Nitrosaminen. Die durch den Konsum von

Lebensmitteln aufgenommenen Nitrosamine steuern zu der gesamten Belastung des Menschen 10 bis 15 % bei. Eine gesundheitliche Gefährdung durch die bei einer üblichen Ernährungsweise aufgenommenen Nitrosamine ist auszuschließen. Auf den übertriebenen Verzehr von gegrilltem Fleisch sollte jedoch verzichtet werden. Pökelwaren sollten weder gebraten noch gegrillt werden.

Spuren von Nitrosaminen kommen in der Luft als Umweltgifte vor, die aus unterschiedlichen Quellen stammen. Die Belastung durch Nitrosamine aus der Luft ist größer als durch Lebensmittel, sie geht aber kontinuierlich zurück, vor allem der Ausstoß durch die Industrie. Nicht zu vernachlässigen ist der Gehalt des Tabakrauchs an verschiedenen Nitrosaminen, der bei starken Rauchern den Großteil der Belastung ausmacht.

5.5.2 Biogene Amine

Biogene Amine werden aus Aminosäuren gebildet. Sie kommen in sehr kleinen Mengen in einigen tierischen Lebensmitteln vor und werden durch Mikroorganismen im Verlauf der natürlichen Reifung gebildet. Größere Mengen entstehen beim Verderb von eiweißhaltigen Nahrungsmitteln.

Die Aufnahme von biogenen Aminen führt nach Überschreiten einer kritischen Menge zu Übelkeit, Erbrechen, Durchfall und zu einem Blutdruckabfall, der sich in Schweißausbrüchen und, in schweren Fällen, in einem Kreislaufkollaps äußert. Eine zu hohe Belastung von Lebensmitteln mit biogenen Aminen ist nur in seltenen Fällen an einem beißend-scharfen, brennenden Geschmack bzw. üblen Geruch zu erkennen. Die sog. Fischvergiftung wird durch das biogene Amin Histamin ausgelöst, das durch den Abbau der Aminosäure Histidin gebildet wird. Besonders betroffen von einem solchen Verderb sind bei unsachgemäßer Aufbewahrung Makrele, Thunfisch und Räucherwaren sowie Krusten- und Schalentiere (Scrombroid-Vergiftung).

Die in Lebensmitteln normalerweise vorliegenden Mengen sind unbedenklich, da sie bereits im Darm durch spezifische Enzyme (sog. Monoami-noxidasen) abgebaut werden. Nur bei der Einnahme bestimmter Medikamente (u. a. einige Psychopharmaka), die diese Enzyme hemmen (sog. Monoaminoxidase-Hemmer, MAO-Hemmer), können bereits geringe Dosen an biogenen Aminen eine Vergiftung auslösen. Bei der Einnahme solcher Medikamente sollte aus Sicherheitsgründen auf Nahrungsmittel verzichtet werden, die biogene Amine in größeren Mengen enthalten können, wie z. B.

◆ verschiedene gereifte Käsesorten,
◆ Schinken und Rohwürste (in erster Linie luftgetrocknete Sorten),
◆ Sauerkraut,
◆ Rot- und Weißwein,
◆ Fischwaren, speziell Räucherfisch,
◆ Bananen.

Auch ein Erhitzen solcher Erzeugnisse schützt nicht vor einer Vergiftung, da die biogenen Amine relativ hitzestabil sind.

5.5.3 Toxische Inhaltsstoffe in pflanzlichen Lebensmitteln

Pflanzen bilden eine Vielzahl von Substanzen, die offenbar für spezifische Funktionen der jeweiligen Pflanzen bzw. für ihren Schutz vor Umwelteinflüssen von Bedeutung sind. Viele dieser Substanzen entfalten auch im menschlichen Körper positive Effekte (sog. Mikronährstoffe), andere dagegen können in höheren Konzentrationen zu Vergiftungen führen. Sie sind in den als Lebensmittel dienenden Pflanzen bzw. dafür vorgesehenen Pflanzenteilen jedoch so gering, dass sie zu vernachlässigen sind. Einige andere werden bei Garverfahren vollständig inaktiviert.

Solanin

Solanin und das verwandte Tomatidin werden in Nachtschattengewächsen wie Kartoffeln bzw. Tomaten gebildet. Größere Mengen finden sich im giftigen Kartoffel- und Tomatenkraut, in den grünen oberirdischen Kartoffelfrüchten, in den Keimen (und Augen) der Kartoffelknollen sowie in den grünen Stielansätzen der Tomaten. In Kartoffeln und in reifen Tomaten ist die

Konzentration sehr niedrig; ausgenommen sind die Stellen der Kartoffel, die dem Licht ausgesetzt waren (Grünfärbung durch das gleichzeitig gebildete Chlorophyll). Solanin (und Tomatidin) ist wasserlöslich, wird aber beim Erhitzen nicht zerstört. Noch vorliegende Spuren gehen in das Kochwasser über und können mit diesem verworfen werden. Grüne Stellen, insbesondere bei Pellkartoffeln, sollten nicht verzehrt werden.

Borretsch enthält in seinen Blättern ein Gift, das dem Solanin sehr ähnelt. Nebenwirkungen in Form einer leichten Vergiftung sind nur beim regelmäßigen Verzehr von größeren Mengen beschrieben worden. Gegen den gelegentlichen Konsum von Borretsch ist aus medizinischer Sicht jedoch nichts einzuwenden.

Blausäurehaltige Glykoside

Blausäure (Cyanwasserstoff) ist äußerst giftig. Sie führt zu einer plötzlich eintretenden inneren Erstickung (1 mg pro kg Körpergewicht ist tödlich). Die Empfindlichkeit gegenüber Blausäure ist individuell unterschiedlich groß. Geringe Mengen von Blausäure werden dagegen vom Menschen rasch entgiftet und somit anstandslos vertragen.

Blausäure kommt in gebundener, zunächst nicht giftiger Form in weit über 1000 verschiedenen Pflanzen vor, die auch als Lebensmittel dienen, wie bittere Mandeln sowie Bittermandelöl, Bambussprossen und Maniok, Leinsamen, Hirse, Zuckerrohr, Kerne von Steinobst sowie Lima- und Mungobohnen. Gartenerbsen und Gemüsebohnen enthalten nur sehr geringe Dosen. Die giftige Blausäure wird aus dieser nicht giftigen Form sehr rasch durch die Salzsäure des Magensaftes freigesetzt.

Die Gefahr einer Vergiftung besteht lediglich beim Verzehr großer Mengen von blausäurehaltigen Lebensmitteln, vor allem von bitteren Mandeln und Bittermandelöl, aber auch Fruchtkernen von Steinobst (bei Kindern soll bereits der Genuss von 5 bis 10 rohen bitteren Mandeln zum Tod geführt haben). Die Kuchen oder anderen Backwaren zugesetzten bitteren Mandeln sind unbedenklich, da Blausäure bereits bei Zimmertemperatur flüchtig ist.

Oxalsäure

Oxalsäure kommt in zahlreichen Gemüsesorten vor, in hohen Konzentrationen in Rhabarber, Mangold, Spinat, Sellerie und roten Rüben. Die in Stachelbeeren vorkommende Glyoxylsäure wird im Körper in Oxalsäure umgewandelt. Oxalsäure beeinträchtigt die Resorption von Kalzium, da sie mit Kalziumionen unlösliches Kalziumoxalat bildet. Resorbierte Oxalsäure wird unverändert mit dem Harn ausgeschieden und kann im Nierenbecken auskristallisieren (Bildung von Nierensteinen). Beim Gesunden ist der Verzehr von oxalsäurehaltigen Lebensmitteln bei einer ausgewogenen Ernährung mit einer ausreichenden Kalziumversorgung absolut unbedenklich.

Substanzen, welche die Kropfbildung fördern (goitrogene Verbindungen)

Einige Kohl- und Rübensorten sowie Rettiche, Radieschen, Zwiebeln und Senfsamen enthalten Spuren von Substanzen, die in höheren Konzentrationen die Jodaufnahme der Schilddrüse behindern. Diese reagiert auf den sich daraus ergebenden Jodmangel mit einer gesteigerten Neubildung von Drüsenzellen, die zu ihrer Vergrößerung führen (Kropfbildung). Bei einer ausgewogenen Ernährung bestehen keine Bedenken gegen einen Verzehr der oben genannten Nahrungsmittel.

Der früher beschriebene Kohlkropf war vordergründig auf einen gleichzeitig bestehenden Jodmangel zurückzuführen.

Lectine (Phytohämagglutinine)

Lectine, auch Phasin genannt, sind Eiweiße, die in einigen pflanzlichen Lebensmitteln und in Schnecken in sehr geringen Mengen vorkommen. Sie reagieren im nativen Zustand mit Zellen des Dünndarms und können in hohen Konzentrationen zu Durchfällen führen. Ihre toxischen Eigenschaften gehen beim Kochen vollkommen verloren. Es ist umstritten, ob sie auch durch kurzzeitiges Blanchieren vollständig inaktiviert werden (z. B. bei Rohkost mit Keimlingen von Getreide und Hülsenfrüchten).

Besonders reich an Lectinen sind grüne Gartenbohnen, gefolgt von den anderen grünen Hülsenfrüchten (Buschbohnen, grüne Erbsen) und einigen Keimlingen sowie von Kartoffeln (sehr geringe Mengen). Die Keimlinge von Linsen und Mungobohnen enthalten keine Lectine. Vergiftungen sind nach dem ausgiebigen Verzehr roher Bohnen beschrieben worden.

Gifte in Kräutern und Gewürzen

Einige der in Gewürzen und Kräutern enthaltenen ätherischen Öle sind in hohen Konzentrationen giftig. Der Einsatz dieser Kräuter und Gewürze zur Speisezubereitung ist jedoch absolut unbedenklich, da die Konzentrationen der potenziell giftigen ätherischen Öle weit unterhalb des kritischen Schwellenwertes liegen. Bei manchen dieser Gewürze sind jedoch einige jeweils spezifische Punkte zu beachten:

◆ Muskatnuss
Bei einer übermäßigen Aufnahme (mehrere geriebene Muskatnüsse) können Vergiftungserscheinungen auftreten (Halluzinationen, Wahnvorstellungen, Herzrasen und Blutdruckschwankungen). Es wurde beschrieben, dass ein Kleinkind nach dem Verzehr von 2 Muskatnüssen (pulverisiert) verstorben sei.

◆ Cumarin
Der Aromastoff des Waldmeisters ist in größeren Mengen lebertoxisch (die Verwendung von Cumarin als Waldmeisteraroma ist verboten). Die Dosen, die beim gelegentlichen Genuss von Waldmeisterbowle aufgenommen werden (mit frischem Waldmeister zubereitet), sind für den Lebergesunden unbedenklich.

◆ Thujon
Thujon kommt in Salbei und im Wermutkraut vor und ist, ständig in größeren Mengen aufgenommen, ein gefährliches Nervengift. Zum Aromatisieren von Absinth und Wermutwein werden thujonhaltige Extrakte aus Wermutkraut eingesetzt. Vergiftungserscheinungen sind nur beim Missbrauch von Absinth beschrieben worden.

◆ Glycyrrhizin (Süßholz, Lakritze)
Glycyrrhizin ist Bestandteil des Wurzelsaftes des Süßholzbaums, aus dem Lakritze hergestellt wird. Größere Dosen erhöhen die Ausscheidung von Kalium bei einer gleichzeitigen Verminderung der Ausscheidung von Natrium. Der Kaliummangel kann zu einer Blutdruck-

erhöhung, zur Bildung von Ödemen, zu einer Muskelschwäche und zu Störungen der Herzfunktionen führen. Es empfiehlt sich, den Genuss von Lakritze zu begrenzen bzw. bei Erkrankungen der Nieren und des Herzens, insbesondere bei Herzrhythmusstörungen sowie bei Bluthochdruck, gänzlich zu meiden.

◆ Estragol und Methyleugenol
Beide Substanzen sind Inhaltsstoffe verschiedener Pflanzen wie Basilikum, Estragon, Piment, Muskatnuss, Lemongras, Anis, Sternanis und Fenchelfrüchte. Sie können in höheren Konzentrationen offenbar cancerogene und erbgutverändernde Wirkungen zeigen. Eine Gefährdung besteht bei einem gelegentlichen Einsatz als Gewürz nicht. Die in einigen Publikationen ausgesprochene Empfehlung, auf den regelmäßigen Konsum von Fencheltee vorsorglich zu verzichten, ist übereilt, da auch damit keine solchen Mengen aufgenommen werden, welche die oben beschriebenen Effekte auslösen können.

◆ Toxische Inhaltsstoffe im Honig
Honigsorten, die von bestimmten, vor allem in Kleinasien wachsenden Azaleen oder Rhododendren stammen, können Giftstoffe enthalten, die in hohen Konzentrationen zu Erbrechen, Krämpfen und Bewusstlosigkeit führen können. Solche Vergiftungsbilder sind in der Türkei nach übermäßigem Verzehr von solchen Honigsorten beobachtet worden (sog. pontischer Honig). Die in Deutschland im Handel befindlichen Sorten enthalten solche Gifte jedoch nicht.

5.5.4 Giftstoffe in Fischen und Muscheln

Die Vergiftungserscheinungen nach dem Verzehr von Fisch und Muscheln sind in der Regel die Folgen eines Verderbs und auf biogene Amine zurückzuführen, die bei dem Abbau von Fischeiweiß gebildet werden (siehe Kapitel 5.5.2). Eine Vergiftung durch fischeigene Toxine, die nur bei einigen Fischen vorkommen, ist allerdings äußerst selten.

◆ Tetrodotoxin

Das in Igelfischen vorkommende Tetrodotoxin ist das stärkste Gift tierischer Lebensmittel. Es wird in den Fischen von Bakterien gebildet, ohne dass diese selbst geschädigt werden. Das Gift befindet sich in den Innereien und der Haut der Tiere, nicht aber im genießbaren Muskelfleisch (in Japan als Fugu bezeichnet). Der bekannteste Vertreter der Igelfische ist der Kugelfisch. Tetrodotoxin ist ein Nervengift und führt zu Sensibilitätsstörungen, Erbrechen, Kreislaufkollaps und zu einer Atemlähmung (Todesursache). Igelfische dürfen in Deutschland nicht in den Verkehr gebracht und somit auch nicht zubereitet werden.

◆ Saxitoxin

Saxitoxin wird von Meeresalgen bei Temperaturen oberhalb von 10 bis 14 °C gebildet, die Muscheln und Austern als Nahrung dienen bzw. diese und auch einige Fische als Wirt besiedeln. Das Gift wird von diesen Schalentieren bzw. Fischen gespeichert. Eine Vergiftung äußert sich in einem prickelnden Gefühl an den Lippen sowie an Armen und Beinen. Vergiftungen mit Saxitoxin sind in den USA und in Südeuropa beschrieben worden.

◆ Ciguatera

Das relativ harmlose Gift ist, weltweit gesehen, wohl für die meisten echten Fischvergiftungen verantwortlich. Es wird von Geißeltierchen gebildet, die sich in und auf Fischen ansiedeln können. In Fischen, die in unseren Breiten vom Handel angeboten werden, ist es praktisch nicht bekannt. Charakteristisch für eine Vergiftung ist das Auftreten von Missempfindungen für kaltes Wasser und kalte Luft, die als heiß empfunden werden.

◆ Weitere Fischgifte

Die verschiedenen Fischgifte, die im Blut von Aal und Neunauge sowie im Rogen oder im Milchner von Karpfen, Hecht und Barbe gefunden wurden, sind sehr schwache Gifte, die außerdem durch Erhitzen inaktiviert werden. Eine Vergiftung kann auch beim Verzehr von rohem Fisch nicht erfolgen, da die hierzu erforderlichen Dosen überhaupt nicht aufgenommen werden können.

5.5.5 Schadstoffe, die bei Garprozessen gebildet werden können

Bei höheren Temperaturen werden in Lebensmitteln eine Vielzahl von Substanzen in sehr geringen Mengen gebildet, die in höheren Konzentrationen und beim Einwirken über einen längeren Zeitraum cancerogene und mutagene Eigenschaften zeigen können. Viele dieser Substanzen entstehen auch bei den unterschiedlichsten Prozessen in der Umwelt. Diese können anschließend in bestimmte Lebensmittel gelangen oder auch direkt vom Menschen aufgenommen werden (meist über die Atemluft). Die wichtigsten dieser Schadstoffe sind folgenden Substanzgruppen zuzuordnen:

◆ Nitrosamine

Nitrosamine werden bei der Reaktion von Nitrit mit sekundären Aminen gebildet (siehe Kapitel 5.5.1).

◆ Polycyclische aromatische Kohlenwasserstoffe (PAK)

PAK entstehen beim nicht vollständigen Verbrennen von organischen Substanzen.

◆ Heterocyclische aromatische Amine (HAA)

HAA werden beim Erhitzen von Aminosäuren auf hohe Temperaturen gebildet.

◆ Acrylamid

Acrylamid wird bei der nichtenzymatischen Bräunungsreaktion aus Aminosäuren sowie reduzierenden Zuckern gebildet.

◆ Ethylcarbamat (Ethylurethan)

Ethylcarbamat kann im Verlauf von Gärungsprozessen gebildet werden.

Eine gesundheitliche Gefährdung durch solche Substanzen ist bei den üblichen Garmethoden und Verzehrgewohnheiten nicht zu befürchten, da die Menge der gebildeten Schadstoffe die kritischen Schwellenwerte nicht überschreitet. Darüber hinaus werden offenbar einige dieser Schadstoffe durch Ballaststoffe und Substanzen gebunden, die ebenfalls im Verlauf von Garprozessen gebildet werden und die wie die Ballaststoffe nicht resorbiert werden (sog. Melanoidine, die bei der nichtenzymatischen Bräunung gebildet werden). Bei dem im Jahr 2002 in Lebensmitteln gefundenen Acrylamid stehen noch zahlreiche diesbezügliche Untersuchungen aus, vor einer nicht begründbaren Panikmache muss jedoch gewarnt werden (siehe unten).

Polycyclische aromatische Kohlenwasserstoffe (PAK)

Polycyclische aromatische Kohlenwasserstoffe werden beim unvollständigen Verbrennen von organischen Stoffen (z. B. Holz, fossile Brennstoffe, Fett, Tabak) gebildet. Die in der Umwelt vorkommenden PAK werden über die Haut und die Lunge aufgenommen, der prozentual größte Anteil mit dem Tabakrauch. Dieses Kontingent kann auch beim Passivrauchen eine nicht zu vernachlässigende Größe sein. Mit PAK können sowohl pflanzliche als auch tierische Lebensmittel belastet sein. Diese Belastung kann erfolgen

◆ während des Wachstums von Gemüse, Obst und Getreide durch die Aufnahme von PAK aus der Luft,

◆ während des Räucherns von Fleischwaren und Fisch durch die Ablagerung von PAK aus dem Rauch,

◆ während des Bratens und Grillens von Fleisch und Fisch, in deren Verlauf sich PAK bilden können.

Der Großteil der mit der Nahrung aufgenommenen PAK stammt aus Gemüse, Obst und Getreideerzeugnissen, bedingt durch den vergleichsweise mengenmäßig großen Verzehr dieser Lebensmittel. Die fettlöslichen PAK können auch in nicht raffinierten Speiseölen vorkommen, bei der Raffination der Öle werden sie wie viele andere Begleitstoffe vollständig entfernt. Die Belastung von Räucherwaren ist beim sachgemäß durchgeführten Räuchern verhältnismäßig gering, sie wird oft überbewertet. Die im Rauch enthaltenen PAK schlagen sich vorzugsweise an der Oberfläche des Räuchergutes nieder. Sie dringen jedoch auch in dieses ein, in geräuchertem Fisch in größerem Umfang als beispielsweise in Schinken. Vergleichsweise hohe Konzentrationen an PAK weisen die Oberfläche und die Randzonen von Schwarzgeräuchertem auf. Mit einer größeren Menge an PAK ist auch Fleisch belastet, das unsachgemäß über Holzkoh-

le gegrillt wurde. Beim Verbrennen von Holzkohle werden relativ viele PAK gebildet, ebenso beim Verbrennen von abtropfendem Fett. Eine gesundheitliche Gefährdung durch PAK ist jedoch weder durch die Aufnahme aus der Umwelt noch durch den Verzehr einer üblichen Kost zu erwarten, vor allem wenn auf einen übertriebenen Verzehr von unsachgemäß geräucherten bzw. gegrillten Fleischwaren verzichtet wird.

Heterocyclische aromatische Amine (Aminosäure-Pyrolyseprodukte, HAA)

HAA werden in eiweißhaltigen Lebensmitteln bei deren Erhitzen auf höhere Temperaturen gebildet (Fleisch, Fisch und Geflügel, Setzei, gebratene Pilze und Zwiebeln, überbackener Käse). HAA sind in höheren Konzentrationen mutagen, einige sind cancerogen. Inwieweit sie nach längerem Einwirken einen Beitrag zur Entstehung von Darmkrebs liefern, ist noch umstritten.

Acrylamid

Acrylamid wird in der chemischen Industrie seit Jahrzehnten als Grundstoff für die Herstellung vieler Erzeugnisse, vornehmlich Kunststoffe, eingesetzt. Es ist in höheren Konzentrationen giftig. Seine Aufnahme über die Atemwege und die nachfolgenden Schädigungen im Zentralnervensystem wurden bisher als die besonders zu beachtende Gefährdung angesehen. Weiterhin ergaben Fütterungsversuche bei Ratten, dass Acrylamid auch die Bildung von bösartigen Tumoren fördern kann.

Acrylamid wurde im April 2002 von schwedischen Forschern in Lebensmitteln nachgewiesen, ein Befund, der in der Zwischenzeit auch von Wissenschaftlern aus verschiedenen anderen Ländern bestätigt wurde. Es wird beim Erhitzen auf Temperaturen von über 120 °C in solchen stärkereichen Lebensmitteln gebildet, die auch Eiweiß enthalten. Das Temperaturoptimum seiner Bildung liegt bei Temperaturen oberhalb von 160 bis 190 °C. Bei Anwesenheit von Wasser ist die Bildungsrate erniedrigt.

Ausgangssubstanzen für Acrylamid sind Aminosäuren, vorrangig Asparagin, und reduzierende Zucker, in erster Linie Glucose. Der Bildungsmechanismus kann der nichtenzymatischen

Bräunungsreaktion zugeordnet werden, in deren Verlauf eine sehr große Zahl von zum Teil recht unterschiedlichen Substanzen gebildet wird, u. a. auch Melanoidine[4]. Die bei der Bildung von Acrylamid ablaufenden einzelnen Reaktionsschritte sind zurzeit (2003) noch nicht aufgeklärt.

Die Gefährdung, die vom Verzehr acrylamidhaltiger Lebensmittel ausgehen kann, lässt sich zum gegenwärtigen Zeitpunkt noch nicht exakt einschätzen. Es ist u. a. nicht bekannt, ob und in welchem Umfang Acrylamid wie einige andere Substanzen von Ballaststoffen bzw. Melanoidinen gebunden werden kann und infolgedessen, zusammen mit diesen, unverändert mit dem Stuhl ausgeschieden wird. Vorerst wird von der WHO und anderen Gremien davon ausgegangen, dass es genotoxisch ist und wahrscheinlich auch beim Menschen cancerogen wirken kann. Es ist jedoch zurzeit nicht möglich, Grenzwerte für eine zu tolerierende Aufnahme anzugeben.
Acrylamid kann beim Backen, Grillen, Braten und Frittieren von stärkereichen Lebensmitteln gebildet werden, und zwar sowohl bei der industriellen Produktion von entsprechenden Erzeugnissen, hauptsächlich von Knabberprodukten, aber auch bei Garprozessen in der Gastronomie und im Haushalt. Beim Kochen entsteht es nicht, auch nicht beim Braten bzw. Grillen von nicht paniertem bzw. mehliertem Fleisch oder Fisch. Auf Grund der Verzehrgewohnheiten wird angenommen, dass in Deutschland vorrangig Brot und Bratkartoffeln, in anderen Ländern Pommes frites, Kartoffelchips, Knäckebrot und möglicherweise geröstete Frühstückszerealien die wichtigsten Quellen für Acrylamid sind.
Bei der Zubereitung von Speisen aus stärkehaltigen Lebensmitteln sollten vorerst folgende Punkte beachtet werden (Stand zum Zeitpunkt der Drucklegung, 2003):

◆ Beim Frittieren, Backen und Grillen sollten Temperaturen von 160 °C möglichst nicht überschritten werden, auf keinen Fall aber 175 °C, da ab dieser Temperatur die Bildungsrate von Acrylamid besonders stark zunimmt. Der Acrylamidgehalt nimmt proportional mit dem Bräunungsgrad zu.
◆ Die Anwesenheit von Wasser (Wasserfilm) auf der Oberfläche der Lebensmittel verringert die Bildungsrate.
◆ Bei Temperaturen unter 120 °C wird kein Acrylamid gebildet.
◆ Größere Konzentrationen an freien Aminosäuren, vor allem Asparagin und Glutamin, und an reduzierenden Zuckern, wie z. B. Glucose, führen zu einer vermehrten Bildung.

Daraus lassen sich für das Garen von Lebensmitteln, die für die Bildung von Acrylamid besonders prädestiniert sind, nachstehende Empfehlungen ableiten:

◆ Zubereitung von Bratkartoffeln
Es empfiehlt sich, Bratkartoffeln aus gekochten Kartoffeln zuzubereiten, da hierbei kaum Acrylamid entsteht, das beim Braten von rohen Kartoffeln dagegen in vergleichsweise großen Mengen gebildet wird.
Die Bildungsrate ist sehr hoch bei rohen Kartoffeln, die längere Zeit unter 8 °C gelagert wurden.
In und an rohen Kartoffeln befinden sich Spuren von freien Aminosäuren und Glucose, die bei dem in den Zellen der Kartoffel stattfindenden Abbau von Eiweiß und Stärke ständig in sehr geringen Mengen gebildet werden. In gekochten Kartoffeln sind dagegen die Eiweiße denaturiert und die Stärke verkleistert, so dass freie Aminosäuren und Glucose nicht vorliegen und somit für die Bildung von Acrylamid nicht mehr verfügbar sind. Bei Temperaturen unter 8 °C werden in den Pflanzenzellen Glucose und Aminosäuren zwar noch freigesetzt, aber praktisch nicht mehr verstoffwechselt und stehen somit in vergleichsweise höheren Konzentrationen für die Acrylamidbildung zur Verfügung.
Für die Herstellung von Rösti gelten sinngemäß die gleichen Feststellungen.

---

4 Unter dem Begriff Melanoidine werden Substanzen zusammengefasst, die – vereinfacht dargestellt – braun gefärbte Endprodukte der nichtenzymatischen Bräunungsreaktion sind und im Darm nur schwer bzw. überhaupt nicht resorbiert werden können. Bei höheren Temperaturen werden sie zersetzt (sie verkohlen).

◆ Pommes frites (Frittieren)
Die Temperatur des Frittierfettes sollte 160 °C nicht übersteigen, keinesfalls aber 175 °C. Es ist zu empfehlen, das Frittiergut nicht zu klein zu schneiden, um damit die für die Bildung von Acrylamid verfügbare Oberfläche möglichst klein zu halten. Die Pommes frites sollten nur goldgelb frittiert werden. Frittieröle, die den Entschäumer Dimethylpolysiloxan (E 900) enthalten (abgekürzt Silikon), sind nicht einzusetzen. Für das Aufbacken von Pommes frites im Backofen gilt sinngemäß das Gleiche.

◆ Panierte Speisen (Braten in der Pfanne)
Ein Überhitzen der Pfanne auf Temperaturen über 160 °C vor Einbringen des Gargutes ist zu vermeiden. Bei relativ trockenem Gargut wird empfohlen, in Margarine bzw. in einem Öl-Margarine-Gemisch zu braten. Diese Empfehlung basiert auf der Überlegung, dass das bei 100 °C verdampfende Wasser die Brattemperatur begrenzen könnte. Außerdem ist Wasser ein wesentlich besserer Wärmeleiter als Fett bzw. Öl, wodurch die Garzeiten verkürzt werden können.

◆ Vorgebackene Lebensmittel (Aufbacken in der Röhre)
Unter Schutzgas verpackte bzw. tiefgefrorene vorgebackene Lebensmittel sollten mit Umluft und bei maximal 180 °C aufgebacken werden. Bei Fehlen eines Umluftherds ist darauf zu achten, dass 200 °C (Unter- und Oberhitze) nicht überschritten werden. Durch das Abdecken mit Backpapier kann die Bildung von Acrylamid (und die Bräunung) reduziert werden.

Ethylcarbamat (Ethylurethan)
Ethylcarbamat kommt in allen Lebensmitteln vor, die bei ihrer Herstellung Gärungsreaktionen unterworfen werden, wie Brot, Sauermilcherzeugnisse, Bier und Wein. Höhere Konzentrationen werden in Steinobstbränden gefunden. Ethylcarbamat zeigt im Tierversuch in höheren Konzentrationen und nach längerer Einwirkungszeit cancerogene Eigenschaften. Eine gesundheitliche Gefährdung durch die mit der Nahrung aufgenommenen geringen Mengen besteht nicht, auch nicht beim gelegentlichen Konsum von Steinobstbränden. Die cancerogene Wirkung von Ethylcarbamat soll bei gleichzeitiger Aufnahme von Alkohol gesenkt werden.

5.5.6 Schadstoffe aus der Umwelt (Rückstände und Verunreinigungen)

Aus der Umwelt und während der Bearbeitung von Lebensmitteln können Stoffe auf oder in die Lebensmittel gelangen, die in hohen Konzentrationen gesundheitliche Beeinträchtigungen auslösen können. Bei diesen Schadstoffen kann zwischen Rückständen und Verunreinigungen unterschieden werden:
◆ Rückstände
Rückstände sind solche Stoffe, die über die Luft, den Boden oder über das Wasser auf bzw. in die pflanzlichen Lebensmittel oder Futtermittel gelangen. Bei der Verfütterung von schadstoffbelastetem Futter können diese in den Tieren gespeichert und damit zu einer Belastung von tierischen Lebensmitteln führen (sog. carry over).
◆ Verunreinigungen
Als Verunreinigungen werden solche Stoffe bezeichnet, die ohne Absicht und ohne Verschulden auf oder in das Lebensmittel bei dessen Herstellung, Verarbeitung, Verpackung, Transport oder Lagerung gelangt sind.

Für diese Schadstoffe werden Richtwerte für die zulässigen Höchstmengen in Lebensmitteln festgelegt, bei deren Einhaltung eine gesundheitliche Gefährdung mit Sicherheit ausgeschlossen werden kann.
Die wichtigsten Schadstoffe, die zu einer Belastung von Lebensmitteln führen können, sind
◆ Pestizide,
◆ polychlorierte Biphenyle (PCB),
◆ Metalle und Metallverbindungen,
◆ Nitrat (siehe Kapitel 5.5.1).

Pestizide
Unter dem Begriff Pestizide werden alle Stoffe zusammengefasst, die zur Bekämpfung von Schadorganismen verwendet werden, wie z. B.

- Unkrautbekämpfungsmittel (Herbizide),
- Insektengifte (Insektizide),
- Entlaubungsmittel (Defolantien),
- Pilzgifte (Fungizide),
- Keimungshemmstoffe.

Einige dieser Pestizide zeichnen sich durch eine hohe Persistenz aus, sie werden im Boden nur sehr langsam abgebaut. Sie können in sehr seltenen Fällen durch unsachgemäße Handhabung in Lebensmittel gelangen. Der Einsatz von Pestiziden, von denen eine Gefährdung für den Menschen ausgehen kann, ist in den Ländern der EU verboten.

Polychlorierte Biphenyle (PCB)

Unter dem Begriff polychlorierte Biphenyle (PCB) wird eine Vielzahl chemisch verwandter Substanzen zusammengefasst, die in der Technik vielseitig eingesetzt werden (Kühl- und Isolierflüssigkeit von Transformatoren, Weichmacher, Flammschutzmittel u. a.). Diese Stoffe gelangten in den letzten Jahrzehnten in größerem Umfang in die Umwelt, wo sie auf Grund ihrer schweren Wasserlöslichkeit schlecht abgebaut werden. Sie können über pflanzliche und vor allen Dingen über tierische Lebensmittel mit der Nahrung aufgenommen werden. Wegen der guten Fettlöslichkeit der PCB werden diese in den Fettdepots der Tiere angereichert und gelangen so in die menschliche Nahrung (sog. carry over). Die Belastung der Milch (am stärksten belastet) ist in den 90er-Jahren des vergangenen Jahrhunderts sehr stark zurückgegangen, sie kann vernachlässigt werden.

Metalle und Metallverbindungen

Die Schwermetalle Blei, Kadmium und Quecksilber können in verschiedenen Verbindungsformen als Verunreinigungen in Lebensmitteln vorkommen. Die Belastung von Nahrungsmitteln ist jedoch in den letzten Jahren stark zurückgegangen, so dass es nur bei grober Verletzung von gesetzlichen Vorgaben zum Auftreten vereinzelter Fälle von Vergiftungen kommen kann (Zink, Blei).

- Blei

  Blei kann über Trinkwasser aus Bleirohren (Hauswasserversorgung) und über Geschirr mit Bleiglasuren aufgenommen werden. Eine besondere Gefahr besteht bei einer längeren Unterbrechung der Wasserentnahme, z. B. über Nacht, während der es zum Herauslösen von Blei aus den Rohrleitungen kommen kann. Das zuerst entnommene Wasser sollte deswegen weder als Trinkwasser noch zur Speisenzubereitung verwendet werden.

  Eine Belastung von Lebensmitteln mit Blei wird nicht mehr beobachtet. Gefäße aus Blei oder bleihaltigen Materialien dürfen nicht als Trinkgefäße bzw. zur Aufbewahrung von Nahrungsmitteln verwendet werden.

  Blei kann eine chronische Vergiftung auslösen (Hemmung der Hämoglobinsynthese). Während der Schwangerschaft kann eine überhöhte Bleiaufnahme zu einer Schädigung des Föten führen.

- Kadmium

  Einige Lebensmittel können zwar Kadmium akkumulieren wie Kakaobohnen, Ölsamen, Waldpilze und Innereien von Wildtieren, eine Gefährdung besteht wegen der sehr geringen Mengen jedoch nicht. Die Hauptquelle für die Aufnahme von Kadmium ist Tabakrauch.

- Quecksilber

  Süßwasserfische, Leber und Nieren von älteren Schlachttieren und Wild sowie einige Champignonarten (nicht Zuchtchampignons) können mit Spuren von Quecksilber belastet sein, die aber gesundheitlich absolut unbedenklich sind.

  Etwas größere Dosen an Quecksilber sind in Seefischen enthalten, die zulässigen Richtwerte werden jedoch nicht überschritten, so dass auch beim regelmäßigen Verzehr von Seefischen keine gesundheitliche Gefährdung besteht.

  Eine Ausnahmesituation besteht während der Schwangerschaft, da nach dem gegenwärtigen Wissensstand eine Schädigung des Embryos durch Quecksilber nicht völlig ausgeschlossen werden kann. Mit einer höheren Belastung mit Quecksilber muss u. a. bei folgenden Fischen gerechnet werden: Thunfisch und alle Bonito-Arten, Aal, Haifisch, Stör, Rotbarsch, Barsch, Heilbutt, Hecht, Blauleng, Seeteufel, Rochen und Steinbeißer. Zu den weniger belasteten Fischen gehört u. a. der Seelachs.

◆ Kupfer

Vergiftungen durch die Aufnahme von Kupfer mit der Nahrung oder dem Trinkwasser sind beim Erwachsenen nicht bekannt. Gefährdet durch höhere Kupferkonzentrationen sind Säuglinge, wenn sie nicht gestillt werden und ihre Nahrung unter Verwendung von kupferhaltigem Wasser zubereitet wird. Das Auftreten von frühkindlichen Leberzirrhosen ist möglicherweise auf einen höheren Kupfergehalt im Trinkwasser zurückzuführen. Eine erhöhte Kupferkonzentration kann nur bei der Installation von Kupferrohren in der Hauswasserversorgung auftreten.

◆ Zink

Zink kann bei der unzulässigen Aufbewahrung von sauren Speisen (z. B. Kartoffelsalat) in verzinkten Gefäßen aus diesen herausgelöst werden und in Lebensmittel gelangen und in höheren Konzentrationen zu einer akuten Zinkvergiftung führen.

6 Anforderungen zur Gewährleistung der Sicherheit von Lebensmitteln und Speisen

Bei einem unsachgemäßen Umgang mit Lebensmitteln und bei Mängeln während der Zubereitung von Speisen kann es bei deren Verzehr zu mannigfaltigen gesundheitlichen Gefährdungen kommen. Auf Grund dieser Tatsache sind auch die gesetzlichen Vorgaben zur Gewährleistung der Sicherheit von Lebensmitteln und Speisen vielschichtig und in unterschiedlichen Gesetzen und Verordnungen verankert. Dazu sind auch solche zu rechnen, die indirekt zur Lebensmittelsicherheit beitragen wie die Arbeitsstättenverordnung und die dazu erlassenen Arbeitsstätten-Richtlinien sowie gegebenenfalls die Bauordnungen der Länder. Diese geben die Anforderungen vor, die von Küchen und diesen zugeordneten Räumen in baulicher Hinsicht erfüllt werden müssen.

Erlasse von Gesetzen und Verordnungen

Gesetze und Verordnungen können von der Regierung der Bundesrepublik Deutschland (nationales Recht), der Europäischen Gemeinschaft (Gemeinschaftsrecht) und auch von den einzelnen Bundesländern der BRD (Landesrecht) erlassen werden.
Die von der Regierung der BRD erlassenen Gesetze bzw. Verordnungen sind in der Regel die grundlegenden Vorschriften. Die Gesetze werden meist durch nachgeordnete Verordnungen präzisiert. Von den einzelnen Bundesländern können darüber hinaus spezifische, nur für das betreffende Bundesland geltende Verordnungen erlassen werden, die nur regionale Besonderheiten regeln sollen und im Einklang mit dem Bundesrecht stehen müssen. Gesetze und Verordnungen des Bundes und der einzelnen Bundesländer dürfen nicht gegen Verordnungen bzw. Richtlinien der EG verstoßen, die für die Staaten der EU bzw. der EWG bindend sind. Sie müssen gegebenenfalls innerhalb vorgegebener Fristen den Verordnungen (EG bzw. EWG) angepasst werden.

Das Recht der Europäischen Gemeinschaft gewinnt nach der Verabschiedung des Maastrichter Vertrags zunehmend an Bedeutung. Damit gleichen sich auch die Rechtsnormen der einzelnen europäischen Staaten immer mehr an. Die Verordnungen der Europäischen Gemeinschaft (EWG bzw. EG) werden entweder vom Rat der EU oder von der Europäischen Kommission erlassen. Diese Verordnungen (EG) wurden von der Bundesrepublik bzw. von den einzelnen Mitgliedsländern in der Regel durch die Verkündung von nationalen Gesetzen bzw. Verordnungen in nationales Recht überführt. Zunehmend wird jedoch dazu übergegangen, Verordnungen der EG direkt als geltendes nationales Recht zu übernehmen.

Bekanntmachung von Gesetzen und Verordnungen

Die von der Bundesrepublik Deutschland verabschiedeten Gesetze und Verordnungen werden zum Großteil im Bundesgesetzblatt Teil I (BGBl. I) veröffentlicht und erlangen mit ihrer Veröffentlichung Rechtskraft mit Ausnahme der Fälle, in denen mit der Veröffentlichung ein Datum für das In-Kraft-Treten genannt wird. Nur wenige Gesetze bzw. Verordnungen werden im Bundesgesetzblatt Teil II bzw. im Bundesanzeiger (BAnz.) veröffentlicht.
Die Verordnungen der Europäischen Gemeinschaft werden im ABl. der EG Teil L (ABl. Nr. L) publiziert. Bei einer direkten Übernahme dieser Verordnungen in nationales Recht wird im Bundesgesetzblatt darauf hingewiesen, wie auch auf die Veröffentlichung von Verordnungen im Bundesanzeiger.

Änderungen von Gesetzen und Verordnungen

Die Rechtsvorschriften werden in unregelmäßigen Abständen in einzelnen Paragraphen oder Punkten korrigiert. Dies erfolgt zum Zweck der Umsetzung neuer wissenschaftlicher Erkenntnisse bzw. der Anpassung an veränderte Rahmenbedingungen. Bei der Veröffentlichung solcher Veränderungen im Bundesgesetzblatt werden die bisher geltenden Gesetze und Verordnungen in der Regel nicht durch neue ersetzt. Es werden meist nur die betreffenden Paragraphen bzw. Passagen durch einen neuen Gesetzestext ersetzt. In bestimmten Fällen können ganze Abschnitte vollständig gestrichen oder neu hinzugefügt werden.

Veränderungen an diesen Rechtsvorschriften werden im Bundesgesetzblatt veröffentlicht, ohne dass dabei der Gesetzestext in vollem Umfang wiederholt wird. Das Gesetz bzw. die Verordnung gilt nach Veröffentlichung der neuen Textteile in der Fassung vom ... (Datum des In-Kraft-Tretens der Ergänzung, Fundstelle im BGBl. I), abgekürzt „i. d. F.". Nur nach grundlegenden Änderungen werden Gesetze bzw. Verordnungen gänzlich neu erarbeitet und in vollem Umfang veröffentlicht (Neufassung des Gesetzes ..., der Verordnung ...).

In den Fällen, in denen Gesetze/Verordnungen wiederholt verändert oder ergänzt wurden, müssen diese in den einzelnen Gesetzblättern (oft zeitraubend) zurückverfolgt werden, um zum vollständigen, aktuell gültigen Gesetzestext zu gelangen. Sammlungen von Gesetzen und Verordnungen (z. B. Textsammlung Lebensmittelrecht, Behr's Verlag, Hamburg), die durch kontinuierlich erfolgende Ergänzungslieferungen ständig auf dem neuesten Stand gehalten werden, erleichtern die schnelle Orientierung und garantieren die aktuell gültige Form der Rechtsvorschriften.

Erfolgte Änderungen von gesetzlichen Vorgaben müssen in der täglichen Arbeit beachtet werden. Für den einzelnen Bürger und selbstredend für jeden Leiter einer Einrichtung besteht die Pflicht, sich entsprechend zu informieren. Der Informationspflicht kann durch die regelmäßige Durchsicht des Bundesgesetzblattes nachgekommen werden. Darüber hinaus wird in der Regel von der Fachpresse auf solche Änderungen hingewiesen.

Gesetzliche Vorgaben für den Verkehr mit Lebensmitteln

Die gesetzlichen Vorgaben, die in Küchen der Gastronomie und der Gemeinschaftsverpflegung beim Verkehr mit Lebensmitteln zu beachten sind, können jeweils einem der nachfolgend aufgeführten Komplexe zugeordnet werden:

◆ Einhalten von Mindeststandards bei der bauseitigen Ausstattung von Küchen und zugeordneten Räumen (Lagerräume, Personaltoiletten).

◆ Einhalten von technischen Mindeststandards bei Ausrüstungen und Geräten, die eine Gefährdung von Lebensmitteln und zubereiteten Speisen ausschließen.

◆ Einhalten von Hygienestandards bei der Lagerung und Verarbeitung von Lebensmitteln sowie bei der Ausgabe von Speisen.

◆ Einhalten der Vorschriften zur Kennzeichnung von Lebensmitteln und Speisen.

◆ Einhalten von Vorgaben, die für einzelne Lebensmittel bzw. Lebensmittelgruppen spezifisch sind.

◆ Einhalten der Vorgaben zur Personalhygiene und des Infektionsschutzgesetzes.

Die wichtigsten dieser Vorgaben werden durch die nachstehenden Rechtsvorschriften geregelt:

◆ Lebensmittel- und Bedarfsgegenständegesetz (LMBG)

◆ Lebensmittelhygiene-Verordnung (LMHV)

◆ Lebensmittel-Kennzeichnungsverordnung (LMKV)

◆ Zusatzstoff-Zulassungsverordnung (ZZulV)

◆ Infektionsschutzgesetz (IfSG)

◆ Arbeitsstättenverordnung (ArbStättV) einschließlich Arbeitsstätten-Richtlinien (ASR)[1]

Weitere Gesetze und Verordnungen regeln den Verkehr mit und die Kennzeichnung von jeweils speziellen Lebensmitteln (siehe Kapitel 6.7).

6.1 Baulicher Zustand und Ausstattung von Küchenräumen

Die baulichen Voraussetzungen, die auf Grund gesetzlicher Vorgaben (Arbeitsstättenverord-

---

[1] Die Arbeitsstätten-Richtlinien werden vom Bundesminister für Arbeit und Sozialordnung unter Mitwirkung zuständiger Gremien erarbeitet und im Bundesarbeitsblatt, Fachteil Arbeitsschutz, veröffentlicht. Diese Richtlinien konkretisieren die gesetzlichen Vorgaben der Arbeitsstättenverordnung, welche die bauliche Beschaffenheit und Ausstattung von Arbeitsräumen und die beim Betrieb dieser Räume zu beachtenden Maßnahmen betreffen.

nung, Lebensmittelhygiene-Verordnung) einzu-halten sind, werden durch die Freigabe der Küchenräume und der zugeordneten Räume durch die Bauabnahme und die Erteilung der Betriebserlaubnis durch die Aufsichtsbehörden garantiert. Das gilt auch für alle installierten bzw. fest angeschlossenen Geräte, deren Übereinstim-mung mit den Vorgaben durch die entsprechen-den Zertifikate der Hersteller zugesichert wird. Dies entpflichtet jedoch den zuständigen Leiter nicht, regelmäßig zu überprüfen, ob diese den Anforderungen noch genügen bzw. neu erlasse-nen Richtlinien entsprechen. Während des laufen-den Betriebs muss gesichert werden, dass an der Bausubstanz und an der Ausstattung mit Geräten und Mobiliar keine Veränderungen vorgenom-men werden, die gegen gesetzliche Vorgaben verstoßen.

Aufteilung und Nutzung von Küchenräumen

Die Nutzung der Küchenräume muss den im jeweiligen konkreten Fall bestehenden Möglich-keiten angepasst werden.
Die geforderten Minimalanforderungen müssen erfüllt werden:

◆ Die einzelnen Stufen bei der Verarbeitung von Lebensmitteln sind räumlich zu trennen. Es ist anzustreben, dass die Vorküche („unreiner" Teil der Küche) von der eigentlichen Küche (Haupt-küche) getrennt in einem gesonderten Raum eingerichtet wird.

◆ Beim Fehlen der räumlichen Voraussetzungen müssen für die Vorbereitung und die Endferti-gung extra Arbeitsflächen vorhanden sein. Lebensmittel unterschiedlicher Gruppen müs-sen gegebenenfalls in zeitlich getrennten Arbeitsgängen verarbeitet werden. Die Arbeits-flächen sind zwischen den einzelnen Produk-tionsschritten gründlich zu reinigen und gegebenenfalls zu desinfizieren. Für Fleisch, Geflügel, Wild in der Decke und Gemüse müs-sen auf jeden Fall separate Arbeitsflächen zur Verfügung stehen.

◆ Die Pausenräume des Küchenpersonals müs-sen außerhalb des eigentlichen Küchenbe-reichs liegen.

◆ Küchenräume dürfen nicht für betriebsfremde Zwecke genutzt werden.

Größe der Arbeitsräume und der Bewegungsfläche

Die Küchenräume und diesen gleichgestellten Räume müssen so gestaltet sein, dass ein unge-hindertes Arbeiten jederzeit möglich ist:

◆ Arbeitsräume müssen eine Grundfläche von mindestens 8 m² aufweisen. (Ausnahmen von dieser Vorgabe sind nur bei Büroräumen [z. B. Küchenleiterbüro] möglich.)

◆ Für jeden ständig anwesenden Mitarbeiter muss ein Mindestluftraum von 15 m³ zur Ver-fügung stehen (ausreichende Versorgung mit Atemluft).

◆ Jedem Mitarbeiter muss an seinem Arbeits-platz eine freie Bewegungsfläche von 1,50 m² zur Verfügung stehen, diese sollte an keiner Stelle weniger als 1 m breit sein.

◆ Die Verkehrsflächen in den Betriebsräumen sind stets freizuhalten, sie dürfen auch nicht kurzzeitig mit Gegenständen verstellt werden.

Beschaffenheit der Fußböden

An die Beschaffenheit der Fußböden von Küchen-räumen werden besonders hohe Anforderungen gestellt:

◆ Die Fußböden dürfen keine Unebenheiten auf-weisen, müssen wasserundurchlässig, sicher begehbar und leicht zu reinigen sein, um auch in feuchtem Zustand eine Rutsch- und Stolper-gefahr ausschließen zu können.

◆ Als Stolperstellen werden Höhenunterschiede im Fußboden von mehr als 4 mm angesehen.

◆ Auf den Boden gelangende fließfähige Men-gen an Flüssigkeiten müssen leicht abgeführt werden können (Gefälle im Belag, Ablaufrinnen-nen). Ablauföffnungen und Ablaufrinnen müs-sen in ausreichender Zahl vorhanden sein. Gegebenenfalls ist eine Fußbodenentwässe-rung erforderlich.

◆ Fußböden müssen regelmäßig und sorgfältig gereinigt werden. Eine große Rutschgefahr geht von mit Fett verkrusteten Belägen aus.

Beschaffenheit der Wände, Decken und Raumabschlüsse

◆ Die Wände und Decken sowie Deckenvorrich-tungen müssen glatt, abwaschbar und leicht zu reinigen sein.

- Es ist muss garantiert werden, dass keine Materialien in Lebensmittel oder Speisen fallen können (Decken- oder Wandputz, abblätternde Farbreste).
- Die Räume dürfen keine Nischen oder Spalten aufweisen (sog. tote Winkel wie Durchbrüche von Rohrleitungen), die für eine Reinigung unzugänglich sind. Solche toten Winkel sind bevorzugte Fluchtorte von Schadinsekten und deren Brutstätten.

Türen und Fenster

- Die Oberflächen von Türen und Fenstern müssen glatt und gut abwaschbar sein.
- Fenster und Türen, die ins Freie geöffnet werden können, müssen mit Insektengittern ausgestattet sein, die sich zu Reinigungszwecken leicht entfernen lassen.
- Pendeltüren müssen durchsichtig oder mit einem Sichtfenster aus splitterfreiem Glas ausgestattet sein.
- Türen im Verlauf von Rettungswegen müssen sich in Fluchtrichtung (nach außen) öffnen. Sie dürfen während der Betriebszeit generell nicht verschlossen werden und müssen sich jederzeit von innen mit einer Klinke öffnen lassen. Schlüsselkästen entsprechen nicht diesen Forderungen und sind verboten.
- Brandschutztüren dürfen in geöffnetem Zustand nicht fest gestellt werden, auch nicht vorübergehend (z. B. für zeitlich begrenzte Transporte). Es dürfen nur solche Brandschutztüren offen gehalten werden, die sich bei einer Rauchentwicklung selbsttätig schließen. Als Brandschutztüren sind auch alle die Türen anzusehen, die dicht schließen und/oder feuerhemmend bzw. feuerbeständig ausgeführt sind.

Verkehrswege, Rettungswege, Türen und Notausgänge

Für die Beschaffenheit der Fußböden von Verkehrs- und Rettungswegen gelten im Prinzip die gleichen Anforderungen wie für Küchenräume. Die gesetzlichen Anforderungen betreffen vor allem die Breite der Wege, die ein gefahrloses Begehen während der Arbeit bzw. eine ungehinderte Flucht im Katastrophenfall ermöglichen

sollen. Die für Rettungswege geltenden Vorgaben weichen zwar geringfügig von denen ab, die bei Verkehrswegen einzuhalten sind, im Prinzip kann aber davon ausgegangen werden, dass in Küchen praktisch alle Verkehrswege auch als Rettungswege benutzt werden müssen.

- Die geforderten Mindestbreiten für die einzelnen Wege dürfen durch abgestellte Gegenstände nicht eingeengt werden:

Arbeitsgänge (Gänge in Küchen)	mind. 0,90 m
Verkehrswege, die Arbeitsplätze einbeziehen	mind. 1,20 m
Verkehrswege, die nur als Gänge dienen	
bis 5 beschäftigte Personen	mind. 0,875 m
bis 20 beschäftigte Personen	mind. 1,00 m
bis 100 beschäftigte Personen	mind. 1,25 m
Rettungswege	
Gänge in Gasträumen	mind. 0,80 m
Türen	mind. 0,90 m
Flure/Rettungswege	mind. 1,00 m

- Rettungswege und Notausgänge müssen als solche gekennzeichnet werden, falls es wegen der Größe der Einrichtung oder der zeitweiligen Beschäftigung von Aushilfskräften erforderlich erscheint. (Im Gastbereich einschließlich der Nebenräume, die von Gästen betreten werden können, ist diese Kennzeichnung generell vorgeschrieben!)
- In unübersichtlichen Räumen muss der kürzeste Rettungsweg durch Richtungspfeile angezeigt werden.

Be- und Entlüftung

Der Stau von Wärme und Dunst muss jederzeit durch einen ständig erfolgenden Austausch der Raumluft verhindert werden. Dabei sind nachstehende Vorgaben zu beachten:

- Ein Eindringen von Insekten mit der einströmenden Frischluft muss durch das Anbringen von Insektengittern an Fenstern und nach außen führenden Türen verhindert werden.
- Die einströmende Frischluft darf nicht mit Dämpfen (z. B. aus Industrieabgasen) oder Gerüchen belastet sein (beispielsweise Gaststätten in ländlicher Gegend).
- Der Luftstrom darf nicht vom unreinen Teil zum reinen Teil der Küche gerichtet sein, um

eine Kontamination von gereinigten Lebensmitteln bzw. gegarten Speisen mit Staub oder Keimen zu verhindern, die von noch nicht gereinigten Lebensmitteln stammen.

Ein effektiver Luftaustausch ist nur durch mechanische Zu- und Abluftanlagen (Abzug) zu gewährleisten. Bei Anfall von Fett- und Wasserdampf ist ein Abzug zwingend erforderlich und gesetzlich vorgeschrieben (über Herden, Fritteusen, Kippbratpfannen, Bratgeräten, Kochkesseln und ähnlichen Geräten). Dabei sind folgende Gesichtspunkte zu beachten:

◆ Die Abluftanlagen müssen mit Fettfangfiltern (sog. Aerosol-Abscheider, kurz Fettfilter) ausgerüstet sein.
◆ Die Filter müssen in bestimmten Abständen gereinigt werden, mindestens aber alle 14 Tage (möglichst in einer Waschmaschine). Beim Wiedereinsetzen der gereinigten Filter in die Anlagen ist auf den richtigen Einbau zu achten, hauptsächlich bei solchen, die mit Wirbelstrom- bzw. Zweistufenfiltern arbeiten (Fettablauföffnungen müssen nach unten gerichtet sein).
◆ Die Belüftungs- und Entlüftungssysteme (einschließlich Schächte) sowie alle Zusatzaggregate (Ventilatoren, Abluftleitungen und Aggregatkammern) sind jeweils nach 6 Monaten auf ihre Funktionsfähigkeit und den Verschmutzungsgrad zu überprüfen und gegebenenfalls zu reinigen.
◆ Klimaanlagen müssen regelmäßig auf eine mögliche Besiedlung von Mikroorganismen überprüft werden. (Gefahr eines Bewuchses mit Legionellen [Erreger der sog. Legionärskrankheit], die sich bei Temperaturen von 25 bis 50 °C und hoher Luftfeuchtigkeit besonders gut vermehren!)
◆ Separate Rauchabzugsanlagen verbessern den Rauchabzug entscheidend und schließen die Gefahr eines Brands in Abzugsschächten weitgehend aus (meist ausgelöst durch Fettreste).

Brände innerhalb von Abluftanlagen können äußerst schnell auf das gesamte Gebäude übergreifen, da Fett unter Entwicklung von hohen Temperaturen verbrennt (Abzüge sind auch bei sachgemäßer Reinigung der Fettfilter gering mit Fettresten belastet). Durch die zusätzlich auftretende Kaminwirkung, die von einem brennenden Abluftschacht ausgeht, werden Brände in den darunter befindlichen Räumen stark angefacht.

Beschaffenheit der Oberflächen von Einrichtungen und Geräten

Alle Oberflächen von Einrichtungen und Geräten, die mit Lebensmitteln in Berührung kommen können, müssen aus glattem, abwaschbarem Material bestehen und korrosionsbeständig sein, vor allem gegenüber Säuren und schwachen Laugen, um eine Besiedlung mit Mikroorganismen (in Rillen oder Unebenheiten) bzw. ein Herauslösen von Metallspuren zu verhindern (Aluminium ist säureempfindlich). Schneidebretter aus Holz sollten nicht verwendet werden, bei der Verarbeitung von Geflügel sind sie verboten.

Anforderungen an Spül- und Handwaschbecken

Für die Reinigung von Lebensmitteln müssen gesonderte Spülbecken vorhanden sein. Handwaschbecken dürfen dafür nicht benutzt werden. Küchenräume müssen deswegen mit extra Handwaschbecken ausgestattet sein (zusätzlich zu den in Sanitärräumen), deren erforderliche Anzahl sowohl von der Zahl der Beschäftigten als auch von ihrer Erreichbarkeit abhängt (von den einzelnen Arbeitsplätzen aus gesehen). Sie müssen die gleichen Anforderungen erfüllen, die an die Anlagen in den Toilettenräumen gestellt werden (siehe Sanitäranlagen).

Weitere Anforderungen an die Ausstattung von Küchenräumen

◆ Fettabscheider
Küchen müssen mit einem Fettabscheider ausgestattet sein. Er ist regelmäßig entsprechend den Vorgaben der Betriebsanleitung und in Abhängigkeit von der Belastung auf seine Funktionsfähigkeit zu kontrollieren, rechtzeitig zu entleeren und zu reinigen.
◆ Beleuchtung
Küchen und die ihnen zugeordneten Räume müssen über eine ausreichende natürliche und/oder künstliche Beleuchtung verfügen.

- Betreiben von Gasgeräten
  Gasgeräte dürfen nur in Verbindung mit einer Abluftanlage installiert werden. Sie müssen mit dieser so gekoppelt sein, dass bei ausgeschalteter Abluftanlage ein Betreiben der Geräte nicht möglich ist (Verhinderung des unkontrollierten Ausströmens von Gas).
- Raumtemperatur
  Die Temperatur in Küchenräumen sollte mindestens 17 °C betragen und möglichst 26 °C nicht überschreiten. Ausgenommen von diesen Vorgaben sind jahreszeitlich bedingte Über- bzw. Unterschreitungen und solche Küchenbereiche, in denen höhere Temperaturen nicht zu vermeiden sind.

Lärmschutz

In den Arbeitsräumen sowie in Pausenräumen ist die Lärmbelastung so niedrig wie möglich zu halten. Vom Gesetzgeber wird gefordert, dass der Lärm durch geeignete Maßnahmen in vertretbaren Grenzen gehalten wird, obwohl dies in Küchen und diesen zugeordneten Räumen aus arbeitstechnischen Gründen nicht leicht zu realisieren ist. Beispiele für geeignete und auch durchführbare Maßnahmen zur Begrenzung des Lärms sind

- schallschluckende Wandverkleidungen in Spülräumen,
- schallschluckende Verkleidungen an schallintensiven Maschinen,
- der Einsatz von Transporteinrichtungen mit lärmmindernden Bereifungen (an Stelle von Stahlrädern),
- Auslagerung von lärmintensiven Geräten und Maschinen in einen separaten Raum (so weit das umsetzbar ist).

Anforderungen an die Sanitäranlagen

Bei der Ausstattung von Sanitärräumen und bei der Einhaltung der Sauberkeit in diesen Anlagen sind die gesetzlichen Vorgaben äußerst gewissenhaft einzuhalten.

- Toilettenräume
  Die Toilettenräume dürfen keinen direkten Zugang zu Räumen haben, in denen Lebensmittel gelagert oder bearbeitet werden. (Kein direkter Zugang zur Küche oder zu Lagerräumen!)

Sie müssen mit Handwaschbecken ausgerüstet sein. (Die Handwaschbecken in den Küchenräumen dürfen nach einem Besuch der Toilette nicht benutzt werden!)
Die Toiletten müssen mit einer Wasserspülung ausgestattet sein.
- Handwaschbecken
  Die Handwaschbecken müssen sowohl mit einer Kaltwasser- als auch mit einer Warmwasserzufuhr versehen sein.
  Es ist anzustreben, dass die Wasserzufuhr zu den Handwaschbecken über Armhebel oder über berührungslose Regler bedient wird.
  An den Handwaschbecken müssen Mittel zum hygienischen Reinigen der Hände vorhanden sein, z. B. Handwaschlotion und Desinfektionslösung (vorzugsweise auf Alkoholbasis).
  Handtücher, die mehrfach und von verschiedenen Personen benutzt werden können, dürfen nicht verwendet werden. Einwegpapierhandtücher, die aus Spendern entnommen werden, sind Luftduschen vorzuziehen.
- Umkleideräume
  Zum Anlegen der Arbeitskleidung und zur Verwahrung der Straßenkleidung müssen Umkleideräume (getrennt für Frauen und Männer) vorhanden sein. Jedem Mitarbeiter muss zum Aufbewahren seines privaten Eigentums ein verschließbarer Schrank zur Verfügung stehen.

Anforderungen an Kühlräume

Die generellen Anforderungen gelten in erhöhtem Maße für Kühl- und Tiefkühlräume:
- rutschfester, trittsicherer und leicht zu reinigender Fußboden
- leicht zu reinigende Wände und Decken
- ausreichende Beleuchtung

Darüber hinaus ist Nachstehendes besonders zu beachten:
- Entriegelung von Türen
  Kühlräume müssen jederzeit verlassen werden können, vor allem in den Fällen, in denen die Tür von außen verschlossen wurde. An der Innenseite der Tür muss gut erkennbar und leicht verständlich angegeben werden, wie diese gegebenenfalls zu entriegeln ist. Es ist anzustreben, aber gesetzlich nicht vor-

geschrieben, Kühlräume mit einer Notrufanlage auszustatten. Dies ist bei Tiefkühlräumen zwingend (siehe unten).

◆ Kühlaggregate
Die Aggregate müssen so ausgelegt sein, dass
die geforderte Temperatur von mindestens
+4 °C jederzeit eingehalten wird, auch bei
kompletter Auslastung der Lagerkapazität.
Dabei muss der Temperaturanstieg berücksichtigt werden, der durch das Einströmen von
Warmluft beim Betreten und Verlassen des
Raums entsteht.

◆ Temperaturkontrolle
Die Kühlraumtemperaturen sind täglich zu
kontrollieren und die Messwerte sind zu re-
gistrieren (Lebensmittelhygiene-Verordnung).
Diese Überprüfung kann am besten mit fest
installierten Thermometern erfolgen, die von
außen abgelesen werden können. Eine fortlau-
fende automatische Registrierung der Messwerte erleichtert die Kontrolle und bietet eine
größere Sicherheit in Hinblick auf die Einhaltung der vorgegebenen Temperatur. Beim Fehlen einer automatischen Registrierung müssen
die abgelesenen Werte „per Hand" protokolliert werden (2-mal täglich). Die Protokolle der
Messungen (automatisch registriert bzw. „per
Hand" erfasst) müssen 12 Monate lang aufbewahrt werden (gesetzlich geforderte Nachweispflicht).
Eine akustische Signalanlage (vom Gesetzgeber nicht gefordert), die bei einem nicht vertretbaren Temperaturanstieg warnt, ermöglicht
ein rasches Handeln und damit das Vermeiden
von Verlusten.

◆ Arbeitsschutzkleidung
Für das Arbeiten in Kühlräumen ist die Bereit-
stellung von entsprechender Arbeitsschutz-
kleidung nicht zwingend vorgeschrieben. Im
Interesse des Gesundheitsschutzes (z. B. um
Erkältungen zu vermeiden) ist das Tragen von
Wattejacken dringend zu empfehlen, auch bei
nur kurzzeitigem Aufenthalt im Kühlraum.

Anforderungen an Tiefkühlräume
Die baulichen Anforderungen an Tiefkühlräume
entsprechen zunächst prinzipiell denen, die
an Kühlräume gestellt werden. Außerdem sind

weitere gesetzliche Vorgaben bzw. Hinweise für
die Wartung und Reinigung zu beachten.

◆ Entriegelungsmöglichkeit der Türen
Tiefkühlräume müssen auch bei von außen
verschlossener Tür verlassen werden können.
An der Innenseite der Tür muss gut erkennbar
und leicht verständlich angegeben werden,
wie diese gegebenenfalls zu entriegeln ist.

◆ Notrufanlage
Begehbare Tiefkühlräume mit Temperaturen
unter –10 °C müssen mit einer vom allgemeinen Stromversorgungsnetz unabhängigen
Notrufanlage ausgestattet sein. Ein Notruf
muss an einer Stelle im Betrieb ankommen,
die während der gesamten Arbeitszeit mit
einem Mitarbeiter besetzt ist. Als Notrufanlage
kann auch ein im Kühlraum fest installiertes
Telefon dienen (kein Mobilfunktelefon), das an
das zentrale Telefonnetz der Einrichtung angeschlossen ist.

◆ Kontrolle der Lagertemperatur
Die in Tiefkühlräumen herrschende Temperatur ist regelmäßig zu kontrollieren. Die Messwerte sind zu protokollieren (Lebensmittelhygiene-Verordnung), entweder mit Hilfe einer
automatischen Registrierung oder „per Hand"
(2-mal am Tag). Es ist zweckmäßig, die Messwerte von außen abzulesen. Die Messproto-
kolle sind 12 Monate lang aufzubewahren.
Eine akustische Signaleinrichtung, die bei
einem unbeabsichtigten Temperaturanstieg
warnt, kann vor Verlusten schützen.

◆ Arbeitsschutzkleidung
Für den Aufenthalt bzw. für das Arbeiten in
Tiefkühlräumen muss eine geeignete Wärme-
schutzkleidung bereitgestellt werden (Wattejacken, Wattehosen, kältedämmende Filzstiefel,
Handschuhe).
Vom Gesetzgeber wird das Anlegen von Wär-
meschutzkleidung bei Temperaturen höher als
–5 °C und bei einem nur kurzen Aufenthalt bei
Temperaturen tiefer als –5 °C nicht dringend
gefordert, falls die normale Arbeitskleidung
mit warmer Unterwäsche getragen wird. Im
Interesse des Gesundheitsschutzes und der
Senkung des Krankenstands wird jedoch auch
in diesen Fällen das Tragen von Schutzkleidung dringend empfohlen.

◆ Reinigung

Erforderliche feucht durchzuführende Reinigungs- bzw. Desinfektionsmaßnahmen dürfen nur bei abgeschalteten Kühlaggregaten vorgenommen werden. Das Auftauen von gefrosteten Lebensmitteln muss verhindert werden, sie müssen gegebenenfalls ausgelagert werden. Lebensmittel, die an- oder aufgetaut sind, dürfen nicht wieder eingefroren werden.

◆ Einlagerung

Das Einbringen von zu warmen und von nicht ordnungsgemäß verpackten bzw. verschlossenen Lebensmitteln ist zu vermeiden. Es sind Vorkehrungen zu treffen, die ein Vereisen des Fußbodens verhindern, um einer Rutschgefahr zu begegnen.

6.2 Personalhygiene

Das Einhalten der Standards der persönlichen Hygiene ist ein entscheidender Faktor für ein in lebensmittelhygienischer Hinsicht sicheres Arbeiten. Dazu ist die sachkundige Belehrung der Mitarbeiter und ihre Motivation zum Einhalten der Vorgaben erforderlich. Bei mangelnder Einsicht und Bereitschaft werden Fehler begangen, die auch durch regelmäßige Kontrollen kaum aufgedeckt werden können. Der wichtigste Punkt der persönlichen Hygiene ist Sauberkeit, sowohl den eigenen Körper betreffend als auch im Umgang mit den Lebensmitteln und Gerätschaften.

Anforderungen an die Arbeitskleidung

◆ Im Küchenbereich ist das Tragen und das Aufbewahren von Straßenkleidung wie Jacken, Mäntel und Straßenschuhe grundsätzlich verboten. Die Straßenkleidung darf nur in den Umkleideräumen gewechselt werden.

◆ Die private Kleidung (Hemden, Blusen, Pullover, Strickjacken) darf nur unter der Arbeitskleidung getragen werden. Andererseits ist es verboten, die Arbeitskleidung außerhalb der Einrichtung zu tragen.

◆ Zur Arbeitskleidung gehört eine geeignete Kopfbedeckung (Kochmütze, Kopftuch oder Haarnetz). Die Arbeitskleidung – einschließlich Kopfbedeckung – sollte täglich gewechselt

werden. Kleidungsstücke, die während der Arbeit stark verschmutzt werden, sind umgehend auszutauschen.

◆ Die Arbeitskleidung ist als Kochwäsche zu waschen. (Garantie für das sichere Abtöten aller anhaftenden Mikroorganismen!)

Vorschriften für die persönliche Sauberkeit

Die Vorgaben für das persönliche Verhalten unter hygienischen Gesichtspunkten sind konsequent einzuhalten, da dadurch sowohl ein Übertragen von Keimen verhindert werden kann, mit denen eine Person, ohne davon Kenntnis zu haben, belastet sein kann, als auch die Gefahr einer Kreuzkontamination von Lebensmitteln wesentlich verringert werden kann. Dieses gilt in besonderem Maße für die kalte Produktion.

◆ Das Tragen von Schmuck an den Händen und Unterarmen wie Ringe, Armreife oder Armketten ist verboten, das Tragen von Armbanduhren ist jedoch erlaubt.

◆ Die Hände sind regelmäßig zu waschen, vor allem unmittelbar vor Arbeitsbeginn, nach Beendigung des Säuberns sowie nach der Verarbeitung von Rohwaren wie Gemüse, Obst, Wild in der Decke, Geflügel, Fleisch, Fisch u. a. (nach der Verarbeitung von Geflügel sind die Hände zusätzlich mit einer Desinfektionslösung zu waschen), nach dem Anfassen von Verpackungsmaterial, nach dem Berühren von verschmutzen Gegenständen, nach dem Entsorgen von Abfall und nach Reinigungsarbeiten, nach Arbeiten im Lagerräumen und außerhalb des Küchenbereichs, nach jedem Toilettenbesuch. Beim Vermengen oder Anrichten von Salaten sowie beim Belegen von Brötchen oder beim Arbeiten am kalten Büfett sind Einweghandschuhe aus Kunststoff zu tragen.

◆ Das Ablecken von Fingern und das Verkosten von Speisen mit bereits benutzten Löffeln ist verboten.

◆ Es ist darauf zu achten, dass Lebensmittel nicht angehustet oder angeniest werden.

◆ Essen, Trinken und Rauchen ist in der Küche sowie in Lagerräumen grundsätzlich verboten, es sind dafür die vorgesehenen Räume außerhalb der Küche zu nutzen.

**Verhalten bei Erkrankungen
bzw. leichten Infekten**

Die Voraussetzungen, die bei einer Beschäftigung in Lebensmittel verarbeitenden Betrieben aus gesundheitlicher Sicht generell erfüllt sein müssen, werden durch das Infektionsschutzgesetz vorgegeben (siehe Kapitel 6.7.3). Daraus ergeben sich auch Normen für das Verhalten beim Auftreten von Erkrankungen bzw. leichten Infekten:

◆ Bei Erkrankungen, die mit Durchfällen und Erbrechen verbunden sind, und bei Erkrankungen der Haut ist das Arbeiten mit Lebensmitteln verboten. Die Wiederaufnahme einer entsprechenden Tätigkeit ist erst nach Zustimmung des Arztes erlaubt.

◆ Bei Erkrankungen des Nasen-Rachen-Raums, die mit starkem Schnupfen und/oder mit Husten einhergehen, ist der direkte Kontakt mit Lebensmitteln und Speisen verboten.

◆ Bei leichten Infekten der oberen Luftwege, die eine Arbeitsbefreiung nicht erforderlich machen bzw. gerechtfertigen, ist das generelle Verbot des Anhustens und Anniesens unbedingt zu beachten, gegebenenfalls ist ein Mundschutz zu tragen.

◆ Kleinere, nicht infizierte (nicht eiternde) Wunden an den Händen sind durch wasserdichte Verbände sicher abzudecken. Das Arbeiten unter Wasser oder mit feuchten Lebensmitteln oder anderen feuchten Materialien ist bis zum vollständigen Abheilen der Wunden zu unterlassen. Bei eiternden Wunden ist ein Arzt zu konsultieren.

6.3 Anforderungen beim Verkehr mit und bei der Verarbeitung von Lebensmitteln

Bei den einzelnen Teilschritten beim Verkehr mit und bei der Verarbeitung von Lebensmitteln sind jeweils konkrete Anforderungen zu erfüllen.

6.3.1 Warenannahme

Die angelieferten Waren sind auf ihre makellose Beschaffenheit aus lebensmittelhygienischer Sicht und auf die Korrektheit der Zustellung zu prüfen. Es sind somit folgende Kontrollen erforderlich:

◆ Sicht- und Geruchskontrolle der Lebensmittel auf einwandfreie Beschaffenheit.

◆ Kontrolle der Anlieferungstemperatur von leicht verderblichen Lebensmitteln bzw. von TK-Produkten.

◆ Überprüfung der ordnungsgemäßen Deklaration von kennzeichnungspflichtigen Waren wie Fertigpackungen, Rindfleisch oder Fisch (Inhaltsstoffe bzw. der Herkunft, siehe Kapitel 6.7.4).

◆ Überprüfung der Anlieferung auf Richtigkeit und Vollständigkeit an Hand der Bestellung und der Lieferpapiere.

◆ Überprüfung der Lieferpapiere auf Übereinstimmung und richtige Angabe der Preise (betriebswirtschaftlicher Gesichtspunkt, siehe Kapitel 8.1).

Überprüfung der Deklaration der Waren

Waren, die nicht den Vorschriften entsprechend deklariert sind bzw. deren an der Ware angegebene Auszeichnung nicht mit denen der Lieferpapiere übereinstimmen, sind nicht anzunehmen. Es besteht die Gefahr einer Verwechslung, der Versuch einer Täuschung kann nicht ausgeschlossen werden. Vor allem beachtet werden muss die korrekte Angabe

◆ des Verbrauchsdatums von Lebensmitteln für den sofortigen/alsbaldigen Verbrauch,

◆ des Mindesthaltbarkeitsdatums und der Chargennummer von speziellen Lebensmitteln,

◆ des Legedatums von Hühnereiern (Hühnereier dürfen nicht später als 21 Tage nach Legedatum angeliefert werden, ab dem 18. Tag müssen sie bei +5 bis +8 °C gelagert und transportiert werden),

◆ der Auszeichnung von Rindfleisch (Rindfleischetikettierungsverordnung).

Sicht- und Geruchskontrolle

Die Annahme von Produkten, die den lebensmittelhygienischen Anforderungen nicht entsprechen, ist grundsätzlich zu verweigern. Ihre Verarbeitung und Abgabe an Gäste ist verboten. Die Sicht- und Geruchskontrolle bei der Warenannahme ist die einzige Möglichkeit, eine Verschmutzung oder einen Verderb der angelieferten Waren bzw. deren Befall mit pathogenen Mikroorganismen oder Schadinsekten zu erkennen. Auf das Vorliegen einer der nachstehend aufgeführten Mängel sollte besonders geachtet werden:

- ◆ Verunreinigung mit Fremdkörpern, Farbe oder artfremden Lebensmitteln.
- ◆ Verschmutzung mit Erde, tierischen Exkrementen, Tierhaaren oder Federn.
- ◆ Befall durch tierische Schädlinge (vorrangig Schadinsekten).
- ◆ Schimmelbefall und Zeichen einer Gärung.
- ◆ Fäulnis- oder Verwesungsgeruch und lebensmitteluntypische Gerüche.
- ◆ Beschädigung der Verpackung bei verpackten Waren.

Für die Beurteilung der einwandfreien Beschaffenheit ist bei den nachfolgend aufgeführten Produkten auf diese Kriterien zu achten:

- ◆ Frischfleisch
  Frischfleisch darf nicht schmierig oder verschmutzt sein und keinen auffälligen Geruch aufweisen.
- ◆ Frischfisch
  Frischfisch darf keinen atypischen Geruch aufweisen. Das Fischfleisch muss druckfest sein. Die Augen von nicht zerlegten Fischen dürfen nicht getrübt sein, die Kiemen dieser Fische müssen eine rote Farbe zeigen. Die Fische müssen in der Regel ausgenommen sein (Ausnahmen siehe Kapitel 6.7.5.5, Fischhygiene-Verordnung).
- ◆ Milcherzeugnisse
  Milcherzeugnisse dürfen keinen Schimmelbefall erkennen lassen, nicht gären und nicht atypisch riechen. Ausgenommen hiervon sind gereifte Käse, die einen natürlichen Schimmelbefall (Blau-, Weiß- bzw. Rotschimmel) und den für den betreffenden Käse typischen Geruch aufweisen.
- ◆ Gemüse, Kräuter und Obst
  Gemüse, Kräuter und Obst dürfen keinen Schimmelbefall erkennen lassen, nicht angefault sein und nicht welken. Sie sollten auch keine überdurchschnittlich starke Verschmutzung mit Erde aufweisen.

- ◆ Verpackungen
  Verpackungen dürfen generell nicht beschädigt sein. Auf eine einwandfreie Verpackung muss in ganz besonderem Maße bei Tiefkühlerzeugnissen geachtet werden. Bei tiefgekühltem Fleisch darf kein Gefrierbrand erkennbar sein.
- ◆ Konservendosen
  Konservendosen dürfen nicht angerostet sein und keine Beschädigungen (Beulen im Dosenblech) aufweisen. Es dürfen keine Bombagen erkennbar sein, sonst ist die Annahme der gesamten Lieferung zu verweigern. Bombagen sind möglicherweise auf Fehler bei der Produktion zurückzuführen, die dann die gesamte Charge betreffen können.

Temperaturkontrolle

Die für Lagerung und Transport von leicht verderblichen und tiefgekühlten Lebensmitteln vorgeschriebenen Temperaturen müssen kontrolliert werden. Von diesen Temperaturen darf nur beim Entladen (bzw. beim Umlagern) kurzfristig und innerhalb der zulässigen Spannbreite abgewichen werden (siehe Tabelle 4.2.1).

Die Kontrolle hat bei Hackfleisch bzw. Hackfleisch gleichgestellten Zubereitungen, Lebensmitteln für den sofortigen bzw. alsbaldigen Verbrauch und bei Frischfisch äußerst sorgfältig zu erfolgen.

Auf eine routinemäßige Temperaturüberprüfung kann verzichtet werden, wenn das Lieferfahrzeug mit einem Temperaturschreiber ausgerüstet ist, der Ausdruck des Schreibers als Anlage zu den Lieferpapieren übergeben wird und daraus ersichtlich ist, dass bei der Zustellung (und während des Transportes) die vorgeschriebenen Temperaturen eingehalten wurden (Qualitätsmanagement-Zertifikat nach ISO 9000).

Der Ausdruck ist in diesem Fall aufzubewahren und dient bei Kontrollen als Nachweis der Einhaltung der vorgeschriebenen Transport- und Anlieferungstemperatur.

Die Zuverlässigkeit dieser Temperaturmessung durch den Lieferanten sollte durch Stichproben überprüft werden.

Eine zusätzliche Sicherheit ist gegeben, wenn der Lieferant durch ein Qualitätsmanagement-

Zertifikat dokumentiert, dass er ein HACCP-Programm installiert hat und damit ein Einhalten der Vorschriften der Lebensmittelhygiene-Verordnung garantiert.

Die Temperaturmessung kann sowohl mit Kontakt- als auch mit Infrarotthermometern vorgenommen werden:

◆ Kontaktthermometer
Mit einem Kontaktthermometer werden die Temperaturen direkt auf der Oberfläche der Ware gemessen (mit einer spitzen Messsonde auch die Kerntemperatur). Eine Unterbrechung der Kühlkette kann durch die Kontrolle der Kerntemperatur relativ leicht erkannt werden, nicht aber durch die Kontrolle der Oberflächentemperatur, da diese, nach einer zeitlich begrenzten Unterbrechung der Kühlkette, rasch wieder den Sollwert erreicht.

◆ Infrarotthermometer
Infrarotthermometer messen die von der Oberfläche des Lebensmittels abgegebene Wärmestrahlung und damit nur dessen Oberflächentemperatur. Diese Messmethode ist infolgedessen nicht so aussagekräftig wie die Messung mit Hilfe von Kontaktthermometern. Infrarotthermometer eignen sich wegen ihrer einfachen Handhabung besonders gut für schnelle orientierende Temperaturkontrollen von umfangreicheren Warenlieferungen.

6.3.2 Zubereitung von Lebensmitteln und Speisen (Produktionshygiene)

Alle Lebensmittel sind vor ihrer Verarbeitung auf einwandfreie Beschaffenheit zu kontrollieren, auch die, welche bei der Anlieferung überprüft und ordnungsgemäß gelagert wurden. Produkte, bei denen der Verdacht eines Verderbs oder einer anderweitigen Qualitätsminderung aufkommt, sind zu verwerfen.

Folgende Lebensmittel dürfen grundsätzlich nicht verarbeitet oder verkauft werden:

◆ Lebensmittel für den sofortigen/alsbaldigen Verbrauch, deren Verfallsdatum abgelaufen ist.
◆ Lebensmittel, die bei der Sicht- und Geruchskontrolle einen möglichen Verderb oder eine

anderweitige gesundheitsgefährdende Belastung erkennen lassen bzw. als möglich erscheinen lassen (z. B. atypischer Geruch, Glassplitter).

◆ Konservendosen, die eine Bombage haben.
◆ Konservengläser, die kein Vakuum aufweisen bzw. deren Deckel lose sind.
◆ Konserven, deren Aufguss eine atypische Eintrübung hat.
◆ Lebensmittel, deren Feststoffanteil verflüssigt oder weich geworden ist.

Nachstehend aufgeführte Nahrungsgüter dürfen nur dann verarbeitet werden, wenn deren Unbedenklichkeit bei einer eingehenden Überprüfung eindeutig festgestellt werden konnte:

◆ Erzeugnisse, deren Mindesthaltbarkeitsdatum überschritten ist.
◆ Der Inhalt von angerosteten, jedoch nicht durchgerosteten Konservendosen.
◆ Abgepackte Waren mit Schimmelbildung auf dem Verpackungsmaterial, die eindeutig auf das Äußere der Verpackung beschränkt ist.
◆ Verklumpte Lebensmittel, bei denen eine Schimmelbildung oder Zersetzung sicher ausgeschlossen werden kann.
◆ TK-Produkte mit übermäßig starker Schnee- oder Eisbildung (bei Fleisch muss ein Gefrierbrand ausgeschlossen werden können).

Bei der Speisenproduktion selbst muss eine Belastung der Lebensmittel und Speisen verhindert werden:

◆ Kontamination mit Mikroorganismen.
◆ Verunreinigung mit Fremdstoffen (z. B. Reinigungs- und Desinfektionsmittel).
◆ Beimengung von Fremdkörpern wie Glassplitter.
◆ Ungenügende Inaktivierung toxischer Inhaltsstoffe von Lebensmitteln (Folge eines nicht ausreichenden Erhitzens).
◆ Bildung von potenziell schädlichen Substanzen als Auswirkung einer unsachgemäßen Speisenzubereitung (zu hohe Temperaturen).
◆ Belastung mit Gasen, Dämpfen, Rauch oder Aerosolen, die Giftstoffe enthalten können (aus der Luft in unmittelbarer Nähe von Industrieanlagen).

◆ Belastung durch verschmutzte und unzureichend abgeleitete Abwässer der Küche.

Zur Gewährleistung der lebensmittelhygienischen Sicherheit wird gefordert, dass die einzelnen Arbeitsgänge der Speisenproduktion voneinander räumlich getrennt durchzuführen sind. Es ist anzustreben, dass dafür gesonderte Räume für die Vorbereitung und für die Produktion eingerichtet werden (Vorküche, Hauptküche). Beim Fehlen separater Räumlichkeiten müssen die einzelnen Schritte zumindest an unterschiedlichen Plätzen durchgeführt werden. In Einrichtungen, in denen nur ein Arbeitsplatz zur Verfügung steht, dürfen Vorbereitung und Produktion nicht gleichzeitig erfolgen; er muss zwischen den einzelnen Produktionsschritten gründlich gereinigt werden.

6.3.2.1 Vorbereitung der Lebensmittel

Die Vorbereitung von Lebensmitteln (das Reinigen, Putzen und Zerlegen) erfordert besondere Sorgfalt bei solchen pflanzlichen Lebensmitteln, die mit Erde behaftet sind. Vor allem folgende Punkte sind bei der Vorbereitung zu beachten:
◆ Die Arbeitsgänge der Vorbereitung und der Herstellung sind räumlich voneinander zu trennen.
◆ Der Arbeitsplatz, die Arbeitsmittel und die Hände sind nach jedem Produktionsschritt gründlich zu reinigen bzw. zu waschen.
◆ Tierische und pflanzliche Lebensmittel sind an verschiedenen Arbeitsplätzen zu bearbeiten. Beim Fehlen solcher Plätze muss die Bearbeitung beider Gruppen zeitlich getrennt erfolgen. Der Arbeitsplatz (ebenso benutzte Gerätschaften) ist zwischen den beiden Arbeitsgängen gründlich zu reinigen.
◆ Geflügelfleisch und Haarwild, das in der Decke anliegt, sind stets extra und von anderen Lebensmitteln getrennt zu bearbeiten.
◆ Eine individuelle Bearbeitung von verschiedenen Nahrungsmitteln aus der gleichen Gruppe ist nicht vorgeschrieben, sollte aber angestrebt werden.

◆ Vorbereitete Lebensmittel, die nicht umgehend weiterverarbeitet werden, sind gekühlt zu lagern.

Beim Auftauen von tiefgekühlten Lebensmitteln ist Nachstehendes zu beachten:
◆ Das Auftauen von gefrosteten, nicht verarbeiteten Lebensmitteln sollte vorzugsweise bei Kühlraumtemperatur oder, bei kleineren Mengen bzw. Teilstücken, in der Mikrowelle erfolgen.
◆ Aufgetaute Nahrungsmittel sind umgehend weiterzuverarbeiten. Als Anhaltspunkt für den erforderlichen zeitlichen Vorlauf können die empirisch ermittelten Auftauzeiten dienen (siehe Tabelle 4.3.9).
◆ Die Lebensmittel sind während des Auftauens mit Folie abzudecken, um eine Kontamination mit Keimen aus der umgebenden Raumluft zu verhindern. Das Tauwasser ist aufzufangen und zu verwerfen.
◆ Geflügel und Geflügelfleisch ist in Siebeinsätzen für sich, von anderen Lebensmitteln sicher getrennt, aufzutauen. Das Tauwasser ist aufzufangen, zu desinfizieren und anschließend zu verwerfen.
◆ Verpackte TK-Produkte sind vor dem Auftauen aus der Verpackung zu entnehmen.
◆ Tiefgefrorene Convenience-Produkte (Fertiggerichte, Backwaren einschließlich Torten) sollten entsprechend den Angaben des Herstellers aufgetaut werden (Zimmertemperatur, Backofen, Mikrowelle, Toaster).

6.3.2.2 Kalte Produktion

Ein Verstoß gegen die Regeln der Lebensmittelhygiene kann bei der Zubereitung von kalten Speisen zu schwerwiegenderen Folgen führen als bei der Produktion von warmen Gerichten. (Fehlen einer Wärmebehandlung, durch die zahlreiche Keime inaktiviert werden können.)

Generelle Gesichtspunkte
Es ist anzustreben, vorrangig frische Nahrungsmittel zu verarbeiten, eine Lagerung über einen längeren Zeitraum ist möglichst zu vermeiden.

Beim Fehlen von frischen Lebensmitteln ist TK-Produkten der Vorzug vor Konserven zu geben, sie sind erst kurz vor der Verarbeitung aufzutauen. Die Verarbeitungszeiten sind so kurz wie möglich zu halten.

Verwendung von Einwegmaterialien

Beim Vermengen oder Anrichten von Salaten, beim Belegen von Brötchen oder Baguettes mit Aufschnitt sowie beim Arbeiten am kalten Büfett sind Einweghandschuhe aus Kunststoff zu tragen. Einwegmaterialien sind auch in den Fällen einzusetzen, in denen sich die Arbeitsmittel nicht oder nur schwer reinigen bzw. desinfizieren lassen (z. B. Spritzbeutel). Das gilt vor allem für die Verarbeitung von roheihaltigen Zubereitungen und für die Patisserie generell.

Hühnereier/Geflügelfleisch

Hühnereier sowie Geflügelfleisch sind unter äußerst sorgfältiger Beachtung der Vorgaben der Lebensmittelhygiene-Verordnung zu verarbeiten. Die Hände sind danach umgehend zu waschen, auch nach dem Aufschlagen von Eiern (Eier- und Eiprodukte-Verordnung, Geflügelfleischhygiene-Verordnung, siehe Kapitel 6.7.5).

Vorhaltezeiten und Vorhaltetemperaturen

Alle kalten Speisen, Salate und Dressings sowie Aufschnitt (Fleisch- und Wurstwaren, Käse) sind bis zur Ausgabe gekühlt aufzubewahren. Die für die jeweiligen Speisen vorgegebenen Temperaturen und Vorhaltezeiten dürfen nicht überschritten werden (siehe Tabelle 6.3.1).
Die Temperaturen zum Aufbewahren von rohem Hackfleisch, Speisen und Zubereitungen mit rohem Hackfleisch, Fisch und von roheihaltigen Speisen dürfen +4 °C nicht übersteigen.
Rohes Hackfleisch und diesem gleichgestellte Erzeugnisse dürfen nicht über Nacht vorgehalten werden. Sie sind zu entsorgen, falls sie nicht am Herstellungstag unter Erhitzen weiterverarbeitet werden (Hackfleisch-Verordnung, siehe Kapitel 6.7.5.3).

Rückstellproben

Von allen Speisen, die unter Verwendung von rohen Hühnereiern hergestellt wurden, sind in Gaststätten und Einrichtungen der Gemeinschaftsverpflegung bei Abgabe von 30 und mehr Portionen Rückstellproben zu entnehmen und bei maximal +4 °C für mindestens 96 Stunden (ab dem Zeitpunkt der Abgabe) aufzubewahren. Die Proben sind mit Datum und der Stunde der Herstellung zu kennzeichnen (siehe Kapitel 6.3.2.3).

Roh- und Vorzugsmilch/roheihaltige Speisen

In Einrichtungen der Gemeinschaftsverpflegung ist der Einsatz von Rohmilch und Vorzugsmilch sowie die Herstellung von roheihaltigen Speisen generell verboten.

6.3.2.3 Warme Produktion

Bei der warmen Produktion ist auf ein ausreichend langes Erhitzen der Lebensmittel zu achten, um möglicherweise vorliegende pathogene Keime sicher abzutöten. Vermieden werden sollten jedoch Temperaturen, bei denen es zu thermischen Veränderungen von Inhaltsstoffen und zur Bildung von potenziell schädlichen Substanzen kommen kann (Nitrosamine u. a., siehe Kapitel 5.5.5).

Gemüse und Kartoffeln

Beim Garen von Gemüse und Kartoffeln (Lebensmittel, bei denen nur die Oberfläche mit Keimen belastet sein kann) darf die Erhitzungsdauer kurz bemessen werden. Sie muss lediglich die Genussfähigkeit der Speisen (Aufschluss von Inhaltsstoffen, Ausbildung typischer Aromen) und gegebenenfalls die Inaktivierung von potenziell giftigen Begleitstoffen sichern (z. B. Inaktivierung von Lektinen bei grünen Bohnen).

Fische

Beim Garen von Fischen ist zu sichern, dass eine Temperatur von 60 bis 70 °C in allen Partien – nicht nur in den Randzonen – erreicht wird (Temperatur, bei der Fischeiweiß mit Sicherheit denaturiert wird). Längere Garzeiten und höhere Temperaturen sind nicht erforderlich, da Fisch nur sehr wenig Bindegewebseiweiß enthält bzw. kaum mit pathogenen Keimen belastet ist. Voraussetzung ist jedoch eine einwandfreie Ware aus lebensmittelhygienischer Sicht, da Fische bei einer nachträglichen Kontamination mit Keimen rasch verderben.

.

Fleisch von Schlachttieren und Wild
Die Gardauer ist in der Regel so zu wählen, dass eine Kerntemperatur von 70 °C sicher erreicht und für die Dauer von mindestens 10 Minuten eingehalten wird. Bei einer Kerntemperatur von 80 °C genügen 3 Minuten. Dadurch wird sichergestellt, dass pathogene Keime, die das Fleisch belasten können, zuverlässig abgetötet werden (speziell Salmonellen bzw. EHEC-Erreger).
Beim Braten sind extrem hohe Temperaturen und ein langes Einwirken von hohen Temperaturen zu vermeiden, um die Bildung von thermischen Zersetzungsprodukten mit der Gesundheit nachträglichen Eigenschaften weitgehend auszuschließen (zur Ausbildung der Bratenkruste nur kurz anbraten).
Bei Gerichten mit kurzen Garzeiten (z. B. Steak rare) ist auf die hygienisch einwandfreie Beschaffenheit der Rohware besonders zu achten. Kann eine entsprechend hohe Qualität der Rohware nicht mit großer Sicherheit garantiert werden, so ist das Fleisch gründlich und ausreichend lange zu erhitzen (Schmorgerichte, Gulasch).

Gerichte aus/mit Hackfleisch
Gerichte aus Hackfleisch bzw. mit einem Hackfleischanteil sowie Hackfleisch gleichgestellte Zubereitungen (Hackfleisch-Verordnung) dürfen nur aus frischem Hackfleisch (hergestellt am Tag der Verarbeitung, Aufbewahrungstemperatur bis zur Verarbeitung maximal 4 °C) bzw. aus direkt vor der Verarbeitung aufgetauter TK-Ware produziert werden. Sie müssen grundsätzlich durcherhitzt werden (Kerntemperatur von 80 °C), um Mikroorganismen sicher abzutöten (Hackfleisch ist generell mit Keimen belastet).

Geflügelfleisch
Geflügelfleisch ist wegen der möglichen Belastung mit Salmonellen gründlich zu erhitzen (Kerntemperatur mindestens 80 °C). Geflügelgerichte mit kurzen Garzeiten (z. B. Entenbrust, rosa)

Tabelle 6.3.1:
Ausgabetemperaturen, Vorhalte- und Auslagezeiten von zubereiteten Speisen

<u>Kalte Speisen</u>	
Auslage	
Ausgabe- und Aufbewahrungstemperatur	maximal +7 °C
Auslagezeit	maximal 2 Stunden
Vorhalten (Achtung, Ausnahmen beachten!)	
generell	
Vorhaltetemperatur	maximal +7 °C
Vorhaltezeit	maximal 30 Stunden
Speisen mit Fisch und roheihaltige Speisen	
Vorhaltetemperatur	maximal +4 °C
Vorhaltezeit	maximal 30 Stunden
Hackfleisch und Hackfleischerzeugnisse[1]	
Vorhaltetemperatur	maximal +4 °C
Vorhaltezeit	bis Ende des Herstellungstags
Salate, Fleisch- und Wurstwaren, Backwaren mit Cremefüllung	
Vorhaltetemperatur	maximal +7 °C
Vorhaltezeit	maximal 3 Tage
<u>Warme Speisen</u>	
Ausgabe- und Vorhaltetemperatur	mindestens 65 °C
Vorhaltezeit	maximal 4 Stunden

[1] Die Hackfleisch-Verordnung verbietet grundsätzlich das Aufbewahren von rohem Hackfleisch und diesem gleichgestellten Erzeugnissen über Nacht (z. B. Döner-Spieße, Fleisch, im Steaker behandelt).

sollten nur aus frischer Ware hergestellt werden, die nicht längere Zeit gelagert wurde. Extrem kurz erhitzte Zubereitungen (z. B. Entenbrust bzw. Putenbruststreifen für Salate) sind nur am Tag der Herstellung auszugeben.

Produktion von vorgefertigten Gerichten

Vorgefertigte warme Gerichte (Vor- bzw. Überproduktion) müssen innerhalb von 3 Stunden auf +10 °C abgekühlt und anschließend bei +4 °C aufbewahrt werden (höchstens für die Dauer von 30 Stunden). Für eine längere Bevorratung sind die Gerichte nach Erreichen einer Temperatur von +7 °C umgehend einzufrosten und bei wenigstens −18 °C zu lagern.

Bei der Möglichkeit zur Schockfrostung kann die Lagerzeit ohne Einfrieren verlängert werden (Cook-and-Chill-Verfahren). Dazu müssen die Gerichte innerhalb von 90 Minuten auf +3 °C abgekühlt werden. Die maximal zulässige Lagerdauer bei 0 bis +3 °C beträgt 5 Tage (siehe Kapitel 2.3.5).

Erwärmen von vorgefertigten Gerichten und tiefgekühlten Fertiggerichten

Vorgefertigte Gerichte und tiefgekühlte Fertiggerichte sind gründlich (Kerntemperatur etwa 80 °C) und ausreichend lange zu erhitzen. Einfaches Erwärmen auf die Ausgabetemperatur von 65 °C genügt nicht, da die meisten Keime bei dieser Temperatur nicht sicher abgetötet werden.

Auf das Erreichen der erforderlichen Temperatur (auch Kerntemperatur) ist insbesondere beim Erwärmen in der Mikrowelle zu achten. Die Oberfläche von Speisen kann auch in der Mikrowelle schneller erwärmt werden als der Kern der Speise, hauptsächlich bei größeren Portionen, obwohl die Speisen in der Mikrowelle generell schneller durchgehend erwärmt werden.

Rückstellproben

Es empfiehlt sich, bei der Abgabe einer größeren Anzahl von Einzelportionen Rückstellproben zu entnehmen, vor allem von nur kurzzeitig erhitzten Speisen, die ideale Nährböden für Mikroorganismen sind (z. B. auch Cremespeisen, die nicht mit Rohei hergestellt wurden). Das gilt in erster Linie für Einrichtungen der Gemeinschaftsver-

pflegung, beim Catering und bei Großveranstaltungen mit einheitlichen Menüs. Eine gesetzliche Verpflichtung zur Entnahme von Rückstellproben besteht bei der Abgabe von mehr als 30 Portionen roheihaltiger Speisen.

Die Rückstellproben sind für mindestens 96 Stunden bei maximal +4 °C aufzubewahren. Die benutzten Gefäße müssen sorgfältig gereinigt sein (Vorbehandlung mit einem Desinfektionsmittel, Trocknung bei Temperaturen höher als 120 °C ist zu empfehlen). Sie sind nach dem Füllen sicher und luftdicht zu verschließen sowie eindeutig zu beschriften (Produktbezeichnung, Datum und Stunde der Herstellung, gegebenenfalls „Chargennummer").

6.3.2.4 Ausgabetemperaturen, Auslagezeiten

Zubereitete Speisen, die nicht umgehend verzehrt werden, dürfen nur beim Einhalten der jeweils vorgegebenen Temperaturen (Ausgabetemperaturen) zeitlich begrenzt in der Küche vorgehalten (Vorhaltezeit) bzw. auf einem Büfett angeboten werden (Auslagezeit). Die Ausgabetemperaturen für gekühlt bzw. warm anzubietende Speisen gelten sowohl für das Vorhalten in der Küche und auf der Annonce als auch für das Auslegen auf dem Büfett, auch in der Selbstbedienung (siehe Tabelle 6.3.1).

Vorproduzierte Speisen müssen nach der Herstellung umgehend auf die vorgeschriebene Temperatur abgekühlt und in den entsprechenden Kühlräumen/Kühlschränken aufbewahrt werden. Speisen, die auf einem Büfett angeboten wurden, sind am Ende der zulässigen Ausgabezeit bzw. bei Ende der Auslage zu entsorgen.

6.4 Reinigung und Desinfektion

Die Reinigung und Desinfektion der Arbeitsräume und Lager, der Einrichtungen sowie der Geräte hat primär unter dem Gesichtspunkt der Vermeidung einer Kontamination von Lebensmitteln und Speisen mit Mikroorganismen zu erfolgen. Gleichzeitig muss eine Verunreinigung von

Lebensmitteln und Speisen durch Reste von Reinigungsmitteln und eine gesundheitliche Gefährdung von Mitarbeitern bei der Reinigung und Desinfektion vermieden werden.

Reinigung und Desinfektion von Betriebsräumen

Bei der Reinigung von Küchen und den zugeordneten Betriebsräumen muss grundsätzlich zwischen der routinemäßigen Reinigung nach festgelegten Zeiten bzw. Arbeitsschritten unterschieden werden und der Reinigung nach groben Verschmutzungen bzw. besonderen Vorkommnissen. Weiterhin ist zu beachten, dass zum Nassreinigen nur Trinkwasser verwendet werden darf. Wasser aus anderen Quellen darf nicht benutzt werden (z. B. aus Seen oder Flüssen). Weiterhin ist zu beachten, dass jeder Desinfektion eine gründliche Reinigung vorausgehen muss, die dem jeweiligen Grad und Charakter der bestehenden Verunreinigung anzupassen ist.

Für die Reinigung und Desinfektion ist zweckmäßigerweise ein Plan zu erarbeiten, der die jeweiligen betrieblichen Besonderheiten berücksichtigt. Dabei sind die wesentlichsten Anforderungen der Hygiene zu berücksichtigen:

◆ Küchen und Lagerräume sind bei einer groben Verschmutzung sofort zu reinigen.

◆ Die begehbaren Flächen (z. B. Fußböden, Treppen) und alle Arbeitsflächen sind am Ende eines jeden Arbeitstages einer gründlichen Endreinigung zu unterziehen. Arbeitsflächen und angrenzende Wände sind zusätzlich zu desinfizieren.

◆ Arbeitsflächen und die Wände, die direkt an Arbeitsflächen angrenzen, sind bei grober Verschmutzung unverzüglich zu reinigen, bei leichten Verschmutzungen am Ende des Arbeitsgangs.

◆ Kühlräume und Kühlschränke sind wöchentlich zu reinigen. Wasserreste müssen umgehend aufgenommen und entfernt werden (Gefahr einer übermäßigen Vereisung des Verdampfers). Tiefkühleinrichtungen müssen vor dem Reinigen abgetaut werden.

◆ In regelmäßigen Abständen ist eine Grundreinigung vorzunehmen, mindestens aber 2-mal im Jahr. An die Grundreinigung ist eine gründ-

liche Desinfektion anzuschließen. In den Küchen von Krankenhäusern und in anderen Einrichtungen der Gemeinschaftsverpflegung ist eine Desinfektion in kürzeren Abständen erforderlich.

◆ Es dürfen nur solche Reinigungs- und Desinfektionsmittel verwendet werden, die für Lebensmittelbetriebe zugelassen sind. Die für das jeweilige Mittel vorgeschriebenen Konzentrationen, Temperaturen (in der Regel mindestens 60 °C) und Einwirkungszeiten sind einzuhalten. Fehlende Informationen sind vor dem Einsatz des betreffenden Mittels vom Hersteller anzufordern. Nach einer Reinigung mit Reinigungsmitteln oder nach einer Desinfektion sind die Arbeitsflächen bzw. Gegenstände gründlich klarzuspülen und abzutrocknen.

Reinigung und Desinfektion von Gerätschaften und Geschirr

Bei der Reinigung von Gerätschaften sowie von Geschirr ist Nachstehendes besonders zu beachten:

◆ Alle Gerätschaften sind bei stärkerer Verunreinigung sofort, andernfalls am Ende eines Arbeitstages sauber zu machen.

◆ Fleischwolf, Kutter, Aufschnittmaschinen und andere zerkleinernde Küchenmaschinen sind nach jedem Gebrauch gründlich zu putzen. Fleischwolf und Kutter sowie Teile anderer Maschinen, mit denen Fleisch bzw. Fisch zerkleinert wurden, sind zusätzlich zu desinfizieren.

◆ Beim Reinigen von Geschirr kann das Vorspülen bei niedrigen Temperaturen (etwa 40 °C) erfolgen, im Hauptwaschgang sollte die Temperatur bei gleichzeitiger Verwendung eines Desinfektionsmittels mindestens 60 °C betragen (bei 60 °C ist der Schmelzpunkt aller Fette überschritten, sie können deshalb leichter entfernt werden). Das Klarspülen sollte bei höheren Temperaturen (ungefähr 85 °C) erfolgen, um ein vollständiges Entfernen von Reinigungs- und Desinfektionsmitteln zu gewährleisten (bessere Löslichkeit dieser Mittel bei höheren Temperaturen).

◆ Gereinigte Gegenstände (Töpfe, Pfannen) dürfen nicht auf dem Fußboden abgestellt werden.

◆ Ein Nachpolieren und Nachtrocknen von ge-
putzten Gerätschaften, Töpfen und Geschirr
ist verboten (Gefahr einer nachträglichen Kontamination mit Keimen). Nachpolieren ist nur
bei Gläsern und Bestecken gestattet, hierzu
müssen jedoch ausschließlich saubere und
trockene Tücher benutzt werden. Der Einsatz
von Poliermitteln ist verboten.

Reinigungsmittel zum Reinigen von Geschirr und Gerätschaften

Reinigungsmittel können nach ihrer Wirkungs-
weise 2 unterschiedlichen Gruppen zugeordnet
werden:

◆ Chemische Reiniger
Chemische Reiniger enthalten oberflächen-
aktive Substanzen (sog. Tenside) und meist
zusätzlich Alkaliverbindungen. Sie reinigen
effektiv, können aber auch empfindliche
Oberflächen aus Metall oder Glas angreifen.
Korrodierte Topfböden begünstigen während
des Kochens die Ablagerung von Kalk (aus
dem Wasser). Beim Einsatz von chemischen
Reinigern können sich an Gläsern milchige
Eintrübungen ausbilden, insbesondere an
nicht spülmaschinenfesten Gläsern. Chemische
Reiniger können Hautreizungen und Ekzeme
auslösen.

◆ Enzymatische Reiniger
Enzymatische Reiniger enthalten neben Ten-
siden pflanzliche bzw. mikrobielle Enzyme, die
Eiweiße und in geringerem Maße Polysaccharide spalten, sie enthalten jedoch keine
Alkaliverbindungen. Beim Einsatz von enzymatischen Reinigern ist die vom Hersteller vorgegebene Temperatur genau einzuhalten. Diese
ist auf das Temperaturoptimum der eingesetzten Enzyme abgestimmt, wodurch eine best-
mögliche Reinigung garantiert wird (bei zu
hohen Temperaturen besteht die Gefahr einer
Inaktivierung der Enzyme).
Die Enzyme können jedoch auch durch größere
Mengen an Verunreinigungen (nicht Speisereste) oder durch sehr hartes Wasser inaktiviert
werden.
Hartes Wasser ist gegebenenfalls zu entkalken, um optimale Reinigungsergebnisse zu erzielen.

Einsatz von Spülmaschinen

Bei dem Einsatz von Spülmaschinen muss das
Spülergebnis regelmäßig kontrolliert werden.
Beim Spülen per Hand ergibt sich dies ständig
durch Augenschein. Vom Gesetzgeber werden
darüber hinaus regelmäßige Kontrollen gefördert (DIN-Normen). Es müssen täglich hygiene-
relevante Parameter kontrolliert und protokolliert werden, wie z. B. Sauberkeit der Maschine
sowie des Umfelds, Betriebstemperatur bei
Betriebsbeginn und durchgeführte Wasser-
wechsel. Weiterhin sind alle 6 Monate sowie bei
Verdacht auf unbefriedigende Arbeitsweise
mikrobiologische Überprüfungen vorzunehmen
(durch eine dazu autorisierte Einrichtung).
Außerplanmäßige Untersuchungen sind erforderlich bei Umbauten und bei der Änderung
wichtiger Parameter wie Reinigungstemperatur,
Wasserversorgung oder Transportgeschwindig-
keit des Spülgutes (z. B. bei Bandtransport-
maschinen).
Bei Gläserspülmaschinen ist die Spülleistung
durch Sichtkontrolle zu beurteilen: Die Gläser
müssen optisch sauber und nach Entnahme aus
der Maschine an den Außenflächen innerhalb
von 2 Minuten trocken sein.

Reinigung von Getränkeschankanlagen

Das Betreiben von Schankanlagen wurde bisher
ausschließlich durch die Getränkeschankanlagenverordnung (SchankV) geregelt. Diese wurde
nunmehr dahin gehend geändert, dass sie nur
noch für die lebensmittelhygienischen Aspekte
zuständig ist. Für die technische Sicherheit gelten
die Anforderungen der neuen Betriebssicherheitsverordnung. Die neue SchankV bleibt vor-
läufig bis zum 30. 6. 2005 in Kraft (siehe auch
Anhang: Kapitel 1.1.4, Getränkeschankanlagenverordnung). Für die Reinigungsintervalle der Anlagen gelten diese Regelungen:

◆ Getränkeleitungen und Armaturen sind alle
2 Wochen bzw. sofort bei dem Wechsel der
Getränkeart sowie unmittelbar vor einer Unterbrechung des Betriebs von mehr als 1 Woche
zu reinigen.

◆ Der abwechselnd mit Luft und dem Getränk in
Berührung kommende Teil der Zapfarmatur ist
täglich 1-mal zu säubern.

- Grundstoffleitungen[2] sind alle 3 Monate, beim Wechseln des Grundstoffs sowie unmittelbar vor einer Unterbrechung des Betriebs von mehr als 1 Woche zu reinigen.
- Der bewegliche Teil der Hinterdruckgasleitungen ist alle 12 Monate zu putzen.
- Leitungsanschlussteile sind vor jedem Anschluss sowie sofort nach dem Lösen von dem Getränke- oder dem Grundstoffbehälter zu reinigen.
- Getränke- und Grundstoffbehälter sind direkt vor dem Befüllen sauber zu machen, wenn der Betreiber das Füllen der Behälter selbst vornimmt.

Aufbewahrung von Reinigungs- und Desinfektionsmitteln

Reinigungs- und Desinfektionsmittel sowie alle Substanzen, die keine Lebensmittel sind, dürfen nicht in Küchen oder Lagerräumen für Lebensmittel, einschließlich Kühlräumen, und nicht in Räumen aufbewahrt werden, die den Betriebsräumen der Küche zugeordnet sind wie Toiletten, Umkleideräume oder andere Sonderräume, die zur ordnungsgemäßen Funktion der Küche benötigt werden.

Die Mittel müssen in geeigneten Behältnissen aufbewahrt werden. Diese sind deutlich zu beschriften, stets verschlossen zu halten und gegebenenfalls mit den vorgeschriebenen Warnhinweisen zu versehen (z. B. Gift, ätzende Flüssigkeit). Bei der Lagerung von brennbaren Flüssigkeiten sind die Vorgaben der Brandschutzverordnung zu beachten.

Reinigungs- und Desinfektionsplan

Vom Gesetzgeber wird eine Nachweisführung über die Durchführung der gesetzlich geforderten Reinigungs- und Desinfektionsmaßnahmen verlangt, die den betriebsspezifischen Gegebenheiten angepasst sein muss (Lebensmittelhygiene-Verordnung). Daraus ergibt sich zwangsläufig die Notwendigkeit der Erstellung eines Reinigungs- und Desinfektionsplans. Es ist sinnvoll, diesen im Rahmen eines HACCP-

Konzeptes zu erstellen (siehe Kapitel 6.8.2). In diesem Plan müssen alle geforderten Maßnahmen aufgenommen werden.

Es ist dringend anzuraten, die Verantwortlichkeiten eindeutig festzulegen und alle Mitarbeiter entsprechend zu belehren sowie mögliche Sanktionen bei Verletzung der Vorgaben anzukündigen.

Ein Reinigungs- und Desinfektionsplan (siehe Tabelle 6.4.1) muss die nachfolgend aufgeführten Punkte enthalten:

- Alle Räume (Fußböden, Wände), Arbeitsflächen, Gegenstände und Gerätschaften, die zu reinigen bzw. zu desinfizieren sind (jeweils gesondert aufgeführt).
- Zeitliche Vorgaben für die Reinigung (Häufigkeit, Termine).
- Anweisungen für die jeweils einzusetzenden Reinigungsverfahren.
- Vorgaben für die zu verwendenden Reinigungsmittel, deren Konzentration und Einwirkungsdauer.
- Die Benennung der für die Durchführung verantwortlichen Mitarbeiter (namentliche Benennung bei Sonderaufgaben, für generelle Reinigungsmaßnahmen den jeweiligen Personenkreis).

Hinweise auf Einzelheiten bei der Reinigung bzw. auf spezielle Maßnahmen sollten Gegenstand der Mitarbeiterbelehrung sein. Sie können als Anhang dem Plan beigelegt werden, wodurch sie diesen als schnelle Orientierungshilfe dienen können. Solche Hinweise könnten beispielsweise nachstehende Angaben enthalten:

- Hinweise auf den Umgang mit den Reinigungs- und Desinfektionsmitteln (mögliche gesundheitliche Gefährdung bei unsachgemäßer Anwendung, Maßnahmen bei Kontakt mit nicht verdünnten Mitteln).
- Reinigungsmaßnahmen in Sonderfällen, wie beispielsweise das Entfernen schwer löslicher Rückstände wie festgebrannte karamellisierte Speisereste.

---

[2] Grundstoffe im Sinne der Verordnung sind mit Aromen versetzte Lebensmittel oder Erzeugnisse, die Lebensmitteln einen bitteren, süßen, sauren oder salzigen Geschmack verleihen, so weit diese dazu bestimmt sind, zu Getränken weiterverarbeitet zu werden.

6.5 Zwischenlagerung und Entsorgung von Abfällen

Bei der Entsorgung von Abfällen bzw. ihrer Zwischenlagerung für eine spätere Verwertung sind vorrangig die Vorgaben der Lebensmittelhygiene-Verordnung einzuhalten. Darüber hinaus sind auch einige Festlegungen des Kreislaufwirtschafts- und Abfallgesetzes zu beachten, ebenso die Ergänzungen dieser durch die Abfallgesetze der einzelnen Bundesländer sowie die Abfallsatzungen der Kommunen.

Das vordringliche Ziel der ordnungsgemäßen Zwischenlagerung und raschen Entsorgung von Abfällen ist, eine nachträgliche Kontamination von Lebensmitteln und bereits zubereiteten Speisen mit pathogenen Keimen und Verderbniserregern und deren Vermehrung zu verhindern sowie der Ansiedlung von Schadinsekten und Schadnagern entgegenzuwirken. Es empfiehlt sich, die erforderlichen Maßnahmen in einem Entsorgungsplan festzuhalten.

Grundsätzlich sind folgende Vorgaben konsequent einzuhalten:

◆ Lebensmittelabfälle und andere Abfälle, die als Nährboden von Mikroorganismen oder als Nahrungsquelle für Nahrungsschädlinge dienen können, dürfen in Küchen und Lebensmittellagern grundsätzlich nicht aufbewahrt werden.

◆ Eine kurzzeitige Lagerung von Abfällen in der Küche ist nur für solche erlaubt, die im Verlauf eines Arbeitsprozesses kontinuierlich anfallen und deren sofortige Entsorgung den Betriebsablauf empfindlich stören würde. Sie dürfen in der Küche zwischengelagert werden, müssen aber nach Beendigung der jeweiligen Arbeitsschritte umgehend entsorgt werden.

◆ Die in der Küche zwischengelagerten Abfälle müssen in gut verschließbaren Abfallbehältern aufbewahrt werden, die ohne Handbetätigung geöffnet werden können. Die Behälter müssen in einwandfreiem Zustand gehalten sowie leicht gereinigt und desinfiziert werden können.

Tabelle 6.4.1:
Beispiel für einen Reinigungs- und Desinfektionsplan

Zu reinigender Gegenstand	Reinigungsintervalle[1]	Desinfektionsintervalle
Arbeitstische, sonstige Arbeitsflächen	nach Abschluss eines Arbeitsgangs täglich Endreinigung	bei Erfordernis umgehend (Geflügel, Wild in Decke, rohe Eier, Fisch, Fleisch)
Arbeitsmittel, Küchenmaschinen, Gargeräte jeder Art	nach Benutzung	nach Reinigung
Behälter für Speisenaufbewahrung und -ausgabe	täglich	täglich
Waschbecken, Ausgüsse	täglich	täglich
Handtücher, Geschirrtücher, Putzlappen	täglich (Weißwäsche, mind. 70 °C)	
Fußböden und Abflüsse in der Küche	täglich	wöchentlich
Toiletten, Wasch- und Sozialräume	täglich (nicht durch das Küchenpersonal)	täglich (nicht durch das Küchenpersonal)
Kühlschränke und Fußböden der Kühlräume	wöchentlich	wöchentlich
Geflieste Wände und Türen	wöchentlich	
Fußböden in Trockenbereichen, in Fluren und Treppenhäusern	wöchentlich	
Vorratsschränke, Regalflächen, in Lager- und Kühlräumen	monatlich	bei sich ergebender Notwendigkeit
Abzugshauben und Luftfilter, Lüftungsgitter	monatlich	
Fußboden in Tiefkühlräumen	monatlich (Trockenreinigung)	
Tiefkühleinrichtungen	monatlich	

[1] Die angegebenen Reinigungsintervalle müssen unbedingt eingehalten werden. Im Bedarfsfall, insbesondere bei sichtbarer Verschmutzung, muss sofort gereinigt werden.

- Abfallbehälter, in denen auch leicht entzündliche, selbstentzündliche oder ähnliche Stoffe (auch glühende Asche) entsorgt werden können, müssen aus nicht brennbarem Material gefertigt und mit einem dicht schließenden Deckel versehen sein.
- Die Abfalllager außerhalb der Küchenräume müssen leicht zu säubern sein und von tierischen Schädlingen (Insekten und Nager) möglichst nicht erreicht werden können. Sie müssen gut verschlossen werden, so dass ein Betreten durch dazu nicht berechtigte Personen nicht möglich ist. Ein Erwärmen der Lager durch direkte Sonneneinstrahlung muss weitgehend ausgeschlossen werden.
- Vom Abfalllager dürfen keine nachteiligen Einwirkungen auf andere betriebliche Einrichtungen und die Umgebung ausgehen (z. B. Geruchsbelästigungen). Eine negative Beeinflussung von Lebensmitteln oder des Trinkwassers muss sicher ausgeschlossen werden.
- Ein fachgerechter und regelmäßiger Abtransport der Abfälle durch dazu autorisierte Entsorgungsbetriebe muss gewährleistet sein.

6.6 Schädlingsbekämpfung

Beim Auftreten von Schadnagern oder Schadinsekten sind umgehend entsprechende Schritte einzuleiten. Es ist dringend anzuraten, die Bekämpfung fachlich geschultem Personal mit entsprechender Lizenz zu übertragen, da

- die verschiedenen Schädlinge den Einsatz unterschiedlicher Bekämpfungsmaßnahmen erforderlich machen,
- die meisten Schädlingsbekämpfungsmittel auch für den Menschen giftig sind und einen entsprechenden Umgang erfordern,
- die Mittel fachgerecht und in den empfohlenen Konzentrationen einzusetzen sind, um eine Gefährdung der Mitarbeiter (zu hohe Konzentration) bzw. die Ausbildung von Resistenzen bei den Schädlingen gegenüber diesen Mitteln weitgehend auszuschließen (zu niedrige Konzentrationen),
- die Lagerung der Mittel zwischen einzelnen Maßnahmen spezielle Ansprüche stellt (Sonder-

lager) und auf keinen Fall in Küchenräumen, Lebensmittellagern oder den Küchen gleichgestellten Räumen gelagert werden dürfen. Die Durchführung ist zu dokumentieren, die Unterlagen müssen 5 Jahre aufbewahrt werden. Eine Schädlingsbekämpfung in Gemeinschaftseinrichtungen (Schulen, Kindertagesstätten, Krankenhäuser) muss der zuständigen Behörde mindestens 14 Tage vor Beginn der Maßnahme schriftlich angekündigt werden.

6.7 Gesetzliche Vorgaben für den Verkehr mit Lebensmitteln

Die für die Produktion, den Verkehr und der Verarbeitung von Lebensmitteln erlassenen Rechtsvorschriften sollen den Verbraucher vordergründig vor gesundheitlichen Gefährdungen, aber auch vor Täuschungen schützen. Verstöße gegen diese Vorgaben werden je nach Schwere als Ordnungswidrigkeit oder als Straftat mit einem Bußgeld bzw. einer Geld- oder Haftstrafe (gegebenenfalls mit Geld- und Haftstrafe) geahndet. Die Höhe des Bußgelds bzw. der Strafen wird in den einzelnen Gesetzen bzw. Verordnungen gesondert vorgegeben. Es ist aber auch möglich, grundsätzliche Verstöße nach den Vorgaben des Lebensmittel- und Bedarfsgegenständegesetzes zu ahnden. Bei schweren Verfehlungen, die nach dem Strafgesetzbuch höhere Strafen nach sich ziehen, werden dessen Bestimmungen für die Festlegung des Strafmaßes herangezogen. Unbeschadet einer Belegung mit einem Bußgeld oder einer Geld- bzw. Haftstrafe kann von geschädigten Personen zivilrechtlich auf Schadensersatz geklagt werden.

6.7.1 Lebensmittel- und Bedarfsgegenständegesetz (LMBG)

Das LMBG ist das Rahmengesetz, das für alle Prozesse gilt, die mit der Herstellung, dem Verkehr und der Verarbeitung von Lebensmitteln in Zusammenhang stehen. Alle weiteren Gesetze und Verordnungen, die einzelne Lebensmittel betreffen, müssen mit dem LMBG übereinstimmen. Dem LMBG ist lediglich die EG-Verordnung zur Festlegung der allgemeinen Grundsätze und Anforderungen des Lebensmittelrechtes übergeordnet, die 2002 verabschiedet wurde (sog. EG-Basisverordnung). Das LMBG muss dieser Verordnung bis spätestens Ende 2006 angeglichen werden. Wesentliche Vorgaben des LMBG sind auch für die Gastronomie und Gemeinschaftsverpflegung von genereller Bedeutung.

Definition des Begriffs Lebensmittel

Lebensmittel sind nach der Festlegung des LMBG (nahezu in Übereinstimmung mit der EG-Basisverordnung) alle Stoffe oder Erzeugnisse, die dazu bestimmt sind oder von denen nach vernünftigem Ermessen erwartet werden kann, dass sie in verarbeitetem, teilweise verarbeitetem oder unverarbeitetem Zustand von Menschen aufgenommen werden. Zu ihnen zählen auch Getränke, Kaugummi sowie alle Stoffe – einschließlich Wasser –, die dem Lebensmittel bei seiner Herstellung oder Ver- oder Bearbeitung absichtlich zugesetzt werden.

Definition des Begriffs Zusatzstoffe

Zusatzstoffe sind Stoffe, die den Lebensmitteln zugesetzt werden, um deren Eigenschaften gezielt zu beeinflussen wie Haltbarkeit, Farbe, Geschmack und gesundheitlich positive Effekte (beispielsweise Zusatz von Vitaminen). Ihr Zusatz ist nur erlaubt, wenn hierzu eine spezielle Zulassungs- oder Ausnahmegenehmigung erteilt worden ist (siehe Kapitel 6.7.4.2). Den Zusatzstoffen werden nicht zugeordnet:

◆ Stoffe natürlicher Herkunft
◆ naturidentische Stoffe (falls ihr Zusatz wegen ihres Nähr-, Geruchs- oder Geschmackswertes erfolgt)
◆ Trink- und Tafelwasser

Grundsätzliche Verbote

Es ist grundsätzlich verboten, Lebensmittel oder Speisen so herzustellen oder zu behandeln sowie in den Verkehr zu bringen, dass ihr Verzehr zu gesundheitlichen Schädigungen führt oder führen kann (z. B. Zusatz von nicht zugelassenen Zusatzstoffen oder Zusatz von zu hohen Konzentrationen von zugelassenen Zusatzstoffen, Verar-

beitung und in Verkehr bringen von verdorbenen Lebensmitteln). Auch die Verwendung von verbrauchtem Frittierfett kann als Verstoß gegen dieses Verbot gewertet werden.

Weiterhin ist es untersagt, solche Stoffe als Lebensmittel deklariert in den Verkehr zu bringen, die keine Lebensmittel sind und deren Verzehr geeignet ist, die Gesundheit zu schädigen. Es ist verboten, als Bedarfsgegenstände deklarierte Gerätschaften (beispielsweise Küchengeräte, Geschirr) aus ungeeignetem Material herzustellen oder so zu behandeln, dass sie durch die Abgabe oder das Freisetzen von Giften oder Verunreinigungen die Gesundheit schädigen können bzw. dass durch ihre Benutzung oder Behandlung Gifte auf Lebensmittel übergehen können (z. B. Putzen von Silberbestecken mit gesundheitsschädigenden Putzmitteln, Verwendung von bleihaltigen Trinkgefäßen, Aufbewahren von Speisen in verzinkten Gefäßen).

Überwachung des Verkehrs mit Lebensmitteln

Die Zuständigkeit für die Überwachung liegt bei den einzelnen Bundesländern, welche die untergeordneten Behörden (Landratsamt, Ordnungsamt der kreisfreien Stadt oder der Stadtbezirke von Großstädten) entsprechend anweisen. Die Durchführung der Kontrollen und Probenentnahmen erfolgt durch Lebensmittelkontrolleure, in besonderen Fällen durch wissenschaftliche Sachverständige wie Lebensmittelchemiker, Veterinäre oder Kommunalhygieniker. In begründeten Fällen können entsprechende Kontrollen bzw. Probenentnahmen auch von Polizeibeamten vorgenommen werden. Eine solche Situation sind plötzlich aufgetretene bzw. bekannt gewordene Sachverhalte, von denen ein wahrscheinlich unvertretbar großes Risiko ausgehen kann. Die Untersuchung von Lebensmittelproben (Belastung mit Mikroorganismen und/oder Schadstoffen, Vorliegen von unerlaubten Zusätzen bzw. Verderb) erfolgt in den staatlichen Untersuchungsämtern.

Die zuständigen Behörden sind verpflichtet, die Einhaltung aller Vorschriften in regelmäßigen Abständen zu überprüfen und gegebenenfalls Proben zu entnehmen. Die Häufigkeit dieser Kontrollen richtet sich nach der Höhe des in der betreffenden Einrichtung bestehenden Risikos, das sowohl von dem Charakter der verarbeiteten Lebensmittel, den räumlichen und ausstattungsmäßigen Voraussetzungen als auch von dem Ergebnis der vorangegangenen Kontrollen abhängt. Bei beanstandeten Mängeln, vor allem in Hinblick auf die Einhaltung von Hygienestandards, sollen diese in kürzeren Abständen wiederholt werden. Bei erteilten Auflagen zur Abstellung von Mängeln wird deren Erfüllung nach Ablauf der hierzu eingeräumten Frist durch Nachkontrollen überprüft.

Bei der Probenentnahme ist vom Lebensmittelkontrolleur eine Empfangsbestätigung auszustellen und eine zweite identische Probe zurückzulassen. Der Kontrollierte kann auf diese Gegenprobe verzichten. Davon ist jedoch abzuraten, da bei einer Beanstandung das Erbringen eines Gegenbeweises nicht mehr möglich ist. Die zurückgelassene Probe ist amtlich zu verschließen oder zu versiegeln, vom Kontrolleur mit dem Entnahmedatum zu versehen sowie mit dem Datum, nach dessen Ablauf der Verschluss oder die Versiegelung aufgehoben ist. Für die Probenentnahme ist keine Entschädigung vorgesehen, sie kann in Ausnahmefällen (Härtefälle) maximal die Höhe des Verkaufspreises betragen.

Es gilt eine Duldungs- und Mitwirkungspflicht. Neben dem Gewähren des ungehinderten Zutrittes zu den Betriebsstätten und der Duldung von Probenentnahmen ist auch jederzeit der Einblick in die Kontrolldokumente (Nachweispflicht) und andere auskunftsfähige Unterlagen (z. B. Lieferscheine) zu gestatten.

Ahndung von Zuwiderhandlungen und Verstößen

Zuwiderhandlungen und Verstöße gegen Vorschriften des LMBG werden je nach Schwere der Vergehen als Ordnungswidrigkeit bzw. als Straftat geahndet und mit Bußgeld oder Geld- bzw. Freiheitsstrafen bedroht (Geldstrafen bis zu 25 000 Euro und/oder Freiheitsstrafen bis zu 5 Jahren).

Als vorsätzliche oder fahrlässige Verstöße werden alle Verletzungen des Lebensmittelrechtes gewertet, die zu einer gesundheitlichen Schädigung führen können bzw. schon geführt haben, eine Täuschung bezwecken, gegen Kennzeichnungsvorschriften verstoßen oder die Vorschriften über den Einsatz von Zusatzstoffen missachten.

Unbeschadet dieser Strafandrohung können Vergehen, die andere strafrechtliche Konsequenzen nach sich ziehen, nach den Vorgaben dieser Gesetze mit höheren Strafen geahndet werden (z. B. Strafgesetzbuch, Infektionsschutzgesetz). Auch bei wirtschaftlichen Schäden, die Folge eines Verstoßes gegen das LMBG oder andere Gesetze sind, können höhere Geld- bzw. Freiheitsstrafen ausgesprochen werden.

6.7.2 Lebensmittelhygiene- Verordnung (LMHV)

Die Lebensmittelhygiene-Verordnung regelt nahezu alle Verhaltensweisen, die beim Umgang mit Lebensmitteln eingehalten werden müssen, um eine Gefährdung des Menschen durch den Verzehr von Lebensmitteln und Speisen sicher auszuschließen. Sie verpflichtet weiterhin zur ständigen Kontrolle der Vorgaben und zur Dokumentation der dabei festgestellten Ergebnisse bzw. Mängel sowie von erhobenen Messwerten, ebenso zur regelmäßigen Durchführung von Hygieneschulungen, die im Wesentlichen der noch gültigen DIN-Norm 10514 entsprechen. Von den einzelnen Bundesländern können zusätzlich spezielle Verordnungen erlassen werden, die jedoch mit der LMHV in Einklang stehen müssen und vorrangig nur regionale Besonderheiten regeln.

Die in der Verordnung aufgelisteten Vorschriften sind teilweise relativ allgemein gehalten, insbesondere in Hinblick auf die Beschaffenheit und Ausstattung der Betriebsräume und Geräte. Dieses Vorgehen räumt den einzelnen Betrieben eine größere Eigenverantwortung ein und ermöglicht diesen, die für die Durchsetzung der Verordnung notwendigen Schritte den jeweils konkreten Bedingungen anzupassen.

Verstöße gegen die LMHV werden mit Bußgeld geahndet, falls die Schwere des Verstoßes und/oder aufgetretene Folgen des Vergehens keine strafrechtliche Ahndung (Geldstrafe, Freiheitsstrafe) nach sich zieht. Die Höhe des Bußgelds (maximal 25 000 Euro) richtet sich nach der Schwere und der Art des Vergehens, wobei die zuständigen Behörden einen gewissen Spielraum bei dessen Festsetzung haben.

Die einzelnen Kapitel und Paragraphen der LMHV können folgenden Schwerpunkten zugeordnet werden, die jedoch mit der Gliederung der Verordnung nicht voll übereinstimmen (der vollständige Text der Verordnung ist im Gesetzblatt nachzulesen):

◆ Definition von Gefahren, die beim Herstellen und Verarbeiten von Lebensmitteln abgewendet werden müssen, um die Gesundheit und das Leben von Menschen nicht zu gefährden.

◆ Anforderungen, die in hygienischer Hinsicht an die Betriebsstätten zu stellen sind (Küchen und zugehörige Nebenräume sowie Räume, die zur Nahrungsaufnahme dienen, wie Gasträume, Kantinen):

    hinsichtlich des baulichen Zustands und

    hinsichtlich der Ausstattung und der Beschaffenheit von Vorrichtungen und Geräten.

◆ Bedingungen, die beim Umgang mit Lebensmitteln eingehalten werden müssen (Warenannahme, Lagerung, Verarbeitung, Ausgabe von Speisen).

◆ Anforderungen an die Verhaltensweisen der beschäftigten Personen (persönliche Hygiene).

◆ Anforderungen, die beim Umgang mit Abfällen eingehalten werden müssen.

◆ Hinweise für das Erstellen eines betriebsspezifischen Kontrollkonzeptes für die Durchführung von Eigenkontrollen sowie deren Dokumentation (HACCP-Konzept, siehe Kapitel 6.8.2).

Im Interesse eines besseren Zuordnung der vielschichtigen Vorgaben der Lebensmittelhygiene-Verordnung zu den einzelnen Arbeitsprozessen sind die für Gastronomie und Gemeinschaftsverpflegung relevanten Punkte in die einzelnen Kapitel eingeordnet worden, und zwar im Kontext mit den Vorgaben, die sich aus anderen Gesetzen bzw. Verordnungen ergeben:

Arbeitsschritte	Fundstelle (Kapitel)
Warenannahme	6.3.1
Lagerung von Lebensmitteln	4
Kalte Produktion	6.3.2.2
Warme Produktion	6.3.2.3
Vorhalte- und Auslagezeiten sowie Vorhalte- und Ausgabetemperaturen	6.3.2.4
Reinigung und Desinfektion	6.4
Lagerung von Abfällen	6.5
HACCP-Konzept	6.8.2

6.7.3 Infektionsschutzgesetz (IfSG)

Im Gesetz zur Verhütung und Bekämpfung von Infektionskrankheiten beim Menschen (Infektionsschutzgesetz) sind für Personen, die bei der Arbeit mit Lebensmitteln in direkten Kontakt kommen, spezielle Verhaltensnormen, Gebote und Verbote vorgegeben, die eine Übertragung von Krankheitserregern durch Lebensmittel und Speisen sicher verhindern sollen. Es legt fest, dass für solche Tätigkeiten Personen nicht beschäftigt werden dürfen, die

◆ sich eine Infektionskrankheit zugezogen haben, deren Erreger über die Nahrung bzw. über das Trinkwasser übertragen werden,

◆ infizierte Wunden aufweisen oder an Hauterkrankungen leiden, bei denen die Möglichkeit besteht, dass die Krankheitserreger über Lebensmittel übertragen werden können, und/oder

◆ Dauerausscheider von darmpathogenen Keimen sind.

Diese Verbote einer Beschäftigung gelten generell für eine geplante erste Arbeitsaufnahme in entsprechenden Betrieben. Bereits beschäftigte Personen, die zum Zeitpunkt der Einstellung keine dieser Krankheiten hatten und denen die vorgeschriebene Genehmigung zur Arbeitsaufnahme erteilt wurde (siehe unten), dürfen bei Auftreten einer dieser Erkrankungen nicht mehr weiter mit Lebensmitteln arbeiten, bis ihnen vom Arzt erneut die Erlaubnis dazu erteilt wurde.

Die Einhaltung dieses Verbotes hat der zuständige Leiter im Betrieb zu sichern, der auch für die ordnungsgemäße Belehrung der Mitarbeiter verantwortlich ist. Für die Beschäftigten selbst besteht eine Mitwirkungspflicht, indem sie beim Bemerken von Anzeichen einer dieser Erkrankungen den Arzt aufzusuchen sowie unverzüglich den Arbeitgeber zu informieren haben.

Allen Personen, welche die Genehmigung (siehe unten) nicht vorweisen können, ist die Arbeit mit Lebensmitteln grundsätzlich verboten. Ihnen ist auch der Zutritt zu Küchen und den ihnen zugeordneten Betriebsräumen zu verwehren. In Ausnahmefällen kann solchen Personen (z. B. Verwaltungspersonal) der kurzzeitige Zutritt zu den Küchenräumen gestattet werden, wobei darauf zu achten ist, dass sie nicht mit Lebensmitteln in Berührung kommen. Die besonderen Bestimmungen des Infektionsschutzgesetzes gelten in der Gastronomie und der Gemeinschaftsverpflegung für diese Berufsgruppen:

◆ Für alle im Küchenbereich arbeitenden Personen wie Köche/Köchinnen, Konditoren/Konditorinnen, Küchenhilfspersonal und Spülkräfte, einschließlich Aushilfskräfte, Auszubildende und Saisonkräfte.

◆ Für alle im Service Beschäftigten wie Kellner/Kellnerinnen und Sommeliers/Sommelièren, einschließlich Aushilfskräfte, Auszubildende und Saisonkräfte.

◆ Für sonstiges Personal, das direkt oder indirekt mit Lebensmitteln in Berührung kommen kann, wie z. B. Servicepersonal in der Rezeption bzw. auf der Etage, sobald es Speisen und Getränke ausgibt. (Gilt nicht für die Ausgabe von Getränken in Flaschen oder Dosen oder von industriell verpackten, nicht geöffneten Lebensmitteln.)

Beschäftigungserlaubnis

Personen dürfen in den oben genannten Berufen nur beschäftigt werden und Küchen sowie die zugeordneten Betriebsräume betreten, wenn sie auf Grund der Bescheinigung des Gesundheitsamtes (Abteilung Gesundheit und Soziales des Kreisamtes bzw. Stadtbezirksamtes, Abteilung Lebensmittel-Personalhygiene) oder eines vom Gesundheitsamt beauftragten Arztes berechtigt sind, mit Lebensmitteln zu arbeiten. Diese Bescheinigung ist vor der erstmaligen Beschäftigung einzuholen, sie darf bei der ersten Arbeitsaufnahme nicht älter als 3 Monate sein. Aus der Bescheinigung muss ersichtlich sein, dass die betreffende Person

◆ zum Zeitpunkt der Ausstellung der Bescheinigung an keiner Erkrankung leidet, die eine Arbeit mit Lebensmitteln verbieten würde,

◆ über die bestehenden Tätigkeitsverbote beim Auftreten dieser Erkrankungen und der ihr dabei obliegenden Meldepflicht (Anzeigepflicht) mündlich und schriftlich belehrt wurde,

◆ nach erfolgter Belehrung schriftlich erklärt hat, dass ihr keine Tatsachen bekannt sind, die für ein Verbot einer Arbeit mit Lebensmitteln sprechen würden.

Eine bereits früher erteilte Genehmigung in Form eines Zeugnisses nach § 18 des früheren Bundesseuchengesetzes („rote Karte") behält weiterhin seine Gültigkeit, es wird der nach Vorgabe des Infektionsschutzgesetzes ausgestellten Bescheinigung gleichgestellt.

Erkrankungen, die eine Arbeit mit Lebensmitteln verbieten

Das Beschäftigungsverbot bei bestimmten Erkrankungen hat zum Ziel, eine Weiterverbreitung von Krankheiten zu unterbinden, die über die Aufnahme von Nahrung oder Trinkflüssigkeit verbreitet werden. Das betrifft in erster Linie Erreger, die Erkrankungen des Magen-Darm-Traktes auslösen und mit dem Stuhl ausgeschieden werden. Es ist möglich, dass erkrankte Menschen auch bei peinlicher Beachtung der Regeln der Personalhygiene Lebensmittel mit den entsprechenden Erregern kontaminieren und dadurch eine Erkrankung sowohl von Einzelpersonen als auch von einer größeren Gruppe auslösen können.

Ein Beschäftigungsverbot besteht auch für die Betriebsangehörigen, die nach einer überstandenen infektiösen Darmerkrankung für eine gewisse Zeit infektiöse Erreger mit dem Stuhl ausscheiden, ohne dass sie noch Zeichen einer Erkrankung erkennen lassen (sog. Dauerausscheider). Ein solches fortdauerndes Ausscheiden von Keimen kann bei Salmonellen einschließlich Typhus, Shigellen (Ruhr), entero-hämorrhagischer Escherichia coli (EHEC) und Choleravibrionen auftreten. Ein länger andauerndes Ausscheiden von infektiösen Erregern ist jedoch sehr selten und kommt auch meist wieder zum vollständigen Erliegen.

Ein Beschäftigungsverbot besteht auch beim Vorliegen von infizierten Wunden oder von solchen Hautkrankheiten, bei denen die Möglichkeit besteht, dass tatsächlich bzw. möglicherweise vorliegende Krankheitserreger Lebensmittel kontaminieren und damit auf andere Personen übertragen werden, bzw. Hautabschuppungen die Lebensmittel verunreinigen. Dieses Verbot gilt hauptsächlich bei eiternden Wunden an den Händen. Ein Beschäftigungsverbot bei Hauterkrankungen kann vom Arzt ausgesprochen werden, der die bestehenden Gefahren einschätzen kann.

Nachstehende Erkrankungen verbieten eine Arbeit mit Lebensmitteln (siehe auch ausführlich Kapitel 5.1.1):

- Infektionskrankheiten, deren Erreger durch Lebensmittel oder Trinkwasser übertragen werden:

  infektiöse Magen-Darm-Erkrankungen wie Salmonellose, EHEC-Enteritis, Typhus, Paratyphus, Cholera, Shigellenruhr und andere infektiöse Gastroenteritiden, Hepatitis Typ A oder E (nicht Hepatitis Typ B, sog. Serumhepatitis, die kein Arbeitsverbot erforderlich macht), Norwalkviren, Gliardien.

- Bestimmte Hauterkrankungen wie Ekzeme u. a. Die Diagnostik und Zuordnung zu den Erkrankungen, die eine Beschäftigung verbieten, liegt beim Arzt.

- Eiternde Wunden, vor allem an den Fingern und Händen.

Erkrankungen von bereits beschäftigten Personen

Erkrankungen, die ein Arbeiten mit Lebensmitteln verbieten, können bei Beschäftigten jederzeit auftreten. Der Verdacht auf eine solche Infektionskrankheit, welche die zeitweilige Weiterbeschäftigung verbietet, besteht bei Erkrankungen des Magen-Darm-Traktes, insbesondere bei solchen, die mit Übelkeit, Erbrechen, Durchfällen und erhöhten Körpertemperaturen einhergehen, bei unklaren fiebrigen Erkrankungen und beim Auftreten einer Gelbsucht, die im Anfangsstadium oft an einer beginnenden gelblichen Verfärbung des Weißes der Augen zu erkennen ist. Beim Auftreten von Erkrankungen, die möglicher-

weise eine Arbeit mit Lebensmitteln verbieten könnten, sind die nachfolgend aufgeführten Schritte einzuleiten:

- Der Mitarbeiter ist verpflichtet, eine aufgetretene oder seinen Verdacht auf eine Erkrankung dem zuständigem Leiter mitzuteilen und gegebenenfalls umgehend einen Arzt aufzusuchen (Mitwirkungspflicht des Mitarbeiters, siehe unten).

- Der Leiter (Hoteldirektor, Gaststättenleiter, Küchenchef) hat sicherzustellen, dass der erkrankte Beschäftigte sogleich einen Arzt konsultiert. Er ist dazu sofort von der Arbeit freizustellen.

- In Verdachtsfällen, bei denen der Arzt vorerst keine Notwendigkeit für eine Arbeitsbefreiung sieht, sollte der Mitarbeiter bei der Zubereitung und Ausgabe von Speisen zunächst nicht eingesetzt werden, bis vom Arzt eine entsprechende Erkrankung eindeutig ausgeschlossen wird.

- Nach einer Erkrankung darf dieser Betriebsangehörige so lange nicht mit Lebensmitteln arbeiten, bis die Unbedenklichkeit vom Arzt erneut attestiert wurde.

- Der Arbeitgeber ist beim Nachweis einer entsprechenden Erkrankung bei einem seiner Mitarbeiter verpflichtet, unverzüglich alle erforderlichen zusätzlichen Maßnahmen einzuleiten, die geeignet sind, eine Weiterverbreitung der Krankheitserreger zu verhindern (z. B. außerplanmäßige Reinigungs- und Desinfektionsmaßnahmen).

Die Anzeigepflicht von meldepflichtigen Erkrankungen beim Gesundheitsamt obliegt dem behandelnden Arzt. Mit dem Aufsuchen eines Arztes bzw. mit der Anweisung an die betroffene Person, schnellstens einen Arzt aufzusuchen, wird vom Beschäftigten bzw. vom zuständigen Leiter den gesetzlichen Verpflichtungen entsprochen.

Pflichten der Beschäftigten (Mitwirkungs- und Anzeigepflicht)

Die Mitarbeiter sind im Fall einer Erkrankung verpflichtet, durch entsprechendes Verhalten einer Weiterverbreitung von pathogenen Keimen entgegenzuwirken. Sie sind bei der Erteilung der

Arbeitsgenehmigung vom Gesundheitsamt belehrt worden, ebenso durch den Betriebsleiter bei Arbeitsaufnahme sowie durch die jährlich zu wiederholenden Unterweisungen (siehe unten). Für die Beschäftigten gelten folgende Verhaltensnormen:

◆ Sie sind verpflichtet, bei einer entsprechenden Erkrankung oder dem Verdacht einer solchen Erkrankung umgehend einen Arzt aufzusuchen und diesen dabei darüber zu informieren, dass sie in der Gastronomie tätig sind und bei der Arbeit mit Lebensmitteln in Kontakt kommen.

◆ Sie sind verpflichtet, ihren zuständigen Leiter (Küchenchef, Geschäftsführer) unverzüglich über die Art der Erkrankung zu informieren (sofortiger Anruf). Eine schriftliche Information, beispielsweise zusammen mit der Übersendung der Arbeitsbefreiung, ist wegen der dadurch entstehenden Verzögerung nicht statthaft.

◆ Bei Auftreten der Erkrankung oder eines Verdachtes während der Arbeit ist direkt der zuständige Leiter zu informieren, der die erforderlichen Maßnahmen trifft. Seinen Anweisungen, insbesondere der Aufforderung zum Arztbesuch, ist auf der Stelle Folge zu leisten.

◆ Die vom Arzt angeordneten Verhaltensweisen und die vom Betriebsleiter erteilten Auflagen sind zu befolgen.

Die Mitarbeiter können bei Nichteinhaltung der Vorschriften des Infektionsschutzgesetzes strafrechtlich verfolgt und vom Arbeitgeber arbeits- und zivilrechtlich zur Rechenschaft gezogen werden. Bei einer fahrlässigen oder vorsätzlichen Missachtung der Vorgaben des Infektionsschutzgesetzes und bei einer möglichen gesundheitlichen Gefährdung anderer Personen kann eine fristlose Kündigung ausgesprochen werden.

Belehrung im Betrieb und Nachweisführung
Unbeschadet der Belehrung durch das Gesundheitsamt vor einer ersten Arbeitsaufnahme muss der Arbeitgeber die Beschäftigten zusätzlich auf die zu beachtenden Festlegungen des Infektionsschutzgesetzes hinweisen und die durchgeführte Unterweisung dokumentieren.

Zu belehren sind
◆ die neu eingestellten Mitarbeiter vor der Arbeitsaufnahme (Einstellungsbelehrung),
◆ die bereits Beschäftigten mindestens 1-mal jährlich (Wiederholungsbelehrung).

Die Bescheinigung des Gesundheitsamtes und die letzte Dokumentation der Unterweisung im Betrieb sind vom Arbeitgeber im Original aufzubewahren, so dass sie bei Kontrollen der dazu zuständigen Behörde jederzeit vorgelegt werden können. Bei Tätigkeiten eines Mitarbeiters an wechselnden Standorten genügt am zweiten Arbeitsplatz die Vorlage einer beglaubigten Abschrift oder einer beglaubigten Kopie.

Bußgeld- und Strafvorschriften
Verstöße gegen das Infektionsschutzgesetz werden je nach Schwere des Vergehens als Ordnungswidrigkeit mit einer Geldbuße bis zu 2500 bzw. 25 000 Euro (entsprechend der Zuordnung des Verstoßes), als Straftat mit Freiheitsstrafen von 3 Monaten bis zu 5 Jahren oder mit Geldstrafe geahndet.
Die Beschäftigung eines Mitarbeiters, der an einer Krankheit leidet, die ein Beschäftigungsverbot nach sich zieht, kann mit einer Freiheitsstrafe bis zu 2 Jahren oder mit Geldstrafe geahndet werden. Die gleiche Strafandrohung richtet sich auch gegen die Person, die ihrer Mitwirkungspflicht (Anzeigepflicht) nicht nachgekommen ist und trotz Erkrankung ihre Tätigkeit mit Lebensmitteln ausübt.

6.7.4 Kennzeichnung von Lebensmitteln und Speisen

Die Verpflichtung zur Kennzeichnung von Lebensmitteln und Speisen und damit zur Deklaration bestimmter Inhaltsstoffe wird durch mehrere Gesetze bzw. Verordnungen geregelt. Diese Vorgaben gelten auch sinngemäß für die Gastronomie und Gemeinschaftsverpflegung und sind bei der Kontrolle der angelieferten Lebensmittel, bei der Produktion und Abgabe bestimmter Speisen und Kostformen sowie der Auszeichnung von Speisen und Getränken zu beachten (siehe auch

Kapitel 6.7.4.4). Für die Gastronomie und Gemeinschaftsverpflegung relevante und zu beachtende Vorgaben sind in folgenden Gesetzen und Verordnungen geregelt:

◆ Lebensmittel-Kennzeichnungsverordnung (LMKV)
Die LMKV regelt als übergeordnete Verordnung generell die Kennzeichnungspflicht.

◆ Zusatzstoff-Zulassungsverordnung (ZZulV)
Die ZZulV regelt die Zulassung von Substanzen, die als Zusatzstoffe Lebensmitteln bzw. Speisen zugesetzt werden dürfen, sowie die Deklaration der Zusatzstoffe.

◆ Nährwert-Kennzeichnungsverordnung (NKV)
Die NKV gibt die Mengen an einzelnen Nährstoffen vor, die in Lebensmitteln und Speisen enthalten sein müssen bzw. enthalten sein dürfen, die für bestimmte Ernährungsregime vorgesehen sind.

◆ Neuartige Lebensmittel- und Lebensmittelzutaten-Verordnung (NLV)
Die NLV (gelegentlich Novel-Food-Verordnung genannt) regelt u. a. die Kennzeichnung von neuartigen Lebensmitteln (einschließlich der gentechnisch veränderten Lebensmittel).

◆ Rindfleischetikettierungsverordnung (RiFlEtikettV)
Sie regelt die Erfassung und den Nachweis der Herkunft der Schlachttiere, der Tierkörper und Teilstücke bis zum Verkauf.

◆ Produktspezifische Verordnungen
Für einige Produkte bzw. Lebensmittel wurden spezifische Verordnungen erlassen, die Regelungen für die Verpflichtung zur Kennzeichnung bzw. für die Form einer Kennzeichnung vorgeben, falls diese auf (bis jetzt) freiwilliger Basis erfolgt (z. B. Verordnung zum Schutz der Verbraucher vor BSE, Kennzeichnung von Lebensmitteln, die mit ionisierenden Strahlen behandelt wurden).

6.7.4.1 Lebensmittel-Kennzeichnungsverordnung (LMKV)

Die Lebensmittel-Kennzeichnungsverordnung regelt die Kennzeichnung von Lebensmitteln, die in Fertigverpackungen bzw. als lose Ware angeboten werden. Diese Angaben müssen bei der Verwendung solcher Erzeugnisse zur Speisenproduktion beachtet werden, da die in ihnen enthaltenen kennzeichnungspflichtigen Zutaten bei der Abgabe dieser Speisen in vielen Fällen deklariert werden müssen.

Auf der Verpackung sind folgende Angaben anzugeben:

◆ Verkehrsbezeichnung des Lebensmittels.
◆ Name oder Firmenbezeichnung und Anschrift des Herstellers, Verpackers (Abfüllers) oder Verkäufers.
◆ Angaben über die Zusammensetzung des Lebensmittels (Zutatenverzeichnis).
◆ Mindesthaltbarkeitsdatum (MHD) bzw. Verbrauchsdatum.
◆ Alkoholgehalt von Getränken (bei einem Gehalt von mehr als 1,2 Vol.-%).
◆ Angabe der Mengen der wertbestimmenden Inhaltsstoffe.

Verkehrsbezeichnung

Unter dem Begriff „Verkehrsbezeichnung" wird der Name (Bezeichnung) des Lebensmittels verstanden, der in Rechtsvorschriften (Gesetze, Verordnungen) festgelegt ist. Beim Fehlen einer solchen Vorgabe ist die nach der „allgemeinen Verkehrsauffassung" übliche Bezeichnung zu verwenden. Fehlt auch diese, so ist das Lebensmittel so zu beschreiben, dass eine Verwechslung mit anderen Erzeugnissen nicht möglich ist und das Lebensmittel gleichzeitig in seinen Eigenschaften hinreichend erläutert wird.

Die gesetzliche Forderung nach einer eindeutigen Verkehrsbezeichnung ist sinngemäß auch bei den Angaben auf Speisekarten anzuwenden, bei denen eine exakte Beschreibung des betreffenden Gerichtes für dessen Charakterisierung besser geeignet ist als neu geschaffene, nichts sagende Namen.

Zutatenverzeichnis

Die früher als ausreichend angesehene Angabe der Zutaten in absteigender Reihenfolge ihres Gewichtsanteils ohne genaue Gewichtsangabe ist hinfällig. Auf den Verpackungen müssen die Mengen der wertbestimmenden Inhaltsstoffe genau angegeben werden (in Prozentanteilen, in der Regel pro 100 g). Diese Festlegung gilt auch für Käse und Milcherzeugnisse. Ausgenommen von dieser Deklarationspflicht sind Substanzen, die natürlicherweise in den betreffenden Lebensmitteln vorkommen (beispielsweise Vitamine, Mineralstoffe, Ballaststoffe), oder zur Geschmacksverbesserung in nur kleinen Mengen zugegeben wurden (Aromen, Kräuter). Bei verpackten Waren, bei denen das Abtropfgewicht angegeben werden muss, ist eine genaue Mengenangabe nicht erforderlich (Fertigpackungsverordnung).

Bei industriell gefertigten Lebensmitteln (Convenience-Produkte) ist die Herkunft der in ihnen enthaltenen Stärke genau zu deklarieren (z. B. Weizenstärke), um solche Personen vor einem Verzehr zu warnen, die bestimmte Stärkearten nicht vertragen.

Frische, gefrorene und geräucherte Fischerei-Erzeugnisse müssen beim Inverkehrbringen mit folgenden Angaben deklariert werden:

◆ Verkehrsbezeichnung der Fisch-, Krebs- oder Weichtierart.
◆ Produktionsmethode (Meeres- oder Binnenfischerei bzw. Aquakultur).
◆ Fanggebiet (z. B. Nordostatlantik, Ostsee).

Diese Festlegung gilt nicht für Verarbeitungsprodukte wie Fischstäbchen oder Konserven. Für Lebensmittel, die lose verkauft werden, ist eine Deklaration der mengenmäßigen Zusammensetzung nicht vorgeschrieben.

Mindesthaltbarkeitsdatum (MHD)

Bei verderblichen Lebensmitteln sind das Mindesthaltbarkeitsdatum und zusätzlich die vorgeschriebenen bzw. empfohlenen Lagerbedingungen anzugeben. Der Hersteller hat bei Einhaltung dieser Bedingungen den einwandfreien Zustand der Ware bis zum angegebenen Zeitpunkt zu garantieren, sowohl in Hinsicht auf deren gesundheitlichen Unbedenklichkeit als auch bezüglich auf deren sensorischen Eigenschaften. Unbeschadet dessen hat der Küchenleiter dem Gast gegenüber eine Fürsorgepflicht, indem solche Lebensmittel auch vor Ablauf des MHD auf deren Unbedenklichkeit zu überprüfen sind. Das MHD ist kein Verfallsdatum, auch nach dessen Ablauf kann das Lebensmittel gesundheitlich unbedenklich und somit noch genießbar sein. Nach Ablauf des MHD muss eigenverantwortlich entschieden werden, ob das Lebensmittel den Anforderungen noch entspricht, nicht verdorben ist und deshalb gegebenenfalls ohne Bedenken eingesetzt und verzehrt werden kann. Der Hersteller haftet jedoch nicht mehr für die Unbedenklichkeit des Erzeugnisses.

Verbrauchsdatum

Ein Verbrauchsdatum und die vorgeschriebene Temperatur für die Lagerung müssen bei mikrobiologisch besonders gefährdeten Lebensmitteln angegeben werden (eingestuft „für den alsbaldigen Verbrauch bestimmt", siehe Kapitel 4.2). Ein Verbrauchsdatum ist ein Verfallsdatum, nach dessen Ablauf das Lebensmittel nicht mehr in den Verkehr gebracht und nicht mehr verzehrt werden darf. Die für tiefgefrorenes Hackfleisch und Hackfleischerzeugnisse angegebene Haltbarkeitsdauer ist ein Verbrauchsdatum und kein Mindesthaltbarkeitsdatum. Nach dessen Überschreitung ist der Verzehr von nicht durcherhitzter Ware verboten.

Alkoholgehalt

Der Alkoholgehalt von Getränken ist anzugeben, wenn dieser mehr als 1,2 Vol.-% beträgt. Die Angabe muss zusammen mit der Verkehrsbezeichnung, der Mengenangabe und des MHD im gleichen Blickfeld angeordnet sein. Auf Getränkekarten ist der Alkoholgehalt von Spirituosen anzugeben, bei Weinen und Bieren ist dies freigestellt.

6.7.4.2 Zusatzstoff-Zulassungsverordnung (ZZulV)

Die Zusatzstoff-Zulassungsverordnung regelt die Zulassung von Substanzen als Zusatzstoffe, deren Einsatz bei der Herstellung von Lebensmitteln und Speisen und die Kennzeichnung von Lebensmitteln, die Zusatzstoffe enthalten. Die für die Gastronomie und Gemeinschaftsverpflegung wichtigsten Punkte der Verordnung können in einigen Komplexen zusammengefasst werden.

Auflistung der Zusatzstoffe

Sie listet alle Zusatzstoffe auf, die Lebensmitteln zugesetzt werden dürfen. Den zugelassenen Zusatzstoffen ist eine E-Nummer zugeordnet. Solche Substanzen, die in dieser Liste nicht aufgeführt sind, dürfen Lebensmitteln prinzipiell nicht zugesetzt werden. Die Zusatzstoffe mit den unterschiedlichen Wirkungsweisen bzw. Aufgaben sind in der Liste der „E-Nummern" nach Wirkprinzipien geordnet aufgeführt (Liste siehe Anhang 2):

- Konservierungsstoffe
- Antioxidantien
- Geschmacksverstärker
- Zuckeraustauschstoffe und Süßstoffe (Süßungsmittel)
- Lebensmittelfarbstoffe
- Verdickungs- und Geliermittel
- Emulgatoren
- Säureregulatoren und Säuerungsmittel[3]
- Stabilisatoren
- Trenn- und Überzugsstoffe

Aromastoffe, die Lebensmitteln bzw. Getränken zugesetzt werden dürfen, unterliegen der Aromenverordnung. Den Aromastoffen werden Chinin und (synthetisches) Vanillin zugeordnet, der Zusatz zu Getränken bzw. Speisen muss deklariert werden.

Festlegung von Höchstmengen für den Zusatz

Die Angaben über zulässige Höchstmengen sind vorrangig in der Lebensmittelindustrie zu beachten. Die Einhaltung der maximal zulässigen Höchstmengen muss der Hersteller von bearbeiteten Lebensmitteln garantieren. In der Gastronomie und in der Gemeinschaftsverpflegung können diese Höchstmengen bei der sachgemäßen Zubereitung von Speisen praktisch nicht erreicht werden, abgesehen von Nitrit (Pökelsalz) und Sulfit bzw. schweflige Säure. Für Glutaminsäure bzw. Glutamat (zusammen) ist ein Zusatz von maximal 10 g/kg, bei Guanyl- und Inosinsäure (zusammen) von maximal 500 mg/kg Lebensmittel erlaubt.

Für mehrere Zusatzstoffe, wie beispielsweise Genusssäuren, sind keine mengenmäßigen Begrenzungen festgelegt. Zu beachten ist jedoch, dass Speiseessig maximal 25 % Essigsäure enthalten darf und dass bei einem Gehalt von mehr als 11 % Säure die Flaschen wegen der bestehenden Gefahr einer Verätzung gekennzeichnet werden müssen. („Vorsicht! Nicht unverdünnt genießen", Verordnung über den Verkehr mit Essig und Essigessenz.)

Auflistung von Lebensmitteln, denen keine Zusatzstoffe zugesetzt werden dürfen

Zugelassene Zusatzmittel dürfen nicht allen Lebensmitteln zugesetzt werden. Es werden in der Verordnung Lebensmittel aufgelistet, denen Zusatzstoffe generell nicht zugesetzt werden dürfen, sowie Zusatzstoffe, die bestimmten Lebensmitteln nicht zugesetzt werden dürfen. Diese Verbote sind im Wesentlichen für die Industrie zutreffend, nur wenige betreffen auch die Speisenproduktion bzw. Lagerung von Nahrungsmitteln in der Restaurantküche.

Der Zusatz von Natrium- bzw. Kaliumnitrit (Pökelsalz) zu (frischem) Hackfleisch ist grundsätzlich verboten. Die durch Nitrit bewirkte Rötung (Pökelfarbe) überdeckt das bei längerer Lagerung von Hackfleisch auftretende Grauwerden (Täuschung des Verbrauchers bzw. Nichterkennen einer massiven Kontamination mit Mikroorganismen).

Pökelsalz darf nur industriell produzierten und luftdicht verpackten Hackfleischerzeugnissen zugesetzt werden (Nitrit hemmt das Wachstum von Clostridien und verhindert eine Graufärbung des Hackfleischs).

Ebenfalls verboten ist der Zusatz von schwefliger Säure bzw. von Sulfit (Salze der schwefligen Säure) zu frischem Fisch oder zu frischen Fischwaren bzw. zu Fleisch. Schweflige Säure unterdrückt den bei der Zersetzung von rohem Fisch- oder Fleischeiweiß auftretenden typischen Zersetzungsgeruch vollständig (Gefahr einer massiven Lebensmittelvergiftung).

---

[3] Genusssäuren, wie z. B. Essigsäure oder Zitronensaft, die in Lebensmitteln enthalten sind, sind keine Zusatzstoffe und müssen nicht deklariert werden. Ein Zusatz zu Erzeugnissen zum Zweck der Konservierung muss dagegen gekennzeichnet werden (Essigsäure, E 260, Zitronensäure, E 330 bis 333, und andere Fruchtsäuren).

Zuckerkulör (E 150) darf nicht zum Färben von Schokoladenmilch, fermentierten Milchprodukten (z. B. Joghurt) und Buttermilch verwendet werden (Schutz des Verbrauchers vor einer Täuschung).

Kennzeichnung eines Zusatzes von Zusatzstoffen

Der Gehalt an Zusatzstoffen in Lebensmitteln muss kenntlich gemacht werden (auf der Verpackung bzw. in Geschäften des Einzelhandels durch Schilder bei nicht verpackten Erzeugnissen). Für diese Kennzeichnung der bei der Herstellung zugesetzten Zusatzstoffe sind genau definierte Deklarationen vorgeschrieben (siehe Tabelle 6.7.1). Zusätzlich kann die E-Nummer des Zusatzstoffs angegeben werden.

In Gaststätten muss die Kenntlichmachung auf der Speisekarte erfolgen. In Einrichtungen der Gemeinschaftsverpflegung und der Selbstbedienung, bei denen keine Speisekarten ausgelegt werden, muss die Deklaration als gut sichtbarer Aushang oder in Form einer schriftlichen Mitteilung erfolgen (z. B. auf dem Wochenspeiseplan).

Der Zusatz eines oder mehrerer Zusatzstoffe kann auf der Karte bzw. auf den anderen Auszeichnungsformen direkt beim Lebensmittel (Gericht) angegeben werden, praktischer und auch erlaubt ist die Angabe als Fußnote. Eine genau festgelegte Reihenfolge, in der die Zusatzstoffe aufzuführen sind, ist nicht mehr vorgeschrieben. Die bisher übliche Anordnung sollte aber zweckmäßigerweise beibehalten werden, da viele Gäste daran gewöhnt sind. Deklarationspflichtig (auch auf der Speisekarte) ist auch ein zum Verzehr nicht geeigneter Kunststoffüberzug von Lebensmitteln (z. B. bei Käse), so weit dieser nicht bereits in der Küche entfernt wurde.

6.7.4.3 Weitere gesetzliche Festlegungen zur Kennzeichnung

Eine Reihe von Lebensmitteln bzw. der Zusatz bestimmter Zutaten zu Lebensmitteln oder Speisen müssen ebenfalls deklariert werden, um eine Täuschung auszuschließen bzw. einen bestimmten

---

Tabelle 6.7.1:
Deklarationen, die für die Kennzeichnung der verschiedenen eingesetzten Zusatzstoffe vorgeschrieben sind

Farbstoffe	„mit Farbstoff"
Konservierungsstoffe	„mit Konservierungsstoff" oder „konserviert" oder
Natrium- oder Kaliumnitrit	„mit Nitritpökelsalz"[1]
Natrium- oder Kaliumnitrat	„mit Nitrat"[1]
Nitrat und Nitrit	„mit Nitritpökelsalz und Nitrat"[1]
Antioxidationsmittel	„mit Antioxidationsmittel"
Geschmacksverstärker	„mit Geschmacksverstärker"
Sulfit (mehr als 10 mg/kg oder l als SO_2)	„geschwefelt"
Eisen-II-gluconat (Oliven)	„geschwärzt"
Wachs (Oberflächen von Obst und Früchten)	„gewachst"
Diphosphate (Fleischerzeugnisse)	„mit Phosphat"
Süßstoffe	„mit Süßungsmittel" bzw. „mit Süßungsmitteln" (bei Süßungsmittelmischungen)[2]
Zuckeraustauschstoffe (Tafelsüßen)	„auf der Grundlage von ..."[3, 4]

[1] Der Zusatz von Nitrit bzw. von Nitrat kann als gesonderter Zusatz von Konservierungsstoffen deklariert werden.
[2] Bei Zusatz von Aspartam muss folgender Hinweis zugefügt werden: „Enthält eine Phenylalaninquelle." Aspartam kann von Herstellern auch unter den Handelsnamen Nutra Sweet® oder Candarel® aufgeführt werden (vor allem bei importierten Convenience-Produkten).
[3] Der eingesetzte Austauschstoff ist zu benennen.
[4] Bei Zusatz von Zuckeraustauschstoffen in einer Konzentration von mehr als 100 g/kg muss folgender Hinweis hinzugefügt werden: „Kann bei übermäßigem Verzehr abführend wirken."

Personenkreis – wie beispielsweise Allergiker – vor einem Verzehr zu warnen. Auch in produktspezifischen Verordnungen sind zahlreiche Vorschriften über eine entsprechende Kennzeichnung enthalten, die zum Teil auch eine Kennzeichnungspflicht bei Speisen nach sich ziehen, die aus diesen hergestellt wurden. Es gibt dabei Überschneidungen, da sich eine Reihe von Verpflichtungen zur Deklaration auch aus der Zusatzstoff-Zulassungsverordnung ergeben (Einzelheiten siehe Kapitel 6.7.4.4).

Kennzeichnung von Agrarerzeugnissen und Lebensmitteln, deren Bezeichnungen geschützt sind

Die Namen von Erzeugnissen, deren geographische Herkunftsbezeichnung durch Verordnungen der EG geschützt sind, dürfen nicht für Erzeugnisse benutzt werden, die an anderer Stelle produziert wurden. Außerdem darf der geschützte Name eines Produktes nicht für ein ähnliches Erzeugnis verwendet werden. Die geschützten Produkte, die auch gewisse Mindeststandards erfüllen müssen, dürfen vom Hersteller als „Geschützte Ursprungsbezeichnung" bzw. als „Geschützte geographische Angabe" deklariert werden (Angaben der Deklaration in der jeweiligen Landessprache).

Geschützt sind vorrangig die Markennamen von Fleisch und Fleischerzeugnissen sowie Käse, aber auch von zahlreichen sonstigen Erzeugnissen, wie beispielsweise von Honig, Milcherzeugnissen, Butter, pflanzlichen Ölen (z. B. Steirisches Kürbiskernöl, Olivenöle), Obst, Gemüse und Getreide, Biere und Mineralwasser sowie Backwaren. In der EU gibt es derzeit rund 400 solcher Ursprungsbezeichnungen, in Deutschland etwa 60. Es ist damit zu rechnen, dass diese Zahl ständig zunimmt, da dieser Schutz jederzeit beantragt werden kann. Diese Bestimmungen sind hauptsächlich von den Produzenten von Lebensmitteln zu beachten.

Für die Gastronomie ergibt sich aus diesen Festlegungen das Verbot, ein Erzeugnis, das einem geschützten Erzeugnis ähnlich ist bzw. nicht aus der „geschützten" geographischen Region stammt, als ein solches zu deklarieren (z. B. Emmentaler Käse aus einem beliebigen Gebiet als

„Allgäuer Emmentaler"). Das Gleiche gilt auch für andere geschützte Herkunftsbezeichnungen, u. a. für bestimmte Wurstwaren, wie z. B. „Thüringer Rostbratwürste" oder „Nürnberger Bratwürstchen", die aus der jeweiligen Region stammen und bestimmten Anforderungen entsprechen müssen (10 bis 20 cm lang und 100 bis 150 g schwer bzw. 7 bis 9 cm lang und 20 bis 25 g schwer).

Kennzeichnung von neuartigen Lebensmitteln

Alle als neuartig eingestufte Lebensmittel (Neuartige Lebensmittel- und Lebensmittelzutaten-Verordnung) müssen als solche entsprechend den Vorgaben deklariert werden, auch bei deren Einsatz in der Gastronomie und in der Gemeinschaftsverpflegung. Die auf der Verpackung solcher Lebensmittel angegebene Kennzeichnung ist auf die Speisekarte oder auf andersartig gestaltete Auszeichnungen zu übertragen. Diese Kennzeichnungspflicht betrifft alle Lebensmittel, die als neuartig eingestuft werden, nicht nur solche, die aus gentechnisch veränderten Organismen hergestellt oder zu deren Herstellung gentechnisch veränderte Organismen eingesetzt wurden.

Kennzeichnung gentechnisch freier Lebensmittel

Eindeutig gentechnisch freie Lebensmittel können auf freiwilliger Basis gekennzeichnet werden. Es darf hierzu nur die Bezeichnung „ohne Gentechnik" verwendet werden. Die Lebensmittel müssen den dafür festgelegten strengen Maßstäben entsprechen, und es muss jederzeit der Nachweis über die Einhaltung dieser Festlegungen geführt werden können (Neuartige Lebensmittel- und Lebensmittelzutaten-Verordnung).

Kennzeichnung von Erzeugnissen aus dem ökologischen Landbau

◆ Landwirtschaftliche Erzeugnisse, die nach ökologischen Prinzipien produziert wurden und den gesetzlichen Anforderungen an Bio-Produkte entsprechen und kontrolliert wurden (EG-Öko-Verordnung, Öko-Landbaugesetz), dürfen als solche deklariert und mit dem „Bio-Siegel", dem EU-Ökosiegel („Ökologischer

Landbau") oder einem Warenzeichen der deutschen Anbauverbände (Arbeitsgemeinschaft Ökologischer Landbau [AGÖL]) ausgezeichnet werden, beispielsweise auf der Verpackung (siehe Abb. 6.7.1). Auf der Auszeichnung muss auch die Codenummer und/oder der Name der zuständigen Kontrollstelle angegeben werden. Das Gleiche gilt bei der Verwendung von geschützten Begriffen wie „kontrolliert biologisch", „kontrolliert ökologisch", „biologisch-dynamisch", „biologisch-organisch", „bio", „öko", „Biologischer Landbau" und „Ökologischer Landbau".

Betriebe, die solche Erzeugnisse verarbeiten, müssen eine von einer Zertifizierungsstelle erteilte Bio-Zertifizierung besitzen. Sie dürfen als Bio-Produkte nur Erzeugnisse einsetzen, die sie von einem ebenfalls zertifizierten Erzeuger bezogen haben. Diese Produkte müssen separat gelagert werden, über ihre Herkunft ist Nachweis zu führen, und die Menge der verkauften „Bio-Gerichte" muss der Menge der eingekauften Bio-Erzeugnisse entsprechen. Bei der Vermischung von Bio-Produkten mit konventionell produzierten Erzeugnissen darf bei der Zubereitung von Gerichten nicht auf den Einsatz von Bio-Waren hingewiesen werden.

Kennzeichnung von bestrahlten Lebensmitteln

Alle Lebensmittel, die mit ionisierenden Strahlen behandelt wurden, müssen deklariert werden („bestrahlt" oder „mit ionisierenden Strahlen behandelt"). In Deutschland ist zum gegenwärtigen Zeitpunkt (2003) nur die Bestrahlung von „getrockneten aromatischen Kräutern und Gewürzen" erlaubt. Andere Lebensmittel dürfen nur nach Erteilen einer Genehmigung durch einen Staat der EU bestrahlt werden, sie dürfen dann innerhalb der EU frei gehandelt werden. Für die Gastronomie ergibt sich die Verpflichtung, beim Einsatz solcher Produkte die vom Hersteller angegebene Deklaration auf die Speisekarte zu übertragen.

Rindfleischetikettierungsverordnung

Etikettiert werden muss frisches, gekühltes und gefrorenes Rindfleisch sowie Hackfleisch (Rinderhack). Diese Pflicht gilt auch für Kalbfleisch. Rindfleischerzeugnisse wie Wurstwaren sind von dieser Pflicht ausgenommen. Diese unterliegen den Etikettierungsvorschriften des allgemeinen Lebensmittelrechtes (Lebensmittel-Kennzeichnungsverordnung, Fleischhygiene-Verordnung, Hackfleisch-Verordnung), die auch für verpacktes Rindfleisch und Rinderhack unbeschadet der besonderen Etikettierungspflicht vorgeschrieben sind. Die Über-

Abbildung 6.7.1:
EU-Ökosiegel, Öko-Zeichen der Internationalen Vereinigung biologischer Landbaubewegungen (IFOAM), Bio-Siegel und die Warenzeichen der deutschen Anbauverbände, die in der Arbeitsgemeinschaft Ökologischer Landbau (AGÖL) zusammengeschlossen sind

EU-Ökosiegel

IFOAM-Zeichen

Bio-Siegel

ANOG

Biokreis

Bioland

Biopark

Ecovin

Demeter

Gäa

Naturland

Ökosiegel

prüfung der ordnungsgemäßen Etikettierung bei der Warenannahme ist für die Qualitätssicherung von Wichtigkeit und ist Voraussetzung für eine erlaubte, aber nicht vorgeschriebene Auszeichnung der Herkunft des eingesetzten Rindfleischs auf der Speisekarte, vorausgesetzt, es handelt sich nicht um Rindfleisch, dessen Herkunft deklariert werden muss (siehe nächsten Abschnitt).

In allen Staaten der EU müssen bei frischem, gekühltem oder gefrorenem Rindfleisch entsprechend der EG-Verordnung folgende Angaben auf dem Etikett enthalten sein:

◆ Referenz- oder Codenummer
   Diese Angabe ermöglicht eine Zuordnung des Fleischs zu einem Tier bzw. zu einer Tiergruppe.
◆ Geboren in …
   Es muss der Name des entsprechenden EU-Staates oder Drittlandes angegeben werden.
◆ Aufgewachsen (gemästet) in …
   Es müssen gegebenenfalls alle Namen der EU-Staaten oder von Drittländern angegeben werden, falls das Tier bzw. die Tiergruppe in verschiedenen Ländern aufgezogen wurde.
◆ Geschlachtet in …
   Zusätzlich zum Namen des Landes muss die Zulassungsnummer des Schlachtbetriebs bzw. die nationale Registriernummer angegeben werden.
◆ Zerlegt in …
   Es muss der Name des Landes und die Registriernummer des Zerlegebetriebs bzw. der Zerlegebetriebe angegeben werden.
   In den Fällen, in denen das Tier bzw. die Tiergruppe nur in einem Mitgliedsstaat geboren, aufgezogen und geschlachtet wurde, ist die Nennung der Herkunft ausreichend (z. B. Herkunft: Deutschland).

Bei Hackfleisch sind nachstehende Angaben erforderlich:

◆ Referenz- oder Codenummer.
◆ Angabe des Staates, in dem die Tiere geschlachtet wurden, und die Zulassungsnummer des Schlachtbetriebs (Geschlachtet in …).
◆ Angabe des Staates, in dem das Hackfleisch produziert wurde (Hergestellt in …).
◆ Angabe der Herkunft, falls Herstellungs- und Herkunftsland nicht identisch sind.

Kennzeichnung von Rindfleisch besonderer Herkunft

Zum Schutz der Verbraucher vor BSE sind von der Kommission der EU sowie von der Bundesrepublik Deutschland zahlreiche Verordnungen erlassen worden, die dem jeweiligen Kenntnisstand Rechnung tragen. Unter diesem Gesichtspunkt muss zum gegenwärtigen Zeitpunkt (2003) Rindfleisch besonders gekennzeichnet werden, das aus Großbritannien und Nordirland sowie aus Portugal (ausgenommen die Azoren) importiert wurde (Auszeichnung „Britisches XEL-Rindfleisch", zusätzlicher 6-eckiger Fleischstempel mit den Großbuchstaben XEL bzw. XAP oder DTP). Die Verarbeitung dieses Fleischs muss in der Gastronomie und Gemeinschaftsverpflegung auf der Speisekarte, dem Wochenspeiseplan, Rundschreiben oder Aushang entsprechend deklariert werden (auch bei der Verarbeitung zu Wurstwaren, Fleischsalaten und anderen Fleischzubereitungen).

Auf Grund der wissenschaftlichen Fortschritte, die insbesondere bei der Suche eines sicheren und schnellen Nachweises von BSE-belastetem Fleisch erzielt werden, muss in absehbarer Zeit mit neuen Verordnungen innerhalb der EU gerechnet werden.

Kennzeichnung von Lebensmitteln für eine kalorienarme bzw. kochsalzarme Ernährung

Lebensmittel und Speisen, die für eine kalorienarme bzw. kochsalzarme Ernährung bestimmt sind, dürfen als solche nur deklariert werden, wenn sie den Vorgaben der Nährwert-Kennzeichnungsverordnung entsprechen.

In den seltenen Fällen, in denen auch in Gaststätten entsprechende Speisen als kalorienarm bzw. als für eine speziell ausgerichtete gesundheitsbewusste Ernährung geeignet angeboten und deklariert werden, müssen die vordergründig für Lebensmittel in Fertigpackungen (einschließlich abgepackte Diäterzeugnisse) geltenden Vorgaben ebenfalls eingehalten werden. Gleichzeitig muss gesichert werden, dass die vorgegebenen und deklarierten Energie- und Nährstoffgehalte durch genaues Abwiegen bzw. Abmessen in jeder ausgegebenen Portion exakt eingehalten werden. Es ergibt sich daraus, dass die Zubereitung solcher Kostformen Einrichtungen wie Kliniken oder Sanatorien vorbehalten bleiben sollte.

Die Deklaration des Brennwertes von üblichen Speisen und Getränken ist generell nicht erforderlich. Eine freiwillige Angabe des durchschnittlichen Brennwertes einer Mahlzeit bzw. einer Speise ist statthaft, nicht aber ein Hinweis auf einen bewusst niedrigen Energiegehalt, mit dem das Gericht als gesundheitsfördernd beworben werden soll. Bei der Angabe eines Brennwertes müssen gleichzeitig die Fett-, Eiweiß- und Kohlenhydratanteile ausgewiesen werden.

Bei einer Deklaration der Speisen als salzarm bzw. natriumarm müssen die vorgegebenen Grenzwerte für Kochsalz (Natriumchlorid) im Gericht (nicht nur die Zugabe von Salz als Würzmittel) genau eingehalten werden. Auf eine entsprechende Deklaration sollte deswegen verzichtet werden.

◆ Kalorienarm deklarierte Lebensmittel
Speisen dürfen nur dann als „kalorienarme Mahlzeit zur Gewichtsverringerung" deklariert werden, wenn der Brennwert der Hauptmahlzeit 1680 kJ (400 kcal) nicht überschreitet. Als „kalorienarm" dürfen auch besonders hergestellte Lebensmittel (einschließlich vorgefertigte Speisen [Convenience-Produkte]) deklariert werden, wenn sie sich durch einen deutlich geringeren Energiegehalt (mindestens 30 %) von den „klassischen" Lebensmitteln unterscheiden. Für ausgewählte Lebensmittel und Gerichte gibt es von dieser generellen Vorgabe abweichende Festlegungen (siehe Tabelle 6.7.2). Die Brennwerte der einzelnen Nährstoffe werden durch die Verordnung gesetzlich festgelegt (in kJ bzw. kcal pro g). Diese Werte müssen als Grundlage für die Kalkulation des Brennwertes der entsprechenden Speisen verwendet werden:

Fett	37 kJ (9 kcal)
Alkohol	29 kJ (7 kcal)
Eiweiß	17 kJ (4 kcal)
organische Säuren	13 kJ (3 kcal)
Kohlenhydrate	17 kJ (4 kcal)
mehrwertige Alkohole[4]	10 kJ (2,4 kcal)

◆ Kochsalzarm (natriumarm) deklarierte Lebensmittel
Als kochsalzreduziert dürfen nur solche Lebensmittel bzw. Getränke deklariert werden, die weniger als 120 mg Natrium pro 100 g verzehrfertiges Lebensmittel bzw. weniger als 2 mg Natrium pro 100 ml eines entsprechend deklarierten Getränks enthalten (1 mg Natrium = 2,5 mg Kochsalz). Nur für einige Lebensmittel, die aus rein geschmacklichen Gründen einen höheren Kochsalzgehalt aufweisen (müssen), sind höhere Werte zulässig, sie dürfen aber die in Tabelle 6.7.3 angegebenen Werte nicht überschreiten.

Diese kochsalzreduzierten Lebensmittel sind für die gesundheitsbewusste Ernährung der gesunden Bevölkerung gedacht. Für Patienten, die eine genau definierte kochsalzarme Kost einhalten müssen, stehen entsprechende diätetische Lebensmittel zusätzlich zur Verfügung, welche die Festlegungen der Diätverordnung erfüllen.

6.7.4.4 Deklarationspflicht in der Gastronomie (Zusammenfassung)

Die Kennzeichnungspflicht von Lebensmitteln und Speisen, die in Gaststätten und in Einrichtungen der Gemeinschaftsverpflegung angeboten werden, denen bestimmte Zusatzstoffe sowie andere, für das Lebensmittel nicht typische Begleitstoffe zugesetzt wurden bzw. die wegen anderen gesetzlichen Vorgaben besonders gekennzeichnet werden müssen, ist in verschiedenen Verordnungen festgelegt.

Die Angaben müssen auf den Speisekarten (gegebenenfalls auf den Getränkekarten), auf den Speiseplänen der Einrichtungen der Gemeinschaftsverpflegung (die Angabe auf den Wochenspeiseplänen ist zulässig) oder durch Aushang (Einrichtungen mit Selbstbedienung) deutlich sichtbar gemacht werden. Sie müssen direkt bei diesen Speisen bzw. Lebensmitteln aufgeführt werden bzw. der Zusatz muss aus der Verkehrs-

[4] Zuckeraustauschstoffe (Sorbit, Xylit u. a.).

bezeichnung klar ersichtlich sein. Die Angabe in Form einer Fußnote ist aber nur für Zusatzstoffe erlaubt.

Für die ordnungsgemäße Kennzeichnung der betreffenden Lebensmittel und Speisen ist der zuständige Leiter verantwortlich. Dazu gehören auch die in den industriell gefertigten Lebensmitteln bereits enthaltenen Zusätze, die entweder auf der Verpackung oder in den Begleitpapieren angegeben sind.

Deklaration von Zusätzen

◆ Kennzeichnung von Zusatzstoffen
Die Pflicht zur Deklaration betrifft sowohl deren Zusatz bei der Speisenzubereitung als auch ausgegebene Lebensmittel, denen vom Hersteller bereits Zusatzstoffe zugesetzt wurden. Diese Zusatzstoffe und die Verfahrens-weise zur Kennzeichnung werden durch die Zusatzstoff-Zulassungsverordnung festgelegt (siehe Kapitel 6.7.4.2 sowie Tabelle 6.7.1).

◆ Kennzeichnung eines Zusatzes von Fremd-eiweiß zu Fleischerzeugnissen
Die Kennzeichnung dient zur Warnung von Allergikern, die auf spezifische Eiweiße krank-haft reagieren. Besonders zu beachten ist die Deklaration bei dem Zusatz von
Milch oder Milcherzeugnissen (Kondensmilch, Trockenmilch, Molkeneiweiß),
Hühnereiweiß (Frischei, Flüssigei, Eiklar, Gefrierei-Erzeugnisse),
pflanzlichem Eiweiß (z. B. Soja-, Erbsen-, Weizen-, Lupineneiweiß).

◆ Kennzeichnung eines Zusatzes von Kohlenhy-draten (Stärke, modifizierte Stärke) zu Fleisch- bzw. Fischerzeugnissen

---

Tabelle 6.7.2:
Physiologische Brennwerte, die von energiereduziert deklarierten Lebensmitteln nicht über-schritten werden dürfen, in kJ (kcal) pro 100 g bzw. 100 ml des verzehrfertigen Lebensmittels

Getränke, Suppen, Brühen	84 (20)
Speisen (Convenience-Produkte)	210 (50)
Brot und Dauerbackwaren sowie Knabberartikel auf Getreide- oder Kartoffelbasis	1260 (300)
Feinbackwaren (ausgenommen Obstkuchen)	1260 (300)
Obstkuchen	840 (200)
Fleischerzeugnisse (ausgenommen Leber- und Blutwürste)	840 (200)
Leberwürste	1050 (250)
Blutwürste	590 (140)
Erzeugnisse aus Heringen, Makrelen, Sardinen	670 (160)

Tabelle 6.7.3:
Kochsalzgehalt, der von Lebensmitteln nicht überschritten werden darf, die als Lebens-mittel mit vermindertem Kochsalzgehalt deklariert werden, in mg Natrium pro 100 g (1 mg Natrium = 2,5 mg Kochsalz)

Brot, Kleingebäck und sonstige Backwaren	250
Fertiggerichte und fertige Teilgerichte	250
Suppen, Brühen, Saucen	250
Erzeugnisse aus Fisch, Krusten-, Schalen- und Weichtieren	250
Kartoffeltrockenerzeugnisse	300
Kochwürste	400
Käse und Erzeugnisse aus Käse	450
Brühwürste und Kochpökelware	500

Die Deklarationspflicht gilt für solche Fleischerzeugnisse wie Wurstwaren, denen üblicherweise Kohlenhydrate in Form von Stärke nicht zugesetzt werden. Sie gilt nicht für Speisen bzw. Zubereitungen, die bekanntermaßen unter Zusatz von Kohlenhydraten produziert werden, wie die Panaden von Fleisch- und Fischgerichten oder sog. Bratfischerzeugnissen (Bratheringe).

Der Deklarationspflicht kann auch durch die Angabe der allgemein üblichen Verkehrsbezeichnung nachgekommen werden, wie z. B. Grützwurst, wodurch der Zusatz von Getreideschrot (Grütze) eindeutig ausgewiesen ist.

◆ Kennzeichnung eines Zusatzes von anderen Lebensmitteln zu Fleischerzeugnissen wie Gemüse (beispielsweise Paprika, Gurke, Pilze), Rosinen u. a.

Der Zusatz kann über die Verkehrsbezeichnung oder durch die gesonderte Angabe deklariert werden. Falls auf Grund des starken Zerkleinerungsgrads des zugesetzten Lebensmittels dieses nicht mehr zu erkennen ist, so muss die Menge des Zusatzes angegeben werden (z. B. ... mit 10 % Tomate).

◆ Kennzeichnung des Zusatzes von künstlichen Aromastoffen und Chinin (bei Getränken)

Die vom Hersteller gemachten Angaben über einen Chininzusatz bei Getränken müssen auf der Speise- bzw. Getränkekarte zusätzlich ausgewiesen werden. Die Kennzeichnungspflicht für künstliche Aromastoffe betrifft im Wesentlichen synthetisch hergestelltes Vanillin in Süßspeisen sowie Raucharomen bei Fleischwaren (Schinken) und bei Fischräucherwaren.

◆ Deklarationspflicht von Zusätzen bei der Abgabe von industriell gefertigten Lebensmitteln

Die Kennzeichnung von deklarationspflichtigen Zusätzen wird leicht übersehen bei der Abgabe von Lebensmitteln, die in der Küche keine zusätzliche Behandlung erfahren, wie Käse, Fleischerzeugnisse oder Speiseeis.

Kennzeichnungspflichten bei Fleischerzeugnissen (Fleisch- und Wurstwaren)

Die auf Verpackungen bzw. Begleitpapieren angegebenen Hinweise über Zusätze müssen sorgfältig beachtet werden. Deklarationspflichtige Zusätze bzw. Bestandteile sind ordnungsgemäß auszuzeichnen. Eine Kennzeichnung ist selbstredend bei Fleisch- und Wurstwaren Vorschrift, die in Eigenproduktion hergestellt wurden.

◆ Zusatzstoffe

Deklariert werden muss der Zusatz von Pökelsalz (Nitrit, E 249 und 250, bzw. Nitrat, E 251 und 252), jedoch nicht bei Pökelwaren. Der Zusatz von Pökelsalz wird bei diesen durch die Verkehrsbezeichnung eindeutig ausgewiesen. Auszuzeichnen ist weiterhin der Zusatz von Geschmacksverstärkern und von Antioxidantien, ebenso der in wenigen Ausnahmefällen erlaubte Zusatz von Farbstoffen. Fleisch und Fleischerzeugnisse dürfen bis auf solche Ausnahmen (betrifft nur die Fleisch verarbeitende Industrie) weiterhin nicht gefärbt werden. Die Umrötung mit Nitrit (Pökelware) ist keine Färbung.

◆ Zusatz von artfremdem Eiweiß

Der Zusatz von artfremdem Eiweiß (Milcheiweiß, Sojaeiweiß) zu Wurstwaren muss grundsätzlich deklariert werden (Warnhinweis für Allergiker).

◆ Zusatz von Stärke bzw. stärkehaltigen Zutaten

Das zugesetzte Produkt muss genau angegeben werden. Bei der Zugabe von Stärke muss die Stärkeart deklariert werden, falls sie Gluten enthalten könnte (z. B. Weizenstärke). Modifizierte Stärken sind Zusatzstoffe und müssen als solche deklariert werden (siehe oben).

◆ Formfleischerzeugnisse

Die Kenntlichmachung muss durch die Bezeichnung „Formfleisch" erfolgen, die der Verkehrsbezeichnung des Produktes vorangestellt wird.

◆ Verarbeitung von britischem XEL-Rindfleisch

Die Verarbeitung muss entsprechend deklariert werden.

Deklarationspflicht bei Käse

Eine Kennzeichnung der Fettgehaltsstufe und des Wassergehaltes ist nicht erforderlich, auf Anfrage sollten die Angaben jederzeit gemacht werden können (durch Aufbewahren der Verpackung bzw. der Begleitpapiere).

Auch die Angabe der genauen Herkunft des Käses (z. B. Schafskäse, Ziegenkäse, Käse frei von Kuhmilch bzw. mit Anteilen von Kuhmilch) wird zunächst nicht gefordert, wird aber als Warnhinweis für Personen mit einer Kuhmilchallergie als wünschenswert erachtet. Die Angabe kann andererseits als Verkehrsbezeichnung des betreffenden Käses als notwendig erachtet werden.

Eine generelle Kennzeichnungspflicht besteht in folgenden Fällen:

◆ Zusatz von Antibiotika oder Lysozym
Käse kann zur Verhinderung eines Befalls mit Fremdkeimen im Verlauf der Produktion Nisin (E 234) bzw. zur Beschleunigung des Reifungsprozesses von gereiften Käsesorten das Enzym Lysozym (E 1105) zugesetzt werden (Angabe der E-Nummer).

◆ Oberflächenbehandlung mit Sorbinsäure, Natamycin oder Hexamethylentetramin
Die Oberfläche von Käse darf mit Sorbinsäure (E 200, 202 und 203), Natamycin (E 235) oder Hexamethylentetramin (E 239) konserviert werden. Vorgeschrieben ist die Kennzeichnung „mit Konservierungsstoff" oder „konserviert", die Angabe des verwendeten Zusatzstoffs ist freigestellt, aber zu empfehlen.

◆ Kunststoffüberzug
Ein Kunststoffüberzug von Hartkäse, Schnittkäse oder halbfestem Schnittkäse, der nicht bereits in der Küche entfernt wurde, muss deklariert werden („Kunststoffüberzug, nicht zum Verzehr geeignet").

◆ Farbstoffzusatz
Der bei einigen Käsesorten erlaubte Zusatz von bestimmten Farbstoffen muss gegebenenfalls vom Produzenten auf der Verpackung ausgewiesen werden. Diese Käse müssen auf der Speisekarte mit dem Zusatz „mit Farbstoff" ausgezeichnet werden.

Kennzeichnungspflichten bei Speiseeis

Die auf Speisekarten übliche Beschreibung von Desserts mit Speiseeis, die erst im Betrieb produziert wurden, wird als Verkehrsbezeichnung gewertet und erfüllt die Kennzeichnungspflicht. Die Pflicht zur Deklaration der angebotenen Speiseeissorte und der enthaltenen Zusatzstoffe besteht beim Außer-Haus-Verkauf sowie beim Verkauf von industriell gefertigtem Speiseeis (Straßenverkauf bzw. bei der Abgabe in der Selbstbedienung). Erforderliche Deklarationen:

◆ Speiseeissorte
Anzugeben ist die jeweilige Speiseeissorte gemäß der Festlegung der Leitsätze des Deutschen Lebensmittelbuches für Speiseeis (siehe Kapitel 2.7.2).

◆ Zusatzstoffe
Bei der Produktion von allen Speiseeissorten dürfen nur die für ihre Herstellung zugelassenen Zusatzstoffe (Aromastoffe, Farbstoffe und Süßungsmittel) eingesetzt werden (Zusatzstoff-Zulassungsverordnung, Aromenverordnung). Sie müssen entsprechend deklariert werden („unter Verwendung von künstlichen Aromen" bzw. „mit Farbstoff").

Kennzeichnung einer „kalorienarmen Mahlzeit zur Gewichtsverringerung"

Angaben über den Brennwert von Speisen und Getränken sind in der Gastronomie nicht erforderlich und auch nicht üblich. Speisen, deren Brennwert kalkuliert wurde, dürfen nur dann als kalorienarm deklariert werden, wenn der Brennwert der Hauptmahlzeit 1680 kJ (400 kcal) nicht überschreitet (siehe Kapitel 6.7.4.3). Gleichzeitig müssen die Fett-, Eiweiß- und Kohlenhydratanteile ausgewiesen werden. Die Angaben müssen mit dem tatsächlichen Energie- bzw. Nährstoffgehalt jeder einzelnen Speise übereinstimmen.

Kennzeichnung eines reduzierten Kochsalzgehaltes von Speisen

Bei der Deklaration „kochsalzarm" bzw. „natriumarm" müssen die Vorgaben der Nährwert-Kennzeichnungsverordnung exakt eingehalten werden (siehe Kapitel 6.7.4.3). Die Abgabe von wenig gesalzenen bzw. ungesalzenen Speisen auf Wunsch des Gastes ist zulässig, auf die genaue bzw. ungefähre Angabe eines (verminderten) Kochsalzgehaltes sollte jedoch verzichtet werden.

Weitere Kennzeichnungspflichten

Im Interesse der Information der Verbraucher muss mit weiteren Verpflichtungen zur Kennzeichnung von Lebensmitteln und Speisen gerechnet werden. Die zum gegenwärtigen Zeitpunkt (2003) bestehenden und nachfolgend aufgeführten Verpflichtungen einer Deklaration dürften sich in absehbarer Zeit nur noch relativ selten ergeben.

◆ Kennzeichnung des Einsatzes von neuartigen Lebensmitteln (einschließlich gentechnisch veränderten Produkten)
Die Deklaration des Herstellers (Lieferanten) ist auf die Speisekarte bzw. auf die anderen möglichen Auszeichnungsformen zu übertragen.

◆ Kennzeichnung des Einsatzes von importiertem Rindfleisch
Die Kennzeichnungspflicht (zurzeit „Britisches XEL-Rindfleisch") betrifft auch Fleischerzeugnisse und Fleischzubereitungen, bei denen solches Fleisch verarbeitet wurde (Lieferpapiere auch bei Wurstwaren und Fleischzubereitungen genau kontrollieren).

◆ Kennzeichnung des Einsatzes von bestrahlten Lebensmitteln
Die Deklaration des Herstellers (Lieferanten) ist auf die Speisekarte bzw. auf die anderen möglichen Auszeichnungsformen zu übertragen.

Preisangaben

Neben allen Angaben, welche die angebotenen Speisen und Lebensmittel betreffen, müssen deren Verkaufspreise in Gaststätten und ähnlichen Betrieben in Preisverzeichnissen (Speisekarte, Aushang) angegeben werden (Preisangabenverordnung).

Diese müssen auf den Tischen ausliegen, jedem Gast vor Entgegennahme der Bestellung und auf Verlangen bei der Abrechnung vorgelegt oder gut lesbar ausgehängt werden. Die im Preisverzeichnis aufgeführten Preise müssen das Bedienungsgeld und sonstige Zuschläge einschließen. Ein Preisverzeichnis (Speisekarte), aus dem die Preise der wesentlichen Speisen und Getränke zu entnehmen sind, muss neben dem Eingang der Gaststätte angebracht sein. In den Fällen, in denen das Restaurant Teil eines Handelsbetriebs ist, genügt das Anbringen direkt am Eingang des Restaurants.

6.7.5 Spezielle gesetzliche Vorschriften für einzelne Lebensmittelgruppen

Aus der Vielzahl der Gesetze und Verordnungen für den Verkehr mit ausgewählten Lebensmitteln wird nur auf solche eingegangen, die Verhaltensnormen vorschreiben, die eine ausreichende hygienische Sicherheit garantieren sollen, bzw. solche, die besonders gekennzeichnet werden müssen.

6.7.5.1 Fleischhygiene-Verordnung (FlHV)

Die Fleischhygiene-Verordnung regelt die Kontrolle der Schlachttiere vor der Schlachtung und die des Fleischs von Schlachttieren sowie dessen Transport und Lagerung. Sie gilt auch für in Gehegen gehaltenes Wild und, bis auf wenige Ausnahmen, für erlegtes Wild. Außerdem sind in ihr Vorschriften für den Umgang mit einigen Fleischprodukten (Fleischerzeugnisse, Fleischzubereitungen) sowie für Hackfleisch und Separatorenfleisch enthalten (siehe Kapitel 6.7.5.3). Die Vorschriften für Hackfleisch sind in der gesonderten Hackfleisch-Verordnung präzisiert (siehe nächsten Abschnitt).

Begriffsbestimmungen

Die in der Fleischhygiene-Verordnung gegebenen Definitionen von Fleischprodukten sind geeignet, Verwechslungen zu vermeiden. Sie geben außerdem konkrete Hinweise auf die Eigenschaften und die sich daraus ableitenden Hinweise für die Lagerfähigkeit der einzelnen Produkte.

◆ Fleischerzeugnisse
Fleischerzeugnisse sind Produkte aus Fleisch, bei denen die Merkmale von frischem Fleisch nicht mehr vorhanden sind. Fleischextrakt, gereinigte Därme, Mägen sowie ähnliche Erzeugnisse werden den Fleischerzeugnissen zugerechnet.

◆ Fleischzubereitungen
Fleischzubereitungen sind solche Produkte aus Fleisch, bei denen Fleischbestandteile noch zu

erkennen sind, denen aber Würzstoffe, Zusatzstoffe oder andere Lebensmittel zugesetzt
wurden.

◆ Hackfleisch
Hackfleisch darf nur aus frischem Fleisch hergestellt werden, das von Rindern, Schweinen,
Schafen, Ziegen, Einhufern oder Geflügel
stammt. Bei Geflügelfleisch sind auch die Festlegungen der Geflügelfleischhygiene-Verordnung zu beachten.

◆ Separatorenfleisch
Unter Separatorenfleisch wird das frische
Fleisch verstanden, das nach dem Entbeinen
maschinell von den Knochen, ausgenommen
Kopf- und Röhrenknochen, Knochen der Glied-
maßenenden sowie Schweineschwänze, abge-
trennt wird. Es ist nicht dem Hackfleisch zuzurechnen und darf nicht als solches oder zur
Herstellung von Hackfleischerzeugnissen verwendet werden. Zum Zeitpunkt des Redak-
tionsschlusses (2003) darf Separatorenfleisch
nicht von Rinderknochen gewonnen werden.

Schlachttieruntersuchung

Alle Schlachttiere, einschließlich Haarwild aus
Tierfarmen (Gehegewild), unterliegen einer
Untersuchung, die sich auf eine

◆ Lebendbeschau (vor der Schlachtung durch
einen Tierarzt) und
◆ Fleischbeschau (nach der Schlachtung)
erstreckt. Durch Jagen erlegtes Haarwild unterliegt nur der Fleischbeschau.

◆ Fleischbeschau
Die Fleischbeschau erteilt die Freigabe des
Fleischs für den menschlichen Verzehr und
bestimmt die Qualität des Fleischs. Bei ihr wird
auf das Vorkommen von Bandwurmfinnen und
Trichinen untersucht (Untersuchung auf Trichinen nur bei potenziellen Trichinenträgern wie
Schwein, Wildschwein, Bär, Nutria und Dachs
sowie Einhufer). Bei Schweinefleisch kann die
Untersuchung auf Trichinen unterbleiben,
wenn es mindestens 10 bzw. 20 Tage lang bei
−15 °C bzw. −23 °C gelagert wird. Die Fleischbeschau ist für alle Mitgliedsländer der EU bindend vorgeschrieben, auch für Fleisch, das aus
Drittländern in die EU importiert wird.

◆ Freigabe bzw. Kennzeichnung der Einstufung
(Stempel)
Die Fleischbeschaustempel sind für den Verkehr innerhalb der EU und für die dazu zugelassenen Betriebe bindend. Die bisher in
Deutschland üblichen Stempel (Rechteck) werden nur von Betrieben benutzt, die nicht für
den Verkehr innerhalb der EU zugelassen sind
(siehe Abb. 6.7.2).
Die „EWG-Stempel" für taugliches Fleisch sind
oval, das Herkunftsland ist im Stempel angegeben (D für Deutschland, für die anderen EU-
Länder das entsprechende Länderkürzel),
außerdem die Bezeichnung EWG. Zusätzliche
Buchstaben (sog. Kürzel) oder Zahlen dienen
der Kategorisierung des Fleischs, außerdem ist
die Veterinärkontroll-Nummer angegeben.
Die gleiche Stempelform wird für das Fleisch
des in Gehegen gezüchteten Haarwilds,
für Hauskaninchen und auch für Fleisch von
Schlachtgeflügel benutzt (siehe Geflügelfleischhygiene-Verordnung).
Der Stempel für Schweinefleisch von nicht
kastrierten Ebern und von Zwittern enthält
zusätzlich 2 Querbalken.
Der Stempel für bejagtes Wild sowie für Wildgeflügel ist 5-eckig in Form eines Hauses.
Für Pferdefleisch ist zusätzlich zum ovalen
„EWG-Stempel" der rechteckige Stempel mit
dem Zusatz „Pferd" vorgeschrieben.

6.7.5.2 Gesetzliche Vorgaben für Fleischerzeugnisse

Gesetzliche Vorgaben für die Verarbeitung
von Fleisch, die bei der Herstellung von Fleischerzeugnissen einschließlich Wurstwaren einzuhaltenden Rezepturen und für die Zugabe
von erlaubten Zusätzen sowie deren Kenntlichmachung sind in verschiedenen Verordnungen
verabschiedet worden (Zusatzstoff-Zulassungsverordnung, Aromenverordnung, Leitsätze für
Fleisch und Fleischerzeugnisse des Deutschen
Lebensmittelbuches). In der Gastronomie bzw.
Gemeinschaftsverpflegung sind nur einige
Vorschriften bzw. Verbote der vorrangig für die
industrielle bzw. handwerkliche Produktion

Abbildung 6.7.2:
Kennzeichnung von Fleisch von Schlachttieren, Wild und Geflügel, das zum Verzehr freigegeben ist (Stempelformen der nach EG-Recht zugelassenen Betriebe)

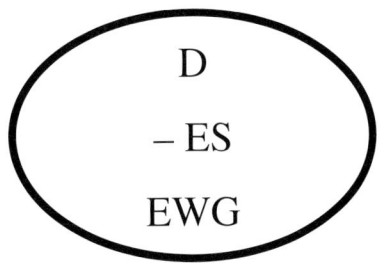

Kürzel für das jeweilige Mitgliedsland der EWG
(D für Deutschland)

Kürzel zur Charakterisierung des Fleischs
(Bedeutung siehe unten) und Veterinärkontroll-Nr.

Kennzeichnung für EWG-Fleisch
(Gemeinsamer Markt)

Kürzel zur Charaktersierung des Fleischs:

ES   Rind (einschließlich Bison und Wasserbüffel) und Nebenprodukte, Schweine, Schafe, Ziegen und Einhufer[1] (als Haustiere gehalten) sowie in Gehegen gehaltenes Haarwild

EZ   Teilstücke, Hackfleisch, Fleischzubereitungen

EV   Fleischerzeugnisse (mit Reg.-Nr. des Verarbeitungsbetriebs)

EH   Erzeugnisse aus eigenständiger Produktion

EZ   Umhüllungskennzeichnung bei erfolgter Umverpackung

8 –   Fleisch- (und Geflügel-)Erzeugnisse mit einem geringen Fleischanteil

ESK   Hauskaninchen

EZK   zerlegte Hauskaninchen

ESG   Schlachtgeflügel

EZG   zerlegtes Schlachtgeflügel

Weitere Stempel:

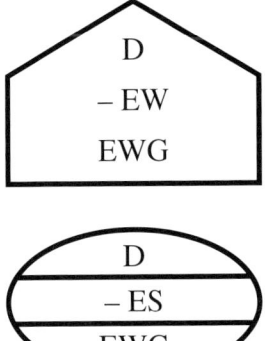

– EW, erlegtes Haarwild, Federwild

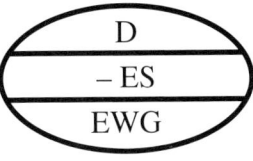

Nicht kastrierte Schweine (Eber) Zwitter
oder Kryptorchide von Schweinen

[1]Die Kennzeichnung ist zusätzlich zum
ovalen Stempel (– ES) erforderlich

wichtigen Regelungen zu beachten, wie z. B. Vorschriften für

- das Räuchern,
- den Einsatz von Pökelsalz,
- den Einsatz von Kutterhilfsstoffen (Herstellung von Brät),
- die Herstellung von Würsten.

Vorschriften für das Räuchern

Die Verwendung von Nadelholzspänen und Spänen von bearbeitetem Holz ist verboten, erlaubt sind nur Späne und Zweige von Laubbäumen („naturbelassenes Holz"), Heidekraut, Nadelholzsamenstände sowie der Zusatz von Gewürzkräutern und Gewürzen zu den Räucherspänen (Aromaverordnung). Die Verwendung von Flüssigrauch muss als Aromazusatz deklariert werden („Raucharoma").

Vorschriften für den Einsatz von Pökelsalz

Nitrit darf nur als Pökelsalz eingesetzt werden (zusammen mit Kochsalz, jodiertem Kochsalz oder Kochsalzersatz). Ein bestimmtes Mischungsverhältnis ist nicht vorgeschrieben, die bisher geltende Vorgabe von 0,4 bis maximal 0,5 % Natriumnitrit im Pökelsalz muss nicht mehr eingehalten werden. Aus lebensmittelhygienischen und toxikologischen Gesichtspunkten wird empfohlen, die bisher vorgeschriebene Konzentration von 0,5 % Nitrit auch weiterhin einzuhalten (Autoren).

Vorschriften für erlaubte Zusätze bei Fleischerzeugnissen einschließlich Wurstwaren

- Einsatz von Kutterhilfsmitteln (Bereitung von Brät)
  Als Kutterhilfsmittel sind Milch-, Zitronen- und Weinsäure sowie Diphosphate in begrenzten Konzentrationen erlaubt. Die zulässige Höchstmenge an Hilfsmitteln (alle Stoffe zusammengerechnet) beträgt 3 g/kg Brät (Fleisch und Fett).
- Brühwurstherstellung
  Für die Herstellung von Brühwürsten aus nicht schlachtfrischem Fleisch ist der Zusatz von maximal 0,3 % Diphosphat erlaubt (Sicherung einer ausreichenden Wasserbindung).

6.7.5.3 Hackfleisch-Verordnung (HFlV)

Die Verordnung über Hackfleisch, Schabefleisch und anderes zerkleinertes Fleisch (Hackfleisch-Verordnung) regelt die Einstufung dieser Fleischprodukte in die Kategorie Hackfleischerzeugnisse, die Bedingungen für deren Bevorratung und die Vorgaben für ihre Verarbeitung.

Einstufung von Produkten

Den Hackfleischerzeugnissen werden diese Fleischprodukte zugerechnet:

- Zerkleinertes Fleisch wie Hackfleisch und Schabefleisch (auch zubereitet, wie beispielsweise Hackepeter) sowie geschnetzeltes Fleisch.
- Erzeugnisse aus zerkleinertem Fleisch, die noch nicht gründlich durcherhitzt wurden, wie Fleischklöße und -klopse, Frikadellen, Buletten und Fleischfüllungen.
- Bratwürste sowie bestimmte Rohwurst- und Brühwursthalbfabrikate und Fleischbrät.
- Zerkleinerte Innereien wie Leberhack und Erzeugnisse, die unter Verwendung von zerkleinerten Innereien hergestellt wurden.
- Fleischzuschnitte wie Steaks, Filets und Schnitzel, die mit Mürbeschneidern (Steaker) oder Geräten mit ähnlicher Wirkung (Fleischklopfer) behandelt wurden.
- Schaschlik und in ähnlicher Weise hergestellte Erzeugnisse aus gestückeltem Fleisch oder gestückelten Innereien auf Spießen (hierzu zählen auch Döner-Spieße).

Zubereitung von Hackfleischerzeugnissen und Zusatz von Zusatzstoffen

Die Herstellung von Hackfleischerzeugnissen und die Zugabe von Zusatzstoffen unterliegen strengen gesetzlichen Regelungen.

- Hackfleisch und Hackfleischerzeugnisse dürfen nur aus frischem, lebensmittelhygienisch unbedenklichem Fleisch hergestellt werden.
- Der Zusatz von Nitritpökelsalz, von Sulfit und Schönungsmitteln (z. B. Niacin[5]) zu Hackfleischerzeugnissen ist grundsätzlich verboten, falls nicht eine der nachfolgend aufgeführten

[5] Niacin (Nikotinsäure) ist seit Jahren auf der Liste der erlaubten Zusatzstoffe gestrichen worden und darf demzufolge Lebensmitteln generell nicht mehr zugesetzt werden.

Ausnahmeregelungen den Zusatz erlaubt: Brühwursterzeugnissen wie Bratwürsten oder Weißwürsten, Zungenwurst, Kochwurst, Gelbwurst und Kalbskäse, Fleischklopsen, Frikadellen, Buletten sowie Fleischfüllungen aus zerkleinertem Fleisch darf Nitritpökelsalz zugesetzt werden.

Der Zusatz von Nitritpökelsalz ist auch bei tiefgefrorenem Hackfleisch erlaubt (die Vorgaben für TK-Hackfleisch sind dabei zu beachten, siehe unten).

◆ Hackfleisch und Hackfleischerzeugnisse aus Wild und aus Geflügelfleisch dürfen nur im gefrorenen Zustand in den Verkehr gebracht werden. Es ist zu empfehlen, solche Hackfleischerzeugnisse prinzipiell nur für gegarte Speisen einzusetzen und dabei gründlich zu erhitzen.

Aufbewahrung von Hackfleischerzeugnissen

Hackfleischerzeugnisse müssen stets gekühlt aufbewahrt werden, die Vorhaltezeit ist begrenzt:

◆ Die Lagerungstemperatur darf 4 °C nicht überschreiten; die Temperatur von Hackfleisch darf nur beim Transport (Anlieferung, Warenannahme, Umlagerung) kurzfristig auf maximal 7 °C ansteigen.

◆ Die Aufbewahrungszeit darf höchstens 1 Tag betragen, ein Aufbewahren über Nacht ist nicht statthaft (die Verordnung besagt 1 Verkaufsperiode). Nach Ablauf dieser Zeit (Küchenschluss) müssen Hackfleisch und Hackfleischerzeugnisse gründlich durcherhitzt werden, sie sind andernfalls zu verwerfen. Ausgenommen von diesem Verbot sind Bratwürste sowie Schaschlik und diesem gleichgestellte Erzeugnisse, die auch am folgenden Tag noch in den Verkehr gebracht werden dürfen.

Herstellung, Lagerung und Einsatz von tiefgefrorenem Hackfleisch (TK-Ware)

Für die Herstellung und die Lagerung von tiefgefrorenen Hackfleischerzeugnissen gelten besondere Vorschriften:

◆ Tiefgefrorenes Hackfleisch darf nur aus schlachtfrischem Fleisch hergestellt werden und muss umgehend gefrostet werden.

Küchen von Gaststätten oder Einrichtungen der Gemeinschaftsverpflegung können in der Regel die Anforderungen für das Einfrieren von Hackfleisch nicht erfüllen.

◆ Bei der Lagerung und beim Transport von TK-Hackfleisch darf die Kühlkette (−18 °C) nicht unterbrochen werden.

◆ TK-Hackfleisch darf nicht länger als 6 Monate gelagert werden. Das sich daraus ergebende Verbrauchsdatum muss vom Hersteller auf der Verpackung angegeben werden (mit Nennung der vorgeschriebenen Lagertemperatur von −18 °C). Nach Ablauf des Verbrauchsdatums ist überlagertes Hackfleisch zu verwerfen.

◆ Ein nochmaliges Einfrosten von bereits aufgetautem Hackfleisch ist verboten. Hinweis auf der Verpackung: „Nach dem Auftauen sofort zu verbrauchen!"

◆ Erlaubte Zusätze wie Nitritpökelsalz müssen deklariert werden.

Hackfleisch, unter Schutzgasatmosphäre abgepackt

Hackfleisch, das in Schlachtbetrieben unter konsequenter Beachtung strenger Hygienekriterien aus schlachtfrischem Fleisch hergestellt und sofort unter Schutzgasatmosphäre in Einzelportionen abgepackt wird, darf bei umgehend erfolgender Lagerung bei höchstens +2 °C und strikter Einhaltung der Kühlkette (bei Transporten) länger als generell festgelegt, aber zeitlich begrenzt, aufbewahrt werden. Dieses Hackfleisch darf nicht roh verzehrt werden, es muss vor dem Verzehr erhitzt werden. Das Etikett muss folgende Hinweise enthalten:

„Unter Schutzgasatmosphäre verpackt"
„Bei maximal +2 °C aufbewahren"
„Zu verbrauchen bis ... (Datum)"
„Vor dem Verzehr gut durcherhitzen!"

Fettgehalt von Hackfleisch

Gesetzlich vorgeschriebene Grenzwerte für den maximal zulässigen Fettgehalt für Hackfleisch sind entfallen. Die bisher vorgegebenen Grenzwerte garantieren jedoch die gewohnte Qualität der Erzeugnisse und sollten auch aus ernährungsphysiologischen Gesichtspunkten nicht überschritten werden:

◆ Tatar	6 %
◆ Schabe- und Hackfleisch vom Rind	20 %
◆ Hackfleisch vom Schwein	35 %
◆ Hackfleisch vom Rind und Schwein, gemischt	30 %

6.7.5.4 Geflügelfleischhygiene-Verordnung (GFlHV)

Die für Geflügelfleisch erlassenen Vorschriften zeigen eine Reihe Gemeinsamkeiten mit den Festlegungen, die für das Fleisch von Schlachttieren gelten. Das betrifft u. a. die Kennzeichnung des als genussfähig eingestuften Geflügelfleischs durch Stempel, die in der Form und den verwendeten Kürzeln den Stempeln für Fleisch bzw. Fleisch von bejagtem Haarwild entsprechen (siehe Abb. 6.7.2). Besondere Vorschriften regeln die Kennzeichnung von Geflügel in Sammelverpackungen (mit entfernbaren Plaketten an jedem Einzeltier zusätzlich zur Kennzeichnung der Verpackung).

Unabhängig von den Vorschriften der Geflügelfleischhygiene-Verordnung sind in der Gastronomie alle Sicherheitsvorkehrungen zur Verhinderung der Übertragung von Salmonellen zu treffen:

◆ Geflügel ist gesondert zu lagern (von anderen Lebensmitteln getrennt), auch nicht zusammen mit Fleisch oder Wild.

◆ Geflügelfleisch muss bei Temperaturen von + 4 °C oder niedriger aufbewahrt werden.

◆ Beim Auftauen von TK-Geflügel ist das Tauwasser aufzufangen, zu desinfizieren und anschließend zu verwerfen. Es muss gesichert werden, dass andere Lebensmittel oder Gerätschaften nicht mit dem Tauwasser in Berührung kommen (über einer Schale abtropfen lassen). Die Auffangschale ist vor der gründlichen Reinigung zu desinfizieren.

◆ Geflügel ist auf einem separaten Arbeitsplatz zu verarbeiten, dieser und die benutzten Arbeitsmittel sind anschließend zu desinfizieren. Schneidebretter aus Holz dürfen nicht benutzt werden.

◆ Im Anschluss an die Verarbeitung von Geflügel sind die Hände umgehend unter fließendem Wasser sehr gründlich zu waschen und zu desinfizieren.

◆ Geflügelgerichte sind wegen der Gefahr einer Kontamination des Geflügelfleischs mit Salmonellen ausreichend zu erhitzen. Das gilt im Prinzip auch für die Zubereitung von Gerichten aus relativ zartem Geflügelfleisch (Barbarie-Entenbrust, Putenbrust).

◆ Die Gefahr einer Salmonelleninfektion ist sehr hoch bei Geflügelsalat, der unzureichend gegart und vor dem Verzehr längere Zeit aufbewahrt wurde.

6.7.5.5 Fischhygiene-Verordnung

Die Fischhygiene-Verordnung regelt die Verarbeitung und das Inverkehrbringen von Fischen und Schalentieren der Hochsee- und Küstenfischerei und betrifft Fabrikschiffe, Verarbeitungsbetriebe sowie die Vermarktung von Fischen auf Großmärkten. Sie gilt nicht für handwerkliche Betriebe des Fischfangs. Sie regelt gleichzeitig die Veterinärkontrolle und die Verpackung einschließlich der Kennzeichnung.

In der Gastronomie und Gemeinschaftsverpflegung sind die Festlegungen der Verordnung für die Behandlung der Fische und Schalentiere nach dem Fang sowie für deren Transport und Kühlung sowie für das Inverkehrbringen zu beachten. Diese stimmen mit den Festlegungen der Lebensmittelhygiene-Verordnung überein.

Die wichtigsten zu beachtenden Vorgaben:

◆ Fische sind nach dem Fang unverzüglich auszunehmen, falls eine der nachfolgend aufgeführten Ausnahmeregelungen nicht zutrifft. Fische aus Aquakulturen sind nach dem Schlachten ebenfalls sofort auszunehmen. Die Annahme von Fischen, die dieser Festlegung nicht entsprechen, ist zu verweigern. Sie dürfen nicht verarbeitet werden.

◆ Bei der Hochseefischerei sind von dieser Regelung ausgenommen Rotbarsch, Plattfische, Heringe, Makrelen sowie Sprotten und Fische vergleichbarer Größe, die umgehend nach dem Fang gekühlt oder tiefgefroren werden.

◆ Fische aus Tagesfängen der Küstenfischerei müssen spätestens am Tag nach dem Fang vor der Abgabe an den Verbraucher ausgenommen werden.

- Fische aus Binnengewässern, die in der Regel ebenfalls sofort auszunehmen sind, müssen nach dem Schlachten nur dann nicht ausgenommen werden, wenn sie unmittelbar danach direkt an den Verbraucher abgegeben werden. Dieser (z. B. Koch) hat diese Fische spätestens am Tag nach der Schlachtung auszunehmen.
- Es besteht ein Verkaufsverbot für
  - Makrelenfische und Heringsfische mit einem überhöhten Histamingehalt,
  - Fische und Muscheln, die Algentoxine enthalten.
  - Ebenso entsprechend dem Lebensmittel- und Bedarfsgegenständegesetz für giftige Fische wie Igelfisch und giftige Tropenfische (Tetraodontidae, Diodontidea, Molidae, Canthigasteridea).

Dem Küchenchef obliegt die Pflicht der Nachfrage, falls ihm Fische angeboten werden, die er nicht kennt. Ein überhöhter Histamingehalt geht in der Regel mit einem strengen Geruch einher, der auf einen möglichen Verderb hinweist. In Zweifelsfällen und bei der Weigerung des Händlers, die Ware zurückzunehmen, sollte ein Zertifikat über die Höhe des Histamingehaltes verlangt werden.

- Lebende Muscheln dürfen nur in Packungen oder Behältnissen in den Verkehr gebracht werden. Sie müssen zwischen +2 und +10 °C gelagert werden. In Fertigpackungen angebotene lebende Muscheln sind wie folgt zu kennzeichnen:
  - Herkunftsland
  - Muschelart
  - Veterinärkontrollnummer des Versandzentrums
  - Verpackungsdatum (Tag/Monat)
  - Hinweis auf erfolgte Reinigung (wenn diese durchgeführt wurde)

Ein Mindesthaltbarkeitsdatum ist nicht anzugeben, an dessen Stelle der Hinweis:
  - „Diese Muscheln müssen zum Zeitpunkt des Verkaufs lebend sein."

Der Einzelhändler bzw. der Gastronom (bei Direktbezug oder bei Abnahme von Originalpackungen) muss einen Teil der Verpackung (nach dem Aufteilen des Inhaltes in Einzelmengen) oder das Etikett mindestens 60 Tage aufbewahren.

Sushi

Für das Anbieten von Sushi sind bisher noch keine gesonderten gesetzlichen Regelungen erlassen worden. Es sind die Festlegungen der Lebensmittelhygiene-Verordnung sinngemäß auszulegen und einzuhalten. Es wird eine gesetzliche Regelung angestrebt, die festlegt, dass für die Herstellung von Sushi nur tiefgefrorener Fisch verwendet werden darf.

6.7.5.6 Eier- und Eiprodukte-Verordnung

Die Festlegungen der Eier- und Eiprodukte-Verordnung über den Verkehr mit Eiern (bisher durch die Hühnereier- und Enteneier-Verordnung geregelt) dienen vorrangig dem Schutz des Verbrauchers vor einer Salmonelleninfektion. Wichtige Vorgaben, die bei der Warenannahme und bei der Verarbeitung von Hühnereiern beachtet werden müssen:

- Die Eier sind beim Transport und bei der Lagerung vor schädlichen äußeren Einwirkungen zu schützen, insbesondere vor Verunreinigungen, Feuchtigkeit, direkter Sonneneinstrahlung und starken Temperaturschwankungen.
  Es empfiehlt sich, entsprechende Garantien (Zertifikate, schriftliche Unbedenklichkeitserklärungen des Hühnerhalters und des Lieferanten) einzuholen.
- Die Eier müssen nach dem Legen innerhalb von 21 Tagen an den Endverbraucher (bzw. an die Gastronomie) abgegeben (verkauft) werden. Sie sind ab dem 18. Tag nach dem Legen bei +5 bis +8 °C (d. h. bei Kühlschranktemperatur) zu lagern.
  Die regelmäßige Kontrolle der eigenen Lagerbestände ist dringend erforderlich, Überplanbestände sind möglichst zu vermeiden.
- Das deklarierte Mindesthaltbarkeitsdatum (MHD) darf maximal 28 Tage (ab Legetermin) betragen.
- Auf der Verpackung abgepackter Eier müssen für den Verbraucher folgende Hinweise angebracht werden: Angabe des MHD und der Verbraucherhinweis: „Bei Kühlschranktemperatur aufzubewahren – nach ... (Ablauf des MHD)

durcherhitzen." Die Angabe des Legedatums ist freigestellt, ebenso das Aufstempeln des Legedatums auf das Ei. Eier mit aufgestempeltem Legedatum bieten eine erhöhte Sicherheit, ein Täuschungsversuch durch aufgestempelte falsche Legedaten kann von den Aufsichtsbehörden relativ leicht aufgedeckt werden.

◆ Nach Überschreiten des MHD müssen die Eier gründlich durcherhitzt werden. Es ist jedoch dringend anzuraten, Eier bereits vor Überschreiten des MHD durchzuerhitzen, da eine Kühlung der Eier erst ab dem 18. Tag vorgeschrieben ist.

◆ Nach dem 21. Tag dürfen vom Erzeuger Eier nur noch zur industriellen Verarbeitung abgegeben werden, eine Abgabe an Endverbraucher ist ab diesem Zeitpunkt verboten, d. h. auch an die Gastronomie.

◆ In Gaststätten und Einrichtungen der Gemeinschaftsverpflegung dürfen nicht erhitzte roheihaltige Speisen nur zum unmittelbaren Verzehr an Ort und Stelle abgegeben werden, erwärmte Speisen müssen innerhalb von 2 Stunden nach der Herstellung abgegeben werden (als erwärmt gelten Behandlungen, die ein sicheres Abtöten von Salmonellen garantieren). Bei der Abgabe von erwärmten Speisen außer Haus müssen diese kurz zuvor zubereitet und verzehrfertig hergerichtet werden, und es muss der schriftliche Hinweis „sofort verbrauchen" beigefügt werden. Erwärmte Speisen dürfen zur Abgabe vor Ort nur dann länger aufbewahrt werden, wenn sie sofort nach der Herstellung rasch auf +7 °C abgekühlt und innerhalb von 24 Stunden abgegeben werden. Tiefgekühlt aufbewahrte roheihaltige Speisen müssen bei Kühlraumtemperatur aufgetaut und innerhalb von 2 Stunden nach dem Auftauen abgegeben werden.

◆ Rückstellproben von roheihaltigen Speisen (ab 30 abgegebenen Portionen gesetzlich vorgeschrieben) müssen mindestens 96 Stunden lang bei höchstens +4 °C aufbewahrt werden.

◆ In der Gemeinschaftsverpflegung von alten oder kranken Personen sowie von Kindern müssen alle mit Eiern zubereiteten Speisen generell erhitzt werden. Die Abgabe von nicht erhitzten roheihaltigen Speisen ist verboten.

Enteneier müssen einen Aufdruck mit kochechter Farbe tragen: „Entenei – 10 Minuten kochen!" Sie dürfen roh oder weich gekocht nicht verzehrt werden, ihre Verwendung zur Herstellung von nicht durcherhitzten Eierspeisen ist verboten. Enteneier sollen in der Gemeinschaftsverpflegung nicht verarbeitet werden, im Prinzip auch nicht in der Gastronomie.

Herkunftsbezeichnung

Seit dem 1. 1. 2004 muss in der EU das Herkunftsland der Eier und die Haltungsform der Hühner auf der Verpackung und auf dem Ei angegeben werden.

Weiterhin wird die Deklaration der Haltungsform bei der Kennzeichnung in Form von Kennziffern einbezogen:

◆ Die erste Kennziffer gibt die Haltungsform der Tiere an.

◆ Die folgenden 2 Buchstaben stehen für das Herkunftsland (DE für Deutschland).

◆ Die anschließenden Ziffern dienen der Identifizierung des Erzeugers.

Kennzeichnung:

Auf der Verpackung	Auf dem Ei	Kennziffer
Eier aus Freilandhaltung	Freiland	1
Eier aus Bodenhaltung	Boden	2
Eier aus Käfighaltung	Käfig	3

Für Eier aus dem ökologischen Landbau ist die Kennziffer „0" vorgesehen.

Gewichtsklassen

Die Eier werden nach den folgenden Gewichtsklassen sortiert vermarktet:

XL	sehr groß	73 g und darüber
L	groß	63 g bis unter 73 g
M	mittel	53 g bis unter 63 g
S	klein	unter 53 g

6.7.5.7 Gesetzliche Regelungen für Milch

Die Bezeichnung „Milch" ist europaweit der Kuhmilch vorbehalten. Milch anderer Tiere muss exakt spezifiziert werden (z. B. Ziegenmilch, Schafsmilch, Büffelmilch, Stutenmilch).

In Abhängigkeit von der Vorbehandlung der Milch muss vom Verbraucher zwischen

◆ Rohmilch,
◆ Vorzugsmilch und
◆ Konsummilch

unterschieden werden.

Rohmilch

Rohmilch ist frisch gemolkene Milch, die keiner Wärmebehandlung unterzogen wurde. Rohmilch, die nicht den Anforderungen entspricht, welche an die als Vorzugsmilch zugelassene Milch gestellt werden (siehe nachstehend), darf nicht an Verbraucher abgegeben werden (Privatpersonen, Einzelhandel, Gaststätten). Ausgenommen sind Almbetriebe, die Rohmilch an Wanderer oder an Berghütten verkaufen dürfen.

Vorzugsmilch

Die Bezeichnung „Vorzugsmilch" ist solcher Rohmilch vorbehalten, die von Höfen abgegeben wird, die besonderen hygienischen Ansprüchen entsprechen, von der Hygieneaufsicht zur Abgabe von Vorzugsmilch zugelassen sind und regelmäßigen Kontrollen unterliegen. Beim Transport vom Erzeuger bis zum Handel und während der Auslage in Geschäften muss die Kühlkette (> 8 °C) konsequent eingehalten werden. Die zulässige Lagerzeit bis zum Verkauf beträgt maximal 96 Stunden (ab dem Melken gerechnet). Die Herkunft muss eindeutig nachgewiesen werden. In Deutschland ist es verboten, in der Gemeinschaftsverpflegung Vorzugsmilch zu verwenden.

Konsummilch

Unter Konsummilch wird die Milch verstanden, die in einer zugelassenen Molkerei einer Wärmebehandlung (Pasteurisierung, Ultrathermisierung [H-Milch]) unterzogen wurde, unabhängig von ihrem Fettgehalt. Der Fettgehalt der Konsummilch muss auf der Verpackung angegeben werden. Bei teilentrahmter und entrahmter Milch ist eine Anreicherung mit Eiweiß erlaubt. Einteilung von Konsummilch nach dem Fettgehalt (EG-Verordnung):

◆ Vollmilch (standardisiert) – Fettgehalt mindestens 3,5 %.[6]
◆ Vollmilch (nicht standardisiert) – Fettgehalt mindestens 3,5 % (Fettgehalt darf variieren).
◆ Teilentrahmte Milch – Fettgehalt mindestens 1,5 %, maximal 1,8 %.
◆ Entrahmte Milch – Fettgehalt maximal 0,5 %, die Bezeichnung „Magermilch" ist erlaubt.

6.7.5.8 Käseverordnung

Die Käseverordnung enthält im Wesentlichen verfahrenstechnische Festlegungen, die nahezu ausschließlich den Produzenten betreffen. Für die Gastronomie ist von Bedeutung:

◆ Einsatz von Rohmilch
  Zur Herstellung von Frischkäse und Sauermilchquark muss in der Regel pasteurisierte Milch verwendet werden. Der Einsatz von Rohmilch ist bei diesen Käsesorten nur nach Erteilen einer Ausnahmegenehmigung gestattet, mit der die Auflage der ausschließlichen direkten Abgabe vom Hersteller an den Verbraucher verbunden ist. Bei der Produktion von Weich-, Schnitt- und Hartkäse ist dagegen der Einsatz von Rohmilch grundsätzlich erlaubt. Wegen der aus lebensmittelhygienischen Gesichtspunkten größeren Sicherheit werden jedoch in erster Linie Weich- und Schnittkäse vorwiegend aus pasteurisierter Milch oder pasteurisiertem Rahm hergestellt. Käse aus Rohmilch kann außerdem mit EHEC-Erregern belastet sein (siehe Kapitel 5.1.1.3). Es empfiehlt sich, solchen Käse bei der Versorgung von Kleinkindern, Senioren und Kranken nicht einzusetzen. Die Abgabe solcher Käse sollte in der Gemeinschaftsverpflegung unterbleiben. Außerdem ist zu empfehlen, Sauermilch- und Weichkäse auf Rohmilchbasis auf der Speisekarte entsprechend zu deklarieren (Nachweis einer wahrgenommenen Fürsorgepflicht).

---

[6] Den einzelnen Mitgliedsstaaten der EU ist freigestellt, besondere Vollmilchsorten mit einem Fettgehalt von mindestens 4,0 % zu genehmigen.

◆ Wassergehalt und Fettgehalt
Eine Deklaration des Wassergehaltes bzw. der Fettgehaltsstufen auf der Speisekarte ist nicht erforderlich. Es empfiehlt sich aber, diese Angaben jederzeit verfügbar zu haben, um auf Wunsch eine korrekte Auskunft geben zu können.
◆ Kennzeichnung von Zusatzstoffen (Zusatzstoff-Zulassungsverordnung, siehe auch Kapitel 6.7.4.4)
Die bei Hart- und Schnittkäse eventuell vorhandenen Kunststoffüberzüge müssen vom Hersteller deklariert werden. In der Gastronomie sind solche auf der Speisekarte auszuzeichnen, falls sie nicht bereits in der Küche entfernt wurden.
Der Zusatz von Antibiotika (Natamycin, E 235, oder Nisin, E 234) bzw. Lysozym (E 1105) bei der Produktion sowie eine Oberflächenbehandlung mit Sorbinsäure (E 200, 202 und 203) oder Hexamethylentetramin (E 239) muss deklariert werden („mit Konservierungsstoff" oder „konserviert", die Angabe des verwendeten Zusatzstoffs ist freigestellt).

6.7.5.9 Leitsätze des Deutschen Lebensmittelbuches

Die Deutsche Lebensmittelbuch-Kommission erarbeitet im Auftrag des Gesundheitsministers der Bundesrepublik Deutschland auf der Grundlage des Lebensmittel- und Bedarfsgegenständegesetzes Leitsätze, in denen die Herstellung, die Beschaffenheit und sonstige besondere Merkmale ausgewählter Lebensmittel beschrieben werden.
Diese Richtlinien werden im Bundesanzeiger (BAnz) veröffentlicht und zusammengefasst als Deutsches Lebensmittelbuch bezeichnet.
Die Leitsätze sind Sachverständigengutachten, sie sind aber keine rechtsverbindlichen Normen. Eine Einhaltung der Leitsätze gibt aber die Gewähr, dass nicht gegen bestehendes Recht verstoßen wird. Sie sind primär vorrangig für Lebensmittel produzierende Betriebe (Industrie und Handwerk) von Bedeutung. Andererseits sind sie jedoch auch wichtige Informationen, die der Küchenleiter für die Beurteilung der Qualität beim Kauf entsprechender Erzeugnisse nutzen kann (ausgewählte Leitsätze im Anhang).

Leitsätze für Fleischerzeugnisse
Die umfangreichen Leitsätze für Fleisch, Fleischerzeugnisse und Zubereitungen mit Fleisch sowie die sich daraus ergebenden lebensmittelrechtlichen Konsequenzen sollten in der Gastronomie beachtet werden, falls Fleischerzeugnisse in Eigenproduktion hergestellt werden, vor allem bei einem zusätzlichen Außer-Haus-Verkauf dieser Waren (Gaststätten in ländlichen Gegenden, Herstellung von regionalen Produkten).

Leitsätze für Speiseeis und Speiseeishalberzeugnisse
Die Leitsätze für die Herstellung von Speiseeis und sog. Speiseeishalberzeugnissen (Zubereitungen, die zur Produktion von Speiseeis eingesetzt werden, aber selbst kein Speiseeis sind) regeln die zusätzlich zu beachtenden Verfahrensweisen bei der Fertigung und dem Verkauf von Speiseeis nahezu umfassend (siehe Kapitel 2.7.2).
Bei der Herstellung von Speiseeis ist weiterhin die Zusatzstoff-Zulassungsverordnung zu beachten, welche die Verwendung von Zusatzstoffen bei der Speiseeisherstellung regelt, sowie die Milchverordnung, da für Speiseeis als ein Erzeugnis auf der Basis von Milch die lebensmittelrechtlichen Bestimmungen für den Umgang mit Milch bindend sind. Weitere Vorschriften für die Produktion von Speiseeis ergeben sich aus der Lebensmittelhygiene-Verordnung.

Auf Folgendes muss besonders hingewiesen werden:
◆ Zur Herstellung von Speiseeis dürfen nur hitzebehandelte Milch oder Milcherzeugnisse (Rahm) verwendet werden. Es dürfen nur pasteurisierte Zutaten zugesetzt werden. Frische Zusätze (z. B. frische Früchte) dürfen erst nach deren Pasteurisierung eingesetzt werden.
◆ Es darf nur Trinkwasser verwendet werden, falls die Rezeptur der entsprechenden Speiseeissorte einen Zusatz von Wasser erlaubt.

- Für die Speiseeisherstellung sind nur ausgewählte Zusatzstoffe (hauptsächlich Farbstoffe) erlaubt, die in der Zusatzstoff-Zulassungsverordnung gesondert aufgelistet sind.
- Der Zusatz von Konservierungsstoffen ist bei der Fabrikation von Speiseeis verboten. Die Verwendung von Obst und Fruchtsäften, die mit Konservierungsmitteln haltbar gemacht sind, ist dagegen erlaubt. In diesem Fall ist der Zusatz kenntlich zu machen („mit Konservierungsstoff").
- Speiseeis muss ständig ausreichend gekühlt aufbewahrt werden. Ein erneutes Verarbeiten von aufgetauten Zubereitungen ist verboten.
- Beim Verkauf von Speiseeis außer Haus bzw. in der Selbstbedienung muss dieses gemäß den Vorgaben für die unterschiedlichen Qualitätsstufen produziert werden. Die jeweilige Speiseeissorte muss deklariert werden.

6.8 Installation eines HACCP-Systems

Die zuständigen Leiter von Lebensmittel verarbeitenden Betrieben werden vom Gesetzgeber in zahlreichen Gesetzen und Verordnungen verpflichtet, in Eigenverantwortung Kontrollen durchzuführen und die Ergebnisse zu dokumentieren, durch welche die Unbedenklichkeit von Lebensmitteln und Speisen garantiert werden soll. Diese Eigenkontrollen werden durch die zuständigen staatlichen Überwachungsbehörden geprüft.

Auf die Festlegungen ist bei den einzelnen Arbeitsschritten bzw. Gesetzen und Verordnungen bereits eingegangen worden.

Ein System von Kontrollen wird explizit von der Lebensmittelhygiene-Verordnung gefordert. In ihr wird empfohlen, ein betriebsspezifisches Kontrollsystem zu installieren (HACCP-Konzept). Den einzelnen Betrieben wird dabei eine größere Eigenverantwortung zugestanden, wodurch ermöglicht wird, solche Kontrollmaßnahmen festzulegen, die den jeweiligen konkreten Bedingungen angepasst sind. Gleichzeitig soll ihnen dadurch die Wahrnehmung dieser Aufgaben erleichtert werden.

Voraussetzung für die Erarbeitung eines solchen betriebsspezifischen Kontrollsystems ist die kritische Analyse aller Arbeitsabläufe, bei der alle denkbaren Gefahrenquellen ermittelt werden müssen. Erst auf der Grundlage einer solchen Analyse können die Arbeitsstufen festgelegt werden, bei denen eine ständige Kontrolle erforderlich erscheint, um das Auftreten von Gefährdungen jederzeit ausschließen zu können (kritische Kontrollpunkte). Diesen kritischen Punkten sind auch die Kontrollen zuzuordnen, die auf Grund gesetzlicher Vorgaben durchgeführt werden müssen.

Das auf dieser Grundlage beruhende System wird als HACCP-Konzept bezeichnet:

H	=	Hazard	=	Gefährdung
A	=	Analysis	=	Analyse
C	=	Critical	=	kritisch
C	=	Control	=	Kontrolle
P	=	Point	=	Punkt

= Gefährdungsanalyse und Festlegung kritischer Kontrollpunkte

6.8.1 Gefährdungsanalyse und Festlegung von Kontrollpunkten

Die Gefährdungsanalyse hat zum Ziel, alle möglicherweise auftretenden Gefahren zu erfassen und die auslösenden Ursachen zu analysieren, welche die im Betrieb gelagerten Lebensmittel sowie die daraus produzierten Speisen negativ beeinflussen können.

An Hand der ermittelten kritischen Schwach- oder Gefahrenstellen im Betrieb sind anschließend Kontrollpunkte festzulegen, an denen das Einhalten der notwendigen Parameter regelmäßig zu kontrollieren ist (kritische Kontrollpunkte).

Gefährdungsanalyse

In die Gefährdungsanalyse sind u. a. diese Arbeitsschritte einzubeziehen:
- Warenannahme
- Lagerhaltung (Trockenlager, Kühlräume, Tiefkühlräume, Lagerung in der Küche)
- Produktion von Speisen

- Vorhalten und Ausgabe von Speisen
- innerbetrieblicher Transport von Lebensmitteln und Speisen
- Personalhygiene
- Reinigung und Desinfektion (Küchenräume, Gerätschaften und Sanitäranlagen)
- Entsorgung von Abfällen

Bei der Durchführung der Analyse muss eingeschätzt werden, inwieweit ein Risiko oder eine Gefährdung bei einzelnen Schritten tatsächlich besteht. Solche Prozesse, von denen nach menschlichem Ermessen keine Gefährdungen ausgehen können, müssen nicht als Kontrollpunkte in das Überwachungsprogramm aufgenommen werden. Der Gesetzgeber räumt auch ein, dass nicht alle möglichen Gefährdungen im Voraus sicher erkannt und vollkommen ausgeschlossen werden können.

Als Richtlinie für die Einschätzung der Gefährdung dienen die Vorgaben der Lebensmittelhygiene-Verordnung und die Vorgaben der Gesetze und Verordnungen, die für ausgewählte Lebensmittel gesondert erlassen wurden.

Gefährdungen für die Lebensmittel und für die aus ihnen bereiteten Speisen können vorrangig ausgehen von

- einer Kontamination mit Mikroorganismen und/oder mit deren Toxinen,
- einem Verderb von Lebensmitteln und den dabei gebildeten Zersetzungsprodukten,
- einer Kontamination mit Schadstoffen (Rückstände, Desinfektionsmittel u. a.),
- einer Beimengung von Fremdkörpern wie Glassplitter (z. B. Glasbruch beim Öffnen von Gläsern oder Flaschen),
- einer Beeinträchtigung durch Gase, Dämpfe und Rauch (Absorption dampfförmiger Gifte durch die Lebensmittel bei der Lagerung bzw. Zubereitung, Niederschlag von Rauchpartikeln mit daran gebundenen Schadstoffen),
- einer Verschmutzung und Verunreinigung durch Vorratsschädlinge,
- einer Verunreinigung durch Abfälle und Abwasser.

Es ist zweckmäßig, die Gefährdungsanalyse an Hand von Checklisten vorzunehmen, in denen alle gesetzlichen Vorgaben aufgelistet sind. Diese Checklisten können nach ihrer Konkretisierung als Arbeitsmaterial für die Festlegung der kritischen Kontrollpunkte und für die Erarbeitung des HACCP-Konzeptes dienen (siehe dazu auch Kapitel 6.8.2).

Die Beispiele für solche Checklisten können nur als Anregung gesehen werden und müssen den jeweiligen konkreten Bedingungen angepasst werden (siehe dazu Tabellen 6.4.1, 6.8.1 und 6.8.2).

Kritische Kontrollpunkte

Für die Arbeitsschritte, bei denen auf Grund der Gefährdungsanalyse Störungen oder Veränderungen möglich sind, welche die Sicherheit von Lebensmitteln oder Speisen negativ beeinflussen können, müssen adäquate Kontrollmaßnahmen festgelegt werden (sog. kritische Kontrollpunkte). Gleichzeitig sind Anweisungen für Maßnahmen zu fixieren, die bei auftretenden Gefährdungen oder Abweichungen von den Normwerten der Kontrollmessungen einzuleiten sind (Havarieplan).

Es ist zweckmäßig und in größeren Einrichtungen unumgänglich, Verantwortliche für einzelne Kontrollpunkte und für die Gesamtkontrolle namentlich festzulegen. Die Gefährdungsanalyse, die Festlegung der kritischen Kontrollpunkte und der Havarieplan sind in regelmäßigen Abständen auf ihre Aktualität hin zu überprüfen.

6.8.2 Erarbeitung eines HACCP-Konzeptes

Ein betriebsspezifisches HACCP-Konzept dient der Festlegung aller Vorgaben für einen Betriebsablauf, der die Sicherheit der Lebensmittel und Speisen zuverlässig garantiert, unter Einbeziehung der erforderlichen Kontrollmaßnahmen und deren Dokumentation, der gegebenenfalls zu treffenden Havariemaßnahmen sowie der Belehrung und Unterweisung der Mitarbeiter. In ein solches Konzept sind aufzunehmen:

- der Kontroll- und Havarieplan (auf Basis der Gefährdungsanalyse)
- die Vorgaben für die Speisenproduktion

Tabelle 6.8.1:
Checkliste für die Betriebsbesichtigung (der Vorschlag für eine entsprechende Checkliste ist für die gründliche Begehung der gesamten Betriebsstätte gedacht, bei der überprüft werden soll, ob deren baulicher Zustand den gesetzlichen Anforderungen entspricht)

- ❑ Fußböden wasserundurchlässig, desinfizierbar und stolperfrei
- ❑ Möglichkeiten der Abwasserableitung im Fußboden
- ❑ Wände glatt, abwaschbar und wasserundurchlässig
- ❑ Decken und Deckenvorrichtungen leicht zu reinigen, fest haftender Anstrich und Putz
- ❑ Oberflächen von Türen sowie Fenstern glatt und abwaschbar
- ❑ Be- und Entlüftung ausreichend, Richtung des Luftstroms von rein zu unrein
- ❑ Fettabscheider funktionsfähig, Fettfilter vorhanden und leicht zu reinigen
- ❑ Beleuchtung ausreichend (natürlich und/oder künstlich)
- ❑ Insektengitter vor Fenstern und Öffnungen, die ins Freie geöffnet werden können
- ❑ Arbeitsplätze mit glatten, abwaschbaren, desinfizierbaren und korrosionsbeständigen Oberflächen
- ❑ Getrennte Arbeitsbereiche für das Verarbeiten von reinen und unreinen Lebensmitteln
- ❑ Spülbecken mit Kalt- und Warmwasseranschluss
- ❑ Handwaschbecken in der Küche mit Warm- und Kaltwasseranschluss, berührungslose Bedienung der Armaturen oder Armaturen mit Armbedienung
- ❑ Räume und Geräte zur sachgerechten Lagerung von Lebensmitteln voll funktionsfähig
  - ◆ Kühlräume, Kühlschränke mit Temperaturerfassung
  - ◆ Lagerraum für Trockenware, frei von Schädlingen und belüftbar
- ❑ Einrichtungen zur Ausgabe und zum Transport von Speisen (Thermobehälter)
- ❑ Personaltoilettenräume ohne direkten Zugang zu Räumen, in denen Lebensmittel verarbeitet oder in Verkehr gebracht werden
- ❑ Toilettenräume mit gesonderten Handwaschbecken mit Warm- und Kaltwasseranschluss, berührungslose Bedienung der Armaturen oder Armaturen mit Armbedienung

Tabelle 6.8.2:
Checkliste für die Überprüfung der Entsorgung von Abfällen sowie für die Reinigung und Desinfektion

- ❑ Abfallbehälter mit Deckeln, die ohne Handberührung geöffnet werden können
- ❑ Sachgerechte Lagerung von Abfällen außerhalb des Küchenbereichs bis zur Endentsorgung:
  - ◆ kein Befall mit Schadinsekten und Schadnagern
  - ◆ kein Zugang durch unberechtigte Personen
  - ◆ keine übermäßige Wärmebelastung
    (keine direkte Sonneneinstrahlung)
- ❑ Spülmaschinen und Spülbecken voll funktionsfähig
- ❑ Reinigungs- und Desinfektionsmittel von Lebensmitteln getrennt gelagert (separate Räume)

die Vorgaben für die Reinigung sowie für die Desinfektion
- die Vorgaben für die Personalhygiene
- die Maßnahmen zur Entsorgung von Abfällen

Das Erstellen eines solchen HACCP-Konzeptes wird vom Gesetzgeber nicht ausdrücklich gefordert. Auch für den Umfang des Konzeptes und der sich daraus ableitenden Checklisten gibt es keine bindenden Vorgaben. Ein HACCP-Konzept schafft jedoch eine Transparenz des Betriebsablaufs (z. B. für die Leitung des Betriebs oder bei Hygienekontrollen) und kann als Beweismaterial bei ungerechtfertigten Beschuldigungen dienen. Es muss außerdem berücksichtigt werden, dass die gesetzlich vorgeschriebenen Kontrollmaßnahmen und deren Nachweis auch dann erfolgen müssen, wenn kein HACCP-Konzept erarbeitet wurde.

Das betriebsspezifische HACCP-Konzept sollte nachstehende Positionen enthalten:
- Kontrollpunkte und Kontrolltermine (Kontrollplan)
- Maßnahmenplan für Havariefälle
- Liste der für die Durchführung der Kontrollen verantwortlichen Mitarbeiter
- Festlegungen für die Belehrung der Mitarbeiter
- Festlegungen für die Dokumentation der Kontrollen und anderer Maßnahmen im Rahmen des HACCP-Konzeptes

Kontrollpunkte und Kontrolltermine (Kontrollplan)

Die einzelnen Kontrollpunkte und die zu überprüfenden Parameter (wie Temperatur, Sauberkeit und Lagerdauer) sind konkret festzulegen, ebenso die Zeitpunkte, zu denen die Kontrollen zu erfolgen haben (z. B. bei Anlieferung, Häufigkeit der Kontrollen innerhalb konkreter Zeiträume). Es ist zweckmäßig, diese Pläne an Hand gesonderter Checklisten und Kontrolllisten (Prüfblätter) aufzustellen, die jeweils einzelne Arbeitsschritte bzw. Kontrollbereiche betreffen. Die durchgeführten Prüfungen und die dabei erhobenen Ergebnisse (z. B. Messwerte) lassen sich in entsprechend gestalteten Dokumenten ohne besonderen Arbeitsaufwand festhalten (freie Spalten für das Eintragen der Kontrolltermine und für andere Vermerke).

In der Regel ist es möglich, den Verpflichtungen zur Überwachung des Arbeitsablaufs an Hand von Checklisten für die nachfolgend aufgeführten Sachgebiete zu genügen. Allerdings kann es aus betriebsspezifischen Gründen erforderlich sein, für weitere Kontrollaufgaben zusätzliche Checklisten zu erarbeiten und einzusetzen.

- Funktionstüchtigkeit der Betriebsstätte
  Die regelmäßige Überprüfung der baulichen Beschaffenheit der Küchenräume und der diesen zuzuordnenden Funktionsräume sowie der Funktionsfähigkeit der Gerätschaften in Hinblick ihrer Unbedenklichkeit aus lebensmittelhygienischer Sicht ist zweckmäßigerweise mit den gesetzlich vorgeschriebenen technischen Funktionskontrollen sowie den Kontrollen der Vorgaben des Arbeits- und Brandschutzes zu verknüpfen (siehe Kapitel 6.1 und 7). Auch die Überprüfung auf Schädlingsbefall bzw. das Eindringen von Schadinsekten kann in diesen Prozess eingebunden werden. Es ist möglich, dafür eine einheitliche Checkliste zu erarbeiten und zu nutzen. Die Kontrollpunkte und die Zeitintervalle ergeben sich aus den gesetzlichen Vorgaben.

- Warenannahme
  Die Waren sind auf ihren ordnungsgemäßen Zustand einschließlich der Verpackung, Freisein von Schadinsekten und Verunreinigungen sowie auf das Einhalten der vorgeschriebenen Anlieferungstemperatur zu kontrollieren. Es ist außerdem zu prüfen, ob das Verbrauchsdatum von leicht verderblichen bzw. tiefgekühlten Lebensmitteln bzw. das Mindesthaltbarkeitsdatum von zeitlich nur begrenzt lagerfähigen Nahrungsgütern eine Annahme gestattet bzw. gerechtfertigt (siehe hierzu die Kapitel 4 und 6.3.1).

- Lagerhaltung
  Zu kontrollieren ist die Funktionstüchtigkeit der Lagerräume und das Einhalten der Lagerbedingungen sowie, bei begrenzt lagerfähigen Lebensmitteln, das Einhalten der Verbrauchsfristen. Dieser Teil des Kontrollplans für die Lagerhaltung kann mit der Datei für den Lagerbestand gekoppelt werden (siehe Kapitel 8.1).

Bei Kühlräumen und Tiefkühlräumen ist die Raumtemperatur täglich zu messen und zu dokumentieren (siehe hierzu Kapitel 4.3 bis 4.5).

◆ Speisenproduktion
Im Kontrollplan sind die Vorgaben an die Mitarbeiter für den Arbeitsablauf vorzugeben, die zur Sicherung der Unbedenklichkeit der produzierten Speisen einzuhalten sind, wie beispielsweise die räumlich getrennt zu erfolgende Säuberung, Vorbereitung und Produktion oder das separate Verarbeiten von Geflügel (siehe hierzu Kapitel 6.3.2).

◆ Reinigung und Desinfektion
Im Kontrollplan sind Reinigung und Desinfektion der Küchen- und Sanitärräume sowie der Kühl- und Tiefkühlräume festzulegen. Außerdem ist die Überprüfung der Funktionsfähigkeit von Spülmaschinen und deren Reinigungsleistung in den Plan aufzunehmen (siehe hierzu auch Kapitel 6.4).

◆ Entsorgung von Abfällen
In diesem Plan sind aufzunehmen die Entsorgung von Abfällen aus den Küchenräumen, die Überprüfung der Funktionsfähigkeit der Abfallbehälter sowie die Kontrolle des Abfalllagers und des Abtransportes der Abfälle (siehe hierzu Kapitel 6.5).

Die Vorschläge für die Gestaltung einiger solcher Checklisten sind lediglich als Anregungen anzusehen, die den konkreten Bedingungen angepasst werden müssen (siehe Tabellen 6.4.1, 6.8.1 und 6.8.2).

Havarieplan
Im Havarieplan sind alle Maßnahmen festzulegen, die beim Auftreten von Störungen einzuleiten sind. Deren Ziel ist,

◆ die Störungen umgehend zu beheben und deren Wiederauftreten zu verhindern,

◆ eine Gefährdung von Lebensmitteln bzw. Speisen zu verhindern, die bei deren Verzehr zu einer gesundheitlichen Beeinträchtigung führen kann, und/oder

◆ Lebensmittel, deren Unbedenklichkeit nicht mehr garantiert werden kann, umgehend zu entsorgen.

Die am häufigsten auftretende Havarie ist der Ausfall von Kühlanlagen. Für einen plötzlichen Ausfall von Kühlkapazität sollten – jeweils nach Maßgabe der im Betrieb realisierbaren Möglichkeiten – eine Reihe von Maßnahmen vorgegeben werden, wie beispielsweise

◆ das Umlagern von bestimmten Lebensmitteln bei vorhandener Ausweichkapazität (Rangfolge der Lebensmittel konkret festlegen, ein allgemeiner Hinweis wie „zuerst preisintensive Ware" ist nicht ausreichend),

◆ die umgehende Verarbeitung mit gründlichem Durcherhitzen (z. B. bei Hackfleisch bzw. Hackfleischerzeugnissen mit der Anweisung, wie diese zu erfolgen hat),

◆ die sofortige Konservierung (z. B. Pökeln),

◆ das Verwerfen der Lebensmittel, deren einwandfreie Beschaffenheit nicht mehr sicher garantiert werden kann bzw. die auf Grund gesetzlicher Vorgaben verworfen werden müssen (beispielsweise an- und aufgetaute TK-Produkte, Lebensmittel für den alsbaldigen Verbrauch).

Im Havarieplan können außerdem Vorgaben für die einzuleitenden Maßnahmen aufgenommen werden, mit denen die aufgetretenen Störungen (bei Geräteausfall) zu beheben sind. Gegebenenfalls können bereits Alternativen für den Betriebsablauf zur Überbrückung der Panne vorgegeben werden (wie z. B. Änderung des Garverfahrens, Einsatz von Convenience-Produkten).
Ein konkreter Havarieplan, in dem die bei einem Störfall einzuleitenden Maßnahmen exakt festgelegt sind, ermöglicht jedem Beschäftigten, rasch und vor allem eigenverantwortlich zu handeln. Dadurch kann das Ausmaß der Schäden gering gehalten werden.
Das selbständige Handeln aller Mitarbeiter ist hauptsächlich in Zeiten mit geringem Arbeitsanfall und folglich mit minimaler personeller Besetzung von großem Vorteil, da eine sofortige Abstimmung mit dem zuständigen Leiter mitunter nicht immer umgehend möglich ist.
Bei der Aufstellung eines Havarieplans ist es zweckmäßig, bereits Listen vorzusehen, auf de-

nen die im Havariefall durchgeführten Maßnahmen protokolliert werden. Ohne einen solchen Hinweis wird oft vergessen, gesonderte Protokolle anzufertigen. Damit wird gegen die Nachweispflicht verstoßen.

Festlegung der verantwortlichen Mitarbeiter

Grundsätzlich ist der jeweilige Leiter für die korrekte Durchführung aller Maßnahmen verantwortlich, die vom Gesetzgeber prinzipiell gefordert werden und die im Rahmen des HACCP-Konzeptes festgelegt wurden. Er ist ebenfalls für die Unterweisung der Betriebsangehörigen und deren Kontrolle zuständig. Die Einhaltung der Vorgaben muss nötigenfalls durch geeignete Anordnungen gesichert werden, und zwar einschließlich arbeitsrechtlicher Disziplinarmaßnahmen.

Der Leiter kann einzelne Kontrollaufgaben an entsprechend qualifizierte Mitarbeiter delegieren (z. B. Souschef). Dies entbindet ihn jedoch nicht von der Pflicht, deren ordnungsgemäße Durchführung zu überwachen, die Kontrollergebnisse auszuwerten und gegebenenfalls erforderliche Maßnahmen einzuleiten.

Dokumentation

Die Ergebnisse der Kontrollen müssen lückenlos dokumentiert werden. Diese Protokolle sind dann, falls in besonderen Fällen nicht anders festgelegt, mindestens 12 Monate lang aufzubewahren. Listen, in denen die Messwerte (und das Datum der Kontrolle) eingetragen werden, werden als ein ordnungsgemäß angefertigtes Protokoll gewertet. Die Daten müssen aber unbedingt von der kontrollierenden Person abgezeichnet werden.

Die lückenlose Dokumentation aller Kontrollwerte dient bei Überprüfungen durch die Überwachungsbehörde als Nachweis, dass die Vorschriften der Lebensmittelhygiene-Verordnung eingehalten wurden. Im Fall einer Gefährdung von Lebensmitteln, die trotz sorgfältiger Beachtung aller erforderlichen Vorkehrungen aufgetreten ist, kann damit glaubhaft gemacht werden, dass dies nicht vorherzusehen und nicht Folge eines fahrlässigen oder gar vorsätzlichen Fehlverhaltens war.

6.8.3 Schulung und Belehrung der Mitarbeiter

Die Lebensmittelhygiene-Verordnung schreibt regelmäßige Belehrungen der Mitarbeiter vor, für deren Durchführung der jeweilige Leiter (z. B. Betriebsleiter, Gaststättenleiter oder Küchenchef) verantwortlich ist. Er kann damit Mitarbeiter beauftragen, die auf Grund ihrer Qualifikation geeignet sind (z. B. Berufsausbildung, Teilnahme an entsprechenden Lehrgängen), oder auch professionelle externe Lehrkräfte. Die Kontrolle über die Durchführung und der Nachweis über die Belehrungen obliegt aber in jedem Fall dem zuständigen Leiter.

Die Unterweisungen müssen auf die konkreten Bedingungen im Betrieb und auf den zu unterweisenden Personenkreis ausgerichtet sein.

Es ist zweckmäßig, die gesetzlich geforderten Schulungen zum Arbeits- und Brandschutz (siehe Kapitel 7) in einen einheitlichen Plan zur Unterweisung der Arbeitnehmer aufzunehmen.

Beim Aufstellen eines solchen Plans sollten unbedingt folgende Gesichtspunkte berücksichtigt werden:

◆ Differenzierung der Unterweisungen
◆ Belehrung von neu eingestellten Mitarbeitern
◆ Häufigkeit der Unterweisungen
◆ Außerplanmäßige Belehrungen
◆ Zeitpunkt der Unterweisungen
◆ Dokumentation der Belehrungen
◆ Belehrung über Tätigkeitsverbote

Differenzierung der Unterweisungen

Die Belehrung sollte in ihrer Spezifität und in ihrem Umfang auf die jeweilige Aufgabe des betreffenden Personenkreises abgestimmt werden. Grundsätzlich sind alle Mitarbeiter eines Betriebs, in dem Lebensmittel verarbeitet werden, in die Grundzüge der persönlichen Hygiene und der Lebensmittelhygiene einzuweisen. Personen, die nicht direkt mit Lebensmitteln in Kontakt kommen, müssen nicht ausführlich über spezifische Verhaltensnormen beim Umgang mit Lebensmitteln geschult werden. Dieser Personenkreis muss aber ausdrücklich darauf hingewiesen werden, dass ihm der Zutritt zu bestimmten Räumen des Betriebs verboten ist (z. B. Verwaltungspersonal der Zutritt zur Küche, zu Lager- und Kühlräumen für Lebensmittel).

Belehrung von neu eingestellten Mitarbeitern

Die Belehrung neuer Mitarbeiter muss vor der Arbeitsaufnahme erfolgen, besonders individuell gestaltet werden und den Vorkenntnissen sowie dem Bildungsstand des jeweiligen neuen Beschäftigten Rechnung tragen. Im Vordergrund dieser „Einstellungsbelehrung" sollten persönliche Hygiene und die Grundprinzipien der Lebensmittelhygiene stehen, dabei konzentriert ausgerichtet auf das zukünftige direkte Arbeitsfeld des neuen Betriebsangehörigen. Dabei muss berücksichtigt werden, dass die Aufnahmefähigkeit jedes Menschen begrenzt ist, insbesondere wenn der Arbeitsplatz dem neuen Mitarbeiter komplett fremd ist. Es ist zweckmäßig, die erste Einweisung nach einer gewissen Einarbeitungszeit durch eine weitere Unterweisung zu ergänzen, unbeschadet der kontinuierlichen arbeitsbegleitenden Hinweise während der direkten Einarbeitung in das neue Tätigkeitsfeld.

In diese Unterrichtung sind die Vorgaben des Infektionsschutzgesetzes einzubeziehen (siehe Kapitel 6.7.3) sowie die Erstbelehrung in den konkreten Verhaltensweisen, die den Arbeits- und Brandschutz betreffen (siehe Kapitel 7).

Häufigkeit der Unterweisungen

Die Belehrungen sind mindestens 1-mal im Jahr zu wiederholen. Als zweckmäßig hat es sich jedoch erwiesen, sie in kürzeren Zeitabständen durchzuführen, beispielsweise monatlich, und dabei nur wenige Teilgebiete zu behandeln. Auch bei dieser Vorgehensweise müssen alle Teilgebiete 1-mal im Jahr behandelt werden. Es ist trotzdem zweckmäßig, den gesamten Komplex 1-mal jährlich im Zusammenhang darzustellen.

Außerplanmäßige Belehrungen

Zusätzliche Unterweisungen werden bei Änderungen im Produktionsablauf erforderlich, z. B. bei der Einführung neuer Garverfahren (auch bei der Inbetriebnahme neuer Geräte). Außerplanmäßige Belehrungen müssen durchgeführt werden, wenn es zu größeren Störungen oder Havarien im Betriebsablauf gekommen ist (wie massenhafter Verderb von Lebensmitteln, Auftreten von Lebensmittelinfektionen, grober Verstoß gegen Hygienevorschriften, aber auch bei Arbeitsunfällen, Bränden oder anderen Zwischenfällen).

Zeitpunkt der Unterweisungen

Der Zeitpunkt ist so zu legen, dass möglichst alle Arbeitnehmer teilnehmen können. Falls dies aus betriebstechnischen Gründen nicht möglich ist, muss mit den fehlenden Beschäftigten eine Nachbelehrung durchgeführt werden. Die Unterweisungen sind entsprechend zu planen und zu kontrollieren.

Dokumentation der Belehrungen

Die durchgeführten Unterweisungen sind zur Sicherung des eindeutigen Nachweises der erfolgten Durchführung zu dokumentieren. Dazu ist es erforderlich, den oder die Gegenstände der Belehrung stichpunktartig festzuhalten. Es genügt nicht, nur ein Schlagwort oder die Nummer eines Paragraphen anzugeben. Die Mitarbeiter sollten durch eigenhändige Unterschrift ihre Teilnahme bestätigen. Neben dem Datum sind auch die Uhrzeit und Dauer der Schulung zu protokollieren, um gegebenenfalls den Nachweis über die ordnungsgemäß erfolgte Durchführung erbringen zu können.

Bei einer Unterweisung durch betriebsfremde Lehrkräfte ist neben der schriftlichen Bestätigung über die von ihnen vorgenommenen Belehrungen auch die Qualifikation sowie der Name und die Anschrift der betreffenden Lehrkraft zu protokollieren.

Belehrung über Tätigkeitsverbote

Die jährlich zu wiederholenden Belehrungen über das Tätigkeitsverbot bei Erkrankungen an übertragbaren Krankheiten, bestimmten Hautkrankheiten und der Dauerausscheidung von darmpathogenen Keimen entsprechend den Bestimmungen des Infektionsschutzgesetzes (siehe Kapitel 6.7.3) sind zweckmäßigerweise gemeinsam mit den Schulungen über die Punkte der Lebensmittelhygiene-Verordnung durchzuführen.

7 Arbeits- und Brandschutz

Die Vorgaben des Gesetzgebers haben zum Ziel, die Gesundheit der Beschäftigten zu schützen, Unfälle zu verhüten und materielle Schäden zu vermeiden. Die einzuhaltenden Maßnahmen können zu 2 großen Komplexen zusammengefasst werden:

◆ Maßnahmen zum Schutz der Gesundheit der Beschäftigten (Arbeitsschutz) einschließlich zur Verhütung von Unfällen (Unfallverhütung).
◆ Maßnahmen zur Verhütung und Bekämpfung von Bränden.

Die zur Erfüllung dieser Aufgaben zu treffenden Vorkehrungen und einzuhaltenden Verhaltensweisen sind komplexer Natur und ergänzen sich in vielen Fällen, so dass in der Praxis eine scharfe Trennung zwischen Arbeits- und Brandschutz nicht möglich ist. Die dazu erlassenen Vorschriften sind in einer Vielzahl von Gesetzen, Verordnungen, Richtlinien und Sicherheitsregeln sowie in DIN-Normen niedergelegt (siehe hierzu auch Kapitel 6).

Die wichtigsten dieser Rechtsvorschriften sind das Arbeitsschutz-, Gerätesicherheits- und Chemikaliengesetz sowie die Betriebssicherheits- und Gefahrstoffverordnung. Weitere gesetzliche Vorgaben für den Schutz von Beschäftigten vor Unfällen sind im Sozialgesetzbuch, Siebtes Buch (SGB VII), verankert, in dem die entsprechenden Gremien zur Erarbeitung von Unfallverhütungsvorschriften verpflichtet werden (§ 15 SGB VII). Diese „Vorschriften der Berufsgenossenschaft für die Sicherheit und Gesundheit bei der Arbeit" sind wie alle anderen Rechtsvorschriften für alle Einrichtungen bindend (sog. BG-Vorschriften, siehe unten). Weiterhin sind bei der Realisierung der Aufgaben des Arbeits- und Brandschutzes auch die Arbeitsstättenverordnung sowie die zugehörigen Arbeitsstätten-Richtlinien (ASR)[1] zu beachten (siehe auch Kapitel 6). Für das Betreiben von Geräten und Anlagen einschließlich der Installation von elektrischen Leitungen sowie für den Anschluss und die Wartung von Elektrogeräten geben die jeweiligen DIN-Normen[2] Richtlinien vor.

Die Rechte und Pflichten der Arbeitnehmer auf dem Gebiet des Arbeits- und Gesundheitsschutzes werden durch das Betriebsverfassungsgesetz geregelt.

Eine wichtige Hilfe bei der Umsetzung der Vorschriften des Arbeits- und Brandschutzes sind die spezifischen Vorgaben der Berufsgenossenschaft. Federführend für deren Erarbeitung ist die Berufsgenossenschaftliche Zentrale für Sicherheit und Gesundheit (BGZ) des Hauptverbands der gewerblichen Berufsgenossenschaften (HVBG). Spezielle Vorschriften, die bei der Verarbeitung und dem Verkehr mit Lebensmitteln und in Gastronomiebetrieben zu beachten sind, werden von der Berufsgenossenschaft Nahrungsmittel und Gaststätten (BGN) gemeinsam mit dem Fachausschuss „Nahrungs- und Genussmittel" der BGZ vorgegeben.

Bei diesen von der Berufsgenossenschaft erstellten Materialien wird zwischen Vorschriften, Regeln und Arbeitssicherheitsinformationen unterschieden, die im berufsgenossenschaftlichen Vorschriften- und Regelwerk (BGVR-Verzeichnis) zusammengefasst werden.[3]

◆ BG-Vorschriften (Unfallverhütungsvorschriften)
Die BG-Vorschriften (BGV, früher als VBG bezeichnet) sind Unfallverhütungsvorschriften entsprechend § 15 des SGB VII und damit als gesetzliche Vorschriften für die Gestaltung der Vorsorgemaßnahmen bindend (siehe oben).
◆ BG-Regeln
Die BG-Regeln (BGR, früher als ZH bezeichnet) sind Empfehlungen, bei deren Beachtung davon ausgegangen werden kann, dass die vom Gesetzgeber geforderten Schutzziele erreicht werden. Sie berücksichtigen die jeweils zutreffenden Gesetze, Verordnungen und Unfallverhütungsvorschriften (BG-Vorschriften).

---

[1] Die Arbeitsstätten-Richtlinien werden vom Bundesminister für Arbeit und Sozialordnung unter Mitwirkung zuständiger Gremien erarbeitet und im Bundesarbeitsblatt, Fachteil Arbeitsschutz, veröffentlicht. Diese Richtlinien konkretisieren die gesetzlichen Vorgaben der Arbeitsstättenverordnung, welche die bauliche Beschaffenheit und Ausstattung von Arbeitsräumen und die beim Betrieb dieser Räume zu beachtenden Maßnahmen betreffen.
[2] Bezugsquellen: Beuth Verlag GmbH, Burggrafenstraße 6, 10787 Berlin, bzw. VDE-Verlag GmbH, Postfach 12 23 05, 10591 Berlin.
[3] Bezugsquellen: Berufsgenossenschaft bzw. Carl Heymanns Verlag KG, Luxemburger Straße 449, 50939 Köln.

- Arbeitssicherheitsinformationen
  Die Arbeitssicherheitsinformationen (ASI) fassen Vorschriften und Regeln für Sicherheit und Gesundheit bei der Arbeit mit speziellen Geräten oder Aufgabenbereichen zusammen und ermöglichen damit in jeweils konkreten Fällen eine gezielte Vorbeugung vor Unfällen.

In den nachfolgenden Abschnitten kann nur auf die wichtigsten Gesichtspunkte eingegangen werden, so dass es in vielen Fällen erforderlich ist, die einschlägigen Rechtsvorschriften, BG-Regeln und Arbeitssicherheitsinformationen einzusehen und gezielt auf die betriebsspezifischen Gegebenheiten anzuwenden.

7.1 Arbeitsschutz

Die für die Gewährleistung des Arbeitsschutzes notwendigen und vom Gesetzgeber in den verschiedenen Gesetzen, Verordnungen und Regeln geforderten Voraussetzungen bzw. einzuleitenden Maßnahmen können zum Großteil den nachfolgend aufgeführten Komplexen zugeordnet werden, in die auch einige den Brandschutz betreffende Bereiche einbezogen werden können:
- Anforderungen an den baulichen Zustand der Arbeitsräume.
- Anforderungen an die Beschaffenheit der Arbeits- und Schutzkleidung.
- Vorschriften für das Einhalten von Sicherheitsmaßnahmen bei der Arbeit.
- Anforderungen an die Konstruktion von Maschinen und Geräten.
- Anforderungen an die Ausführung von Elektroanlagen.
- Vorschriften für das Arbeiten mit Gefahrstoffen.
- Beschränkung bzw. Verbot der Beschäftigung von bestimmten Personengruppen.
- Sicherung der sachgerechten ersten Hilfe.
- Sicherung der sachbezogenen Kontrolle des Arbeitsschutzes.
- Durchführung von Arbeitsschutzbelehrungen.

7.1.1 Anforderungen an den baulichen Zustand der Küchenräume

Die Anforderungen an den baulichen Zustand von Küchenräumen ergeben sich neben den gesetzlichen Vorgaben der Arbeitsstättenverordnung und der zur Sicherung des Arbeits- und Brandschutzes insbesondere aus den Vorkehrungen, die zur Einhaltung der Vorgaben der Lebensmittelhygiene-Verordnung erforderlich sind. Die Übereinstimmung des baulichen Zustands mit den gesetzlichen Vorgaben wird durch die Freigabe der Küchenräume durch die Bauabnahme und die Erteilung der Betriebserlaubnis durch die Aufsichtsbehörden garantiert. Dies entbindet jedoch den zuständigen Leiter nicht, diese regelmäßig dahingehend zu überprüfen, ob sie noch diesen Anforderungen bzw. neu erlassenen Richtlinien entsprechen. Während des laufenden Betriebs muss sichergestellt werden, dass an der Bausubstanz und an der Ausstattung mit Geräten und Mobiliar keine solchen Veränderungen vorgenommen werden, die gegen Vorgaben der Arbeitsstättenverordnung, des Arbeitsschutzes (und des Brandschutzes) verstoßen (siehe hierzu Kapitel 6.1).

7.1.2 Arbeits- und Schutzkleidung

Vom Gesetzgeber wird grundsätzlich gefordert, dass während der Arbeit nur Kleidung getragen werden darf, durch die kein Arbeitsunfall verursacht werden kann. Die speziellen Anforderungen, die aus lebensmittelhygienischer Sicht an die Arbeitskleidung für Beschäftigte in Küchen zusätzlich gestellt werden, werden durch die Lebensmittelhygiene-Verordnung vorgegeben (siehe Kapitel 6.2). Aus der Sicht des Arbeitsschutzes werden für die Beschaffenheit und die Ausstattung mit Arbeitskleidung sowie Schutzkleidung zusätzliche Anforderungen gestellt.

Arbeitskleidung
Die Arbeitskleidung soll aus Geweben angefertigt sein, die gegenüber der Einwirkung von Hitze relativ resistent sind und keine elektrostatische

Aufladung erleiden. Diese Gefahr besteht bei Geweben mit einem hohen Anteil an synthetischen Fasern (durch Aufladung, Schmelzen, verbunden mit der Gefahr des Verklebens mit der Haut, Verbrennen mit hoher Hitzeentfaltung). Die Kleidung ist so zu gestalten, dass ein Einklemmen in Maschinen oder anderen Gegenständen nicht möglich ist.

Beim Ausbeinen, Auslösen und Zerlegen von Fleisch sind Stechschutzschürzen und 5-fingrige Metallringgeflecht-Handschuhe zu tragen, die vom Arbeitgeber zur Verfügung gestellt werden müssen.

Schuhwerk

Das Schuhwerk soll einen festen Sitz am Fuß (einschließlich Fersenhalt) gewährleisten, im vorderen Bereich vollkommen geschlossen sein (Schutz vor Verletzungen bzw. Verbrühungen mit heißen Flüssigkeiten) sowie rutschfeste Sohlen und Absätze haben, die widerstandsfähig gegenüber Reinigungsmitteln und Fett sind.

Bei Arbeiten, bei denen die Gefahr einer Fußverletzung besonders groß ist, sind Sicherheitsschuhe mit Zehenschutz zu tragen (sind vom Arbeitgeber zu stellen). Eine solche Gefahr besteht u. a. bei der Annahme und dem Transport von Waren in Großgebinden und bei der Arbeit in der Topfspüle.

7.1.3 Anforderungen an die Sicherheit von Arbeitsprozessen

Die Maßnahmen und Voraussetzungen, deren Einhaltung ein unfallfreies Arbeiten mit großer Sicherheit garantieren können, sind vielschichtig:

◆ Vorausschauendes Verhalten der Beschäftigten bei der Durchführung von Arbeitsschritten unter Beachtung der entsprechenden Sicherheitsvorschriften (allgemeine Forderung).
◆ Ständiges Überwachen der Arbeitsprozesse durch sachkundige Leiter bzw. durch eine Person mit ausreichenden Kenntnissen und Erfahrungen (Aufsichtführender).
◆ Funktionsfähige Beschaffenheit der Arbeitsmittel gemäß den sicherheitstechnischen Anforderungen.

Einhalten von Sicherheitsvorschriften durch die Beschäftigten

Die Vorschriften für das Verhalten der Mitarbeiter zum Vermeiden von Arbeitsunfällen sind vielschichtig und können in der Regel nicht in wenigen Richtlinien festgelegt werden, die für einen größeren Bereich umfassend gelten sollten. Lediglich einige grundlegende Forderungen des Arbeitsschutzes an das Verhalten der Arbeitnehmer können in den nachstehend aufgeführten Schwerpunkten zusammengefasst werden:

◆ Physische Leistungsfähigkeit/Alkoholgenuss
Die Beschäftigten müssen bei Aufnahme und während der Arbeit im Vollbesitz ihrer physischen Kräfte sein. Eine nicht zu unterschätzende Zahl von Arbeitsunfällen ist auf Übermüdung der Betriebsangehörigen zurückzuführen. Arbeitnehmer dürfen sich durch den Genuss von Alkohol oder anderen berauschenden Mitteln nicht in einen Zustand versetzen, durch den sie sich selbst oder andere gefährden können. Mitarbeiter, die wegen Alkoholgenuss ihre Tätigkeit nicht mehr gefahrlos ausführen können, dürfen nicht beschäftigt werden. Disziplinarische Maßnahmen liegen im Ermessen des Betriebsleiters.
◆ Einhalten von generellen Sicherheitsnormen
Bei einfachen, sich ständig wiederholenden Arbeitsschritten müssen die Beschäftigten die nötige Sorgfalt walten lassen, beispielsweise die sichere Handhabung von Schneidwerkzeugen (Messer, Scheren, Hackbeile) oder das Arbeiten mit heißen Flüssigkeiten sowie heißen Fetten und Ölen.
◆ Einhalten der Sicherheitsvorschriften
Bei der Arbeit mit Geräten und Elektroanlagen sind die Sicherheitsvorschriften zu beachten. Für die jeweils konkreten Fälle wird auf die BG-Regeln, auf die DIN-Normen und die Arbeitssicherheitsinformationen verwiesen, die sich insbesondere auch für die Einweisung von neuen Mitarbeitern in den Arbeitsschutz eignen.

Überwachung des Arbeitsprozesses (Aufsichtführender)

Vom Gesetzgeber wird die Anwesenheit eines Aufsichtführenden während der gesamten Betriebszeit gefordert. Dieser muss über ausreichende Kenntnisse und Erfahrungen verfügen, die ihn in die Lage versetzen, die Durchführung der Arbeiten zu überwachen und für deren sichere Ausführung zu sorgen. Verantwortlich für die Einhaltung dieser Vorgabe ist der Leiter der Einrichtung bzw. der Küche. Er hat bei Abwesenheit diese Aufgabe an einen dazu geeigneten Mitarbeiter (z. B. Souschef) zu delegieren, der dann auch in den Fragen der Einhaltung von Arbeits- und Brandschutz weisungsberechtigt ist.

Anforderungen an die Sicherheit von Maschinen und Geräten

Für die Konstruktion und das Betreiben von Maschinen und Geräten sind jeweils spezifische Sicherheitsanforderungen erlassen worden. Bei Maschinen und Geräten, die im europäischen Wirtschaftsraum hergestellt wurden, muss der Hersteller das Einhalten dieser Forderungen garantieren und dies durch das Anbringen der CE-Konformitätskennzeichnung (CE) sichtbar kenntlich machen. Weiterhin muss er in den Bedienungsanleitungen auf die beim Betreiben der Maschinen einzuhaltenden Sicherheitsanforderungen hinweisen. Darüber hinaus sind die einschlägigen Unfallverhütungsvorschriften zu beachten, die für die einzelnen Maschinen- und Gerätegruppen extra festgelegt sind.

Wichtige, allgemeingültige Sicherheitsvorschriften, die für einen Großteil der Maschinen und Geräte zutreffen, sind folgende (eine Vollständigkeit kann nicht garantiert werden):

◆ Die an Maschinen und Geräten angebrachten Schutzvorrichtungen dürfen weder entfernt noch verändert werden.

◆ Maschinen und Geräte dürfen ohne vorgeschriebene Schutzeinrichtungen nicht in Betrieb genommen werden.

◆ In Geräte darf erst hineingefasst werden, wenn diese nach dem Ausschalten zum Stillstand gekommen sind (Geräte zum Zerkleinern wie Schneidemaschinen und Kutter).

◆ Wartungsarbeiten bzw. Reparaturen an Elektrogeräten dürfen nur vorgenommen werden, wenn diese vom Netz getrennt sind (Netzstecker ziehen, nicht nur ausschalten, Sicherungen herausschrauben bzw. Sicherungsautomaten ausschalten).

Weitere generelle Sicherheitsvorschriften gelten für Geräte, bei denen ein Nichtbeachten der Vorgaben zu Verbrennungen und zum Verbrühen von Beschäftigten durch heißes Wasser, Heißdampf oder heißes Fett bzw. Öl führen kann.

◆ Heißluftdämpfer
Die Einschubhöhe für Behälter, die Flüssigkeiten enthalten, darf maximal 1,60 m (über Fußboden) betragen. Bei bereits vorhandenen Turmbauten bzw. bei Großgeräten, die höher sind, ist am Gerät die Höhe von 1,60 m gut sichtbar zu markieren. Behälter mit Flüssigkeiten dürfen oberhalb dieser Markierung nicht in das Gerät eingeschoben werden. Andernfalls besteht die Gefahr, dass sich der Betriebsangehörige beim Entnehmen dieser Behälter mit herausschwappenden heißen Flüssigkeiten verbrüht.

◆ Kippbratpfannen
Kippbratpfannen ab 30 Liter Inhalt, die mit Handhebel oder Handrad betätigt werden, müssen mit einer selbsttätig einrastenden Arretierung ausgerüstet sein, die in jeder Kippstellung einrastet. Das Gleiche gilt für Kippbratpfannen mit handbetätigtem bzw. kraftbetriebenem Getriebe.

◆ Fettbackgeräte und Fritteusen
Die Brandgefahren sind besonders zu beachten (siehe Kapitel 7.2.3.1).

7.1.4 Sicherheitsanforderungen an Elektroanlagen

An Elektroanlagen in Küchen müssen sehr hohe Anforderungen gestellt werden, da auf Grund der in den Räumen herrschenden hohen Feuchtigkeit nicht nur technische Defekte (z. B. Kurzschlüsse) schneller auftreten können, sondern weil dadurch auch die Möglichkeit einer lebensbedrohlichen Gefährdung (Stromschlag) wesentlich höher ist als in anderen Betriebsräumen.

Anforderungen an die Ausführung von Elektroanlagen

Die Anforderungen, die an die Ausführung von Elektroanlagen in Küchen gestellt werden, können nur von entsprechend ausgebildeten

und dazu berechtigten Elektrofachleuten eingeschätzt werden. Es ist deshalb nachdrücklich
darauf hinzuweisen, dass auch Arbeiten an diesen
Anlagen nicht eigenmächtig durchgeführt werden dürfen.

◆ Elektroinstallation
   Küchen werden als Feuchträume eingestuft.
   Die Elektroinstallation und der Anschluss
   ortsfest installierter Geräte muss dem Rechnung tragen. Diese Festlegung muss vor allem
   auch bei den Anlagen beachtet werden, die
   nach der Bauabnahme nachträglich installiert
   werden.

◆ Schalter, Steckdosen, Leuchten
   Schalter, Steckdosen und Leuchten müssen so
   angebracht sein, dass sie durch Anstoßen oder
   Anfahren nicht beschädigt werden können.
   Sollte eine solche Beschädigung nicht mit Sicherheit auszuschließen sein, so müssen sie mit
   geeigneten Abweiseinrichtungen (z. B. Schutz-
   bügel) gesichert werden.

◆ Schutzleiter
   Transportable und nicht fest installierte Geräte
   müssen mit einem Schutzleiter ausgestattet
   sein und vor der ersten Inbetriebnahme auf
   dessen einwandfreie Funktion überprüft werden. Diese Kontrolle kann entfallen, wenn vom
   Hersteller die ordnungsgemäße Beschaffenheit bestätigt wird.

Überprüfung der Anlagen und Geräte

Alle installierten Anlagen, Maschinen und Geräte
sowie alle benutzten Maschinen und Geräte
müssen vor der ersten Inbetriebnahme sowie in
bestimmten Zeitintervallen auf ihre Funktionsfähigkeit durch hierzu berechtigte fachkundige
Prüfer kontrolliert werden. Diese Inspektionen
müssen vom zuständigen Leiter veranlasst werden, das (positive) Prüfergebnis muss aufbewahrt
und den Aufsichtsbehörden auf Verlangen vorgelegt werden.

Geräte, die nicht ortsfest installiert werden und
für die vom Hersteller die ordnungsgemäße
Funktionstüchtigkeit entsprechend den gesetzlichen Vorschriften bestätigt wird, müssen vor der
ersten Inbetriebnahme nicht überprüft werden,
sie sind aber nicht von der turnusmäßigen Inspektion während des Betriebs ausgenommen.

Anlagen, Maschinen oder Geräte, bei denen bei
der Kontrolle technische Mängel festgestellt wurden, dürfen erst wieder in Betrieb genommen
werden, nachdem diese behoben wurden sowie
durch eine erneute technische Überprüfung die
ordnungsgemäße Funktionstüchtigkeit bestätigt
wurde.

Die einzuhaltenden Prüfintervalle betragen bei

● elektrischen Anlagen und ortsfest   4 Jahre
   installierten Geräten
   (Überprüfung durch eine Elektrofachkraft)

● elektrischen Kraft- und Lichtanlagen   1 Jahr
   (Inspektion durch eine Elektrofachkraft)

● nicht ortsfest installierten   6 Monate
   Geräten, Anschlussleitungen mit
   Steckern sowie Verlängerungs-
   und Geräteanschlussleitungen
   (Kontrolle durch eine Elektrofachkraft
   oder bei Verwendung von geeigneten
   Prüfgeräten auch durch eine
   „elektrotechnisch unterwiesene Person",
   Dauer der Unterweisung etwa 5 Tage,
   Informationen durch die BGN)

7.1.5 Sicherstellung
der ersten Hilfe

Es ist zu sichern, dass durch Unfälle oder andere
gesundheitliche Beeinträchtigungen geschädigten Personen eine rasche und möglichst umfassende Hilfe geleistet werden kann. Dazu ist es
erforderlich,

◆ einen Ablaufplan zu erstellen, der die im Not-
   fall zu ergreifenden Maßnahmen enthält, einschließlich genauer Anweisungen für die
   Anforderung von Hilfe (Meldesystem),

● Ersthelfer zu benennen und deren Ausbildung
   zu sichern,

◆ geeignetes Erste-Hilfe-Material bereitzustellen.

Vom Gesetzgeber wird weiterhin eine exakte
Nachweisführung über das Unfallgeschehen und,
in schweren Fällen, die umgehende Information
der zuständigen Behörden gefordert. Daraus
ergibt sich, dass

- erbrachte Erste-Hilfe-Leistungen zu dokumentieren und
- Unfälle der Berufsgenossenschaft sowie gegebenenfalls den Polizeibehörden zu melden sind.

Ablaufplan für das Verhalten bei Unfällen (Meldesystem)

Der Ablaufplan muss diese Angaben enthalten:
- Namen der Ersthelfer, die zur Ersten-Hilfe-Leistung befähigt sind
- Arbeitsplatz der Ersthelfer (nur bei größeren Betrieben erforderlich)
- Aufbewahrungsort von Erste-Hilfe-Material
- Name, Anschrift und Telefonnummer des Betriebsarztes (falls vorhanden)
- Rufnummer des Krankentransportes
- Notruf der Feuerwehr (112)

Bei schweren Verletzungen oder anderen gesundheitlichen Beeinträchtigungen schwerwiegender Art haben die Arbeitskollegen oder der Ersthelfer umgehend einen Arzt bzw. den Rettungsdienst der Feuerwehr zu alarmieren. Hierbei ist von der Einschätzung der Schwere am Unfallort auszugehen, auch wenn sich der Grad der Verletzung im Nachhinein als weniger schwer als angenommen herausstellt.

Weiterhin ist festzulegen, wie ein Unfall innerbetrieblich zu melden ist und welche Hierarchie (Reihenfolge) dabei eingehalten werden sollte (z. B. Küchenleiter, Fachkraft für Arbeitssicherheit, Abteilungsleiter, Geschäftsführer). Es ist in kurzer, aber verständlicher Form zu erläutern, welche Arbeitsunfälle (Schweregrad der Verletzung) umgehend der Betriebsleitung mitzuteilen sind. Gleichzeitig ist zu sichern, dass auch leichte Verletzungen, sog. Bagatellfälle, gemeldet und erfasst werden.

Ersthelfer

Es wird gefordert, dass jederzeit mindestens 1 Ersthelfer anwesend ist (auch in kleinen Betrieben), der die Erste-Hilfe-Leistung erbringen kann. Bei mehr als 20 anwesenden Beschäftigten müssen 10 % dieser Mitarbeiter als Ersthelfer ausgebildet sein. Bedingt durch das in den Küchen der Gastronomie zwangsläufig herrschende Schichtarbeitssystem ist es erforderlich, auch in kleinen Einrichtungen mehr als 1 Ersthelfer zu benennen. Nur dadurch kann gesichert werden, dass in jeder Schicht mindestens 1 Ersthelfer anwesend ist.

Die Ausbildung der Ersthelfer erfolgt in einem Lehrgang von 8 Doppelstunden. Die Ersthelfer müssen in regelmäßigen Abständen eine Fortbildung absolvieren (4 Doppelstunden innerhalb von 2 Jahren), die auch in Form einer regelmäßigen Schulung erfolgen kann. Die Kosten der Ausbildung zum Ersthelfer trägt die Berufsgenossenschaft.

Erste-Hilfe-Material

Das Erste-Hilfe-Material muss in ausreichender Menge, jederzeit schnell erreichbar, leicht zugänglich und gegen schädigende Einflüsse geschützt bereitgehalten werden. Der Bestand ist nach Entnahme umgehend wieder zu ergänzen. Bei Überschreiten der gesetzlich vorgegebenen Gebrauchsfristen ist der Inhalt zu erneuern. Folgende Verbandskästen müssen in Abhängigkeit von der Zahl der Beschäftigten vorhanden sein:
- „Kleiner Verbandskasten" nach DIN 13157 bei bis zu 20 anwesenden Mitarbeitern bzw.
- „Großer Verbandskasten" nach DIN 13169 bei mehr als 20 anwesenden Mitarbeitern.

Die „Anleitungen zur ersten Hilfe" sind im Verbandskasten aufzubewahren (sie müssen von der Berufsgenossenschaft anerkannt sein).

Dokumentation von Maßnahmen der ersten Hilfe

Über jede Erste-Hilfe-Leistung sind Aufzeichnungen anzufertigen, die 5 Jahre aufbewahrt werden müssen. Sie können durch Eintragungen in ein Verbandbuch, in eine Kartei oder auf dem Wege der automatischen Datenverarbeitung erfasst werden. Diese Aufzeichnungen müssen folgende Angaben zum Unfall und zur verunfallten Person enthalten:
- Name der verunglückten bzw. akut erkrankten Person.
- Zeit, Ort und Hergang des Unfalls bzw. des Gesundheitsschadens.

- Art und Umfang der Verletzung bzw. der Erkrankung.
- Namen der Zeugen des Unfalls und der Personen, die erste Hilfe geleistet haben.
- Zeitpunkt der Anforderung von Hilfe (Notarzt, Krankenwagen) und die von diesen eingeleiteten Maßnahmen.

Meldung von Arbeitsunfällen

Der Betriebsleiter oder von ihm dazu beauftragte Mitarbeiter sind verpflichtet, schwerwiegendere Unfälle der Bezirksverwaltung der Berufsgenossenschaft Nahrungsmittel und Gaststätten (BGN) bzw. den Polizeibehörden zu melden:

- Bei einer sich ergebenden Arbeitsunfähigkeit von mehr als 3 Tagen
  Die BGN innerhalb von 3 Tagen unter Verwendung der vorgeschriebenen gelben Unfallanzeige in 2facher Ausfertigung.
- Bei schweren Unfällen, Massenunfällen und Todesfällen
  Die BGN und das Gewerbeaufsichtsamt sofort telefonisch, fernschriftlich oder telegrafisch.
- Bei tödlichen Unfällen
  Zusätzlich die zuständige Polizeibehörde umgehend telefonisch, fernschriftlich oder telegrafisch.

Weitere meldepflichtige Schadensfälle

Schwere Schadensfälle wie Explosionen, Brände, Einstürze von Gebäuden oder Gebäudeteilen sind ebenfalls unverzüglich der zuständigen Polizeibehörde und der BGN zu melden, auch wenn niemand verletzt wurde.

7.2 Verhütung und Bekämpfung von Bränden

Die in Küchenräumen bestehende erhöhte Brandgefahr macht es erforderlich, vorbeugenden Brandschutzmaßnahmen erhöhte Priorität einzuräumen. Dabei ist offenkundigen Gefahrenquellen bzw. Umständen, die das Entstehen eines Feuers begünstigen können, besondere Aufmerksamkeit zu schenken:

- Heiße Kochstellen und offene Flammen
  Die Flammpunkte von Fetten und Ölen, Alkohol sowie von anderen Substanzen, die in der Küche eingesetzt werden (z. B. Fettlösungsmittel), liegen oft unter den Temperaturen von Kochplatten. Sehr groß ist diese Gefahr bei offenen Flammen (Brenner von Gasherden, Heizung von Kohleherden und Flambieren von Gerichten).
- Heiße bzw. überhitzte Fette und Öle
  Überhitzte Fette und Öle können nicht nur durch offene Flammen entzündet werden, sondern auch bei Kontakt mit Luftsauerstoff spontan entflammen und fast explosionsartig verbrennen. Dabei können Spritzer von brennendem Fett weitere brennbare Objekte in Brand setzen (Frittierbäder, Fettbackgeräte).
- Fein verteiltes Fett
  An Gegenständen mit großer Oberfläche befindliches fein verteiltes Fett (z. B. Fettfilm an Fettfangfiltern) ist sehr leicht entzündbar. Äußerst gefährlich ist bereits partiell zersetztes Fett, dessen Flammpunkt erniedrigt ist.
- Hohe Raumtemperaturen
  Die in Küchenräumen meist herrschenden hohen Temperaturen führen bei niedriger Luftfeuchtigkeit zum Austrocknen von Werkstoffen und Papier, so dass diese leicht entflammbar sind.
- Unsachgemäß angeschlossenen Elektrogeräte
  Nicht stationär angeschlossene Elektrogeräte können bei unsachgemäßer Handhabung bzw. mangelhafter technischer Überprüfung Brände auslösen (Lichtbogen bei sog. Wackelkontakten, Schmorbrand von Leitungen).

7.2.1 Vorbeugende Maßnahmen

Die vom Gesetzgeber geforderten Maßnahmen des vorbeugenden Brandschutzes sind in verschiedenen Gesetzen, Verordnungen bzw. Richtlinien verankert. Verstöße gegen Brandschutzauflagen werden nach den Vorgaben des Strafgesetzbuches geahndet (Freiheitsstrafe bis zu 2 Jahren oder Geldstrafe).

Die baulichen Voraussetzungen, die auf Grund gesetzlicher Vorgaben einzuhalten sind, werden durch die Freigabe der Küchenräume durch die Bauabnahme garantiert. Während des laufenden

Betriebs muss sichergestellt werden, dass keine Veränderungen an der Bausubstanz und an der Ausstattung mit Geräten und Mobiliar erfolgen, die gegen Vorgaben des Brand- und Arbeitsschutzes verstoßen (siehe Kapitel 6.1). Aus der Sicht des vorbeugenden Brandschutzes ist auf Nachstehendes hinzuweisen:

Abluftanlagen

Leistungsfähige Abluftanlagen ermöglichen einen raschen Abzug von Rauch und giftigen Dämpfen, die bei einem Brand gebildet werden (vor allem beim Verbrennen von Kunststoffen wie Isoliermaterial). Dadurch wird im Katastrophenfall die Gefahr von Rauchvergiftungen verringert. Gleichzeitig können die Maßnahmen der Brandbekämpfung leichter und gefahrloser durchgeführt werden. Separate Rauchabzugsanlagen (von den Abluftanlagen getrennt) bieten einen besonders effektiven Schutz (bei Neu- oder Umbau nach Möglichkeit berücksichtigen).

Die Abluftanlagen müssen mit Fettfangfiltern (kurz Fettfilter) ausgerüstet sein, die in regelmäßigen Abständen zu reinigen sind. Brände in Abluftanlagen können sehr schnell auf das gesamte Gebäude übergreifen, da Fett unter Entwicklung von hohen Temperaturen verbrennt (Abzüge sind auch bei sachgemäßer Reinigung der Fettfilter gering mit Fettresten belastet). Durch die bei einem Abzugsbrand auftretende Kaminwirkung werden Brände in den betreffenden Räumen stark angefacht.

Brandschutztüren

Dicht schließende, feuerhemmende oder feuerbeständige Türen, die als Brandschutztüren dienen sollen, dürfen im geöffneten Zustand nicht fest gestellt werden, auch nicht vorübergehend (z. B. für zeitlich begrenzte Transporte). Es dürfen nur solche Brandschutztüren offen gehalten werden, die sich bei einer Rauchentwicklung selbsttätig schließen.

Löschanlagen und Feuerlöscher

Ein Einbau von stationären Löschanlagen in Küchenräumen wird nicht ausdrücklich gefordert. Übliche Sprinkleranlagen sind für Küchen gene-

rell nicht geeignet, da Brände von Fetten und Ölen, die den Großteil von Küchenbränden ausmachen, nicht mit Wasser gelöscht werden dürfen. Eine spezielle Situation kann sich in großen Küchen ergeben, bei denen durch geeignete Vorkehrungen gesichert werden muss, dass kein Löschwasser auf heißes Fett bzw. Öl gelangen kann (Fritteusen, Fettbackgeräte).

Geeignete ortsfeste Löschanlagen (nicht auf Wasserbasis) sind für Fritteusen und Fettbäder mit mehr als 50 Liter Füllmenge vorgeschrieben. Küchenräume müssen mit Handfeuerlöschern ausgerüstet sein (siehe Kapitel 7.2.2).

Freihalten von Verkehrsflächen

Die Bewegungsfreiheit auf den Verkehrsflächen darf nicht durch das Aufstellen von Maschinen, Geräten, Schränken oder ähnlichen Gegenständen eingeschränkt werden. Verkehrsflächen dürfen auch kurzzeitig nicht als Abstellflächen genutzt werden. Diese Vorgabe soll einen ungehinderten Fluchtweg bzw. das rasche Bekämpfen eines Entstehungsbrands gewährleisten (siehe Kapitel 6.1).

Lagerung von und Arbeiten mit brennbaren Flüssigkeiten

Brennbare Flüssigkeiten (z. B. Benzin, Azeton, aber auch reiner Alkohol [Primasprit]) dürfen in Küchenräumen nicht gelagert werden. Größere Mengen von brennbaren Flüssigkeiten müssen in hierfür geeigneten Räumen vorgehalten werden (gute Belüftung der Räume, Elektroanlagen einschließlich Beleuchtung in explosionsgeschützter Ausführung). In der Küche darf nur der Tagesbedarf bzw. der Bedarf einer Schicht in bruchsicheren und fest verschließbaren Gefäßen und vor Wärmeeinwirkung geschützt vorgehalten werden.

Eine gemeinsame Lagerung von brennbaren Flüssigkeiten mit festen, leicht entflammbaren Materialien wie Papier und Verpackungsmaterial ist verboten. Auch diese leicht brennbaren Materialien dürfen in Küchenräumen nicht gelagert werden.

Arbeiten mit Lebensmitteln und Hilfsstoffen, die leicht entflammbar sind, müssen mit besonderer Sorgfalt ausgeführt werden (z. B. Frittierfett, Brennpasten, reiner Alkohol sowie Spirituosen, vor allem bei einem Alkoholgehalt höher als 55 Vol.-%). Abfallbehälter für leicht entzündliche, selbstentzündliche oder ähnliche Stoffe müssen aus nicht brennbarem Material bestehen und mit einem selbsttätig und dicht schließenden Deckel ausgestattet sein.

7.2.2 Vorkehrungen zur Brandbekämpfung, Feuerlöscher

Küchenräume müssen zur Bekämpfung von Entstehungsbränden mit einer ausreichenden Zahl von Feuerlöschern ausgestattet sein. Das Prinzip ihrer Löschwirkung muss auf mögliche Brände abgestimmt sein. Sie sind an geeigneten, leicht zugänglichen Stellen anzubringen und als solche gut sichtbar zu kennzeichnen (Brandschutzzeichen „Feuerlöschgerät").

Einstufung der brennbaren Stoffe (Brandklassen)

Die verschiedenen brennbaren Stoffe und Flüssigkeiten unterscheiden sich beträchtlich in der Brandgefährdung. Diese Unterschiede betreffen die Höhe des Flammpunktes (Temperatur, bei welcher der betreffende Stoff in Gegenwart von Luftsauerstoff zu brennen beginnt), die beim Verbrennen entwickelte Temperatur und die Art der Ausbreitung eines Feuers. Die brennbaren Stoffe werden unter Berücksichtigung dieser Eigenschaften in 4 unterschiedliche Brandklassen unterteilt (siehe Tabelle 7.2.1).

Einteilung der Feuerlöscher nach ihrem Funktionsprinzip

Zum Löschen von Bränden dürfen nur solche Feuerlöscher (bzw. stationäre Löschanlagen) eingesetzt werden, deren Funktionsweise auf das mögliche Einsatzgebiet (z. B. Brände von Fett, Holz, Kunststoffe, Gase) ausgerichtet ist, sie müssen für das Löschen von Bränden von Stoffen der betreffenden Brandklasse geeignet und zugelassen sein (siehe Tabelle 7.2.2). In Küchen können vorrangig Fette und Öle (Brandklasse B) sowie verschiedene feste Stoffe (Brandklasse A) in Brand geraten.

◆ Pulverlöscher
   Pulverlöscher sind leicht zu bedienen (Vorteil bei der Brandbekämpfung durch wenig geübte Personen). Auf den gelöschten Gegenständen verbleibt jedoch eine Schicht von Pulverresten, die aufwendige Reinigungsarbeiten erforderlich machen.
◆ Schaumlöscher
   Die Ausbildung einer Schaumdecke behindert den Zutritt von Luftsauerstoff zum Brandherd effektiver als das Löschpulver des Pulverlöschers. Schaumlöscher entwickeln außerdem einen besseren Abkühleffekt, der dem erneuten Aufflammen von bereits gelöschten Bränden entgegenwirkt.
◆ Kohlendioxidlöscher
   CO_2-Löscher haben den Vorteil, dass bei ihrem Einsatz keine Reste von Brandlöschsubstanzen wie Pulver oder Schaum zurückbleiben. Ihr Nachteil sind die relativ geringen Löschkapazitäten und der fehlende Kühleffekt, wodurch

---

Tabelle 7.2.1:
Zuordnung von brennbaren Stoffen zu den unterschiedlichen Brandklassen

Brandklasse A	feste Stoffe, hauptsächlich fester Natur, die meist unter Glutbildung verbrennen, wie Holz, Papier, Textilien, feste Kunststoffe
Brandklasse B	flüssige oder beim Erwärmen flüssig werdende Stoffe, beispielsweise Fette und Öle[1], sowie Alkohole, Äther, Benzin, Lacke, Kunstharze, Wachse
Brandklasse C	brennbare Gase wie Stadtgas, Propangas, Butangas, Acethylen, Wasserstoff, Methan
Brandklasse D	brennbare Metalle wie Aluminium, Magnesium, Natrium, Kalium

[1] Sonderanforderungen an Feuerlöscher beachten (siehe Seite 227).

die in Brand geratenen Gegenstände trotz Erstickens der Flammen sich wieder von selbst entzünden können, sobald erneut Luftsauerstoff an sie gelangt.

Ein weiterer Nachteil ist die mögliche Gefahr des Erstickens von Brandhelfern als Folge einer Anreicherung der Raumluft mit CO_2. Beim Einsatz von CO_2-Löschern muss deswegen für eine ausreichende Zufuhr von Frischluft gesorgt werden. Bei der Betätigung von ortsfesten CO_2-Löschanlagen (siehe Seite 229) muss der Raum von allen Personen umgehend verlassen werden.

◆ Wasserlöscher mit Zusätzen
Wasserlöscher mit solchen Zusätzen, die in Verbindung mit Wasser auch Brände der Brandklasse B löschen, haben den Vorteil, zusätzlich zum Ersticken der Flammen einen relativ großen Abkühleffekt zu entfalten (hohe Verdampfungswärme des Wassers). Dadurch wird das erneute Aufflammen von Bränden effektiv unterbunden.

◆ Feuerlöscher zum Löschen von Fett- und Ölbränden
Zum Löschen von Speiseöl- und Speisefettbränden dürfen nur die dazu geeigneten speziellen Feuerlöscher eingesetzt werden. An diesen Geräten muss vom Hersteller der zusätzliche Hinweis
"Geeignet zum Löschen von Speiseöl- und Speisefettbränden"
angebracht werden.

Andere Feuerlöscher – und insbesondere Wasser – dürfen zum Löschen von Fettbränden nicht verwendet werden.

◆ Wandhydranten
Wandhydranten dürfen als Wasserlöschanlagen nur zum Löschen von Bränden von Stoffen der Brandklasse A eingesetzt werden. Sie sind aus diesem Grund zwar bei Feuer in Büroräumen und in der Mehrzahl der Trockenlager gut geeignet, bei Bränden in Küchenräumen sollten sie dagegen nach Möglichkeit nicht eingesetzt werden, da ein Übergreifen auf Fette und Öle nie ausgeschlossen werden kann.

Anzahl der erforderlichen Feuerlöscher

Die Mindestzahl an Feuerlöschern, mit der die Küchenräume ausgestattet werden müssen, hängt sowohl von der Grundfläche der Räume und dem Grad deren Brandgefährdung als auch von der Leistungsfähigkeit (Löschvermögen) der einzelnen Geräte ab.
In die Leistungsfähigkeit eines Löschers geht seine Größe ein.

◆ Grad der Brandgefährdung
Restaurant- und Hotelküchen (Hauptküchen) sind in die Kategorie "mittlere Brandgefährdung" eingeordnet.
Eine geringe Brandgefährdung wird für Auftau- und Aufwärmküchen sowie für Kaffee- und Teeküchen angenommen.

Tabelle 7.2.2:
Arten von Feuerlöschern (Funktionsprinzip) und ihre Verwendung zum Löschen von brennenden Stoffen der unterschiedlichen Brandklassen

Art des Feuerlöschers	Brandklassen			
	A	B	C	D
Pulverlöscher mit ABC-Pulver	+	+	+	–
Pulverlöscher mit BC-Pulver	–	+	+	–
Kohlendioxid-Löscher (CO₂-Löscher)	–[1]	+	–	–
Wasserlöscher (auch mit Zusätzen)	+	–	–	–
Wasserlöscher mit speziellen Zusätzen, die auch Brände der Brandklasse B löschen	+	+	–	–
Schaumlöscher	+	+	–	–

+ = geeignet   – = nicht geeignet

[1] Kleine Entstehungsbrände können in Ausnahmefällen gelöscht werden.

◆ Vorgaben für die Zahl und Größe der Feuerlöscher

Die Anzahl und die Größe der benötigten Feuerlöscher wird mit Hilfe einer festgelegten Bezugsgröße, der sog. „Löschmitteleinheit", definiert, in welche die Größe der Räume und der Grad deren Brandgefährdung eingeht (siehe Tabelle 7.2.3).

Das Löschvermögen der einzelnen Geräte und ihre Zulassung für die einzelnen Brandklassen wird auf diese Löschmitteleinheiten bezogen. In der Spezifizierung der Löscher nach DIN EN 3-1 steht der Großbuchstabe für die Brandklasse, für die er zugelassen ist, die Ziffer dient zur Klassifizierung des Löschvermögens (siehe Tabelle 7.2.4).

Aus den beiden Werten lässt sich für den jeweiligen Raum sowohl die Anzahl als auch die Größe der erforderlichen Feuerlöscher ermitteln.

Beispiel: Bei dem ermittelten Bedarf von 12 Löschmitteleinheiten (Brandklasse A) muss der Raum mit 1 Löscher 43 A oder mit 2 Löschern 21 A bzw. 4 Löschern 13 A ausgestattet werden.

Bei der Auswahl der Größe der Löscher ist neben der Füllmenge auch dessen Gewicht zu berücksichtigen, damit dieser im Brandfall auch von weniger kräftigen Beschäftigten ohne größere Anstrengung rasch zur Brandstelle getragen werden kann. Geräte mit zu kleinem Inhalt behindern andererseits eine zügige Brandbekämpfung. Küchenräume dürfen nicht mit Pulverlöschern mit einem Inhalt bis einschließlich 2 kg wegen deren zu geringen Kapazität ausgestattet werden.

Tabelle 7.2.3:
Löschmitteleinheiten in Abhängigkeit von der Grundfläche der Arbeitsräume und dem Grad der Brandgefährdung

Grundfläche in m²	Grad der Brandgefährdung	
	mittel	gering
bis 50	12	6
51 bis 100	18	9
101 bis 200	24	12
201 bis 300	30	15
301 bis 400	36	18
je weitere 100 bis 1000	6	3

Tabelle 7.2.4:
Löschmitteleinheiten und Feuerlöscherarten und deren Größe (Füllmenge) nach DIN EN 3, die für Brände der Brandklassen A bzw. B zugelassen sind

Löschmitteleinheiten	Feuerlöscher nach DIN EN 3	
	Brandklasse A	Brandklasse B
1	5 A	21 B
2	8 A	34 B
3		55 B
4	13 A	70 B
5		89 B
6	21 A	113 B
9	27 A	144 B
10	44 A	
12	43 A	183 B
15	55 A	233 A

◆ Aufstellungsorte für die Feuerlöscher

Die Geräte müssen gut sichtbar an Stellen aufgestellt werden, die im Brandfall leicht zu erreichen sind. Bei einer größeren Anzahl von Feuerlöschern können diese an einem bzw. an mehreren Stützpunkten zusammengefasst werden.

Die Stellen, an denen sich die Geräte befinden, müssen mit dem Brandschutzzeichen F 05 „Feuerlöschgerät" gekennzeichnet werden.

In mehrgeschossigen Betriebsstätten muss in jedem Stockwerk mindestens 1 Feuerlöscher bereitgestellt werden.

Ortsfeste Löschanlagen

Ortsfest installierte Löschanlagen dienen in erster Linie dem Schutz brandgefährdeter Bereiche oder dem Schutz von Personen. Sie werden in vielen Fällen automatisch über eine Brandmeldeanlage ausgelöst.

Als Löschmittel kommen in solchen ortsfesten Anlagen Wasser, Löschgase, Löschpulver und Löschaerosole oder Löschschaum zum Einsatz. Das jeweilige Löschmittel muss auf die Brandklasse der brennbaren Stoffe abgestimmt sein.

In Küchen sind nur für besonders brandgefährdete Bereiche ortsfeste Löschanlagen gesetzlich vorgeschrieben. Das gilt vor allem für Fritteusen und Fettbackgeräte mit mehr als 50 Liter Füllmenge und für Fritteusen mit kleineren Füllmengen, die in einer Reihe angeordnet sind und dabei eine Gesamtfüllmenge von 50 Litern überschreiten (siehe hierzu Kapitel 7.2.3.1).

Bei der Installation von ortsfesten Löschanlagen, die mit Mitteln arbeiten, die nicht zum Bekämpfen von Fettbränden geeignet sind, ist dafür Sorge zu tragen, dass Löschmittel nicht in Fett- und Ölbäder wie Fritteusen gelangen können. Das ist hauptsächlich bei der Installation von Sprinkleranlagen zu beachten.

Prüfung von Feuerlöschern und ortsfesten Löschanlagen

Feuerlöscher sowie alle anderen Anlagen des Brandschutzes sind in regelmäßigen von dazu ermächtigten Personen (TÜV) auf ihre Funktionsfähigkeit zu überprüfen. Fest installierte Einrichtungen müssen durch Sachverständige sofort nach erfolgtem Einbau überprüft werden.

Das Protokoll der Überprüfung muss aufbewahrt (Eintragung in ein Prüfbuch) und den zuständigen Behörden bei Kontrollen vorgelegt werden.

Bei transportablen Feuerlöschern wird diesem Nachweis durch das Anbringen einer Prüfplakette entsprochen.

Für Feuerlöscher, stationäre Löschanlagen, sonstige Anlagen des Brandschutzes und für andere brandgefährdete Einbauten sind für die Überprüfung nachfolgend aufgeführte Zeitintervalle vorgeschrieben:

Feuerlöscher (außer CO_2-Löscher)	2 Jahre
CO_2-Feuerlöscher	6 Monate
stationäre Löschanlagen (außer CO_2-Anlagen)	1 Jahr
stationäre CO_2-Löschanlagen	6 Monate
Feuerschutzabschlüsse (Türen)	1 Jahr
Brandmeldeanlagen	1 Jahr
Rauchabzugseinrichtungen	1 Jahr
Lüftungsanlagen	1 Jahr
elektrische Kraft- und Lichtanlagen	1 Jahr

Brandlöschdecken

Die Brandlöschdecken ermöglichen das rasche Ersticken von flächenmäßig begrenzten Entstehungsbränden und von in Brand geratenen Kleidungsstücken, die von Mitarbeitern getragen werden.

Brandlöschdecken sollen in ausreichender Stückzahl und von brandgefährdeten Arbeitsplätzen rasch erreichbar deponiert werden. Es war bisher gesetzlich vorgeschrieben, dass eine Brandlöschdecke unmittelbar neben jeder Fritteuse (bis zu einer Füllmenge von 50 Litern) bereitzuhalten ist, falls keine ortsfeste Löschanlage installiert ist.

Beim Löschen von Fett- und Ölbränden größeren Ausmaßes (1 Liter und mehr) ist die Gefahr sehr groß, dass sich der das Feuer löschende Helfer bei nicht sachgerechter Handhabung der Löschdecke schwere Brandverletzungen zuzieht. Von der BGN wird daher empfohlen, Brandlöschdecken zum Löschen von Fett- und Ölbränden nicht mehr einzusetzen.

7.2.3 Besondere Gefahrenquellen

In der Küche gehen die größten Brandgefahren vom Arbeiten mit heißen Fetten und Ölen aus, in erster Linie von Fritteusen, Fettbackgeräten und von Pfannen, in denen Speisen in Fett schwimmend ausgebacken werden (als Ersatz für eine Fritteuse).

Überhitztes Fett entzündet sich beim Kontakt mit Luftsauerstoff von selbst, verbrauchtes bereits unterhalb von 280 °C. Die Gefahr eines Brands ist besonders groß, wenn Fett in einem abgedeckten Topf unbemerkt auf hohe Temperaturen erhitzt und dann der Deckel abgehoben wird (plötzliche, oft meterhohe Stichflamme).

7.2.3.1 Fritteusen und Fettbackgeräte

Beim Frittieren bzw. bei der Anschaffung und Installation von Fritteusen und Fettbackgeräten ist Nachstehendes zu beachten:

Gerätetechnische Anforderungen

Fritteusen und Fettbackgeräte müssen mit einem Thermostaten ausgerüstet sein, mit dem die Temperatur des Fettbads konstant gehalten werden kann. Die vorgewählte Temperatur darf 200 °C nicht übersteigen. Ein zusätzlicher Temperaturbegrenzer muss die Heizung beim Erreichen von 230 °C automatisch abschalten.

Geräte, bei denen das Frittierfett auf einem Wasserbad schwimmt, müssen außerdem mit einer Kontrolleinrichtung für den höchstzulässigen Wasserstand, einer Reglereinrichtung zur automatischen Begrenzung der Temperatur des Wassers (maximal 70 °C) sowie mit getrennten Ausläufen für Wasser und Fett ausgerüstet sein.

Mit Gas beheizte Fritteusen müssen mit Überwachungseinrichtungen für die Gasflammen ausgestattet sein. Solche Fritteusen erfordern generell einen höheren Überwachungsaufwand, denn sie können bei Funktionsstörungen, vorwiegend in den Kontrolleinrichtungen, schnell gefährliche Brände auslösen.

Aufstellungsort von Fritteusen

Zwischen einer Fritteuse und Gefäßen mit Wasser (z. B. Bain-Marie) sowie Wasserzapfhähnen und Ausgüssen muss ein Abstand von mindestens 90 cm eingehalten werden. In Ausnahmefällen muss durch Spritzschutzbleche (Mindesthöhe 35 cm) oder durch andere geeignete Spritzschutzeinrichtungen verhindert werden, dass Spritzwasser auf das Fett der Fritteuse gelangen kann.

Es muss weiterhin gesichert werden, dass kein Wasser aus anderen Quellen in das heiße Fett bzw. Öl gelangen kann, insbesondere auch aus Sprinkleranlagen.

Fritteusen und Fettbackgeräte mit mehr als 50 Liter Füllmenge und Geräte mit kleineren Füllmengen, die in einer Reihe angeordnet sind und dabei eine Gesamtfüllmenge von 50 Litern überschreiten, dürfen nur dann in Betrieb genommen werden, wenn eine stationäre Feuerlöschanlage installiert ist (siehe Kapitel 7.2.2).

Die beim Betrieb von Fritteusen und Fettbackgeräten entstehenden Fett- bzw. Öldämpfe müssen durch geeignete Abzugseinrichtungen abgeführt werden, die mit leistungsfähigen Fettfiltern ausgestattet sein müssen. Die Fettfilter sind bei Bedarf, mindestens aber in Abständen von maximal 14 Tagen zu reinigen.

Betrieb von Fritteusen

Zum Frittieren dürfen nur Fette bzw. Öle mit einem hohen Rauchpunkt eingesetzt werden, vorzugsweise sog. Frittierfette, die eine sehr gute Hitzestabilität aufweisen (Rauchpunkt über 220 °C). Butterschmalz ist nicht geeignet (siehe auch Kapitel 2.3.1.9).

Stangen- oder Blockfett muss vor dem Beschicken der Fritteuse in einem gesonderten Gefäß geschmolzen werden. Beim Schmelzen in der Fritteuse besteht die Gefahr einer Selbstentzündung des Fettes an überhitzten Heizstäben. Erkaltete Geräte, in denen das Frittierfett erstarrt ist, sind zunächst nur auf etwa 60 °C zu erhitzen, bis das gesamte Fett geschmolzen ist. Erst dann darf weiter auf die gewünschte Betriebstemperatur erhitzt werden.

Das Frittierfett sollte nicht über 180 °C erhitzt werden. Bei höheren Temperaturen wird es sehr schnell zersetzt, wobei es zu einer Erniedrigung des Rauchpunktes kommt. Die Temperatur ist in regelmäßigen Abständen zu kontrollieren, obwohl die Fritteuse mit einem Überhitzungsschutzschalter ausgestattet ist, der ein Erhitzen des Fettes über 230 °C verhindern soll. Diese Schutzschalter können allerdings wegen der ständigen Belastung durch die hohen Temperaturen ausfallen.

Frittierfett ist nach dem Gebrauch (und Abkühlen) von Verunreinigungen, z. B. verbrannte Frittiergutreste, zu befreien (filtern bzw. nicht verbrauchtes Fett dekantieren).

Verkohlte Frittiergutreste wirken als Katalysator und beschleunigen die Zersetzung des Fettes. Verbrauchtes Frittierfett ist umgehend zu verwerfen und anschließend ordnungsgemäß zu entsorgen, es gilt nach dem Lebensmittelrecht als verdorben.

Brandschutz/Brandbekämpfung

Bei kleineren Fritteusen bis zu 50 Liter Fettinhalt, bei denen keine ortsfeste Löschanlage installiert ist, sind Feuerlöscher vorzuhalten, die zum Bekämpfen von Fett- und Ölbränden zugelassen sind. Löschdecken sind zum Löschen einer brennenden Fritteuse nicht geeignet, da sich mit ihnen größere Fettbrände nicht ersticken lassen und es außerdem zu einer Gefährdung der Helfer kommen kann (Verbrennungen in größerem Umfang, insbesondere im Gesicht und an den Armen). Mit Hilfe von Löschdecken lassen sich nur Brände bis zu maximal 1 Liter Fett ersticken, nur erfahrenen und geübten Personen gelingt das Löschen von maximal 3 Liter brennendem Fett.

Fettbrände auf keinen Fall mit Wasser löschen! Ein solches Unterfangen führt zu einer schlagartigen Vergrößerung des Brandherds, da das spezifisch leichtere und brennende Fett auf dem Wasser schwimmt.

Zusätzlich besteht eine große Explosionsgefahr durch schlagartig verdampfendes Wasser, wodurch es zu Verbrennungen und Verbrühungen von umstehenden Personen sowie zur Ausbildung von neuen Brandherden kommen kann, ausgelöst durch herumspritzendes brennendes Fett.

7.2.3.2 Weitere Gefahrenquellen

Weitere Brandgefahren gehen in der Regel vom unsachgemäßen Arbeiten mit Fetten und Ölen aus, an zweiter Stelle von grob fehlerhaftem Umgang mit brennbaren Flüssigkeiten. Andere einen Brand auslösende Ursachen spielen in Küchen eine untergeordnete Rolle und sind dann meist auf schwere Verstöße gegen als selbstverständlich angesehene Verhaltensweisen zurückzuführen, wie die Lagerung von größeren Mengen an leicht entflammbaren Flüssigkeiten in Küchenräumen (offene Flammen), Kurzschlüsse auf Grund von fahrlässig beschädigten Elektroleitungen oder die Ablage von brennbaren Gegenständen (z. B. Papier) auf Herdplatten.

Generelle Fettbrände

Die Gefahr des Entstehens eines Brands durch relativ kleine Mengen an Fetten oder Ölen wird meist unterschätzt. Ein weiteres Problem ergibt sich aus der Tatsache, dass solche Brände völlig unerwartet aufflammen und auf Grund der Schrecksekunde nicht sofort und nicht richtig reagiert wird, unbeschadet der Tatsache, dass geeignete Löschmittel (Tuch, Brandlöschdecke, Feuerlöscher) an der Brandstelle nicht sofort greifbar sind.

◆ Abluftanlagen und Dunstabzugshauben
Die Filter von Abluftanlagen und Dunstabzugshauben können sich als Folge einer Übersättigung mit Fett entzünden (mangelhafte Reinigung).
Besondere Gefahren können von solchen Abzugshauben ausgehen, die zusätzlich zu einer zentralen Entlüftungsanlage installiert sind und deswegen bei der routinemäßigen Reinigung leicht „vergessen" werden. Eine große Gefahr entsteht beim Übergreifen eines Brands auf die Abzugskanäle (generalisierter Gebäudebrand).

◆ Vergießen von Öl auf heiße Oberflächen
Besonders gefährlich ist das Abtropfen von größeren Mengen an heißen Fetten oder Ölen auf hoch erhitzte Herdplatten (z. B. bei der Entnahme von Frittiergut aus der Fritteuse). Öle oder Fette, die bereits auf Temperaturen dicht

unterhalb ihres Flammpunktes erhitzt sind, können in diesen Fällen explosionsartig verbrennen.

◆ Grillen
Sehr leicht können Brände beim unvorschriftsmäßigen Grillen über Holzkohle entstehen. Es ist verboten, Holzkohle mit Hilfe brennbarer Flüssigkeiten anzuzünden (Gefahr von explosionsartiger Verbrennung unter Ausbildung einer Stichflamme). Außerdem kann sich vom Grillgut abtropfendes Fett entzünden und so zum Ausgangsherd eines größeren Feuers werden.

Alkoholbrände

Die Brandgefahr, die von alkoholischen Getränken ausgehen kann, wird oft unterbewertet. Auch Getränke mit einem relativ geringen Alkoholgehalt können in Brand geraten, sobald deren Temperatur auf die des Flammpunktes von Alkohol angestiegen ist und ausreichende Alkoholmengen verdunstet sind (der Siedepunkt des Alkohols liegt bei 78 °C). Spirituosen mit einem Alkoholgehalt von mehr als 50 bis 55 Vol.-% sind auch ohne vorheriges Erhitzen leicht entflammbar.

◆ Brände beim Flambieren
Eine oft unterschätzte Gefahr geht vom Überspringen von Flammen vom Flambiergut auf den vorgehaltenen Alkohol aus, vor allen Dingen beim Nachgießen von Alkohol direkt aus der Flasche. Das Zugießen von Spirituosen direkt aus der Flasche ist verboten. Diese ist nach der Entnahme der benötigten Menge und vor deren Entzünden wieder sicher zu verschließen und in ausreichendem Abstand abzustellen.

◆ Brennpasten für Chafing-Dishes
Von Brennpasten für Chafing-Dishes kann ein erhebliches Brandrisiko ausgehen, insbesondere von billigen Erzeugnissen unbekannter Hersteller, in denen gelegentlich preisgünstiges Methanol an Stelle von Ethanol enthalten ist. (Methanol hat einen niedrigeren Siedepunkt als Ethanol, verdunstet schneller und entflammt deswegen leichter, verbunden mit der Gefahr des explosionsartigen Verbrennens.) Methanol darf als starkes Gift generell nicht in Räume verbracht werden, in denen Lebensmittel gelagert, verarbeitet bzw. ausgegeben werden.

◆ Anheizen von Grillstationen
Beim Anheizen von Grillstationen mit offenem Feuer (Holzkohlegrill) dürfen keine flüssigen Zündhilfen wie Brennspiritus verwendet werden. Der Einsatz anderer brennbarer Flüssigkeiten in Küchen und im Zusammenhang mit der Verarbeitung von Lebensmitteln ist wegen der bestehenden Vergiftungsgefahr generell verboten.

7.2.4 Bekämpfung von Bränden und Brandschutzbelehrung

Die Vorgaben für die Bekämpfung von Bränden (Brandschutzverordnung) und die sich daraus ableitenden Gesichtspunkte für die Brandschutzbelehrung der Mitarbeiter ist für jede Einrichtung extra an Hand der betrieblichen Besonderheiten zu erarbeiten.

Die Unterweisung der Beschäftigten hat in regelmäßigen Abständen zu erfolgen, jedoch mindestens 1-mal jährlich. Außerdem müssen alle neu eingestellten Betriebsangehörigen vor Aufnahme der Arbeit entsprechend unterrichtet werden. Die Durchführung der Belehrungen ist zu protokollieren, die teilnehmenden Personen sind namentlich zu erfassen, ebenso die jeweils besprochenen Punkte des vorbeugenden Brandschutzes.

Nachstehendes kann nur als Orientierung für das Erstellen einer betriebsspezifischen Brandschutzverordnung dienen.

Die Maßnahmen, die zur Bekämpfung der unterschiedlichen Brände getroffen werden, müssen konkret festgelegt werden, und für ihre Durchführung sind genaue Vorgaben zu machen. Dabei sind u. a. folgende Punkte zu berücksichtigen, die gleichzeitig Schwerpunktthemen der Brandschutzbelehrung sein sollten:

◆ Die Standorte der Feuerlöscher müssen jedem Mitarbeiter genau bekannt sein.

◆ Es dürfen nur Feuerlöscher eingesetzt werden, die für die entsprechenden brennbaren Stoffe zugelassen sind (Brandklasse beachten).

- Es darf niemals versucht werden, Öl- und Fettbrände mit Wasser zu löschen. Das gilt vor allem für Brände von Fritteusen oder Fettbackgeräten (siehe Kapitel 7.2.3.1).
- Bei Löschversuchen muss darauf geachtet werden, dass die Flammen durch das Löschmittel nicht in Richtung der löschenden oder anderer anwesenden Personen schlagen. Die Feuerlöscher sollten außerdem aus der Richtung des Fluchtwegs eingesetzt werden, so dass sich der Helfer bei Übergreifen des Brands rasch in Sicherheit bringen kann.
- Löschdecken sind so über den Brand zu legen, dass auch der Körper der löschenden Person, insbesondere auch ihre Arme und ihr Gesicht, durch die Decke geschützt wird.
- Das Löschmittel der Feuerlöscher ist direkt über den Brandherd, nicht aber unter den Brandherd zu richten. Es besteht sonst die Gefahr, dass der Brand durch den Löschstrahl weiterverbreitet wird.
- Der Feuerlöscher ist nur kurzzeitig und stoßartig zu bedienen, um auch zum Löschen von Restbränden eine noch ausreichende Reserve an Löschmittel zur Verfügung zu haben.
- Beim Einsatz von CO_2-Löschern muss für eine umgehende Zufuhr von Frischluft gesorgt werden, um einer Erstickungsgefahr der Helfer zu begegnen. Nach erfolgreicher Brandbekämpfung sollte die Brandstelle umgehend verlassen und aus sicherer Entfernung unter Kontrolle gehalten werden.
- Beim Einsatz einer stationären Löschanlage auf CO_2-Basis zur Brandbekämpfung sind die vorgeschriebenen Warnanlagen zu betätigen. Alle Personen müssen den Raum auf dem schnellsten Weg verlassen.
- Zum Löschen brennender Kleider sind ausschließlich Brandlöschdecken zu verwenden. Die Betroffenen sind bei größeren Bränden in der Decke eingewickelt auf dem Boden zu wälzen. Solche Brände dürfen wegen der dabei bestehenden Erstickungsgefahr nicht mit CO_2-Löschern gelöscht werden.
- Es ist festzulegen, welche Maßnahmen zum Verhindern des Ausdehnens und Übergreifens eines Brands zu treffen sind, wie z. B. das Schließen des Gashaupthahns, Abschalten von nicht explosionsgeschützten Elektroanlagen (unter Umständen Unterbrechung der gesamten Elektroeinspeisung) und das Schließen auch von solchen Türen, die nicht als Brandhemmtüren ausgelegt sind.
- Die Mitarbeiter sind über die Bedienung der Löscheinrichtungen eingehend zu unterweisen. Es ist anzustreben, dass in vertretbaren Abständen (mindestens aber 1-mal im Jahr) Löschübungen im Freien unter Anleitung von Sachkundigen (Feuerwehr) durchgeführt werden.

7.3 Organisation des Arbeits- und Brandschutzes

Der Arbeitgeber bzw. der zuständige Leiter ist verpflichtet, alle Maßnahmen zu ergreifen, die zur Gewährleistung eines umfassenden Gesundheits-, Arbeits- und Brandschutzes erforderlich sind (Arbeitsschutzgesetz). Dazu werden gerechnet:
- Die Einschätzung möglicher Gefahren (Gefährdungsbeurteilung).
- Das Festlegen konkreter Maßnahmen zum Vermeiden von möglichen Gefährdungen an Hand der Gefährdungsbeurteilung.
- Die Dokumentation dieser Anordnungen (bei mehr als 10 Beschäftigten gesetzlich vorgeschrieben).
- Das Aufstellen eines Alarm-, Flucht- und Rettungsplans.
- Die regelmäßige Unterweisung der Mitarbeiter über Arbeits- und Brandschutz (einschließlich Alarm-, Flucht- und Rettungsplan).

Zur Unterstützung bei der Umsetzung dieser Aufgaben sind Fachkräfte für Arbeitssicherheit zu benennen und diese gegebenenfalls zu Qualifizierungsmaßnahmen zu delegieren. Darüber hinaus muss der Arbeitgeber auch die Gesundheitsfürsorge der Beschäftigten in geeigneter Weise garantieren (z. B. Ermöglichung von Vorsorgeuntersuchungen, Bestellung eines Betriebsarztes).

7.3.1 Gefährdungsanalyse und davon abgeleitete Maßnahmen

Die Gefährdungsanalyse hat sich auf den betreffenden Mitarbeiter und auf die von ihm ausgeübte Tätigkeit zu beziehen. Dabei sind nicht nur Möglichkeiten der Unfallverhütung zu analysieren, sondern auch mögliche Belastungen durch die ausgeübte Tätigkeit, die zu einer gesundheitlichen Schädigung führen könnten. An Hand der erstellten Analyse sind geeignete Maßnahmen festzulegen und umzusetzen, welche die Gefährdungen abstellen und die erforderliche Sicherheit gewährleisten. Es wird jedoch vom Gesetzgeber eingeräumt, dass ein absolut gefährdungsfreier Zustand nicht erreicht werden kann.

Gefährdungsanalyse

Als Richtschnur für die Gefährdungsanalyse dienen die gesetzlichen Vorgaben zum Arbeits- und Brandschutz.
Die Arbeitssicherheitsinformation „Handlungsanleitung Betriebliche Gefährdungs- und Risikobeurteilung" (ASI 10.0) kann dabei eine wertvolle Hilfe sein.
Die möglichen Gefährdungen lassen sich prinzipiell in die folgenden Gruppen einordnen:

◆ Mechanische Gefährdungen
Beispiele: Verletzungen beim Bedienen von Maschinen und Geräten (z. B. Fleischwolf, Kutter, Transportwagen) oder an scharfen Kanten bzw. an spitzen Gegenständen, durch nicht gesicherte Stapelware (hauptsächlich in Lagerräumen) sowie beim Sturz auf nicht gesicherten Flächen und Wegen (z. B. Abflussroste).
◆ Gefährdung durch elektrischen Strom
Beispiel: Stromschlag an defekten Schaltern oder an frei liegenden Leitungen.
◆ Chemische Gefährdungen
Beispiele: Unsachgemäß aufbewahrte Schadstoffe (Desinfektions-, Reinigungs- und Schädlingsbekämpfungsmittel), Unverträglichkeit gegenüber bestimmten Reinigungsmitteln, Belastung durch Dämpfe und Gase sowie durch Aerosole (z. B. beim Frittieren).
◆ Biologische Gefährdungen
Beispiel: Pathogene Keime (müssen in Lebensmittel verarbeitenden Betrieben generell ausgeschlossen werden, Lebensmittelhygiene-Verordnung).
◆ Gefährdungen durch Brände oder Explosionen
Beispiele: Im Kapitel 7.2 (Verhütung und Bekämpfung von Bränden).
◆ Gefährdungen durch heiße und kalte Medien
Beispiele: Verbrennungen jeglicher Art, insbesondere durch heiße Fette und Öle, Kälteschäden durch Arbeiten in Tiefkühlräumen und beim Transport von TK-Ware (ohne Schutzhandschuhe).
◆ Gefährdungen durch physikalische Ursachen
Beispiele: Hohe Lärmbelastung, Verbrennungen und Verbrühungen (heißer Dampf).
◆ Gefährdungen durch ungünstige Arbeitsplatzgestaltung
Beispiele: Schlechtes Raumklima (zu heiß, zu kalt, zu trocken), unzureichende Beleuchtung, Heben und Tragen von zu schweren Lasten.
◆ Gefährdungen durch ungünstige Arbeitsorganisation
Beispiel: Dienstplangestaltung unter Missachtung des Biorhythmus (ständiger Schichtwechsel).

Maßnahmenplan

Nach erfolgter Gefährdungsanalyse sind die ermittelten Gefahren nochmals auf ihre Relevanz mit den gesetzlichen Vorgaben zu überprüfen. Dabei ist der Gefährdungsgrad einzuschätzen:
◆ Wie hoch kann ein möglicher Schaden sein, und wie schwerwiegend sind die Folgen eines Unfalls?
◆ Sind die Mitarbeiter nur selten oder häufig einer bestimmten Gefährdung ausgesetzt?
◆ Wie wahrscheinlich ist das Auftreten einer Schädigung oder eines Schadens?

Anschließend sind für alle Arbeitsprozesse, Maschinen, Geräte und Arbeitsmittel, von denen eine Gefährdung ausgehen kann, Anordnungen festzulegen, die diese Gefahren in Zukunft ausschließen. Die Einschätzung des Gefährdungsgrads ist für die Dringlichkeit der einzuleitenden Schritte von entscheidender Bedeutung. Das betrifft vor allem solche Maßnahmen, deren Realisierung mit einem hohen finanziellen Aufwand verbunden ist.

Für die Umsetzung der getroffenen Entscheidungen sind bindende Termine festzulegen und Verantwortliche zu benennen. Maßnahmen, die sofort und ohne großen Aufwand durchgeführt werden können, dulden keinen Aufschub. Bei gravierenden Gefährdungen, deren Ursachen nicht umgehend behoben werden können, müssen gegebenenfalls Anlagen oder Maschinen stillgelegt werden mit der Konsequenz, auf andere Produktionsmethoden ausweichen zu müssen. In angemessener Zeit nach Realisierung der Maßnahmen ist deren Wirksamkeit zu überprüfen. Hierbei ist nicht nur zu untersuchen, ob der zuvor bestehende Mangel behoben ist. Es ist auch zu kontrollieren, ob die vorgenommenen Veränderungen möglicherweise zu negativen Auswirkungen geführt haben (z. B. gehäuftes Auftreten von Ekzemen beim Austausch von Reinigungsmitteln).

Dokumentation

Das Erstellen einer Gefährdungsanalyse sowie die Erarbeitung eines Maßnahmenplans und dessen Umsetzung wird von allen Einrichtungen gefordert, unabhängig von der Mitarbeiterzahl. Größere Betriebe sind gesetzlich verpflichtet, die Ergebnisse zu dokumentieren. Kleinen Betrieben mit 10 oder weniger Beschäftigten ist dies freigestellt.

7.3.2 Alarm-, Flucht- und Rettungsplan

Für einen Brand- bzw. Katastrophenfall ist ein betriebsspezifischer Alarm-, Flucht- und Rettungsplan zu erstellen. In diesem müssen alle denkbaren Gefahren berücksichtigt werden, auch solche, die durch grob fahrlässiges Fehlverhalten von Mitarbeitern hervorgerufen werden können. In Küchen sind solche Gefährdungen vorrangig Brände. Auch als außergewöhnlich eingeschätzte Katastrophenfälle müssen im Auge behalten werden (Freisetzung von Gefahrstoffen wie giftige Gase und Dämpfe, Schäden an Gebäuden,

Explosionen u. a.). Im Alarmplan ist festzulegen, wer und in welcher Reihenfolge unter den jeweiligen Bedingungen (Größe des Brands oder eines anderen Zwischenfalls) zu alarmieren ist:
◆ Küchenchef bzw. dessen Stellvertreter
◆ Einrichtungsleiter bzw. Geschäftsführer
◆ Technischer Leiter bzw. Zentrale
◆ Feuerwehr unter Notruf 112

Es ist weiterhin festzulegen, unter welchen Bedingungen die Feuerwehr zu alarmieren ist:
◆ Sofortige Alarmierung (größere Brände, Brände in Abzugsanlagen).
◆ Alarmierung beim Versuch der Brandbekämpfung mit eigenen Mitteln.
◆ Benachrichtigung über einen bereits gelöschten Brand (Nachkontrolle der Feuerwehr nach noch vorhandenen, aber nicht erkannten Brandnestern).

Weiterhin sind in diesem Plan die Maßnahmen auszuweisen, die zur Bekämpfung eines Feuers bzw. zur Begrenzung von Schäden als Folge einer Havarie einzuleiten sind. Die jeweils betriebsspezifischen Anweisungen müssen mit den Vorgaben des Brand- und Arbeitsschutzes übereinstimmen.

Ein gesonderter Flucht- und Rettungsplan ist aufzustellen, wenn die Größe der Küche und deren bauliche Gestaltung (z. B. unübersichtliche Räume) dies erforderlich machen. In diesem Fall sind Hinweise auf die Fluchtwege anzubringen! Es ist festzulegen, durch welche Kontrollmaßnahmen abgesichert wird (Benennung von Verantwortlichen zur Unterstützung des Leiters), dass im Katastrophenfall alle Betriebsangehörigen umgehend vor den bestehenden Gefahren gewarnt werden, und auf welche Weise überprüft wird, ob alle Mitarbeiter in Sicherheit sind. Im Rettungsplan sind auch Regelungen zur Evakuierung von Leuten festzulegen, die sich in den Küchenräumen aufhalten können, obwohl sie nicht zu dem dort beschäftigten Personenkreis gehören.

Es ist möglich, Festlegungen zu treffen, welche wichtigen Gerätschaften und Unterlagen in Sicherheit zu bringen sind, falls das ohne eine Gefährdung von Menschen möglich ist.

7.3.3 Betriebsanweisung/ Unterweisung im Arbeits- und Brandschutz

Die Unterweisung der Mitarbeiter wird vom Arbeitsschutzgesetz zwingend vorgeschrieben. Sie ist auf die jeweiligen betriebsspezifischen Arbeitsprozesse auszurichten, gegebenenfalls auch auf einzelne Arbeitsplätze und personenbezogene Aufgaben der Beschäftigten.

Im Gesetz wird darüber hinaus gefordert, dass der Betriebsleiter den Mitarbeitern eine in verständlicher Form und Sprache schriftliche Betriebsanweisung aushändigt, in der auf besondere Gefährdungen hingewiesen wird und die einzuhaltenden Verhaltensweisen beschrieben werden. Diese Betriebsanweisung kann als Grundlage für die mündlich durchzuführende Unterweisung zum Arbeits- und Brandschutz benutzt werden.

Unbeschadet der Existenz einer solchen Betriebsanweisung ist der Leiter einer Küche zur Durchführung der Unterweisungen zum Unfallschutz verpflichtet. Sie müssen diese Punkte berücksichtigen:

◆ Vorschriften des persönlichen Arbeitsschutzes (z. B. Tragen von Schutzkleidung).
◆ Vorschriften des vorbeugenden Brandschutzes.
◆ Vorschriften bei der Bedienung von Maschinen und Geräten.
◆ Sicherheitsvorschriften für alle anfallenden Arbeitsschritte.
◆ Vorschriften über den Umgang mit Elektroanlagen und elektrischen Geräten.
◆ Vorschriften über die Reinigung von Geräten und Einrichtungen (z. B. Fettfilter) und zur Kontrolle deren Funktion.
◆ Vorschriften über Reinigung der Betriebsräume und der Gewährleistung deren Sicherheit (z. B. das Freihalten von Verkehrs- und Fluchtwegen).
◆ Vorschriften über die Entsorgung von Abfällen.
◆ Vorgaben des Alarm-, Flucht- und Rettungsplans.

Die Unterweisungen sind durchzuführen

◆ bei der Einstellung neuer Mitarbeiter (individuelle Unterweisung),
◆ bei Veränderungen im Aufgabenbereich (individuelle Unterweisung bzw. der Mitarbeitergruppe),
◆ bei der Einführung neuer Arbeitsmittel, Maschinen, Geräte oder neuer Technologien,
◆ für alle Betriebsangehörigen in regelmäßigen Abständen zur Wiederholung und zur Auffrischung der Sicherheitsvorschriften. Diese Wiederholungsunterweisungen sollten mindestens 1-mal jährlich durchgeführt werden.

Über die durchgeführten Unterweisungen ist ein entsprechendes Protokoll anzufertigen, in dem der Gegenstand der Belehrung und die teilnehmenden Personen namentlich aufzuführen sind.

Die Teilnahme sollten die Mitarbeiter durch handschriftliche Unterschrift bestätigen. Die Protokolle sind aufzubewahren und den zuständigen Behörden auf Verlangen vorzulegen.

Die von der Lebensmittelhygiene-Verordnung geforderten Unterweisungen zur Sicherung der hygienischen Unbedenklichkeit von Lebensmitteln und Speisen werden durch die Belehrungen zum Arbeits- und Gesundheitsschutz nicht ersetzt. Es ist in der Praxis zweckmäßig, diese Unterweisungen aufeinander abzustimmen und zum Teil gemeinsam durchzuführen. Einige Punkte der Lebensmittelhygiene-Verordnung sind jedoch recht spezifisch ausgerichtet, so dass für diese gesonderte Belehrungen durchzuführen sind.

Fachkräfte für die Arbeitssicherheit, Betriebsärzte

Das Arbeitssicherheitsgesetz fordert weiterhin, dass Fachkräfte für die Arbeitssicherheit und Betriebsärzte zu bestellen sind. Bei Betrieben mit 10 oder weniger Beschäftigten kann von der Bestellung einer Fachkraft für die Arbeitssicherheit und eines Betriebsarztes abgesehen werden, wenn der Inhaber bzw. Betriebsleiter an einer Qualifizierungsmaßnahme der BGN teilgenommen hat.

An der Schulung muss der Inhaber bzw. Betriebsleiter persönlich teilnehmen, er kann sie nicht an einen Mitarbeiter delegieren.

Die Betriebe können dieser Verpflichtung zur Bestellung von Fachkräften für die Arbeitssicherheit und eines Betriebsarztes nachkommen, indem sie sich dem „Arbeitsmedizinischen und sicherheitstechnischen Dienst" (ASD) der BGN anschließen, von dem dann diese vom Arbeitsschutzgesetz geforderten Maßnahmen übernommen werden.

Sicherheitsbeauftragte

In Betrieben mit mehr als 20 Beschäftigten ist unter Beteiligung des Betriebsrates oder Personalrates ein Sicherheitsbeauftragter gemäß der Unfallverhütungsvorschrift der Berufsgenossenschaften zu benennen (bei mehr als 51 Beschäftigten 2 bzw. eine entsprechend größere Anzahl). Der Sicherheitsbeauftragte hat vordergründig die Interessen der Mitarbeiter zur Sicherung vor gesundheitlichen Gefährdungen zu vertreten und den Betriebsleiter auf Gefahrenquellen sowie sonstige Schwachpunkte in der Arbeitssicherheit aufmerksam zu machen. Darüber hinaus ist er aktiv in die Planung und Durchführung des Gesundheits- und Arbeitsschutzes einzubeziehen. Der Sicherheitsbeauftragte ist keine Fachkraft für Arbeitssicherheit. Eine Fachkraft, die als solche eingesetzt ist, darf nicht gleichzeitig die Funktion eines Sicherheitsbeauftragten wahrnehmen.

In Betrieben mit mehr als 20 Beschäftigten soll weiterhin ein Arbeitsschutzausschuss gebildet werden, dem der Unternehmer oder ein von ihm Beauftragter, 2 vom Betriebsrat bestimmte Betriebsratsmitglieder sowie Fachkräfte für Arbeitssicherheit, Betriebsarzt und Sicherheitsbeauftragte angehören sollen.

7.4 Arbeitsmedizinische Vorsorge, Beschäftigungsbeschränkungen

Das Arbeitsschutzgesetz fordert vom Unternehmer bzw. Betriebsleiter, alle Maßnahmen zu ergreifen, die dem Schutz der Gesundheit der Arbeitnehmer dienen und diese vor Gesundheitsschädigungen bei ihrer Tätigkeit bewahren.

Arbeitsmedizinische Vorsorgeuntersuchungen

Der Unternehmer hat den Mitarbeitern zu ermöglichen, ihren Gesundheitszustand durch arbeitsmedizinische Vorsorgeuntersuchungen überwachen zu lassen. Das betrifft sowohl Erstuntersuchungen vor Arbeitsaufnahme als auch Nachuntersuchungen, die im Verlauf ihrer Tätigkeit in regelmäßigen Abständen durchgeführt werden sollten.

Eine arbeitsmedizinische Erstuntersuchung soll überprüfen, ob der Betriebsangehörige den Anforderungen in gesundheitlicher Hinsicht gewachsen ist, welche die vorgesehene Tätigkeit an ihn stellt. Das betrifft insbesondere solche Arbeitnehmer, die erstmalig in diesem Beruf arbeiten wollen bzw. entsprechende Tätigkeiten ausüben sollen. Außerdem können an Hand der bei Nachuntersuchungen erhobenen Befunde Empfehlungen gegeben werden, die sich auf die Lebensführung, auf die Gestaltung des Arbeitsplatzes oder auf einen Wechsel der spezifischen Tätigkeit erstrecken.

Eine arbeitsmedizinische Untersuchung ersetzt nicht die Erteilung einer Arbeitserlaubnis gemäß den Vorgaben des Infektionsschutzgesetzes (siehe Kapitel 6.7.3). Sie ist auch nicht eine allgemeine Vorsorgeuntersuchung, die der Früherkennung von gesundheitlichen Risiken dient.

Beschäftigungsbeschränkungen

Arbeiten mit und an Maschinen mit Meng-, Misch-, Zerkleinerungs-, Schneid-, Press- und Walzwerkzeugen dürfen nur von Personen durchgeführt werden, die das 18. Lebensjahr vollendet haben. Den Maschinen sind zahlreiche Nahrungsmittelmaschinen zuzuordnen, in Küchen beispielsweise Kutter. Das Gleiche gilt für Arbeiten, bei denen „ungesicherte Gefahr bringende Bewegungen beim Rüsten, Beheben von Störungen im Arbeitsablauf und Instandhalten durch Befehlseinrichtungen mit selbsttätiger Rückstellung in Gang gesetzt" werden.

Jugendliche über 16 Jahre dürfen solche Arbeiten dann ausführen, wenn dies zum Erreichen ihres Ausbildungsziels erforderlich ist und der Schutz ihrer Gesundheit durch die Anwesenheit eines Aufsichtführenden gewährleistet ist.

8 Betriebswirtschaftliche Gesichtspunkte

Die Führung eines Hotels oder einer Gaststätte unter betriebswirtschaftlichen Gesichtspunkten ist vorrangig die Aufgabe des Leiters der Einrichtung (Besitzer, Hoteldirektor, Geschäftsführer). Zum wirtschaftlichen Erfolg trägt zu einem beträchtlichen Teil auch ein Speisenangebot bei, das sich an den Bedürfnissen der potenziellen Gäste orientiert und das zu einem Preis angeboten wird, der für die Kunden attraktiv ist und gleichzeitig die Erwirtschaftung eines Gewinns ermöglicht. Die Mehrzahl der Gäste erwartet ein faires Preis-Leistungs-Verhältnis. Der Küchenleiter hat unter dieser Blickrichtung neben der Organisation der gesamten Küchenarbeit dafür Sorge zu tragen, dass die Speisenproduktion unter Beachtung wirtschaftlicher Gesichtspunkte erfolgt und neben der Sicherung einer hohen Qualität der Speisen zur Erwirtschaftung eines Gewinns beiträgt.

Diese Zielstellung erfordert

- den Einkauf von Waren unter wirtschaftlichen Aspekten einschließlich der Überprüfung der angelieferten Produkte in Hinblick auf Vollständigkeit und der gewünschten bzw. deklarierten Qualität,
- eine zweckgerichtete Lagerhaltung zum Vermeiden von finanziellen Verlusten durch Verderb oder Qualitätsminderungen, durch eine kostenaufwendige Lagerhaltung (z. B. hohe Energiekosten) und durch einen überhöhten Lagerbestand (zu hohe Bindung von ruhendem Kapital),
- die Überwachung des Verbrauchs von Lebensmitteln und anderen Verbrauchsmaterialien, vor allem die Einhaltung des vorgegebenen Wareneinsatzes pro Gericht,
- die effektive Organisation der Küchenarbeit und den rationellen Einsatz des Personals unter der Beachtung aller arbeitsrechtlichen Erfordernisse,
- die Sicherung des sorgsamen Umgangs mit den Einrichtungsgegenständen und Gerätschaften sowie auch deren entsprechende Pflege,
- den sparsamen Umgang mit Energie und Wasser,
- die Kalkulation des Verkaufspreises der produzierten Speisen unter dem Gesichtspunkt der Rentabilitätssicherung.

8.1 Warenwirtschaft
8.1.1 Einkauf von Waren

Beim Einkauf von Waren müssen zahlreiche, zum Teil recht unterschiedliche Kriterien beachtet werden, z. B.

- die an die Qualität der Waren zu stellenden Anforderungen, die sich u. a. auch aus der vorgesehenen Verwendung ergeben,
- die Garantie der Einhaltung von gewünschten Lieferterminen unter Beachtung möglicher Bestellfristen,
- der geforderte Einkaufspreis der Ware einschließlich der Berücksichtigung von Mengenrabatten,
- die Lieferbedingungen unter dem Augenmerk möglicher Verpflichtungen zur Abnahme eines bestimmten Warenvolumens bzw. der Berechnung von Preisaufschlägen für Sonder- und Expresslieferungen,
- die Länge des eingeräumten Zahlungsziels (Fälligkeitstermin der Rechnung), wobei ein möglichst langes Zahlungsziel anzustreben ist,
- die Gewährung von Skonto bei rechtzeitiger bzw. vorzeitiger Zahlung,
- die Einräumung von Sonderkonditionen unter Beachtung der Bedingungen, die an solche Konditionen geknüpft sind.

Das Einräumen eines Zahlungskredites, dessen Volumen begrenzt ist, kann bei einem beschränkt verfügbaren Betriebskapital als vorteilhaft angesehen werden. Allerdings ist zu bedenken, dass in diesen Fällen ein Skonto für die umgehende Begleichung des Rechnungsbetrags meist nicht gewährt wird. Der finanzielle Vorteil eines Skontos kann jedoch unter Umständen größer sein als die anderenfalls zu zahlenden Zinsen für einen gewährten Bankkredit. Ein vereinbartes langes Zahlungsziel kann deshalb einer zeitweiligen Kreditierung durch den Lieferanten gleichgesetzt werden. Eine gleichzeitig getroffene Vereinbarung über die Kostenabwicklung durch Sammelrechnungen für einen festzulegenden Lieferzeitraum kann sowohl für den Lieferanten als auch für den Kunden von Vorteil sein, da es den Verwaltungsaufwand beider Parteien verringert.

Es ist somit erforderlich, den realen Einkaufspreis zu ermitteln, der sich unter Berücksichtigung der unterschiedlichen Einkaufskonditionen und Rechnungsstellungen ergibt. Es ist dann die wirtschaftlich günstigste Variante auszuwählen und diese nochmals in Hinblick auf die Qualität der zu liefernden Waren zu überprüfen. Diese Beurteilung der Lieferbedingungen muss bei einer Änderung der Voraussetzungen erneut vorgenommen werden, bevor neue Bestellungen getätigt werden.

Für eine effektive Warenwirtschaft ist es entscheidend, den Einkauf der Waren den konkreten Erfordernissen und Möglichkeiten des Betriebs anzupassen. Dazu ist es notwendig, wichtige Eckdaten zu ermitteln und auf deren Grundlage einen betriebsspezifischen Algorithmus für den Einkauf festzulegen. Ein solcher Algorithmus erleichtert das Auslösen von Bestellungen, die sinnvolle Lagerhaltung und die Sicherung der ständigen Verfügbarkeit der erforderlichen Waren. Er trägt damit zur Einsparung von Arbeitszeit und von Betriebskosten bei. Für ein solches Organisationsschema müssen folgende Punkte geklärt bzw. erarbeitet werden:

◆ Höhe der verfügbaren Betriebsmittel.
◆ Erfassung der Lagerkapazität.
◆ Erfassung des aktuellen Lagerbestands.
◆ Festlegung der Modalitäten für das Auslösen von Nachbestellungen sowie der innerbetrieblichen Bedarfsmeldung.
◆ Festlegung der Verfahrensweise für den Einkauf von Lebensmitteln und sonstigem Verbrauchsmaterial.
◆ Erarbeitung einer Lieferantenkartei für alle Warenpositionen.
◆ Auswahl geeigneter Lieferanten (aus der Lieferantenkartei).
◆ Kalkulation des Wertes des durchschnittlichen Lagerbestands, Vergleich dieses Wertes mit den Vorgaben der Betriebsleitung unter Be-

rücksichtigung der verfügbaren Betriebsmittel und Sicherung eines Reservebetrags, um auf preisgünstige und nur kurzfristig geltende Sonderangebote reagieren zu können.

Verfügbare Betriebsmittel

Bei einem hohen Lagerbestand sind beträchtliche Betriebsmittel gebunden (sog. ruhendes Kapital). Es ist deswegen anzustreben, den Lagerbestand auf ein notwendiges Maß zu begrenzen und nur eine kleine Reserve zur Absicherung eines plötzlichen Mehrverbrauchs oder zur Überbrückung bei einer verspäteten Nachlieferung bereitzuhalten. Dies ist besonders dann zu beachten, wenn das frei verfügbare Betriebskapital begrenzt ist bzw. wenn eine zusätzliche Zinslast zu tilgen ist (z. B. Abzahlung von Krediten). Auch hierbei sollten alle Vorteile ausgenutzt werden, die sich durch vorteilhafte Zahlungsbedingungen ergeben und die auszuhandeln sind (siehe oben).

Erfassung der Lagerkapazität

Die genaue Kenntnis der generell zur Verfügung stehenden Lagerkapazität ist Voraussetzung für eine gezielte Planung der Lagerwirtschaft. Es sollte dabei exakt zwischen der als optimal angesehenen Kapazität und der als maximal möglichen Kapazität unterschieden werden, die nur in Ausnahmefällen genutzt werden sollte (beispielsweise das Reagieren auf attraktive Sonderangebote oder die Bevorratung bei außergewöhnlichen Sonderveranstaltungen).

Die vorhandenen Lagermöglichkeiten sind für die einzelnen Lebensmittelgruppen und Lagerungsarten getrennt zu ermitteln (Trocken-, Kühl- und Tiefkühllagerung, Lagerung von Fleisch und Geflügelfleisch, Fisch, Gemüse sowie Wild in der Decke und Geflügel).

Bei der Ermittlung der als optimal anzusehenden Kapazität ist zu beachten:

◆ Der Lagerbestand muss jederzeit überschaubar und so eingeordnet sein, dass einzelne Produkte jederzeit ohne Schwierigkeiten schnell entnommen werden können.
◆ Das Einlagern der einzelnen Positionen einer Warenart muss ein schnelles Umgruppieren erlauben. Jede Nachlieferung muss so einge-

lagert werden, dass bei der Entnahme eines Artikels zwangsläufig der des alten Warenbestands entnommen wird (Unterbindung einer langen Lagerdauer von einzelnen Waren, die zu Verlusten bzw. Qualitätseinbußen führen kann).

◆ Kühlräume dürfen nicht mit Waren „überfüllt" werden. Es muss eine ausreichende Zirkulation der Luft um die eingelagerten Waren herum gewährleistet sein, die ein rasches Abkühlen des eingebrachten Kühlgutes ermöglicht. Dadurch kann auch die Bildung von Schwitzwasser verhindert werden, die zu einer Durchfeuchtung und zum vorzeitigen Verderb führen kann. Eine ausreichende Luftzirkulation ist hauptsächlich bei der kurzzeitigen Lagerung von vorgefertigten Speisen zu garantieren.

◆ Es muss beachtet werden, dass die Lagerung von nicht luftdicht verpackten Waren auf dem Fußboden von Kühlräumen nicht zulässig ist.

◆ Die maximale Lagerkapazität von Tiefkühlräumen muss auf die Kühlleistung des jeweiligen Aggregates abgestimmt sein. Es muss gesichert sein, dass die vorgeschriebene Lagertemperatur (mindestens −18 °C) auch bei der Einlagerung von angelieferter TK-Ware in vertretbarer Zeit wieder erreicht wird (falls möglich die zeitlich versetzte Zustellung in kleineren Mengen vereinbaren oder entsprechend zeitlich versetzte Bestellungen auslösen).

◆ Für die Lagerung von Wild in der Decke und Geflügel (nicht gerupft) muss gemäß den Vorgaben der Lebensmittelhygiene-Verordnung die separate, von anderen Lebensmitteln getrennte Lagerung vorgesehen werden.

◆ Die Lagerkapazität für sog. Hilfsmittel, die von Lebensmitteln getrennt aufzubewahren sind, ist gesondert zu ermitteln (Reinigungs- und Desinfektionsmittel, brennbare Flüssigkeiten und anderes leicht entflammbares Material, Schädlingsbekämpfungsmittel).

Erfassung des Lagerbestands

Die genaue Kenntnis des aktuellen Bestands aller Einzelpositionen ermöglicht die korrekte Planung von Bestellungen zur Ergänzung des Lagerbestands. Dadurch wird einerseits verhindert, dass eine Anlieferung von Waren initiiert wird, die auf

Grund ihres Umfangs nicht mehr sachgerecht gelagert werden können (Gefahr von Verlusten). Andererseits kann verhindert werden, dass der Lagerbestand ausgeschöpft wird mit der Folge von Engpässen in der Realisierung des vorgesehenen Speisenangebotes. Außerdem gibt der aktuelle Lagerbestand Auskunft über den Wert der vorgehaltenen Waren und erleichtert die Durchführung der notwendigen Inventuren.

Die Erfassung des Lagerbestands kann sowohl manuell (Lagerkartei) als auch mit Hilfe der elektronischen Datenerfassung (EDV) erfolgen. Letztere bietet große Vorteile, da sie die Eintragung der Nachlieferungen erleichtert und, bei Nutzung eines entsprechenden Programms, auch bei Entnahmen bzw. Zuführungen jederzeit den aktuellen Bestand automatisch ausweist.

Bei der Auflistung des Lagerbestands empfiehlt es sich, systematisch vorzugehen und zu den einzelnen Positionen diese Daten zu erfassen:

◆ Die einzelnen Waren sollten nach Lebensmittelgruppen geordnet erfasst werden. Eine alphabetische Erfassung ist nur innerhalb einer Lebensmittelgruppe sinnvoll (Einordnung nach dem Prinzip eines Dezimalsystems).

◆ Gleichartige oder nahezu identische Erzeugnisse von unterschiedlichen Herstellern sind als Block unter einer einheitlichen Spezifizierung zu erfassen (z. B. Convenience-Produkte wie Saucenpulver).

◆ Für jede Position sind nachstehende Angaben aufzunehmen:

Bezeichnung des Artikels
Hersteller bzw. Hersteller und Lieferant
Verpackungsgröße(n), Anzahl der Verpackungen
Umfang des gesamten Lagerbestands (Gewicht, Volumen)
Preise (für unterschiedliche Mengen bzw. Verpackungsgrößen individuell)

◆ Bei der Erfassung auf Karteikarten sollte für jede Position eine spezielle Karteikarte angelegt, bei der Erfassung über EDV jeweils eine extra Eintragung (separate Seite) vorgenommen werden.

◆ Es empfiehlt sich, auch die im Betrieb in Eigenregie gefertigten und anschließend gefrosteten Speisen sowie selbst gefrostete Lebensmittel (Anlieferung als frische Ware) mit in das System aufzunehmen. Das gilt vor allem dann, wenn sie in größeren Mengen produziert und gefrostet werden und nicht für den alsbaldigen Verbrauch bestimmt sind. Bei gelegentlichem Anfall solcher Erzeugnisse empfiehlt sich ein spezieller Ausweis (zeitweilige Lagererfassung).

◆ Reinigungs- und Desinfektionsmittel, sonstige Hygienemittel (z. B. Handtücher, Toilettenpapier), gegebenenfalls Schädlingsbekämpfungsmittel und sonstige Waren (z. B. brennbare Flüssigkeiten) sind zweckmäßigerweise unter einer gesonderten Gruppe zu erfassen.

Bei der Verwaltung des Lagerbestands sind bindende Festlegungen für die Entnahme von Positionen aus dem Lager zu treffen:

◆ Benennung der Betriebsangehörigen, die berechtigt sind, Produkte aus dem Lager zu entnehmen.

◆ Festlegung der Verfahrensweise, mit der die Entnahme von Waren (Artikel und Menge) sofort erfasst bzw. dokumentiert wird (z. B. Entnahmescheine).

◆ Festlegung der Situationen, bei denen die zur Entnahme berechtigten Mitarbeiter den Küchenleiter umgehend bzw. am Ende der Schicht zu informieren haben. Das betrifft insbesondere die Entnahme größerer Mengen bzw. das Unterschreiten eines kritischen Lagerbestands, wozu die jeweiligen Mengen genau festzulegen sind (Meldebestand, siehe unten).

◆ Festlegung der Verfahrensweise bei Sonderregelungen für einzelne Stationen oder Posten für das Erfassen der Entnahme von Waren, die für deren Arbeit spezifisch sind, gegebenenfalls auch für das Bestellen dieser Produkte (z. B. Kakaoerzeugnisse für die Patisserie).

Festlegung der Modalitäten für Bestellungen sowie für Nachbestellungen

Für die reibungslose Abwicklung des Tagesgeschäftes ist die ständige Verfügbarkeit aller erforderlichen Lebensmittel, Hilfsstoffe und sonstiger Waren unabdingbar. Auf Grundlage der optimalen Lagerkapazität, der als sinnvoll angesehenen optimalen Bevorratung und des aktuellen Lagerbestands ist es zweckmäßig, Verfahrensweisen für das Auslösen von Bestellungen und Nachbestellungen festzulegen. Dabei sind zweckmäßigerweise folgende Gesichtspunkte zu beachten bzw. für die Entscheidungsfindung heranzuziehen:

◆ Der Umfang der erforderlichen Bevorratung ist für alle Artikel separat festzulegen.

◆ Bei der Festlegung der sinnvollen Obergrenze für eine Bevorratung muss die Verbrauchsfrist bzw. das Mindesthaltbarkeitsdatum der jeweiligen Lebensmittel berücksichtigt werden, um einen möglichen Verderb bzw. Qualitätsverluste weitgehend auszuschließen.

◆ Es ist der durchschnittliche Verbrauch pro Tag (V) über einen längeren Zeitraum hinweg zu ermitteln. Die dabei festgestellten maximalen Überschreitungen des Durchschnittswertes sind als Richtwerte für die Ermittlung eines Reservebestands heranzuziehen.

◆ Es sind die Lieferzeiten der Hersteller bzw. Vertriebssysteme (LZ) zu berücksichtigen sowie etwaige Mindestmengen, die für die Ausführung eines Lieferauftrags oder für die Gewährung von Mengenrabatten gefordert werden. Ebenso sind mögliche Verzögerungen bei der Anlieferung einzukalkulieren und dafür ein Reservebestand (R) einzuplanen.

Bei der Ermittlung des Reservebestands müssen somit primär die Lagerfähigkeit der betreffenden Erzeugnisse (Verbrauchsfristen, Mindesthaltbarkeitsdatum), die optimale Lagerkapazität und die Sicherheitsbevorratung für Mehrverbrauch bzw. Lieferverzögerung berücksichtigt werden, aber auch die zur Verfügung stehende Kapitaldecke und weitere wirtschaftliche Gesichtspunkte wie die Mitnahme von Mengenrabatten oder das Nutzen von Sonderangeboten können die Höhe des Reservebestands beeinflussen. Es ist jedoch anzuraten, eine durch besondere Bedingungen überhöhte Lagerreserve in den folgenden Tagen bzw. Wochen wieder auf den als optimal angesehenen Reservebestand zurückzufahren.

Aus den Werten des durchschnittlichen Verbrauchs pro Tag (V), der Lieferzeit in Tagen (LZ) und des Reservebestands (R) ergibt sich der

Lagerbestand, bei dessen Unterschreitung eine Nachbestellung ausgelöst werden muss (Meldebestand [M]). Bis zum Eintreffen der Lieferung wird dann der Bestand in der Regel bis auf die Reserve aufgebraucht.

$$M = V \times LZ + R$$

Die Höhe der Nachbestellung ist gesondert festzulegen, sie wird in der Regel die Höhe des Verbrauchs vom Zeitpunkt des Auslösens der Bestellung bis zu deren Eintreffen ($V \times LZ$) überschreiten. Andernfalls muss zum Zeitpunkt der Zustellung sofort die nächste Lieferung vereinbart werden.

Es ist weiterhin ratsam festzulegen, wer für das Auslösen von Nachbestellungen berechtigt bzw. verpflichtet ist und wer unter welchen Bedingungen ein Überschreiten der Lieferhöhe über den Minimalwert ($V \times LZ$) hinaus veranlassen darf (z. B. Rückfrage beim Küchenchef bzw. Besitzer oder Geschäftsführer).

Einkauf von Lebensmitteln und sonstigem Verbrauchsmaterial

Die Auswahl der „richtigen" Waren aus dem umfangreichen Angebot identischer bzw. nahezu identischer Artikel der verschiedenen Produzenten bzw. Lieferanten ist für die wirtschaftliche Betriebsführung oft von entscheidender Bedeutung. Dazu sollten nachstehende Vergleiche angestellt werden:

◆ Vergleich der Preise gleicher oder ähnlicher Produkte
Ein Vergleich der Preise für gleiche oder ähnliche Produkte unterschiedlicher Hersteller betrifft vorzugsweise Convenience-Produkte. Die Preise der Hersteller können beträchtlich differieren, wobei sog. Markenprodukte in vielen Fällen teurer sind. Bei diesem Vergleich muss jedoch auch auf mögliche Qualitätsunterschiede geachtet werden, die wesentlichen Einfluss auf die Qualität der gefertigten Speisen haben können. Es muss ausgeschlossen werden, dass sich ein Einsatz von preisgünstigen Erzeugnissen negativ auf die Qualität des Endproduktes auswirkt und letztendlich zu einem geringeren Verkaufserlös und damit zu einem kleineren, wenn nicht sogar zu einem negativen Betriebsergebnis führt.

◆ Vergleich der Preise von Lieferanten
Identische Produkte werden von den Lieferanten oft zu unterschiedlichen Preisen angeboten. Da die Lieferanten (meist Handelsketten) voneinander abweichende Mengenrabatte der Hersteller bei der Mischkalkulation einbeziehen, müssen die Preise aller Waren einzeln verglichen werden. Es wird dabei immer abzuwägen sein, ob ein unter diesen Gesichtspunkten erfolgendes Einbeziehen einer größeren Zahl von Lieferanten zu einer spürbaren Einsparung führt oder ob der dadurch bedingte Mehraufwand für Bestellung und Warenannahme diesen Gewinn zunichte macht.

◆ Vergleich der Preise von Erzeugern von Frischprodukten
Der Preis von frischen Lebensmitteln, die direkt von den Erzeugern bezogen werden, differiert erfahrungsgemäß in recht beträchtlichem Maße. Ein Preisvergleich ist insofern schwierig, da diese Erzeugnisse oft große Qualitätsunterschiede aufweisen, die maßgeblich von der Produktionsweise abhängen. Bei diesen Lebensmitteln sollte deshalb primär auf die Qualität geachtet werden. Dann gelingt es oft, einen Preis auszuhandeln, welcher der Qualität der Ware entspricht, wenn im Gegenzug die Abnahme eines gewissen Warenkontingentes für einen zu vereinbarenden Zeitraum zugesichert wird.

◆ Vergleich der Preise von Waren unterschiedlicher Verarbeitungsstufen
Bei dem Einkauf von Frischfleisch ist beispielsweise zu vergleichen, ob die Mehrkosten für bereits ausgelöste Fleischpartien die Warenverluste und Arbeitskosten bei einem selbst vorgenommenen Ausbeinen wettmachen.

◆ Berücksichtigung von Mengenrabatten
Die von manchen Anbietern gewährten Mengenrabatte sollten dann genutzt werden, wenn sie eine beträchtliche Einsparung bedeuten, aber nicht zu unvertretbar hohen Lagerbeständen führen (überdurchschnittliche Bindung von Betriebskapital, Gefahr eines Verderbs oder einer Qualitätsminderung, Gefahr der Überschreitung des Mindesthaltbarkeitsda-

tums). Es ist sinnvoll zu überprüfen, ob durch den Einkauf von Großpackungen an Stelle von Portionspackungen eine Einsparung von Mitteln erreicht werden kann oder ob dadurch ein Mehraufwand an Arbeitszeit bzw. die Gefahr von Verlusten (Verderb des Inhaltes von angerissenen Großpackungen) diese zunichte macht.

◆ Berücksichtigung von Sonderangeboten
Durch die Berücksichtigung von Sonderangeboten ist es in sehr vielen Fällen möglich, Einsparungen zu erzielen. Diese können beträchtlich sein, wenn durch ein geändertes Speisenangebot dem preisgünstigen Einkauf Rechnung getragen wird (Sonderkarte). Es ist dann auch möglich, einen gewissen Prozentsatz dieser Einsparung durch eine gästefreundliche Preisgestaltung an die Kundschaft weiterzugeben und diese damit als Stammgäste zu gewinnen.

◆ Zahlungsbedingungen der einzelnen Lieferanten
Die Zahlungsbedingungen der einzelnen Lieferanten können unterschiedlich gestaltet sein (siehe oben).

Lieferantenkartei für alle Warenpositionen

Das Anlegen einer Lieferantenkartei für alle im Betrieb benötigten Warenpositionen erleichtert das Auslösen zweckgerichteter Bestellungen, bei denen die gewünschte Qualität, der Preis im Allgemeinen sowie das Preis-Leistungs-Verhältnis im Interesse der Qualität der produzierten Speisen und der Ökonomie des Betriebs im Besonderen berücksichtigt werden sollen.
Vor der Auswahl der jeweiligen Hersteller, Produzenten bzw. Lieferanten sollte eine genaue Analyse des Marktes stehen, zu der nachstehende Informationen über die Eigenschaften sowie der Preise hinzugezogen bzw. eingeholt werden sollten:

◆ Informationsmaterial (Prospekte, Preislisten) der Außendienstmitarbeiter einzelner Firmen.

◆ Informationen durch den Besuch von Messen und Ausstellungen.

◆ Lesen der Fachpresse und Anforderung von Informationen über Produkte, die in Publikationen beworben werden.

◆ Auswertung der Angebotskataloge von Handelsketten und Großhändlern.

◆ Angebote von Landwirtschaftsbetrieben der näheren Umgebung.

◆ Angebote von Handwerksbetrieben der näheren Umgebung (Bäcker, Fleischer).

Unter dem Gesichtspunkt des Charakters, des Angebotsspektrums und der Preiskategorie des Betriebs sollte eine Vorauswahl der Lieferantengruppen getroffen werden unter Berücksichtigung deren Angebotsspektrums. Daraus ist auch der angestrebte Anteil der einzelnen Verarbeitungsformen der Waren am gesamten Wareneinsatz abzuleiten. Diese Auswahl der potenziellen Lieferanten ist zweckmäßigerweise nach folgenden Lebensmittelgruppen vorzunehmen:

◆ Frische Produkte
Direktbezug vom Produzenten, Bezug vom Markt, Großmarkt oder Großhändlern.

◆ Standardprodukte wie Mehl, Salz u. a.
Bezug von Großhändlern oder Handelsketten.

◆ Tiefkühlerzeugnisse
Bezug von Großhändlern, Handelsketten oder Firmen.

◆ Convenience-Produkte
Bezug von Firmen oder Handelsketten.

In diesen Kategorien sollten zunächst alle möglichen Lieferanten erfasst werden, die unter Berücksichtigung der geographischen Gegebenheiten von Interesse sein könnten, auch wenn sie vorerst nicht als „erste Wahl" angesehen werden. Durch diese Aufnahme in eine umfassende Lieferantenkartei ist es leicht möglich, beim Ausfall eines Lieferanten bzw. beim Auftreten von Lieferschwierigkeiten auf einen „Ersatzlieferanten" zurückzugreifen, ohne unter Zeitdruck neue Recherchen anstellen zu müssen. Dabei sollten von jedem Lieferanten bzw. Hersteller diese Daten erfasst werden:

◆ Name bzw. Firmenbezeichnung

◆ Anschrift, Telefon, Fax, Internet-Anschluss

◆ Ansprechpartner mit Telefon

◆ Lieferprogramm, Verweis auf im Betrieb vorliegende Kataloge und Preislisten

◆ Besonderheiten (z. B. Mindestmengen, Mengenrabatte, Lieferfristen)

Auswahl geeigneter Lieferanten

Bei der Auswahl der geeigneten Lieferanten sollten zunächst die nachfolgenden Kriterien herangezogen werden, die im Endeffekt für die Qualität der produzierten Speisen sowie für ein gutes Betriebsergebnis entscheidend sind:

◆ Qualität der Waren (Qualitätsstandards, Gütesiegel)
◆ Preis-Leistungs-Verhältnis der Waren unter der Berücksichtigung von Mengenrabatten
◆ Leistungsfähigkeit des Lieferanten (Mengengarantie)
◆ Lieferfristen und Liefertermine unter Berücksichtigung möglicher Bestellfristen
◆ Qualität der Zustellung (beispielsweise Einhaltung der Kühlkette)

Ein entscheidender Punkt ist die Preisgestaltung des Lieferanten. Diese kann Besonderheiten aufweisen, die vor Vertragsabschluss berücksichtigt werden müssen, z. B.

◆ Verpflichtung zur Abnahme eines bestimmten Warenvolumens (Mindestpreis, der für die Laufzeit des Vertrags regelmäßig zu entrichten ist, unabhängig vom Umfang der tatsächlich ausgelösten Bestellungen),
◆ Preisaufschläge für Expresslieferungen oder für die Auslieferung von Kleinstbestellungen, Sonderkonditionen, die nur unter bestimmten Voraussetzungen eingeräumt werden (wie Gewährung eines Kreditvolumens, siehe oben).

Bei der Auswahl der Lieferanten für die unterschiedlichen Lebensmittelgruppen müssen noch zusätzliche, jeweils spezifische Kriterien angelegt werden. Das gilt in erster Linie für den Direktbezug frischer Produkte vom Erzeuger, der vorzugsweise Gemüse, frische Kräuter und Obst, in selteneren Fällen Fleisch von Schlachttieren, Geflügel, Hühner- und Wachteleier sowie Fische und Wild betrifft. Für Restaurants, die nicht in ländlichen Gegenden liegen, ist ein regelmäßiger Direktbezug vom Hersteller dann sinnvoll, wenn längerfristige Verträge abgeschlossen werden können, welche die Anlieferung von vereinbarten Mengen zu den ausgemachten Zeiten garantieren. In diesem Fall besteht oft die Möglichkeit, Einfluss auf die Sortenauswahl bei Gemüse oder

auf die Bedingungen der Haltung von Schlachttieren zu nehmen.

Bei dem Bezug von Standardlebensmitteln und Convenience-Produkten ist es aus mehreren Gründen sinnvoll, sich auf wenige Lieferanten zu beschränken:

◆ Die Anzahl der Bestellungen, der Absprachen mit Vertretern, der Anlieferungen sowie die Bearbeitung von Lieferpapieren und Rechnungen kann wesentlich verringert werden, wodurch eine nicht unbedeutende Zeitersparnis erreicht werden kann. Ein zusätzlicher Effekt sind weniger Störungen im Arbeitsprozess auf Grund von seltener erfolgenden Besuchen von Außendienstmitarbeitern.
◆ Bei der Abnahme eines größeren Warenvolumens kann möglicherweise von Mengenrabatten profitiert werden.
◆ Es kann mit der kleineren Zahl an Ansprechpartnern ein intensiverer fachbezogener Austausch stattfinden, wobei vor allem für den Einsatz von Convenience-Produkten bessere und oft vollständigere Informationen übermittelt werden können. Außerdem werden Hinweise auf Sonderangebote, bei denen sehr rasch reagiert werden muss, frühzeitiger und gezielter übermittelt.

Eine gewisse zahlenmäßige Begrenzung der Lieferanten, ohne dabei das gewünschte Warensortiment einschränken zu müssen, kann erreicht werden bei der Belieferung durch Handelsketten, welche die gewünschten Erzeugnisse des bevorzugten Herstellers gelistet haben. Auf diese Weise kann das Bestellsystem entlastet werden bei gleichzeitiger Reduzierung des Arbeitsaufwands für die Warenannahme. Die dadurch gewonnene Zeit kann u. a. für gezielte Gespräche mit den Lieferanten genutzt werden, von denen spezielle Waren bezogen bzw. mit denen Sonderbestellungen getätigt werden sollen, die nur einen relativ kleinen Teil des gesamten Wareneinsatzes ausmachen.

Vertragsrecht beim Auslösen von Bestellungen

Die Bestellung einer Ware und deren Annahme bedeutet den Abschluss eines Liefervertrags zwischen Lieferanten (Verkäufer) und Besteller. Der Verkäufer ist dadurch verpflichtet, die im Vertrag festgelegten Konditionen einzuhalten in Hinblick auf das bestellte Sortiment, die gewünschte Qualität, die Menge einschließlich Packungsgrößen und die Liefertermine. Auf der anderen Seite ist der Besteller verpflichtet, die geordnete Ware termingerecht abzunehmen (andernfalls kommt es zu einem Annahmeverzug) und fristgerecht zu bezahlen, um Forderungen von Verzugszinsen zu verhindern. Ausnahmen von diesen grundsätzlichen Geschäftsbedingungen sind nur unter bestimmten Voraussetzungen bzw. einseitigen Vertragsverletzungen von Seiten des Lieferanten möglich:

◆ Vertragsänderungen
Vertragsänderungen sind im gegenseitigen Einvernehmen vor Anlieferung der Waren möglich. (Angebot einer Austauschlieferung durch den Verkäufer, Beantragung einer Reduzierung der Bestellmenge durch den Besteller bei einem nicht voraussehbaren Minderbedarf.)

◆ Abnahme auf Kommission
Bei der Bestellung kann bereits eine mögliche Rücknahme eines Teils der Lieferung vereinbart werden, vorausgesetzt es handelt sich um industriell luftdicht verpackte Waren, deren Verpackung nicht geöffnet wurde (in der Praxis nur bei Getränken wie Wein üblich).

◆ Überschreitung von Lieferterminen
Bei Überschreitung der vereinbarten Liefertermine kann bzw. muss als erster Schritt reklamiert werden (telefonisch, schriftlich [Fax]). Gegebenenfalls kann von der Bestellung Abstand genommen werden, falls die georderten Waren nicht mehr gebraucht werden (sog. Rücktritt), und die Annahme einer nach einem bereits erklärten Rücktritt erfolgenden Lieferung abgelehnt werden. Unter bestimmten Bedingungen ist es möglich, Schadensersatz zu fordern. (Die nicht gelieferten Waren mussten an anderer Stelle zu einem höheren Preis beschafft werden, es entstanden Einbußen wegen der nicht vertragsgerechten Erfüllung des Bewirtungsvertrags.)

◆ Anlieferung von mangelhafter Ware
Bei der Anlieferung von mangelhafter, verdor-

bener oder beschädigter Ware ist eine Mängelrüge auszusprechen. Mängel müssen bereits bei der Warenannahme reklamiert und auf dem Lieferschein schriftlich vermerkt werden. Eine spätere Reklamation ist nur in den Fällen möglich, in denen die Fehler bei der Warenannahme nachweislich nicht erkannt werden konnten (z. B. abgepackte Waren, insbesondere in Originalverpackung).

Bei eindeutig bestehenden Mängeln besteht ein Recht auf Wandlung, Minderung des Preises oder Ersatzlieferung bzw. Schadensersatz wegen Nichterfüllung des Vertrags (BGB §§ 459 bis 463). Die Annahme von verdorbener Ware bzw. von Ware, deren Verbrauchsfrist bzw. Mindesthaltbarkeitsdatum bereits überschritten ist, ist zu verweigern.

8.1.2 Warenannahme

Die Bedeutung, die einer ordnungsgemäßen Annahme von Waren zukommt, wird oft unterschätzt. Eine Mißachtung wesentlicher Punkte kann nicht nur finanzielle Verluste mit sich bringen, sondern sie kann darüber hinaus zu Störungen im Betriebsablauf, zu Problemen in lebensmittelhygienischer Sicht und zu Streitigkeiten bis hin zu gerichtlichen Auseinandersetzungen mit den Lieferanten führen.

Bei der Annahme von Waren sind diese unter den nachfolgend aufgeführten Gesichtspunkten zu kontrollieren:

◆ Lebensmittelhygienische Sicherheit.
◆ Sachliche Richtigkeit sowie Übereinstimmung mit der Bestellung und den Lieferpapieren.
◆ Überprüfung auf Vollständigkeit.

Kontrolle der lebensmittelhygienischen Sicherheit

Es ist zu überprüfen, ob die Waren entsprechend den Vorgaben der Lebensmittelhygiene-Verordnung für den Verzehr geeignet sind und den weiteren Bestimmungen entsprechen (siehe ausführlich Kapitel 6.3.1). Diese Überprüfung umfasst in der Hauptsache

◆ eine Sicht- und Geruchskontrolle von leicht verderblichen Lebensmitteln,

- die Kontrolle der Anlieferungstemperatur bei gekühlt zu lagernden Lebensmitteln bzw. bei Tiefkühlprodukten,
- die Kontrolle auf eine überdurchschnittliche Verschmutzung (bei Frischgemüse),
- die Kontrolle auf Befall mit Lebensmittelschädlingen (insbesondere Schadinsekten),
- die Kontrolle des Mindesthaltbarkeitsdatums bzw. des Verfallsdatums bei leicht verderblichen Lebensmitteln.

Die Annahme von Lebensmitteln, die unter diesen Gesichtspunkten Mängel aufweisen, ist zu verweigern. Diese Verweigerung muss auf den Lieferpapieren unter Angabe der Gründe vermerkt werden. Das im Betrieb verbleibende Duplikat muss vom Lieferanten (Fahrer) gegengezeichnet werden. Unabhängig davon ist der Mangel der Lieferfirma umgehend anzuzeigen und mit dieser die entsprechende Regulierung zu vereinbaren (siehe oben).

Sachliche Richtigkeit

Die sachliche Richtigkeit der Lieferung ist auf Übereinstimmung mit der Bestellung und den Lieferpapieren gewissenhaft zu kontrollieren. Bei der Warenannahme übersehene Diskrepanzen können bei der anschließenden Rechnungslegung zu Problemen führen. Bei dieser Kontrolle ist wichtig:

- Überprüfung auf Vollständigkeit
  Die Überprüfung der mengenmäßigen Übereinstimmung der Lieferung mit den Lieferpapieren ist entsprechend vorzunehmen:
  Original verpackte Waren
  Es ist die Mengenangabe auf der Originalverpackung genau zu kontrollieren. Bei Kleinpackungen, die zu größeren Gebinden zusammengefasst sind (vorzugsweise Convenience-Produkte), ist die Außenverpackung auf ihre Unversehrtheit zu kontrollieren.
  Anderweitig verpackte Waren
  Bei Lebensmitteln, die vom Produzenten oder Lieferanten abgepackt wurden, ist es ratsam, zumindest stichprobenweise das auf der Verpackung angegebene Gewicht zu kontrollieren. Das betrifft in erster Linie

spezielle Gemüse- und Obstanlieferungen. Dazu ist es erforderlich, dass dazu geeignete Waagen zur Verfügung stehen.
Lose angelieferte Waren
Bei lose angelieferten Waren ist eine genaue Überprüfung der zugestellten Mengen äußerst wichtig. Dies hat durch Nachwiegen (in Säcken oder Stiegen angelieferte Produkte) oder durch Nachzählen zu erfolgen. Auf Grund der oft beträchtlichen Gewichtsunterschiede müssen die verfügbaren Waagen über die erforderlichen Messbereiche und Genauigkeit verfügen.

- Überprüfung der Mengenangaben
  Die Mengenangaben sind auf dem Lieferschein exakt zu kontrollieren, sie müssen mit der Bestellung und mit denen der entgegengenommenen Waren übereinstimmen. Bei einer überhöhten Rechnung, die sich auf die Angaben des Lieferscheins bezieht (und auf dem die Entgegennahme der Ware bestätigt wurde), ist es meist schwierig nachzuweisen, dass nur die auf der Bestellung angeforderte Ware in Empfang genommen wurde. Der Verkäufer kann den Standpunkt vertreten, dass die seiner Ansicht nach zu viel gelieferte Ware zu bezahlen oder andernfalls zurückzugeben ist, wobei er lediglich die durch die nicht korrekte Anlieferung entstandenen Mehrkosten trägt.
- Überprüfung der Qualitätsstufen
  Zu kontrollieren ist bei Produkten, bei denen unterschiedliche Güte- bzw. Handelsklassen im Angebot sind, die Übereinstimmung der Qualitätsstufen der angelieferten Waren mit denen, die auf der Bestellung und den Lieferpapieren ausgewiesen sind. Das betrifft insbesondere Gemüse und Obst (Handelsklassen), aber auch zahlreiche Standardlebensmittel sowie einige Convenience-Produkte. Hierbei sind nicht nur die Angaben auf den Lieferpapieren mit denen auf der Verpackung zu überprüfen, sondern die korrekte Anlieferung durch Augenschein zu kontrollieren.
- Überprüfung der Frische
  Die Überprüfung des Frischezustands der angelieferten Waren betrifft vor allem Gemüse und Obst.

- Überprüfung von Verfallsdatum und Mindesthaltbarkeitsdatum (MHD)

  Die Überprüfung des Verfallsdatums bei Lebensmitteln für den alsbaldigen Verbrauch und des Mindesthaltbarkeitsdatums von verpackten Waren, bei denen diese angegeben werden müssen, kann vor wirtschaftlichen Verlusten schützen. Bei einem nahezu überschrittenen Verfallsdatum muss in der Regel ein Teil der Waren vor der Abgabe an die Gäste verworfen werden auf Grund einer in der Zwischenzeit erfolgten Überschreitung dieses Datums.

  Bei Waren mit einem fast abgelaufenen MHD ist eine Anlieferung zunächst kein Verstoß des Lieferanten gegen die Lebensmittelhygiene-Verordnung, da ein Überschreiten des MHD eine Weiterverarbeitung bzw. den Verzehr nicht automatisch ausschließt. Da aber der Hersteller nach Überschreiten des MHD nicht mehr für die Qualität und für den einwandfreien Zustand der Produkte haftet, gehen alle Risiken zu Lasten des Empfängers. Ein Sonderfall besteht nur dann, wenn der Lieferant auf das Erreichen des MHD hingewiesen und einen Preisnachlass gewährt hat und dies bei Vertragsabschluss akzeptiert wurde.

- Ausschluss einer Verwechslung von Lieferungen

  Die Gefahr einer Verwechslung im Verlauf der Zustellung darf nicht unterschätzt werden, vor allem bei Lieferungen mit einem kleineren Warenumfang, die im Rahmen einer Kurierfahrt ausgehändigt werden. Die Gefahr ist besonders groß bei bevorzugt eingesetzten Convenience-Produkten. Hier lassen sich Verwechslungen im Nachhinein oft schwer aufklären, hauptsächlich in den Fällen, in denen zwar die bestellte Ware korrekt angeliefert wurde, allerdings in zu geringer Menge.

8.1.3 Lagerwirtschaft

Die Lagerung von Lebensmitteln und anderem Verbrauchsmaterial ist das Kettenglied zwischen deren Bestellung und Anlieferung auf der einen Seite und deren Verarbeitung in der Speisenproduktion auf der anderen Seite. Sie ermöglicht ein kontinuierliches Arbeiten, ohne auf eine ständige Neubeschaffung angewiesen zu sein, wodurch der Arbeitsfluss wesentlich erleichtert wird und ökonomische Vorteile erzielt werden können. Gleichzeitig ist eine ausgewogene Bevorratung eine Sicherheitsreserve für einen unvorhergesehenen Mehrbedarf. Die Lagerwirtschaft ist somit auf das Engste mit der Warenbestellung verzahnt, beide Aktivitäten beeinflussen sich wechselseitig (siehe Kapitel 8.1.1).

Folgende Punkte sind vorrangig zu beachten:

- Führung einer Lagerkartei, die den aktuellen Bestand aller Artikel erfasst und mit den entsprechenden Daten für die Warenbestellung verknüpft ist (siehe Kapitel 8.1.1, Erfassung des Lagerbestands).
- Regelmäßige Inspektion der Lagerungsbedingungen unter Beachtung der Vorgaben der Lebensmittelhygiene-Verordnung wie die Überprüfung der Temperaturen von Kühlräumen und die Kontrolle auf einen möglichen Befall mit Vorratsschädlingen (siehe Kapitel 4 und 5.4).
- Sicherung des Verbrauchs von Waren vorangegangener Lieferungen bzw. von solchen Lebensmitteln, deren Mindesthaltbarkeitsdatum früher abläuft, durch Umlagern der Waren bei der Annahme einer neuen Sendung der gleichen Artikel.
- Aussonderung von verdorbenen bzw. zum Verderb neigenden Lebensmitteln, die umgehend entsorgt bzw. nach eingehender Überprüfung sofort verarbeitet werden müssen, um ein Übergreifen eines Verderbs auf einwandfreie Waren bzw. einen vollständigen Verlust zu verhindern.
- Erfassung von vorhandenen Überplanbeständen und Erarbeiten einer Konzeption für deren schnellstmöglichen Abbau, z. B. durch das zeitlich begrenzte Anbieten von speziellen Gerichten, möglicherweise zu attraktiven und verkaufsfördernden Preisen (Sonderkarte).

Lagerkartei

Die Lagerkartei kann manuell mit Hilfe von Karteikarten oder der elektronischen Datenverarbeitung (EDV) geführt werden. Für jeden einzelnen

Artikel ist eine extra Liste anzulegen (siehe Kapitel 8.1.1, Erfassung des Lagerbestands).

Inventuren

Inventuren des gesamten Lagerbestands sind auch bei einer ständigen, gewissenhaften Erfassung unerlässlich und gesetzlich vorgeschrieben. Ihre Durchführung wird durch eine ordnungsgemäß geführte Lagerkartei wesentlich erleichtert. Die Inventuren sind zweckmäßigerweise in Zeiten mit einem geringen Geschäftsaufkommen durchzuführen. Es ist trotzdem sinnvoll, dass möglichst alle Mitarbeiter anwesend sind, um zum einen die Inventuren rasch durchführen zu können und zum anderen die Bestandsaufnahme nicht abbrechen zu müssen, falls es zu einem unvorhergesehenen größeren Arbeitsanfall im Tagesgeschäft kommt.

Die Inventur jedes einzelnen Artikels dient der Erfassung

- der Lagermenge,
- des Verbrauchs,
- der Differenzen zwischen Anlieferung, Verbrauch und Lagerbestand (Manko) und
- des Warenwertes des Lagerbestands.

Die Inventuren des Warenbestands dienen somit der Ermittlung von Verlusten, bedingt durch fehlerhaften Wareneinsatz (zu große Portionen, falsche Qualitätsstufe), Diebstahl oder fehlerhafte Anlieferungen. Sie sind ein wesentlicher Faktor zur Ermittlung des Gewinns und für die Einschätzung der Wirtschaftlichkeit des Betriebs.

Je öfter eine Inventur durchgeführt wird, desto rascher kann auf Fehler reagiert werden, die auf eine unsachgemäße Warenwirtschaft zurückzuführen sind. Es ist deswegen zweckmäßig, mindestens 1-mal pro Quartal, besser aber monatlich, eine Bestandsaufnahme durchzuführen. Gesetzlich ist jeder Betrieb verpflichtet, mindestens 1-mal jährlich eine Inventur durchzuführen, die zur Festsetzung der Besteuerung vorzulegen ist. Bei der Inventur sind die nachstehend aufgeführten Arbeitsgänge zu absolvieren:

- Materielle Inventur
  Der tatsächlich vorhandene Bestand jedes einzelnen Artikels ist durch das Abzählen von verpackten Waren bzw. durch Wiegen loser Waren

exakt zu ermitteln. Dies erfolgt zweckmäßigerweise an Hand von Inventurlisten, die auf der Grundlage der Lagerkarte (Artikelkartei) erstellt werden. Diese Listen sind nach Warengruppen zu erstellen und müssen diese Positionen enthalten:
- Bezeichnung der Ware.
- Kennziffer der Ware (betriebsspezifisch festzulegen wie Artikel-, Bestell- und Lagernummer).
- Menge in g, kg, l oder die Zahl der Abpackungen einheitlicher Füllmengen.
- Inventurwert entsprechend dem Nettoeinkaufspreis als Einzel- und Gesamtpreis.
- Bemerkungen (Angaben für Wertminderung wie Preisverfall, Wertminderung durch Qualitätseinbuße, Überschreiten des Mindesthaltbarkeitsdatums).

- Abstimmung der Lagerkartei
  Die Unterlagen über den Lagerbestand (Lagerkartei) sind auf Vollständigkeit und ordnungsgemäße Führung zu überprüfen und mit dem ermittelten Warenbestand zu vergleichen. Auftretende Unstimmigkeiten sind zu klären, andernfalls müssen sie im Inventurprotokoll als nicht klärbar ausgewiesen werden.

- Überprüfung der Rechnungen und Lieferpapiere
  Die Rechnungen der gelieferten Waren und die Lieferpapiere sind auf Übereinstimmung zu überprüfen und anschließend mit dem ermittelten materiellen Lagerbestand und der Lagerkartei abzustimmen. Differenzen, die nicht aufgeklärt werden können, sind im Inventurprotokoll auszuweisen. Ein Manko muss gegebenenfalls als Verlust abgeschrieben werden.

Controlling in der Lagerwirtschaft

Controlling zur Erfassung der Warenbewegung (Bestellung, Anlieferung, Verbrauch, Schwund, Diebstahl) ist mit Hilfe der EDV leichter zu erfassen. Entsprechende Programme rentieren sich auch für kleine Einrichtungen, insbesondere wenn an das EDV-Programm Rezeptdateien und Inventuren angeschlossen werden. Darüber hinaus sind verschiedene Module auswählbar, so dass auch andere Bereiche wie Schankanlagen,

Finanzbuchhaltung und Kassen in das System eingebunden werden können. Damit kann die Kontrolle des Lagerbestands in ein einheitliches System des Controllings eingebunden werden (siehe Kapitel 8.2.2.4).

8.2 Preisgestaltung

Die Realisierung eines Preises, der für die Gäste attraktiv und für den Betrieb lukrativ ist, hängt von Faktoren ab, die recht unterschiedlich sind, sich aber auch auf mannigfaltige Weise wechselseitig beeinflussen.

Die wichtigsten dieser Faktoren sind

- ◆ der Einkauf und die Lagerung von Lebensmitteln und sonstigem Verbrauchsmaterial unter Beachtung von Qualitätskriterien und wirtschaftlichen Gesichtspunkten (siehe Kapitel 8.1),
- ◆ die genaue Festlegung des Wareneinsatzes (Menge und Qualität) und die Überwachung der Einhaltung dieser Vorgaben,
- ◆ die genaue Kalkulation des Verkaufspreises jeder Speise unter dem Gesichtspunkt der Absicherung eines Bruttoerfolgs (Sicherung der Rentabilität des Betriebs).

8.2.1 Festlegung des Wareneinsatzes

Die Festlegung eines stets mengenmäßig einzuhaltenden Wareneinsatzes für jedes gefertigte Gericht ist Voraussetzung für die Kalkulation der Verkaufspreise. Diese Vorgaben müssen somit auf betriebsspezifisch erarbeiteten Rezepturen basieren, bei deren Erstellung sowohl die klassischen Rezepturen als auch die Ideen des Küchenchefs zu berücksichtigen sind.

Ein Einbeziehen der Mitarbeiter in die Erarbeitung der Speisekarte kann wesentlich zu einem gutem Betriebsklima beitragen. Erfahrungsgemäß halten diese die im Ergebnis einer gemeinsamen Diskussion festgelegten Vorgaben für Rezepturen und Wareneinsatz wesentlich genauer ein als solche, die ihnen ohne weitere Erläuterungen als Dienstanweisung vorgegeben werden.

Bei der Vorgabe des Wareneinsatzes sollten die Mengen aller Komponenten exakt festgelegt werden. Die Richtwerte für den Wareneinsatz pro Portion (siehe Kapitel 2.4.2) können als Orientierungswerte genutzt und den betriebsspezifischen Besonderheiten entsprechend angepasst werden. Bei der Vorgabe des Wareneinsatzes kann jedoch auf die exakte Mengenvorgabe für Salz, gängige Gewürze und andere Kleinstmengen von wenig preisintensiven Zutaten verzichtet werden. Diese müssen bei der anschließenden Ermittlung des Einkaufspreises der pro Gericht eingesetzten Waren mit Hilfe eines Aufschlagfaktors berücksichtigt werden.

Einheitliche Portionsgrößen – einschließlich Beilagen und gegebenenfalls der Menge der Saucen – erlauben nicht nur eine exakte Realisierung des Verkaufserlöses, der auf der Basis des kalkulierten Verkaufspreises erwartet wird, sondern tragen auch auf Grund der dadurch erzielten gleichbleibenden Qualität wesentlich zur Zufriedenheit der Gäste bei.

8.2.2 Preiskalkulation

Die hinreichend genaue Kalkulation des Verkaufspreises der angebotenen Speisen ist für das wirtschaftliche Führen eines Restaurants von größter Bedeutung, da der Verkaufserlös maßgeblich entscheidet, ob ein Gewinn erarbeitet wird oder Verluste eingefahren werden.

Zur Kalkulation und Gestaltung des Verkaufspreises müssen die nachstehenden Positionen berücksichtigt werden:

- ◆ Wareneinsatz (Wareneinstand, Bezugspreis) Der Wareneinsatz ergibt sich aus dem Einkaufspreis der jeweiligen Produkte.
- ◆ Gemeinkosten Die Gemeinkosten ergeben sich aus allen Ausgaben, die zur Aufrechterhaltung des Betriebs erforderlich sind (fixe und variable Kosten: Steuern, Pacht, Abschreibungen, Zinsen, regelmäßig erforderliche Neuanschaffungen, Rücklagen für Investitionen, Kosten für Energie und Wasser, Löhne und Gehälter sowie Sozialabgaben u. a.).

◆ Bedienungsgeld

Unter der Position Bedienungsgeld werden die Kosten zusammengefasst, die mit der Abgabe von Speisen (und Getränken) in direktem Zusammenhang stehen (Reinigungsmittel für Gerätschaften und Geschirr, Betriebskosten für Küchen u. a.).

◆ Gewinn

Der Gewinn ist der Betrag, der nach Erstattung aller Ausgaben und der Tätigung der geplanten Rücklagen als Plus erarbeitet wurde.

◆ Mehrwertsteuer

Aus diesen Einzelpositionen wird der Bruttoverkaufspreis wie folgt errechnet:

         Wareneinsatz
    + Gemeinkosten (prozentualer Anteil)
    = Selbstkostenpreis

         Selbstkostenpreis
    + Gewinn (prozentualer Anteil)
    = Geschäftspreis

         Geschäftspreis
    + Bedienungsgeld (prozentualer Anteil)
    = Nettopreis

         Nettopreis
    + Mehrwertsteuer
    = Bruttoverkaufspreis

In der Praxis werden oft vereinfachend Gemeinkosten und Bedienungsgeld zu einer einheitlichen Position (Gemeinkosten) zusammengefasst. Diese Verfahrensweise wird nachfolgend praktiziert.

Die Kalkulation des Verkaufspreises kann nach 2 unterschiedlichen Verfahrensweisen vorgenommen werden:

◆ Vereinfachte Kalkulation
◆ Umfassende Kalkulation

8.2.2.1 Vereinfachte Kalkulation

In kleinen und mittleren Betrieben wird sich in der Regel eine vereinfachte Kalkulation anbieten, da diese mit einem relativ geringen Zeitwand zu

bewerkstelligen ist und, exakt durchgeführt, auch ausreichend genaue Verkaufspreise ergibt, die eine wirtschaftliche Führung der Küche ermöglichen. Bei der vereinfachten Kalkulation wird zunächst nur der Wert der eingesetzten Waren als bestimmende Größe für den Verkaufspreis eingesetzt. Zu diesem gelangt man durch Multiplikation des Wertes der eingesetzten Waren mit einem Aufschlagfaktor.

Ermittlung des Wareneinsatzes

Bei der Ermittlung des Wareneinsatzes wird bei der vereinfachten Kalkulation von einem Durchschnittswert ausgegangen. In diesen Wert gehen ein

◆ der Einkaufswert der eingesetzten Waren,
◆ die eingesetzte Warenmenge pro Portion.

Der Einkaufswert der eingesetzten Waren ist für die Kalkulation die bestimmende Größe, da dieser von äußeren Einflüssen abhängig ist und variieren kann. Die Festlegung und Ermittlung der eingesetzten Warenmenge pro Portion ist zwar eine wichtige, aber vergleichsweise leicht beherrschbare Größe.

Einer exakten Ermittlung des Einkaufswertes müssten die jeweiligen Einkaufspreise zugrunde gelegt werden. Da diese für eine Vielzahl von Produkten innerhalb nicht exakt fassbarer Zeitspannen in teilweise recht unterschiedlichem Ausmaß variieren, würden sich ständig neue Einkaufskosten und letztendlich ständig neue Verkaufspreise ergeben. Abgesehen von dem erheblichen Arbeitsaufwand für die ständige Neukalkulation wäre es auch erforderlich, innerhalb kurzer Zeitspannen neue Speisekarten anzufertigen, um diesen jeweils „aktuellen" Preisen Rechnung zu tragen. Letztendlich ist der Kundschaft, insbesondere den Stammgästen, eine ständige Änderung der Preise nicht zumutbar. Außerdem sorgen ständig wechselnde Preise für ein negatives Image. Auf der anderen Seite würde ihr Beibehalten über einen längeren Zeitraum hinweg eine Kalkulation nahezu überflüssig machen und einer wirtschaftlichen Betriebsführung widersprechen. Es ist deswegen erforderlich, die Preisbewegungen auf dem Markt ständig zu verfolgen und aus den Veränderungen der Preise eines jeden Produktes innerhalb eines gewissen Zeitraums einen durchschnittlichen Einkaufspreis zu ermitteln und diesen für die Kalkulation einzusetzen.

Kalkulation der eingesetzten Warenmengen

Die Kalkulation des Verkaufspreises kann nur dann real sein, wenn die bei jedem einzelnen Gericht eingesetzten Warenmengen ständig konstant gehalten werden. Es ist deshalb erforderlich, Rezepturen mit exakten Mengenangaben zu erarbeiten und diese schriftlich zu fixieren. Diese Rezepturen müssen als strikt einzuhaltende Schritte des Arbeitsprozesses für alle Mitarbeiter verbindlich sein. Ein Abwiegen bzw. Abmessen der Mengen ist ständig einzuhalten, ebenso der Einsatz der Qualitätsklassen der verwendeten Waren (z. B. Katenschinken statt Parmaschinken). Bei der Einhaltung des vorgegebenen Wareneinsatzes in Hinblick auf Quantität und Qualität ist es außerdem leichter, eine gleich bleibende Qualität – unabhängig vom jeweiligen Koch – zu sichern.

Aufschlagfaktor (Kalkulationsfaktor)

Der Aufschlagfaktor ergibt sich aus der Summe der anteiligen Gemeinkosten (fixe und variable Kosten wie Pacht, Steuern, Personalkosten, Einrichtungskosten, Abschreibungen u. a.), der Warenkosten sowie von dem angestrebten anteiligen Gewinn. Zur Ermittlung des Faktors sind die Einzelposten der fixen und variablen Kosten zusammenzuzählen, und die erhaltene Summe der Gemeinkosten plus Gewinn ist zu der Summe der Warenkosten zu addieren. Dieser so errechnete Betrag sind die Gesamtkosten:

$$\begin{array}{l} \quad \text{Warenkosten} \\ + \ \text{Gemeinkosten} \\ + \ \text{Gewinn} \\ = \ \text{Gesamtkosten} \end{array}$$

Aus dem Prozentwert der Warenkosten an den Gesamtkosten lässt sich dann der Aufschlagfaktor leicht ermitteln.

Warenkosten : Gesamtkosten = Wareneinsatz
Wareneinsatz x 100 = Wareneinsatz in Prozent
Aufschlagfaktor = 100 : Wareneinsatz in Prozent

Wert des Wareneinsatzes (in %)

30	32	34	36	38	40
Aufschlagfaktor					
3,33	3,13	2,94	2,78	2,63	2,50

Dieser Aufschlagfaktor muss selbstverständlich für jede Einrichtung speziell ermittelt werden, er ist dann für alle Preiskalkulationen des Betriebs durchgehend zu verwenden.
Die zur Ermittlung des Aufschlagfaktors benötigten Werte sind durch die genaue Analyse der angefallenen Kosten in den betreffenden Konten während eines überschaubaren, aber ausreichend aussagekräftigen Zeitraums im eigenen Betrieb zu ermitteln (z. B. 1 Monat oder 1 Quartal). In den Fällen, in denen dies nicht möglich ist (z. B. Neueröffnungen, bei denen noch keine Erfahrungswerte vorliegen), müssen die Kennziffern der Berechnung zugrunde gelegt werden, die in vergleichbaren Unternehmen erhoben wurden (Beratung durch entsprechende Wirtschaftsberater, Werte von befreundeten Kollegen). Es wird dringend empfohlen, den Aufschlagfaktor umgehend neu zu berechnen, sobald aussagekräftige Zahlen aus der eigenen Firma vorliegen.

Berücksichtigung der Mehrwertsteuer

Der Wareneinsatz wird in der Regel aus den Rechnungen ohne Mehrwertsteuer ermittelt, da die Mehrwertsteuer bei den einzelnen Positionen nicht separat ausgewiesen wird.
Dem zunächst ermittelten Verkaufswert nach der oben genannten Formel ist die Mehrwertsteuer aufzuschlagen, um zum realen Verkaufspreis zu gelangen:

Wareneinsatz x Aufschlagfaktor
+ Mehrwertsteuer
= Verkaufspreis
Mehrwertsteuer =
(Wareneinsatz x Aufschlagfaktor) x $^{16}/_{100}$[1]

[1] Unter Berücksichtigung der zurzeit (2003) erhobenen Mehrwertsteuer von 16 %.

Korrekturen an den kalkulierten Preisen

Prinzipiell sollten im Interesse eines für einen längeren Zeitraum gleich bleibenden Preisgefüges zunächst keine Änderungen an den kalkulierten Verkaufspreisen vorgenommen werden. In der Praxis werden aber mehr oder weniger umfangreiche Abweichungen im Interesse eines erfolgreichen Verkaufs nötig sein, da der kalkulierte und ausgezeichnete Verkaufspreis nicht immer von der Kundschaft akzeptiert wird. Insbesondere muss ein möglicherweise bestehendes Preisschwellenproblem berücksichtigt werden. Viele Gäste sind nämlich nicht gewillt, einen Preis zu zahlen, der ein von ihnen selbst gesetztes Limit überschreitet.

Für sich zwangsläufig ergebende Preiskorrekturen bestehen folgende Möglichkeiten:

◆ Reduzierung des Wareneinsatzes
Der Wareneinsatz kann in den Fällen reduziert werden, in denen mengenmäßig sehr großzügig kalkulierte Portionen vorgesehen waren. Eine beliebige Verkleinerung ist allerdings nicht möglich, da die Kunden eine gewisse Portionsgröße erwarten. Außerdem könnte dieses Vorgehen dazu führen, dass die Rentabilität des gesamten Betriebs nicht mehr gesichert werden kann – entweder auf Grund eines Wegbleibens von Gästen oder weil bei der Kalkulation unter Zuhilfenahme des bisherigen Aufschlagfaktors die Summe des Verkaufserlöses unter die der Gesamtkosten sinkt.

◆ Vergrößerung des Aufschlagfaktors
Eine Vergrößerung des Aufschlagfaktors kann ein Abweichen von einer wirtschaftlichen Betriebsführung bedeuten, da die wirtschaftlich begründete Preiskalkulation verlassen wird. Das Preis-Leistungs-Verhältnis wird zu Ungunsten der Gäste verletzt, es besteht die Gefahr des Wegbleibens von Kundschaft. Eine generelle Vergrößerung des Faktors ist deswegen eine völlig ungeeignete Verfahrensweise.

◆ Gezielte Veränderung des Wareneinsatzes
Eine gezielte Veränderung des Wareneinsatzes (z. B. Austausch von Speisekomponenten, das Weglassen oder Zufügen von preisintensiven Waren) ist vor allem bei solchen Verkaufspreisen angebracht, die in der Nähe der Preisschwelle liegen. Gäste setzen sich in der Regel runde Beträge als Preisschwelle (10 Euro, 12 bzw. 15 Euro). Infolgedessen sind Preise in deren Nähe wenig sinnvoll (z. B. zwischen 9,90 und 11,50 Euro oder zwischen 14,90 und 16,50 Euro). Durch eine gezielte Veränderung des Wareneinsatzes können bei Beibehaltung des ermittelten Aufschlagfaktors wieder Verkaufspreise erzielt werden, die eine wirtschaftliche Betriebsführung ermöglichen.

◆ Mischkalkulation
Eine Mischkalkulation, bei der für die Summe aller angebotenen Speisen ein gemittelter Aufschlagfaktor zur Berechnung genutzt wird, kann als eine Kombination der beiden Verfahren (Vergrößerung des Faktors, Veränderung des Wareneinsatzes) betrachtet werden. Damit wird die Wirtschaftlichkeit des Betriebs gewahrt, und es wird gleichzeitig ein breit gefächertes Speisenangebot realisiert.

◆ Streichen von Gerichten
Gerichte, die sich schlecht verkaufen, sind von der Karte zu nehmen. Eine willkürliche Verringerung des Verkaufspreises gefährdet ernsthaft die Rentabilität des Betriebs, und zwar nicht nur wegen des zu geringen Verkaufserlöses bei dem verbilligten Gericht, sondern insbesondere wegen des nachvollziehbaren Unverständnisses der Gäste für die Preisgestaltung, das zu einem Verlust von Kundschaft führen kann.

8.2.2.2 Umfassende Kalkulation

Die umfassende Kalkulation unterscheidet sich im Ansatz zunächst nicht grundlegend von der vereinfachten Kalkulation. Bei ihr werden jedoch eine Vielzahl von weiteren Punkten berücksichtigt, die hauptsächlich den Arbeitsaufwand (Lohnkosten) genauer erfassen, der zunehmend einen immer größeren Teil der Erstellungskosten ausmacht. Darüber hinaus können (und müssen) besondere Waren- und Lagerkosten sowie weitere zusätzliche Ausgaben bei der Produktion und dem Vorhalten bestimmter Gerichte in die Preisgestaltung eingehen. Die hierzu möglichen

Varianten sind vom jeweiligen Betriebstyp bzw. von der Betriebsgröße abhängig und diesen anzupassen.

Entscheidend sind somit auch bei der umfassenden Kalkulation diese Punkte:

◆ Erstellen von exakten Rezepturen, die von allen Mitarbeitern genau einzuhalten sind (siehe hierzu vereinfachte Kalkulation).

◆ Präzise Ermittlung der Arbeitskosten für die Produktion der einzelnen Gerichte.

◆ Exakte Ermittlung der Selbstkosten (fixe Kosten).

◆ Überprüfung des Gemeinkostenzuschlags.

Ermittlung der Arbeitskosten

Die wichtigsten finanziellen Aufwendungen bei der Speisenproduktion sind die Lohnkosten, die durch den unterschiedlichen Arbeitsaufwand bei der Fertigung verschiedener Gerichte anfallen (unter Umständen bedingt durch die besonderen Qualifikationen höher bezahlter Mitarbeiter). Zur Ermittlung dieser Kosten ist es erforderlich, die benötigte Herstellungszeit (Arbeitsaufwand) sehr genau zu ermitteln, notfalls mit der Stoppuhr. Wird anschließend für jedes Gericht der jeweilige Arbeitsaufwand für die Kalkulation zugrunde gelegt, so ergibt dies sehr präzise Einzelwerte.

Tabelle 8.2.1:
Beispiel für die Einstufung von unterschiedlichen Gerichten in Kategorien

Gericht	Kategorie		
	niedrig	mittel	hoch
Bratwurst	x		
Schnitzel, naturell	x		
Wiener Schnitzel		x	
Cordon bleu			x
Salat (Convenience)	x		
Frühstück (einfach)	x		
Frühstücksbüfett		x	
Brunchbüfett			x

Tabelle 8.2.2:
Beispiel für die Einteilung unterschiedlicher Kategorien nach Arbeitseinheiten (AE)

Kategorie	Arbeitsaufwand	Arbeitseinheiten
Kategorie 1	niedrig	5
Kategorie 2	mittel	10
Kategorie 3	hoch	15

Tabelle 8.2.3:
Ermittlung des Gesamtarbeitsaufwands (Beispiel)

Kategorie der verkauften Gerichte	Anzahl der Gerichte	Arbeitseinheiten der Kategorie	Gesamtarbeitsein-heiten der Kategorie
Kategorie 1	4 000	5	20 000
Kategorie 2	15 000	10	150 000
Kategorie 3	20 000	15	300 000

Die Ermittlung der exakten Arbeitskosten kann äußerst aufwendig und in kleineren Betrieben kaum durchführbar sein.

- Einstufung der Gerichte in Kategorien
  Für eine bessere Orientierung ist es zweckmäßig, den unterschiedlich großen Arbeitsaufwand für die Herstellung der jeweiligen Gerichte einzelnen Kategorien zuzuordnen (mindestens 3 Kategorien, im Bedarfsfall 5 bis 6), und diesen Arbeitsaufwand in zunächst fiktiven Arbeitseinheiten (AE) anzugeben (siehe Tabellen 8.2.1 und 8.2.2).
- Ermittlung des Gesamtarbeitsaufwands
  Für eine auf Gewinn orientierte Kalkulation ist die Auswertung der bisherigen Verkaufsergebnisse in Hinblick auf den Gesamtarbeitsaufwand von Wichtigkeit. Dieser Wert ergibt sich aus der Summe der innerhalb eines Zeitraums verkauften Gerichte jeder Kategorie, die mit dem jeweiligen Wert für den Arbeitsaufwand multipliziert wurde. Die im Beispiel (siehe Tabelle 8.2.3) verwendeten Zahlen sind willkürlich angenommen.
- Ermittlung der Gesamtarbeitskosten
  Zur Ermittlung der Kosten, die zur Deckung des Gesamtarbeitsaufwands sowie des Arbeitsaufwands für die einzelnen Gerichte aufgebracht werden müssen, sind alle Lohn- und Lohnnebenkosten zu addieren, und zwar unter Berücksichtigung der Lohnfortzahlung während des Jahresurlaubs, der Zahlung von Urlaubsgeld, der Lohnfortzahlung im Krankheitsfall und anderer Verpflichtungen. Für die Höhe der Lohnfortzahlung im Krankheitsfall ist die durchschnittliche Höhe des Krankenstands zugrunde zu legen. Es sind außerdem mögliche Veränderungen in der Gesamtkostenstruktur der Arbeit kalkulatorisch zu berücksichtigen.

Die so ermittelten Gesamtkosten für den Arbeitsaufwand sind den gesamten Arbeitseinheiten aller Gerichte gegenüberzustellen:

Gesamtkosten an Arbeitsaufwand
: Gesamtarbeitseinheiten
= Wert einer Arbeitseinheit

Der so ermittelte Wert einer Arbeitseinheit ist als Grundlage für die Kalkulation des Lohnanteils einzusetzen.

Ermittlung sonstiger Sachkosten (fixe und variable Kosten)

Bei der Herstellung von Speisen und der Bevorratung von Lebensmitteln und Getränken entstehen Aufwendungen, die nicht dem Kaufpreis der eingesetzten Waren und den Arbeitskosten zugerechnet werden können, die aber bei der Preiskalkulation berücksichtigt werden müssen. Diese Beträge werden in der Regel zusammen mit den Kosten für Gebäude und Räume (Miete bzw. Pacht oder Abschreibungen bei Eigentum), Steuern und Abgaben, Rückzahlungen von Krediten und Zinsen, Abschreibungen von Geräten und Ausstattungen, Reparatursowie Betriebskosten (beispielsweise Wasser und Energie) und Rücklagen für Neuanschaffungen zusammengefasst. Die Ermittlung der Gesamtaufwendungen obliegt dem Besitzer bzw. dem Geschäftsführer des Unternehmens.

Ein Teil dieser Kosten kann nur vom Küchenleiter auf Grund seiner genauen Sachkenntnisse exakt erfasst werden. Diese müssen in die Gesamtkalkulation einfließen, damit der Gemeinkostenzuschlag genau kalkuliert werden kann, der wiederum in die Endkalkulation des Verkaufspreises einfließen muss.

Zu diesen nicht unmittelbar mit der Speisenproduktion verbundenen Kosten sind u. a. zu rechnen:

- Lagerhaltung
- Warenverluste durch Verderb bzw. Überlagerung
- Wasser und Energie (einschließlich Heizung)
- Reinigungs- und Desinfektionsmittel
- Bereitstellung und Reinigung von Arbeitskleidung
- Schutzmittel
- Sicherheitsmaßnahmen (z. B. Feuerlöscher)
- Sonstiges (z. B. Abfallbeseitigung, Schädlingsbekämpfung, Werbung, Sonderaktionen)

Die Erfassung dieser Werte erfordert eine enge Zusammenarbeit mit dem Geschäftsführer, insbesondere in Hinblick einer möglichen Überschneidung und eines Doppelausweises von bestimmten Kosten. Diese Punkte betreffen hauptsächlich nachstehende Positionen:

◆ Lagerhaltungskosten
Es ist abzuklären, inwieweit folgende Betriebsausgaben als fixe Kosten des Betriebs gerechnet werden:

Kosten für die Lagerräume (Raumkosten, Betreiben von Kühlräumen, Reparaturkosten).
Kosten für den Warenvorrat (totes Kapital), speziell bei der Bevorratung von preisintensiven Waren (Delikatessen) und Getränken. Nicht vermeidbare Verluste bei Überschreiten der Verfallsdaten, bei Verderb oder auf Grund von überdurchschnittlich großen Abfällen (Putzverluste).
Unvermeidliche Verluste durch Schwund.
Erfahrungsgemäß differieren diese Kosten in Abhängigkeit vom Umsatz und müssen sich somit in gewissem Maße an diesen orientieren (bei hohem Umsatz Verluste relativ gering, Aufwendungen für das Betreiben von Lagerräumen verhältnismäßig hoch).

◆ Kosten für Wasser und Energie sowie Reinigungs- und Desinfektionsmittel
Diese Beträge nehmen, bezogen auf die Anzahl der ausgegebenen Portionen, mit zunehmenden Umsatz prozentual ab.

◆ Kosten der übrigen Positionen
Die erforderlichen Aufwendungen sind unabhängig vom jeweiligen Umsatz relativ konstant. Sie erhöhen sich meist nur bei unvorhergesehenen Ereignissen (beispielsweise Neuanschaffung von Feuerlöschern nach einem Brand). Auf der anderen Seite sind sie gut planbar und ohne Probleme einzuhalten (Werbungskosten, Sonderveranstaltungen).

Gemeinkostenzuschlag

Aus den Kosten für den Arbeitsaufwand und der sonstigen Sachkosten ist der Gemeinkostenzuschlag zu ermitteln. Mögliche Veränderungen im Volumen (z. B. geplante Investitionen), Veränderungen der Abschreibungen oder mögliche Kreditbelastungen u. a. sind dabei kalkulatorisch zu berücksichtigen.

Die so ermittelten Aufwendungen sind dem geplanten Warenverbrauch (Wareneinsatz der Küche) gegenüberzustellen:

$$\begin{aligned} &\text{Kosten an Arbeitsaufwand} \\ + &\text{ sonstige Sachkosten} \\ = &\text{ Gesamtkosten} \end{aligned}$$

$$\begin{aligned} &\text{Gesamtkosten : Warenverbrauch x 100} \\ = &\text{ Gesamtkostenzuschlag} \end{aligned}$$

Der errechnete Erlös, der beim Verkauf des vorgesehenen Warenvolumens erzielt werden kann, ist mit den gesamten Betriebsausgaben zu vergleichen. Die Kalkulation kann zunächst als richtig angesehen werden, wenn die Betriebskosten einschließlich des geplanten Gewinns zumindest theoretisch realisiert werden können.

Korrekturen an den kalkulierten Preisen

Für Korrekturen an den Verkaufspreisen, die sich als erforderlich erweisen könnten, sind die gleichen Gesichtspunkte zu beachten, die bei der vereinfachten Kalkulation angegeben sind (siehe Kapitel 8.2.2.1).

8.2.2.3 Ermittlung des Warenverbrauchs

Neben der Ermittlung des Wareneinsatzes, dessen Analyse und Beobachtung ist zur Feststellung der betrieblichen Rentabilität auch die Bestimmung des Gesamtverbrauchs an Waren zur Speisenproduktion von entscheidender Bedeutung. Dies fällt in den Aufgabenbereich des Controllers, der dazu eng mit dem Küchenchef zusammenarbeiten muss. Dazu kann man sich verschiedener Vorgehensweisen bedienen. Die Wahl des Verfahrens hängt im Wesentlichen von der Ausstattung mit EDV-Mitteln ab sowie von der Größe des Betriebs und der dadurch bedingten eigenständigen Lagerwirtschaft:

◆ Ermittlung mit Hilfe der EDV.
◆ Auswertung und Zusammenfassung der Entnahmescheine (Waren) bzw. der Lagerkartei.
◆ Ermittlung des Waren-Ist-Bestands durch Inventuren.

Ermittlung mit Hilfe der EDV

Die erhältliche Software und Kassentechnik (siehe hierzu auch Kapitel 8.2.2.4) ermöglicht, neben der detaillierten Registrierung des Warenumsatzes und seiner Struktur, auch den Wareneinsatz pro Gericht während des gesamten Abrechnungszeitraums zu erfassen. Dabei wird das im Verkaufsprozess bonierte Gericht gleichzeitig rechnerisch in seine kalkulierten Bestandteile aufgelöst, vom Lagerbestand abgezogen und zum betrieblichen Gesamtverbrauch verdichtet.

Auswertung der Entnahmescheine bzw. der Lagerkartei

Hierbei sind die im Abrechnungszeitraum getätigten Entnahmen (Entnahmescheine bzw. Lagerkartei) manuell zum Gesamtverbrauch des Abrechnungszeitraums zu verdichten (Summe der Warenwerte). Davon ist der Bestand abzuziehen, der bei der Inventur in der Küche ermittelt wurde (unter Einbeziehung von Halb- und Fertigerzeugnissen). Dieser so ermittelte Warenverbrauch wird der Buchhaltung zugeführt, die diesen Wert dem erzielten wertmäßigen Warenumsatz gegenüberstellt, um dadurch den Rohertrag bzw. den Gewinn zu ermitteln (Einbuchung des Wareneinsatzes des Abrechnungszeitraums).

Ermittlung des Waren-Ist-Bestands durch Inventuren

Beim Fehlen einer EDV-Erfassung oder ohne eine eigenständige Lagerwirtschaft, wodurch keine Lagerkartei geführt und die Warenentnahme nicht ständig erfasst wird (keine Entnahmescheine), kann der Warenendbestand nur durch permanente Inventuren erfasst werden (in allen Lagern und im Küchenbereich). Daraus kann dann der Warenverbrauch des Abrechnungszeitraums ermittelt werden:
Vom Warenbestand am Anfang des Abrechnungszeitraums, zuzüglich aller Warenzulieferungen, die während des Abrechnungszeitraums erfolgten, ist der bei der Inventur ermittelte Warenendbestand abzuziehen (Wareneinsatz des Abrechnungszeitraums). Auch bei diesem Vorgehen wird der ermittelte Warenverbrauch von der Buchhaltung weiter ausgewertet (siehe oben).

Diese Methode ist sehr arbeitsaufwendig. Außerdem sind in dem so ermittelten Warenverbrauch automatisch Differenzen einbezogen, die durch Preisveränderungen, nicht bemerkten Diebstahl, Verderb und andersartigen Schwund bedingt sind. Sie werden dadurch nicht sichtbar gemacht.

8.2.2.4 Controlling

Controlling ist das zielgerichtete Planen des Betriebsablaufs unter betriebswirtschaftlichen Aspekten. Schwerpunkt ist dabei die Gestaltung der zukünftigen Prozesse, wozu die Ergebnisse der Analysen des Betriebsablaufs die entscheidenden Hinweise geben. („In der Vergangenheit kann kein Geld mehr verdient werden.")
Ein gutes Controlling muss darüber hinaus als ein Frühwarnsystem verstanden werden, das auf Risiken, aber auch auf Chancen in der Zukunft hinweist.
In größeren Betrieben sind spezielle Controller für die Überwachung des gesamten Betriebsablaufs verantwortlich. In mittelgroßen Einrichtungen wird diese Aufgabe vom kaufmännischen Leiter, vom Geschäftsführer oder vom F&B-Manager wahrgenommen. Diese leitenden Angestellten sind bei der Durchführung der Kontrolle auf die Mitarbeit des Küchenchefs angewiesen, für den ein von ihm selbst durchgeführtes Controlling eine wesentliche Hilfe bei der Planung der Lagerwirtschaft, des Speisenangebotes und des Einsatzes der Beschäftigten ist.
Für das Controlling ist in kleineren Betrieben kein speziell damit beauftragter Betriebsangehöriger erforderlich (Controller), es ist die Aufgabe des Küchenchefs. Dabei ist es zweckmäßig, erfahrene Mitarbeiter in diesen Prozess zu integrieren. Ein solches Einbeziehen stärkt deren Verantwortung für einen geordneten Betriebsablauf. Beim Controlling werden im Prinzip keine neuen zusätzlichen Verwaltungsmaßnahmen eingeführt, es werden vielmehr die zwangsläufig anfallenden Kontrollaufgaben zu einem geordneten System zusammengefasst.
Das Controlling in der Küche hat auf Folgendes besonderes Augenmerk zu richten:
◆ Überprüfung der Kosten für den Wareneinkauf.

- Überprüfung der Lieferungen sowie deren Abgleich mit den Lieferpapieren und Rechnungen.
- Überprüfung des Warenbestands und der Lagerhaltung (Verfallsdaten).
- Überprüfung der Preiskalkulation an Hand der aktuellen Warenkosten.
- Überprüfung der Einhaltung des Wareneinsatzes (Menge, Qualität) an Hand der Rezeptvorgaben.

Diese Überprüfungen sollten in regelmäßigen, im Voraus festgelegten Abständen erfolgen. Eine tägliche Überwachung wird sich in der Regel nicht realisieren lassen, sie ist auch meist nicht erforderlich. In kleinen Betrieben sollte es dem Küchenchef aber möglich sein, jederzeit zumindest den groben Überblick zu bewahren. Die exakte Überprüfung sollte jedoch wöchentlich, aber zumindest im Abstand von jeweils 10 Tagen erfolgen. Bei großen Veranstaltungen (Bankette, außerplanmäßiges Catering) sollte diese Kontrolle vor und – vor allem – nach jeder Veranstaltung erfolgen, damit für nachfolgende Events ähnlichen Charakters entsprechende Schlussfolgerungen gezogen werden können.
Die Ergebnisse des Controllings ermöglichen eine rasche Entscheidungsfindung für Änderungen in den Betriebsabläufen und deren schnelle Umsetzung, wie beispielsweise

- Änderungen bei den Wareneinsätzen bzw. Maßnahmen zum korrekten Einhalten der Vorgaben,
- notwendig erachtetes Wechseln der Lieferanten (z. B. bei Qualitätsmängeln),
- Änderung der Produktauswahl (Frischprodukte, Convenience-Produkte),
- Änderungen im Produktionsverfahren (z. B. Einsatz des Cook-and-Chill-Verfahrens),
- Überarbeitung der Preiskalkulationen.

EDV-Einsatz

Die Durchführung des Controllings kann durch den Einsatz von entsprechenden EDV-Programmen wesentlich effektiver gestaltet und damit erleichtert werden. Ein „laufendes" EDV-Programm ermöglicht, Unstimmigkeiten schon zu einem sehr frühen Zeitpunkt zu erkennen. Der

Einsatz von EDV-Programmen rentiert sich auch in kleinen Einrichtungen, hauptsächlich in den Fällen, in denen weitere Daten des Betriebsablaufs wie Rezeptdateien, Vorgaben für den Wareneinsatz, Angaben über Lieferanten und Eigenschaften von speziellen Produkten, Dienst- und Urlaubspläne und andere Dateien in das Programm einbezogen sind. Für die Organisation des Arbeitsablaufs des gesamten Betriebs ist die Erweiterung auf andere Bereiche wie Schankanlagen, Kassensysteme, Finanzbuchhaltung und Gästedateien von großem Nutzen.
PC-Programme für den Bereich Gastronomie sind vielfältig. Sie unterscheiden sich hinsichtlich Umfang, Aufbau und Bedienung. Die Entscheidung über den Einsatz eines bestimmten Programms muss jedes Unternehmen in Abhängigkeit von seiner Struktur und seinen Zielen treffen. Bei der Auswahl eines Programms der verschiedenen Anbieter sollte unbedingt angestrebt werden, eine solche Systemlösung zu wählen, die in allen Bereichen des Betriebs mit ihren einzelnen, aufeinander abgestimmten Modulen eingesetzt werden kann. Das betrifft die Bereiche Küche, Service und Hotel mit ihren Kernaufgaben.

- Küche
  Speisenbereitung:
    Rezept- und Menükartei, Kalkulationen, Wareneinsatz (siehe Kapitel 2.4.2).
  Arbeitsorganisation:
    Kontrollaufgaben (HACCP, Arbeits- und Brandschutz), Dienst- und Urlaubspläne.
  Betriebswirtschaft:
    Warenbestellung, Lagerwirtschaft, Kalkulation.
- Service
  Kassensystem, Überwachung des Verkaufs, Abrechnung.
- Hotel
  Reservierung, Verkauf, Kapazitätsauslastung, gesamte Betriebswirtschaft.

In der Küche können Programme zur Rezept- und Menüverwaltung, zur Kalkulation und Angebotsgestaltung sowie für die Warenwirtschaft eingesetzt werden. Darüber hinaus ist auch die Steuerung von Produktionsprozessen und der Nachweis von HACCP-Kriterien möglich.

Weiterhin wird in Zukunft der Einkauf zunehmend durch die Bestellmöglichkeiten im Internet erweitert werden. Dazu werden durch die einzelnen Anbieter schon heute verschiedene Programmlösungen angeboten, bei denen man mit und auch ohne besonderer Zugangssoftware und Kennwörter seine Warenbestellungen tätigen kann. Hierbei liegt der Vorteil darin, dass man nicht auf Außendienstmitarbeiter, die Anwesenheit von Telefonverkäufern bzw. die Bestellung über Anrufbeantworter angewiesen ist. Im Internetkatalog der einzelnen Anbieter sind die aktuellen Sonderofferten und die neuesten Preise sofort einsehbar, was eine Kostenminimierung beim Einkauf wesentlich erleichtert. Außerdem sind häufig Links zu den einzelnen Herstellern vorhanden, so dass eine genaue Information über bestimmte Produkte möglich ist.

Von den Herstellern von Programmen werden unterschiedliche Softwarelösungen für die Bearbeitung angeboten (siehe Tabelle 8.2.4). Bei der Auswahl eines Anbieters und der entsprechenden Software sollte unbedingt die Entwicklung auf dem gesamten Sektor der Computertechnik und deren Verknüpfung mit dem Internet beachtet werden. Programme, die auf DOS arbeiten, werden in absehbarer Zeit nicht mehr vertrieben werden, sie sind bzw. werden durch Programme abgelöst, die auf Windows-Oberflächen arbeiten (oder Linux), das zurzeit (2003) das führende Betriebssystem ist (und voraussichtlich für die nächsten Jahre auch bleiben wird). Noch nicht abzusehen ist, ob in Zukunft entsprechende Programme über das Internet angeboten werden und welche Gebühren für diese Nutzung erhoben werden.

Bei der Auswahl des Programms, das für den jeweiligen Betrieb als das geeignetste angesehen wird, sollten nachstehende Gesichtspunkte berücksichtigt werden:

◆ Das Programm und die Software sollte für alle Bereiche des Betriebs einheitlich sein, so dass sie miteinander kommunizieren können und bei Problemen von ein und denselbem Anbieter gewartet werden können.

◆ Die Software sollte möglichst aus einzelnen Modulen bestehen, die eine schrittweise Erweiterung eines zunächst kleinen Programms ermöglichen.

Tabelle 8.2.4:
Übersicht über PC-Module und deren Funktionen, die für den Einsatz in der Gastronomie angeboten werden (Auswahl)

Modul	Funktionen (Einsatzmöglichkeiten)
Kalkulationen	Rezept- und Menükarteien; Aktualisierung sowie die Umrechnung von Rezepturen, Berechnung des Nährwertes, Energie-Inhaltes und Wareneinsatzes; Einkaufslisten; Ermitteln von Verkaufspreisen, der Rentabilität und Kennzahlen der Betriebsführung
Speisenplanung	Vor- und Nachkalkulation; Erstellen und Bearbeiten von Rezepten und Menüvorschlägen sowie deren Auswahl nach besonderen Gesichtspunkten; Bedarfsermittlung (Lebensmittel, sonstiger Bedarf)
Einkauf	Bestelldisposition, Lieferantenauswahl, Bestellung, Terminüberwachung
Lagerhaltung/ Personaleinsatz	Wareneingang, Warenausgabe, Bestandskontrollen, Arbeitsmittel- und Personaleinsatz, Überwachung des Zeitfonds, Anweisungen und Hinweise für Arbeitsabläufe
Ausgabe/Verteilung	Anweisungen für Portionierung, Ausstattungsplan für Bankette und Außer-Haus-Geschäft (Geschirr, Gerätschaften)
Kasse	Kassenabrechnungen
Statistik	Erfassung der Daten einzelner Bereiche oder Events (Küche, Lagerbestand, Verbrauch, Sonderveranstaltungen); Kostenrechnung; Controlling
Angebotsgestaltung	Werbekorrespondenz, Bildverwaltung, Schreiben von Angeboten und Übersetzung in andere Sprachen

- Es sollte die Bereitstellung von Updates gesichert sein, die eine Anpassung des Programms an Neuerungen ermöglicht.

8.3 Personalführung, Arbeitsrecht

Bei der Gestaltung der Arbeitszeit und des gesamten Arbeitsprozesses müssen einige gesetzliche Vorgaben beachtet werden. Hier kann jedoch nur auf die wichtigsten Punkte eingegangen werden. Die vollständigen Gesetzestexte sind im Original nachzulesen (Fundstellenverzeichnis der wichtigsten Gesetze und Verordnungen im Anhang).

8.3.1 Arbeitszeitregelungen

Die Arbeitszeiten und die einzuhaltenden Ruhezeiten werden durch das Arbeitszeitgesetz (ArbZG) geregelt. Das Gesetz gilt zunächst generell für alle Arbeitnehmer, ausgenommen sind nur leitende Angestellte. Für bestimmte Berufsgruppen sind jedoch jeweils spezifische Sonderregelungen getroffen worden. Zu diesen Gruppen gehören auch Mitarbeiter in der Gastronomie und im Bäckerhandwerk. Auf die für diesen Personenkreis geltenden Bestimmungen wird nachfolgend besonders hingewiesen. Zusätzliche Regelungen zur Arbeitszeit können in Tarifverträgen, Betriebsvereinbarungen sowie in den Einzelarbeitsverträgen getroffen werden. Sie dürfen aber nicht gegen die grundlegenden Bestimmungen des Arbeitszeitgesetzes verstoßen.

Grundsätzliche Festlegungen des Gesetzes
- Höchstdauer der täglichen Arbeitszeit
  Die Höchstdauer beträgt 8 Stunden, in Ausnahmefällen 10 Stunden, so weit nicht ein wesentlicher Teil ausschließlich ein Bereitschaftsdienst ist.
- Pausenzeiten
  Die während der Arbeit zu gewährende Pausenzeit muss bei einer Arbeitszeit von 6 bis 9 Stunden mindestens 30 Minuten, bei mehr als 9 Stunden wenigstens 45 Minuten betragen. Nach spätestens 6 Stunden ununterbro-chener Arbeit ist eine Pause einzulegen. Sie kann auf kürzere Intervalle von mindestens 15 Minuten Dauer aufgeteilt werden.
- Ruhezeiten
  Die Ruhezeit nach der täglichen Arbeit muss mindestens 11 Stunden betragen (die früher mitunter praktizierten kurzen Wechsel der Dienste sind nicht zulässig).
- Nacht- und Schichtarbeit
  Nacht- und Schichtarbeit ist nur eingeschränkt zulässig. Als Nachtzeit gilt die Zeit von 23 bis 6 Uhr. Nachtarbeit ist die Zeit, die mehr als 2 Stunden der Nachtzeit umfasst. Nachtarbeit sollte durch freie Tage bzw. durch einen Lohnzuschlag ausgeglichen werden. Freie Tage sind in der darauf folgenden Woche und möglichst zusammenhängend zu gewähren. Für eine regelmäßig ausgeübte Nachtarbeit (z. B. Nachtkoch) sind spezielle gesetzliche Regelungen getroffen worden.
- Mehrarbeit
  Mehrarbeit ist die Arbeitszeit, welche die normale Arbeitszeit von 8 Stunden am Tag überschreitet. Sie ist zunächst grundsätzlich verboten und nur in Ausnahmefällen zulässig. Für geleistete Mehrarbeit ist ein angemessener Ausgleich in Freizeit oder als Zuschlag zum Bruttoarbeitslohn zu gewähren. Die Hälfte der Vergütung von Mehrarbeit ist unpfändbar.
- Überarbeit
  Überarbeit ist jede, die normale Arbeitszeit überschreitende Tätigkeit, die im Unterschied zur Mehrarbeit nicht durch Freizeit ausgeglichen wird (bisher und allgemein als Überstunden bezeichnet). Für Überarbeit ist ein Zuschlag zu den nominalen Bezügen zu zahlen (Überstundenzuschlag, durch Tarifverträge geregelt). Der gesamte für Überarbeit angefallene Lohn ist zur Hälfte unpfändbar. Zum Leisten von Überarbeit ist der Arbeitnehmer nur dann verpflichtet, wenn entsprechende Vereinbarungen im Tarifvertrag, in der Betriebsvereinbarung oder in Einzelarbeitsverträgen getroffen wurden. Der Arbeitgeber kann sie in besonderen Situationen anordnen (Direktionsrecht), beispielsweise in Notfällen (wie bei der Gefahr eines Verderbs von Lebens-

mitteln) oder auf Grundlage einer bestehenden Treuepflicht des Arbeitnehmers.

Die von den Mitarbeitern geleistete Mehrarbeit ist zu dokumentieren, die Aufzeichnungen sind 2 Jahre lang aufzubewahren.

Sonderregelungen für das Gastgewerbe

In Einrichtungen der Gastronomie und im Bäckerhandwerk, in denen zur Sicherung des Versorgungsauftrags Sonn- und Feiertagsarbeit geleistet werden muss, ist den Beschäftigten im Jahr mindestens 15 Sonntage arbeitsfrei zu geben. Nur bei Sonderregelungen, die in Tarifverträgen oder Betriebsvereinbarungen festgelegt sein müssen, kann die Anzahl der freizugebenden Sonntage auf jährlich 10 reduziert werden. Die Ruhezeit zwischen 2 Schichten kann von 11 auf 10 Stunden verkürzt werden. In Bäckereien gilt als Nachtzeit der Zeitraum zwischen 22 und 5 Uhr.

8.3.2 Regelungen für werdende und stillende Mütter

Das Gesetz zum Schutz der erwerbstätigen Mütter (Mutterschutzgesetz, MuSchG) legt Verfahrensweisen fest, die dem Schutz der werdenden Mutter und der Wöchnerin dienen. Hauptanliegen des Gesetzes ist zu sichern, dass Arbeitsplatz, Arbeitsaufgabe, Arbeitsgeräte und die sonstigen Betriebseinrichtungen den gesundheitlichen Belangen der werdenden bzw. stillenden Mutter entsprechen.

Beschäftigungsverbote

Für Schwangere und Wöchnerinnen bestehen grundsätzliche Beschäftigungsverbote und Verbote, bestimmte, körperlich oder anderweitig gesundheitsbelastende Arbeiten auszuführen.

◆ Generelles Beschäftigungsverbot
Ein Beschäftigungsverbot besteht für die letzten 6 Wochen vor der Niederkunft und für 8 Wochen nach der Niederkunft (bei Früh- und Mehrlingsgeburten 12 Wochen). Die Schwangere kann ihr persönliches Einverständnis erklären, dass sie auch nach Erreichen der Frist von 6 Wochen vor der Niederkunft im Rahmen

ihrer Möglichkeiten beschäftigt wird. Dieses Einverständnis kann von ihr jederzeit widerrufen werden. Für die Zeit nach der Niederkunft besteht dagegen striktes Beschäftigungsverbot, eine Beschäftigung ist auch auf Wunsch der Wöchnerin untersagt.

Weiterhin ist die Beschäftigung an Sonn- und Feiertagen, Nachtarbeit zwischen 20 und 6 Uhr sowie die Ableistung von Mehrarbeit verboten.

◆ Ausnahmeregelung für das Gastgewerbe
In den ersten 4 Monaten der Schwangerschaft ist die Arbeit bis 22 Uhr sowie die Arbeit an Sonn- und Feiertagen erlaubt, im Anschluss muss jedoch eine Ruhezeit von 24 Stunden gewährt werden.

Verbot von schwerer körperlicher Arbeit für Schwangere

Verboten sind schwere körperliche Arbeiten sowie Arbeiten, bei denen mit gesundheitsgefährdenden Einwirkungen gerechnet werden muss. Verboten sind außerdem Tätigkeiten, bei denen es zum Einwirken von ionisierenden Strahlen kommen kann.

Verboten sind

◆ Arbeiten, die mit regelmäßigem Heben von Lasten über 5 kg (bei gelegentlichem Heben bis maximal 10 kg) verbunden sind,
◆ nach dem 5. Schwangerschaftsmonat Beschäftigungen, die mit mehr als 4 Stunden Arbeit im Stehen verbunden sind,
◆ Arbeiten mit erheblichem Strecken, dauerndem Hocken oder Bücken oder die mit der Bedienung von Geräten mit hoher Fußbeanspruchung verbunden sind,
◆ Akkord- sowie Fließbandarbeit.

Arbeitsverbote bzw. Freistellungen von Stillenden

Stillenden ist Freizeit zum Stillen zu gewähren (Stillpausen), ohne dass diese vor- bzw. nachgearbeitet und auf die Pausen angerechnet wird. In den ersten Monaten nach der Entbindung dürfen keine Arbeiten übertragen werden, welche die Leistungsfähigkeit der Beschäftigten überschreitet (nach Attest des behandelnden Arztes), und solche, die zu einer Gesundheitsgefährdung führen könnten.

Kündigungsschutz und Lohnfortzahlung

Eine Kündigung ist während der Schwangerschaft und 4 Monate nach der Entbindung grundsätzlich unzulässig. In Ausnahmefällen, die nicht mit der Schwangerschaft und der Entbindung in Zusammenhang stehen, kann nur mit Zustimmung der zuständigen Behörden gekündigt werden. Eine Schwangere kann dagegen jederzeit kündigen. Bei einer Wiedereinstellung gilt das Arbeitsverhältnis als nicht unterbrochen. Bei einem Beschäftigungsverbot ist das Arbeitsentgelt vom Arbeitgeber weiterzuzahlen. Es richtet sich nach dem Durchschnittsverdienst der letzten 13 Wochen oder der letzten 3 Monate vor Beginn des Monats, in dem die Schwangerschaft eingetreten ist.

Mitteilungspflicht der Schwangeren

Die Schwangere ist verpflichtet, das Bestehen einer Schwangerschaft dem Arbeitgeber mitzuteilen, sobald diese ihr bekannt wird. Der Arbeitgeber hat das Gewerbeaufsichtsamt entsprechend zu informieren.

8.3.3 Regelungen für Jugendliche

Die Vorschriften, die bei der Beschäftigung von Kindern und Jugendlichen zu beachten sind, werden durch das Jugendarbeitsschutzgesetz (JArbSchG) geregelt. Als Kinder gelten alle Personen, die das 15. Lebensjahr, als Jugendliche die Personen, die das 18. Lebensjahr noch nicht vollendet haben. Das Jugendarbeitsschutzgesetz ist in allen Betrieben auszulegen, in denen Jugendliche beschäftigt werden.

Grundsätzliche Regelungen

Bei der Beschäftigung von Kindern und Jugendlichen sind folgende prinzipiellen Regelungen bzw. Beschränkungen zu beachten:

◆ Die Arbeitsplätze für Jugendliche müssen unter Berücksichtigung anerkannter Regeln so gestaltet werden, dass sie ihnen einen sicheren Schutz vor Gefahren bieten und deren Entwicklung nicht beeinträchtigen.

◆ Das Arbeits- bzw. Ausbildungsverhältnis darf nur bei Vorlage einer Bescheinigung über eine ärztliche Untersuchung innerhalb der letzten 14 Monate aufgenommen werden, welche die Unbedenklichkeit der Arbeitsaufnahme aus medizinischer Sicht attestiert. Diese Bescheinigung ersetzt nicht die Erlaubnis zum Arbeiten mit Lebensmitteln entsprechend den Auflagen des Infektionsschutzgesetzes.

12 Monate nach Beginn der Beschäftigung ist eine ärztliche Nachuntersuchung erforderlich, und die darüber ausgestellte Bescheinigung ist dem Arbeitgeber zum Verbleib vorzulegen. Dem Jugendlichen sind jährlich freiwillige Untersuchungen gemäß den Vorgaben der arbeitsmedizinischen Betreuung zu ermöglichen (siehe Kapitel 7.4).

◆ Die Kinder und Jugendlichen sind vor Beginn des Arbeits- bzw. Ausbildungsverhältnisses über Unfall- und Gesundheitsgefahren zu belehren. Diese Unterweisungen sind in regelmäßigen Abständen zu wiederholen (mindestens alle 6 Monate).

◆ Den Kindern und Jugendlichen dürfen keine Arbeiten übertragen werden, die zu einer gesundheitlichen Gefährdung führen oder die deren physische und psychische Leistungsfähigkeit überschreiten könnten. Ausnahmen hiervon sind nur bei Auszubildenden statthaft, falls die Arbeiten zum Erreichen des Ausbildungsziels unbedingt erforderlich sind und unter Anleitung und Überwachung durch einen Fachkundigen erfolgen.

◆ Sie dürfen keine Akkordarbeit und Tätigkeiten in Leistungslohn ausführen.

◆ Sie dürfen nicht durch Personen mit bestimmten Vorstrafen oder Geldbußen beschäftigt bzw. beaufsichtigt werden. Die betreffenden Vergehen sind im Einzelnen im Jugendarbeitsschutzgesetz aufgeführt.

◆ An Jugendliche unter 16 Jahren dürfen keine alkoholischen Getränke und Tabakwaren abgegeben werden (auch keine „Feierabenddrinks").

◆ Bei einer Unterbringung von Jugendlichen in häuslicher Gemeinschaft ist dafür Sorge zu tragen, dass es zu keiner Beeinträchtigung ihrer Gesundheit kommt und die ärztliche Betreuung sowie die Pflege im Krankheitsfall sichergestellt wird.

◆ Die Aufsichtsbehörde kann in Einzelfällen Beschränkungen für die Beschäftigung von Jugendlichen festlegen bzw. einzelnen Einrichtungen die Beschäftigung dieses Personenkreises gänzlich untersagen.

Beschäftigungsverbote

Die Beschäftigung von Kindern unterliegt Begrenzungen bzw. ist prinzipiell verboten:

◆ Kinder unter 13 Jahren
Für diese Altersgruppe besteht generell ein absolutes Beschäftigungsverbot.

◆ Kinder unter 15 Jahren
Für Kinder unter 15 Jahren besteht zunächst ebenfalls ein grundsätzliches Beschäftigungsverbot. Sie dürfen in Ausnahmefällen bei Vorliegen der Einwilligung des Erziehungsberechtigten (Personensorgeberechtigten) täglich maximal 2 Stunden beschäftigt werden, jedoch nicht zwischen 18 und 8 Uhr und während des Schulunterrichtes.
Abweichend von dieser Festlegung dürfen Kinder bei nachstehend aufgeführten Ausnahmen leichte Tätigkeiten verrichten, und zwar bis maximal 7 Stunden täglich (35 Wochenstunden):

Kinder, die der Vollzeitschulpflicht nicht mehr unterliegen und in einem Berufsausbildungsverhältnis beschäftigt werden, wobei die Teilnahme am Berufsschulunterricht und an anderen außerbetrieblichen Ausbildungsmaßnahmen einschließlich Prüfungen in die Berechnung der Wochenarbeitszeit einzubeziehen ist.
Schulpflichtige Kinder während der Schulferien für maximal 4 Wochen.

Regelungen für die Arbeits- und Pausenzeiten

Für Jugendliche gelten Regelungen für die Arbeits- und Pausenzeiten sowie für die Beschäftigung an Sonn- und Feiertagen, die von denen abweichen, die für Erwachsene gelten. Auch in diesen Punkten gibt es für das Gastgewerbe Sonderregelungen. Die unter Berücksichtigung der Vorgaben des Jugendarbeitsschutzgesetzes im jeweiligen Betrieb geltenden Regelungen für die Arbeits- und Pausenzeiten sind auszuhängen. Der Arbeitgeber hat ein Verzeichnis der beschäf-

tigten Jugendlichen zu führen und es auf Verlangen der Aufsichtsbehörde vorzulegen.

◆ Arbeitszeit
Die Arbeitszeit für Jugendliche, die das 15. Lebensjahr vollendet haben, ist auf 8 Stunden täglich bei 40 Wochenstunden zu begrenzen. Die in Verbindung mit Feiertagen ausfallende Arbeitszeit kann durch Verlegung auf 5 Wochen herausgearbeitet werden, wobei die tägliche Beschäftigungsdauer nicht mehr als 8,5 Stunden und die Wochenarbeitszeit nicht mehr als 40 Stunden betragen darf. Für Jugendliche gilt grundsätzlich die 5-Tage-Woche. Samstage sowie Sonn- und Feiertage sind arbeitsfrei. Eine Beschäftigung zwischen 20 und 6 Uhr ist nicht zulässig.
Bei Kindern, die nur in Ausnahmefällen beschäftigt werden dürfen, sind die besonderen Festlegungen zu beachten (siehe oben, Beschäftigungsverbote).

◆ Freistellungen
Auszubildende sind für die Teilnahme am Berufsschulunterricht freizustellen. Die Teilnahme am Unterricht ist wie folgt auf die Arbeitszeit anzurechnen:

Generelle Freistellung 1-mal wöchentlich an Tagen mit mehr als 5 Unterrichtsstunden.
5 Unterrichtsstunden sind mit 8 bzw. eine Berufsschulwoche (Blockunterricht mit 25 Wochenstunden) mit 40 Arbeitsstunden zu verrechnen.
Freistellung am Tag vor der schriftlichen Abschlussprüfung.

◆ Pausen- und Schichtzeiten
Die einzelnen Ruhepausen müssen 15 Minuten betragen. Bei einer Arbeitszeit von 4,5 bis 6 Stunden müssen Pausenzeiten von mindestens 30 Minuten, bei mehr als 6 Stunden täglicher Arbeit von wenigstens 60 Minuten eingehalten werden.
Eine durchgehende Beschäftigung (ohne Pausen) länger als 4,5 Stunden ist nicht zulässig.
Die Schichtzeit darf maximal 10 Stunden betragen (8 Stunden Arbeits- und 2 Stunden Pausenzeit).
Die Freizeit (Ruhezeit) nach Schichtende muss mindestens 12 Stunden betragen.

Ausnahmen im Gastgewerbe

Samstags- und Sonntagsarbeit ist erlaubt bei Freistellung an jeweils einem anderen Tag in der darauf folgenden Woche. 2 Samstage bzw. Sonntage sollen im Monat arbeitsfrei bleiben. Feiertagsarbeit ist erlaubt bei Freistellung an einem anderen Tag der darauf folgenden Woche. Ausgenommen von dieser Regelung sind der erste Weihnachtsfeiertag, der Neujahrstag, der erste Osterfeiertag und der Maifeiertag (eine Beschäftigung ist generell verboten).

Am 24. 12. und 31. 12. ist eine Beschäftigung nach 14 Uhr nicht zulässig.

Jugendliche über 16 Jahre dürfen bis 22 Uhr arbeiten, in Mehrschichtbetrieben bis 23 Uhr. Die Schichtzeit darf maximal 11 Stunden betragen. Weitere Ausnahmen können von der Aufsichtsbehörde genehmigt werden.

Urlaubsregelungen

Die Anzahl der Urlaubstage, die Jugendlichen zusteht, differiert in Abhängigkeit vom Alter. Maßgebend ist das Alter zu Beginn des Kalenderjahres:

unter 16 Jahren	mindestens 30 Werktage
unter 17 Jahren	mindestens 27 Werktage
unter 18 Jahren	mindestens 25 Werktage

8.3.4 Regelungen für Schwerbehinderte

Das Sozialgesetzbuch, Neuntes Buch (SGB IX), welches das bisher geltende Schwerbehindertengesetz (SchwbeG) ablöst, regelt die Beschäftigung von Schwerbehinderten, deren Eingliederung in das Erwerbsleben sowie die Schaffung von entsprechenden Arbeitsplätzen und deren Sicherung.

Beschäftigungspflicht

Vom Gesetzgeber ist vorgegeben, dass Betriebe mit mehr als 15 Arbeitsplätzen Schwerbehinderte zu beschäftigen haben. Die Pflichtquote beträgt 6 % der Gesamtzahl der Mitarbeiter. Eine sich daraus berechnete Beschäftigtenzahl von 0,5 und mehr natürlichen Personen ist aufzurunden.

Bei der Einstellung von Schwerbehinderten sollen in angemessenem Umfang besonders Behinderte und Schwerbehinderte, die das 50. Lebensjahr überschritten haben, sowie in der Ausbildung befindliche Personen berücksichtigt werden.

Für jeden nicht besetzten Pflichtplatz ist monatlich eine Ausgleichsabgabe zu entrichten. Diese ist jährlich mit Erstellung der Anzeige an das Integrationsamt (vormals Hauptfürsorgestelle) abzuführen.

Für die Beschäftigung von Schwerbehinderten können vom Integrationsamt auf Antrag Beihilfen gewährt werden.

Fürsorgepflicht des Arbeitgebers

Der Arbeitgeber ist verpflichtet, Arbeitsplätze so zu gestalten, dass eine effektive Arbeit von Schwerbehinderten ermöglicht wird. Diese Auflage gilt gegebenenfalls auch für Betriebsräume und Maschinen. Die Schwerbehinderten sind mit Tätigkeiten zu betrauen, die sie trotz ihres Handikaps ausführen können.

Kündigung und Urlaubsanspruch

Die Kündigung eines Schwerbehinderten bedarf der vorherigen Zustimmung des Integrationsamts.

Schwerbehinderten steht ein zusätzlicher Jahresurlaub von 5 Arbeitstagen zu, falls ihnen auf Grund von Tarifverträgen bzw. Betriebsvereinbarungen nicht eine größere Anzahl von Tagen zu gewähren ist.

Staatliche Kontrollen und Auflagen

Die Kontrolle der Einhaltung des Schwerbehindertengesetzes obliegt dem Integrationsamt. Der Arbeitgeber ist verpflichtet, eine Liste der bei ihm tätigen Schwerbehinderten zu führen und diese auf Anforderung dem Integrationsamt und dem Arbeitsamt vorzulegen. Er ist weiterhin verpflichtet, an das Arbeitsamt (Durchschrift an das Integrationsamt) 1-mal jährlich bis spätestens zum 31. 3. des Folgejahres die im Berichtsjahr beschäftigten Schwerbehinderten zu melden, aufgegliedert nach Monaten mit der Zahl der Arbeitsplätze und der Schwerbehinderten. Zum gleichen Termin sind geschuldete Ausgleichsabgaben zu entrichten.

Wahl eines Vertrauensmanns

Ab 5 beschäftigten Schwerbehinderten ist im Betrieb alle 4 Jahre ein Vertrauensmann zu wählen und dem Arbeitsamt sowie dem Integrationsamt zu melden (Wahltermin zwischen dem 1.10. und 30.11. des Jahres).

8.3.5 Urlaubsrecht

Der Anspruch auf Urlaub und die Rahmenbedingungen für die Erteilung und das Entgelt des Urlaubs werden durch das Bundesurlaubsgesetz (BurlG) geregelt. Die im Gesetz getroffenen Regelungen sind Mindestforderungen, in vielen tarifrechtlichen Urlaubsvereinbarungen sind darüber hinausgehende Leistungen vereinbart.

Urlaubsjahr

Als Urlaubsjahr gilt das Kalenderjahr. Der dem Beschäftigten für ein Kalenderjahr zustehende Urlaub sollte im Verlauf des Kalenderjahres angetreten werden. Nur in begründeten betrieblichen bzw. aus persönlichen Gründen darf er auf das folgende Kalenderjahr übertragen werden. Er muss aber innerhalb der ersten 3 Monate des neuen Jahres genommen werden.

Zustehende Urlaubstage

Als Mindesturlaub stehen jedem Arbeitnehmer 18 Werktage zu. In jeweils 6 Werktagen Urlaub ist 1 Samstag als Urlaubstag einzubeziehen. Der Mindesturlaub wird in der Regel durch tarifrechtliche Regelungen und gesonderte Festlegungen im Arbeitsvertrag um eine unterschiedliche Anzahl von Urlaubstagen aufgestockt. Hierbei werden die Qualifikation und die Aufgabenbereiche des Beschäftigten berücksichtigt (Urlaubsregelung für Jugendliche, siehe Kapitel 8.3.3).

Urlaubszeiten/Erteilung von Urlaub

Im Kalenderjahr ist ein zusammenhängender Urlaub von mindestens 2 Wochen zu gewähren. Bei der Festlegung der Urlaubszeit sollen die Urlaubswünsche des Beschäftigten beachtet werden. Dringende betriebliche Belange müssen aber berücksichtigt werden. Bei der Erstellung des Urlaubsplans hat der Betriebsrat ein Mitbestimmungsrecht.

Wartezeit

Ein Anrecht auf die Gewährung von Urlaub besteht erst nach 6-monatigem Bestehen des Arbeitsverhältnisses.

Teilurlaub

Ein Teilurlaub steht Arbeitnehmern zu bei Eintritt in das Arbeitsverhältnis im Verlauf des Kalenderjahres, beim Ausscheiden in der ersten Hälfte des Kalenderjahres und bei Nichterfüllung der Wartezeit. In diesen Fällen besteht Anspruch auf $1/12$ des Jahresurlaubs für jeden Monat, in dem ein Beschäftigungsverhältnis bestand.

Verhinderung von Doppelansprüchen

Beim Ausscheiden des Arbeitnehmers hat der Arbeitgeber eine Bescheinigung über den bereits genommenen Urlaub im laufenden Kalenderjahr auszustellen, um eine nochmalige Gewährung von bereits erhaltenen Urlaubstagen auszuschließen.

Abgeltung von Urlaub

Eine Abgeltung von Urlaub durch Bezahlung sollte nur dann erfolgen, wenn er nicht mehr in Form von Freizeit ausgeglichen werden kann. Bei einer Kündigung sollte der Urlaub in die Kündigungsfrist gelegt werden.

Erwerbstätigkeit

Während des Urlaubs ist jegliche Erwerbstätigkeit grundsätzlich verboten.

Erkrankung während des Urlaubs

Bei einer Erkrankung während des Urlaubs, die eine Arbeitsunfähigkeit bedingen würde, gilt der Urlaub als unterbrochen, falls dies durch eine Krankschreibung oder ein ärztliches Attest bescheinigt wird (Attest z. B. bei einem Auslandsurlaub). Die betreffenden Urlaubstage sind zu einem späteren Zeitpunkt erneut zu gewähren. Für die Zeit der Krankschreibung besteht für den Arbeitgeber auch in diesem Fall die Pflicht der Lohnfortzahlung (bis zu 6 Wochen).

Maßnahmen der medizinischen Vorsorge oder der Rehabilitation

Maßnahmen der medizinischen Vorsorge oder der Rehabilitation dürfen nicht auf den Urlaub angerechnet werden, solange ein Anspruch auf Fortzahlung von Entgelt im Krankheitsfall besteht.

Urlaubsentgelt/Urlaubsgeld

Berechnungsgrundlage für das Urlaubsentgelt ist der durchschnittliche Arbeitsverdienst in den letzten 13 Arbeitswochen. Es ist vor Urlaubsbeginn auszuzahlen.

Das Urlaubsgeld ist eine zusätzliche Geldzuwendung für den Urlaub. Ein Anspruch auf Urlaubsgeld kann nur auf der Grundlage tariflicher oder betrieblicher Vereinbarungen erhoben werden.

Freistellung zu besonderen familiären Anlässen

Eine generelle Regelung für Freistellungen zu besonderen familiären Anlässen gibt es im Arbeitszeitgesetz nicht. Hier greifen nur die betrieblichen Vereinbarungen und die Rahmentarifverträge.

Für Auszubildende sind die Freistellungen im JugArbschG geregelt.

Freistellung zur beruflichen Weiterbildung/ Bildungsurlaub

In einigen Ländern kann auf Grundlage eines besonderen Länderrechtes in bestimmten Fällen ein Bildungsurlaub gewährt werden. In diesen Fällen ist der Arbeitgeber gehalten, eine Freistellung zu gewähren, so weit es sich um Maßnahmen im Rahmen der politischen Bildung bzw. zur Fortbildung im Beruf handelt. Es existieren keine einheitlichen Regelungen, ob, in welchen Fällen und in welcher Höhe vom Arbeitgeber ein Entgelt zu zahlen ist.

Freistellung zur Wahrnehmung staatlicher Pflichten

Angehörige der freiwilligen Polizeireserve, der freiwilligen Feuerwehr und des Technischen Hilfswerks (THW) müssen im Alarmfall und bei der Anforderung zur Hilfeleistung umgehend vom Dienst freigestellt werden. Ihnen muss vom Arbeitgeber das zustehende Arbeitsentgelt bezahlt werden, so dass dem betreffenden Beschäftigten kein Verdienstausfall entsteht. Die dadurch ausgefallene Arbeitszeit ist nicht nachzuarbeiten und darf auch nicht auf den Jahresurlaub angerechnet werden.

8.3.6 Kündigungsschutz

Der Kündigungsschutz nach den Bestimmungen des Kündigungsschutzgesetzes (KSchG) dient der Erhaltung des Arbeitsplatzes für den Arbeitnehmer. Bei einer Kündigung, die gegen das Gesetz verstößt, kann von Seiten des Beschäftigten nur dann gesetzlicher Einspruch erhoben werden, wenn er innerhalb von 3 Wochen nach Aussprechen der Kündigung eine Klage beim Arbeitsgericht einreicht. Generell sind die gesetzlich vorgeschriebenen Kündigungsfristen einzuhalten, die sich an der Qualifikation (Dienststellung) des Mitarbeiters und an den Festlegungen im persönlichen Arbeitsvertrag bzw. an den gesonderten Betriebsvereinbarungen orientieren. Eine fristlose Kündigung ist nur in außergewöhnlichen Fällen möglich.

Ordentliche Kündigung

Eine ordentliche Kündigung ist nach dem Kündigungsschutzgesetz unwirksam, wenn sie sozial ungerechtfertigt ist. Sozial ungerechtfertigt sind Kündigungsgründe, die

◆ nicht in der Person oder im Verhalten des Arbeitnehmers liegen (z. B. schlechte Arbeitsleistungen),
◆ nicht durch dringende betriebliche Erfordernisse bedingt sind (z. B. Rationalisierung).

Betriebsbedingte Kündigung

Bei der betriebsbedingten Kündigung müssen bei der Auswahl des zu kündigenden Arbeitnehmers

◆ die Dauer seiner Betriebszugehörigkeit,
◆ sein Lebensalter und
◆ seine Unterhaltspflichten

ausreichend berücksichtigt werden, nicht aber Krankheit oder seine wirtschaftliche Lage.

Besonderer Kündigungsschutz

Für die nachfolgend genannten Personengruppen besteht ein besonderer Kündigungsschutz:

◆ Wehr- und Zivildienstleistende
◆ Mitglieder der Betriebsverfassung (Betriebsräte)
◆ Schwerbehinderte
◆ Schwangere und Frauen nach der Niederkunft
◆ Mütter bzw. Väter während des gesetzlich geregelten Erziehungsurlaubs

8.4 Gestaltung von Dienst-, Urlaubs- und Ablaufplänen
8.4.1 Dienstpläne

Beim Erstellen von Dienstplänen ist es ratsam, systematisch vorzugehen und die nachfolgend aufgeführten Fragen- bzw. Anforderungskomplexe schrittweise abzuarbeiten:

◆ Ermittlung des Arbeitskräftebedarfs
◆ Besetzung der einzelnen Posten bzw. Schichten mit Personal
◆ Einteilung der verfügbaren Mitarbeiter zum Dienst

Bei kleineren Einrichtungen reduziert sich dieses Vorgehen auf wenige Schritte. Die gesetzlichen Vorgaben für die Gestaltung der Arbeitszeit jedes einzelnen Mitarbeiters müssen jedoch auch in diesen Einrichtungen eingehalten werden.

Ermittlung des Arbeitskräftebedarfs

Der Bedarf an Mitarbeitern zur Sicherung der vollen Leistungsbereitschaft ist für jeden Kalendertag und für jede Schicht gesondert zu ermitteln. Dabei ist es zweckmäßig, auch den Bedarf für einzelne Positionen individuell festzulegen. Die auf diese Weise ermittelten Werte können dann als Erfahrungswerte für die weitere Dienstplangestaltung übernommen und dabei ständig optimiert bzw. den sich ändernden Bedingungen angepasst werden:

◆ Sicherung der durchgehenden Arbeitsfähigkeit der Küche in ihren Grundfunktionen
    Erforderliche Mitarbeiterzahl: Feste Größe.
◆ Absicherung des zusätzlichen Bedarfs an Arbeitskräften für bereits gebuchte Veranstaltungen (z. B. Bankett, Sonderessen, Versorgung von Reisegruppen)
    Erforderliche Mitarbeiterzahl: Feste Größe (in Abhängigkeit vom Umfang der Veranstaltung).
◆ Absicherung des voraussichtlichen Besuchs von zusätzlichen Gästen (z. B. Wochenendausflügler in Abhängigkeit von der Wetterlage, Schulferien, Feiertage)
    Erforderliche Mitarbeiterzahl: Der Bedarf muss abgeschätzt werden (an Hand von Erfahrungswerten).
◆ Berücksichtigung des Bedarfs für besondere Aufgaben (beispielsweise Inventuren, Annahme umfangreicherer Warenlieferungen, Durchführung von Grundreinigungen)
    Erforderliche Mitarbeiterzahl: Feste Größe.

Der auf diese Weise ermittelte Arbeitskräftebedarf kann mit relativ großer Sicherheit garantieren, dass die zum Dienst eingeteilten Mitarbeiter ausgelastet sind und dass auf der anderen Seite eine Überlastung der Beschäftigten auf Grund einer Unterbesetzung verhindert wird.

Besetzung der einzelnen Posten bzw. Schichten mit Personal

Die zunächst ermittelte Mitarbeiterzahl ist auf die jeweiligen Funktionsbereiche bzw. Posten in den einzelnen Schichten aufzuschlüsseln. Dabei ist zu sichern, dass

◆ in jeder Schicht alle Funktionen bzw. Posten durch dafür geeignetes Personal besetzt sind,
◆ eine reibungslose Schichtübergabe garantiert ist,
◆ eine ausreichende Zahl von Mitarbeitern für Sonderaufgaben zur vorgesehenen Zeit zur Verfügung steht (z. B. Materialannahme, Inventuren),
◆ ein notfalls erforderlicher Zwischendienst zur Absicherung von außerplanmäßigen Stoßgeschäften eingerichtet wird,
◆ einzelne Mitarbeiter in Ausnahmefällen zu einem geteilten Dienst eingesetzt werden,
◆ Aushilfskräfte und eventuell Pauschalkräfte rechtzeitig angefordert und für die benötigte Zeit fest gebunden werden.

Weiterhin sollte die Forderung des Gesetzgebers berücksichtigt werden, dass in jeder Schicht

◆ ein ausgebildeter Ersthelfer anwesend ist (bei bis zu 20 Beschäftigten, bei mehr als 20 Beschäftigten 10 % der Mitarbeiter),

◆ ein Aufsichtführender eingesetzt ist, der die Durchführung der Arbeiten und das Einhalten von Arbeits- und Brandschutzvorgaben überwachen kann und berechtigt ist, auf Grund seiner Kenntnisse und Erfahrungen entsprechende Weisungen zu geben,

◆ die Arbeiten von Auszubildenden durch einen dazu berechtigten Mitarbeiter angeleitet und überwacht werden.

Einteilung der verfügbaren Mitarbeiter zum Dienst

Bei der Einteilung der einzelnen Arbeitnehmer zum Dienst ist primär abzusichern, dass alle benötigten Posten bzw. Positionen mit den dafür geeigneten Personen besetzt werden. Es sind dabei für jeden Beschäftigten die arbeitsrechtlichen Vorgaben zu beachten.

◆ Voll beschäftigte, volljährige Mitarbeiter (siehe auch Kapitel 8.3.1)

Einhaltung der Arbeitszeit (8 Stunden täglich, mit Mehrarbeit 10 Stunden). Einhaltung der Pausenzeiten während der Arbeit. Einhaltung der Ruhezeit zwischen 2 Schichten von mindestens 10 Stunden (vermeiden von sog. kurzen Wechseln). Gewährung von 15 arbeitsfreien Sonntagen im Kalenderjahr. Abgeltung von geleisteter Mehrarbeit (möglichst in der darauf folgenden Woche).

◆ Schwangere und Stillende (siehe auch Kapitel 8.3.2)

Einhaltung der Arbeitszeit von maximal 8 Stunden (Mehrarbeit ist verboten). Verbot der Nachtarbeit zwischen 20 und 6 Uhr, Ausnahmeregelungen bis zum 4. Monat bzw. bei Stillenden (siehe Kapitel 8.3.2). Einhaltung der Pausenzeiten. Beachtung des Verbotes von körperlich schwerer Arbeit.

Einhaltung des Verbotes von Sonntags- und Feiertagsarbeit, Ausnahmeregelungen für Schwangere bis zum 4. Monat (siehe Kapitel 8.3.2).

◆ Jugendliche, die das 16. Lebensjahr vollendet haben (jüngere siehe Kapitel 8.3.3)

Einhaltung der Arbeitszeit von 8 Stunden täglich und 40 Stunden wöchentlich, Schichtzeit maximal 11 Stunden. Einhaltung der Pausenzeiten (bei mehr als 6 Stunden Arbeitszeit mindestens 1 Stunde), Gewährung einer Freizeit zwischen 2 Schichten von mindestens 12 Stunden (keinesfalls sog. kurze Wechsel). Verbot der Nachtarbeit zwischen 22 und 6 Uhr, bei Schichtarbeit ist die Beschäftigung bis 23 Uhr erlaubt. Gewährung von 2 arbeitsfreien Samstagen und 2 arbeitsfreien Sonntagen im Monat. Beachtung des Beschäftigungsverbotes am 25. 12., 1. 1., ersten Osterfeiertag und 1. 5. sowie am 24. 12. und 31. 12. nach 14 Uhr. Beachtung des Verbotes eines Einsatzes bei zeitgleich stattfindenden Ausbildungsmaßnahmen. Beachtung der Empfehlung, vor Berufsschultagen den Auszubildenden möglichst nicht in der Spätschicht einzusetzen. Gewährung eines freien Tages vor Prüfungen (Berufsschule, Abschlussprüfung vor der IHK).

◆ Schwerbeschädigte und behinderte Personen
Die jeweiligen spezifischen Festlegungen für die Beschäftigung dieses Personenkreises müssen eingehalten werden (siehe Kapitel 8.3.4).

◆ Persönliche Arbeitszeitkonten
Es ist zweckmäßig, insbesondere in größeren Einrichtungen, für jeden einzelnen Mitarbeiter ein persönliches Arbeitszeitkonto anzulegen, das ständig fortgeschrieben wird und somit über die in dem jeweiligen Zeitraum (Woche bzw. Monat) bereits geleisteten Arbeitsstunden jederzeit Auskunft gibt.

Generelle Gesichtspunkte für die Erstellung von Dienstplänen

Die Berücksichtigung von begründeten Wünschen der Mitarbeiter und von arbeitsmedizinischen Gesichtspunkten bei der Dienstplangestaltung tragen wesentlich dazu bei, sowohl das Arbeitsklima als auch den Gesundheitszustand der Mitarbeiter und damit die Leistungsfähigkeit der Einrichtung zu erhöhen. Das gilt in erster Linie für folgende Punkte:

◆ Vermeiden eines häufigen Wechsels der Schichten

  Der menschliche Körper benötigt eine individuell unterschiedlich lange Zeit, um sich auf Änderungen im Tagesrhythmus einzustellen. Während dieser Umstellungsphase ist die Leistungsfähigkeit nicht optimal, auch wenn dies von vielen Personen nicht direkt wahrgenommen wird. Häufige Wechsel im Tagesrhythmus können nach einer gewissen Zeit zu einer anhaltenden Verminderung des Wohlbefindens und zum Verlust der Fähigkeit führen, Stresssituationen komplikationslos zu bewältigen.

  Das ständige Arbeiten in nur einer Schicht ist andererseits auch von Nachteil, da auf diese Weise einzelne Betriebsangehörige den Kontakt zu einer größeren Zahl von Arbeitskollegen weitgehend verlieren und sich dann bei plötzlichen Änderungen im Dienstplan schlecht in einem neuen Kollektiv zurechtfinden. Eine Beschäftigung in nur einer Schicht kann außerdem zu einer einseitigen Ausrichtung des Mitarbeiters auf bestimmte Arbeitsprozesse führen (z. B. nur Frühstücksbüfett). Ein Schichtwechsel sollte deswegen möglichst alle 2 Wochen, frühestens aber nach jeweils 1 Woche erfolgen.

◆ Gewährung von freien Tagen

  Die freien Tage, die auf Grund der an Samstagen und Sonntagen geleisteten Dienste anfallen, sollten möglichst in der darauf folgenden Woche an zusammenhängenden Tagen gewährt werden. Dieses Gewähren von freien Tagen en bloc ist für die Mitarbeiter nicht nur aus Gründen einer effektiveren Freizeitgestaltung von Wichtigkeit, sondern es ermöglicht auch ein wesentlich besseres Regenerieren der

Leistungsfähigkeit. Das Ansparen von freien Tagen sollte nur die Ausnahme sein bzw. nur dann praktiziert werden, wenn die Gewährung von zusammenhängenden freien Tagen aus arbeitsorganisatorischen Gründen nicht möglich ist. In diesen betriebsbedingten Fällen ist das Ansparen günstiger als ein Verfahren, bei dem nur jeweils 1 freier Tag und dieser in unregelmäßigen Abständen gewährt wird.

Berücksichtigung der Wünsche der Mitarbeiter

Die Wünsche der Mitarbeiter sollten bei der Dienstplangestaltung weitgehend berücksichtigt werden. Dabei muss jedoch darauf geachtet werden, dass die Versuche einzelner Beschäftigter unterbunden werden, sich regelmäßig Vorteile zu verschaffen, wie beispielsweise freie Tage an Wochentagen, an denen erfahrungsgemäß mit besonderen Belastungen zu rechnen ist, oder freie Tage bzw. Urlaubstage als sog. Brückentage in Verbindung mit gesetzlichen Feiertagen zu nehmen, um dadurch zu einem zusätzlichen Kurzurlaub zu gelangen. Im Prinzip ist gegen solche Regelungen nichts einzuwenden, falls es aus arbeitsorganisatorischen Gründen realisierbar ist. Es sollte aber im Interesse eines guten Arbeitsklimas darauf geachtet werden, dass im Verlauf von 1 oder 2 Jahren allen Mitarbeitern im gleichen Umfang solche günstigen Regelungen gewährt werden.

Eine spezielle Situation besteht bei Frauen, die Kinder im Vorschul- bzw. im Grundschulalter zu betreuen haben, vornehmlich wenn sie allein erziehend sind und ihnen keine gesetzlichen Vergünstigungen für die Gestaltung der Arbeitszeit zustehen. Hier sollten berechtigte Wünsche nach Möglichkeit berücksichtigt werden, vor allem unter Beachtung der Öffnungszeiten von Kindertagesstätten. Darüber hinaus sollte in Gesprächen geklärt werden, wie in besonderen Fällen oder in gewissen zeitlichen Abständen eine zeitweilige Betreuung der Kinder durch Familienangehörige oder andere Personen organisiert werden kann. Das gilt hauptsächlich für Dienste an Samstagen, Sonntagen und Feiertagen, da allen Beschäftigten im Jahr mindestens 15 freie Wochenenden zu gewähren sind (ohne

Einbeziehung der Wochenenden im Jahresurlaub) und ihnen außerdem auch an den Feiertagen in vertretbarem Umfang freizugeben ist.

**Termine und Fristen beim Erstellen
von Dienstplänen**

Die Dienstpläne sollten mindestens wöchentlich
erstellt werden, damit es jedem Arbeitnehmer
ermöglicht wird, sein Privatleben einschließlich
der Erledigung von Behördengängen planen zu
können. Es ist dabei anzustreben, dass der Dienstplan der übernächsten Woche zum Wochenende
bekannt gemacht wird. Das schließt nicht aus,
dass dieser Plan auf Grund von Veränderungen
im Ablauf des Arbeitsprozesses (z. B. kurzfristige
Buchung einer größeren Veranstaltung) oder
Erkrankungen von Arbeitskollegen geändert werden kann. Eine rechtzeitige Information der
Beschäftigten über ihre Diensteinteilung ermöglicht auch Korrekturen am Plan in den Fällen, in
denen die Wünsche einzelner Arbeitnehmer
nicht berücksichtigt wurden, diese sich aber als
gerechtfertigt erweisen.

Vom Deutschen Hotel- und Gaststättenverband
(DEHOGA) wird zumindest für die Betriebe dieses
Dachverbands angestrebt, dass diese ihre Dienst-
pläne 14 Tage im Voraus erstellen.

Die Dienstpläne sollten sofort nach ihrer Erarbeitung ausgehängt werden. Es ist zweckmäßig, in
einer innerbetrieblichen Anweisung festzulegen,
dass sich jeder Mitarbeiter über seine Dienstzei-
ten zu informieren hat und dass das Aushängen
des Dienstplans als bindende Dienstanweisung
zu verstehen ist.

Aus Gründen der Sicherheit kann es angebracht
sein, ein Doppel des Plans unter Verschluss aufzubewahren.

8.4.2 Urlaubspläne

Für das Erstellen des Jahresurlaubsplans gelten
in groben Zügen die gleichen Gesichtspunkte
wie für die Erarbeitung der Dienstpläne. Es ist
zweckmäßig, Nachstehendes zu beachten:

◆ Der Urlaubsplan für das Kalenderjahr sollte
  rechtzeitig zu Beginn des Jahres erstellt
  werden.

◆ Die Wünsche der Mitarbeiter über den
  Zeitpunkt ihres Urlaubs sollten eingeholt
  werden und diesen zur Abgabe ihrer
  Wünsche eine angemessene Frist eingeräumt
  werden.

◆ Bereits bei der Anforderung von Urlaubs-
  wünschen sollte darauf hingewiesen werden,
  dass diese nur unter Berücksichtigung der
  betrieblichen Möglichkeiten und im Einklang
  mit den Wünschen aller Betriebsangehörigen
  realisiert werden können.

◆ Der Urlaubsplan sollte erst erstellt werden,
  wenn alle Beschäftigten ihre Wünsche schriftlich angemeldet haben, unter Einhaltung der
  vorgegebenen Frist.

◆ Eine Gewährung eines Urlaubs im Voraus nach
  dem Prinzip „Wer zuerst kommt, mahlt zuerst"
  sollte nicht erfolgen, da dadurch der Schaffung
  von Unzufriedenheit unter den Mitarbeitern
  Vorschub geleistet wird.

◆ Auszubildenden ist der Urlaub nur in der
  berufsschulfreien Zeit zu gewähren.

◆ Bei der Festlegung der Urlaubszeiten ist
  weiterhin auf die familiären Verhältnisse der
  Arbeitnehmer Rücksicht zu nehmen (schulpflichtige Kinder, Beruf des Ehepartners und
  dessen Urlaubszeiten, die von dessen spezifi-
  schem Beruf diktiert werden).

8.4.3 Ablaufpläne

Gesonderte Ablaufpläne sind im À-la-carte-
Geschäft und bei einer eingearbeiteten
Küchenbrigade in der Regel nicht notwendig.
Die jeweils erforderlichen Sonderanweisungen
werden mündlich oder, besser, durch kurze
Notizen übermittelt. Die Aufstellung eines Ab-
laufplans kann sich jedoch bei Sonderveranstaltungen als zweckmäßig erweisen, vor allem
bei

◆ Banketten, die sehr umfangreich sind und
  einen besonderen Aufwand erfordern
  (z. B. Schaustücke, besonderer Warmanteil),

◆ Sonderessen für einen größeren Personenkreis
  und einer dementsprechenden Zahl an
  Gängen, die zum gleichen Zeitpunkt serviert
  werden müssen,

- Veranstaltungen außer Haus (Catering), bei denen die Anlieferung der Speisen und die Vorbereitung am Veranstaltungsort entsprechend geplant werden muss,
- einem Einsatz einer im Vergleich zum Stammpersonal großen Zahl von Pauschalkräften, denen der spezielle Arbeitsablauf des Hauses noch nicht bekannt ist.

In einen Ablaufplan, der bei größeren Veranstaltungen auch die Vorarbeiten am vorhergehenden Tag enthalten sollte, sind folgende Positionen aufzunehmen:
- Uhrzeit der Aktivität (Beginn der Arbeit und Zeitpunkt, zu dem die Arbeit beendet sein muss).
- Beschreibung der durchzuführenden Arbeit (unter Umständen präzise Vorschriften, falls die Ausführung von der üblicherweise gehandhabten abweicht) und genaue Angabe der Menge der vorzubereitenden bzw. zu verarbeitenden Lebensmittel (Stückzahlen und/oder Gewicht bzw. Volumen).
- Genaue Angaben über die einzusetzenden Lebensmittel, in erster Linie bei den Waren, von denen im Betrieb unterschiedliche Lieferungen gelagert werden (verschiedene Preiskategorien, mehrere Lieferanten).
- Festlegung der für die Durchführung verantwortlichen Personen (Angabe der Abteilung oder namentliche Benennung der Mitarbeiter).

Für die Überwachung des ordnungsgemäßen Ablaufs ist der Küchenleiter selbst verantwortlich. In größeren Einrichtungen sollte er aber zusätzlich einen für die Kontrolle Verantwortlichen benennen (in der Regel den Souschef), da er selbst von der Geschäftsführung bzw. von den Veranstaltern jederzeit abgerufen werden kann.

8.5 Betreuung und Unterweisung von Auszubildenden

Betriebe, die Lehrlinge (Azubis) im Ausbildungsberuf Koch/Köchin, Fachkraft im Gastgewerbe bzw. Fachmann/Fachfrau für Systemgastronomie ausbilden, müssen die Voraussetzungen erfüllen, die für die Unterweisung der Auszubildenden in den vom Gesetzgeber geforderten Fertigkeiten unerlässlich sind. Das betrifft sowohl die küchentechnischen Anforderungen gemäß dem Ausbildungsprofil als auch die entsprechende Qualifikation des oder der Ausbilder, wie sie im Berufsbildungsgesetz und in der Ausbilder-Eignungsverordnung (AEVO) gefordert werden. Andererseits müssen vom Lehrling ebenfalls Voraussetzungen erfüllt sein und während der Ausbildung die erforderlichen Leistungen erbracht werden.

8.5.1 Ausbildungsprofil Koch/Köchin

Der Ausbildungsrahmenplan und das Ausbildungsziel werden durch die Verordnung über die Berufsausbildung zum Koch/zur Köchin geregelt. Die Inhalte der weiteren Ausbildungsberufe in der Gastronomie sind in der Verordnung über die Berufsausbildung im Gastgewerbe festgelegt. Zu beachten ist, dass die Vorgaben für die Richtung Systemgastronomie sowie für das Berufsbild „Fachkraft im Gastgewerbe" in einigen Punkten beträchtlich von denen für Köche/Köchinnen abweichen. Die Ausbildungsdauer für die Fachkraft im Gastgewerbe beträgt außerdem nur 2 Jahre.
Die Ausbildung zum Koch/zur Köchin erfolgt an den Lernorten Ausbildungsbetrieb und Berufsschule (duales System), die Dauer beträgt 3 Jahre. Sie ist unterteilt in die
- berufliche Grundausbildung (1. Ausbildungsjahr) und
- berufliche Fachbildung (2. und 3. Ausbildungsjahr).

Ausbildungsrahmenplan
Als Ausbildungsziel wird formuliert, dass Köche/Köchinnen befähigt sind, Speisen herzustellen, Menüfolgen zu planen und Produkte zu präsentieren. Im Rahmenplan für die Ausbildung sind die einzelnen Gegenstände der Unterweisungen mit konkreten Vorgaben für jedes Ausbildungsjahr in Komplexe zusammengefasst, denen jeweils ein zeitliches Volumen der Ausbildungs-

zeit als Richtwert zugeordnet ist. Dieser Ausbildungsrahmenplan ist als Anlage zum Ausbildungsvertrag den Lehrlingen auszuhändigen. Er ersetzt jedoch nicht einen individuell erstellten betrieblichen Ausbildungsplan, in dem betriebsspezifische und in der Person des Auszubildenden liegende Besonderheiten zu berücksichtigen sind.

Die beruflichen Fähigkeiten, die nach erfolgreicher Ausbildung sicher beherrscht werden müssen, werden in der Verordnung ebenfalls vorgegeben:

Köche/Köchinnen

- beherrschen arbeits- und küchentechnische Verfahren und wenden Hygienevorschriften an,
- berücksichtigen ernährungsphysiologische, ökonomische und ökologische Gesichtspunkte,
- stellen Suppen und Saucen her,
- bereiten Fische, Schalen- und Krustentiere zu,
- verarbeiten Fleisch und Innereien, Wild und Geflügel,
- bereiten pflanzliche Nahrungsmittel und Sättigungsbeilagen,
- stellen Süßspeisen, Eierspeisen sowie Speisen aus Molkereiprodukten her,
- bereiten Vorspeisen zu, richten kalte und warme Platten an,
- beherrschen Grundlagen der Kalkulation,
- erarbeiten Menüvorschläge und beraten Gäste.

Prüfungen

Im Verlauf der Ausbildung (in der Regel nach dem 1. Ausbildungsjahr) ist eine Zwischenprüfung vorgeschrieben. Diese soll im Wesentlichen feststellen, ob der Auszubildende prinzipiell in der Lage ist, den Anforderungen des späteren Berufs gewachsen zu sein. Die Abschlussprüfung am Ende der Lehre untergliedert sich in eine schriftliche und eine praktische Prüfung.

- Praktische Prüfung
  In der praktischen Prüfung soll der Kandidat aus einem vorgegebenen Warenkorb in insgesamt höchstens 6 Stunden ein 3-gängiges Menü (z. B. Suppe, Hauptgang, Dessert) für 6 Personen zubereiten und präsentieren sowie ein gastorientiertes Gespräch führen.

Er hat an Hand des Warenkorbs, der ihm 4 Wochen vor der praktischen Prüfung bekannt gegeben wird, einen Menüvorschlag zu erstellen und rechtzeitig bei der Prüfungskommission einzureichen. Er soll dazu einen Arbeitsablaufplan erstellen und zeigen, dass er Maschinen und Gebrauchsgüter wirtschaftlich und ökologisch einsetzen, Sicherheit und Gesundheitsschutz sowie Hygiene bei der Arbeit berücksichtigen und Gäste beraten kann.

Zu Beginn der praktischen Prüfung ist ein Arbeitsablaufplan, bezogen auf das eingereichte Menü, zu schreiben. Er ist Grundlage für die Erstellung des Prüfungsmenüs. Das gastorientierte Gespräch ist in die praktische Prüfung integriert, es sollte höchstens 15 Minuten in Anspruch nehmen.

- Schriftlicher Teil
  Die Zeit der schriftlichen Prüfung beträgt insgesamt 240 Minuten. Diese untergliedert sich auf die Prüfungsfächer
  Technologie (90 Minuten),
  Warenwirtschaft (90 Minuten) sowie
  Wirtschafts- und Sozialkunde (60 Minuten).
  Die schriftliche Prüfung liegt voll in den Händen der Berufsschule, der Ausbilder sollte seinem Lehrling für die Vorbereitung auf diese Prüfung die erforderliche Unterstützung gewähren.

Die Ausbildung endet mit bestandener Abschlussprüfung. Bei Nichtbestehen ist auf Verlangen des Azubis die Lehre bis zur nächstmöglichen Wiederholungsprüfung zu verlängern, im Höchstfall um 1 Jahr.

Anforderungen an den Auszubildenden

Der Auszubildende muss vor Aufnahme der Lehre durch die Vorlage der betreffenden Bescheinigungen nachweisen, dass er aus gesundheitlicher Sicht in der Lage ist, den vorgesehenen Beruf Koch/Köchin auszuüben (Jugendarbeitsschutzgesetz, siehe Kapitel 8.3.3), und dass auch keine Gründe vorliegen, die nach dem Infektionsschutzgesetz eine Arbeit mit Lebensmitteln verbieten (siehe dazu auch Kapitel 6.7.3).

Während der Tätigkeit im Ausbildungsbetrieb hat der Lehrling die ihm übertragenen Aufgaben zu erfüllen. Diese müssen allerdings dem Ausbildungszweck entsprechen. Er muss außerdem die Lehrveranstaltungen der Berufsschule regelmäßig besuchen und die ihm dort gestellten Aufgaben gewissenhaft erledigen. Ebenso hat er das (meist) erforderliche Berichtsheft zu führen und dem Ausbilder auf Verlangen vorzulegen.

8.5.2 Anforderungen an den Ausbildungsbetrieb

Der Betrieb, der Lehrlinge ausbildet, muss auf Grund seiner Struktur in der Lage sein, alle Fertigkeiten zu vermitteln, die in der Verordnung über die Berufsausbildung zum Koch/zur Köchin bzw. in der Verordnung über die Ausbildungsberufe in der Gastronomie vorgegeben werden. Er kann jedoch bei einer teilweisen Einschränkung in seinen Möglichkeiten einen Teil des Ausbildungsprogramms in anderen Einrichtungen absolvieren lassen, falls er mit diesen entsprechende Vereinbarungen getroffen hat und diese zur Übernahme dieses Teils der Ausbildung berechtigt sind. Die Eignung eines Betriebs zur Ausbildung wird von den zuständigen Stellen überprüft, in der Regel von der Industrie- und Handelskammer (IHK).

Der Leiter der Einrichtung muss zur Ausbildung von Lehrlingen berechtigt sein oder muss andernfalls einen Mitarbeiter als Ausbilder benennen, der die geforderten Voraussetzungen erfüllt. Ein Ausbilder muss nach Vorgabe der AEVO die berufs- und arbeitspädagogische Eignung nachweisen und dazu folgende Voraussetzungen erfüllen:

◆ Abschluss der Berufsausbildung im Ausbildungsberuf und eine entsprechende Berufserfahrung (mindestens doppelte Zeit der Dauer der Berufsausbildung, d. h. 6 Jahre bei 3 Jahren Ausbildung),
◆ Vollendung des 24. Lebensjahres,
◆ bestandene Prüfung nach der AEVO[2].

Ein nebenamtlicher Ausbilder (z. B. Küchenchef oder Souschef) sollte unabhängig von der Zahl der beschäftigten Fachkräfte maximal 3 Lehrlinge betreuen.

Ein hauptamtlicher Ausbilder (Küchenmeister oder Bereichsleiter Ausbildung), der von allen routinemäßigen Küchenarbeiten freigestellt ist, darf maximal 16 Auszubildende anleiten und beaufsichtigen.

Zur Sicherung einer qualifizierten Ausbildung wird außerdem gefordert, dass neben dem bzw. neben den Ausbildern zusätzlich Fachkräfte im Betrieb beschäftigt sind (bei einer gewissenhaften Auslegung der Verordnung ausgebildete Köche bzw. Köchinnen), die bei vorübergehender Abwesenheit des verantwortlichen Ausbilders die Arbeit der Lehrlinge überwachen und gegebenenfalls unterstützen können. Sie sollten in diesen Fällen auch die Funktion eines Aufsichtführenden wahrnehmen (siehe Kapitel 7.1.3). Folgende Relationen sollten dabei eingehalten werden:

Zahl der Fachkräfte	Zahl der Lehrlinge
1 bis 2	1
3 bis 5	2
6 bis 8	3
je weitere 3	jeweils 1 weiterer

Im Verlauf der Ausbildung sind den Lehrlingen nur Aufgaben zu übertragen, die dem Ausbildungszweck dienen. Diese sind im Rahmenplan für die praktische Ausbildung in der Verordnung vorgegeben.

Darüber hinaus sollte besonders darauf geachtet werden, dass die Berufsschule regelmäßig besucht wird. Zum Unterricht sowie zur Teilnahme an Ausbildungsmaßnahmen außerhalb des eigenen Betriebs sind die Lehrlinge vom Dienst freizustellen.

Die Berichtshefte sind regelmäßig auf ordnungsgemäße Führung und fachlich richtige Eintragungen zu überprüfen.

---

[2] Die Pflicht zum Nachweis der Kenntnisse entsprechend der AEVO (bestandene Prüfung) besteht nicht für solche Ausbildungsverhältnisse, die vom 1. 8. 2003 bis 31. 7. 2008 bestehen oder begründet werden (Verordnung zur Änderung der AEVO vom 28. 5. 2003, BGBl. I, S. 783).

Ausbildungsvertrag

Der ausbildende Betrieb hat mit dem Auszubildenden vor Aufnahme der Lehre einen Ausbildungsvertrag abzuschließen, den bei nicht volljährigen Jugendlichen der gesetzliche Vertreter mit zu unterschreiben hat. In diesem Vertrag müssen nachstehende Punkte enthalten sein:

◆ Ziel der Berufsausbildung (genaue Berufsangabe, z. B. Koch/Köchin, bzw. nach der Ausbildungsverordnung für die Gastronomie).

◆ Beginn und Dauer der Ausbildung (gesetzlich vorgegebene Dauer).

◆ Festlegung der Ausbildungsmaßnahmen außerhalb des Ausbildungsbetriebs (falls vorgesehen, siehe oben).

◆ Dauer der Probezeit (mindestens 1, längstens 3 Monate).

◆ Höhe der Vergütung.

◆ Dauer des Jahresurlaubs (entsprechend den Vorgaben des Jugendarbeitsschutzgesetzes, siehe Kapitel 8.3.3).

◆ Kündigungsbedingungen und Voraussetzungen für eine Kündigung.

◆ Anforderung der Gesundheitszeugnisse (siehe oben).

◆ Detaillierter Ausbildungsplan (auf der Grundlage der Verordnung zur Berufsausbildung zum Koch/zur Köchin bzw. der Verordnung über die Ausbildung im Gastgewerbe).

Anhang

1 Fundstellen von Rechtsvorschriften, Regeln und Normen

1.1 Nationale Gesetze und Verordnungen sowie Verordnungen der EG

In der Aufstellung sind aufgenommen
- die Fundstellen[1] der Gesetze, Verordnungen und anderer Rechtsvorschriften, auf die in den betreffenden Abschnitten des Buchs eingegangen wird, und
- die Fundstellen weiterer Rechtsvorschriften, die in speziellen Fällen für den Benutzer des Buchs von Bedeutung sein können und dann beachtet werden müssen.

Berücksichtigt werden konnten nur Gesetze, Verordnungen und andere Rechtsvorschriften, die bis zum 30. 4. 2003 veröffentlicht wurden. Bei einigen Vorschriften werden kurze zusätzliche Informationen in Ergänzung zu deren Besprechung in den einzelnen Kapiteln gegeben.

Achtung!

Es wurden aus der Vielzahl der erlassenen Rechtsvorschriften nur solche aufgenommen, die aus der Sicht der Autoren für die Arbeit in Küchen der Gastronomie und der Gemeinschaftsverpflegung von besonderer Bedeutung sind. In Ausnahmefällen kann es sich daher als notwendig erweisen, zusätzliche Informationen über weitere Gesetze bzw. Verordnungen einzuholen.[2]

1.1.1 Grundlegende Bestimmungen des Lebensmittelrechtes

Lebensmittel- und Bedarfsgegenständegesetz (LMBG)

vom 9. 9. 1997 (BGBl. I, S. 2296), i. d. F. vom 8. 8. 2002 (BGBl. I, S. 3116)

Das LMBG ist das Rahmengesetz, dem alle Gesetze und Verordnungen untergeordnet sind, welche die Herstellung von und den Verkehr mit Lebensmitteln sowie Bedarfsgegenständen regeln.

EG-Basisverordnung

Verordnung (EG) Nr. 178/2002 zur Festlegung der allgemeinen Grundsätze und Anforderungen des Lebensmittelrechtes, zur Errichtung der Europäischen Behörde für Lebensmittelsicherheit und zur Festlegung von Verfahren zur Lebensmittelsicherheit (sog. EG-Basisverordnung) vom 28. 1. 2002 (ABl. Nr. L 31/1)

Die EG-Basisverordnung ist das grundlegende Dokument für die Schaffung eines einheitlichen europäischen Lebensmittelrechtes. Die Rechtsvorschriften für die Herstellung von und den Verkehr mit Lebensmitteln sind in allen EU-Mitgliedsländern so bald als möglich, spätestens bis Ende 2006, an die Verordnung anzupassen. Wichtige Vorgaben der Verordnung:
- Die Herstellung, der Transport, der Vertrieb und die Verwendung von Futtermitteln, einschließlich solcher für die Fischzucht, werden in das Lebensmittelrecht einbezogen.
- Die Rückverfolgbarkeit der Herkunft von Lebensmitteln und Futtermitteln muss stets gewährleistet sein, so dass beanstandete Produkte umgehend aus dem Verkehr gezogen werden können.
- Die Errichtung einer Europäischen Behörde für Lebensmittelsicherheit wird festgelegt, und die Aufgaben und Kompetenzen dieser Behörde werden umrissen (sie ist bereits gebildet worden).

Zusatzstoff-Zulassungsverordnung (ZZulV)

vom 29. 1. 1998 (BGBl. I, S. 231), i. d. F. vom 20. 12. 2002 (BGBl. I, S. 4695)

Die Verordnung listet auf
- alle zugelassenen Zusatzstoffe (siehe Anhang 2) und
- Lebensmittel, denen nur bestimmte Zusatzstoffe zugesetzt werden dürfen (Anlagen der Verordnung).

---

[1] Bundesgesetzblatt, Teil I   BGBl. I
    Bundesanzeiger   BAnz
[2] Durchsicht der Bundesgesetzblätter; eine Durchsicht der Jahreszusammenfassungen des BGBl. I erleichtert die Recherche.

Die Einschränkungen für den Einsatz von Zusatzstoffen sind vorrangig bei der industriellen Produktion von Lebensmitteln zu beachten, in geringerem Maße vom Handwerk bzw. von Restaurantküchen (vorwiegend bei der Herstellung für den Vertrieb außer Haus).

Zu beachten ist, dass zum Färben von Fleisch- und Wurstwaren, Eis, Käse, Früchten und anderen Lebensmitteln, differenziert nach einzelnen Erzeugnissen, nur bestimmte Farbstoffe zugelassen sind, teilweise nur bis zu einer festgelegten Höchstmenge.

Die Verordnung verpflichtet weiterhin zur Deklaration der Zusatzstoffe, die bei der Speisenproduktion verwendet werden, und solcher, die in den dabei eingesetzten Fertigprodukten enthalten waren.

Zusatzstoff-Verkehrsverordnung (ZVerkV)

vom 29. 1. 1998 (BGBl. I, S. 269), i. d. F.
vom 20. 12. 2002 (BGBl. I, S. 4695)
Die ZVerkV enthält hauptsächlich Anforderungen an die Reinheit der Zusatzstoffe.
Sie ist für die Gastronomie von untergeordneter Bedeutung.

Aromenverordnung

vom 22. 12. 1981 (BGBl. I, S. 1625/77), i. d. F.
vom 18. 6. 2001 (BGBl. I, S. 1178)
Die Verordnung enthält u. a. Bestimmungen für das Räuchern (zugelassene Holzarten) und definiert die unterschiedlichen Klassen von Aromen.
Sie regelt außerdem die Kennzeichnung von Aromen und diesen zugeordneten Substanzen, die nicht als Zusatzstoffe eingestuft sind. Gekennzeichnet werden muss u. a. ein Zusatz von Chinin. Auch zugesetztes Koffein muss unter bestimmten Bedingungen deklariert werden (betrifft in der Regel Fertigprodukte).
Eine solche Deklaration (auf der Verpackung) muss auf die Speisekarte übernommen werden.
Kaffee ist nicht als koffeinhaltig zu deklarieren (als koffeinarm deklarierter Kaffee muss dagegen dieser Angabe entsprechen).

1.1.2 Kennzeichnung von Lebensmitteln

Lebensmittel-Kennzeichnungsverordnung (LMKV)

vom 15. 12. 1999 (BGBl. I, S.2464), i. d. F.
vom 18. 12. 2002 (BGBl. I, S. 4644)

Bekanntmachung über die mengenmäßige Angabe von Zutaten bei Lebensmitteln

vom 29. 10. 1999 (BAnz. Nr. L 221 vom 23. 11. 1999)

Die mengenmäßige Angabe von Lebensmittelzugaben (QUID) ist für alle Lebensmittel verbindlich, Getränke eingeschlossen, die mehr als eine Zutat enthalten. Dies gilt jedoch nicht für die Bestandteile, die natürlicherweise in Lebensmitteln vorkommen und nicht zugefügt wurden. Ausgenommen von dieser Deklarationspflicht sind auch Erzeugnisse, deren Verkehrsbezeichnungen eindeutige Rückschlüsse auf ihre Zusammensetzung zulassen.

Die Verpflichtung zur mengenmäßigen Angabe gilt auch für Einrichtungen der Gastronomie, die in Eigenproduktion hergestellte Erzeugnisse in abgepackter Form vertreiben.

Nährwert-Kennzeichnungsverordnung (NKV)

vom 25. 11. 1994 (BGBl. I, S. 3526), i. d. F.
vom 5. 5. 1999 (BGBl. I, S. 924)

Neuartige Lebensmittel- und Lebensmittelzutaten-Verordnung (NLV)

vom 14. 2. 2000 (BGBl. I, S. 123), i. d. F.
vom 6. 8. 2002 (BGBl. I, S. 3082)
In der Gastronomie muss die Festlegung der NLV eingehalten werden, nach welcher der Einsatz von neuartigen Lebensmitteln und Lebensmittelzutaten deklariert werden muss (Übernahme der entsprechenden Angaben von Etiketten, Begleitpapieren oder Lieferscheinen).
Eine auf freiwilliger Basis erfolgte Kennzeichnung von gentechnisch freien Lebensmitteln bzw. deren Einsatz bei der Speisenzubereitung darf nur erfolgen, wenn diese Eigenschaft der Lebensmittel jederzeit an Hand der entsprechenden Zertifikate belegt werden kann.

Öko-Landbaugesetz (ÖLG)
vom 10. 7. 2002 (BGBl. I, S. 2558)

Öko-Kennzeichenverordnung (ÖkokennzV)
vom 6. 2. 2002 (BGBl. I, S. 589)

Rindfleischetikettierungsverordnung (RiFlEtikettV)
vom 9. 3. 1998 (BGBl. I, S. 438), i. d. F.
vom 21. 12. 2000 (BGBl. I, S. 1879)

Preisangabenverordnung (PangV)
vom 18. 10. 2002 (BGBl. I, S. 4197)

1.1.3 Markenrecht und Schutz geographischer Angaben und Ursprungsbezeichnungen

EWG-Verordnungen zum Schutz von geographischen Angaben und Ursprungsbezeichnungen für Agrarerzeugnisse und Lebensmittel

Die Überführung dieser nachfolgend aufgeführten EWG-Verordnungen in nationales Recht erfolgt durch folgende Gesetze bzw. Verordnungen:

- ◆ Markengesetz (MarkenG) vom 25. 10. 1994 (BGBl. I, S. 3082), i. d. F. vom 13. 12. 2001 (BGBl. I, S. 3656), verkündet als Markenrechtsreformgesetz (siehe auch unten)
- ◆ Markenverordnung (MarkenV) vom 30. 11. 1994 (BGBl. I, S. 3555), i. d. F. vom 1. 1. 2002 (BGBl. I, S. 33)
- ◆ Lebensmittelspezialitätengesetz (LSpG) vom 29. 10. 1993 (BGBl. I, S. 1814), i. d. F. vom 29. 10. 2001 (BGBl. I, S. 2785)
- ◆ Lebensmittelspezialitätenverordnung (LSpV) vom 21. 12. 1993 (BGBl. I, S. 2428), i. d. F. vom 29. 10. 2001 (BGBl. I, S. 2785)

Verordnung (EWG) Nr. 2081/92 vom 14. 7. 1992 (ABl. Nr. L 208/1), i. d. F. vom 20. 12. 2000 (ABl. Nr. L 324/26)
Die Rahmenverordnung regelt den Schutz von entsprechenden Bezeichnungen für Agrarerzeugnisse und Lebensmittel.
Verordnung (EWG) Nr. 2037/93 vom 27. 7. 1993 (ABl. Nr. L 185/5), i. d. F. vom 22. 7. 1998 (ABl. Nr. L 224/1), Durchführungsbestimmung

Die Verordnung regelt das Verfahren zur Eintragung geschützter Bezeichnungen, legt das Gemeinschaftszeichen für solche Erzeugnisse fest sowie die Angaben und deren Abkürzungen in den jeweiligen Landessprachen.
Für Deutschland:
„geschützte Ursprungsbezeichnung" („g. U.")
bzw.
„geschützte geographische Angabe" (g. g. A.)

Verordnung (EG) Nr. 1107/96 vom 12. 6. 1996 (ABl. Nr. L 148/1), i. d. F. vom 14. 10. 2002 (ABl. Nr. L 277/10), Eintragung entsprechender Lebensmittel (g. U. bzw. g. g. A.)
Im Anhang der Verordnung werden die auf Antrag geschützten Bezeichnungen für die entsprechenden Lebensmittel aufgelistet. Diese Liste wird bei Bedarf durch Nachträge ergänzt.
Verordnung (EWG) Nr. 1848/93 vom 9. 7. 1993 (ABl. L Nr. 168/35), i. d. F. vom 9. 10. 1998 (ABl. L Nr. 275/18), Durchführungsbestimmung.
Die Verordnung regelt das Verfahren zur Genehmigung zum Führen der Bezeichnung Agrarerzeugnisse bzw. Lebensmittel mit besonderen Merkmalen und die Benutzung des Gemeinschaftszeichens „Garantierte traditionelle Qualität".

Markengesetz (MarkenG)
vom 25. 10. 1994 (BGBl. I, S. 3082), i. d. F.
vom 13. 12. 2001 (BGBl. I, S. 3656)
Das Gesetz überführt die EWG-Verordnungen zum Schutz von geographischen Herkunftsangaben von Lebensmitteln in deutsches Recht und legt fest, dass dadurch andere Vorschriften zum Schutz von Marken und geschäftlichen Bezeichnungen nicht ausgeschlossen werden.

1.1.4 Sicherheit von Lebensmitteln

Infektionsschutzgesetz (IfSG)
vom 20. 7. 2000 (BGBl. I, S. 1045), i. d. F.
vom 6. 8. 2002 (BGBl. I, S. 3082)

Lebensmittelhygiene-Verordnung (LMHV)
vom 5. 8. 1997 (BGBl. I, S. 2008), i. d. F.
vom 21. 5. 2001 (BGBl. I, S. 959)

Fleischhygiene-Verordnung (FlHV)

vom 29. 6. 2001 (BGBl. I, S. 1366), i. d. F.
vom 21. 2. 2003 (BGBl. I, S. 244)

Hackfleisch-Verordnung (HFlV)

vom 10. 5. 1976 (BGBl. I, S. 1186), i. d. F.
vom 2. 4. 2003 (BGBl. I, S. 478)

Geflügelfleischhygiene-Verordnung (GFlHV)

vom 21. 12. 2001 (BGBl. I, S. 4098), i. d. F.
vom 2. 4. 2003 (BGBl. I, S. 478)

Fischhygiene-Verordnung (FischHV)

vom 8. 6. 2000 (BGBl. I, S. 819), i. d. F.
vom 2. 4. 2003 (BGBl. I, S. 478)

Eier- und Eiprodukte-Verordnung

vom 2. 4. 2003 (BGBl. I, S. 478)
In die neue „Verordnung über die hygienischen
Anforderungen an Eier, Eiprodukte und roheihal-
tige Lebensmittel" sind die bisherige Hühnereier-
Verordnung, Eiprodukte-Verordnung und die
Enteneier-Verordnung einbezogen worden.
Zusätzlich sind in ihr Vorgaben formuliert worden,
die sich aus der Lebensmittelhygiene-Verordnung
ableiten (und auch bisher einzuhalten waren).
Neu ist die gesonderte Zusammenstellung und
Erweiterung der Vorschriften, die in Gaststätten
und Einrichtungen der Gemeinschaftsverpflegung bei der Abgabe von roheihaltigen Lebensmitteln eingehalten werden müssen (§ 7 der Verordnung).

Milchverordnung

vom 20. 6. 2000 (BGBl. I, S.1178), i. d. F.
vom 2. 4. 2003 (BGBl. I, S. 478)

Verordnung über tiefgefrorene Lebensmittel (TLMV)

vom 29. 10. 1991 (BGBl. I, S.2051), i. d. F.
vom 16. 11. 1995 (BGBl. I, S. 1520)
Die Verordnung betrifft vorrangig die industrielle
Herstellung von TK-Waren und den Verkehr mit
diesen Erzeugnissen. Sie gilt nicht für Speiseeis.
Die Festlegungen der Hackfleisch-Verordnung
und der Geflügelfleischmindestanforderungs-
Verordnung werden durch die TLMV nicht
berührt.

Getränkeschankanlagenverordnung (SchankV)

vom 19. 6. 1998 (BGBl. I, S. 1421), i. d. F.
vom 6. 8. 2002 (BGBl. I, S. 3082)
Die SchankV wurde mit Wirkung vom 1. 1. 2003
durch die Betriebssicherheitsverordnung
(BetrSichV) vom 27. 9. 2002 (BGBl. I, S. 3777,
berichtigt durch BGBl. I, S. 4396) außer Kraft
gesetzt mit Ausnahme der Paragraphen, welche
die hygienischen Anforderungen betreffen,
die an Schankanlagen zu stellen sind (vorrangig
deren Reinigung). Die zurzeit geltende Verordnung soll bis spätestens zum 30. 6. 2005 durch
eine neue „Getränke-Schankanlagen-Hygiene-
verordnung" abgelöst werden.
Bedingt durch diese Veränderungen sind bei der
erstmaligen Inbetriebnahme und während des
Betriebs von Schankanlagen mehrere Rechtsvorschriften einzuhalten wie

- die Getränkeschankanlagenverordnung
  (SchankV) i. d. F. vom 6. 8. 2002,
- die Betriebssicherheitsverordnung (BetrSichV)
  vom 27. 9. 2002,
- das Gerätesicherheitsgesetz (GSG) vom
  11. 5. 2001,
- die Technischen Regeln für Getränke-Schank-
  anlagen (TRSK).

In Hinblick auf die technische Überwachung
der Anlagen ergeben sich deswegen folgende
Änderungen:

- Der Betreiber der Schankanlage ist für deren
  Arbeitssicherheit voll verantwortlich. Er hat
  eine Gefahrenanalyse zu erstellen bzw. von
  einer dazu berechtigten Person erarbeiten zu
  lassen und die Termine für die turnusmäßige
  Überprüfung eigenverantwortlich festzulegen.
  Es empfiehlt sich, den bisher vorgeschriebenen
  2-jährigen Turnus beizubehalten.
- Die Person, welche die Überprüfung vor der
  Inbetriebnahme und die regelmäßig wieder-
  kehrenden Kontrollen der Anlage durchführt
  und nach der bisherigen SchankV als Sachkun-
  diger (§ 16 der „alten" Verordnung) ausgewiesen sein musste, muss jetzt zusätzlich die
  Anforderungen erfüllen, die an eine „befähigte
  Person" gestellt werden (entsprechend § 2 der
  BetrSichV). Eine Anordnung für die Ausbildung

zur „befähigten Person" soll von der BGN erlassen werden.

◆ Alle an Schankanlagen beschäftigten Personen sind vor Arbeitsaufnahme zu belehren. Diese Unterrichtung muss jährlich wiederholt werden.

◆ Alle Überprüfungen und Belehrungen sind zu dokumentieren.

◆ Der Betreiber ist auch bei Unfällen verantwortlich, die auf mangelhafte Aufstellung der Anlage durch einen dazu nicht fachlich ausgewiesenen Betrieb zurückzuführen sind.

Gesetz betreffend den Verkehr mit blei- und zinkhaltigen Gegenständen

vom 25. 6. 1987 (BGBl. I, S. 273)
Für die Gastronomie gilt zu beachten, dass Ess-, Trink- und Kochgeschirr sowie Flüssigkeitsmessgefäße

◆ nicht aus Blei oder bleihaltigen Metalllegierungen, deren Bleigehalt mehr als 10 % beträgt, bestehen dürfen,

◆ nicht auf der Innenseite verzinnt sein dürfen (Bleigehalt mehr als 10 %),

◆ nicht mit Email oder Glasur versehen sein dürfen, die Blei abgeben können (es gelten Grenzwerte bei einer Behandlung mit Essigsäure).

Festlegung der Höchstmengen für bestimmte Kontaminanten in Lebensmitteln

Verordnung (EG) Nr. 466/2001 vom 8. 3. 2001 (ABl. Nr. L 77/1), i. d. F. vom 2. 4. 2002 (ABl. Nr. L 86/5)
Die Verordnung legt Höchstmengen fest für

◆ Nitrate in Spinat, Kopfsalat und Eissalat (Eisbergsalat),

◆ Schwermetalle (Blei, Cadmium, Quecksilber),

◆ Aflatoxine in Erdnüssen und Getreide, einschließlich Buchweizen und Milch,

◆ Ochratoxin A in Getreide, einschließlich Reis und Buchweizen, getrocknete Weintrauben (Rosinen, Korinthen, Sultaninen), Kaffee, Kakao und Kakaoerzeugnisse, Wein, Bier und Traubensaft.

Mykotoxin-Höchstmengenverordnung (MHmV)

vom 2. 6. 1999 (BGBl. I, S. 1248), i. d. F. vom 2. 5. 2003 (BGBl. I, S. 641)

Rückstands-Höchstmengenverordnung

vom 21. 10. 1999 (BGBl. I, S. 2082), i. d. F. vom 2. 5. 2003 (BGBl. I, S. 641)

1.1.5 Leitsätze des Deutschen Lebensmittelbuches

Leitsätze für Fleisch und Fleischerzeugnisse

vom 27./28. 11. 1994, i. d. F. vom 2. 10. 2001 (BAnz. Nr. 199 vom 24. 10. 2001)
Nachstehend aufgeführte Punkte können bei der Eigenproduktion von Fleisch- und Wurstwaren von Interesse sein:

◆ Begriffsbestimmungen für Fleischteilstücke der verschiedenen Tierarten, die sich durch unterschiedlichen Gehalt an Fett- und Bindegewebe unterscheiden.

◆ Auflistung der Tierkörperteile, die bei der Herstellung von Fleischerzeugnissen – einschließlich Wurst – nicht verarbeitet werden dürfen.

◆ Definition der Begriffe Gesamteiweiß, bindegewebseiweißfreies Fleischeiweiß (BEFFE), Bindegewebseiweiß und Fremdeiweiß.

◆ Hinweise für die Vorschriften für die Verwendung von Verkehrsbezeichnungen von Fleischerzeugnissen.

◆ Definition der einzelnen Wurstwaren (Rohwürste, Brühwürste, Kochwürste, Kochstreichwürste, Blutwürste, Sülzwürste, Bratwürste).

◆ Besondere Beurteilungsmerkmale für einzelne Fleischerzeugnisse – einschließlich Wurstwaren – und Fleischteilstücke mit Angabe des Mindestgehaltes an BEFFE (bei Wurstwaren).

Leitsätze für Fische, Krebs- und Weichtiere und Erzeugnisse daraus

vom 27. 11. 2002 (BAnz. Nr. 46b vom 7. 3. 2003, S. 11)
Wichtige Punkte der Leitsätze:

◆ Begriffsbestimmungen für Fische, Fischerzeugnisse und Fischteile.

◆ Angaben über die Beschaffenheit von Zutaten für Fischerzeugnisse (u. a. Aufgüsse, Saucen, Cremes, Marinaden).

◆ Hinweise für die Bezeichnung von Fischen.

- Besondere Beurteilungsmerkmale und Herstellungshinweise für Fischerzeugnisse wie
  tiefgefrorene Fische,
  getrocknete Fische (Stockfisch, Klippfisch),
  Räucherfische, heiß und kalt geräuchert,
  gesalzene Fische,
  Kaviar (echter Kaviar, Ketakaviar,
  deutscher Kaviar),
  Konserven und Präserven aus Fisch.

- Besondere Beurteilungsmerkmale für Krebse und Krebserzeugnisse.
- Besondere Beurteilungsmerkmale für Weichtiere und Weichtiererzeugnisse.

Leitsätze für Pilze und Pilzerzeugnisse

vom 27. 11. 2002 (BAnz. Nr. 46b
vom 7. 3. 2003, S. 67)
Wichtige Punkte der Leitsätze:
- Auflistung aller Pilzarten, die als Speisepilze zugelassen sind, und der Pilze, die nur unter bestimmten Einschränkungen in der Verkehr gebracht werden dürfen.
  Zuchtpilze, die in der Liste der zugelassenen Pilze noch nicht aufgeführt sind, gelten unbeschadet dessen als Speisepilze.
- Auflistung der Beurteilungskriterien für Pilzerzeugnisse (Pilzkonserven, getrocknete Pilze, Essigpilze, milchsäurevergorene Pilze, eingesalzene Pilze, tiefgefrorene Pilze, Pilzextrakte, Pilzkonzentrate und Pilztrockenkonzentrate).

Leitsätze für Feinkostsalate

vom 26. 1. 1999 (BAnz. Nr. 66a vom 9. 4. 1999)

Leitsätze für Feine Backwaren

vom 6. 2. 1992 (BAnz. Nr. 86b vom 8. 5.1992), i. d. F.
vom 7. 3. 2003 (BAnz. 46b, S. 74)

Der Begriff „Feine Backwaren" schließt die Gebäckkategorie Dauerbackwaren ein.

Leitsätze für Speiseeis und Speiseeishalberzeugnisse

vom 25. 4. 1995 (GMBl. 1995, Nr. 19, S. 3629), i. d. F.
vom 27. 11. 2002 (BAnz. Nr. 46b
vom 17. 3. 2003, S. 75)

1.1.6 Arbeits- und Gesundheitsschutz

Die zusätzlich zu den Gesetzen und Verordnungen geltenden Vorschriften der Berufsgenossenschaft für die Sicherheit und Gesundheit bei der Arbeit (Unfallverhütungsvorschriften) sind als so genannte BG-Vorschriften auf der Grundlage des § 15 des Sozialgesetzbuches, Siebtes Buch (SGB VII), erlassen worden. Sie sind als gesetzliche Vorgaben bindend (siehe unten).

Arbeitsschutzgesetz (ArbSchG)

vom 7. 8. 1996 (BGBl. I, S. 1246), i. d. F.
vom 27. 12. 2000 (BGBl. I, S. 2048)

Sozialgesetzbuch, Siebtes Buch (SGB VII)

vom 7. 8. 1996 (BGBl. I, S. 1254), i. d. F.
vom 13. 9. 2001 (BGBl. I, S. 2376)

Arbeitsstättenverordnung (ArbStättV)

vom 20. 3. 1975 (BGBl. I, S. 729), i. d. F.
vom 4. 12. 1996 (BGBl. I, S. 1841), berichtigt durch die Betriebssicherheitsverordnung
Zuständige Behörden sind zur Abwendung besonderer Gefahren und zum Schutz der Arbeitnehmer berechtigt, zusätzliche Maßnahmen anzuordnen, die auch von den Festlegungen der ArbStättV abweichen können (Gewerbeordnung § 120 d, Arbeitsschutzgesetz § 22 Abs. 3).
Von der ArbStättV werden für die bauseitige Ausführung von Arbeitsräumen und deren Ausstattung nachstehende Parameter vorgegeben:
- Mindestforderungen an die Abmessungen von Räumen, Bewegungsflächen sowie von Verkehrs- und Fluchtwegen.
- Mindestforderungen an den verfügbaren Luftraum, an die Lüftung, an die einzuhaltenden Raumtemperaturen und an die Beleuchtung.
- Vorgaben für die Gestaltung der Fußböden, Wände, Decken und Dächer.
- Vorgaben für die Gestaltung von Türen und Toren sowie von Fenstern und Oberlichtern.
- Mindestforderungen an die Vorkehrungen zum Schutz vor Entstehungsbränden.
- Einzuhaltende Vorkehrungen zum Schutz vor Gasen, Nebel, Stäube, Lärm und sonstigen unerträglichen Einwirkungen.

- Vorgaben für die Ausstattung mit Wasch-gelegenheiten.
- Vorgaben für die Ausführung und Ausstattung von Arbeitsnebenräumen wie Pausen-, Bereit-schafts-, Umkleide-, Toiletten- und Waschräume.

Während der Arbeit sind folgende Auflagen zu beachten:
- Freihalten des Bewegungsraums von Arbeits-plätzen und von Verkehrswegen.
- Regelmäßige Instandhaltung und technische Überprüfung von Ausstattungen.
- Reinhaltung der Arbeitsräume.
- Aufstellung von Flucht- und Rettungsplänen.
- Bereitstellung von Mitteln der ersten Hilfe.
- Sicherung des Nichtraucherschutzes.

Auf der Grundlage der ArbStättV werden vom Bundesminister für Arbeit und Sozialordnung unter Mitwirkung zuständiger Gremien Arbeitsstätten-Richtlinien (ASR) aufgestellt und im Bundesarbeitsblatt, Fachteil Arbeitsschutz, veröffentlicht.

Betriebssicherheitsverordnung (BetrSichV)
vom 27. 9. 2002 (BGBl. I, S. 3777, berichtigt durch BGBl. I, S. 4396, vom 11. 11. 2002) Verordnung zur Rechtsvereinfachung im Bereich der Sicherheit und des Gesundheits-schutzes bei der Bereitstellung von Arbeits-mitteln und deren Benutzung bei der Arbeit, der Sicherheit beim Betrieb überwachungs-bedürftiger Anlagen und der Organisation des betrieblichen Arbeitsschutzes.

Gerätesicherheitsgesetz (GSG)
vom 11. 5. 2001 (BGBl. I, S. 866), berichtigt durch die Betriebssicherheitsverordnung

Chemikaliengesetz (ChemG)
vom 20. 6. 2002 (BGBl. I, S. 2090), zuletzt geändert am 6. 8. 2002 (BGBl. I, S. 3082)

Gefahrstoffverordnung (GefStoffV)
vom 15. 11. 1999 (BGBl. I, S. 2233) zuletzt geändert

am 13. 8. 2002 (BGBl. I, S. 3185) und am 27. 9. 2002 (BGBl. I, S. 3777), berichtigt durch das Betriebs-sicherheitsgesetz

Als Gefahrstoffe werden u. a. Substanzen einge-stuft, die leicht entzündlich[3] bzw. ätzend[4] sind, ebenso Schädlingsbekämpfungsmittel.
Diese Vorgaben sind zu beachten:
- Die Aufbewahrungsgefäße sind eindeutig zu beschriften, auf die Gefahrenklasse muss hin-gewiesen werden.
- Die Aufbewahrung darf nur in Behältern erfolgen, die durch Form oder Bezeichnung so gestaltet sind, dass eine Verwechslung mit Lebensmitteln nicht möglich ist. Diese Behält-nisse dürfen nicht in der Nähe von Lebensmit-teln aufbewahrt werden (nicht in der Küche oder in Lagerräumen für Lebensmittel, nach der LMHV auch nicht in Nebenräumen wie Sanitärräumen).
- Die Mitarbeiter sind über die Gefahren und den Umgang zu belehren, die erforderlichen Festlegungen müssen in einer Betriebsan-weisung festgelegt werden.

1.1.7 Arbeitsrecht

Sozialgesetzbuch IX (SGB IX)
vom 19. 6. 2001 (BGBl. I, S. 1056)

Betriebsverfassungsgesetz
vom 25. 9. 2001 (BGBl. I, S. 2518), geändert durch das „Job-Gesetz" vom 10. 12. 2001 (BGBl. I, S. 3443)

Arbeitszeitgesetz (ArbZG)
vom 6. 6. 1994 (BGBl. I, S. 1170)

Jugendarbeitsschutzgesetz (JArbSchG)
vom 12. 4. 1994 (BGBl. I, S. 965), berichtigt durch das Sozialgesetzbuch IX

Mutterschutzgesetz (MuSchG)
vom 20. 6. 2002 (BGBl. I, S. 2318)

---

[3] Leicht entzündliche Stoffe: Primasprit, Brennspiritus, Azeton, Äther u. a.
[4] Ätzende Stoffe: u. a. konzentrierte Säuren und Laugen (z. B. Essigessenz mit mehr als 25 % Säure).

Schwerbehindertengesetz (SchwbG)
vom 26. 8. 1986 (BGBl. I, S. 1421), abgelöst durch
das Sozialgesetzbuch IX

Bundesurlaubsgesetz (BurlG)
vom 8. 1. 1963 (BGBl. I, S. 2), zuletzt geändert am
19. 12. 1998 (BGBl. I, S. 3843), bereinigte Fassung
im BGBl. III, Nr. 800–4

Kündigungsschutzgesetz (KSchG)
vom 25. 8. 1969 (BGBl. I, S. 1317), zuletzt geändert
am 23. 7. 2001 (BGBl. I, S. 1852)

1.1.8 Berufsausbildung

Berufsbildungsgesetz (BBiG)
vom 14. 8. 1969 (BGBl. I, S. 1112), mehrfach
geändert, zuletzt durch Sozialgesetzbuch IX

**Verordnung über die Berufsausbildung
im Gastgewerbe**
vom 13. 2. 1998 (BGBl. I, S. 351)

**Verordnung über die Berufsausbildung
zum Koch/zur Köchin**
vom 13. 2. 1998 (BGBl. I, S. 364)

Ausbilder-Eignungsverordnung (AEVO)
vom 16. 2. 1999 (BGBl. I, S. 157)

1.1.9 Sonstige Gesetze und Verordnungen

Gewerbeordnung (GewO)
vom 22. 2. 1999 (BGBl. I, S. 202), i. d. F.
vom 24. 8. 2002 (BGBl. I, S. 3412)

Gaststättengesetz
vom 20. 11. 1998 (BGBl. I, S. 3418), i. d. F.
vom 24. 8. 2002 (BGBl. I, S. 3412)

Das Gesetz legt u. a. fest, welche Bedingungen in personeller und räumlicher Hinsicht für die Erteilung der Erlaubnis zum Betreiben einer Gaststätte erfüllt werden müssen. Gleichzeitig wird festgelegt, dass bei Verletzung der vorgegebenen Auflagen diese Erlaubnis zu entziehen ist (beispielsweise Benutzung anderer als die zugelassenen Räume [Gast-, Küchen- oder Nebenräume] oder Verabreichung nicht zugelassener Getränke bzw. Speisen).

Kreislaufwirtschafts- und Abfallgesetz (KrW-AbfG)
vom 27. 9. 1994 (BGBl. I, S. 2705), i. d. F.
vom 27. 7. 2001 (BGBl. I, S. 1950, 2005)

1.2 Berufsgenossenschaftliches Vorschriften- und Regelwerk

**BG-Vorschriften
(Unfallverhütungsvorschriften)**
Die BG-Vorschriften (Berufsgenossenschaftliche Vorschriften für Sicherheit und Gesundheit bei der Arbeit, BGV, bisher VGB) sind Unfallverhütungsvorschriften entsprechend § 15 des Sozialgesetzbuches, Siebtes Buch (SGB VII), und damit gesetzliche Vorgaben. Das gilt ebenso für die Vorschriften der Berufsgenossenschaft Nahrungsmittel und Gaststätten (BGN), welche für die spezifischen Arbeitsbedingungen der Betriebe ihres Verantwortungsbereichs ausgerichtet sind. Alle BG-Vorschriften und BG-Regeln (siehe unten) werden im BGVR-Verzeichnis zusammengefasst (Berufsgenossenschaftliches Vorschriften- und Regelwerk[5]). Nachfolgend sind nur die für Küchen und gleichgestellten Einrichtungen wichtigsten BG-Vorschriften aufgeführt.

Allgemeine Vorschriften	BGV A 1	(VBG 1)
Elektrische Anlagen und Betriebsmittel	BGV A 2	(VBG 4)

[5] Die Vorschriften und Regeln sind jeweils gesondert erhältlich (Bezugsquellen: Buchhandel bzw. Carl Heymanns Verlag KG, Luxemburger Straße 449, 50939 Köln). Sie sind darüber hinaus auf einer CD-ROM zusammengefasst, die zusätzlich ausgewählte Gesetze und Verordnungen des Arbeits- und Brandschutzes enthält und den Mitgliedsbetrieben der BGN kostenlos zur Verfügung gestellt wird (zurzeit aktuelle CD-ROM „Die BGN 8", Ausgabe 2004).

Arbeitsmedizinische Vorsorge	BGV A 4	(VBG 100)
Erste Hilfe	BGV A 5	(VBG 109)
Fachkräfte für Arbeitssicherheit	BGV A 6	(VBG 122)
Sicherheits-und Gesundheitsschutzkennzeichnung am Arbeitsplatz	BGV A 8	(VBG 125)
Lärm	BGV B 3	(VBG 121)
Kälteanlagen und Kühleinrichtungen	BGV D 4	(VBG 20)
Nahrungsmittelmaschinen	BGV D 18	(VBG 77)
Verwendung von Flüssiggas	BGV D 34	(VBG 21)

BG-Regeln (BGR, bisher ZH)

Die BG-Regeln (Berufsgenossenschaftliche Regeln für Sicherheit und Gesundheit bei der Arbeit) sind Empfehlungen, bei deren Beachtung davon ausgegangen werden kann, dass die in Gesetzen, Verordnungen bzw. in den Unfallverhütungsvorschriften geforderten Schutzziele erreicht werden. Die nachfolgende Liste ist eine Auswahl der wichtigsten Regeln.

Arbeiten in Gaststätten	BGR 110	(ZH 1/36)
Arbeiten in Küchenbetrieben	BGR 111	(ZH 1/37)
Arbeiten in Backbetrieben	BGR 112	(ZH 1/40)
Ausrüstung von Arbeitsstätten mit Feuerlöschern	BGR 133	(ZH 1/201)
Einsatz von Feuerlöschanlagen mit Sauerstoff verdrängenden Gasen	BGR 134	(ZH 1/206)
Einsatz von Schutzkleidung	BGR 189	(ZH 1/700)
Benutzung von Fuß- und Beinschutz	BGR 191	(ZH 1/702)
Einsatz von Schutzhandschuhen	BGR 195	(ZH 1/706)
Einsatz von Stechschutzschürzen	BGR 196	(ZH 1/707)
Einsatz von Metallringgeflecht-Handschuhen und Armschützern	BGR 200	(ZH 1/711)

Arbeitssicherheitsinformationen (ASI)

Die Arbeitssicherheitsinformationen der BGN sind auf der Grundlage von einzelnen BGV oder BGR erarbeitet worden.[6] Sie sind auf einzelne Aufgabengebiete speziell ausgerichtet und geben zusätzliche Hintergrundinformationen (Auswahl der wichtigsten Informationen).

Alkohol im Betrieb und auf dem Arbeitsweg	ASI 0.07
Fettbackgeräte und Fritteusen	ASI 2.15.1
Brot- und Aufschnittschneidemaschinen mit Rundmessern	ASI 2.18.1
Brotschneidemaschinen	ASI 2.18.2
Sicherheitsbeleuchtung in Arbeitsstätten	ASI 3.50
Unfallsichere Gestaltung von Fußböden	ASI 4.40
Hygiene in Küchen	ASI 8.20
Ortsfeste Flüssiggasversorgungsanlagen	ASI 8.31
Brandschutz im Betrieb	ASI 9.30
Handlungsanleitung Betriebliche Gefährdungs- und Risikobeurteilung	ASI 10.0
Sicherheitscheck für Gastronomiebetriebe	ASI 10.1

1.3 DIN-Normen

DIN-Normen sind Vorschriften für die konstruktive Ausführung von Geräten und sonstigen Ausrüstungsgegenständen sowie deren Wartung bzw. Überprüfung.[7]

Tragbare Feuerlöscher der Brandklassen A und B	DIN EN 3-1
Nahrungsmittelmaschinen, Planetenrühr- und Knetmaschinen	DIN EN 454
Erste-Hilfe-Material; Verbandkasten C	DIN 13157
Erste-Hilfe-Material; Verbandkasten E	DIN 13169
Kleinlöschanlagen; Anforderungen und Prüfung	DIN 14497
Großküchengeräte, Fritteusen; Anforderungen und Prüfung	DIN 18856

---

[6] Bezugsquellen: Berufsgenossenschaft Nahrungsmittel und Gaststätten (BGN), Dynamostraße 7–9, 68165 Mannheim, bzw. zuständige Bezirksverwaltung der BGN.
[7] Bezugsquellen: Beuth Verlag GmbH, Burggrafenstraße 6, 10787 Berlin, bzw. VDE-Verlag GmbH, Postfach 12 23 05, 10591 Berlin.

Großküchengeräte; Bankettwagen, beheizt	DIN 18867-5
Sicherheit von Maschinen; Elektrische Ausrüstung von Maschinen, allgemeine Anforderungen	DIN EN 60204-1
Besondere Anforderungen für elektrische Herde, Brat- und Backöfen sowie Kochplatten für den gewerblichen Gebrauch	DIN EN 60335-2-36
Besondere Anforderungen für elektrische Fritteusen für den gewerblichen Gebrauch	DIN EN 60335-2-37
Besondere Anforderungen für elektrische Bratplatten und Kontaktgrills für den gewerblichen Gebrauch	DIN EN 60335-2-38
Besondere Anforderungen für elektrische Mehrzweck-koch und Bratpfannen für den gewerblichen Gebrauch	DIN EN 60335-2-39

Besondere Anforderungen für elektrische Heißluftöfen, Dampfgeräte und Heißluftdämpfer für den gewerblichen Gebrauch	DIN EN 60335-2-42
Besondere Anforderungen für elektrische Kochkessel für den gewerblichen Gebrauch	DIN EN 60335-2-47
Besondere Anforderungen für elektrische Strahlungs-grillgeräte und Toaster für den gewerblichen Gebrauch	DIN EN 60335-2-48
Besondere Anforderungen für elektrische Wärmeschränke für den gewerblichen Gebrauch	DIN EN 60335-2-49
Besondere Anforderungen für elektrische Wärmehaltegeräte für den gewerblichen Gebrauch	DIN EN 60335-2-50
Besondere Anforderungen für elektrische Spülmaschinen für den gewerblichen Gebrauch	DIN EN 60335-2-58

Weitere DIN-Normen siehe BGR 111
(Arbeiten in Küchenbetrieben)

2 Liste der zugelassenen Zusatzstoffe mit E-Nummern

Den Zusatzstoffen werden die jeweiligen E-Nummern nach folgendem Ordnungssystem zugeordnet:

ab Nr. 100	Farbstoffe
ab Nr. 200	Konservierungsstoffe
ab Nr. 300	Antioxidantien
ab Nr. 400	Verdickungsmittel
ab Nr. 500	Säuerungsmittel, Säureregulatoren
ab Nr. 600	Geschmacksverstärker
ab Nr. 900	Trenn- und Überzugsmittel (einschließlich Gase), Süßstoffe

E 100	Kurkumin
E 101	Riboflavin
E 102	Tartrazin
E 104	Chinolingelb
E 110	Gelborange S
E 120	Echtes Karmin
E 122	Azorubin
E 123	Amaranth
E 124	Cochenillerot A
E 127	Erythrosin
E 128	Rot 2G
E 129	Allurarot AC
E 131	Patentblau V
E 132	Indigotin I
E 133	Brillantblau FCF
E 140	Chlorophylle; Chlorophylline
E 141	Kupferhaltige Chlorophylle
E 142	Grün S
E 150 a	Einfaches Zuckerkulör
E 150 b–d	Modifizierte Zuckerkulöre
E 151	Brillantschwarz BN
E 153	Pflanzenkohle
E 154	Braun FK
E 155	Braun HT
E 160 a	Carotine; Beta-Carotin
E 160 b	Annatto; Bixin; Norbixin
E 160 c	Paprikaextrakt; Capsanthin; Capsorubin
E 160 d	Lycopin
E 160 e	Carotinal (C 30)
E 160 f	Carotinsäure-Ethylester
E 161 b	Lutein
E 161 g	Canthaxanthin

E 162	Beetenrot
E 163	Anthocyane
E 170	Calciumcarbonat
E 171	Titandioxid
E 172	Eisenoxide und Eisenhydroxide
E 173	Aluminium
E 174	Silber
E 175	Gold
E 180	Litholrubin BK; Aluminiumlacke

E 200	Sorbinsäure
E 202	Kaliumsorbat
E 203	Calciumsorbat
E 210	Benzoesäure
E 211	Natriumbenzoat
E 212	Kaliumbenzoat
E 213	Calciumbenzoat
E 214–219	Modifizierte Benzoate
E 220	Schwefeldioxid
E 221–228	Sulfite
E 230	Biphenyl
E 231–232	Orthophenylphenol
E 234	Nisin
E 235	Natamycin
E 239	Hexamethylentetramin
E 242	Dimethyldicarbonat
E 249	Kaliumnitrit
E 250	Natriumnitrit
E 251	Natriumnitrat
E 252	Kaliumnitrat
E 260	Essigsäure
E 261	Kaliumacetat
E 262	Natriumacetate
E 263	Calciumacetate
E 270	Milchsäure
E 280	Propionsäure
E 281–283	Propionate
E 284	Borsäure
E 285	Natriumtetraborat (Borax)
E 290	Kohlendioxid
E 296	Äpfelsäure
E 297	Fumarsäure

E 300	Ascorbinsäure
E 301–302	Ascorbate
E 304	Fettsäureester der Ascorbinsäure
E 306	Tokopherolhaltige Extrakte
E 307	Alpha-Tokopherol

E 308	Gamma-Tokopherol	E 451	Triphosphate
E 309	Delta-Tokopherol	E 452	Polyphosphate
E 310–312	Gallate	E 460	Cellulose (Mikrokristalline Cellulose; Cellulosepulver)
E 315	Isoascorbinsäure	E 461	Methylcellulose
E 316	Natriumisoascorbat	E 463	Hydroxypropylcellulose
E 320	Butylhydroxyanisol (BHA)	E 464	Hydroxypropylmethylcellulose
E 321	Butylhydroxytoluol (BHT)	E 465	Ethylmethylcellulose
E 322	Lecithine	E 466	Carboxymethylcellulose
E 325–327	Lactate	E 470 a	Salze von Speisefettsäuren
E 330	Citronensäure	E 470 b	Salze von Speisefettsäuren
E 331–333	Citrate	E 471	Mono- und Diglyceride von Speisefettsäuren
E 334	Weinsäure		
E 335–337	Tartrate (Salze der Weinsäure)	E 472 a–f	Veresterte Mono- und Diglyceride von Speisefettsäuren
E 338	Phosphorsäure		
E 339	Phosphate	E 473	Zuckerester von Speisefettsäuren
E 340–341	Phosphate	E 474	Zuckerglyceride
E 350–352	Malate (Salze der Äpfelsäure)	E 475	Polyglycerinester von Speisefettsäuren
E 353	Metaweinsäure		
E 354	Calciumtartrat	E 476	Polyglycerin-Polyricinoleat
E 355	Adipinsäure	E 477	Propylenglycolester von Speisefettsäuren
E 356–357	Adipinate		
E 363	Bernsteinsäure	E 479 b	Thermooxidiertes Sojaöl
E 380	Triammoniumcitrat	E 481	Natriumstearoyl-2-lactylat
E 385	Calciumdinatriummethylen-Diamintetraacetat	E 482	Calciumstearoyl-2-lactylat
		E 483	Stearoyltartrat
		E 491–495	Sorbitfettsäureester
E 400	Alginsäure		
E 401–405	Alginate	E 500	Natriumcarbonate
E 406	Agar-Agar	E 501	Kaliumcarbonate
E 407	Carrageen	E 503	Ammoniumcarbonate
E 407 a	Verarbeitete Eucheuma-Algen	E 504	Magnesiumcarbonate
E 410	Johannisbrotkernmehl	E 507	Salzsäure
E 412	Guarkernmehl	E 508	Kaliumchlorid
E 413	Traganth	E 509	Calciumchlorid
E 414	Gummi arabicum	E 511	Magnesiumchlorid
E 415	Xanthan	E 512	Zinn-II-chlorid
E 416	Karaya	E 513	Schwefelsäure
E 417	Tarakernmehl	E 514	Natriumsulfate
E 418	Gellan	E 515	Kaliumsulfate
E 420	Sorbit; Sorbitsirup	E 516	Calciumsulfat
E 421	Mannit	E 517	Ammoniumsulfate
E 422	Glycerin	E 520–523	Aluminiumsulfate
E 432–436	Polysorbate	E 524	Natriumhydroxid
E 440	Pektine; amidiertes Pektin	E 525	Kaliumhydroxid
E 442	Salze von Phosphatidsäuren	E 526	Calciumhydroxid
E 444	Saccharoseacetat-isobutyrat	E 527	Ammoniumhydroxid
E 445	Glycerinester aus Wurzelharz	E 528	Magnesiumhydroxid
E 450	Diphosphate		

E 529	Calciumoxid	E 914	Polyethylenwachsoxide
E 530	Magnesiumoxid	E 927 b	Carbamid
E 535	Natriumferrocyanid	E 938	Argon
	(gelbes Blutlaugensalz)	E 939	Helium
E 536	Kaliumferrocyanid	E 941	Stickstoff
	(gelbes Blutlaugensalz)	E 942	Distickstoffmonoxid
E 538	Calciumferrocyanid	E 948	Sauerstoff
	(gelbes Blutlaugensalz)	E 950	Acesulfam-K
E 541	Natriumaluminiumphosphat	E 951	Aspartam
E 551	Siliciumdioxid	E 952	Cyclamat
E 552	Calciumsilicat	E 953	Isomalt
E 553 a	Magnesiumsilicat	E 954	Saccharin
E 553 b	Talkum	E 955	Sucralose
E 554–556	Silicate	E 957	Thaumatin
E 558	Bentonit	E 959	Neohesperidin DC
E 559	Kaolin	E 962	Aspartam-Acesulfam
E 570	Fettsäuren	E 965	Maltit; Maltitsirup
E 574	Gluconsäure	E 966	Lactit
E 575	Glucono-delta-lacton	E 967	Xylit
E 576–579	Gluconate	E 999	Quillajaextrakt
E 585	Eisen-II-lactat		
		E 1105	Lysozym
E 620	Glutaminsäure		
E 621–625	Glutamate	E 1200	Polydextrose
E 626	Guanylsäure	E 1201	Polyvinylpyrrolidon
E 627–629	Guanylate	E 1202	Polyvinylpolypyrrolidon
E 630	Inosinsäure	E 1404	Oxidierte Stärke
E 631–633	Inosinate	E 1410	Monostärkephosphat
E 634–635	Ribonucleotide	E 1412	Distärkephosphat
E 640	Glycin und dessen Natriumsalz	E 1413	Phosphatiertes Distärkephosphat
		E 1414	Acetyliertes Distärkephosphat
E 900	Dimethylpolysiloxan	E 1420	Acetylierte Stärke
E 901	Bienenwachs, weiß und gelb	E 1422	Acetyliertes Distärkeadipat
E 902	Candelillawachs	E 1440	Hydroxypropylstärke
E 903	Carnaubawachs	E 1442	Hydroxypropyldistärkephosphat
E 904	Schellack	E 1450	Stärkenatriumoctenylsuccinat
E 912	Montansäurester	E 1451	Acetylierte oxidierte Stärke

Sachwortverzeichnis

Füllcreme 95
Fumonisine 145
Functional Foods 75
Fürst-Pückler-Eistorte 100
Fusariumtoxine 145

G

Gallate 71
Garen
– von Fleisch 44
– von Fisch 48
– von Geflügel 48, 177
– von Gemüse 49
– von Wild 46
– von Wildgeflügel 48
Gartemperatur von Eiweiß 22
Garverfahren
– allgemeine Gesichtspunkte 12
– Nachteile 12
– Nutzen von 12
– Veränderungen an Inhaltsstoffen 13
Gastroenteritis (siehe Durchfallerkrankungen)
Gaststättengesetz 281
Gefahrstoffverordnung 280
Gefährdungsanalyse
– Lebensmittelhygiene 211
– Arbeitsschutz 234
Geflügel
– Garen von 48, 179
– Vorbereiten von 28
Geflügelfleischhygiene-Verordnung 206
Gefriertrocknung 111
Gelatine
– Bildung von 21
– Extraktion von 22
Gelbsucht 188
Gelees 104
Gemeinkosten 249
Gemeinkostenzuschlag 255
Gemeinschaftsrecht, europäisches 164
Gemüse
– Veränderungen beim Garen 24
– Garen von 49
– Vorbereitung von 27
Gentechnisch freie Lebensmittel 194, 275
Gerätesicherheit 221

Gerätesicherheitsgesetz 280
Geschmacksverstärker 70
Geschützte geographische Angabe 194, 276
Geschützte Ursprungsbezeichnung 194, 276
Gesetze, allgemein 164
Getränkeschankanlagen 180
Getreide 144
Getreidebrand 146
Getreideerzeugnisse, Garen von 51
Gewerbeordnung 281
Gewürze 144
Gewürzkörner 110
Gewürzsaucen 77
Giardien, Giardiasis 146
Glutaminsäure (siehe Glutamat)
Glutamat 22, 71, 192
Glycyrrhizin 157
Glykogen 13, 19
Glykoside, blausäurehaltige 156
Glyoxylsäure 156
Goitrogene Substanzen 156
Granulate 76
Grillen 39, 160, 232
Grillstationen 40
Guanylsäure 19, 22, 71, 192
Guarkernmehl 70

H

HAA 158, 159
HACCP
– Gefährdungsanalyse 211
– Konzept 212
– kritische Kontrollpunkte 212
– System 211
Hackfleisch
– Aufbewahrung von 205
– Aufbewahrung unter Schutzgasatmosphäre 205
– Begriffsbestimmung 202
– Fettgehalt von 205
– Rind, Etikettierung von 195
– TK-Hackfleisch 205
– Verordnung 204, 277
Halbgefrorenes 101
Haltbarmachung von Lebensmitteln
– durch Alkohol 115
– mit chemischen Verfahren 113

Die Autoren

Prof. Dr. Günter Richter studierte an der Universität Leipzig Medizin. Er war anschließend an den Physiologisch-Chemischen Instituten der Universitäten Greifswald und Jena tätig (Weiterbildung zum Facharzt für Physiologische Chemie), wo er sich 1963 habilitierte. 1966 wurde er zum Professor für Biochemie an die Humboldt-Universität Berlin berufen.

Ein Schwerpunkt seiner besonderen Interessen bei der Ausbildung von Studenten der Medizin war die Biochemie der Ernährung des Menschen. Dieses Fachgebiet hat er in Berlin viele Jahre auch bei der Ausbildung von Studenten der Fachrichtung Lebensmitteltechnologie und Nahrungsgüterwirtschaft vertreten. Später war er als Honorardozent an einer privaten Hotelfachschule tätig, wobei er vor allem die Fachgebiete Ernährungslehre und Warenkunde bei der Ausbildung von Köchen, Restaurant- und Hotelfachkräften, staatlich geprüften Gastronomen sowie von Küchenmeisterkandidaten unterrichtet hat.

Detlef Richter ist Küchenmeister und diätetisch geschulter Koch. Er hat nach dem Praktikum in einer Hotelküche und dem Abschluss der Ausbildung zum Koch mehrere Jahre in seinem erlernten Beruf – später als stellvertretender Küchenleiter – in der Küche einer privaten Hotelfachschule gearbeitet, der ein öffentliches Restaurant angeschlossen war. In dieser Zeit war er in zunehmendem Maße als Ausbilder und Fachlehrer für Köche sowie für Restaurant- und Hotelfachkräfte tätig, vorrangig für die Fächer Küchen- und Rohstoffkunde.

In der nachfolgenden Zeit hat er als Souschef bzw. als Küchenchef in verschiedenen gastronomischen Einrichtungen gearbeitet – vorwiegend in der Hotelküche. Er ist Koautor des „Lehrbuchs der Diätküche", das ebenfalls im Matthaes Verlag erschienen ist.

Detlef Richter ist Mitglied des Verbands der Köche Deutschlands.

Anschriften der Verfasser

Prof. Dr. Günter Richter
Rudolf-Seiffert-Straße 17
D-10369 Berlin

Detlef Richter
Boizenburger Straße 45
D-12619 Berlin

Wichtiger Hinweis für den Benutzer

Die Vorgaben des Gesetzgebers in Hinblick auf die Lebensmittel- und Personalhygiene, die bauliche Beschaffenheit von Küchen und diesen zugeordneten Betriebsräumen, die Ausführung und die technischen Eigenschaften von Geräten und Ausrüstungen, für die Sicherstellung des Arbeits- und Brandschutzes sowie für die Gestaltung des Arbeitslebens (Arbeitsrecht) werden ständig an neue wissenschaftliche Erkenntnisse bzw. an die jeweiligen gesellschaftlichen Bedingungen angepasst. Der Benutzer ist daher gehalten, solche nach der Drucklegung des Buchs erfolgten Änderungen in der Rechtslage bei der täglichen Arbeit zu berücksichtigen.

Impressum

ISBN 3-87516-741-4